JN437294

중국 신 경제지리

박 정 식 저

도서출판 두남

머 리 말

중국은 1979년 개혁·개방정책을 실시한 이래 최근까지 약 25년간 지속적이고도 빠른 경제성장을 거듭하였다. 이에 따라 중국은 이미 세계경제의 중심권에 진입하여, 중국경제의 상황변화는 세계경제에 '차이나 쇼크'를 가져오기도 하고 국제원자재 시장의 빅뱅을 초래하기도 하는 상황이다.

이러한 중국의 경제발전은, 국민들에게 개인적 이익을 보유할 수 있다는 동기를 부여하여 성취욕구를 자극하고 몇몇 특정도시에서 다수의 도시로, 발전한 도시의 주변에서 점차 전 중국으로 발전을 확산시키는 지역발전정책을 채택한 결과이다.

국가경제 발전의 기반이 되는 지역발전을 확산시키는 중국 지도자의 선택을 보면, 마오쩌뚱(毛澤東)의 지역간 균형발전정책은 국민생활의 평등과 균형적 지역발전이라는 건국 목표에도 불구하고 사회주의의 내재적 한계로 국민들의 근로의욕을 유발하지 못하였고, 정치의 빈번한 지역발전 간섭에 따른 정책적 오류가 경제발전을 저해하였다.

그러나 떵샤오핑(鄧小平)은, 국민들은 누구나 먼저 경제적 부를 보유할 수 있다는 지역 불균형발전정책의 핵심 논리인 선부론(先富論)을 통해 개인의 성취욕구를 자극했고 이익을 확실하게 보장하였으며, 그에 맞는 적절한 정책과 제도를 선택하였기 때문에 신속한 경제발전을 실현할 수 있었다.

떵의 뒤를 이은 장쩌민(江澤民)은, 불균형적 경제발전에 따른 지역간 경제수준의 격차가 야기하는 여러 가지 문제점을 고려하여 지역 협조발전정책을 실시하면서 그때까지의 성장탄력을 유지하여 경제발전을 추구하되 정책추진 과정에서 노정된 지역간·계층간 경제력격차를 해소하고자 하였다.

이 정책은 2005년 10월 공산당 제16기 5중 전회의 11·5 계획에서도 국민경제의 균형된 부유를 달성할 수 있는 중요한 방안으로 채택되는 등 현재의 후진타오(胡錦濤) 체제까지 계속 이어지고 있다.

중국경제의 발전으로 한·중간 경제교류는 연간 800억 달러를 상회하는 상호간 매우 중요한 무역대상국이 되었고, 중국은 한국기업 1만 개 이상, 총 투자액 142억 달러를 초과하는 최대 투자대상국으로 발전하였으며, 양국간 인적교류가 연간 200만 명이 넘는 밀접한 관계에 이르고 있다.

그 결과 한국시장의 농수산품 및 초급 공산품은 중국산이 주종을 이루고 있고, 인천공항에는 중국을 방문하는 투자자와 관광객이 붐비고 있다. 마찬가지로 중국의 주요 상점에서는 언제든지 한국제품을 볼 수 있고, 곳곳에 한국인이 운영하는 기업과 식당이 있으며, 영화와 게임 등 많은 분야에서 한류가 중국시장에서 물결치고 있다.

한국의 중국시장 진출노력은 중국시장의 규모와 잠재성 때문에 계속 확대될 것으로 예상되는데, 이제 중국비즈니스를 추구하는 기업과 개인들은 중국의 31개 성・시, 13억의 인구, 56개 민족을 하나로 판단하여 모든 지역에 동일한 전략으로 접근하는 과거의 방식은 탈피해야 한다.

즉, 여러 지역과 도시들이 고유의 특성이 있으므로 관심지역의 특수성에 적합한 구체적이고 독특한 전략이 필요하다.

본서의 저술목표는 31개 성・시 및 그에 소속된 도시들의 경제지리 상황을 파악하여 중국과 경제교류를 추진하는 기업인들의 전략수립에 도움을 주려는 것이다.

이에 따라 본서에서는 PART 1에서 1949년 건국 전후부터 지금까지 추진된 중국 지역경제 발전정책과 전략의 변천과정 및 정책성과를 분석하고 설명하였으며, PART 2에서는 정책변화에 따라 발전한 31개 성・시와 소속 주요 도시의 경제현황 등을 고찰하였다.

아무쪼록 이 책이 중국에 진출하려는 기업인들의 성공적인 중국진출 전략수립에 유용한 길잡이가 되길 바란다.

마지막으로 이 책의 출간을 위해 힘써 준 도서출판 두남의 전두표 사장님과 편집부 여러분께 진심으로 깊은 감사의 뜻을 표한다.

2006년 8월

저자 씀

차 례

PART 1. 지역경제의 발전

제1장 지역경제 발전정책과 경제력 분석 / 15

제1절 지역경제 발전정책의 기초 ······ 15
1. 지역경제 발전정책의 필요성 ······ 15
2. 지역구획 ······ 17

제2절 지역별 주요 경제지표 ······ 21
1. 면적과 인구 ······ 21
2. 투자와 국내총생산 및 1인당 국민수입 ······ 24

제3절 주요 자원의 분포 ······ 27
1. 광물자원 ······ 27
2. 에너지 자원과 수자원 ······ 29

제2장 마오쩌뚱(毛澤東)의 지역 균형발전정책 / 33

제1절 중국건국 이전의 지역경제 발전정책 ······ 33
1. 중국건국 이전 연해지역의 발전 ······ 33
2. 내륙개발론의 대두 ······ 35

제2절 마오쩌뚱의 균형발전정책 ······ 36
1. 내륙발전을 중시한 균형발전정책의 도입 ······ 36
2. 정책 전개과정 ······ 38
3. 투자재원의 내륙배분 증대 ······ 40

제3절 정책추진 평가 ······ 42
1. 생산부문 ······ 42
2. 국민수입 부문 ······ 44

제3장 떵샤오핑(鄧小平)의 지역 불균형발전정책 / 47

제1절 정책전환의 배경과 논리의 전개 ······ 47
1. 정책전환의 배경 ······ 47
2. 연해 우선발전 논리의 전개 ······ 50
제2절 연해 우선발전의 불균형발전정책 ······ 52
1. 연해지역에 대한 재정투자 편중 ······ 52
2. 연해지역의 개방과 개방지역 확대 ······ 55
3. 대외무역과 외자도입의 연해지역 집중 ······ 56
제3절 정책추진 성과 ······ 59
1. 생산부문 ······ 59
2. 국민수입 부문 ······ 61
3. 외자의 역할 ······ 62

제4장 장쩌민(江澤民) 이후의 지역 협조발전정책 / 65

제1절 협조발전정책의 추진 ······ 65
1. 정책도입의 당위성 ······ 65
2. 지도자의 정책전환 의지 ······ 71
제2절 공동발전의 협조발전정책 ······ 75
1. 지역간 협조발전의 강화 ······ 75
2. 전방위 개방의 촉진 ······ 81
3. 서부대개발 전략의 채택 ······ 84
제3절 협조발전정책의 성과 ······ 88
1. 생산 부문 ······ 88
2. 외자기업의 기여도 부문 ······ 90
3. 도시경제의 발전 ······ 92
제4절 후진타오(胡錦濤) 시대의 발전정책 ······ 96
1. 후진타오의 균부론(均富論) ······ 96
2. 당면과제와 전망 ······ 98

PART 2. 31개 성 · 시의 경제지리 현황

제1장 연해 동부지역 / 109

제1절 뻬이징(北京)시, (간칭:京) ………… 109
1. 뻬이징시 개요 ………… 109
2. 경제현황 ………… 111
3. 사회간접자본 ………… 113
4. 대외경제 ………… 114
제2절 상하이(上海)시, (간칭:滬) ………… 116
1. 상하이시 개요 ………… 116
2. 경제현황 ………… 117
3. 사회간접자본 ………… 121
4. 대외경제 ………… 122
제3절 티엔진(天津)시, (간칭:津) ………… 124
1. 티엔진시 개요 ………… 124
2. 경제현황 ………… 124
3. 사회간접자본 ………… 128
4. 대외경제 ………… 129
제4절 허뻬이(河北)성, (간칭:冀) ………… 131
1. 허뻬이성 개요 ………… 131
2. 경제현황 ………… 131
3. 사회간접자본 ………… 134
4. 대외경제 ………… 135
5. 주요 도시 경제상황 ………… 137
제5절 랴오닝(遼寧)성, (간칭:遼) ………… 144
1. 랴오닝성 개요 ………… 144
2. 경제현황 ………… 145
3. 사회간접자본 ………… 148
4. 대외경제 ………… 150
5. 주요 도시 경제상황 ………… 151
제6절 산뚱(山東)성, (간칭:魯) ………… 159
1. 산뚱성 개요 ………… 159
2. 경제현황 ………… 160
3. 사회간접자본 ………… 163
4. 대외경제 ………… 164
5. 주요 도시 경제상황 ………… 166

제7절 장쑤(江蘇)성, (간칭:蘇) ······ 175
1. 장쑤성 개요 ······ 175
2. 경제현황 ······ 175
3. 사회간접자본 ······ 178
4. 대외경제 ······ 179
5. 주요 도시 경제상황 ······ 181
제8절 저장(浙江)성, (간칭:浙) ······ 192
1. 저장성 개요 ······ 192
2. 경제현황 ······ 192
3. 사회간접자본 ······ 196
4. 대외경제 ······ 198
5. 주요 도시 경제상황 ······ 199
제9절 꽝뚱(廣東)성, (간칭:粤) ······ 206
1. 꽝뚱성 개요 ······ 206
2. 경제현황 ······ 207
3. 사회간접자본 ······ 210
4. 대외경제 ······ 211
5. 주요 도시 경제상황 ······ 213
제10절 푸지엔(福建)성, (간칭:閩) ······ 222
1. 푸지엔성 개요 ······ 222
2. 경제현황 ······ 222
3. 사회간접자본 ······ 225
4. 대외경제 ······ 226
5. 주요 도시 경제상황 ······ 228
제11절 꽝시좡쭈(廣西壯族)자치구, (간칭:桂) ······ 232
1. 꽝시좡쭈자치구 개요 ······ 232
2. 경제현황 ······ 234
3. 사회간접자본 ······ 236
4. 대외경제 ······ 237
5. 주요 도시 경제상황 ······ 238
제12절 하이난(海南)성, (간칭:琼) ······ 241
1. 하이난성 개요 ······ 241
2. 경제현황 ······ 243
3. 사회간접자본 ······ 245
4. 대외경제 ······ 247
5. 주요 도시 경제상황 ······ 248

제2장 내륙 중부지역 / 251

제1절 산시(山西)성, (간칭:晋) **251**
1. 산시성 개요 251
2. 경제현황 253
3. 사회간접자본 254
4. 대외경제 256
5. 주요 도시 경제상황 257

제2절 네이멍꾸(内蒙古)자치구, (간칭:蒙) **260**
1. 네이멍꾸자치구 개요 260
2. 경제현황 262
3. 사회간접자본 264
4. 대외경제 265
5. 주요 도시 경제상황 266

제3절 지린(吉林)성, (간칭:吉) **269**
1. 지린성 개요 269
2. 경제현황 271
3. 사회간접자본 273
4. 대외경제 274
5. 주요 도시 경제상황 275

제4절 헤이룽장(黑龍江)성, (간칭:黑) **279**
1. 헤이룽장성 개요 279
2. 경제현황 281
3. 사회간접자본 283
4. 대외경제 284
5. 주요 도시 경제상황 285

제5절 안후이(安徽)성, (간칭:皖) **290**
1. 안후이성 개요 290
2. 경제현황 292
3. 사회간접자본 294
4. 대외경제 295
5. 주요 도시 경제상황 296

제6절 장시(江西)성, (간칭:赣) **300**
1. 장시성 개요 300
2. 경제현황 302
3. 사회간접자본 305
4. 대외경제 306
5. 주요 도시 경제상황 307

제7절 허난(河南)성, (간칭:豫) 310
1. 허난성 개요 310
2. 경제현황 313
3. 사회간접자본 315
4. 대외경제 316
5. 주요 도시 경제상황 317
제8절 후베이(湖北)성, (간칭:鄂) 321
1. 후베이성 개요 321
2. 경제현황 323
3. 사회간접자본 325
4. 대외경제 326
5. 주요 도시 경제상황 327
제9절 후난(湖南)성, (간칭:湘) 330
1. 후난성 개요 330
2. 경제현황 331
3. 사회간접자본 334
4. 대외경제 335
5. 주요 도시 경제상황 336

제3장 내륙 서부지역 / 341
제1절 충칭(重慶)시 341
1. 충칭시 개요 341
2. 경제현황 343
3. 사회간접자본 344
4. 대외경제 346
제2절 쓰촨(四川)성, (간칭:川, 蜀) 347
1. 쓰촨성 개요 347
2. 경제현황 349
3. 사회간접자본 351
4. 대외경제 352
5. 주요 도시 경제상황 354
제3절 꾸이저우(貴州), (간칭:黔, 貴) 359
1. 꾸이저우성 개요 359
2. 경제현황 359
3. 사회간접자본 362
4. 대외경제 363
5. 주요 도시 경제상황 364

제4절 윈난(雲南)성, (간칭:雲, 滇) ······ 367
1. 윈난성 개요 ······ 367
2. 경제현황 ······ 369
3. 사회간접자본 ······ 371
4. 대외경제 ······ 372
5. 주요 도시 경제상황 ······ 374
제5절 시짱(西藏)티베트자치구, (간칭:藏) ······ 377
1. 시짱티베트자치구 개요 ······ 377
2. 경제현황 ······ 377
3. 사회간접자본 ······ 380
4. 대외경제 ······ 381
5. 주요 도시 경제상황 ······ 382
제6절 산시(陝西)성, (간칭:陝) ······ 382
1. 산시성 개요 ······ 382
2. 경제현황 ······ 384
3. 사회간접자본 ······ 386
4. 대외경제 ······ 387
5. 주요 도시 경제상황 ······ 388
제7절 깐쑤(甘肅)성, (간칭:甘, 隴) ······ 392
1. 깐쑤성 개요 ······ 392
2. 경제현황 ······ 394
3. 사회간접자본 ······ 395
4. 대외경제 ······ 396
5. 주요 도시 경제상황 ······ 397
제8절 칭하이(青海)성, (간칭:青) ······ 400
1. 칭하이성 개요 ······ 400
2. 경제현황 ······ 400
3. 사회간접자본 ······ 403
4. 대외경제 ······ 404
5. 주요 도시 경제상황 ······ 405
제9절 신장웨이월(新疆維吾爾) 자치구, (간칭:新) ······ 408
1. 신장웨이월자치구 개요 ······ 408
2. 경제현황 ······ 408
3. 사회간접자본 ······ 411
4. 대외경제 ······ 412
5. 주요 도시 경제상황 ······ 414

제10절 닝샤후이쭈(寧夏回族)자치구, (간칭:寧) ········ 417
1. 닝샤후이쭈자치구 개요 ········ 417
2. 경제현황 ········ 417
3. 사회간접자본 ········ 420
4. 대외경제 ········ 421
5. 주요 도시 경제상황 ········ 422

제4장 경제개방 도시 / 423
제1절 경제특구 ········ 423
제2절 연안개방도시 ········ 424
제3절 기타 개방도시 ········ 425
1. 계획단열도시(計劃單列都市) ········ 425
2. 연해경제개방구 ········ 425
3. 경제기술개발구 ········ 426
4. 내륙 개방도시 ········ 427
5. 상하이 푸뚱(浦東) 신구(新區) ········ 427
6. 국경 대외개방도시 ········ 428
7. 창강 연안개방도시 ········ 428
8. 보세구 ········ 428
9. 국가급 첨단기술산업 개발구 ········ 429
10. 국제관광 리조트개발구 ········ 429
11. 기타 자비개발구 ········ 430

참고문헌 ———— 431

중국 신 경제지리 PART

1 지역경제의 발전

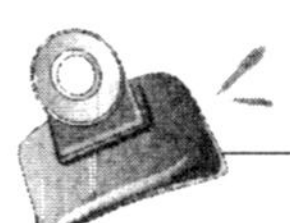

제1장 지역경제 발전정책과 경제력 분석 / 15

제2장 마오쩌뚱(毛澤東)의 지역 균형발전정책 / 33

제3장 떵샤오핑(鄧小平)의 지역 불균형발전정책 / 47

제4장 장쩌민(江澤民) 이후의 지역 협조발전정책 / 65

제1장 지역경제 발전정책과 경제력 분석

제1절 지역경제 발전정책의 기초

1. 지역경제 발전정책의 필요성

중국은 광대한 국토 면적에 거대한 인구를 가진 국가로서 지역별로 언어가 다르고 민족이 다르며 문화도 다양하다. 또한 지역별로 자연자원, 인력자원 및 제반 사회·경제적 조건이 매우 상이하다. 중국 건국 초에 지역간 경제발전 수준에 상당한 격차가 있었으며 국가발전의 기본 이념으로 채택해 온 사회주의체제는 매우 경직적이었다. 특히 중국에서 지역경제 발전정책은 냉전시대 미국 및 소련과의 갈등 등 이러한 여러 가지 현실을 바탕으로 추진되었다.

일반적으로 지역경제 발전정책의 기본 목표는 지역별 육성산업의 배치, 지역간의 교역, 그리고 지역과 산업의 적절한 연계를 통해 지역경제를 발전시키고 이를 통해 국민경제 전반을 발전시키는데 있다. 그러나 지역경제의 발전은 각 지역의 자연환경, 인구, 부존자원, 산업기반, 사회간접자본, 교육 등 여러 가지 경제적 조건이 상이하고, 또 지역간 경제력 격차가 상존하는 상황이므로 정책선택을 신중히 해야 한다.

지역경제 발전정책의 성과를 극대화하기 위해서는 효율적인 지역구획과 산업배치가 필수적이다.

지역구획은 각 지역의 부존자원을 합리적으로 이용하고, 각 지역이 보유한 노동

·자본 등 생산요소를 효율적으로 관리할 수 있어야 한다. 뿐만 아니라 지역구획은 각 지역의 특성에 맞도록 하고 시장 및 지역경제의 연계성 등을 감안하여 결정되어야 하며, 여기에 물류비용 등과 관련된 사회간접자본을 적절히 건설·배합함으로써 지역 및 국가의 경제발전을 가속화할 수 있어야 한다.

최근 중국의 지역구획은 지리적 인접성이나 부존자원 등의 자연조건과 행정적 편의에 따른 가장 기본적인 형태의 구획이다. 개혁·개방 초기 연해의 경제특구(經濟特區)·14개 연안개방도시(沿岸開放都市)·계획단열도시(計劃單列都市) 등은 점과 선에 해당되는 거점지역(polarized region)으로서 지역의 경제적 기능에 따른 지역구획이라고 할 수 있다. 한편 창강(長江)·주강(珠江)·민강(閩江) 삼각주와 연해와 내륙으로의 구획은 동질지역(homogeneous region)으로서 자원 등 자연적 요소, 소득 등 경제적 요소, 정치 등 사회적 요소에 의한 지역구획이라고 할 수 있다.

효율적인 산업배치는, 농업은 자연조건에 유리한 지역에 배치하고 공업은 원료·연료의 생산지 및 제품소비지에 근접하게 함으로써 신기술의 도입, 운송비의 절감, 노동생산성의 극대화 등 지역의 장점이 최대로 발휘되어야 한다. 또한 전문성과 종합성, 장단기적 경제발전 계획이 동시에 고려되어야 한다.

중국 건국이후 마오쩌뚱(毛澤東)은 사회 전반의 공평성 실현을 위하여 지역균형발전정책을 채택하였다. 이 정책은 일반적으로 국가의 경제자원이 비교적 풍부하여 국가 전역을 동시에 발전시킬 경제적 여력이 있거나 개발속도는 느리지만 장기적인 발전계획을 중시할 경우에 실시한다.

떵샤오핑(鄧小平)은 마오쩌뚱의 정책이 국민경제의 발전에 효과적이지 못하였기 때문에 제한된 경제자원을 특정지역에 집중 투입하여 우선 발전시키고 이를 기초로 타지역을 발전시키는 불균형발전정책을 실시하였다.

쟝쩌민(江澤民)은 균형발전정책과 불균형발전정책의 장점을 취하고 단점을 최소화하는 정책으로서 지역간 협조발전정책을 채택하였다. 쟝쩌민은 연해지역을 중심으로 경제력이 어느 정도 증강되었고 지속적인 경제발전을 위해 자원 및 생산요소의 이용도를 높일 필요가 있으며, 연해와 내륙간 심화된 경제력 격차에 따른 갈등을 해소하기 위해 내륙지역에 경제자원을 중점 안배하고 연해와 내륙을 정책적으로 연계하고자 하였다.

후진타오 정부는 심각한 경제력 격차에 직면하여 11・5 계획(2006~2010년)에서 떵샤오핑의 선부론(先富論)을 포기하고 균부론(均富論)으로 지역발전 정책을 선회하였다. 즉, 2005년 10월 당 16기 5중 전회의 '11・5 계획 건의안'에서 지역간, 도농간, 계층간 불균형을 해소한 '조화로운 사회의 건설'을 내세워 지금까지의 효율을 중시한 성장우선주의에서 공평한 분배를 중시한 균형발전 위주로의 정책전환을 결정하였다.

아울러 2006년 5월에는 후진타오 국가주석 주재로 당 정치국 회의를 열고 불균등한 분배구조를 전면 개혁키로 하였다.

후진타오 이러한 정책을 실현하는 전략으로 ① '서기동수', '서전동송', '남수북조' 등의 서부대개발 계획을 지속적으로 추진하고, 전국의 동서남북을 연결하는 '5종7횡'의 고속도로 사업 및 도로・철도 확충사업으로 연해와 내륙 및 중심도시들을 연결하며 ② 동북지역의 산업구조 조정과 국유기업 개혁을 통해 구공업기지를 재건하는 '동북진흥공정(東北振興工程)'을 추진하며 ③ 중부지역이 동서남북을 연결하는 교통중심지라는 장점을 살려 발전시킨다는 '중부굴기(中部崛起)'를 촉진하며 ④ 동부 연해지역의 경제선도를 격려하며 ⑤ 구 혁명지역, 소수민족 지역 및 변경지역의 발전을 지원하는 등으로 지역간 협조발전 시스템을 구축하는 방안을 선택하였다.

2. 지역구획

중국의 지역구획은 역사적으로 행정구역의 구획으로부터 시작하였고 신중국 수립 이후에는 매우 빈번하였다.

즉, 행정구역의 구획 변화를 보면 1949년 말 전국을 50개 성급(省級) 행정단위(30개 성, 1자치구, 12직할시, 5행서구, 1지방, 1지구)로 나누었다가 1959년까지 29개 성급 행정단위(22개 성, 4자치구, 2직할시, 1주비위원회)로 개정되었다. 1967년에는 30개 성급 행정단위(22개 성, 5자치구, 3직할시)로 다시 바꾸었으며 1987년 말에는 전국의 성급 행정단위가 30개인 상태에서 현급 행정단위에만 변화가 이루어져 2,826개 현이 되었다. 1988년 꽝뚱성(廣東省) 하이난따오(海南島)를 하이난성(海南省)으로 분리 독립하였고 1997년 충칭(重慶)을 쓰촨성(四川省)

에서 분리하여 직할시로 승격함으로써 현재는 타이완(臺灣)을 제외하고 31개 1급 행정단위(22개 성, 4개 직할시, 5개 자치구)로 편성되어 있다

경제적 지역구획으로는 건국전인 1930년대 중화민국(中華民國) 통치시기에 지역을 연해와 내륙으로 구분하고 외세의 침략에 대비하여 내륙에 주요 산업을 배치하여야 한다는 견해가 제기된 바 있다. 그러나 그것은 체계적이지 못하였고 당시의 정치·사회적 혼란으로 인하여 국가의 지역개발정책으로까지 발전하지 못하였다.

지역경제의 발전을 위한 종합적인 지역구획도, 건국 초기 정치적 안정이 선결과제였고 경제정책은 통일 후의 경제부흥을 위한 전국적인 경제관리에 치중하였기 때문에 중시되지 않았다. 다만 건국 전 야전군 지역 편성인 동북, 서북, 화북(華北), 화동(華東), 중남(中南), 서남의 6개 행정구역을 경제적으로 편성한 6대 협작구(協作區) 구획이 있었다. 이 구획은 1954년 국가체제가 안정되면서 폐지되었으나 지역구획은 6개 지역을 중심으로 하는 형태가 지속되었다.

1956년 4월 마오쩌뚱은 국가발전을 위한 10가지 중요한 관계를 설명한 '십대관계를 논한다'〈논십대관계(論十大關係)〉에서 동부 연해와 내륙지역의 관계에 대하여 언급함으로써 중국 전역을 연해와 내륙으로 구분하였다.

1957년 대약진운동(大躍進運動)을 시작하면서 지역구획은 지방의 독립적인 공업체계를 확립하여야 하는 필요성에 의해 종전의 6대 협작구에서 경제적 의미가 더욱 강조된 6대 협작지역(協作地域)으로 다시 제기되었다. 이 구획은 1958년 중남을 화중(華中)과 화남(華南)으로 재구분하여 7개 지역이 되었는데 이 구획은 인구 7천만 명에서 1억 명의 지역경제권을 상정하고 각 지역에 철강콤비나트를 중심으로 하는 경제적 자립생산체제를 갖추도록 하는 것이었다. 그러나 1961년 화중과 화남은 다시 중남으로 합쳐져 지역구획은 6개로 축소·조정되었다.

1964년에는 국가안보적 차원에서 전국을 1, 2, 3선(線)의 3개 지역으로 구분하고 3선 지역인 내륙에 경제건설의 중점을 두는 3선건설 전략을 추진하였다. 이때 3선 지역의 중심지는 쓰촨(四川), 윈난(雲南), 꾸이저우(貴州), 산시(陜西) 등으로서 정부 투자의 대부분이 이 지역에 집중되었다. 1978년 2월 제5기 전국인민대표대회 제1차 회의에서는 3선건설 전략으로 퇴조되었던 6대 경제지역이 다시 전국을 구획하는 주요 방안으로 제시되었다.

1979년 이후에는 전국을 연해와 내륙으로 구분하고 동부 연해지역을 우선 발전시키는 불균형발전정책을 실시하였다. 이러한 지역구획 형태는 6・5[1]시기로 이어졌고 연해지역에는 경제특구 등 특정지역이 설립되어 경제발전의 견인차 역할을 해 나갔다.

7・5시기에는 제6기 전인대 제4차 회의에서 결정한 동부 연해, 중부 내륙, 서부 내륙의 3개 지역으로 전국을 구분하고 동부는 외향형 발전전략으로 '발전 가속화'를, 중부는 내향형과 외향형 전략을 동시에 추구하는 '중점적 발전'을, 서부는 내향형 전략을 주로 취하고 외향형 전략을 보충적으로 실시하는 '진일보한 개발 준비' 지역으로 하였다.

8・5시기인 90년대 들어서는 연해를 계속 중시하면서 내륙・빈곤지역에 대한 정치적 배려로써 동북・화북 환뻐하이(環渤海)・창강 삼각주・남방연해 경제지역 등의 연해지역, 황하(黃河) 중류와 상류・창강 중류와 상류 지역 등의 내륙지역, 신장(新疆) 경제개발구 등의 소수민족지역, 시짱(西藏) 특수경제지역 등의 빈곤지역으로 나누어 내륙과 빈곤지역을 비중있게 다루었고 이를 1991년의 10개 경제구 구상으로 연결하였다.

1991년 국가계획위원회에 의해 제기된 10개 경제구는 경제권역의 특성에 적합한 특정 분야의 중점개발을 내용으로 하는 종합적인 경제발전 구상이라고 할 수 있다. 1992년 7월 쩌우쟈화(鄒家華) 부총리는 1990년대 지역발전을 위하여 상하이 푸뚱(浦東)을 중심으로 한 창강 연안지구, 화남의 주강 삼각주 지구, 산뚱・동북 위주의 환뻐하이 지구, 서남과 화남의 일부 성・시 지구, 서북 지구, 중원 지구, 동북 지구의 7대 경제구를 제기하였는데 주요한 내용은 개방지역을 확대하는 것이었다.

협조발전정책 시기에도 연해와 내륙으로의 지역구획이 전제되는 가운데 다양한 지역구획이 논의되었다. 즉, 1994년 4월 국가계획위원회는 각 지역의 상대적 우위산업에 따라 경제지역을 가공형, 가공주도형, 자원개발형, 자원개발과 가공 혼합형, 특수형의 5개로 구분하였으며, 같은 해 11월에도 전국을 동북 경제구, 환뻐하이 지구, 창강 삼각주 지구, 서남과 화남 지구, 서북 지구, 중부 경제구, 꽝뚱(廣東)・푸지엔(福建)의 7개 지역으로 나누어 산업별 중복투자를 없애고 효율적인

1) 중국은 5개년 경제계획을 실시하고 있는데 1.5시기, 2.5시기 등으로 표현한다. 즉, 6.5시기는 제 6차 5개년 계획을 말한다.

외자도입을 통해 지역별 균형발전을 시도하는 방안을 제기하였다.

한편 이러한 정부의 지역구획 외에 80년대 후반부터 주로 대학의 지역경제 연구학자들에 의해 자원 등 요소부존 상황에 따르거나 산업구조를 중심으로 한 지역구획이 있다. 즉, 천뚱성(陳棟生)[2]의 6대 경제구, 장위에(蔣岳)·리우인(劉垠)[3]의 50년대 6대 경제협작구를 준용한 6대 경제구, 양우양(楊吾揚)·량진뚜(梁進杜)[4]의 경제구조와 발전수준 및 상품화에 따른 구획이 있으며 이외에 랴오룽화(廖榮華)[5], 청팡(程放)·장우뚱(張務棟)[6], 꾸차오린(顧朝林)[7] 등이 독특한 구획방식에 의한 지역구획안을 제기하였다.

최근의 지역구획은 국가계획위원회와 민간학자가 중심이 되어 지리적 위치, 경제력, 부존자원, 산업 배치, 지역간 분업, 기술 수준 등을 고려하여 매우 다양하게 구분하고 있다.

그러나 가장 보편적이고 실질적인 구획방식은 크게 연해와 내륙의 2개 지역 혹은 연해와 내륙중부 및 내륙서부를 기본으로 하고 상세함을 원할 때 전국을 1급 행정지역인 31개 성·시로 분할하는 지역구획이다.

연해와 내륙 구획을 역사적으로 보면, 건국 전 중화민국 통치시대에 이미 경제력 배치의 중점을 연해와 내륙으로 구분하여 결정한 바 있으며 건국 초기에도 소련의 대규모 원조 및 국가의 중요 건설항목 중 대부분이 연해와 내륙 구획을 기준으로 내륙에 투자된 바 있다. 또한 1978년 개혁·개방정책을 추진하면서 연해 우선발전 정책을 실시하였고 1980년대 후반 조정정책시기에, 1992년 말 이후 협조발전정책 실시시기에도 역시 내륙발전을 위하여 전국을 연해와 내륙으로 구분하여 지역개발정책을 추진하였다.

본서의 연구는 지역을 PART 1에서는 연해와 내륙 혹은 연해와 내륙중부·내륙서부로 구분하였으며, PART 2에서는 연해는 뻬이징(北京)시·상하이(上海)시·티엔진(天津)시·허뻬이(河北)성·랴오닝(遼寧)성·산뚱(山東)성·장쑤(江蘇)성·저쟝(浙江)성·꽝뚱(廣東)성·푸지엔(福建)성·꽝시(廣西)좡쭈(壯族)자치구·하이난(海南)성의 동부 12개 지역, 내륙중부는 산시(山西)성·네이멍꾸(內蒙

---

2) 陳棟生, '對中國生産力布局戰略的探討', 「中國工業經濟學報」, 1985年 第2期.
3) 蔣岳·劉垠 主編, 「中國地區經濟增長比較硏究」, 遼寧出版社, 1992. 6, pp. 25-29.
4) 楊吾揚·梁進杜, '中國的10大經濟區探討', 「經濟地理」, 1992年 第3期.
5) 廖榮華, '論區域經濟協調發展的地域構造變化', 「經濟地理」, 1993年 第3期.
6) 程放·張務棟, '對我國綜合經濟區劃的若干思考', 「經濟地理」, 1992年 第2期.
7) 顧朝林, 「城市經濟區理論与應用」, 吉林科學技術出版社, 1991. 5, pp. 184-185.

古)자치구 · 지린(吉林)성 · 헤이룽장(黑龍江)성 · 안후이(安徽)성 · 장시(江西)성 · 허난(河南)성 · 후뻬이(湖北)성 · 후난(湖南)성의 9개 지역과 내륙서부는 충칭(重慶)시 · 쓰촨(四川)성 · 꾸이저우(貴州)성 · 윈난(雲南)성 · 시짱(西藏)티베트자치구 · 산시(陝西)성 · 깐쑤(甘肅)성 · 칭하이(青海)성 · 신쟝(新疆)웨이우얼(維吾爾)자치구 · 닝샤(寧夏)후이쭈(回族)자치구의 10개 지역으로 나누었다.

제2절 지역별 주요 경제지표

지역경제의 발전은 생산력과 밀접한 관계가 있으며 생산력은 생산요소의 부존상황과 깊은 관계가 있다. 생산요소가 합리적으로 분포되어 있는 경우는 경제적 효율이 높아 국민경제를 신속히 발전시킬 수 있지만 분포가 불균형하면 생산성은 그만큼 낮아진다.

중국의 요소부존 상황을 보면, 연해에는 인적자원이 풍부하고 내륙에는 광물과 에너지 자원이 편중되게 부존되어 있는데 지역경제의 발전은 이러한 부존자원의 효율적 활용이 매우 중요하다.

실례로 균형발전정책 시기에는 정치 · 군사적 논리를 경제적 효율보다 중시함으로써 부존자원을 효과적으로 활용하지 못하였고 불균형발전정책 시기에는 연해지역에 각종 잔여자원을 우선 배분하여 자원이용의 효율성을 높이고 신속한 경제발전을 이룩하였다.

협조발전정책 시기에는 내륙발전을 촉진시키는 것이 지역경제 발전정책의 성과를 극대화하는 관건이라고 판단하여 지역간 생산요소의 교류협력을 통한 지역경제의 발전에 정책의 초점을 맞추어 왔다.

1. 면적과 인구

중국의 면적은 963.4만 ㎢로서 그중 연해 동부지역의 면적은 전 국토의 13.9%인 133.7만 ㎢이며 내륙 중 · 서부 지역은 86.1%인 829.7만 ㎢이다. 내륙의 면적은 연해의 약 6.4배에 달하여 두 지역간의 면적 격차가 매우 크다. 그러나 경작지는 연해가 전국 경작지의 28.4%인 3,695.6만 헥타르, 내륙이 71.6%인 9,308.3

만 헥타르로써 연해의 경작지가 면적에 비하여 상대적으로 많다. 이는 중국의 지형이 서고동저(西高東低) 형이어서 연해 동부에 강과 평야지대가 많고 내륙에는 고원과 사막 등 불모지가 많기 때문이다.

총인구는 1952년 5억 4,992만 명에서 2004년 12억 9,415만 명으로 증가하였다(현역군인, 오차 등을 고려하면 총인구는 12억 9,988만 명으로 늘어남). 그중 연해와 내륙인구의 비중은 1952년 42.5%, 57.5%에서 2004년에는 각각 41.8%, 58.2%로 변화하였다. 연해의 비중은 1978년 이래로 감소추세에 있다가 최근 약간 증가하였다. 70~80년대 인구감소 추세는 60~70년대 내륙중시의 균형발전 정책과 문화혁명시의 강제적인 샤팡(下放)정책으로 내륙의 인구증가율이 연해보다 높았기 때문이며 최근의 증가추세는 연해지역의 경제발전에 따른 도시화 현상 때문이다. 이와 같이 전 국토의 13.9%에 불과한 연해 지역에 총인구의 40%이상이 집중적으로 거주하는 것은 연해가 내륙에 비해 취업기회가 많고 소득수준이 높으며 생활이 편리하기 때문이다.

[표 1-1] 연해와 내륙의 면적과 경작지

		전 국	연 해	내 륙		
				중 부	서 부	합 계
면 적	면적(만 ㎢)	963.4	133.7	285.0	544.7	829.7
	비중(%)	100.0	13.9	29.6	56.5	86.1
경작지	면적(만 ha)	13,003.9	3,695.6	5,611.9	3,696.4	9,308.3
	비중(%)	100.0	28.4	43.2	28.4	71.6

자료 : 中國統計年鑑, 1996년, 2005년 판.

[표 1-2] 연해와 내륙의 인구

(단위 : 만 명, %)

	1952		1978		1992		2004	
	인구	비중	인구	비중	인구	비중	인구	비중
전국	54,992	100.0	93,826	100.0	116,570	100.0	129,415	100.0
연해 동부	23,356	42.5	38,787	41.3	48,122	41.3	54,140	41.8
내륙 중부	18,558	33.7	32,771	34.9	41,781	35.8	45,421	35.1
내륙 서부	13,078	23.8	22,268	23.7	26,667	22.9	29,854	23.1

주 : 내륙 서부 시짱(西藏)자치구의 1952년 통계는 1958년 수치를 사용함. 2004년은 전국 지역인구 자료를 사용함.

자료 : 國家統計局綜合司 編, 全國各省·自治區·直轄市 歷史統計資料匯編(1949-1989), 1990. 8, 中國統計年鑑, 각년 판.

노동자는 1952년 2억 729만 명에서 2004년 6억 6,309만 명으로 증가하였다. 지역별로는 1952년 연해 35.7%, 내륙 64.3%에서 2004년 연해 42.5%, 내륙 57.5%로 변화하여 연해의 경제발전에 따라 상당수의 노동자들이 연해로 이주한 것을 알 수 있다.

1952~78년의 기간에 총인구에서 연해의 비중은 감소하였으나 노동자의 비중이 증가한 것은 동 기간 내륙중시의 균형발전정책에도 불구하고 연해지역에 노동집약적 경공업이 발전해 있었고, 내륙은 노동자를 많이 고용하지 않는 장치산업인 중공업이 발전해 있기 때문인 것으로 보인다.

한편 1978년 이후 연해우선 발전의 불균형발전정책에 따라 많은 인구가 연해로 이동하였으나 연해 노동자의 비중변화가 거의 없는 것은 거주이전이 어려운 중국 호구제도의 특성과 내륙의 출산율이 높은데 기인한다.

[표 1-3] 연해와 내륙의 노동자 추이

(단위 : 만 명, %)

	1952		1978		1992		2004	
	노동자	비중	노동자	비중	노동자	비중	노동자	비중
연해 동부	7,397	35.7	17,052	42.5	25,223	42.4	28,398	42.5
내륙 중부	7,783	37.5	13,876	34.6	20,200	34.0	22,501	34.1
내륙 서부	5,549	26.8	9,224	23.0	14,009	23.6	15,410	23.4

주 : [표 1-2]와 동일함.
자료 : [표 1-2]와 동일함.

노동자의 기술수준과 향후의 경제발전 가능성을 판단할 수 있게 해주는 고급인력 부문에 있어서도 연해의 비중이 상당히 높다. 1988년[8] 총 고급인력에서 연해의 비중은 45.9%로 고급인력의 절반 가까이가 연해지역에 거주하고 있으며 이러한 경향은 1998년에도 유사하여 연해는 총 고급인력의 45.3%를 차지하였다. 이것은 연해의 공업이 발전해 있고 공업기술이 내륙에 비해 상대적으로 높은 수준에 있으며 또한 향후에도 연해가 계속 발전할 가능성이 높다는 것을 말해 준다. 한편 총인구 대비 고급인력의 비중이 연해와 내륙에서 모두 급격히 증가하고 있어 중국의 기술력이 계속 향상될 것임을 보여준다.

8) 1988년 이전까지는 고급인력에 대한 지역별 통계가 완전하지 않아 공식 자료로 사용하기에는 부적합하다.

과학기술 인원상황에 있어서도 연해의 비중이 매우 높다. 2003년 국유기업의 기술인원 상황을 보면, 엔지니어는 연해에 전체의 48.9%가 거주하고, 과학자는 전체의 48.7%인 57만 여명이 집중되어 있다. 의료인의 경우도 중국정부가 내륙 주민들에 대한 의료서비스를 중시했음에도 불구하고 44.4%가 연해에 거주하고 있다.

이와 같이 연해가 내륙지역보다 과학기술이 발전할 수 있는 여건이 훨씬 좋고 경제발전에 따른 수요가 많아지면서 발명·실용신안 특허 및 디자인에 대한 국가 비준에서도 연해의 비중이 77.7%에 달하였다.

[표 1-4] 연해와 내륙의 과학기술 상황(2003년)

	국유기업 기술인원 상황(연말 기준)						발명, 실용신안, 디자인의 비준	
	엔지니어		과학 연구요원		의료인			
	천명	비중	천명	비중	천명	비중	개	비중
연해 동부	1,544.8	48.9	57.0	48.7	1,326.4	44.4	106,200	77.7
내륙 중부	1,029.2	32.6	38.6	33.0	1,090.6	36.5	18,331	13.4
내륙 서부	586.3	18.6	21.4	18.3	567.0	19.0	12,149	8.9

자료 : 中國統計年鑑, 2004년 판.

연해지역이 내륙보다 과학적 기반이 우위에 있다는 것은 연해의 내륙에 대한 기술적·경제적 우위를 말해 주며 발전가능성의 측면에서도 연해가 내륙보다 높다는 것을 보여준다.

2. 투자와 국내총생산 및 1인당 국민수입

(1) 투자

전사회고정자산투자도 연해지역에 대한 투자가 반 이상으로 내륙보다 많다. 기본건설투자, 갱신개조투자, 국유경제 단위의 기타 고정자산투자, 부동산개발투자, 도시·농촌의 고정자산투자, 기타 경제유형의 고정자산투자, 농촌 집체기업의 고정자산투자 등 항목으로 구성되는 전사회고정자산투자는 1980년 이후 연해지역 우선발전의 불균형발전정책이 추진되면서 연해지역의 비중이 더욱 높아졌다. 이에 따라 1985년 52.1%로 과반수를 차지하였고 2003년에는 59.5%로 더욱 높아졌다.

[표 1-5] 연해와 내륙에 대한 투자

(단위 : 억 위엔, %)

		1980		1985		1992		2003[1)]	
		금액	비중	금액	비중	금액	비중	금액	비중
전사회 고정자산투자	연해	308.4	48.5	822.4	52.1	2,877.4	54.6	33,061	59.5
	내륙	327.8	51.5	755.2	47.9	2,396.2	45.4	21,543	38.8
기본건설투자	연해	240.4	46.9	499.6	51.3	1,513.4	50.2	11,786	51.4
	내륙	271.8	53.1	475.1	48.7	1,499.3	49.8	10,186	44.5

주 : 1)2004년의 기본건설투자관련 통계가 미흡하여 2003년 자료를 사용함. 전사회고정자산투자는 1.7%, 기본건설투자는 4.1%가 지역이 불분명함.
자료 : [표 1-2]와 동일함.

기본건설투자도 1980년 연해 46.9%, 내륙 53.1%의 비중에서 2003년에는 51.4%와 44.5%로 연해의 비중이 반을 넘었다.

기본건설투자는 공장, 광산, 교량, 항만, 댐, 상점, 주택, 학교, 병원 등 사회간접자본과 기계, 차량 등 생산설비에 대한 투자를 의미하므로 면적이 적은 연해지역에 대한 투자가 내륙보다 많은 것은 연해의 경제발전이 더 중시됨을 말해 준다.

2003년 전사회고정자산투자 상위지역은 산뚱성, 쟝쑤성, 꽝뚱성, 저쟝성, 허뻬이성 순이며, 기본건설투자 상위지역은 쟝쑤성, 꽝뚱성, 산뚱성, 저쟝성, 허난성의 순으로 나타났다.

(2) 국내총생산

생산부문에 있어서도 연해지역의 우위가 뚜렷하다. 사회총생산은 1952년 연해의 비중이 54.9%로서 이미 건국 초기부터 경제력이 연해에 집중되어 있었으며 1979년 이후 불균형발전정책이 실시되면서 그 비중은 더욱 높아졌다. 2004년 말 지역별 비중은 연해 60.4%, 내륙중부 26.4%, 내륙 13.2%로서 연해에 대한 의존도가 더욱 높아졌다.

이것은 앞에서 나타난 바와 같이 연해에 노동자, 기술인력, 공장 등이 집중되어 있고 과학기술 부문에 대한 투자, 전사회고정자산투자, 기본건설투자 등도 모두 연해에 편중되어 연해의 경제와 산업이 내륙보다 빨리 발전하고 있기 때문이다.

[표 1-6] 연해와 내륙의 국내총생산

(단위 : 억 위엔, %)

	1952		1978		1992		2004	
	금액	비중	금액	비중	금액	비중	금액	비중
연해 동부	511	54.9	3,671	54.2	13,532	56.6	98,626	60.4
내륙 중부	285	30.6	2,045	30.2	6,687	28.0	43,062	26.4
내륙 서부	137	14.6	1,056	15.6	3,709	15.5	21,553	13.2

주 : 1952년, 1978년은 사회주의 경제의 특성상 사회총생산을 사용함. 2004년은 각 지역 수치를 합한 것임.
자료 : [표 1-2]와 동일함.

(3) 1인당 국민수입

1인당 국민수입은 1952년 연해 117위엔, 내륙 중부 95위엔, 내륙 서부 67위엔으로 연해를 1로 했을 때 내륙 중부와 서부는 각각 1 : 0.81 : 0.57이었다. 이러한 비율은 1978년에 각각 1 : 0.53 : 0.44로 1인당 국민수입 차이가 오히려 확대되어 균형발전정책의 성과가 전혀 없는 것으로 나타났다. 1992년에는 지역 불균형발전정책의 결과 연해와 내륙 중·서부간 1인당 국민수입 격차가 각각 1 : 0.43 : 0.37로 그 차이가 더욱 심화되었다.

그러나 2004년의 경우 협조발전정책의 채택 등 연해와 내륙의 격차를 축소하려는 노력에 힘입어 연해에 대한 내륙 중부 및 내륙 서부의 비중은 1 : 0.52 : 0.40으로 내륙의 비율이 상당히 상승하였다.

2004년 1인당 GDP가 높은 지역은 상하이가 5만 5,307위엔으로 가장 높았고 다음으로 뻬이징, 티엔진, 저쟝, 쟝쑤, 꽝뚱의 순이었으며 가장 낮은 지역은 꾸이저우가 4,215위엔으로 가장 높은 상하이의 7.6%에 불과하였다.

[표 1-7] 연해와 내륙의 1인당 국민수입

(단위 : 위엔, %)

	1952		1978		1992		2004	
	금액	비율	금액	비율	금액	비율	금액	비율
연해 동부	117	1.00	379	1.00	1,155	1.00	18,217	1.00
내륙 중부	95	0.81	201	0.53	500	0.43	9,481	0.52
내륙 서부	67	0.57	165	0.44	431	0.37	7,219	0.40

주 : 2004년의 1인당 국민수입은 지역 총생산/인구임.
자료 : 李泊溪 主編, 地區政策与協調發展, 中國財政經濟出版社, 1995. 11, p. 2, 中國統計年鑑, 2005년 판.

제3절 주요 자원의 분포

1. 광물자원

중국의 자원은 세계 3위를 기록할 만큼 풍부하게 매장되어 있는데, 매장된 광물의 종류는 163종이고 매장량이 확인된 광물은 149종에 달한다. 확인된 자원의 매장량은 석유가 세계 매장량의 2.4%, 석탄이 11%, 철광석이 5.4%, 연과 아연은 각각 11.1%, 3.6%를 차지하고 있고 희토류, 티타늄, 안티몬, 형석, 비소, 석면, 석고 등이 세계 1위, 바나듐, 탄탈, 유황, 중정석 등은 세계 2위, 몰리브덴, 코발트, 리튬, 석탄 등은 세계 3위, 망간, 주석, 수은은 세계 4위, 철과 연은 세계 5위의 매장량을 기록하고 있다. 이밖에 세계 10위이내의 매장량을 보이고 있는 광물은 알루미늄, 동, 금, 니켈, 칼륨, 크롬 등이다.

자원은 내륙지역에 광물의 63.5%, 에너지의 92.6%, 수자원의 56.9%가 분포되어 있어 내륙우위를 보여준다.

중국에서 광물자원은 흑색금속과 비철금속으로 구분되는데 흑색금속으로 분류되는 광물은 철광석, 망간, 크롬, 바나듐, 티타늄이며 비철금속으로 분류되고 있는 광물은 알루미늄, 동, 연, 아연, 주석, 니켈, 텅스텐, 마그네슘, 금, 은, 코발트, 텅스텐, 몰리브덴, 규소, 인 등이다.

흑색금속 중 철광석은 세계 제 5위의 매장량을 기록하고 있는데 10억 톤 이상 매장되어 있는 주요 지역은 연해의 랴오닝(遼寧), 허베이(河北), 산뚱(山東)과 내륙의 쓰촨(四川), 산시(山西), 안후이(安徽), 후뻬이(湖北), 윈난(雲南), 네이멍꾸(內蒙古) 등으로서 이들 지역에 전체의 80% 이상 매장되어 있다. 최대 생산지역은 허베이로 전체의 약 20%를 점한다.

망간은 90% 이상이 내륙의 후난(湖南), 꾸이저우(貴州), 쓰촨(四川), 윈난(雲南), 쟝시(江西)와 연해의 광시(廣西)자치구, 광뚱(廣東), 랴오닝(遼寧), 허베이(河北)에 부존되어 있다. 주요 매장량은 광시자치구가 37%, 후난이 17%, 꾸이저우가 15%를 차지하고 있다.

크롬도 주로 내륙의 시짱, 신쟝(新疆), 네이멍꾸, 깐쑤(甘肅) 등지에 매장되어 있는데 매장량 점유율은 시짱자치구 41%, 신쟝자치구 16%, 네이멍꾸자치구 15%, 깐쑤가 14%를 차지한다.

티타늄은 연해의 하이난(海南), 꽝시자치구, 꽝뚱, 산뚱과 내륙의 윈난, 허난에 많이 매장되어 있다.

중국의 주요 비철금속 광물은 알루미늄, 동, 연, 아연, 주석, 텅스텐, 몰리브덴 등이다.

중국이 가장 중시하고 있는 비철금속인 알루미늄은 매장량이 약 20억 톤인데 대부분 내륙에 분포되어 있다. 주요 산지는 내륙의 산시로서 총매장량의 39%가 매장되어 있고, 이 외에 꾸이저우에 20%, 허난에 17%가 매장되어 있다. 윈난, 꽝시와 연해의 산뚱도 주요 산지이며 최대 생산지는 내륙의 허난이다.

동의 매장량은 3천만 톤으로 세계 6위인데 대부분이 내륙에 분포되어 있다. 총 매장량의 70%이상이 내륙의 쟝시를 포함한 창강 중류와 하류, 신쟝, 깐쑤, 시짱, 쓰촨, 윈난, 안후이에 매장되어 있고 특히 쟝시에는 전체의 3분의 1이 매장되어 총생산량의 25.0%를 생산한다.

연과 아연 역시 주요 부존광물로서 연은 세계 5위의 매장량, 아연은 세계 3위의 매장량을 보이고 있다. 연과 아연의 매장량의 74%가 윈난, 네이멍꾸, 꽝뚱, 쓰촨, 깐쑤에 집중되어 있는데 꽝뚱을 제외하고는 모두 내륙에 위치해 있다.

주석의 매장량은 세계 제 4위로서 주요 부존지역은 윈난, 꽝시, 후난, 꽝뚱, 쟝시, 쓰촨으로서, 이들 지역에 전체의 98% 이상이 매장되어 있다.

이외에 니켈도 내륙의 깐쑤, 산시(陝西), 지린(吉林), 윈난에 주로 분포되어 있는데 특히 깐쑤에는 총매장량의 70%가 매장되어 있고 총생산량의 75%를 생산하였다.

몰리브덴은 내륙의 산시(陝西), 허난, 지린과 연해의 랴오닝에 집중 매장되어 있고 생산량은 내륙의 산시(陝西)와 허난이 57.7%를 차지하고 있다.

또한 텅스텐은 세계에서 가장 많이 매장되어 있는데 내륙의 쟝시, 후난, 허난과 연해의 꽝뚱과 꽝시에 집중 분포되어 있으며 쟝시와 후난에서 전체의 84.5%가 생산되고 있다.

금광은 내륙의 헤이룽쟝, 허난, 지리와 연해의 산뚱, 허베이에 광상(鑛床)이 형성되어 있고 사금은 내륙의 헤이룽쟝, 쓰촨, 산시(陝西)에 주로 매장되어 있다.

인(燐)도 내륙의 윈난, 꾸이저우, 쓰촨, 후뻬이에 집중 분포되어 있고 유황은 연해의 꽝뚱과 내륙의 쓰촨, 윈난, 안후이에 편중되어 있으며 안티몬은 내륙의 후난, 꽝시자치구, 꾸이저우, 후난에 전체의 81%가 매장되어 있다. 수은도 내륙의 꾸이저우에 41%, 산시(陝西)에 20%, 쓰촨 15%, 후난에 6% 등 내륙 몇 개 지역에 82%가 집중 매장되어 있다. 위의 자료에서 알 수 있듯이 상당히 많은 광물자원이 내륙에 부존되어 있다.

2. 에너지 자원과 수자원

에너지 자원과 수자원에 의한 석탄, 석유, 천연가스, 수력발전의 생산과 소비 비중은 50여년 동안 상당한 변화가 있었다. 즉 석탄의 비중은 현저히 감소해 왔고 석유의 비중은 급격하게, 천연가스와 수력발전의 비중은 꾸준히 증가해 왔다.

2003년 에너지 총생산량의 74.2%를 차지하는 석탄은 중국에 전세계 3위인 11%가 매장되어 있다. 주요 부존지역은 내륙의 산시, 네이멍꾸, 산시(陝西), 허난, 안후이, 닝샤(寧夏)자치구와 연해의 허베이, 산뚱 등이며 최대 산지는 내륙의 산지이고 산시, 네이멍꾸, 산시(陝西)의 생산량이 전체의 64%를 차지한다.

석유는 세계의 확인매장량의 2.4%를 차지한다.[9] 주요 부존지역은 연해의 산뚱, 랴오닝과 내륙의 헤이룽쟝, 신쟝이다. 내륙의 신쟝은 약 700억 톤이 매장되어 있는 것으로 추정되어 세계의 주목을 받고 있다. 내륙의 헤이룽쟝 따칭(大慶)유전이 최대 생산지이고 연해의 산뚱 성리(勝利)유전, 랴오닝 랴오허(遼河)유전이 유명하다.

천연가스는 산업기여도가 아직 적으나 석탄과 석유가 생산 제한, 질적 저하 및 막대한 개발자금이 소요되므로 중요성이 점차 증대되고 있다. 더구나 최근 신쟝에서 여러 개의 대규모 가스유전을 개발 중에 있어 에너지 산업에서 천연가스의 비중이 점차 증대될 것으로 보인다.

9) 金正琓, 「에너지・資源 分野의 對中國 進出 長期戰略」, 에너지경제연구원, 1995. 5, p. 55.

[표 1-8] 성·시별로 본 자원부존 상황

지역	성 · 시	부 존 자 원
동부연해지역	北京市	석탄, 철광석, 대리석, 텅스텐, 금, 은, 동
	天津市	석유, 소금
	河北省	석탄, 석유, 철광석, 동, 연, 아연, 소금, 석회석
	遼寧省	철광석, 석탄, 석유, 몰리브덴, 마그네슘, 망간, 금
	江蘇省	석탄, 석유, 철광석, 동, 아연, 코발트, 망간, 소금
	浙江省	금, 연, 아연, 철광석, 동, 몰리브덴, 망간
	福建省	철광석, 보크사이트, 텅스텐, 석탄, 동, 니켈
	山東省	석탄, 금, 다이아몬드, 석고, 석묵, 석유, 철광석
	廣東省	철광석, 텅스텐, 유철광, 다이아몬드, 동, 주석, 연
	廣西壯族自治區	보크사이트, 텅스텐, 주석, 망간, 활석, 아연, 은
내륙중부지역	山西省	석탄, 철광석, 보크사이트, 동, 소금, 인광석
	內蒙古自治區	석탄, 철광석, 희토, 천연소다, 석면, 운모, 금, 연
	吉林省	석탄, 석유, 철광석, 석회석, 니켈, 금, 몰리브덴
	黑龍江省	석유, 석탄, 금, 보크사이트, 코발트, 몰리브덴, 연
	安徽省	석탄, 철광석, 석회석, 동, 연, 아연, 인광석, 석고
	江西省	동, 텅스텐, 몰리브덴, 석탄, 철광석
	河南省	석탄, 보크사이트, 몰리브덴, 텅스텐, 금, 석유, 연
	湖北省	철광석, 인광석, 동, 중정석, 석고, 소금
	湖南省	텅스텐, 비스무스, 안티몬, 인광석, 연, 아연, 망간
내륙서부지역	四川省	석탄, 철광석, 티타늄, 동, 연, 아연, 금, 천연가스
	貴州省	석탄, 연, 아연, 수은, 인광석, 철광석, 망간
	雲南省	동, 연, 아연, 니켈, 안티몬, 주석, 철광석, 인광석
	西藏티베트自治區	동, 리튬, 크롬, 철광석, 석탄, 연, 아연, 소다
	陝西省	석탄, 석면, 몰리브덴, 텅스텐, 수은, 안티몬, 금
	甘肅省	니켈, 연, 아연, 동, 텅스텐, 석유, 철광석, 석탄
	青海省	칼륨, 소금, 연, 아연, 마그네슘, 석유, 보크사이트
	寧夏回族自治區	석탄, 철광석, 운모, 석고, 소금, 소다, 석면, 석유
	新疆維吾爾自治區	석유, 철광석, 운모, 크롬, 석탄, 천연가스, 망간

주 : 中國の省別經濟データ, 日本貿易振興會, 1986.

중국의 천연가스 매장량은 33~43조 ㎥로 추정되며 주요 부존지역은 연해의 랴오닝과 산뚱과 내륙의 쓰촨, 신쟝, 헤이룽쟝, 산시(陝西), 깐쑤, 닝샤 일대 등이다. 특히 내륙 신쟝 타리무(塔里木)분지에 8조 ㎥, 준헐(準噶爾)에 4조 1천억 ㎥, 쓰촨 일대에 8조 1천억 ㎥가 매장되어 있다.

천연가스의 최대의 생산지는 쓰촨이며 다음으로 헤이룽쟝, 랴오닝의 순으로 생산하였다. 이밖에 연해의 산뚱, 티엔진, 내륙의 허난, 신쟝 등에서 생산되며 내륙이 연해의 거의 3배에 이른다.

수력발전과 관련된 수자원도 내륙이 연해보다 풍부하다. 연해의 꽝뚱, 꽝시, 푸지엔, 저쟝이 전체의 22.7%를 차지하며 내륙의 쓰촨, 윈난, 후난, 후뻬이, 쟝시, 꾸이저우가 전체의 37.5%를 차지한다. 수력발전 잠재력은 세계 제1위이고 시설용량은 3억 8천만 ㎾에 이른다.

시설용량이 가장 큰 발전소는 내륙 후뻬이 창강 중류 싼샤(三峽)발전소의 1,300만 ㎾이며, 다음으로 쓰촨 야룽쟝(雅礱江)의 얼탄(二灘)발전소 300만 ㎾, 칭하이, 황하상류 리쟈샤(李家峽) 발전소의 200만 ㎾, 창강 중류의 꺼저우(葛洲)댐 발전소 176만 ㎾의 순이다. 대형 수력발전소도 후뻬이, 쓰촨, 꽝시, 후난, 윈난 등 대부분 내륙에 위치해 있다.

[표 1-9] 에너지 생산과 소비 구조

		총 량 (만톤 표준탄)	비중 (%)			
			석탄[1]	석유[2]	천연가스	수력발전
생 산	1957	9,861	94.9	2.1	0.1	2.9
	1978	62,770	70.3	23.7	2.9	3.1
	1992	107,256	74.3	18.9	2.0	4.8
	1998	124,250	71.9	18.5	2.5	7.1
	2004	184,600	75.6	13.5	3.0	7.9
소 비	1957	9,644	92.3	4.6	0.1	3.0
	1978	57,144	70.7	22.7	3.2	3.4
	1992	109,170	75.7	17.5	1.9	4.9
	1998	132,214	69.6	21.5	2.2	6.7
	2004	197,000	67.7	22.7	2.6	7.0

주 : 석탄[1]은 생산에서는 원탄, 소비에서는 석탄이며 석유[2]는 생산부문에서는 원유, 소비부문에서는 석유임.

자료 : 中國統計年鑑, 각년 판.

제2장 마오쩌뚱(毛澤東)의 지역 균형발전정책

제1절 중국건국 이전의 지역경제 발전정책

1. 중국건국 이전 연해지역의 발전

중국에서 서구적 의미의 근대화가 시작된 것은 1860년대 '양무운동'부터이며 그 발단은 1840년의 아편전쟁에 있다고 말할 수 있다. '아편전쟁'은 중국을 봉건제국으로부터 반식민지 · 반봉건적인 국가로 변형시켰고, 농업국 중국을 공업화를 추구하는 근대적인 중국으로 변모시켰다.

아편전쟁은 또한 중국 지역경제의 중심을 내륙으로부터 연해지역으로 전환시켰다. 즉, 아편전쟁 이후 중(中) · 영(英)간의 '난징조약(南京條約)'에 의해 개방된 광뚱성 광저우(廣州), 푸지엔성 푸저우(福州)와 샤먼(厦門), 저장성 닝뻐(寧波), 상하이의 5개 도시, 그후 '티엔진조약(天津條約)'에서 강제로 개방된 10개 도시중 타이난(台南), 차오저우(潮州), 전쟝(鎭江), 떵저우(登州), 딴수이(淡水) 등 8개 도시가 동남 연해에 위치하였고 이들 연해지역에 서구 열강이 진출하면서 연해가 내륙보다 급속하게 발전하였다.

서구 열강이 동부 및 동남 연해지역에 진출한 동기는, 연해의 통상항구가
① 중국의 광물자원 및 농 · 공업원료를 본국에 운송하는 것과 자국 공산품의 중국판매에 편리한 교통 거점이었고
② 중요한 군사적 교두보 역할에 적합하였으며

③ 통상항구 주변에 거주하는 풍부하고 저렴한 노동력을 이용할 수 있었기 때문이었다. 뿐만 아니라
④ 당시 이 지역은 차, 실크 등의 주요 산지 및 매매거점으로서 교통이 타 지역에 비해 비교적 발달해 있었고
⑤ 외국자본은 자국과 중국의 불평등 조약에 따른 특권을 이용하여 중국의 원료를 손쉽게 확보할 수 있었다. 또한
⑥ 중국의 민족자본과 일반 기업들도 시장 확보, 농산품의 가공수출, 외국설비의 수입에 유리하였다.

이러한 여러 가지 이유로 인하여 연해지역은 신속하게 발전하게 되었다.

이때 연해지역에 주로 설립된 광공업, 농가공 공업, 방직업 공업들은 외국의 선진기술에 의해 운영되었고, 중국정부는 이들 공업지역 주변에 양잠단지를 세워 공업 원자재와 노동력을 공급하는 동시에 공업종사자들의 생활에 필요한 농산품을 생산하도록 하였다. 그 결과 해안을 따라 근대적 도시가 형성・발전되었다.[1]

이러한 시대적 상황 속에서 신속한 경제발전이 이루어진 곳은 상하이, 광저우, 우한 등이었다. 특히 상하이는 넓은 배후지역을 배경으로 농공업과 상업이 급속히 발전하여 20세기 초에 이미 세계 10대 도시에 포함될 정도로 경제가 발전하였고 증권시장까지 개설되어 있었다.

한편 내륙에서는 창강중류 연안에 인접해 있는 후뻬이성의 우한(武漢)과 한커우(漢口)가 급속하게 발전하였다. 우한과 한커우는 대륙의 중심부에 위치하여 역사적으로 상업중심지인데다가 창강을 통해 바다로 직접 연결되기 때문에 중국의 주요 통상항 역할을 하였는데 '티엔진조약(天津條約)'에 의해 서구 열강에 개항됨으로써 발전이 가속화될 수 있었다. 특히 한커우는 무역이 확대됨에 따라 쓰촨, 후난, 후뻬이, 허난 등 광대한 내륙지역의 거점 도시로서 매우 중요한 역할을 하였다. 그러나 한커우는 수해, 정정불안 등의 원인과 함께 자본축적 및 공업화에 실패하여 지속적인 발전력을 상실함으로써 1930년대 들어 그 비중이 급속히 하락하였다.

1) Dwight H. Perkins, 「Agricultural Development in China, 1368~1968」 (Chicago: Aldine, 1969), Appendix E.

이에 따라 1895~1913년간의 광공업 분포를 보면 연해가 68.4%, 내륙이 31.6%로서 연해지역에 공업이 집중해 있었다.[2] 또한 1936년 서구 열강이 보유한 기업재산은 약 43억 달러에 달했는데, 그중에서 서구의 공업자본이 전체 공업자본의 약 41%를 차지하였고 철광석의 99%, 철강의 80%, 원탄의 56%, 발전량의 76%, 면직물의 64%, 담배의 56%를 독점적으로 생산하였으며[3] 생산지는 거의 대부분 연해에 위치해 있었다. 이러한 추세는 1949년 중국 건국 때까지 지속되어 1949년 연해와 내륙의 경제력 분포는 연해가 13.9%의 면적에, 인구 43.0%, 공업 총생산액 70.2%에 달하는 심각한 불균형 상태에 놓여 있었다.

[표 2-1] 1949年 연해와 내륙간 경제력 분포

(단위 : %)

	면 적	인 구	공업생산액
연 해	13.9	43.0	70.2
내 륙	86.1	57.0	29.8

자료 : 孫敬之 主編, 中國經濟地理概論 商務印書館 1994.2, p. 91.

2. 내륙개발론의 대두

외세에 의한 강제적 개항과 이에 따른 근대화의 결과, 중국의 자연경제는 기초가 파괴되고 도시와 농촌에 상품경제가 발전하기 시작하였다. 특히 경제구조는 연해와 내륙으로 양분된 가운데 경제력이 상하이, 광저우 등 급속한 발전을 시현한 연해에 편중됨으로써 연해와 내륙간 경제력 격차는 갈수록 확대되었다.

이러한 경제력 불균형에 대하여 경제의 대외의존도를 낮추는 한편 일본침략에 대비해야 한다는 정치적 대응의 일환으로 경제중심을 점차 내륙 서부로 이동하려는 노력이 있었다. 당시의 중화민국 정부는 일본의 침략을 방어할 목적으로 일부 군수산업을 비롯한 주요 산업을 내륙으로 이동하였다. 즉, 충칭(重慶)을 중심으로 하는 서남 지역의 전시경제적 발전, 그리고 옌안(延安)을 중심으로 하는 대생산운동 등을 전개함으로써 근대공업이 존재하지 않았던 내륙에 공장이 건설되는 등

2) 孫敬之 主編, 中國經濟地理概論 商務印書館 1994.2, p. 84.
3) 박상선・최영렬 역, 중국현대경제사, 매일경제신문사, 1993. 9, p. 19.

내륙발전의 일정한 추진력이 생겼다. 이러한 내륙개발은, 경제발전의 중점을 내륙으로 이전하여 일본에 대한 대응체제를 구축하고 향후 중국의 자주적 경제발전의 기초를 형성하기 위한 것으로서 당시 내륙 개발론자들의 주장에 따른 것이었다.4)

물론 내륙개발에 대해 대립된 견해5)도 있었으나 내륙 개발론자인 웅원하오(翁文灝)는 자원위원회를 이끌면서 1936년 후난성 샹탄(湘潭)지역에 철강콤비나트를 건설하는 야심적인 중공업건설 5개년 계획을 세웠으며, 재원확보를 위해 전략물자의 수출과 교환으로 공업설비를 수입하는 바터무역을 실시하였다. 그후 일본군 침략으로 철강콤비나트 건설계획은 포기하였으나 대체로 쓰촨, 윈난, 꾸이저우 등을 축으로 하는 서남·서북 공업건설 계획이 추진되어, 연해의 공장은 내륙으로 이전되었다.

제2절 마오쩌뚱의 균형발전정책

1. 내륙발전을 중시한 균형발전정책의 도입

중국의 경제발전은 최고 지도자의 견해와 사고를 중심으로 전개되고 정책결정은 정치적 요인이 경제적 논리보다 앞서는 경우가 많았다. 지역개발정책도 마찬가지로 지도자의 주관적 판단이나 내부의 정치적 요인에 의해 결정되어 왔다.

중국 건국 이후 마오쩌뚱은 경제운용을 계획경제로 하고, 지역개발정책은 연해와 내륙간 불균형한 경제구조를 조정하기 위하여 내륙발전을 중시한 균형발전정책을 추진하였다. 건국 초기부터 내륙발전을 중시한 배경은 다음과 같다.

첫째, 연해와 내륙간 경제력 격차를 해소하여 공동부유의 사회주의적 평등을 실현하고 전쟁으로 피폐한 국가경제를 부흥시키기 위한 것이었다. 당시 국내경제

4) 丸山伸郞 編, 長江流域の 經濟發展, アヅア經濟硏究所, 1993. 5, p. 201.

5) 이같은 내륙개발론에 대립된 견해는 서북개발론이었다. 산시성(陝西省) 시안(西安)을 개발중심으로 하는 서북개발론은 1932~35년사이에 대두되어 연해지역에 준하는 경제발전 정책이 제시되었다. 이것은 서북이 민족부흥의 중심지역이며, 국방의 생명선으로 인식되고 있었기 때문에 민족주의적인 이론인 동시에 당시의 일반적 견해였다. 그러나 서북개발론은 구상이 일관적이지 못했고, 이를 강력히 추진할 세력이 없었기 때문에 내륙개발론에 밀려나게 되었다. 丸山伸郞 編, 앞의 책, p. 201.

는 장기간의 항일전쟁과 국공내전으로 완전히 파괴되어 있었고, 연해와 내륙간 경제력 격차는 아편전쟁 이후 서구열강의 자본이 연해에 집중 투자됨으로서 매우 심각하였다.

둘째, 당시 서구열강이 중국에 취한 정치・군사적 압박으로부터 국가안위를 보호한다는 국방안보적 목적에 기인한다. 마오는 서구열강의 침략에 대해 경계심을 가지고 있었기 때문에 주요한 산업시설을 내륙에 분산 배치하는 것이 국가안전에 유리하다고 판단한 것이다. 실제로 1950년의 '항미원조(抗美援朝)'[6], 중・소 이데올로기 분쟁, 미・소와의 패권주의 논쟁으로 미국과 소련은 중국에 대한 정치적 고립과 경제적 봉쇄 등의 압력을 가하였다.

셋째, 당시 중국경제의 당면과제로서 공업생산지가 원료・연료의 공급지와 멀리 떨어져 있는 등 공업배치의 불균형에 직면하여 신속한 경제발전을 위해서는 내륙을 우선 발전시키는 것이 문제를 해결하는 합리적 정책이라고 인식하였다.

넷째, 공산혁명의 근거지였던 내륙을 발전시키는 것이 당연한 도리라고 생각하였다.

마오는 연해지역만이 발전하고 내륙지역이 계속 낙후될 경우 지역간 경제력 격차가 심화될 것을 우려하였기 때문에 내륙을 발전시켜 지역간 균형발전을 이루려고 한 것이다. 이에 따라 중국은 대량의 노동력과 자금 등을 내륙에 집중 투입하여 원자재 공업과 제조업기지를 건설함으로써 내륙에 완전한 공업체계를 수립하고자 하였다.

이러한 점에서 마오의 지역개발정책은 경제자원의 지역적 안배를 통한 연해와 내륙의 발전으로 중국을 현대적 공업국가로 성장시키며, 외국세력으로부터 국가를 방위할 수 있는 자위능력을 갖추려는 의미가 내포되어 있다. 이러한 정책결정은 소련의 경제발전 과정을 참고하고 마르크스-레닌의 경제발전 원칙에 기초로 둔 것이라 할 수 있다.

균형발전정책은 1971년 말 이후 미국 및 서방국가들과 관계개선이 이루어지면서 점차 퇴색되었지만, 1978년 말 불균형발전정책이 실시될 때까지 중국 지역개발정책의 중심이 되었다.

6) 미국은 중국의 대륙통일 이후 상하이를 봉쇄하였고, 더욱이 1950년 한국전쟁시 중국이 "미국에 대항하고 북한을 원조한다(抗美援朝)"는 구호로 북한에 군사적 원조를 하자 중국에 대한 정치적・경제적 포위를 강화하였다.

2. 정책 전개과정

내륙발전을 중시한 균형발전정책은 연해와 내륙지역에 대한 생산력의 공간적 균형배치에 목적을 두고 강력하게 추진되었다. 1949~52년의 3년 경제회복시기와 1·5시기에는 연해에 과도하게 편중된 공업을 신속하게 내륙으로 전환·발전시키기 위하여 생산력의 종합적인 배치목표를 수립하였다. 즉, 당 중앙재정위원회는 1950년 8월 공업의 연해지역 편중 현상을 수정하기 위하여 "3년 내에 일부 공장을 원료 생산지인 내륙지역으로 이전할 것을 결정"하였으며, 1952년 8월에는 "공업의 지역적 분포가 국방과 장기적 건설에 유리하고 당면한 실제 상황과 결합되어야 한다"고 하여 공업의 내륙 이전을 강조하였다.

1955년 3월 전국대표대회에서는 보다 구체적인 내륙발전 정책을 수립하였다. 즉, 내륙발전을 위하여 전국 각 공업기지의 적절한 배치, 원료생산지와 소비지의 근접 등을 고려하였고 내륙의 신공장·신기지 건설에 동북지역 및 상하이 공업기지의 공업기초와 기술수준을 적극 활용하도록 하였다. 또한 동북(東北), 화북(華北), 서북(西北)과 화중(華中)의 각 내륙지역에도 수많은 대단위 공업기지를 건설할 것을 결정하였으며, 철도건설은 서남(西南), 서북(西北)과 중남(中南)으로 연결하여 내륙의 장기적인 수요에 충족되게 하였다.

1956년 4월 마오는 "공업건설의 중심을 내륙에 배치하고 연해공업의 기초를 이용하여 내륙공업을 신속히 발전시켜야 한다"고 강조하였다. 이러한 내륙중시 사고에 근거하여 1957년에 시작된 2·5시기부터 공업의 내륙배치가 더욱 중시되었다.

1958년에 들어서는 중·소간 이데올로기 분쟁이 내륙에 대한 경제적, 정책적 지원을 강화하는 계기가 되었다. 즉, 중·소 분쟁으로 내륙의 공업기업에 파견되었던 소련 기술자들이 철수함에 따라 내륙 주요 기업의 가동이 중단되고 내륙 산업은 막대한 피해를 입게 되었다. 이에 따라 중국은 자력갱생(自力更生)[7]을 강조하고 내륙지역에 자립적 공업생산 체계를 확립하려는 노력을 경주하였다. 그러나 이러한 생산력 배치와 지역경제발전 목표는 대약진운동[8]의 실패와 1959

7) 자력갱생이란 Autarky, 즉 경제적 자급자족 운동이다.

년 이래의 3년 연속 자연재해로 말미암아 당초 목표를 달성하지 못하였다. 특히 대약진운동은 경제효율보다는 국민들에 대한 사상교육과 무보수 동원이라는 방법으로 추진하였기 때문에 국민의 거부감을 일으켜 소기의 성과를 거둘 수 없었다.

리우사오치(劉少奇)・떵샤오핑(鄧小平)에 의해 주도된 1963~65년의 경제조정기에는 2・5시기에 침체된 경제를 부흥시키는데 중점을 두었기 때문에 지역개발정책은 마오의 의도와는 다소 다르게 추진되었다. 즉, 경제효율을 중시하여 공업배치를 연해와 내륙에 합리적으로 안배하고자 하였다. 그러나 이러한 사고의 근저에도 내륙발전의 필요성이 잠재해 있었고 1964년 '3선건설 전략(3線建設 戰略)'이 시작됨으로써 곧 중단되었다.

'3선건설 전략'이란 1964년 미국의 월남전 참전과 중・소관계의 악화로 국제적 긴장국면이 조성되자 당 중앙은 동년 10월 전쟁에 대비하여 경제건설의 중점을 내륙의 3선지역[9]에 두는 전략이다. 이에 따라 주요 군사시설과 공업시설이 3선지역인 서남부 내륙지역에 새로이 건설되었고 상하이・랴오닝 등 연해의 전통적 공업지역에 위치한 상당수의 공장시설들이 내륙으로 이전되었다.[10]

3선건설은 국가적 차원만이 아니라 각 성・시・자치구와 현에까지 실시되어 '현지에서 원료를 확보하고 생산하며 판매한다'는 원칙 하에 지역별로 자급자족이 권장되었다. 그러나 이 전략은 본래 공산혁명을 완수하고 강대국과의 전쟁에 대비한다는 정치・군사적 목적이 강했기 때문에 경제적 효과는 크지 않았다.

---

8) 대약진운동은 경제적 자급자족을 위해서는 농업생산의 증대와 내륙의 공업발전이 필수적이라는 인식 하에, 농민을 집단적으로 동원하여 각 지역의 소공업화(小工業化), 사회간접자본의 확충, 수리시설 및 경작지의 건설・개발을 추진한 정책으로 지역경제 발전에 많은 영향을 미쳤다.

9) 제 1선은 전쟁발발시 가장 위험한 동남부의 연해지역과 구 소련과의 접경지역으로서 이 지역은 투자를 유보하거나 최소화하며, 제 2선은 창강 중류의 후뻬이성 우한을 중심으로 한 중부 핵심지역으로서 1선과 3선의 중간지대를 말한다. 제 3선은 전쟁발발시 가장 안전한 지역으로서 만리장성 이남과 핑원(平穩)철도 서쪽지역으로서 쓰촨, 윈난, 꾸이저우, 산시(陝西), 깐쑤, 칭하이, 닝샤의 전 지역과 산시, 허난, 후뻬이, 후난의 서부지역이 이에 포함된다.

10) '3선건설 전략'에 따라 3선 지역에 국방 및 과학기술 분야의 공업을 중점 육성하고 교통, 석탄, 전력, 철강, 비철금속 산업이 배치되었다. 그 결과 1970년대 말까지 내륙에 29,000개의 3선 항목이 건설되었고 대중형기업과 연구단지의 경우 전국 총계의 3분의 1에 달하는 2천여 개가 설립되었으며 45개의 대규모 생산기지 및 30개의 신흥도시가 형성되었다. 日本貿易振興會, 中國の地域開發, 1992, pp. 2-3.

따라서 경제적인 면에서 보면 공업이 거의 없었던 내륙지역에 공업기초를 형성하기는 하였지만 풍부한 수자원과 비철금속 자원 등 원자재 부존을 지나치게 중시하였고, 공장도 ① 소비지역과의 거리, ② 공장간의 협력관계, ③ 다른 산업 및 지역에의 파급효과 등을 무시한 채 내륙의 깊은 산과 오지 등에 건설되어 내륙발전에 큰 효과는 없었다.

1966년 이후의 문화혁명 기간에도 3선건설 전략이 그대로 이어져 내륙발전이 중시되었는데 이 기간 농촌과 내륙으로 추방된 떵샤오핑 등의 지도층을 포함한 전문기술자, 지식인, 청년 및 도시민들이 농촌이나 내륙의 공장에서 작업하였다. 이들의 경제활동은 경제발전에 큰 역할을 하지는 못하였지만 일반 대중에게는 통치자가 내륙경제의 발전과 농촌 및 지방의 소규모 공업을 중시한다는 것을 표현하는 상징적 역할을 하였다. 연해지역으로 이동되었다.

3. 투자재원의 내륙배분 증대

재정수입은 건국 초기 지역간 지방세제의 차이에 따른 지역간 물자교류와 경제발전상의 장애로 매우 적었으나 1953년 세제가 '통수통지(統收統支)[11]'로 개정되면서 세수가 중앙정부에 집중되고 많은 재원이 내륙개발에 투입되었다.

1958년 단순화된 '공상통일세(工商統一稅)'는

① 국가의 계속적인 재정능력의 집중을 통해 지역발전을 조절할 수 있고
② 중앙의 직접통제가 강화되어 지역간 생산력 배치에 중앙의 의도가 깊이 개입될 수 있고
③ 지방정부의 재정권과 업무권한이 상당히 억제되고
④ 비교적 완전한 국민경제 체계의 수립을 가속화하여[12] 지역경제의 발전에 긍정적 영향을 미쳤다.

1973년의 '세금부담의 불변, 세금종류의 통합, 징수관리의 단순화'에 근거한 세제개혁 역시 개혁·개방시기 '향진기업(鄉鎮企業)'[13] 발전의 기초를 형성하게

11) 계획경제시기에 중앙정부가 재정수입과 지출을 통일적으로 관리하던 제도이다.
12) 李泊溪 主編, 地區政策與協調發展, 中國財政出版社, 1995. 11, p. 45.
13) '향진기업(鄉鎮企業)'은 향(鄉)과 진(鎮)에 있는 중소형 경공업 기업을 말한다.

하고 농촌의 자본축적을 증가시켰다.

연해와 내륙에 대한 재정지출을 보면 건국 초기인 1952년 연해가 51.3%로 반 이상을 차지하였으나 그 후 내륙의 비중이 과반수로 확대된다.

이러한 상황은 1·5시기 기본건설투자에서 내륙에 대한 배분이 60.3%에 달하는 것 등에서도 나타난다. 구체적 상황을 보면 중국은 공업의 지역적 불균형14)을 해소하기 위하여 소련 등에서 원조된 156개 공업건설 항목15)중 5분의 4를 내륙에 건설하였고 1·5시기의 694개 중점건설 항목(원조 156개 항목 포함)중 68%인 472개를 내륙 중·서부 지역에 집중시켰다.

2·5시기에도 중·소간 분쟁의 여파로 내륙의 공업건설에 차질이 있었지만 내륙 중·서부지역에 대한 기본건설투자는 전체의 59.4%에 이르렀다.

내륙에 대한 투자비중이 실질적으로 증대되기 시작한 것은 경제조정기부터이다. 이 기간 내륙에 대한 투자비중은 62.5%로 증가하였다. 특기할 만한 것은 3선건설 전략으로 서부의 비중이 다시 높아지기 시작한 점이다. 이 기간 기본건설투자액은 대폭 감소되었는데 주요 원인은 2·5시기의 인민공사, 대약진운동의 실패, 3년 연속의 엄중한 자연재해 등 때문이었다.

[표 2-1] 균형발전정책 시기의 기본건설투자

(단위 : 억 위엔, %)

	1·5시기 (1953~57)		2·5시기 (1958~62)		경제조정기 (1963~65)		3·5시기 (1966~70)		4·5시기 (1971~75)		5·5시기 (1976~80)	
	금액	비중	금액	비중	금액	비중	금액	비중	금액	비중	금액	비중
연해 동부	217.3	39.7	462.6	40.6	147.4	37.5	262.9	29.4	625.4	39.5	988.2	45.8
내륙 중부	169.4	31.0	409.8	36.0	137.8	35.1	290.7	32.5	527.3	33.3	706.0	32.7
내륙 서부	160.1	29.3	265.9	23.4	107.9	27.5	340.5	38.1	432.0	27.3	465.6	21.6

자료 : 陳棟生 主編, 區域經濟研究的新起点, 經濟管理出版社, 1991. 3. p. 34.

14) 당시 중공업은 랴오닝성 중남부지역, 경방공업과 기계 수리업은 상하이·우시·칭따오·광저우 등에 집중되어 있었고, 내륙에는 우한(한커우)·충칭 등 창강 연안의 몇몇 도시 외에 근대공업은 거의 없었다.

15) 1·5시기에 구 소련을 중심으로 한 동구 사회주의제국들은 중국의 사회주의 건설기반 조성을 위하여 중화학공업 6개 분야 156개 항목에 대한 원조를 하였다. 이것은 건국초기부터 1957년까지 주로 내륙에 투자되어 중국의 공업화를 주도했을 뿐 아니라, 그 후 계속된 중공업 중시정책과 결합하여 중국 중공업 발전의 기초를 확립하는데 매우 큰 역할을 하였다.

3·5시기 내륙에 대한 투자는 전체 기본건설투자의 70.6%로 대폭 증가하였다. 그중에서 서부지역은 쓰촨, 꾸이저우, 산시(陜西) 등 내륙지역에 대형 국유기업을 많이 건설한 관계로 38.1%에 달하는 높은 투자비중을 차지하였다. 그러나 이 시기에는 내륙건설을 지나치게 강조하는 한편 세제개혁에 따른 지방정부의 수입 감소로, 지역의 특징과 실제 상황에 근거한 지역개발정책이 수행되지 못하여 투자 효율이 낮고 정책수행 능력이 제한적이었다.

4·5시기 내륙에 대한 투자는 서부지역에 대한 투자가 감소하면서 함께 축소되어 60.6%에 달했지만 이 비중은 여전히 높은 것이며 투자기조도 또한 내륙중시가 그대로 유지되고 있었다.

5·5시기에 내륙투자의 비중은 54.2%로 다시 감소하였다. 특히 내륙 서부는 21.6%로 3·5시기에 비하면 대폭 축소되었다. 이것은 균형발전정책의 성과가 적어 다시 연해지역에 투자하여 국가경제를 발전시키기 위한 것이었다. 결국 5·5시기 지역개발정책의 중점은 내륙이 강조되면서도 실제로는 점차 연해로 이동되었다고 할 수 있다.

제3절 정책추진 평가

1. 생산부문

균형발전정책 시기에 내륙에 대한 투자를 확대한 결과 사회총생산은 1952년 932억 위엔에서 1978년 6,773억 위엔으로 증가하여 26년간 증가율은 연평균 7.9%, 규모로는 약 7.3배 확대되었다. 동 기간 연해는 연평균 7.9%, 내륙은 8.0%의 증가율을 기록하여 내륙의 발전이 연해에 비해 약간 앞선 것으로 나타났다.

특히 서부지역의 비중이 증가한 것은 1962년은 자연재해의 피해가 상대적으로 적었고 1970년은 3선건설 전략에 따라 내륙에 상당액의 투자가 단행된 결과이다. 그러나 서부지역에 대한 높은 투자비중을 고려할 때 투자가 비효율적이었음을 보여준다.

내륙투자의 효과가 크지 않은 것은 동 기간 농·공업총생산의 추이에서도 마찬가지이다. 1952년에서 1978년까지 농·공업총생산은 연해는 8.0%, 내륙은 7.0% 증가하여 내륙의 증가율이 더 낮았다.

[표 2-2] 균형발전정책 시기의 생산

(단위 : 억 위엔, %)

		1952		1962		1970		1978	
		금액	비중	금액	비중	금액	비중	금액	비중
사회 총생산	연해 동부	511.2	54.9	977.9	52.8	2,001.2	52.4	3,671.4	54.2
	내륙 중부	285.0	30.6	570.7	30.8	1,204.6	31.5	2,044.9	30.2
	내륙 서부	135.6	14.6	304.6	16.4	614.5	16.1	1,056.4	15.6
농공업 총생산	연해 동부	424.5	55.2	824.5	53.8	1,737.4	54.2	3,112.6	55.7
	내륙 중부	235.8	30.7	458.2	29.9	987.2	30.8	1,634.3	29.2
	내륙 서부	109.0	14.2	249.1	16.3	481.9	15.0	844.5	15.1

자료 : [표 2-1]과 동일함.

그러나 공업총생산의 비중변화 추이를 비교하면 균형발전 정책이 어느 정도는 성과가 있는 것으로 나타나고 있다.

이러한 연해와 내륙의 농·공업총생산과 공업생산의 비중추이는 두 가지 의미를 내포하고 있다. 하나는 내륙의 공업비중이 건국 이전부터 원천적으로 낮았다는 것이고 다른 하나는 중국이 농업의 비중이 높은 농업국가이고 특히 내륙은 농업비중이 더욱 높다는 사실이다.

[표 2-3] 균형발전정책 시기의 공업총생산

(단위 : %)

	1952	1957	1962	1965	1970	1975	1978
연해 동부	69.3	65.9	63.8	58.7	63.1	61.0	59.2
내륙 중부	21.8	22.6	24.3	29.7	24.7	26.4	27.4
내륙 서부	8.9	11.5	11.9	11.6	12.2	12.6	13.4

자료 : 孫敬之 主編, 地區政策與協調發展 中國財政出版社, 1995.11, p. 108, 李泊溪 主編 p. 10.

성별 공업 총생산액을 보면 상하이를 비롯한 랴오닝, 티엔진, 꽝뚱 등의 생산이 많은 가운데 내륙의 헤이룽쟝, 쓰촨이 비교적 높은 생산액을 기록하였다. 이것은 내륙에 대한 투자확대에 따른 것이지만 1978년 1위인 상하이의 공업 총생산액은 최하위 꽝시의 73배나 되고 꾸이저우의 12.5배가 됨으로써 내륙의 경제발전이 한계가 있음을 보여준다.

2. 국민수입 부문

동 기간 국민수입 추이는 1952년 543억 위엔에서 1978년 2,979억 위엔으로 증가하였다. 지역별 비중은 1952년 연해가 50.2%로 내륙보다 약간 높았으나, 내륙에 대한 투자가 본격화된 1962년에는 49.6%로 낮아졌다. 그러나 1970년 이후 1978년까지 계속 연해의 비중이 높았다.

성별 국민수입의 변화는 균형발전정책의 단편적 결과를 엿볼 수 있다. 예를 들어, 1952년 쓰촨은 많은 인구로 인하여 산뚱, 랴오닝에 이은 제 3위의 국민수입을 기록하였는데 1962년과 1970년에는 내륙에 대한 투자가 증가하여 상하이에 이어 제 2위로 올라섰다. 그러나 1978년에는 내륙투자가 줄어 상하이, 장쑤, 랴오닝에 이은 제 4위로 내려갔다.

[표 2-4] 균형발전정책 시기의 국민수입

(단위 : 억 위엔, %)

	1952		1962		1970		1978		1952~78
	금액	비중	금액	비중	금액	비중	금액	비중	증가율
연해 동부	273.0	50.2	461.0	49.6	889.2	50.9	1,565.8	52.5	6.9
내륙 중부	183.1	33.7	302.4	32.6	568.5	32.5	923.8	31.0	6.4
내륙 서부	87.3	16.1	165.3	17.8	289.1	16.6	490.6	16.5	6.9

자료 : [표 2-1]와 동일함.

1인당 국민수입은 건국 초부터 균형발전정책을 실시한 전 기간에 걸쳐 연해지역이 가장 높고 중·서부의 순으로 되어있다. 동 기간 연해의 연평균 증가율이 4.6%였고 내륙의 중부는 2.9%, 서부는 3.5%를 보여 연해의 증가율이 내륙보다 높고 내륙의 서부는 중부보다 높았다. 1인당 국민수입의 연도별 추이를 보면 연해를 1로 할 때 내륙중부는 1952년 연해의 81% 수준에서 1978년 절반인 53%에 불과하였고 내륙서부는 1952년 연해의 57%에서 1978년 44%로 내려갔다. 오히려 격차가 확대되고 있다.

[표 2-5] 균형발전정책 시기의 1인당 국민수입

(단위 : 위엔)

	1952		1962		1970		1978	
	금 액	비 율	금 액	비 율	금 액	비 율	금 액	비 율
연해 동부	117	1.00	131	1.00	242	1.00	379	1.00
내륙 중부	95	0.81	96	0.73	156	0.64	201	0.53
내륙 서부	67	0.57	80	0.61	118	0.49	165	0.44

자료 : 李泊溪 主編, 앞의 책, pp. 2-3.

제3장 떵샤오핑(鄧小平)의 지역 불균형발전정책

제1절 정책전환의 배경과 논리의 전개

1. 정책전환의 배경

균형발전정책의 목표는 내륙발전을 통해 연해와 내륙간 경제적 균형을 달성하는데 있었다.

이러한 목표를 달성하기 위하여 마오쩌뚱은 내륙에 재정지출과 기본건설투자를 증대하였으며 정치・사회적 구호를 내세워 국민의 분발을 촉구하였다. 그러나 앞의 실적에서도 볼 수 있듯이 사회총생산, 농・공업총생산, 국민수입 및 1인당 국민수입에서 보듯이 내륙지역의 발전이 완만하였고 1970년대에 들어와서는 연해와 내륙의 경제력 격차가 오히려 확대되었다.

균형발전정책의 성과가 미달된 것은 지역간 산업배치의 오류, 사회주의체제의 경직성, 문화혁명 등의 정치적 요인, 국가안보를 고려한 군사적 요인 등 투자의 비효율성 때문이다. 역설적으로 장기적・객관적인 경제발전 법칙을 무시한 내륙에 대한 무모한 투자 집중으로 말미암아 연해와 내륙의 공동발전이 저해되었다.

지역간 산업배치의 오류는 내륙에 주요 산업을 배치하여 지역경제를 균형적으로 발전시키겠다는 정책의 결과이다. 즉, 경제의 효율성을 무시하고 산업간 유기적 결합을 통한 시너지 효과를 경시한 정책적 오류라고 말할 수 있다. 당시 내륙은 공업기초가 거의 없는 농경사회였고, 사회간접자본도 전혀 형성되어 있지 않은 상황이었으며, 지역사회는 봉건체제하에서 주민 의식은 경제발전에 대해 미지의 상태로 있었다. 이러한 경제지리적·현실적 상황에서 내륙에 대한 과도한 투자는 목적하는 바의 효과를 기대하기 어려운 것이었다. 특히 주요 산업의 내륙배치는 구 공업기지의 작용을 무시했을 뿐만 아니라 산업중점을 중공업에 두어 산업기초의 형성이 어려웠고 산업간 유기적 관계를 소홀히 함으로써 산업생산 구조의 편중, 중·서부지역 경제의 2원적 구조 심화[1] 등을 야기하였다.

1·5시기의 산업배치를 보면, 구 중국의 불합리한 공업배치를 개선하고 강대국의 전쟁위험을 벗어나기 위하여 경제건설의 중점을 징광(京廣)철도 연변(沿邊) 및 그 서쪽의 내륙지역에 두었다. 이에 따라 소련의 원조와 재정지출을 내륙에 집중하고 연해에 대한 투자를 제한함으로써, 투자효율이 낮게 되었다. 이러한 비효율적인 투자[2]는 결국 동부의 발전을 늦추고 내륙에 재정적·물리적인 손실을 가져왔다.

비효율적인 투자는 1965~72년까지 3선건설 시기에 극단적으로 전개되었다. 3선건설은 비록 중국 내륙의 철도교통과 원자재, 에너지 등 기초공업의 발전을 촉진하였으나 국방안보 등 비경제적 요인만을 중시하고[3] 교통·통신 및 자원공급, 각 지역의 경제상황, 막대한 자금의 회전지연 등 제반 경제조건을 경시함으로써 막대한 투자손실과 함께 자본소모, 기술혁신의 지연이라는 손실을 초래하였다.[4]

사회주의체제의 경직성과 폐쇄성도 많은 경제적 부작용을 야기하고 투자의 비

---

1) 중·서부에는 기본적으로 전통적 농목업과 공업의 병존, 농목지역과 도시의 병존, 자연경제 형태와 계획경제 형태의 병존 등 2원적 구조가 존재하였는데 이것을 더욱 심화시켰다.

2) 예를 들어 후뻬이성의 산간지역에 건설된 제 2 자동차공장이 투자효율이 낮았던 것이나 꾸이저우성의 오지에 건설된 우주산업이 지역경제의 발전과 아무 상관이 없었던 것은 이 같은 사실을 뒷받침 해 준다. 韓洪錫, 中國の地方分權化と貿易, 慶應義塾大學院, 1996. 7, p. 130.

3) 당시 중국을 둘러싼 국제정치 환경은 냉전시기로서 쿠바사태로 인한 미·소간 전쟁발발 가능성, 중·소간 이데올로기 분쟁 및 우쑤리강에서의 국경충돌 사건, 미국의 계속적인 중화민국 정부 지원자세, 미국의 월남전 참전, 한국전쟁 이후 미국의 중국에 대한 계속적인 정치·경제적 압력 등이 상존해 있는 등 매우 복잡한 시기였다. 국내정치 상황도 경제정책의 실패로 리우사오치와 떵샤오핑에게 실권이 넘어가 있어서 마오쩌뚱으로서는 입지가 매우 약화되어 있었다.

4) 朴月羅, 中國經濟의 地方分權化 現況과 問題點, 對外經濟政策硏究院, 1992. 12, p. 12.

효율을 가져왔다. 동일 지역과 동일 생산단위의 독자적인 생산활동을 강조한 자력갱생(自力更生)은, 같은 집단간에는 유기적 관계를 형성하고 협력발전를 자극하였지만 타 지역・산업부문에 대해서는 극히 배타적이었다. 대약진운동과 인민공사 제도의 운영은 상부의 일방적인 지령만 있을 뿐 하부의 건의나 사고는 완전히 무시된 경직된 체계였다.

중앙정부가 생산, 유통 및 분배를 통일적으로 계획하고 관리하는 것도 노동자의 생산의욕을 자극하지 못하였다.

이러한 배타성과 경제관리는 도시와 도시, 도시와 농촌, 성과 성, 인민공사간, 산업간에 연결관계의 부재로 인한 공백을 출현시켰고 이는 관련 지역과 산업간의 불균형을 심화시키고 상호협력 및 발전을 억제하여 내륙발전을 둔화시켰다.

특히 3선건설 시기에는 사회주의의 정치성과 국방안보만을 지나치게 강조하면서 공업기초도 없는 교통이 불편한 내륙지역에 고기술을 필요로 하는 중공업을 건설하는 비효율적인 조치들을 실시하였다.

정치성이란 마오쩌뚱 집권하에서 홍(紅)・전(專)[5]의 갈등과 정치괘수(政治掛帥)[6]와 같이 정치적 논리가 경제발전을 제한하는 것이다. 이 기간 정치성이 내포된 경제정책으로는 대약진운동과 인민공사 제도, '농업학따자이(農業學大寨)'[7]와 '공업학따칭(工業學大慶)'[8] 등이 있으며 중・소간 이데올로기 분쟁, '백묘흑묘론(白猫黑猫論)'[9] 등도 직간접적으로 경제정책에 영향을 미치고 내륙발전을 지연

5) '홍(紅)'은 당료, 정치우선주의자로서 사회주의 사상을 강조하는 급진적 과격파이며 '전(專)'은 전문가・기술자・지식인 그룹으로서 실용주의적 세력 내지 온건파 세력을 말한다.
6) 정치괘수(政治掛帥)란 정치가 모든 것에 우선한다는 의미로서 마오쩌뚱, 린빠오(林彪), 4인방이 특히 강조하였다.
7) 농업학따자이(農業學大寨)는 산시성 시양현(昔陽縣)의 따자이(大寨) 생산대대(生産大隊)가 농민의 힘겨운 노력으로 목표한 생산량을 초과하자, 마오쩌뚱이 1964년 이를 제창하여 문화혁명 기간중 모든 인민공사(人民公社)와 생산대대(生産大隊)가 이를 본받도록 한 일종의 정치적 구호이다.
8) 따칭(大慶)은 1959년 9월 헤이룽장에서 발견된 유전의 명칭이고 현재는 지명이다. 이 유전이 한 노동자의 노력으로 좋은 성과를 올리게 되자, 1964년초 마오쩌뚱이 공업학따칭(工業學大慶) 구호를 제기하여 중국정권 탄생 10주년을 기념하는 한편 전국 각지의 공업・광업 기업이 따칭정신을 본받도록 하였다.
9) 60년대 초 3년간 계속된 자연재해로 경제상황이 매우 어려웠었는데 이때 떵샤오핑은 공산청년단 제3회 중앙위원회 총회에서 "식량증산만 할 수 있다면 각 농가의 단독도급제를 실시해도 좋다. 요컨대 하얀 고양이던 검은 고양이던 쥐만 잘 잡으면 좋은 고양이이다"라고 언급하여 경제회생의 필요성을 강조한 바 있다. 그 후 '백묘흑묘론(白猫黑猫論)'은 떵의 반대파가 떵을 공격할 때 자주 이용되었다.

시켰다.

대외적으로도 미·소에 대항한 반패권주의나 서방과의 체제적 대립으로 이들로부터 경제발전에 유효한 자본이나 기술 등을 흡수하지 못했다.

2. 연해 우선발전 논리의 전개

1978년 말 당 제 11기 3중 전회에서 개혁·개방정책을 주요 내용으로 하는 지도사상이 제창되었다. 지역개발과 관련한 이 사상의 요체는, 사회주의체제에 대한 재인식과 서구 경제발전 이론의 새로운 해석에 있었으며, 생산력의 공간적 배치를 연해의 특정지역에 두었다.

떵샤오핑은 마오쩌뚱의 균형발전정책이 자원의 비효율적인 사용, 산업배치의 불합리성을 초래한 점을 직시하여, 개혁·개방정책을 천명하고 연해의 비교우위를 최대한 활용하려는 연해우선 발전의 불균형발전정책을 실시하였다. 그는 당 제 11기 3중 전회에서 "사상을 해방하고 두뇌를 움직이고 실사구시하고 일치단결하여 앞을 향해 나아가자. 우선해야 할 것은 사상의 해방이다. 사상해방이 있어야만이 우리는 정확하게 마르크스 레닌주의와 마오쩌뚱사상을 지도이념으로 하고 과거에서 남겨진 문제와 새로이 출현될 일련의 문제들을 해결할 수 있다"[10]라고 하여 새로운 시대에 적합한 사상해방과 실사구시의 사고가 필요함을 밝혔다.

그는 이어 "경제정책에 있어 나는 일부 지역, 일부 기업, 일부 노동자·농민들이 열심히 노력하여 그 성과가 좋아 수입이 먼저 많아짐으로써 생활이 먼저 나아지는 것을 허용해야 할 것으로 생각한다. 일부 사람들의 생활이 먼저 좋아지면 이것은 곧 필연적으로 지대한 시범적인 효과를 가져와 주변 사람들에게 영향을 미쳐 기타 지역, 기타 단위의 사람들이 그들에게 배우게 될 것이다. 이렇게 되면 곧 전체 국민경제를 끊임없이 앞으로 발전하게 할 것이고 전국 각 민족의 인민들을 모두 비교적 빨리 부유하게 할 것이다"라 하여 평등주의에 얽매이지 않고 일부 지역과 기업, 노동자·농민에게 부(富)를 추구하는 경제적 동기를 부여함으로써 경제발전과 국민생활의 향상을 위한 불균형발전정책을 실시하고자 하였다. 이러한 논리를 바탕으로 중국의 지역개발 정책은 내륙중시의 균형발전정책으로부터 연해 우

10) 鄧小平文選(1975-1982年), 人民出版社, p. 131. p. 142.

선발전의 불균형발전정책으로 전환되었다.

떵은 1985년과 1986년에도 특정지역을 우선 발전시켜 우선 부유하게 하는, 즉 '선부론(先富論)'[11]에 따라 연해지역을 우선 발전시키는 것이 공동부유의 사회주의 중국을 건설하는 주요한 정책이라는 논리를 견지하였다.[12]

8·5시기인 90년대에는 경제발전에 따라 지역간 경제력 격차가 심화되어 지방정부간 갈등과 혼란이 증대되자, 떵은 1992년 2월 선전(深圳)에서의 남순강화(南巡講話)를 통해 "일부 지역은 우선 발전할 수 있는 조건이 있고 일부 지역은 발전이 좀 늦은데, 먼저 발전한 지역은 발전이 늦은 지역을 발전하도록 이끌어 최종적으로 공동부유에 도달하게 해야 할 것이다"라 하여 지역발전 우선 순위에 대한 불가피성과 공동부유가 정책의 최종 목표임을 역설하였다. 또한 1992년 당 중앙 2호 문건에서도 연해지역의 우선발전을 내용으로 한 '선부론'이 다시 강조되었다.

떵의 이러한 연해 우선발전의 견해는 개혁·개방정책의 사상적 밑받침이 되는 것이며 50년대 이래 일관되게 유지해 온 그의 실용주의적 사고와 연속선상에 있는 것이라 할 수 있다.

한편, 80년대 후반부터는 지역경제를 연구하는 학자를 중심으로, 연해지역 우선발전의 불균형발전정책에 대한 타당성을 강조하고 연해개발의 효율성을 극대화하는 제도추이전략(梯度推移戰略), 동부결전론(東部決戰論), 1개반중점전략(一個半重點戰略) 등 각종 전략[13]이 제기되었다.

---

11) '선부론(先富論)'은 중국의 경제발전은 공동부유를 달성하기 위한 것이며 이를 위해서는 연해지역을 우선 발전시켜 부유하게 한다는 이론이다.

12) 中共中央文獻硏究室 編, 鄧小平關於建設有中國特色社會主義的論述專題摘編, 中央文獻出版社, 1992. 12, p. 241.

13) 제도추이전략(梯度推移戰略)은 중국의 경제발전이 지역적으로 불균형하므로, 경제가 발전한 동부로 하여금 세계 선진기술 수준에 도달케 한 후 이를 단계적으로 중부와 서부로 확산시킨다는 복사형 지역경제 발전전략이다. 동부결전론(東部決戰論)은 전국의 주요한 인적·물적 자원을 우선적으로 동부 연해지역 건설에 집중 투입하여 중국경제를 외향형 체제로 발전시키며, 연해지역으로 하여금 국제경쟁에 참여하고 동시에 외자와 선진기술을 더욱 많이 도입함으로써 동부 연해지역을 사회주의 번영의 기지로 한다는 것이다. 1개반중점전략(一個半重點戰略)은 연해지역인 1선 지역에 하나의 중점을, 3선지역에 반개의 중점을 두어 1선 지역은 3선지역의 발전을 이끌어 가고 3선지역은 1선 지역을 지원하는 협력체제로 국민경제를 발전시킨다는 전략이다.

제2절 연해 우선발전의 불균형발전정책

지역 불균형발전정책의 목표를 달성하기 위하여 중국은 첫째, 연해지역에 재정지출, 고정자산투자 등 가능한 모든 자금을 투입하였으며 둘째, 무역권의 하급기관 이양·무역제도의 개혁·관련 법규의 제정 및 개정 등 체제개혁을 단행하였으며 셋째, 주요 지역을 개방하여 외자기업의 진출을 장려하였다.

이에 따라 지역개발을 위한 재정·금융정책이 실시되었고 연해 여러 지역의 개방과 동시에 외자기업 유치를 위한 다양한 외자유치 방식의 채택, 외자기업에 대한 각종 우대조치 부여, 연해기업의 무역확대를 위한 분권화와 각종 인센티브제도 등의 조치가 취해졌다.

1. 연해지역에 대한 재정투자 편중

개혁·개방기에 연해지역 경제를 발전시킨 중요한 조치는 재정과 금융부문의 권한 하급기관 위양 즉, 중앙정부의 지방정부에 대한 세입 및 투자권한 위양이다. 이로 말미암아 중앙에 지나치게 집중되었던 재정수입과 지출의 통일된 관리제도인 '통수통지(統收統支)'가 점차 완화되고 지방정부의 권한이 점차 확대되어 갔다.

세제개혁 중에서 지역경제 발전에 큰 영향을 미친 것은 공상세제 개혁, '분세제(分稅制)'의 시험, 특수지역에 대한 특혜세제의 실시이다.

공상세제의 개혁은, 중앙과 지방이 동시에 세금을 징수하는 권한을 부여함으로써 지방정부의 지방세 수입규모를 확대하여 경제계획 수행의 재정적 기초가 되었다.

또한 '분세제(分稅制)'를 통해 중앙과 지방이 세수를 합리적으로 배분·사용하도록 함으로써 지방정부는 지역발전에 필요한 자금을 확보하였다. 이것은 곧 '지역재정수입 증가→지역투자 증가→지역발전→재정수입 더욱 증가→지역발전 더욱 촉진'으로 선순환의 과정을 밟아 나갔다.

특수지역에 대한 특혜세제는 경제특구 등에 진출하는 외국기업에 세제상의 특혜를 주어 외국기업들이 지역경제를 발전시킨다는 것이다.

이에 따라 지방정부의 재정수입은 날로 확대되었고 특히 연해에 자금투입이 집중되어 상대적으로 빠르게 발전하였다.

불균형발전정책 이후 연해와 내륙의 재정지출 추이를 보면 1978년, 연해에 대한 재정지출은 44.2%에서 1991년 46.5%로 비중이 늘었다.

[표 3-1] 불균형발전정책 시기의 재정지출

(단위 : 억 위엔, %)

	1978		1985		1989		1991	
	금 액	비 중	금 액	비 중	금 액	비 중	금 액	비 중
전 국	604.4	100.0	1,053.2	100.0	1,942.1	100.0	2,382.0	100.0
연 해	266.9	44.2	471.2	44.7	917.8	47.3	1,107.0	46.5
내 륙	337.5	55.8	582.0	55.3	1,024.3	52.7	1,275.0	53.5

자료 : 1978, 1985, 1989년은 國家統計局綜合司 編, 앞의 책, 1991년은 中嶋誠一, 中國の統計, 日本貿易振興會, 1994. 9, p. 331.

연해지역 지방정부는 자금을 최대한 사용하여 일련의 신도시 건설, 도로와 교통, 통신시설 분야 확대, 도시와 농촌간 경제발전을 강력히 추진하였다. 반면 내륙은 재정정책이 상대적으로 경직적일 뿐 아니라 수입원이 한정적이어서 발전속도가 상대적으로 완만하였고 연해와 내륙간 경제수준의 차이가 더욱 현저해졌다.

한편 연해와 내륙 국유기업의 사회고정자산투자 추이는, 1980년 연해지역은 48.5%로 내륙에 대한 투자비중보다 낮았으나 1992년에는 54.6%로서 내륙에 비해 높은 비중을 차지하였다.

사회고정자산투자 중 기본건설투자도 동일한 추세를 보이고 있다. 즉, 1980년 연해지역은 46.9%가 투자되었고 1992년에는 50.2%가 투자되어 내륙보다 높은 비중을 차지하였다.

[표 3-2] 불균형발전정책 시기의 투자

(단위 : 억 위엔, %)

		1980		1985		1989		1992	
		금액	비중	금액	비중	금액	비중	금액	비중
고정자산 투 자	연 해	308.4	48.5	822.4	52.1	1,338.0	55.1	2,877.4	54.6
	내 륙	327.8	51.5	755.2	47.9	1,090.2	44.9	2,396.2	45.4
기본건설 투 자	연 해	240.4	46.9	499.6	51.3	739.6	54.3	1,513.4	50.2
	내 륙	271.8	53.1	475.1	48.7	621.9	45.7	1,499.3	49.8

주 : 1978, 1979년의 지역통계가 불명확하여 1980년 이후의 통계를 사용함.
자료 : 國家統計局綜合司 編, 앞의 책. 1992년은 中國統計年鑑, 1993년 판.

예산외자금[14]은 높은 투자회수율을 추구하기 때문에 원천적으로 연해지역에 비교적 많이 투자되어 연해지역의 신속한 경제발전의 주요 요소가 되었다. 내륙지역 역시 투입이 증가하였으나 금액이 한정되어 경제개발을 촉진하는 작용은 상대적으로 적었다.

즉, 1986년 예산외 자금은 연해지역에 대해 31.4% 지출되었고 1990년에도 연해의 비중은 34.3%로 내륙보다 많이 지출되었다. 예산외자금 중에 고정자산투자도 연해에 대한 투자가 내륙보다 더 많으며 기본건설투자와 비교하면 연해의 비중이 높고 그 폭이 확대되는 추세에 있다.

은행대출도 지역경제 발전에 매우 큰 역할을 하며 자금의 원천으로 볼 때 재정지출을 현저히 초과하고 있다. 은행대출은 특히 1985년 지방에 대한 자금공급에 있어 재정지출을 축소하고 '발개대(撥改貸)'[15]를 확대하면서 그 중요성이 커졌다. '발개대' 방식은 중앙정부가 투자자금을 관리하지만 지방의 은행영업을 성급 지방정부가 관할하므로 '발개대' 자금은 지방정부의 개발계획에 따라 사용되고 있다고 말할 수 있다.

14) 예산외자금의 가장 주요한 원천은 첫째, 국가 각 부문과 국유기업 갱신개조(更新改造) 자금으로서 기업유보 이윤과 기업 복지자금 등 전용기금이며 둘째, 사업 행정단위가 자체적으로 수입과 지출을 맞추고 예산의 각 항목에 포함되지 않은 자금이며 셋째, 지방재정 부문이 통제 사용하는 공상세 · 농업세 · 도시 공용사업비 등에서 자체적으로 적립한 자금이다.

15) '발개대(撥改貸)'란 1984년 이전까지 기본건설투자에 대한 재정자금의 사용이 무분별하고 비효율적으로 사용되어 인플레가 초래되자 1985년 국가계획위원회, 재정부 및 인민건설은행이 재정자금 대신 인민건설은행을 통한 금융자금으로 투자자금을 지원한 방식을 말한다.

국가은행의 대출액 추이는, 연해지역에 대한 투자는 1988년 전체의 51.5%를 차지하였고 1991년에는 49.2%로 나타났다. 연해에 대한 대출비중은 다소 감소하였으나 여전히 내륙에 대한 투자를 훨씬 상회하고 있고 투자의 절대액도 확대되고 있다.

대외무역·외자부문에 대한 금융정책의 경우에도 특구와 연해지역에 대해 내륙보다 융통성있는 외자이용 권한을 부여하고, 비교적 높은 외화유보 비율을 유지하도록 함으로써 연해의 무역이 활발해지고 대량의 외자가 연해에 유입되었다. 또한 연해의 국내 및 외자기업들은 활발한 기업 활동을 통해 새로운 외화를 창출하여 기초시설 강화 등 연해의 투자환경 개선에 사용해 왔다.

2. 연해지역의 개방과 개방지역 확대

중국은 지역개방을 통해 부족한 자본과 선진기술 및 경영관리 경험을 도입하여 지역경제를 집중 발전시키고, 그 효과를 주변지역까지 파급시켜 국가경제를 발전시키려는 목표를 가지고 있다. 따라서 개방지역은 대외경제를 발전시키는 대외창구의 역할을 하며 지역발전을 점→선→면으로, 연해에서 내륙으로 확산시켜 나가는 교두보적인 시범지역이라고 말할 수 있다.

지역개방은 1979년 8월 꽝뚱성 남부의 선전(深圳), 주하이(珠海), 산터우(汕頭)와 푸지엔성 샤먼(厦門)을 경제특구로 지정한 이래 연해의 거의 전 지역으로 확대되었으며 내륙의 주요 지역으로까지 확장되고 있다. 이러한 지역개방은 시기별로 다음과 같이 발전해 왔다.

첫 번째 단계는 1979년 7월 국무원과 당 중앙위원회의 동의를 얻어 1980년 8월 제 5기 전인대상무위원회 제 15차 회의에서 경제특구를 비준한 이후이다. 경제특구는 외국자본과 기술 등을 도입하는 창구로서 이에 대해 떵샤오핑은 "특구는 하나의 창구로서 기술의 창구, 관리의 창구, 지식의 창구이며, 대외개방의 창구이기도 하다. 특구로부터 기술을 도입하고 지식을 획득하며 관리를 배울 수 있다"[16]라 하여 특구의 대외창구 역할을 강조하였다. 즉, 특구는 자본주의 국가의 자본, 선진기술, 경영관리 기법 등을 도입하여 특구지역과 주변지역을 발전시키려는 목적하에 설치

16) 中共中央文獻研究室 編, 앞의 책, p. 170.

된 최초의 개방지역이며, 동시에 경제발전 과정에서 나타나는 부정부패, 사상오염 등 자본주의적 폐단을 최소화하기 위한 지역이라고 말할 수 있다.

두 번째 단계는 1984년 5월 칭따오(青島), 따리엔(大連), 리엔윈깡(連雲港), 원저우(溫州) 등 14개 연안도시를 개방한 이후로서, 지역개방은 같은 해 경제기술개발구의 설치, 1985년 창강(長江)삼각주・민난(閩南)삼각주의 지정 등으로 점차 확대되었다.

세 번째 단계는 1988년 광뚱성 하이난따오(海南島)를 하이난성(海南省)으로 독립시켜 성 전체를 경제특구화 한 것과 아울러 같은 해에 뻐하이만(渤海灣) 연해개발 전략의 중요 거점지역으로 랴오뚱(遼東)반도 및 산뚱반도의 전 지역을 연해경제개방구로 추가 지정한 것이다. 이 결과 연해의 개방지역은 9성 2직할시를 종으로 연결하는 연해지역 약 32만 ㎢에 2억 명 이상의 인구를 포함하였다. 이때부터 지역개방은 선에서 면으로 확산되었다.

네 번째 단계는 1990년대 초 시작된 상하이 푸뚱(浦東)의 개발과 1992년 말 이후의 전방위 개방 시기이다.

불균형발전정책 시기의 개방지역은 경제발전과 함께 점차 여러 지역으로 확대되었으며 일부 계획단열도시(計劃單列都市)와 국가급 고급신기술산업개발구 등 외에는 모두 연해지역에 위치하여 지리적 장점을 이용한 대외지향형 경제를 추구하였다. 개방지역들은 외자흡수, 선진기술의 도입, 대외무역 발전, 국제경제기술합작의 강화, 국제경제 기술정보의 광범위한 수집, 대외경제・무역인재의 배양, 경영관리 경험의 흡수, 노동집약형 공업기업의 발전, 농목어업과 관광업의 동시발전 등을 통하여 지역경제를 발전시키는 촉매역할을 해 왔다.

3. 대외무역과 외자도입의 연해지역 집중

대외무역은, 균형발전정책 시기에는 중시되지 않아 경제발전에 미치는 영향이 크지 않았고 무역권도 정부가 통제하였다. 그러나 불균형발전정책 시기에는 무역권이 하급기관으로 위양되면서 경제성장의 견인차 역할을 하여 연해는 물론 중국경제 전반을 발전시켰으며 연해와 내륙간 경제력 격차를 확대하는 요인의 하나로 작용하였다.

연해와 내륙의 대외무역 추이를 보면, 개방초기인 1980년 연해의 비중은 91.1%에 달해 거의 모든 무역이 연해에서 이루어졌고 1992년 84.6%를 차지하였다. 개방초기 연해의 무역비중이 매우 높았던 것은 무역이 대부분 무역권한을 가진 연해의 국영무역공사를 통하여 이루어졌고 또 내륙에 무역 상품이나 인재가 적었던 현실상황의 문제도 있었다.

[표 3-3] 불균형발전정책 시기의 대외무역

(단위 : %)

	1980	1985	1989	1992
연 해	91.1	70.5	82.0	84.6
내 륙	8.9	29.5	18.0	15.4

주 : 歷史統計資料匯編, 中國統計年鑑, 中國對外經濟貿易年鑑의 지역별 무역액과 무역총액이 다르거나 미비하여 비중으로 비교함.
자료 : 國家統計局綜合司 編, 앞의 책, 中國統計年鑑, 1995년 판.

외자도입은 차관, 외국인 직접투자, 무역 등 다양한 방식을 활용하였다. 차관은 외국정부와 국제금융기관 및 민간상업 부문으로부터 도입하였으며, 외국인 직접투자는 합자기업, 합작경영, 합작생산, 합작개발, 단독투자 등 여러 가지 방식을 이용하였다. 이밖에 보상무역(補償貿易)과 내료가공(來料加工)·내양가공(來樣加工)·내건장배(來件裝配) 등 독특한 무역방식[17]으로도 외자를 도입하였다. 이러한 적극적인 외자유치 정책에 따라 개혁·개방시기 외자도입이 급격히 증가하였다.

외자도입 형태는 개혁 초기에 차관이 많았으나 1989년부터는 외국인 직접투자가 더 높은 비중을 차지하기 시작하였다. 외국인 직접투자 비중이 더 높게 된 것은 원리금 부담이 없이 기술도입, 경영관리 기법 도입, 수출증대 등의 효과가 있고 1989년 천안문 사태이후 외국의 차관제공이 급격히 감소했기 때문이다.

개방지역에 진출하는 외자기업들은 조세 및 비조세 부문에서 여러 가지 혜택을 부여받았다. 조세부문에서의 혜택은 외자기업은 기업소득세, 개인소득세, 공상통일세[18], 송금세 등에서 면제되거나 일반지역보다 낮은 세율을 적용받았으며, 징

17) 보상무역은 생산설비를 수입하여 제품을 생산하고 이 제품을 수출하여 생긴 수입으로 생산설비 가격을 지불하는 것이며, 내료가공은 원료를 수입하여 가공수출하는 방식, 내양가공은 견본을 수입하여 가공수출하는 방식, 내건장배는 부품을 수입해 와 조립하여 가공수출하는 방식의 무역을 말한다.

수 유예기간이 주어지고 손실을 보전해 주는 방안이 강구되었다. 특히 소득세 부문에서 경제특구 등 개방지역에 진출한 기업들은 일반지역에 진출한 기업에 비해 현저히 낮은 세율을 적용받는 혜택을 누렸다.19)

지방정부에 대해서도 많은 권한이 부여되었다. 개방지역의 지방정부는 외국인 투자에 대해 일정 규모까지는 자체적으로 심사・비준할 수 있는 권한이 주어졌고 재정사용권이 부분적으로 내려졌으며 무역관리 업무에 대해서도 일정한 자주권이 주어졌다.

또한 비조세 부문에서 지방정부와 외자기업들에게 외환관리, 경영관리, 내수시장 판매, 출입국 관리, 토지임차 등 다방면의 우대조치가 취해졌고 외자기업의 설립신청시 신속한 허가를 보장받을 수 있는 조치도 취해졌다. 우대조치의 결과 각 개방지역은 외자뿐 아니라 내자까지 흡수하게 되었고 연해는 자금, 기술, 인재, 경영관리와 성장메카니즘이 결합된 시너지 효과를 가져와 급속한 발전을 거듭하였다. 이 결과 연해 동부지역과 내륙 중・서부 지역의 경제력 격차가 더욱 확대되었다.

외자도입 상황을 보면 차관은 1988년 24.6억 달러가 도입되었는데 그중 87%인 21.4억 달러가 연해에 투자되었다. 연해의 비중은 그 후 91년까지는 계속 감소되었으나 비중과 금액은 여전히 연해의 비중이 절대적으로 높았다. 이와 같이 차관은 대부분 연해에 투자되어 연해발전의 주요 자금원이 되었다.

외국인 직접투자도 연해의 개방과 우대조치 부여로 대부분 연해에 집중되었다. 외국인 직접투자가 본격화된 1984년 외국인 직접투자의 96.7%가 연해지역에 집중되었고 1992년 91.3%에 이르렀다.

---

18) 공상통일세는 중국내에서 영업하는 공산품 제조업, 농산품 구매업, 교통 운수업, 상업 및 서비스업에 대한 세금으로서 1985년 9월 종전의 화물세, 상품유통세, 영업세, 인지세 등이 통합되어 시행되었다. 공상통일세는 유통세와 특별소비세적인 성격도 가지고 있는데 1994년 세제개혁시 폐지되고 대신 부가가치세 개념의 증치세(增置稅), 소비세, 영업세로 분리되었다.

19) 경제특구에서는 기업소득세(우리의 법인세 개념)가 일률적으로 15%로 적용되었고 이익발생 연도부터 2년간은 면세, 그 후 3년간은 세율의 50%를 감면하였다. 경제기술개발구에서는 생산성기업에 대해 15%의 세율을 적용하고 생산성기업으로서 경영기간이 10년 이상인 경우 2년간 면제, 그 후 3년간 세율의 50%를 감해주는 혜택을 주었다. 14개 연해개방도시에 대해서도 세제 감면혜택이 부여되었다. 이밖에 송금세 감면, 공상통일세에 대한 감면혜택이 있다.

외국인 직접투자는 1990년대 들어 투자환경의 개선과 개방 확대로 급격히 증가하였는데 1983~92년간 투자된 317억 6,300만 달러 중 90.8%가 연해에 투자되어 연해의 발전에 크게 기여하였다.

[표 3-4] 불균형발전정책 시기의 외국인 직접투자

(단위 : 백만 달러, %)

	1984		1987		1990		1992		누계(1983~92)	
	금액	비중	금액	비중	금액	비중	금액	비중	금액	비중
합계	885	100.0	1,783	100.0	3,436	100.0	11,007	100.0	31,763	100.0
연해 동부	857	96.7	1,579	88.6	3,201	93.2	10,047	91.3	28,852	90.8
내륙 중부	11	1.2	82	4.6	138	4.0	750	6.8	1,813	5.7
내륙 서부	18	2.1	121	6.8	97	2.8	211	1.9	1,098	3.5

주 : 실행액 기준임.
자료 : JETRO, 中國經濟, 1996. 3, p. 106.

외국인 투자기업의 중국 성별 투자상황은 주요 10대 지역이 모두 연해에 위치하여 외자기업의 연해집중 현상을 극명하게 보여준다. 즉, 1985년 외국인 투자 총 건수의 84.3%, 계약액의 68.1%가 10개 연해지역에 집중되어 있으며 이후 이러한 추세가 계속되어 1992년 총 건수의 77.0%, 계약액의 84.5%가 연해에 집중되었다.

제3절 정책추진 성과

1. 생산부문

이 시기에 국내총생산은 연해지역에 대한 국가의 정책적 특혜와 투자 편중 및 외자 집중의 결과 1980년 4,470억 위엔에서 1992년 2조 6,635억 위엔으로 증가하여 연평균 16.0%의 증가율을 보였다. 동 기간 연해는 연평균 17.2% 증가하였고 내륙은 16.3% 증가하였는데[20] 이러한 증가율은 균형발전정책 시기의 연평균 증가율과 비교한다면 2배 내외의 높은 성과이다.

20) 1980년 내륙의 통계에 지린과 시짱이 포함되어 있지 않아 내륙의 증가율이 다소 높게 평가되어 있으며 이에 따라 연해와 내륙의 증가율이 총증가율보다 높게 나타났다.

[표 3-5] 불균형발전정책 시기의 생산

(단위 : 억 위엔, %)

		1980		1985		1989		1992	
		금액	비중	금액	비중	금액	비중	금액	비중
국내 총생산	연해 동부	2,179	52.5	4,225	51.6	8,506	55.7	14,593	54.8
	내륙 중부	1,260	30.4	2,599	31.7	4,300	28.2	7,994	30.0
	내륙 서부	708	17.1	1,369	16.7	2,459	16.1	4,048	15.2
농업 총생산	연해 동부	848	44.0	1,643	46.2	3,116	47.7	4,366	48.1
	내륙 중부	696	36.1	1,221	34.3	2,190	33.5	2,968	32.7
	내륙 서부	384	19.9	693	19.5	1,229	18.8	1,750	19.3
공업 총생산	연해 동부	3,100	60.2	5,864	60.3	13,687	62.2	24,363	65.7
	내륙 중부	1,403	27.3	2,641	27.2	5,710	25.9	8,628	23.3
	내륙 서부	644	12.5	1,220	12.5	2,612	11.9	4,075	11.0

주 : 1) 지린은 1980년과 1989년, 광시는 85년, 시짱은 1980년 수치에 포함되어 있지 않음. 그 결과 국내총생산과 동·중·서부의 금액합계에 차이가 남. 2) 농업총생산과 공업총생산의 합계가 국내총생산을 초과하는 것은 이중 계산되는 부분이 많은 중국의 통계방식 때문임.

자료 : 山嶋誠一, 앞의 책, 國家統計局綜合司 編, 앞의 책, 中國統計年鑑, 1995년 판.

특기할 만한 사실은 이 기간 내륙의 증가율이 내륙발전을 중시한 균형발전정책 시기보다도 높았다는 사실이다.

이와 같이 연해 우선발전의 불균형발전정책은 연해와 내륙 모두의 신속한 발전을 가져왔고 국민경제의 보다 빠른 발전을 수반하였다는 점에서 균형발전정책보다 더 효과적이었다고 말할 수 있다. 그 결과 연해의 비중은 동기간 연평균 증가율이 내륙보다 높았기 때문에 52.5%에서 54.8%로 증가하였다.

연해의 비중 증가추세는 농업총생산과 공업총생산 부문에도 나타나고 있다. 농업총생산은 1980년에서 1992년까지 연평균 13.8%의 높은 증가율을 기록하였는데, 그중 연해의 증가율은 14.6%, 내륙의 증가율은 13.0%에 달하여 농업생산에서도 연해지역의 증가속도가 더 높았다. 이에 따라 지역별 비중은 연해가 1980년 46.2%에서 1992년 48.1%로 증가하였고 내륙은 53.8%에서 52.0%로 감소하였다.

공업총생산의 경우 연해는 1980년에서 1992년까지 연평균 18.7%의 높은 증가율을 보였고 내륙은 16.4% 증가하였다. 이에 따라 동 기간 연해의 비중은 60.2%에서

65.7%로 증가하였고 내륙은 39.8%에서 34.3%로 감소하였다. 연해의 급속한 공업 발전은 재정투자 등 국내투자와 차관 및 외국인 직접투자 등 투자가 연해에 집중된 데 기인하며 연해의 발전과 공업생산의 신장이 깊은 연관성이 있음을 보여 준다.

2. 국민수입 부문

국민수입은 연해지역이 1980년에서 1992년까지 연평균 15.4%의 높은 증가율을 기록하였고 내륙은 연평균 12.9% 증가하여 연해의 비중이 내륙에 비해 더욱 높아졌다. 즉, 연해의 비중은 1980년 52.8%에서 1992년에는 59.3%로 변화하였다. 연해의 발전요인은 1980년대 후반부터의 법규와 제도 정비, 공업과 기업부문에 대한 체제개혁, 개방지역의 확대 등으로 연해의 투자조건이 상당히 좋아졌기 때문이다.

[표 3-6] 불균형발전정책 시기의 국민수입

(단위 : 억 위엔, %)

	1980		1985		1989		1992	
	금액	비중	금액	비중	금액	비중	금액	비중
연해지역	1,994	52.8	3,838	53.4	7,156	53.3	11,176	59.3
내륙지역	1,782	47.2	3,366	46.6	6,043	46.7	7,661	40.7

자료 : 國家統計局綜合司 編, 앞의 책, 中國統計年鑑, 1994년 판.

1인당 국민수입은 1978년에서 1992년까지 연해는 379위엔에서 1,155위엔으로 연평균 9.7% 증가하였고, 내륙 중부는 201위엔에서 500위엔으로, 서부는 165위엔에서 431위엔으로 각각 연평균 8.3% 증가하여 이 부문에 있어서도 연해의 증가율이 내륙을 상당히 상회하는 것으로 나타났다.

이에 따라 연해와 내륙의 비중을 비교하면 1978년 내륙 중부와 서부는 각각 연해의 53.0%, 43.5% 수준이었으나 1992년에는 43.3%와 37.3%로 격차가 더욱 확대되었다.

[표 3-7] 불균형발전정책 시기의 1인당 국민수입

(단위 : 위엔)

	1978	1980	1985	1989	1992
연해 동부	379	439	672	869	1,155
내륙 중부	201	225	346	426	500
내륙 서부	165	182	276	352	431

자료 : 李泊溪 主編, 앞의 책, p. 2.

1980년에서 1992년간 연해와 내륙 중·서부 농민의 1인당 국민수입 비중변화 추이를 보면, 1980년 연해 농민의 비중을 1로 하였을 때 내륙 중부와 서부는 함께 0.59였으며, 1985년에는 각각 0.66과 0.61로 증가하였다. 내륙 중·서부의 비중 증가는 전년도까지 개혁·개방의 초점이 인민공사(人民公社)의 해체, 농촌의 자유시장 허용 등 농업개혁에 두어진 관계로 농업이 주요 산업인 내륙 중·서부 농민의 1인당 수입이 증가하였기 때문이다. 중부는 지리적 이점 때문에 서부보다 비중이 좀더 높아졌다. 1985년 이후에는 개혁·개방의 초점이 기업 및 공업개혁에 두어져 연해가 더욱 발전함으로써 1992년 중부와 서부의 비중은 각각 0.45와 0.39로 감소하였다.

도시주민의 1인당 국민수입은, 1980년 연해를 1로 할 때 내륙 중부와 서부는 각각 0.70과 0.56이었다. 그러나 1992년까지 연해 도시주민의 수입이 급속히 증가함에 따라 내륙 도시주민의 1인당 수입은 중부는 0.46, 서부는 0.52로 상대적으로 비중이 감소하였다.

3. 외자의 역할

이 기간 외자는 중국정부가 부족한 투자재원을 보충해주는 매우 중요한 역할을 하였으며 이 자금은 대부분 연해지역에 투자되어 연해의 발전을 촉진하였다.

전사회고정자산투자와 기본건설투자 부문에 사용된 외자의 비중은 1981년 3.8%에서 1992년 5.8%로 변화하였다. 전민소유제인 국유부문에서도 외자의 비중은 1981년 5.8%에서 1992년 8.7%로 변화하였다.

기본건설투자 부문은 1979년 외자의 비중이 3.1%에 불과하였으나 1989년 14.3%까지 상승하였다가 그 후 1989년의 물가폭등과 천안문사태, 1990년 이후의 긴축정책 등으로 외국의 중국에 대한 불신을 확대되어 다시 하락추세를 보여 1992년 11.1%에 머물렀다.

이와 같이 전사회고정자산투자와 기본건설투자 부문에서 외자의 비중은 변화는 있지만 전체의 10% 내외를 차지하는 중요한 자금원이 되고 있다.

[표 3-8] 불균형발전정책 시기 외자의 역할

(단위: 억위엔, %)

	전사회고정자산투자					기본건설투자		
	총액	전민소유제	외자이용	비중1)	비중2)	총액	외자이용	비중
1980	-	-	-	-	-	59	54	9.7
1985	2,543	1,681	91	3.6	5.4	1,074	74	6.8
1989	4,138	2,535	274	6.6	10.8	1,552	221	14.3
1992	7,855	5,274	457	5.8	8.7	3,013	334	11.1

주 : 1)은 외자/전사회고정자산투자의 비중, 2)는 외자/전민소유제의 비중임.
자료 : 中國統計年鑑, 각년 판.

외국 차관 및 외국인 직접투자의 경제 각 부문에 대한 기여도를 보면, 우선 차관은 1985년 총 재정수입의 1.6%에 불과하였으나 1992년에는 5.1%로 증가하였다.

동 기간 공업생산에서의 비중은 1.2%에서 6.6%로 증가하였고 고용은 1985년 0.1%에서 1992년 1.0%로 증가하여 118만 명을 고용하고 있다.

총수출액에서 외자기업의 비중은 1985년 3억 달러 1.5%에서 1992년 174억 달러 20.4%달러로 대폭 증가하였다.

[표 3-9] 불균형발전정책 시기 외자의 기여도

	재정1)		공업생산2)		고용3)		수출4)	
	억 위엔	%	억 위엔	%	만 명	%	억 달러	%
1985	29.24	1.6	117.4	1.2	6.1	0.1	3.0	1.5
1989	144.06	4.9	758.4	3.4	47.0	0.3	49.2	9.0
1992	212.16	5.1	2,428.0	6.6	153.9	1.0	174.0	20.4

주 : 1)은 차관/총 재정수입 2)는 전체 공업생산총액중 전민, 집체, 도시·농촌의 개체 공업기업의 생산을 제외한 기타경제유형 기업의 공업생산액/공업 총생산액임. 3)은 외자기업 노동자수/총 노동자수, 외자기업 노동자수는 3자기업과 화교가 경영하는 공상업기업을 포함함. 4)는 3자기업 수출액/총수출액임.
자료 : 中國統計年鑑, 1993년 판.

제4장 장쩌민(江澤民) 이후의 지역 협조발전정책

제1절 협조발전정책의 추진

1. 정책도입의 당위성

불균형발전정책의 결과 중국경제는 국내총생산, 농·공업총생산, 국민수입, 1인당 국민수입 등 경제전반이 급격히 발전하여 국민생활 수준이 크게 향상되었다. 반면 발전속도가 완만했던 내륙주민과 농민들은 경제력 격차에 대해 중앙 및 연해지역 정부에 대한 불만을 가지게 되었다.

이에 대해 중앙정부는 경제력 격차가 사회주의 중국의 정치적 목표인 공동부유정신을 퇴색시킬 뿐만 아니라 향후의 지속적인 경제발전의 장애요인으로 작용하고 나아가 이념적·정치적 문제를 야기할 중요한 문제가 될 것으로 판단하여 새로운 지역개발정책을 모색하기에 이르렀다.

(1) 지역간 경제력 격차의 확대

(가) 경제력 격차의 원인

개혁·개방이후 확대된 연해·내륙간 경제력 격차의 원인은, 연해의 경우

① 동부 연해지역을 개방하고 개방지역에 진출하는 국내외 기업에게 세금감면, 투융자 방법의 다원화 등 각종 우대정책 실시

② 중앙정부의 투자가 대부분 연해 개방지역의 도로, 항만 등 사회간접분야와

토지개발에 투자되어 연해경제 활성화

③ 분권화 조치로서 무역권, 재정권 등을 연해의 지방정부에 이전하여 연해의 지방정부는 수출입과 세제개혁을 통해 발전자금을 확보

④ 연해지역이 보유한 가공형 산업 기초 위에 외자기업들이 노동집약적 경공업에 많이 투자하여 신속한 경제발전이 가능

⑤ 기업에 대한 책임경영제와 인센티브제의 실시를 통해 수익을 극대화하는 합리적인 경영추구

⑥ 사유재산 보유를 인정함으로써 주민의 경제활동을 자극한 것 등으로 경제발전이 신속하였다.

반면 내륙은

① 계획경제기에 비효율적으로 투자된 공업

② 투자회수율이 낮고 가격통제를 받는 중공업·채굴업·원자재 공업에 대한 높은 투자비중

③ 농업위주의 생산구조

④ 사회간접자본의 미비에 기인한 물류비용의 과다와 저구매력에 기인한 상품시장의 미개발

⑤ 농산품 가격의 억제와 경공업제품 가격의 부분적 자율화에 따른 농업 부문의 피해

⑥ 체제개혁에 둔감하고 시장경제에 대해 미숙

⑦ 변화에 대해 보수적인 태도와 정부의 지원과 배려에 의존하는 습성 등으로 경제발전이 완만하였다.

이러한 요인들에 의해 연해지역은 고소득을 보장→외부로부터의 인구유입→수요증대→구매력 증가→생산증가→생산요소의 한계생산력 증가→지역총생산의 급속한 증가라는 부의 선순환이 이루어졌다.

반면 내륙의 중·서부지역은 저소득→인구유출→수요감소→실업증대→저 구매력→경제활동 침체, 축적자금 부족→산업시설 노후화→기술진보 완만→노동생산성 저하→1인당 평균수입 증가둔화→자금 공급능력의 부족이라는 저성장·악순환 체계속에서 경제적 능력이 계속 악화되었다.

(나) 경제력 격차의 현황

국내총생산은 1980년 4,470억 위엔에서 1992년 2조 6,635억 위엔으로 증가하였는데 연해의 연평균 증가율이 내륙보다 높아 연해의 비중은 52.5%에서 54.8%로 증가한 반면 내륙은 47.5%에서 45.2%로 감소하였다.

농업총생산은 1980년 1,928억 위엔에서 1992년 9,084억 위엔으로 증가하였다. 동 기간 연해와 내륙의 연평균 증가율은 각각 14.6%와 13.0%에 달해 연해의 비중은 44.0%에서 48.1%로 증가하였고 내륙은 56.0%에서 51.9%로 감소하였다.

공업총생산은 1980년 5,147억 위엔에서 1992년 3조 7,066억 위엔으로 증가하였는데 연해와 내륙의 연평균 증가율이 각각 18.7%와 16.4%에 달해 연해의 비중은 60.2%에서 65.7%로 증가하였고 내륙은 39.8%에서 34.3%로 감소하였다.

이러한 현상은 국민수입에서도 나타나고 있다. 국민수입은 1980년 3,776억 위엔에서 1992년 1조 8,837억 위엔으로 증가한 가운데 연평균 증가율이 연해는 15.4%, 내륙은 12.9%에 달했다. 연해의 증가율이 내륙에 비해 현저하게 높기 때문에, 동 기간 연해의 비중은 52.8%에서 59.3%로 증가하고 내륙의 비중은 47.2%에서 40.7%로 감소하였다.

[표 4-1] 불균형발전정책 시기의 1인당 국민수입 차이변화

	1인당 국민수입(위엔)			절대적 차이(위엔)			상대적 차이(배수)		
	동부 (E)	중부 (M)	서부 (W)	동서간 (E-W)	동중간 (E-M)	중서간 (M-W)	동서간 (E/W)	동중간 (E/M)	중서간 (M/W)
1980	439	225	182	257	214	43	2.41	1.95	1.24
1985	672	346	276	396	326	70	2.43	1.94	1.25
1989	869	426	352	515	441	74	2.46	2.04	1.21
1992	1,155	500	431	724	655	69	2.48	2.31	1.16

자료 : 李泊溪 主編, 앞의 책, pp. 2-3.

경제력 격차를 평가하는 가장 중요한 수단인 1인당 국민수입도 연해와 내륙중부 및 서부간 차이가 모두 크게 확대되었다. 즉, 1980년에서 1992년간 연해와 내륙서부 주민 1인당 국민수입은 2.41배에서 2.48로, 연해와 내륙중부는 1.95배에서 2.31배로 차이가 확대되었다.

한편 연해와 내륙 중·서부의 1인당 도시주민 수입은 1978년에서 1992년까지 각각 연평균 14.5%, 14.7%, 13.0%의 증가율을 보여 연해와 내륙 중부의 발전이 현저하고 내륙 서부는 다소 뒤처졌다.

이로써 14년간 도시의 주민소득은, 지역간 일정한 격차가 존재하는 가운데 연해와 내륙 중부의 격차는 변화가 적었으나 연해와 서부의 격차는 더욱 확대되었다.

농민의 1인당 수입을 보면, 연해와 내륙 중부 및 서부는 1978년에서 1992년까지 연평균 증가율이 15.0%, 13.2%, 11.6%로 나타나 연해가 가장 빠른 속도로 발전하였다. 연해와 내륙 중부 및 내륙 서부의 격차가 현저하게 확대되었음을 알 수 있다.

(2) 경제력 격차 확대에 따른 부작용의 심화

(가) 정부간 갈등과 지역이기주의의 확산

개혁·개방 이후 중앙정부는 지방정부의 능동성과 적극성을 유도하기 위해 많은 경제적 권한을 이전하였다.[1] 이에 따라 연해와 내륙 지방정부들은 자신들의 이익을 극대화하기 위한 노력을 경주하였는데 이 과정에서 중앙정부와 지방정부간, 연해와 내륙 지방정부간 갈등이 노정되었다.

중앙과 지방정부의 갈등은 1990년 8·5계획을 논의하는 자리에서 표면화되어 당 13기 5중 전회가 계속 연기된 바 있으며 1991년 9월 전국 성장(省長)회의에서도 경제긴축을 제안한 중앙정부의 의견이 통과되지 못하였다.

지방정부들은 중앙의 계획·분업 원칙·발전목표를 무시하거나 독자적인 맹목적 고속성장을 추구하였고, 혹은 독립적인 공업체계를 세우는 과정에서 자원과 자금을 낭비하였다.

연해와 내륙 지방정부들의 갈등도 확산되었다. 지방정부간 갈등은 연해와 내륙의 경제력 격차에 따라 각 지방정부가 해당 지역의 경제를 활성화시키기 위한 각종 조치를 취하면서 확산되기 시작하였다.

연해 지방정부들은 자신들로부터 걷은 세수의 많은 부분이 내륙지역 지원에

1) 구체적 내용은 ① 국가의 기업관리권을 지방정부와 기업에 하방, ② 지방재정권을 지방정부에 위양, ③ 외자기업 심사권 등 각종 관리권을 개방지역 지방정부에 위양, ④ 중앙·지방 관계의 법제화 등이다.

사용되는 것에 반발하였고 내륙 지방정부는 연해지역 개방, 고정자산투자 집중, 외자기업 유치를 위한 우대조치 등이 내륙의 발전을 저해하였다고 강조하였다.

즉, 연해는 경제과실에 대한 이익향유를, 내륙은 연해와의 균형발전을 주장하면서 지역간 대립이 증폭되었다. 이에 따라 연해와 내륙은

① 타지역 상품의 반입 및 판매 봉쇄, 원부자재의 성외 반출 제한
② 당 지역내 유치산업보호 및 재고가 누적된 자기지역 상품의 판로 개척
③ 지방정부의 시장관리와 감독기능을 강화하여 타지 상품의 판매가격을 올려 지역간 가격차를 조정하거나, 모방품과 열악한 상품을 추방한다는 명목으로 외지상품 축출
④ 세금감면, 대출우대, 가격차에 대한 보조금 지급 등으로 인위적인 경쟁력 제고
⑤ 자기 지역의 유치한 산업과 시장을 보호하기 위하여 당 지역 도매상의 타지역 상품 구입선을 봉쇄하고 당 지역 도매상으로 하여금 당지 상품의 구매비율을 높이게 하는 등의 조치를 취하였다.

이러한 지방정부의 조치들은 결국

① 지역경제의 발전을 위하여 무계획적으로 투자를 확대하고 산업구조를 변형시켜 에너지 및 원자재 공급의 불균형이 확대되고 중복투자가 만연하는 등 투자의 효율성이 크게 저하되고
② 내륙의 각 지역과 기업이 자신의 조업률을 높이기 위하여 원자재의 타지역공급을 억제하였는데 이것이 결국 원자재 확보난을 초래하며
③ 타 지역 상품의 유입 봉쇄로 말미암아 성간 물자교류가 감소되었고 치열한 지방정부간의 경쟁은 경제의 효율을 크게 떨어뜨렸다.

지방정부간 배타적인 행위는 실질적으로 지방정부의 교역이익을 감소시키고 물가상승을 수반하여 결국 쌍방의 손실로 나타났다. 실제로 연해지역의 공산품 가격인상과 내륙지역의 원자재공급 기피는 상대방 상품의 구입가를 높이고 당 지역의 지출을 상승시켰다.

또한 중앙정부의 지방정부에 대한 통제력 약화는 중복투자, 산업구조의 동일화 추세, 경공업화, 분업기회 상실, 규모경제 이익의 상실, 지역간 시장봉쇄와 시장분

할 등 중앙정부가 지역경제 발전에 충분한 기능을 하지 못하는 결과를 초래하였다. 특히 지역간 시장봉쇄는 일종의 비관세 장벽으로서 자원·기술·인재·상품이동 등을 막아 전국적으로 통일된 시장형성의 장애요인이 되었고[2] 연해의 부(富)가 내륙으로 이전되는 소득파급 효과를 저하시켰다.

(나) 유동인구의 급증과 지하경제의 발생

유동인구의 급증은 농촌 주민과 내륙 저소득층의 농촌생활에 대한 어려움 및 발전한 도시에 대한 동경, 고용제도의 변화, 기업구조 개편 등 때문이다. 특히 농민의 이농현상은

① 농산물 가격의 통제와 농기구, 비료, 농업용 공산품 등 가격의 폭등에 따른 협상가격차
② 1984년 이래 수리시설·경작시설 기계화에 대한 투자 정체 또는 감소
③ 도시보다 많은 세금을 비롯한 제 비용부담
④ 과거 거주지 이동을 엄격히 통제하였던 호구제도의 완화
⑤ 도시 기업의 저임금 농촌 노동력 확보 의도에 따른 취업기회의 증대 등에 따른 것이라고 할 수 있다.

이러한 유동인구들은 대다수가 연해지역이나 대도시의 공장 및 건설노동자로 활동하고 있지만 호구제도에 따라 해당 도시에 등록하지 못하고 지하경제의 노동자층을 형성하였다. 따라서 통제가 어렵고 도시지역의 주식과 부식품 공급, 수도와 전기공급, 교통, 주택부족 등의 문제점을 유발하였다.

더욱이 새로운 실업군을 형성하고 도시 빈민층화되어 범죄, 마약, 매춘, 질병 등의 심각한 사회문제를 일으키는 등 사회주의 의식은 점차 해이해 졌다.

(3) 지역간 산업구조의 불균형 확대

중국의 산업배치는 경제효율의 극대화를 경시하고 자원·자금·국민수입·지역경제의 현실 등과 노구(老區)·소수민족지역 등 빈곤지역의 경제발전 부양, 국제정치적 상황과 국방요소를 고려하여 결정함으로써 지역간 산업구조가 불균형

---

2) 國家計委國土開發與地區經濟研究所, 我國地區經濟協調發展研究, 改革出版社, 1996. 1, p. 27.

하게 형성되었다.

산업구조 불균형의 가장 큰 원인은 지역간 산업배치가 불합리하게 조성되었기 때문이다. 즉, 균형발전정책 기간에는 내륙에 군수공업 등의 중공업을 배치하였고 불균형발전정책 기간에는 연해지역에 수익성이 높고 자본회전율이 높은 경공업, 가공조립업 등에 신규 투자를 집중하였다.

둘째는 내륙의 재정부족과 감가상각제도에서 오는 문제 때문에, 기계·군수산업 분야의 노후된 산업설비들을 적시에 교체하지 못하였다. 기업들은 책임경영제의 실시에 따라 실적 향상을 가시화해야 했기 때문에 감가상각을 줄이고 기업유보를 늘리는 방법을 채택하였다. 1980년대 후반에는 긴축정책으로 기업의 이용가능한 경비가 더욱 축소되면서 내륙 기업들의 설비개조가 더욱 한계에 부딪히게 되었고 기업과 산업의 대외경쟁력 약화라는 결과가 나타났다.

셋째는 지방정부와 기업에 각종 권한이 부여되자 대부분의 지방정부들은 장기적인 자금부족과 노동력 과잉, 지역 및 능력 등의 평균주의, 기업의 기술진보 능력부족 등의 내부문제를 극복하기 위하여 단기적으로 수익을 극대화하는 경공업 위주, 소비재의 2차 산업을 집중 육성함으로써 산업구조의 동일화 추세가 나타났다.

이러한 산업구조 동일화의 결과, 경제는 내부지향적으로 발전하여 경쟁체제가 약화되었고 지역산업의 폐쇄성과 갈등은 내부의존도를 심화시켜 지역간 교류가 감소하는 현상이 나타났다. 그 결과 기초산업은 허약해지고 전체적인 효율이 저하되는 가운데 가공공업 비중의 대폭 상승, 기타 업종의 기술 낙후, 규모불경제 기업의 출현 등에 직면하게 되었다.

2. 지도자의 정책전환 의지

협조발전정책은 경제발전 과정에서 형성된 지역간 경제력 격차를 축소함으로써 경제력 균형과 공동부유를 달성하려는 정책이다. 또한 이 과정에서 7천만 명에 달하는 극빈인구를 따뜻하고 배부른 수준의 생활인 온포(溫飽)에 도달하도록 하고 연해 우선발전 정책으로 야기된 정치·경제·사회적 문제점을 축소하려는 의도를 가지고 있다. 협조발전정책은 개혁·개방으로 이룩한 경제발전의 성과를 내륙 중·서부에 합리적으로 배분하여 새로운 경제도약을 실현하고자 하는 것이라 할 수 있다.

(1) 정책의 전환

중국의 지역개발정책이 협조발전정책으로 전환된 것을 보여주는 공식적인 문건은 1991년 제 7기 전인대 제 4차 회의에서 채택된 '중화인민공화국국민경제화사회발전십년규획화제8개5년계획강요(中華人民共和國國民經濟和社會發展十年規劃和第八個五年計劃綱要)'이다. 이 '강요(綱要)'에서 중국은 "지역우위를 발휘하고 전국의 통일된 계획, 연해와 내륙, 경제발전 지역과 비교적 덜 개발된 지역의 관계를 정확히 처리하여 지역경제의 합리적 분업, 우위의 상호보완, 협조발전의 방향으로 나아가는 것을 촉진한다"라 하여 종전의 '선부론'적 견해와 다른, 지역간 우위요소의 상호보완을 내용으로 하는 협조발전의 견해를 공식 제기하였다.

이것은 1992년 당 중앙 제 4호 문건에 지역간 협조발전과 전방위 개방을 포함함으로써 당의 공식견해로 격상되었다. 1992년 10월의 당 제 14전 대회에서는 협조발전정책으로의 정책전환을 의미하는 당 지도부의 지역간 협조발전이 다시 강조되었다.

장쩌민(江澤民) 주석은 14전 대회에서 중국이 지향할 근본 경제체제와 이념으로 '사회주의시장경제(社會主義市場經濟)'[3]를 제시하고 "우리나라는 지역이 광활하고 각 지역의 조건이 차이가 대단히 커서 경제발전이 불균형상태에 있다. 따라서 마땅히 국가의 통일된 계획과 지도하에 지역의 특성, 합리적 분업, 각 지역의 장점, 우위의 상호보완, 공동발전의 원칙에 따라 지역경제의 합리적 배치와 건전한 발전을 촉진해야 한다. 중부와 서부지역은 자원이 풍부하고 연변지역은 대외개방에 있어 지역적인 우위를 가지고 있으며 발전 잠재력이 대단히 크므로 국가는 통일된 계획하에 지원을 해야 한다"라고 하여 지역간 경제력 격차가 존재하므로 지역간 협력과 내륙 우위요소의 효과적 이용을 통해 불균형을 해소하고자 하였다.

아울러 "대외개방 지역을 확대해야 하며 다단계 · 다경로 · 전방위 개방의 구조를 형성하여야 한다. 경제특구, 연해의 개방 성 · 시와 연해경제개방구를 계속 잘 운영한다. 국경지역에 대한 개방을 확대하고 내륙 성 · 자치구의 대외개방 속도를

3) 중국은 개혁 · 개방 이후 경제체제에 많은 시장경제적 요소를 도입하였다. 그러나 권력 내부에 남아있던 보수적 개혁파의 반대와 1989년의 천안문사태로 말미암아 1992년까지의 경제체제와 경제정책은 계획경제와 시장경제적 요소가 번갈아 혹은 혼합적으로 운용되었다. 사회주의시장경제의 채택은 중국의 경제체제가 확연하게 시장경제체제로 선회하였음을 뜻한다.

보다 신속히 해야 한다"라 하여 연해지역을 계속 발전시키면서 개방지역을 내륙으로 확대한다는 전방위 개방을 공식 천명하였다.

장 주석의 지역간 공동발전과 전방위 개방은 내륙에 대한 투자 확대, 연해와 내륙간 긴밀한 경제협력, 지역간 산업구조의 조정, 내륙개방의 확대를 의미하는 것으로서 협조발전정책의 주요 정책내용이라고 할 수 있다.

그 후 1995년 9월 당 제 14기 5중 전회에서 "9·5시기부터는 내륙의 발전을 더욱 중시·지원하고, 경제력 격차의 확대 추세를 완화하도록 노력하여야 한다"고 강조하였다. 또한 같은 전회에서 "지역발전의 격차를 해결하는 것이 개혁과 발전의 중요한 전략적 임무이므로 9·5시기부터 지역격차 축소를 위해 내륙발전을 더욱 지원하겠다"고 하였다. 뿐만 아니라 "이번 전회에 이미 중앙재정의 이전지불을 포함한 자원개발과 기초시설 건설항목에 대한 우선 안배, 중·서부지역에 대한 투자의 장려, 자원성 제품의 가격체계 조절 등의 조치를 제출하였다"라고 하여 내륙발전을 위한 자금지원과 가격체계 개혁이 진행중임을 발표하였다.

이와 같이 협조발전정책은 1992년 경제체제를 계획경제에서 사회주의시장경제로 전환하면서 새로운 지역개발정책으로 확정되었다.

(2) 정책내용의 차이

협조발전정책 시기의 지역개발정책은 연해와 내륙간 경제관계, 개방지역, 추진전략 등 면에서 이전의 불균형발전정책과 현저한 차이가 있다.

연해와 내륙간 경제관계에 있어서 차이점은 첫째, 불균형발전정책은 연해지역의 우선발전에 중점이 두어진 관계로 이 기간 지역간 경제관계는 연해의 물자가 일방적으로 내륙에 판매되는, 내륙의 연해 시장화 내지 경제예속화가 진행되었다. 반면 협조발전정책은 연해와 내륙 상호간의 협조발전에 중점을 두어 지역간 상호 연계성이 높도록 하고 있으며 내자와 외자를 내륙에 보다 많이 투자되도록 하는 정책적·제도적 조치를 취하고 있다.

둘째, 개방지역과 지역개발전략에 있어 불균형발전정책은 연해의 특정지역을 점으로 개방하고 이를 다시 선과 면(面)으로, 발전지역을 주변과 후방으로 확대해 나가는 제도추이 전략을 채택하였다.

[표 4-2] 불균형발전정책과 협조발전정책의 비교

	불균형발전정책	협조발전정책
경제체제	계획경제체제	사회주의시장경제체제
정책목표	연해 우선발전	연해와 내륙의 협조발전
정책내용	연해 우선발전을 위한 정부투자 편중, 무역권 등 권한 이전, 외자기업에 대한 세제감면 등 특혜	내륙에 대한 정부투자 확대, 연해와 내륙의 협조발전, 지역간 산업구조의 조정, 외자 및 외국인 직접투자의 내륙유치
연해와 내륙의 관계	연해는 내륙에 공산품을 제공, 내륙은 연해에 에너지 · 원자재를 공급. 경제예속화 진행	지역간 분업, 우위요소의 상호보완, 지역간 협력, 특히 연해의 내륙투자 및 지원을 강조
개방지역	경제특구, 14개 연해개방도시 등 연해 지역	내륙의 성도 및 주요 도시, 연해(沿海), 연강(沿江), 연변(沿邊), 연선(沿線)의 4연(沿)지역
개발전략	제도추이전략, 점→선→면의 복사형 발전전략	성장거점 전략을 기본으로 하고 복사형 발전전략을 참고
우대조치	세제감면, 각종 권한 하급기관 이전, 허가 기간 단축	연해지역과 같은 우대와 내수판매 폭 확대, 업종제한 없음.
기타	내륙에 보조금 제공 등 단기적 방안	내륙 빈곤지역 부양을 중시하여 장기적 지원방안을 수립

주 : 중국정부의 발표 및 지역경제 연구자료 참조.

그러나 협조발전정책은 제도추이전략 외에도 내륙의 성도 및 주요 도시와 '연강(沿江), 연변(沿邊), 연선(沿線)'[4] 주변의 주요 도시를 개방하여 이 지역에 재정투자를 확대하고 외자를 집중 투입하며, 외국인 직접투자를 적극 유치하여 지역경제 발전의 성장점으로 하는 성장거점화 전략을 채택하였다.

따라서 두 정책은 개혁 · 개방정책의 기조 하에 추진되고 있는 지역경제 발전정책으로서 전자는 연해지역 우선발전의 불균형발전정책, 후자는 내륙발전을 중시하는 협조발전정책으로 완전히 차별되는 정책이라고 말할 수 있다.

4) 연강(沿江)은 창강, 주강, 황하 등 큰 강의 연안을 따라서, 연변(沿邊)은 동부지역과 러시아 · 북한 등, 신장자치구와 중동지역, 윈난성 · 광시자치구 등 서남지역과 베트남 등 동남아의 국경을 따라서, 연선(沿線)은 징광(京廣)선, 징지우(京九)선, 룽하이(隴海)선 등 주요 철도 및 도로변 지역을 따라서 발전시키는 것이다.

제2절 공동발전의 협조발전정책

1. 지역간 협조발전의 강화

(1) 내륙에 대한 투자와 지원의 확대

떵샤오핑은 당 제 11기 3중 전회에서 내륙 빈곤지역에 대한 지원을 강조하였지만 80년대에 있어 내륙은 국가의 지원이 필요한 지역이며 연해의 발전에 필요한 자원 등을 제공하는 물자 공급처에 불과하였다.

그러나 협조발전정책은 내륙발전을 촉진시키기 위하여 내륙에 대한 투자를 확대하고 빈곤한 지역에 대한 재정적 지원을 늘리며 투자 및 지원된 자금의 이용효율을 높이는데 중점을 두었다. 투자자금은 내륙발전을 위하여 중・서부지역의 자원탐사 강화, 자원개발과 사회간접자본 건설 자금의 우선 배정, 연해지역 자원가공형 및 노동집약적 산업의 내륙 이전, 투자환경 개선, 연해 고급인력의 내륙이주 유도 등의 비용으로 사용되었다.

정책적으로는 1993년 7월 적극적인 빈곤부양을 위한 '국가팔칠부빈공견계획(國家八七扶貧攻堅計劃)'[5]을 추진하고, 빈곤지역의 개발책임 소재를 명확히 함과 동시에 협력지역간의 유대를 지속적으로 강화하는 '대구지원(對口支援)'[6] 제도를 통해 연해 지방정부가 내륙을 지원하도록 하고 있다. 이밖에도 '연강(沿江),

5) '팔칠부빈공견계획(八七扶貧攻堅計劃)'은 2천년까지 중국 빈곤지역 빈곤인구의 '온포(溫飽)'문제를 해결하는 구체적인 계획으로서 1994년 3월 3일 '전국부빈개발공작회의(全國扶貧開發工作會議)'에서 공식화되었다. 求是, 1994년 제 10기.

6) '대구지원(對口支援)' 제도는 내륙의 발전을 촉진하기 위하여 경제성질과 비교우위, 자원부존, 지역의 희망 등을 고려하여 동부 연해와 중・서부 내륙의 지방정부를 연결시켜 연해가 내륙을 지원하게 하는 제도이다. 1996년 '부빈개발영도소조(扶貧開發領導小組)'가 발표한 지역 연결은 뻬이징-네이멍꾸, 티엔진-깐쑤, 상하이-윈난, 꽝뚱-꽝시, 쟝쑤-산시(陝西), 저쟝-쓰촨, 산뚱-신쟝, 선전・따리엔・칭따오・닝뻐-꾸이저우로 되어 있다. 明報, 1996.10.14.

연변(沿邊), 연선(沿線)' 등을 포함해 내륙지역을 대폭 개방하였다.

가장 중요한 투자재원은, 재정투자로서 내륙의 이용 기관에게 가능한 한 저리로 대출되며 지역의 발전상황에 따라 투자비율 및 이자율을 적정하게 책정하고 있다.

투자자금의 합리적 이용을 위한 투자중점 대상은, 중앙재정의 경우 비교적 규모가 큰 내륙의 교통·통신, 수리시설 등 사회간접자본과 에너지, 원자재 등 기초산업 분야에 두고 있고 지방재정의 경우는 현지의 기초시설, 공공시설, 과학기술·위생·문교 등의 공공성 부문에 두었다. 한편 내륙지역의 농업발전을 위해 이 부문에 대한 투자를 확대하며, 향진기업에 대해서는 1993년 2월 국무원이 내륙지역 및 소수민족지역 각급 지방정부에 향진기업을 적극 지원·육성할 것을 지시한 바 있다. 특히 내륙 향진기업의 발전을 위해 금융기관은 신용대출의 증가와 우선 대출 등의 우대조치를 부여하며 국제금융기관의 향진기업에 대한 대출도 내륙에 집중되도록 유도하였다.

한편 빈곤지역인 '노(老)·소(少)·변(邊)·궁(窮)'[7] 지역에 대한 지원도 크게 고려하였다. 이들 지역은 대부분 자연환경이 열악한 과거의 혁명근거지이거나 소수민족의 거주지로서 상당수가 정부의 재정적 지원이 필요한 지역이다.

지원방안으로는 ① 재정적으로 '이전지불제도(移轉支拂制度)', 중앙재정의 저개발 지역 발전자금인 '지원경제불발달지구발전자금(支援經濟不發達地區發展資金)', 빈곤부양 기금인 '부빈기금(扶貧基金)'을 설치하고 ② 은행에서는 '노(老)·소(少)·변(邊)·궁(窮)' 지역의 개발을 목적으로 한 전용대출인 '전항대관(專項貸款)'을 운용하여 저리대출을 해주며 ③ 세수방면으로는 빈곤지역의 신설기업에게 3년내 소득세 반환, 분세제의 배분율을 소수민족지역에서는 중앙과 지방이 2 : 8로 하고 타 지역은 5 : 5로 하는 등의 세 감면혜택을 주며 ④ 취로사업 성격의 지원인 '이공대진(以工代賑)'의 방법을 실시하며 ⑤ 5개 소수민족 자치구와 3개 빈곤지역에 보조금을 지급하는 형태를 채택하였다.

이밖에 발전지역의 빈곤지역 지원, 외국의 원조, 내륙에 대한 차관 우선 지원, 과학기술의 전파, 우대정책의 실시, 고급인력의 이동 억제, 발전지역과의 간부교류 확대 등의 종합적인 지원방안을 추진하였다.

---

7) 노(老)는 과거 공산혁명 시절의 혁명지역, 소(少)는 소수민족 지역, 변(邊)은 국경지역, 궁(窮)은 빈곤한 지역으로, 중국내에서 특히 빈곤한 지역을 지칭한다.

지원방법도 이전의 행정조직을 통한 일률적인 보조금, 구호자금을 제공하는 대신 각 지방이 경제조직, 기업, 서비스기관 설립 등을 통해 보다 적극적인 소득증가 대책을 강구하도록 하였다. 이를 위해 종래의 구호기금 외에 '저개발지역원조기금(低開發地域援助基金)'을 설립하고 재정상납을 면제하는 등의 조치를 취하였다.

내륙에 대한 지원방안은 이후 ① '9・5계획과 건의'에서 "중・서부지역에 자원개발과 기초건설 항목을 우선 안배하며, 국내외 투자자들이 중・서부에 투자하도록 적극 장려하며, 자원성 제품의 가격체계를 조절하며, 동부의 자원가공형 및 노동집약적 산업을 점진적으로 중・서부에 이전되도록 유도한다"[8] ② 1995년 대외무역경제합작부가 발표한 '외국인투자산업목록(外國人投資産業目錄)' 등과 같은 내륙지원 제도 확정과 국가경제무역위원회의 내륙투자 장려를 위한 내륙투자 외자기업에 대한 우대조치와 우대 업종 지정 ③ 1995년 리펑 전 총리의 '관어제정국민경제화사회발전"구오"계획화2010년원경목표건의적설명(關於制定國民經濟和社會發展"九五"計劃和2010年遠景目標建議的說明)'에서 내륙 중・서부지역의 발전을 위한 5개항 제시 등이 있었다.

특히 1996년 5월 대외무역경제합작부는 '중・서부 지구 경제발전 촉진을 위한 장려정책과 우대정책'[9]에서 다음과 같은 획기적인 내륙발전 방침을 밝혔다.

① 중・서부 지역 특히 국경지역과 내륙 중심 성・시의 대외개방 범위와 영역을 확대하며 자원개발・이용권을 적절히 확대한다. 중・서부 지역이 외자를 유치하여 자원의 공동개발을 장려하며, 자원성 제품을 수출하여 외채를 상환할 수 있도록 허용한다.

② 외국정부 차관의 항목을 다양화하고 특별한 요구가 없는 한 모두 중・서부지역에 안배한다.

③ 중・서부지역의 대・중형 기업과 과학연구 기관이 외국과 합작추진시 대외경영권에 대한 심사・비준을 관대하게 한다.

④ 대외무역에 있어서 중・서부지역에 대한 편중된 정책을 실행한다. 즉, 중・서부지역이 주산지인 쿼터품목에 대해 입찰을 통해 대부분 그 지역에 배분되도록 하며, 기타 품목도 적극 고려한다.

8) 中國共産黨第十四屆中央委員會第五次全体會議文件, 앞의 책, p. 46.
9) 經濟導報, 總 2469 號, 1996.5.13.

⑤ 대외원조 항목을 안배하는 경우에 중·서부지역에 대해 '동등우선' 원칙을 실시한다.

(2) 연해와 내륙간 긴밀한 협력관계 확립

지역간 협력과 발전은 현 체제를 변화시키지 않고 분업의 확대, 노동생산성의 증가, 국민경제의 지속적 발전과 효율 극대화, 지역간 마찰의 완화 등을 기대할 수 있기 때문에 불균형발전정책 시기에도 강조된 적이 있다. 그러나 이때는 구체적 방안 미흡, 물류비용 과다, 낮은 구매력, 유통망 미비, 지역이기주의 등으로 90년대 초까지도 별로 성과를 거두지 못하였다.

협조발전정책 시기의 지역간 협조발전 강화 방안은 지역간 경제협력 강화, 생산요소 이동의 자유화와 지역경제 잠재력의 개발에 중점을 두었다.

첫 번째 방안인 지역간 경제협력 강화는 상호보완 관계에 있는 두 지역의 부존자원과 생산요소를 적절히 활용하는 것이다. 상호간 협력을 통해 분업과 무관세 교역을 추진하며, 연해의 자본·기술·경영관리 기법을 바탕으로 내륙의 저임과 원자재를 이용하는 기업경영을 장려하고 내륙의 광물 및 에너지 자원개발에 참여하는 연해기업에 대해 특혜를 부여함으로써 상호이득을 취하도록 한다.

이러한 목표달성을 위한 국가계획위원회의 세 가지 원칙[10]은 ① 지역적 조건이 우세한 지역을 먼저 발전시키고 그 후 저개발지역이 발전하도록 지원하며, 지역격차의 축소를 위하여 각종 유효한 수단·조치를 종합적으로 실시하되 효율적이며 공평하게 처리하도록 하고 ② 통일된 계획으로 불합리한 중복건설과 기술도입을 피하며 각 지역의 비교우위가 충분히 발휘되도록 합리적인 분업체계를 확립하며 ③ 연해와 내륙은 유리한 부존자원을 효과적으로 이용하고 산업정책과 지역정책을 결합하여 공동발전을 추구하도록 하는 것이다.

연해와 내륙간 협력의 초점은 연해 지방정부와 기업의 내륙투자에 있다.[11] 중국정부는 연해 지방정부와 기업의 내륙투자를 적극 권장하면서 내륙진출에 대해 세제감면, 재정지원, 자원 구매가격 조정 등 여러 가지 특혜를 부여하고 있다.

---

10) 國家計劃委員會, 2010年我國地區經濟布局與地區經濟協調發展, 내부자료, 1995.

11) 지금까지는 내륙 지방정부와 기업의 연해진출이 더욱 활발하다. 내륙의 지방정부와 기업들의 연해진출이 활발한 이유는 연해기업의 내륙진출을 위한 정보제공, 내륙의 대내외 교역 및 투자의 거점 확보와 중개, 외국기업과의 접촉 확대 등을 위한 것이다.

협력 분야는 내륙에 일반적인 기술의 경공업과 방직공업을 이전하며 내륙의 원자재를 구입하고 내륙의 원부자재·에너지 산업에 투자하는 데 중점을 두고 있다.

지역협력 활성화의 두 번째 방안은 노동력·자본·기술 등 생산요소 이동의 자유화이다.

노동력의 이동을 위해서 최근 호구제도를 완화해 나가고 있으나 내륙은 임금이나 생활여건 면에서 연해에 비해 상당히 저수준에 있기 때문에 연해 고급기술 인력의 내륙이주는 많지 않고 반대로 내륙 농민의 연해 이주는 계속 확대되고 있다.12) 이에 따라 최근에는 인구의 유입요소와 유출요소를 적절하게 통제하는 한편 내륙출신의 기술자를 연해의 주요 도시에서 교육시킨 후 귀환시켜 높은 직위와 임금을 제공하는 방법을 활용하기도 한다.

내륙으로의 자본이동은 금융시장의 활성화를 통한 사회자본의 효율제고라는 목표 하에, 금융체제 개혁과정에서 내륙의 자본형성과 시장육성에 중점을 두고 있다. 이에 따라 ① 자본시장 융자액의 내륙제공, ② 쓰촨의 청뚜, 충칭, 후뻬이의 우한, 안후이의 허페이, 산시(陝西)의 시안 등 내륙도시에 외국 금융기관의 지점 개설 허용 등 금융시장 개방, ③ 내륙기업의 증권시장 상장을 허용하고 있다.

지역간 기술수준의 차이 극복은 현재 연해기업의 내륙투자 시에 이전되는 기술과 고급기술 인력의 특별 초빙에 의해 이루어지고 있다. 또한 연해로 이주했던 내륙주민이 기술을 습득한 후 귀향하여 기업을 설립하고 기술을 전수하는 경우가 있다.

세 번째 방안인 지역발전 잠재력의 개발은 연해와 내륙이 보유하고 있는 생산요소와 산업부문의 우위를 연해와 내륙이 상호간 적극 활용하도록 하는 것이다.

특히 내륙발전을 위해서는 내륙의 장점 즉, 광물과 에너지 자원의 개발이 필연적이므로 연해의 내륙자원에 대한 투자가 장려되고 있다. 이에 따라 최근 꽝뚱에서 윈난·꽝시의 광물자원 풍부지역, 상하이·쟝쑤에서 후뻬이·후난·쟝시 등 자원 및 인구밀집 지역으로 도로, 교량, 발전소, 유전 등의 분야에 대한 투자가 활발히 진행되고 있다.

---

12) 내륙인구의 연해이동은 내륙경제에 ① 인구감소와 노동력 부족, ② 불필요한 노동력의 축소와 잔류 노동력의 생산성 향상 및 이에 따른 임금인상, ③ 연해로부터의 송금에 따른 지역소득의 증가와 이를 바탕으로 한 지역경제 발전자금의 확보 등과 같은 영향을 미친다.

[표 4-3] 생산요소의 지역별 우위

	연해 지역	내륙 지역
노동력	北京, 天津, 上海, 遼寧, 廣東	黑龍江, 吉林, 山西, 新疆
자 금	北京, 上海, 浙江, 江蘇, 遼寧, 廣東, 天津	河南
과학기술	北京, 上海, 江蘇, 遼寧, 山東, 廣東, 天津	四川, 湖北, 陜西
산출규모	廣東, 山東, 江蘇, 遼寧, 浙江, 上海	四川, 河南, 河北, 湖北
생산성	江蘇, 浙江, 上海, 廣東, 福建, 北京, 天津	安徽
도시화	天津, 北京, 遼寧, 吉林, 上海, 山東, 浙江	吉林, 湖北, 內蒙古
시장규모	廣東, 江蘇, 山東, 遼寧, 浙江, 上海	四川, 河北, 河南, 湖北
정책우위	沿海의 개방지역	開放地域, 沿江 · 沿邊 · 沿線

주 : 노동력은 노동의 질적 수준, 산출 규모는 국민총생산, 생산성은 요소 생산성, 정책 우위는 국가의 정책적 특혜가 부여된 지역을 말함.

자료 : 國家計委國土開發與地區經濟硏究所, 앞의 책, pp. 38-42.

[표 4-4] 산업부문별 우위 지역

	연해 지역	내륙 지역
채굴업	河北, 遼寧, 山東, 海南	山西, 內蒙古, 吉林, 河南, 西藏, 新疆, 四川
원자재 공업	北京, 河北, 遼寧, 上海	山西, 內蒙古, 安徽, 江西, 湖北, 西藏, 新疆
중(重)가공공업	北京, 天津, 上海, 江蘇	吉林, 四川, 陜西
비농산품 가공업	北京, 天津, 上海, 江蘇, 浙江, 福建	-
농산품 가공업	江蘇, 浙江, 福建, 山東, 廣西, 海南	安徽, 河南, 貴州, 雲南, 新疆

자료 : 國家計委國土開發與地區經濟硏究所, 앞의 책, pp. 47-50.

(3) 지역간 산업구조의 조정

협조발전정책의 주요한 목표의 하나는 산업구조의 불균형을 조정하는 것으로서 심각한 지역간·산업간 불균형문제를 해결하여 경제효율을 제고하는 것이다.

이것은 산업의 경공업화, 일부의 '대이전(大而全), 소이전(小而全)'[13] 추세 등 획일화하는 산업구조를 억제하고 국가적 차원에서 지역경제의 균형발전과 산업배치의 효율 극대화를 추진하며 지역특성과 비교우위에 적합한 산업의 특화·중장

13) '대이전(大而全)'은 크고 모든 것을 갖춘다는 뜻으로 대기업에서 생산에 필요한 설비·기술·인원·원부자재 등 모든 것을 자체적으로 공급·조달하는 것을 말한다. '소이전(小而全)'은 작지만 모든 것을 갖춘다는 뜻으로 소기업들도 대기업과 마찬가지로 기업 운영에 필요한 설비·기술·인원·원부자재 등을 고루 확보하는 것을 말한다. 원래 대약진시기에 자급자족과 자력갱생을 강조하면서 사용되었던 용어이다.

기적으로 지역별 산업분포의 합리화를 추구하는 것이라 할 수 있다.

지역별 특화산업의 육성방안은 각 지역의 부존자원, 산업기초, 기술면의 비교우위를 고려하면서 지역간의 수평적인 경제연합을 촉진하고 자원이 풍부한 지역과 그렇지 못한 지역간의 분업과 협력증진을 지원하는 것이다.

현재 연해지역의 노동집약적인 기술은 대부분 보편화되어 있고 제품의 특성도 적어 임금에 의해 경쟁력이 결정되고 있다. 따라서 산업구조의 조정은 연해지역은 외국의 선진기술을 도입하고 기존의 노동집약적 기술은 내륙으로 이전하는 것을 원칙으로 하며, 내륙지역은 저임과 동 기술을 활용하여 만든 제품의 생산과 판매를 특화시키는 것이다.

결국 연해는 경공업을 중화학공업으로, 노동집약적 산업에서 자본·기술집약적 첨단산업으로 산업구조를 전환시키며, 내륙지역은 연해의 사양산업인 경공업을 받아들이고, 낙후한 중화학공업을 개조하고, 자원주도형 산업을 발전시키는 것이라 할 수 있다.

구체적 산업배치 방향은 외자기업의 진출을 장려·제한·금지하는 산업으로 분류하기 위한 '외국인투자산업지도목록(外國人投資産業指導目錄)'와 '관어외국기업투자방향지도적잠정규정(關於外國企業投資方向指導的暫定規定)' 등에 명시되어 있다.

9·5시기 이후 산업구조 조정에 있어 내륙에 대한 산업배치는, 중부지역은 이미 형성되어 있는 공업 기초와 농업 기반 및 교통의 편리성을 이용하여 룽하이(隴海)선·징지우(京九)선·징광(京廣)선 등 철도간선 주변의 '연선(沿線)'지역을 농업·원자재·기계공업 기지로 건설할 계획이다.

서부지역은 국경지역의 장점과 풍부한 농목축업·에너지 및 광산자원·군수산업 기지라는 장점이 있으므로 사회간접자본과 자원개발을 발전시키고 전국적인 면화·축산물, 석유화학·에너지, 비철금속 기지로 육성할 계획으로 있다.

2. 전방위 개방의 촉진

(1) 내륙 개방지역의 확대

1991년 제 7기 전인대 제 4차 회의에서 처음 공식 천명한 전방위 개방[14]은 내륙 중요도시와 국경지역의 개방에 초점이 있으며, 목적은 외자기업의 내륙진출을 장려하여 내륙발전에 필요한 자본과 기술을 흡수하여 내륙경제를 활성화하는 것이다.

전방위 개방의 중점 지역은 기존의 '연해(沿海)'와 '연강(沿江) · 연변(沿邊) · 연선(沿線)'의 4연(沿) 지역이다. 4연 지역의 개방은 대륙의 남에서 북, 연해에서 내륙에 이르는 포괄적이면서 다단계적인 발전방식으로 내륙을 발전시키고 이를 통해 중국전역을 발전시킨다는 전략이다.

'연강(沿江)'의 중심은 창강 하류의 상하이로서, 발전전략의 골자는 상하이의 푸뚱(浦東)을 첨단기술 산업개발구로 발전시키고 창강삼각주와 상하이 – 쓰촨의 충칭에 이르는 지역의 개발 · 개방 및 경제발전을 촉진하는 것이다. 창강에 인접한 지역의 개발 · 개방은 중국 지역경제 발전의 중점이 연해에서 중부와 서부내륙으로 확대되어 감을 의미한다.

'연변(沿邊)'지역의 개방은 헤이룽쟝과 구 소련 지역, 네이멍꾸와 구 소련 · 몽고, 랴오닝(遼寧)과 북한, 지린과 북한 · 구 소련, 꽝시와 베트남, 윈난과 미얀마 · 라오스, 시짱과 유럽지역, 신장(新疆)과 구 소련 · 파키스탄 · 몽고와의 국경무역을 확대하기 위한 것이다.

구체적 지역은 헤이룽쟝의 헤이허(黑河) · 쑤이펀허(綏芬河), 네이멍꾸의 만저우리(滿州里) · 에렌호트, 지린의 훈춘(琿春), 꽝시의 평샹(憑祥) · 뚱싱(東興), 윈난의 허커우(河口) · 완띵(琬町) · 루이리(瑞麗), 신장(新疆)의 타청(塔城) · 뻐러(博樂) · 이닝(伊寧) 등으로서 이미 빠른 속도로 발전하고 있다.

'연선(沿線)'지역은 남북 종단철도인 징꽝(京廣)선과 징자우(京九)선 및 동서 횡단철도인 룽하이선(隴海線) · 리엔윈깡(連運港) – 란저우(蘭州) – 우루무치(烏魯木齊)를 잇는 란신선(蘭新線))의 주변지역으로서 남북과 동서를 잇는 축을 기반으로 하는 발전계획을 가지고 있다.

이와 같은 지역발전 전략과 함께 각 지역 환경에 적합한 개별적인 산업발전 전략을 수립해 놓고 있다. 즉, 창강 상 · 하류의 28개 도시(특히 충칭, 우한, 상하이, 닝뻐 · 항저우)를 연결하는 창강 개방지역[15]에는 자원개발 산업, 수출가공

14) 전방위 개방은 연해지역의 개방을 내륙으로 확대한다는 의미에서는 떵샤오핑이 추진한 지역개방 정책의 확장이라고 볼 수도 있지만, 내륙발전을 촉진하기 위한 협조발전 정책의 관점에서 보면 정책목표를 달성하기 위한 하나의 전략이라고 말할 수 있다.

산업, 첨단 산업 등을 유치·육성하기 위하여 경제특구와 유사한 우대조치를 부여하였다. '연변(沿邊)'의 개방지역에는 구 소련, 북한, 몽고, 베트남과의 국경무역에 적합한 경공업형 산업단지를 육성하며, 리엔윈깡-란저우-우루무치에 이르는 동서 내륙횡단 철도 주변에는 농산물가공, 경공업, 자원개발 업종에 관한 외자기업을 유치한다는 전략이다.

한편 1993년 8월 창강 연안의 5개 도시와 내륙 15개 성·자치구의 성도16)를 개방하여 내륙경제 발전의 교두보로 발전시켜 왔으며, 이들 지역의 각 성급 정부는 외자기업의 내수판매를 대폭 허용하는 등 많은 유인을 제공하여 외자기업을 진출을 장려하고 있다.

(2) 내륙에 대한 외자배분의 증대와 외자기업의 투자장려

전방위 개방을 실시하면서 차관의 내륙배분을 확대하고 외국인 직접투자도 내륙배분을 증가시켜 왔다. 내륙에 도입된 차관은 1992년 전체의 4.4%인 0.9억 달러가 2000년 12.2%인 49.2억 달러로 비중과 금액이 급격히 증가하였다(2001년부터 차관액이 극소량이거나 없음).

외자기업의 내륙투자를 장려하는 방안은, 연해에는 섬유, 의류, 피혁 등 노동집약적 경공업 기업의 진출을 억제하는 한편 기존 외자기업의 노후설비를 내륙으로 이전할 것을 장려하고 있다. 반면 내륙지역에 대해서는 경공업, 자원개발 등을 포함한 전 분야의 투자를 적극 환영하고 있다.

이에 따라 협조발전정책 시기 내륙에 대한 외국인 직접투자 추이는 1992년 8.7%인 9.6억 달러에서 2004년 16.3% 122.7억 달러로 금액과 비중이 모두 증가하였다. 이것은 중국의 내륙투자 장려 방안이 어느 정도 효과를 나타내고 있음을 보여준다.

---

15) 창강 유역은 ① 180만㎢의 면적, ② 전 인구의 63%가 사는 인구 조밀지역, ③ 과학기술 인구가 전국의 61%를 점유하고 인구 100만 이상의 도시가 10개가 넘으며 유역에 중소도시와 농촌이 집중되어 있는 방대한 지역이다. 뿐만 아니라 ④ 중요한 광물자원이 전국의 57%가 매장되어 있고 개발가능한 수력자원도 풍부하며, ⑤ 중국의 최대의 경제·산업기지로서 공업총생산, 공업고정자산, 공업세 납부비중이 높으며, ⑥ 오랜 농업기지로서 청뚜 평야, 뚱팅호 평야 등에서 양식, 면화, 돼지 등 농산품이 집중적으로 생산되는 지역이며, ⑦ 창강본류와 지류는 오래전부터 내륙수운의 대동맥으로서 전국 내륙수운 통항 총거리의 약 70%에 달하는 지역이다.

16) 제4장 제3절의 4.7항 참조.

[표 4-5] 협조발전정책 시기의 외국인 직접투자

(단위 : 억 달러, %)

	1992		1995		1998		2001		2004	
	금액	비중	금액	비중	금액	비중	금액	비중	금액	비중
합계	-	-	378.1	-	475.6	-	468.8	-	-	-
지역소계	110.1	100.0	372.2	100.0	471.9	100.0	463.7	100.0	751.90	100.0
연해	100.5	91.3	326.4	87.7	413.3	87.6	407.3	87.8	629.16	83.7
내륙	9.6	8.7	45.8	12.3	58.5	12.4	56.4	12.2	122.74	16.3

주 : 실행액 기준이며 외국인 직접투자에는 리스, 보상무역, 위탁가공을 포함함. 합계와 지역소계의 차이는 행정부문에 대한 투자때문임.

자료 : 中國統計年鑑, 각년 판. 新中國五十五年統計資料匯編 1949-2004, 2005.11

대외무역의 내륙 비중은 이와 반대로 1992년 전체의 14.4%인 281.6억 달러에서 2004년 8.0%인 919.4억 달러로 감소하는 추세에 있다. 내륙의 무역액은 증가하고 있지만 비중의 감소추세는 내륙의 수출산업 기반이 열악한 점, 수출이 연해기업을 통해 이루어지는 지리적 한계성, 내륙에 진출한 외자기업들의 진출 목적이 수출보다는 내수시장 판매를 더욱 중시하기 때문에 외자기업의 수출을 기대할 수 없는 현실에 기인한다.

[표 4-6] 협조발전정책 시기의 대외무역

(단위 : 억 달러, %)

	1992		1995		1998		2001		2004	
	금액	비중	금액	비중	금액	비중	금액	비중	금액	비중
합 계	1,957.0	100.0	2,808.5	100.0	3,240.5	100.0	5,097.7	100.0	11,545.5	100.0
연 해	1,675.4	85.6	2,454.4	87.4	2,935.9	90.6	4,653.1	91.3	10,626.2	92.0
내 륙	281.6	14.4	354.1	12.6	304.5	9.4	444.6	8.7	919.4	8.0

자료 : 中國統計年鑑, 각년 판. 新中國五十五年統計資料匯編 1949-2004, 2005.11.

3. 서부대개발 전략의 채택

서부지역의 개발은 협조발전정책의 핵심 사안이며 지역간 경제력 격차의 축소와 지역간 갈등해소, 서부지역의 무한한 시장과 노동력 및 풍부한 자원이용을 통한 지속적인 경제발전, 정치·사회적 안정을 도모하는 중요한 프로젝트이다.

이러한 서부개발전략은 1992년 이후 추진되어 온 내륙개발전략의 연장선상에 있다. 1999년 6월 장 전 주석은 "서부개발을 위한 조건들이 성숙했다"라고 하여 최고위 지도자들의 서부개발 의지를 보여주었다. 이러한 서부대개발 전략은 1999년 11월 장 주석이 각 성장, 각 부처 장관급 이상 간부들이 참가한 중앙경제회의에서 서부개발의 중요성을 역설하면서 공식화되었다.

이에 따라 2000년 1월 주룽지(朱鎔基) 총리를 조장으로 하는 '서부개발영도소조(西部開發領導小組)'을, 3월에는 '서부개발영도소조판공실(西部開發領導小組辦公室)'을 설립하고 국가발전계획위원회 주임 쩡페이옌(曾培炎)이 주임을 맡아 전략수립 및 추진을 담당하는 정책기획, 인프라 건설과 산업구조 조정을 담당하는 경제사회발전, 생태환경 관련정책의 시행 등을 담당하는 업무를 시작하였다.

동 전략의 단계적 추진계획은 개발 초기인 2000~2005년에는 개발계획 및 정책수립・주요 기구수립・홍보・기초건설 가속화, 대규모 개발시기인 2006~2015년에는 서부지역의 개발능력 제고・투자규모의 확대, 전면발전 단계인 2015~2050년에는 서부지역의 도시화, 구매력 제고를 위한 시장화, 국제화 수준의 향상을 위한 전면적 대외개방으로 하였다.

개발전략의 전반적 계획은, 투자재원은 정부 및 금융기관의 지원과 연해기업과의 협조 및 외자기업 유치를 통해 확보하며, 산업개발은 장기적으로 서부의 자생적 발전능력을 지역적 특성에 맞게 제고하는 방향으로 추진하는 것이다. 이 기간 개발전략의 중점은

① 도로・철도・공항 등의 사회간접자본과 도시기반시설의 건설 강화

② 자연보호・환경친화적 개발 등 생태환경의 개선

③ 비교우위 산업의 개발과 산업구조의 조정에 두었다.

서부는 이러한 전략 위에 강점인 노동력・물적 자원과 시장을 적절히 결합하여 효과를 극대화하는 동시에 연해와의 유기적・보완적 관계를 통해 발전을 가속화하는 것으로 하였다.

서부지역 개발을 위한 외자유치 우대방안은 2001년 4월 4일 산시성(陝西省) 시안에서 개최된 '동서부 협력 및 투자무역 상담회'에서 부문별로 발표되었다. 중요 내용은, 외자도입 측면에서

① "중 · 서부지구 외자도입 우선산업 목록"에 대한 투자장려를 위해 외자기업의 설비 · 기술 · 부품 · 비품 수입시 조세우대 정책
② 연해지역 외자기업의 내륙 투자에 대한 기업소득세 감면
③ 외자도입 통로의 다양화
④ 기진출 외자기업의 내륙 재투자에 대한 혜택 부여
⑤ 농업수리 · 생태 · 교통에너지 등 사회간접자본과 자원개발 등 외자의 투자영역 확대
⑥ 허페이 · 시안 · 정저우 · 청뚜 · 창사 · 쿤밍 · 꾸이양 · 난창 · 후허하오터 · 시닝 등 내륙의 11개 성급 개발구를 국가급 경제기술개발구로 지정하는 것 등이었다.

재정적 지원은
① 2001년 서부 국채발행자금(500억 위엔)의 서부개발 프로젝트 건설 지원
② 은행 대출금과 국제금융기구 · 차관을 기초인프라 건설에 집중 지원
③ 환경보호자금을 중앙에서 지원
④ 벽지 및 국경지구 지원을 중앙재정에서 부담
⑤ 10.5 시기에도 빈곤지구, 소수민족지구, 국경지구에 대한 지속적 지원
⑥ 농업 · 사회보장 · 교육 등에 대한 중앙의 보조금을 서부에 집중 투자 하는 것 등이었으며

조세우대는
① 서부지역에 투자하는 외자기업에 소득세 · 관세 · 증치세 등 감면
② 민족자치구의 지방기업에 대한 소득세 감면
③ 과거의 혁명근거지 · 소수민족지구 · 변방지구 · 빈곤지구에 건립한 기업에 대한 소득세 감면
④ 농업특산품 소득에 대한 세금 면제
⑤ 교통 · 전력 등 사회간접자본 투자에 대해 각종 세금감면 조치 등을 하는 것이었다.

한편 토지이용에 대해서는
① 토지이용에 대한 허가절차의 간편화
② 경작지의 산림화 추진

③ 기본 농지의 보전과 유지 등에 중점을 두었으며
광산개발·탐사시의 우대는
① 광산자원의 개발과 탐사에 대한 지원확대와 허가 간편화
② 광산 탐사권, 채굴권 사용료 감면
③ 탐사권·채굴권의 합법적 양도 및 이전 촉진
④ 비석유·천연가스 자원에 대한 장려
⑤ 광업탐사 권한의 지방이전 확대 등으로 하였다.

서부개발전략을 추진하면서 내세운 주요한 프로젝트들은 2006년 완공된 세계 최대의 수력발전 공사인 싼샤(三峽)댐 공사, 서부지역의 전기를 남·중·북 등 3개 송전망을 통해 2009년부터 동부지역으로 송전하는 '서전동송(西電東送)', 신쟝자치구와 산시(陝西)성에서 생산된 천연가스를 2006년 6월부터 10개 성·자치구·직할시를 거쳐 상하이까지 수송하는 대륙횡단 천연가스 파이프라인 공사 '서기동수(西氣東輸)', 창강의 물을 물이 부족한 북쪽의 황하(黃河)·화이하(淮河)·하이하(海河)로 보내는 2002년 착수한 '남수북조(南水北調)' 등이 있다. 2000년에 신규 착공한 10대 프로젝트는 다음과 같다.

① 시안-난징철도의 시안-허페이 구간 995㎞ 건설
② 충칭-화이화(懷化) 철도의 640㎞ 구간 건설
③ 국도 주요 간선도로 및 빈곤지역을 연결하는 서부간선도로 1,700㎞ 건설
④ 시안 시엔양(咸陽) 공항, 청뚜 쐉리우(雙流) 공항, 란저우(蘭州) 중촨(中川) 공항, 쿤밍 우쟈(巫家) 공항 등 건설
⑤ 쟈오창커우(較場口)-신산춘(新山村)간 충칭 고가철도 건설 1기 공정
⑥ 차이따무(柴達木)-시닝-란저우 지역의 천연가스 수송관
⑦ 쓰촨 쯔핑푸(紫坪浦), 사퍼터우(沙坡頭) 발전 및 홍수방지용 수리시설 공사
⑧ 13개 성의 34만 3,300 헥타르에 달하는 생태계 건설 및 황무지 조림사업
⑨ 칭하이성의 옌호(鹽湖)지역 칼륨비료 공사
⑩ 서부 고등교육 기관의 기초 인프라 시설

이밖에 중앙부처가 주관하는 서부개발 사업으로는 ① 철도부의 10.5 계획 기간

중 3,000㎞ 6개 철도 건설 ② 교통부의 2010년까지 전장 3만 6천 ㎞의 '5종 7횡' 고속도로 건설 및 향후 10년간 35만 ㎞ 도로 건설 ③ 민항국의 공항건설 및 서부 간선공항 네트워크 구축 ④ 농업부의 생태환경 보호에 이로운 농업, 목축업 발전 계획 ⑤ 정보산업부의 통신산업 육성 ⑥ 임업국의 장강 및 황하 유역 조림녹화 사업 등 ⑦ 국가 전력공사의 대중형 수력발전소 건설 ⑧ 과학기술원의 서부 국토자원과 생태환경 현황조사 실시 ⑨ 인사부의 인재자원 개발계획 등이 있다.

이러한 대규모, 장기간의 서부개발전략 추진 재원은 국무원 국채발행의 70%, 중앙정부 재정예산의 70%, 외국정부 차관의 70%로 충당하며 성・시 지방정부의 재원, 외국기업들의 직・간접투자 등 자금을 이용한다. 또한 지속적으로 중앙과 지방정부에서 외자유치 상담회를 개최하여 재원을 끌어들일 계획이다.

제3절 협조발전정책의 성과

1. 생산 부문

연해의 국내총생산은 1992년 1조 3,531억 위엔에서 2004년 9조 8,626억 위엔으로 12년간 7.3배 증가하였고 내륙중부는 약 6.4배, 내륙서부는 약 4.6배로 증가하였다. 연해의 발전속도가 내륙을 앞서 연해와 내륙간 경제력 격차는 더욱 커졌다. 동 기간 내륙에 대한 투자증가율이 연해를 앞질렀는데도 불구하고 내륙의 비중이 감소한 것은 연해의 발전탄력이 내륙보다 훨씬 크고, 비정부 부문의 연해지역 투자가 더 많기 때문이다. 이 기간 동안 국내총생산 부문에서 협조발전정책의 성과는 가시화되지 않고 있다.

1인당 GDP는 1992년에서 2004년까지 연해는 6.5배, 내륙 중부는 5.9배, 내륙서부는 5.2배로 증가하여 연해의 증가율이 더 빠름으로서, 내륙중부와 서부의 연해에 대한 비중은 각각 52% 및 40% 수준으로 하락하였다. 결국 연해를 1로 할 때 내륙 중부와 서부의 비중이 감소하여 1인당 GDP에서도 내륙에 대한 정책효과가 나타나지 않고 있다.

[표 4-7] 협조발전정책 시기의 GDP 변화

(단위 : 억 위엔, 위엔)

구 분	GDP				1인당 GDP			
	1992		2004		1992		2004	
	금액	비중	금액	비중	금액	비중	금액	비중
연해 동부	13,531	1.00	98,626	1.00	2,812	1.00	18,217	1.00
내륙 중부	6,687	0.49	43,062	0.44	1,600	0.57	9,481	0.52
내륙 서부	3,709	0.27	21,553	0.21	1,391	0.49	7,219	0.40

주 : 1) 지역의 1인당 GDP는 지역 총 GDP/지역 연말 총인구이며, GDP·총인구는 성의 합계를 기준함. 2) 경상가격 기준. 3) 비중은 연해를 1로 할 때 내륙의 비중.
자료 : 中國統計年鑑, 각년 판.

농업총생산은 1992년 9,084억 위엔에서 2004년 3조 6,239억 위엔으로 12년간 4.0배 증가한 가운데 연해는 동기간 3.9배, 내륙 중부는 4.3배, 내륙 서부는 3.7배 증가하였다. 이에 따라 연해의 비중은 감소하고 내륙 중부는 증가하였으며 내륙 서부는 감소하였다. 농업총생산에서 내륙비중의 증감은 협조발전정책의 성과와 연관성이 크지 않은 것으로 판단된다.

공업총생산은 1992년 3조 7,066억 위엔에서 2004년 18조 7,028억 위엔으로 12년간 5.0배 증가하여 농업총생산보다 높은 성장률을 보였다. 그러나 연해의 비중은 65.7%에서 74.7%로 크게 증가하였고 내륙의 비중은 중부가 23.3%에서 18.0%로, 서부가 11.0%에서 7.3%로 대폭 낮아졌다.

[표 4-8] 협조발전정책 시기의 농·공업총생산

(단위 : 억 위엔, %)

구 분	농업총생산				공업총생산			
	1992		2004		1992		2004	
	금액	비중	금액	비중	금액	비중	금액	비중
총 계	9,084	100.0	36,239	100.0	37,066	100.0	187,028	100.0
연해 동부	4,366	48.1	17,047	47.0	24,363	65.7	139,718	74.7
내륙 중부	2,968	32.7	12,682	35.0	8,628	23.3	33,728	18.0
내륙 서부	1,750	19.3	6,509	18.0	4,075	11.0	13,582	7.3

주 : 1) 농업총생산과 공업총생산의 합계가 국내총생산을 상당히 초과하는 것은 중국의 공업과 농업총생산에 이중 계산되는 부분이 많은 중국의 통계방식 때문임. 2) 총계는 지역합계를 기준으로 함.
자료 : 中國統計年鑑, 각년 판.

동기간 내륙에 대한 투자증가율이 연해보다 높은데도 불구하고 이와 같은 내륙중부와 서부의 비중감소는 연해의 발전탄력이 매우 큰데다가 협조발전정책에 따른 정부의 배려가 주로 사회간접자본의 확충에 있으므로 그 성과가 매우 늦게 나타나기 때문인 것으로 보인다.

2. 외자기업의 기여도 부문

전사회고정자산투자 부문에서 외자기업의 기여도는 전체의 10% 미만으로 역할이 크지 않다. 비중을 보면 1993년 전체의 5.9%, 738억 위엔에서 2004년 5.5%, 3,854억 위엔으로 비용은 증가하였지만 비중은 다소 감소하여 외자기업의 기여도가 상대적으로 축소되었음을 보여준다. 외자기업의 비중감소는 고정자산투자 사용액이 급격히 증대되는데 반해, 외국기업의 참여는 제한도 많고 적절한 투자처 찾기가 쉽지 않은데 따른 것이다. 동기간 외자기업의 비중은 연해가 8.0%에서 7.8%, 내륙 중부는 2.9%에서 2.6%, 내륙 서부는 2.8%에서 1.5%로 나타났다.

[표 4-9] 협조발전정책 시기 전사회고정자산투자에서 외자 기업의 기여도

(단위 : 억 위엔, %)

구 분	1993					2004				
	전사회고정 자산투자총액		그중 외자 기업투자액		비중[2]	전사회고정 자산투자총액		그중 외자 기업투자액		비중[2]
	금액	비중[1]	금액	비중[1]		금액	비중[1]	금액	비중[1]	
총 계	12,458	100.0	738	100.0	5.9	70,478	100.0	3,854	100.0	5.5
연해 동부	7,689	61.7	616	83.4	8.0	41,648	59.1	3,256	84.5	7.8
내륙 중부	2,684	21.5	77	10.5	2.9	16,917	24.0	439	11.4	2.6
내륙 서부	1,621	13.0	45	6.1	2.8	10,730	15.2	159	4.1	1.5
기 타	464	3.7	-	-	-	1,183	1.7	-	-	-

주 : 1) 총계는 지역합계를 기준으로 함. 2) 홍콩, 마카오, 대만의 투자는 외자기업에 포함하지 않음. 3) 기타는 지역구분이 불명확한 투자임. 4) 비중[1]은 지역별 비중임. 5) 비중[2]는 외자기업 투자액/전사회고정자산투자 총액임.

자료 : 中國統計年鑑, 각년 판.

한편 총 투자에서 외자기업 투자액의 지역별 비중은 연해가 1993년 83.4%에서 2004년 84.5%로 증가하였고 내륙은 중부가 10.5%에서 11.4%로 증가하였으나 내륙 서부는 6.1%에서 4.1%로 감소하여 외자기업의 내륙투자에 대한 관심도가 여전히 낮음을 알 수 있다.

기본건설투자에 있어서도 외자의 기여도는 1993년 9.9%에서 2003년 5.4%로 크게 축소되었는데 특히 내륙은 중부가 8.6%에서 4.3%로, 서부가 9.8%에서 2.0%로 대폭 감소하여 외자의 내륙 기본건설투자 분야에 대한 관심도 계속 적어지고 있음을 보여준다.

기본건설투자에서 외자의 지역별 투자비중을 보면 연해지역은 1993년 58.7%에서 2003년 74.6%로 크게 증가하고 내륙 특히 서부지역에 대한 투자비중은 대폭 감소하여 외자의 기본건설투자 또한 연해지역에 집중되고 있고 협조발전정책이 큰 영향을 미치지 못하고 있음을 보여준다.

[표 4-10] 협조발전정책 시기 기본건설투자에서 외자의 기여도

(단위 : 억 위엔, %)

구 분	1993					2003				
	기본건설 투자 총액		그중 외자 투자액		비중2)	기본건설 투자총액		그중 외자 투자액		비중2)
	금액	비중1)	금액	비중1)		금액	비중1)	금액	비중1)	
총 계	4,616	100.0	456	100.0	9.9	22,909	100.0	1,237	100.0	5.4
연해 동부	2,384	51.6	268	58.7	11.2	11,786	51.4	922	74.6	10.5
내륙 중부	1,088	23.6	93	20.4	8.6	5,793	25.3	187	15.1	4.3
내륙 서부	708	15.3	69	15.1	9.8	4,393	19.2	86	7.0	2.0
기 타	437	9.5	26	5.8	6.0	937	4.1	41	3.3	4.4

주 : [표 4-9]와 동일함.
자료 : [표 4-9]와 동일함.

이와 같이 고정자산투자와 기본건설투자에서 외자기업의 기여도는 계속 낮아지는 가운데 연해지역에 집중 투자됨으로써 협조발전정책 기간에도 지역간 경제력 격차를 확대시키는 한 요인으로 작용하고 있다.

대외무역에서는 외자기업의 기여도가 매우 높다. 1993년 총무역액의 34.3%를 차지하던 외자기업의 무역 비중은 2004년 57.4%로 급증하여 중국 대외무역의 반 이상이 외자기업에 의해 이루어지고 있다. 특히 연해지역의 무역은 60.8%가 외자기업에 의해 진행되고 있다. 내륙중부에서도 외자기업의 역할이 14.4%에서 21.3%로 상당히 증가하였다.

외자기업의 무역을 보면 1993년 94.2%가 연해의 외자기업에 의해 실행되었고 2004년에는 97.4%로 점유율이 올라가 외자기업의 무역은 거의 대부분 연해의 외자기업에 의해 진행되고 있다.

[표 4-11] 협조발전정책 시기 외자기업의 대외무역 기여도

(단위 : 억 달러, %)

구 분	1993					2004				
	무역 총액		그중 외자기업 무역액		비중[2]	무역총액		그중 외자기업 무역액		비중[2]
	금액	비중[1]	금액	비중[1]		금액	비중[1]	금액	비중[1]	
총 계	1,957	100.0	671	100.0	34.3	11,546	100.0	6,632	100.0	57.4
연해 동부	1,675	85.6	632	94.2	37.7	10,626	92.0	6,458	97.4	60.8
내륙 중부	201	10.3	29	4.4	14.4	609	5.3	130	2.0	21.3
내륙 서부	80	4.1	10	1.4	12.5	310	2.7	44	0.7	14.2

주 : 비중[1]은 지역별 비중. 비중[2]는 외자기업 무역액/무역총액.
자료 : [표 4-9]와 동일함.

이러한 현상은 외자기업의 대부분이 연해에 투자하였고, 무역은 연해의 무역기업을 통해 이루어지고 있으며, 내륙에 진출한 기업들의 경영목표는 수출보다는 내수판매에 있으므로 당연한 결과라 할 수 있다.

3. 도시경제의 발전

협조발전정책의 실시 결과 성・시 및 주요 도시의 경제상황이 크게 변화하였다.

2004년 10월 중국 국가통계국 도시조사팀은 전국 지구급 이상 도시의 종합실력을 인구, 노동력, 경제, 사회, 기초시설, 환경 등 70여개의 크고 작은 지표를 종합적으로 평가하여 중국의 종합실력 100대 도시를 선정하였는데 대부분 연해의 도시였다.

종합실력 10대 도시로는 상하이(上海), 뻬이징(北京), 선전(深圳), 꽝저우(廣州), 티엔진(天津), 난징(南京), 따리엔(大連), 항저우(杭州), 선양(沈陽), 하얼삔(哈爾濱)이 선정되었다.

특히 경제력 측면만 평가한 경제력 종합평가 10대 도시로는 상하이, 뻬이징, 선전, 꽝저우, 티엔진, 따리엔, 쑤저우(蘇州), 닝뻐(寧波), 우시(無錫), 항저우가 선정되었다.

이밖에 2003년 직할시와 지역의 총생산액이 1,000억 위엔을 초과하는 도시로는 뻬이징, 티엔진, 선양, 따리엔, 따칭(大慶), 상하이, 난징, 우시, 쑤저우, 항저우, 닝뻐, 지난(濟南), 우한(武漢), 꽝저우, 선전, 푸어산(佛山), 충칭(重慶), 청두(成都)의 18개 도시로 나타났다.

[표 4-12] 전국 도시 경제력 평가

	종합실력 10대 도시	경제력 종합평가 10대 도시	지역내 총생산액 1,000억 위엔 초과도시
1	상하이	상하이	뻬이징
2	뻬이징	뻬이징	티엔진
3	꽝뚱 선전	꽝뚱 선전	랴오닝 선양
4	꽝뚱 꽝저우	꽝뚱 꽝저우	랴오닝 따리엔
5	티엔진	티엔진	헤이룽장 따칭
6	장쑤 난징	랴오닝 따리엔	상하이
7	랴오닝 따리엔	장쑤 쑤저우	장쑤 난징
8	저장 항저우	저장 닝뻐	장쑤 우시
9	랴오닝 선양	장쑤 우시	장쑤 쑤저우
10	헤이룽장 하얼삔	저장 항저우	저장 항저우

자료 : 주간 흑룡강신문(중국), 2004.11.14.

한편 징지르빠오(經濟日報)가 2004년 10월 전국의 경쟁력 강한 43개 도시를 선정하여 종합경제력, 문화, 과학기술, 장비제조, 가공제조, 금융, 물류, 전시, 관광, 주거의 10개 항목을 평가하여 종합경제력 30위까지를 기준으로 한 5개 관련 항목의 순위는 상하이, 뻬이징, 꽝저우, 선전, 티엔진 등이었다. 43개 도시에 관한 자료는 부록에 첨부하였다.

2005년 3월 국무원 사회과학원이 도시의 인프라, 자본, 문화, 개방도 등 12개 항목을 비교해 발표한 종합경쟁력 순위에서는 상하이가 자본, 인프라, 지리적 여건, 문화, 관리 시스템 등 5개 항목에서 가장 점수가 높아 지난해에 이어 올해도

[표 4-13] 전국 경쟁력 우위 30개 도시

도 시	종합경제력	과학기술	장비제조	가공제조	금 융	물 류
상하이	1	2	2	3	1	1
뻬이징	2	1	1	30	2	2
꽝뚱 꽝저우	3	3	3	23	3	3
꽝뚱 선전	4	4	5	25	4	4
티엔진	5	5	4	2	5	5
쟝쑤 난징	6	6	6	10	6	7
저쟝 항저우	7	8	7	26	8	8
후뻬이 우한	8	7	8	9	7	6
산뚱 칭따오	9	11	12	13	13	13
충칭	10	19	14	6	12	16
쟝쑤 쑤저우	11	16	18	5	17	15
저쟝 닝뻐	12	12	17	11	19	19
푸지엔 샤먼	13	20	23	8	11	14
랴오닝 따리엔	14	13	19	16	9	12
랴오닝 선양	15	10	9	24	10	9
산시 시안	16	9	11	22	18	11
쓰촨 청뚜	17	14	16	17	16	10
푸지엔 푸저우	18	15	20	12	14	17
헤이룽장 하얼삔	19	17	15	15	20	20
쟝쑤 우시	20	24	22	4	25	23
산뚱 지난(濟南)	21	18	10	27	15	21
꽝뚱 뚱꽌(東莞)	22	26	25	1	21	18
저쟝 원저우(溫州)	23	23	24	18	28	28
꽝뚱 중산(中山)	24	25	28	20	26	27
꽝뚱 주하이(珠海)	25	30	30	21	23	24
꽝뚱 푸어산(佛山)	26	29	27	19	27	22
허뻬이 스쟈좡(石家庄)	27	22	21	28	24	26
저쟝 사오싱(紹興)	28	28	26	14	30	30
허난 정저우(鄭州)	29	21	13	29	22	25
쟝쑤 창저우(常州)	30	27	29	7	29	29

자료 : 경제일보, 2004.10.19

가장 경쟁력 있는 도시로 선정되었다. 선전과 광저우가 공업단지 발달, 1인당 국민소득, 낮은 환경오염도 등으로 각각 2,3위에 랭크되었으며 뻬이징은 인재 경쟁력, 과학기술력, 구조적인 경쟁력 등에서 수위를 차지했으나 환경부문에서 점수가 낮아 4위가 되었다. 5~10위에는 항저우, 닝뻐, 쑤저우, 우시, 샤먼, 티엔진이 올랐다.

여러 자료를 종합해 볼 때 중국의 도시발전은 뻬이징, 상하이, 티엔진, 충칭의 4개 직할시와 광뚱성, 쟝쑤성, 저쟝성, 랴오닝성, 산뚱성 등 연해지역의 도시들에서 집중적으로 진행되고 있음을 알 수 있다.

참고로 2004년 말 31개 성·시의 국내총생산액과 1인당 GDP의 순위 및 1인당 GDP 상위 20개 도시는 아래와 같다.

[표 4-14] 31개 성·시의 GDP와 1인당 GDP(2004년)

GDP(억 위엔)						1인당 GDP(위엔)					
순위	성·시명	금액	순위	성·시명	금액	순위	성·시명	금액	순위	성·시명	금액
1	광뚱	16,039	17	광시	3,320	1	상하이	55,307	17	허난	9,470
2	산뚱	15,491	18	산시	3,042	2	뻬이징	37,058	18	하이난	9,450
3	쟝쑤	15,403	19	윈난	2,959	3	티엔진	31,550	19	산시	9,150
4	저쟝	11,243	20	지린	2,958	4	저쟝	23,942	20	후난	9,117
5	허난	8,815	21	티엔진	2,932	5	쟝쑤	20,705	21	칭하이	8,606
6	허뻬이	8,769	22	산(陝)시	2,884	6	광뚱	19,707	22	쟝시	8,189
7	상하이	7,450	23	네이멍꾸	2,712	7	푸지엔	17,218	23	쓰촨	8,113
8	랴오닝	6,873	24	충칭	2,665	8	산뚱	16,925	24	닝샤	7,880
9	쓰촨	6,556	25	신쟝	2,200	9	랴오닝	16,297	25	시짱	7,779
10	후뻬이	6,310	26	꾸이저우	1,592	10	헤이룽쟝	13,897	26	안후이	7,768
11	푸지엔	6,053	27	깐쑤	1,559	11	허뻬이	12,918	27	산(陝)시	7,757
12	후난	5,612	28	하이난	769	12	네이멍꾸	11,305	28	광시	7,196
13	헤이룽쟝	5,303	29	칭하이	466	13	신쟝	11,199	29	윈난	6,733
14	안후이	4,813	30	닝샤	460	14	지린	10,932	30	깐쑤	5,970
15	뻬이징	4,283	31	시짱	212	15	후뻬이	10,500	31	꾸이저우	4,215
16	쟝시	3,496	-	-	-	16	충칭	9,608	-	-	-

주 : 2004년의 대미 환율은 1: 8.26임.
자료 : 中國統計年鑑, 2005년 판.

[표 4-15] 1인당 GDP 상위 20개 지급(地級)이상 도시(2004년)

순위	도시명	금액(위엔)	순위	도시명	금액(위엔)
1	광뚱성 뚱관시	71,997	11	광뚱성 푸어산시	47,500
2	신장자치구 커라마이시	66,674	12	광뚱성 중산시	44,005
3	광뚱성 주하이시	64,960	13	산뚱성 웨이하이시	40,700
4	광뚱성 선전시	59,271	14	푸지엔성 샤먼시	40,146
5	장쑤성 쑤저우시	57,992	15	저장성 닝뻐시	39,174
6	광뚱성 광저우시	56,271	16	저장성 항저우시	38,858
7	상하이시	55,307	17	뻬이징시	37,058
8	장쑤성 우시시	52,825	18	랴오닝성 따리엔시	34,975
9	산뚱성 뚱잉시	50,193	19	장쑤성 난징시	33,050
10	헤이룽쟝성 따칭시	47,667	20	장쑤성 창저우시	31,665

자료 : 2005 中國城市統計年鑑, 2006.4.

제4절 후진타오(胡錦濤) 시대의 발전정책

1. 후진타오의 균부론(均富論)

후진타오의 최대과제는 신속한 경제발전의 후과(後果)로 야기된 심각한 지역간 경제력 격차의 축소에 있다.

지역간 경제력 격차는 날로 심화되고 있는데 1인당 국민소득은 1990년 상하이와 꾸이저우성간 격차가 7.4배였으나 2004년 13배로 확대되었고, 소득 하위계층 20%의 수입이 상위 20%의 4.5%에 불과하였으며, 2004년 연해 15개 도시의 인구비중은 7.4%이나 소득비중은 21.4%가 되었다.

소득불균형을 나타내는 지니계수도 1988년 0.382에서 1994년 위험수준인 0.4를 초과한 0.467이 되었으며 2002년에는 0.561로 확대되어 더 이상 방치할 수 없는 상황에 이르러 있다.

이에 따라 후진타오 정부는 11·5 계획(2006~2010년)에서 떵샤오핑의 선부론(先富論)을 포기하고 균부론(均富論)으로 지역발전 정책을 선회하게 되었다. 즉, 2005년 10월 당 16기 5중 전회는 '11·5 계획 건의안'에서 지역간, 도농간, 계층간 불균형을 해소한 '조화로운 사회의 건설'을 내세워 지금까지의 효율을 중시한 성장우선주의에서 공평한 분배를 중시한 균형발전 위주로의 정책전환을 결정하였다.

아울러 2006년 5월에는 후진타오 국가주석 주재로 당 정치국 회의를 열고 불균등한 분배구조를 전면 개혁키로 하였는데 이는 '균부론'과 관련된 첫 번째 정책결정이라 할 수 있다.

후진타오 이러한 정책을 실현하는 전략은 동 전회에서 발표한 '국민경제와 사회발전을 위한 11·5 계획 강요(綱要)'의 제 19장 '지역발전 총체전략의 실시'에서 언급하였다.

주요 전략은 '서기동수', '서전동송', '남수북조' 등의 서부대개발 계획을 지속적으로 추진하는 외에 '5종7횡(五從七橫)', '동북진흥공정(東北振興工程)', '중부굴기(中部崛起)'를 촉진하는 것으로 하였으며, 동부 연해지역은 여전히 전국경제를 선도하는 지역으로 격려하고 구 혁명지역, 소수민족 지역 및 변경지역의 발전을 지원하는 등으로 지역간 협조발전 시스템을 구축하는 것이다[17].

전국의 동서남북을 연결하는 '5종7횡(五從七橫)' 사업은 고속도로 사업 및 도로·철도 확충사업으로 연해와 내륙 및 중심도시들을 연결하는 것으로서 원래 2010년까지의 사업이지만 최대한 조속히 완공할 예정이다.

5종은 ① 헤이룽쟝 퉁쟝(同江)시~하이난 싼야(三亞)시 5,700㎞(同三線) ② 뻬이징~푸지엔 푸저우 2,540㎞ ③ 뻬이징~꽝뚱 주하이 2,310㎞(징주선) ④ 네이멍꾸 얼리엔하오터(二連浩特)~꽝뚱 허커우(河口) 3,610㎞ ⑤ 충칭~꽝시 자치구 짠쟝(湛江)간 건설계획이다.

7횡은 ① 헤이룽쟝 쑤이펀허(綏芬河)~네이멍꾸 만저우리(滿洲里) 1,280㎞ ② 랴오닝 딴뚱~티베트 라싸(拉薩) 4,590㎞ ③ 산뚱 칭따오~닝샤 인촨(銀川)

17) 제 10기 전인대 3차 회의 "정부공작 보고"에 관한 결의(2003년 3월 14일 통과)

1,610㎞ ④ 장쑤성 리엔윈깡(連運港)~신장자치구 훠얼궈쓰(霍爾果斯) 6,980㎞ (連霍線-리엔윈깡은 현대판 실크로드 고속도로의 출발점. 장쑤, 안후이, 허난, 섬서, 깐쑤, 신장까지 연결) ⑤ 상하이~쓰촨성 청뚜 2,970㎞ ⑥ 상하이~윈난성 루이리(瑞麗) 4,090㎞ ⑦ 후난성 헝양(衡陽)~윈난성 쿤밍(昆明) 1,980㎞간 계획이다.

동북지역 랴오닝, 지린, 헤이룽장 3개 성의 산업구조 조정과 국유기업 개혁을 통해 구공업기지를 재건하는 '동북진흥공정(東北振興工程)'은 2002년 11월 장쩌민 주석이 제기한 국책사업으로 2020년까지 동북 3성을 중국 및 세계적인 자본재 생산기지, 특히 대형 설비 생산기지로 부상시킨다는 전략이다. 이미 100개 프로젝트에 610억 위엔(약 74억 달러)을 지원하기로 결정하였다.

중부지역이 동서남북을 연결하는 교통중심지라는 장점을 살려 발전시킨다는 '중부굴기(中部崛起)'는 2003년 3월 정부업무보고에서 원쟈빠오 당시 부총리가 제기하였고 2005년에 중앙정부의 주요 5대 과제에 포함되었다. 중부지역을 동부연해의 산업을 내륙으로 이전하는 역할과 동서남북을 연결하는 교통의 중심지로서의 역할을 수행하는 지역으로 발전시키자는 전략이다. 여기서 중부는 후뻬이, 허난, 산시, 안후이, 후난, 쟝시의 6개 성이다.

2. 당면과제와 전망

협조발전정책의 궁극적 목표는 연해의 계속 발전과 내륙발전의 촉진을 통하여 연해와 내륙간 경제력 불균형을 축소함으로써 국민의 공동부유를 조기에 달성하는 동시에 경제발전을 지속하는데 있다.

그러나 협조발전정책 시기 내륙에 대한 많은 투자에도 불구하고 발전의 성과는 현저하지 않다. 이러한 결과는 외국인 기업과 국내기업의 내륙투자가 제한적일 뿐 아니라 정부의 투자내역도 주로 사회간접자본에 집중되었기 때문에 성격상 단기적으로 성과가 나타나지 않기 때문이다.

후진타오 정부가 해결해야 할 당면과제와 향후 전망은 다음과 같다.

(1) 당면과제

(가) 투자재원의 조달

내륙발전의 관건은 투자재원의 조달에 있으며 그 방법으로는 중앙과 지방정부의 투자, 연해 지방정부 및 기업의 내륙투자, 차관의 내륙배분 확대 및 외자기업의 내륙진출 증대 등이 있다.

'분세제(分稅制)' 실시 이후 중앙정부는 재정수입이 지방정부에 상당부분 이전된 관계로 내륙에 대한 투자여력이 크지 않은 형편이다. 또한 내륙 지방정부는 지역경제가 낙후되어 당 지역개발에 사용할 수 있는 예산외자금이 충분치 않은 실정이다.

한편 은행을 통한 재원의 확보는 금융제도 개혁에 따른 금융분권화로 은행본점 통제하의 자금이 많이 축소된 상황이다. 은행의 내륙지역 지점은 본점 관할이기는 해도 지역적으로 지방정부의 간접 통제를 받고 있고 은행경영이 이미 책임경영체제로 전환된 상황이어서, 중앙의 내륙투자 계획에 따라 사용하는 데에는 많은 제약을 받고 있다. 더욱이 금융제도의 개혁은 내륙발전보다는 오히려 연해를 발전시킬 것으로 보인다.

1990년대 초부터 시작된 금융시장 개방은 개방지역이 제한되어 있고, 개방 속도도 완만하며, 특히 외자계 은행의 인민폐업무가 여전히 제한적인 관계로 내륙진출이 부진하기 때문에 내륙발전 자금원으로 간주하기에는 아직 이르다.

증권시장 개방에 따른 내륙발전 자금의 확보도 유한적이다. 증시는 상하이와 선전의 2개 지역뿐이어서 내륙기업의 상장이 쉽지 않고, 'B주식' 발행으로 유입된 자본은 내륙투자로 활용될 정도로 풍부하지 않다. 채권발행도 한계가 있다. 이와 같이 국내외 증시를 통한 내륙발전 자금의 조달은 주변 여건이 아직은 미흡하다고 할 수 있다.

중국정부는 차관과 상업차관을 대부분 내륙에 사용하겠다고 했으나 규모는 제한되어 있고, 투자가 필요한 내륙지역이 많으며, 연해지역 지방정부들의 반발도 적지 않은 형편이다. BOT 방식으로 외자기업의 투자를 흡수하고자 하나 제도적으로 이익보장이 미흡하거나 기간이 지나치게 장기적인 것이어서 투자기업이 많지 않다.

최근에는 중점 사회간접자본 건설 프로젝트에 대해 자금지원 강화, 민간자금의 참여 유도, 인프라 건설과 관련된 기업에 주식・채권발행의 우선권을 부여, 저가의 토지 수용, 토지사용권 판매수입의 SOC 건설에 대한 재투자 등을 추진하고 있으나 성과는 불확실하다.

(나) 연해・내륙간 협조발전의 심화

연해와 내륙간 협조발전은 지역 이기주의, 내륙 노동자의 저생산성, 내륙의 저구매력, 사회간접자본의 미비 등 지역간 협력을 저해하는 요인들이 잔존해 있고, 이러한 저해요인이 단기간에 해결되는 것이 아니기 때문에 순조롭게 진행되고 있지 않다.

지역 이기주의는 중앙정부의 압력으로 잠복상태에 있지만 지역 이기주의로 인한 생산과 공급상의 부조화는 계속 존재하며 지역간 횡적 협력과 분업체제 확립도 진전이 느리다. 이것은 연해는 당 지역내의 저개발 지역이나 빈곤지역의 발전을 더 중시하고 있고, 내륙의 경우는 연해 경제에의 예속을 우려하고 있고 자기 지역내의 유치한 동일 산업・업종을 보호하기 위한 정책은 그대로 유지하고 있기 때문이다.

이에 따라 연해와 내륙간에는 자원 및 에너지 개발 부문에 진행되고 있는 다소간의 협력 외에 다른 부문에서의 협력은 부진한 편이다. 오히려 소비재의 경우 지역내의 자급자족이 증가하고 다른 성에 대한 의존도가 계속 감소하고 있어 지역간 협업・분업이 퇴보하는 것으로 여겨진다.

내륙 노동자의 생산성은 내륙개방 확대, 기업 파산제 도입, 책임경영제의 확산증대 등으로 점차 향상되고 있으나 과거의 보수적・정부의존적 사고가 남아 있어 아직 만족할 만한 수준은 아니다.

구매력도 소득이 증가하면서 점차 높아지고 있고 일부 계층에서는 연해수준에 도달해 있기는 하지만 전반적으로는 여전히 낮은 수준이다.

사회간접자본 미비도 계속 남아있는 문제인데 싼샤(三峽)댐 공사, 징지우(京九) 고속철도, 상하이-난징간 고속도로, 티베트 칭짱철도 공사 완공, 꾸이린(桂林)의 량쟝(兩江) 공항 개항 등 많은 성과가 있었지만 전국적으로는 여전히 미흡한 수준이다. 사회간접자본의 확충을 위해 많은 투자를 진행중에 있지만 근본적으로 대규모 자본이 필요하고 건설기간이 오래 소요되는 것으로서 지역간 협력을 위한 중요한 과제로 남아있다.

(다) 산업구조의 조정

협조발전정책 시기 산업구조의 조정은, 연해는 고부가가치의 첨단산업을 집중 육성하고 있고 내륙 중・서부는 노동집약적 산업과 자원개발 산업을 육성하는 것을 큰 원칙으로 하였다.

그러나 산업구조 조정은 지역의 이해관계 및 지역경제의 현실상황에 부합되어야 하기 때문에 쉽지 않다. 산업구조 조정에 있어 지역의 '대이전(大而全)・소이전(小而全)' 문제와 맹목적인 중복건설 문제는 여전히 미결상태이다. 이러한 것들은 정부의 산업구조조정 정책에 따라 산업구조의 동일화 추세가 둔화되고 있지만 여전히 지역경제의 건전한 발전을 저해하는 심각한 장애요인임을 보여주는 것이다.

지역간 산업구조 조정이 지연되는 이유는 첫째, 산업구조 조정을 둘러싼 중앙정부 각 부처와 부문간의 이해상충과 이익 극대화를 위한 지방정부간의 대립이다.

둘째, 구조조정의 비경제성이다. 그동안 지방정부들이 건설해 온 가공공업들은 투자수익률이 높고 세수입이 많다. 또한 정책적 지원과 함께 많은 자금을 투입해 온 기술개량 사업들도 경제효율이 높고 지역경제에의 공헌도가 매우 높다. 이들 산업에는 종사하는 노동자도 상당히 많다. 따라서 구조조정은 오히려 지방경제에 많은 경제적 손실을 가져다 줄 수도 있다.

셋째, 내륙 향진기업들은 지역경제 발전에 필수적이면서 주로 소형 가공공장이고 대부분 기술수준이 낮으며 국가 생산에서의 비중도 낮다. 이런 기업들에게 산업구조의 고도화나 구조조정은 불필요할지도 모른다.

넷째, 내륙은 연해에 비해 법규와 제도 및 정책의 적용이 경직적이고 폐쇄적이다. 뿐만 아니라 관료와 기업인의 의식은 여전히 보수적인 편이고 주민들의 개혁의지도 낮은 편이다. 여기에 원칙과 효율보다는 지방분권화로 지역이익을 우선적으로 고려한다.

이러한 관점에서 볼 때 각 지방정부가 일시적으로 산업구조를 조정한다는 것은 매우 어렵고 비효과적인 일이며 이들 산업에 종사하는 많은 노동자들에 대한 대책도 필요하다. 더구나 고급의 신기술은 습득이 어렵고 특히 연해의 가공공업과 전통산업의 내륙이전도 간단한 일이 아니다.

결국 산업구조의 조정을 통한 내륙 발전이라는 목표의 달성에는 이러한 문제점들에 대한 깊은 고려가 필요하다.

(라) 외국인 직접투자의 내륙진출 확대

외국인 직접투자를 장려하기 위하여 내륙개방과 함께 내륙 투자기업에 대해 세금감면, 내수판매 폭의 확대 등 각종 우대조치를 부여하였으나 투자는 많지 않다. 외국기업의 내륙투자 증가세가 완만한 것은 다음과 같은 문제점 때문이라고 할 수 있다.

첫째, 열악한 내륙 투자환경이다. 외국의 입장에서 볼 때 내륙은 사회간접자본 미비에 따른 물류비 과다, 저생산성, 저 기술수준, 저 구매력, 법규 · 제도의 미비 등 여러 가지 투자환경이 연해에 비해 열악하다.

둘째는 외국인 직접투자의 분산이다. 현재 연해와 내륙의 개방지역은 1,800여개에 달하고 30개 성 · 시 · 자치구는 각각 외자기업 유치에 적극 나서고 있다. 외자기업들로서는 자신의 투자목적과 기업상황에 맞는 지역을 선태하게 되므로 당연히 투자는 전국으로 분산되고 내륙에 투자한 기업도 매우 적은 실정이다.

셋째, 투자업종의 한계이다. 내륙투자 장려업종인 경공업 분야에서 기술수준과 투자여력을 보면 투자 가능국은 한국 · 대만 · 홍콩 등 일부 국가에 불과하다. 그러나 이들 국가의 기업들은 이미 상당수가 연해에 진출해 있고 또한 대부분 중소기업이어서 재투자가 용이하지 않다. 재투자의 경우도 친숙한 지역이나 경제가 발전한 연해지역 진출을 우선 고려한다. 자원개발 업종은 거액의 자금이 필요하고 에너지 · 광물자원의 개발에 장기간이 소요되며 운송도 불편하다.

넷째, 연해지역과 비교할 때 우대조치의 차이가 별로 없다. 현재 내륙 투자시에 부여하는 우대조치는 내수판매 폭을 확대해 주는 것 외에 연해투자와 크게 다를 바 없다. 이 경우 내륙지역 주민을 대상으로 한 몇몇 소비 업종에 혜택이 돌아갈 뿐이다.

다섯째, 개방이 늦고 관료 · 당 · 기업 · 주민이 여전히 보수적이므로 특허권 등 지적재산권 보호가 미흡하고 행정서비스 등 서비스체제가 미달된다.

(2) 전망

중국은 협조발전정책을 통하여 지역간 경제력 격차를 해소하고 지속적인 경제발전을 실현함으로써 국민생활 수준을 향상시키고자 하였다.

그러나 협조발전정책은 앞에서 언급한 바와 같이 ① 내륙 투자재원 조달의 한계 ② 연해와 내륙간 협조발전의 부진 ③ 지역간 산업구조의 동일화 추세와 중복건설을 억제하기 위한 산업구조 조정의 부진 ④ 외자기업의 내륙투자 정체 ⑤ 사회간접자본 확충을 위한 시간의 장기화 등의 문제가 있다.

협조발전정책의 성과는 이러한 장애요인으로 인하여 단기적으로는 소기의 목적을 달성하지 못할 것으로 판단된다. 그러나 중장기적으로는 사회간접자본의 계속적이고 대규모적인 확충, 국내외 기업의 내륙투자 확대, 자원개발 촉진, 산업구조조정 등이 진행되면서 경제력 격차가 축소된 균형된 경제발전이 이루어질 것으로 생각된다. 보다

균형발전이 중장기적으로 가능할 것으로 판단하는 이유는 첫째, 중국 지도자들이 경제력 격차로 인해 발생한 내륙주민의 불만과 지역간 갈등이 정치・사회적 혼란을 야기할 것으로 생각하고 있고 균등 발전이 사회주의의 목표인 공동부유를 실현하는 방안이다.

둘째, 정책적으로 서부대개발, 동북진흥공정, 중부굴기, 징진지(京津冀) 지역개발, 티엔진 뻰하이신구 개발 등의 대규모 지역개발이 진행되고 있다.

셋째, 연해는 고물가와 고임금・투자업종 제한・원부자재의 부족에 직면해 있을 뿐 아니라 내륙시장을 개척하려는 의욕이 있고 내륙은 저임과 투자업종 무제한, 외자기업에 대한 내수판매 제한 완화, 국내외 투자기업에 대한 세금감면 등의 특혜가 있다.

넷째, '서전동송・남수북조・서기동수' 등을 통해 내륙의 풍부한 부존자원을 연해에 공급하는 계획, 싼샤댐 공사, 뻬이징－상하이 고속철도 공사, 2000년에 착공한 10대 인프라 확충 프로젝트, 중국 전역을 동서남북으로 연결하는 5종7횡의 고속도로 공사 등 내륙발전의 병목요인으로 작용해 온 사회간접자본 미비문제가 서서히 해결될 것이기 때문이다.

사회간접자본의 확충은 연해와 내륙경제의 연계를 더욱 강화시켜 내륙경제를 발전시키는 가장 중요한 요인이다.

연해 및 외자기업들은 중앙정부의 투자억제 방침에도 불구하고, 막대한 무역흑자 등으로 유동성이 풍부한 상황에서 지방정부의 적극적인 투자유치와 맞물려 풍부한 자원을 가진 네이멍꾸 등에 투자를 확대하고 있다.

2006년 상반기 고정자산투자 증가율이 높은 10개 지역을 보면 지린성(742억 위엔)이 2년 연속 가장 높은 증가율을 보이고, 네이멍꾸는 5년에서 10년짜리 장기 프로젝트가 집중되고 있다. 상위 10개 지역중 7개 지역이 내륙지역이었다.

이러한 사회간접자본 확충의 기본 원칙은 연해에서 창강-푸뚱·주강·민강(閩江)·황하(黃河)위주의 연강(沿江), 내륙 성도 및 국경무역의 거점도시 헤이허(黑河)·네이멍꾸 만저우리(滿洲里)·지린 훈춘(琿春), 꽝시 등의 연변(沿邊), 연로(沿路)-연선(沿線)으로서 징꽝철도(京廣鐵道)·리엔윈깡(連運港)-실크로드·상하이-청뚜간 철도·상하이-충칭간 고속도로 등의 개방지역과 내륙의 중요도시를 연결·발전시키는 것이다.

이러한 사회간접자본의 확충을 통한 내륙발전 계획은 〔그림 1〕과 같은 지역협력 네트워크로 구성해 볼 수 있다. 즉, 내륙 중부는 후뻬이와 쟝시를 중심으로 하여 종축으로는 징꽝(京廣)선과 징지우(京九)선[18]을 통해 북쪽의 동북 3성·뻬이징·티엔진과 남쪽의 꽝뚱(경제특구 포함)·홍콩을 연결 발전시킬 것이다.

횡축으로는 창강과 고속도로 및 철도를 이용하여 동쪽으로는 상하이, 쟝쑤, 저쟝의 경제력과 선진기술을 흡수하고 서쪽으로는 쓰촨을 비롯한 칭하이, 산시(陝西) 등의 자원과 에너지를 흡수할 것이다.

쓰촨을 중심으로 하는 내륙 서부는 칭하이, 산시(陝西), 꾸이저우, 윈난 등과 함께 경제를 지속적으로 발전시키면서, 서쪽의 신쟝(新疆)자치구, 시짱자치구와 연결하고 동쪽의 후뻬이, 쟝시 등과 협력하며, 나아가 동부 연해의 상하이 등과도 협력발전을 모색할 것으로 보인다. 동시에 북쪽의 동북 3성, 뻬이징, 티엔진과 남쪽의 꽝뚱, 홍콩과도 직간접적으로 긴밀하게 협력할 것이다.

---

18) 징지우(京九)선은 북경에서 홍콩의 구룡(九龍)을 잇는 전장 2,536㎞의 내륙종단 철도로서 티엔진, 허뻬이, 산뚱, 허난, 안후이, 후뻬이, 쟝시, 꽝뚱 등 9개 성·시의 2백개 이상 낙후된 내륙지역을 통과하고 황하와 창강을 관통하는 중국의 대동맥이다. 징퉁(京通), 징친(京秦), 징하(京哈), 스떠(石德), 신큔(新袞), 룽하이(隴海), 허지우(허페이-지우쟝), 꽝메이산(廣梅汕)선과 상호연접해 있거나 교차하여 주변 지역의 개발에 많은 영향을 미치고 있다.

[그림 1] 내륙발전을 위한 주요 지역협력 네트워크

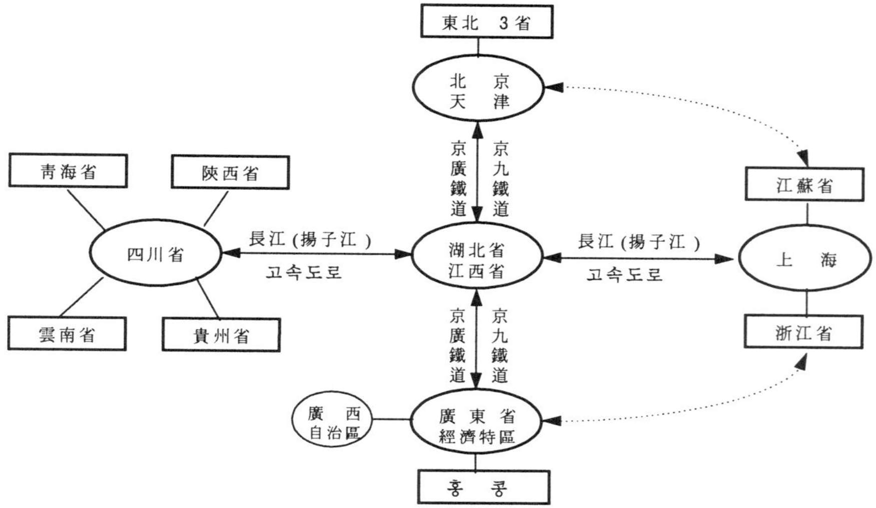

주 : 중국의 지역개발정책과 관련 자료를 기초로 작성함.

내륙개발이 본격화될 경우 경제력 격차는 점차 축소될 것이다. 실제로 내륙 중·서부 지역에도 적절한 우대정책과 자본투입이 있을 경우 비교우위를 가질 수 있는 산업이 존재하고 있다.

향후 사회간접자본의 확충, 풍부한 부존자원 개발 등 다양하고 지속적인 발전전략이 완성단계에 다가서면 내륙의 발전속도는 가속화될 것이고 경제지리적으로 지금까지 연해지역 20%의 경제발전에 의존해 온 중국경제는 점차 중·서부지역 80%의 발전에 기대게 될 것이다.

내륙 중·서부지역 발전의 실현은 중국경제가 반드시 풀어야 할 과제이며 21세기에 세계 경제대국으로 발전하는데 필연적인 과정이다.

중국신경제지리 PART 2

31개 성·시의 경제지리 현황

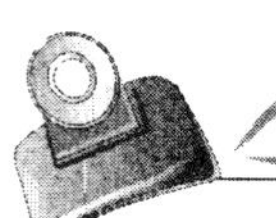

제1장 연해 동부지역 / 109

제2장 내륙 중부지역 / 251

제3장 내륙 서부지역 / 341

제4장 경제개방 도시 / 423

제1장 연해 동부지역

제1절 뻬이징(北京)시, (간칭:京)

1. 뻬이징시 개요

중국의 수도 뻬이징시는 허뻬이성, 티엔진시에 둘러싸여 있으며 화베이(華北) 평야의 서북쪽, 융띵하(永定河)가 형성한 부채꼴 모양의 지역으로서 도시의 표고가 50m에 불과한 평지이다.

북위 39°, 동경 117°에 위치하고, 2004년 1월 평균기온은 섭씨 영하 2.3°C, 7월은 섭씨 26.0°C 정도, 총 강우량은 483.5㎜로서 고온다습한 여름과 건조한냉한 겨울을 가진 온대 대륙성 기후에 속한다.

총면적은 1.6만 ㎢, 시할구는 1만 2,484 ㎢이며 인구는 2004년 말 현재 1,493만 명, 시할구는 1,093만 명에 달한다. 행정구역은 뚱청(東城)・시청(西城)・충원(崇文)・쉬엔우(宣武)・차오양(朝陽)・하이디엔(海淀)・펑타이(豊台) 등 16개 시할구와 2개 현으로 나누어진다.

역사적으로는 주구점(周口店)에서 발견된 뻬이징원인(猿人)에서 알 수 있듯이 수십만 년 전부터 인류가 거주하였다. 수도는 기원전 1,000년경 주초(周初) 연국(燕國)이 이곳을 수도로 하였고 뻬이징(北京)이란 명칭은 명나라 때인 1403년 처음 지어졌으며 1421년 수도를 난징(南京)에서 이곳으로 천도하면서 '북쪽의 서울'이란 뜻으로 사용되었다.

北京市

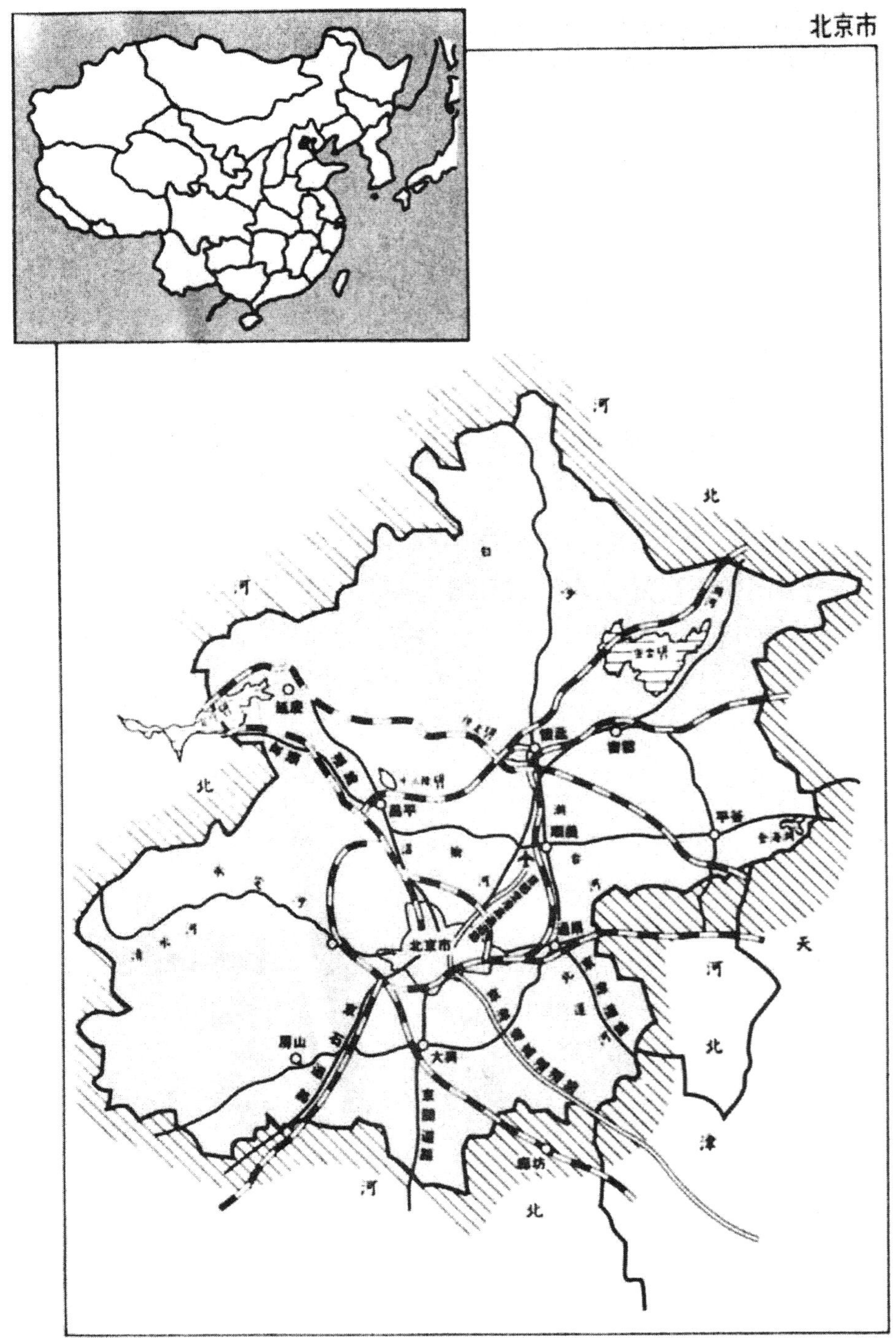

관광명소로는 티엔안먼(天安門) 광장, 꾸궁(故宮)박물관과 쯔진청(紫金城), 이허위엔(頤和園), 리우리창(瑠璃廠), 치엔먼(前門), 티엔탄(天壇) · 띠탄(地壇) 공원을 비롯하여 완리창청(萬里長城), 룽칭샤(龍慶峽) 등이 있다.

2. 경제현황

뻬이징시는 수도라는 이점 때문에 인프라 정비나 비생산부문의 투자가 다른 지역을 크게 앞지르고 있다. 한편, 환경에 대한 관심도 커서 환경을 파괴하는 공장을 엄격히 규제하고 있기도 하다.

정치의 중심지로 공산당의 지도가 강력하게 행사되고 있어서 상하이시나 꽝뚱성에 비해 대외개방이 늦은 편이다. 관상(官商)의 전통이 남아있어 권력을 끼고 이루어지는 비즈니스도 여전하다. 그러나 경제수준이 높고 기술력도 높아 경제발전의 기초는 형성되어 있다고 할 수 있다.

10 · 5 기간 중 사스와 에너지난 등 악재 속에서도 연평균 성장률이 11.9%의 높은 성장세를 보였다. 2008년의 올림픽으로 더욱 급속한 경제발전을 이룩할 것으로 예상된다.

2004년 지역내 총생산액은 4,283억 위엔으로 13.2%의 경제성장률을 기록하였고 산업별 구성은 1차 산업 2.4%, 2차 산업 37.6%, 3차 산업 60.0%의 비중을 차지하고 있다. 1인당 GDP는 3만 7,058위엔(4,486 달러)[1]으로 상하이 다음으로 높으며 중국 평균인 1만 561위엔의 3.5배 수준이다. 도시주민 1인당 가처분소득은 1만 5,638위엔이며, 농촌주민 1인당 순수입은 6,170위엔이다.

2004년 재정수입은 744억 위엔, 재정지출은 898억 위엔을 기록하였으며 전사회고정자산투자 총액은 2,528억 위엔, 사회건설 총규모는 1조 669억 위엔에 달하였다.

지하자원은 석탄(24억 톤, 무연탄이 90%)과 철광석 · 아연 · 보크사이트 · 석회석 · 대리석 · 텅스텐 · 우라늄 · 동 · 금 등이 비교적 많이 매장되어 있다.

경지면적은 24만 헥타르로 점차 감소추세에 있다. 농업이 전산업에서 차지하는 비중은 낮으나, 농업인구가 적기 때문에 단위 면적당 농업생산액은 매우 높으며

1) 모든 환율은 1 : 8.26으로 환산한다.

주요 농산품으로는 벼 · 밀 · 옥수수 · 호도 · 사과 · 배 등을 들 수 있다. 2004년 농업 총생산액2)은 262억 위엔을 기록하였다.

빼이징시는 현대적 공업기지의 하나로 중공업과 경공업이 비교적 균형있게 발달되어 있다. 2004년 말 공업 총생산액3)은 4,881억 위엔으로 비교우위 산업은 철강 · 석탄 · 자동차 · 화공 · 기계전자 · 기계 · 발전설비 · 야금 · 의약 · 유기화학 등이다. 최근 들어 정보통신 · 마이크로전자 · 생물공학 등 첨단산업과 자동차 제조업이 빠르게 발전하고 있다. 주요 공산품으로는 자동차 · 플라스틱 · 강재 · 선철 · 코크스 등이 있다.

빼이징시 경제현황(2004년)

지역내 총생산액 (억 위엔)	1인당 GDP (위엔)	경제성장률	산업구조(%) 1차:2차:3차	근로자 연간 평균임금 (위엔)	사회고정 자산 투자 (억 위엔)	사회건설 총규모 (억 위엔)
4,283.3	37,058	13.2	2.4:37.6:60.0	29,674	2,528.3	10,669.0
재정수입 (억 위엔)	재정지출 (억 위엔)	도시주민 1인 평균 가처분 소득(위엔)	농촌주민 1인 평균 순수입(위엔)	농업총생산액 (억 위엔)	공업총생산액 (억 위엔)	국유 및 규모 이상 비국유 기업수(개)
744.4	898.3	15,638	6,170	262.0	4,880.9	4,324
외자 기업수(개)	국유기업 과학기술요원(2003년, 만 명)			과학기술 특허상황(건)		
	엔지니어	과학자	의료인	발명특허	실용신안	디자인특허
9,890	19.8	0.7	7.4	3,216	3,956	1,833

자료 : 2005 中國統計年鑑, www.kita.net, 新中國五十五年統計資料匯編 1949-2004.

한편 1988년 시내 하이띠엔(海淀)구에 위치한 중꽌춘(中關村)을 중국특색의 고급 과학기술 발전지역으로 지정하여 최신 하이테크 산업의 메카로 조성해 나가고 있다. 빼이징의 64개 대학과 과학연구소에서 해마다 배출되는 5만여 명의 과학기술 인재, 20여만 명의 기존 과학기술 인력, 해외유학 과학자들은 빼이징시의 이러한 욕구를 충족시켜 나가고 있다. 실제로 기술집약형 산업에 종사하는 인구가 전국에서 가장 많고 2004년 발명 등 특허가 9,000건이 넘었다.

그 결과 향후 중꽌춘은 소프트웨어 산업, 정보서비스 산업, 전자정보 산업 및

2) 농업 총생산액은 농업, 임업, 목축업, 어업의 생산총액이다.
3) 공업 총생산액 및 기업수는 국유 및 매출액 500만 위엔 이상의 비국유 공업기업의 생산액이다. 따라서 실제적인 공업 총생산액과는 약간 차이가 있다.

관련 산업이 집중 육성되어 세계적인 과학기술 지역으로 발전되고 있다. 동 지역내 하이테크 기업은 국내 주식시장과 홍콩 장외시장에 등록시킬 계획으로 있다.

2004년 근로자의 1인당 연평균 임금수준은 2만 9,674위엔(3,592달러)으로 타 지역에 비해 상당히 높은 편이고 질적으로도 우수하다. 기업의 관리능력도 강한편이다.

경제특별지역으로 하이디엔 실험구, 펑타이위엔(豊台園)과 창핑위엔(昌平園)에 신기술산업구가 있다.

빼이징시는 2006년부터 경제발전에 필요한 자금과 인재를 흡수하기 위해, 과거 엄격하게 통제하던 호적제도를 완화하여 본인의 희망에 따라 교외거주 농민이 도시민이 될 수 있도록 허용하고 있다.

빼이징의 향후 5년간 발전방향은 11·5기간에 제시한 바로는 국제화 도시·문화도시·살기편한 도시·창조형 도시·도시와 농촌의 공동발전·협력사회 건설·올림픽을 계기로 경제성장 유지·행정업무 수준의 향상에 두고 있다. 이 기간 IT, BT 등 하이테크 산업분야가 크게 성장할 것으로 보인다.

경제성장의 목표는 연평균 경제성장률을 9%로 유지해 2010년까지는 1인당 GDP 규모를 2000년의 두배, 12·5 계획의 마지막 해인 2015년까지는 6배 수준까지 증가하는 것으로 하였다.

3. 사회간접자본

빼이징은 중국에서 가장 인프라가 잘 정비된 지역이지만 계속적으로 인프라를 확충하고 있다.

철도는 홍콩의 지우룽(九龍)·꽝저우(廣州)·상하이·하얼삔·모스크바와 평양 등 국내외를 연결한다. 철도영업 거리는 1,125km로 전국으로 사통팔달 연결한다. 이밖에 빼이징-티엔진-지난-양저우-우시-꽝저우로 연결되는 시속 200~300km의 고속철도, 빼이징-상하이 간 1,320km의 고속철도, 빼이징-꽝저우-홍콩 간 2,500km의 철도, 빼이징-하얼삔 간 여객전용 고속철도, 빼이징-티엔진 간 궤도철도 등 대규모의 철도확장 사업이 계획 혹은 진행중이다.

현재 빼이징-티엔진·빼이징-푸저우·빼이징-주하이 간의 고속도로 건설, 빼이징-청떠(承德) 간 고속도로 건설 등 교통인프라 확충에 박차를 가하고 있다.

시내도로는 2순환(二環), 3순환(三環), 4순환(四環) 등으로 거의 완벽하게 시내를 연결한다. 다른 지역과 통하는 일반도로나 고속도로도 잘 건설되어 도로길이는 1만 4,630㎞에 이르며 여러 개 노선의 지하철도 그 역할이 점차 증대되고 있다. 수도공항은 대규모의 최신식 공항으로 국제선 100개, 국내선 750개 노선이 있다. 수도공항은 증설하는 중이다.

국제전화는 200여개의 지역 및 국가를 직통으로 연결하며 2004년 휴대폰 사용자 1,341만 명, 인터넷 사용자 402만 명 등으로 정보통신 산업이 급속하게 발전하고 있다.

전력사용도 원활하고 공업용수도 부족함이 없지만 심각한 환경오염 문제를 안고 있다.

뻬이징시 사회간접자본 현황(2004년)

운송거리(㎞)			여객 운송량(만 명)			자동차보유량 (승객용, 만 대)
철도영업	도로	내륙수운	철도	도로	내륙수운	
1,125	14,630	-	5,437	41,463	-	161.4
화물 운송량(만 톤)			우편, 통신 사업			
철도	도로	내륙수운	업무액 (억 위엔)	이동전화 (만 명)	특급우편 (만 건)	인터넷사용자 (만 명)
2,065	29,256	-	343.8	1,340.7	1,499.7	402
교통, 통신 근로자 수(명)						자동차보유량 (화물용, 만 대)
철도	도로	내륙수운	항공	파이프라인	통신, 정보서비스	
54,528	24,037	-	32,487	122	45,544	17.1

자료 : 2005 中國統計年鑑.

4. 대외경제

수출액은 1999년 62.9억 달러에서 2004년 131.2억 달러로 증가하였고, 수입액은 같은 기간 120.9억 달러에서 297.0억 달러로 급격히 증가하였으며, 적자규모의 증가폭이 매우 크다. 주요 수출품은 통신설비 · 가죽의류 · 전자부품 · 전기회로 · 비디오 · 육류제품 · 면직 및 화섬의류 · 완구 · 철강 · 석탄 · 컬러 TV · 공예품 등이며 주요 수입품은 원유 등 광물성 원료 · 전기회로 · 전자계산기 및 전자부품 · 음향설비 · 유무선 통신설비 · 강재 · 화공원료 · 자동차부품 · 직물 · 화학비료 · 정밀기계 등이다. 주요 교역상대국[4]은 일본 · 미국 · 독일 · 한국 등이다.

외자기업의 수출액은 1999년 14.7억 달러에서 2004년 73.6억 달러로, 수입액은 36.6억 달러에서 111.7억 달러로 크게 증가하였다. 그러나 전체 뻬이징시 무역에서 외자기업이 차지하는 비중이 연해 다른 지역보다 상대적으로 낮음을 볼 때 뻬이징에 진출한 외자기업들은 타 지역보다 비제조업 기업의 수가 상대적으로 많다는 것을 알 수 있다.

뻬이징시 대외경제 현황

년 도	1999	2000	2001	2002	2003	2004
총수출액(억 달러)	62.9	76.7	79.7	83.4	99.6	131.2
외자기업의 수출(억 달러)	14.7	28.7	32.4	40.2	51.2	73.6
한국에 대한 수출(억 달러)	2.4	2.7	5.7	4.8	3.7	5.5
총수입액(억 달러)	120.9	165.8	197.6	183.7	213.7	297.0
외자기업의 수입(억 달러)	36.6	49.0	54.1	47.6	66.8	111.7
한국으로부터 수입(억 달러)	7.6	10.9	10.6	10.3	20.2	34.7
외국기업의 직접투자(억 달러)	19.8	16.8	17.7	17.2	21.9	30.8
외자기업 등록 투자총액(억 달러)	-	402.5	429.2	455.0	463.3	532
외자기업 등록기업 수(개)	-	8,495	8,818	9,172	9,185	9,890
한국의 투자(건수, 백만 달러, 실제 투자액 기준)	15건 37.0	48건 67.8	64건 24.3	84건 162.6	132건 166.1	192건 333.2

자료 : 中國統計年鑑, 각년 판, www.kotra.or.kr, www.koreaexim.go.kr, www.kita.net.

그럼에도 불구하고 수출부문에서 외자기업의 비중은 1999년 23.4%에서 2004년 56.1%로 증가하여 외자기업의 공헌도가 매우 큼을 알 수 있다.

한국의 뻬이징시에 대한 수출액은 1999년 7.6억 달러에서 2004년 34.7억 달러로, 수입액은 같은 기간 2.4억 달러에서 5.5억 달러로 증가하였다.

한국기업의 주요 수출제품은 전자부품 · 전기회로 · 유무선 통신설비 · 전화기부품 · 화물용 엘리베이터 · 컴퓨터 및 주변기기 등이며 수입품은 통신설비 · 전자부품 · 전기회로 · 전동공구 · 육류제품 · 완구 · 모니터 · 방직품 등이다.

외국인 직접투자를 보면, 1990년까지의 투자는 호텔이나 제조업을 중심으로 이루어져 관광산업과 수출산업의 발전을 가져왔으나 1991년 이후부터는 에너

4) 중국의 무역상대국과 투자국에서 홍콩은 매우 중요한 위치에 있으나 이미 중국에 귀속되었으므로 제외함.

지 · 기계 · 금속 · 전기 · 섬유 · 식품 · 제약 등을 위주로 한 투자가 중심을 이루고 있다.

외국기업의 직접투자는 실제 투자액 기준으로 2004년 30.8억 달러에 달하였고, 2004년 말 현재 등록된 외자기업수는 9,890개, 등록된 기업의 투자총액은 532억 달러에 이른다.

주요 투자국은 미국, 일본, 독일, 프랑스 등이며, 한국기업은 2004년 192건 333백만 달러를 투자하였다.

제2절 상하이(上海)시, (간칭:滬)

1. 상하이시 개요

중국 최대의 상 · 공업도시이자 무역 · 항구도시인 상하이시는 창강(長江) 하구의 델타지역으로서 북으로 쟝쑤성, 남으로 저장성에 접해 있다. 도시의 표고는 3~5m로 지형이 매우 낮은 평지이며 창강 본류와 지류인 황푸강(黃浦江)과 쑤저우하(蘇州河)가 시내를 관통하여 이를 중심으로 수상교통로가 발달해 있다. 황푸강(黃浦江) 하류에는 수만톤 급의 선박이 정박할 수 있고 창강을 통하여 후뻬이성, 쓰촨성 등의 중상류 지역과 물자이동이 활발하게 이루어진다. 이러한 지역적 특성을 감안하여 90년대부터 황푸강 동쪽의 푸뚱(浦東)지역을 대규모로 개발해왔다.

위치는 북위 31°, 동경 122°에 있으며 2004년 1월 평균기온은 4.1°C, 7월 평균기온은 29.8°C를 기록했으며, 강우량은 1,061.0㎜ 였다. 아열대 해양성 몬순 기후에 속한다.

총면적은 0.6만 ㎢, 시할구는 5,299㎢이며 총인구는 2004년 말 현재 1,742만 명, 시할구 인구는 1,289만 명이다. 행정구역은 황푸(黃浦) · 훙커우(虹口) · 쟈띵(嘉定) · 창닝(長寧) · 징안(靜安) · 빠오산(宝山) · 푸뚱(浦東) 등의 18개 시할구와 1개 현이 있다.

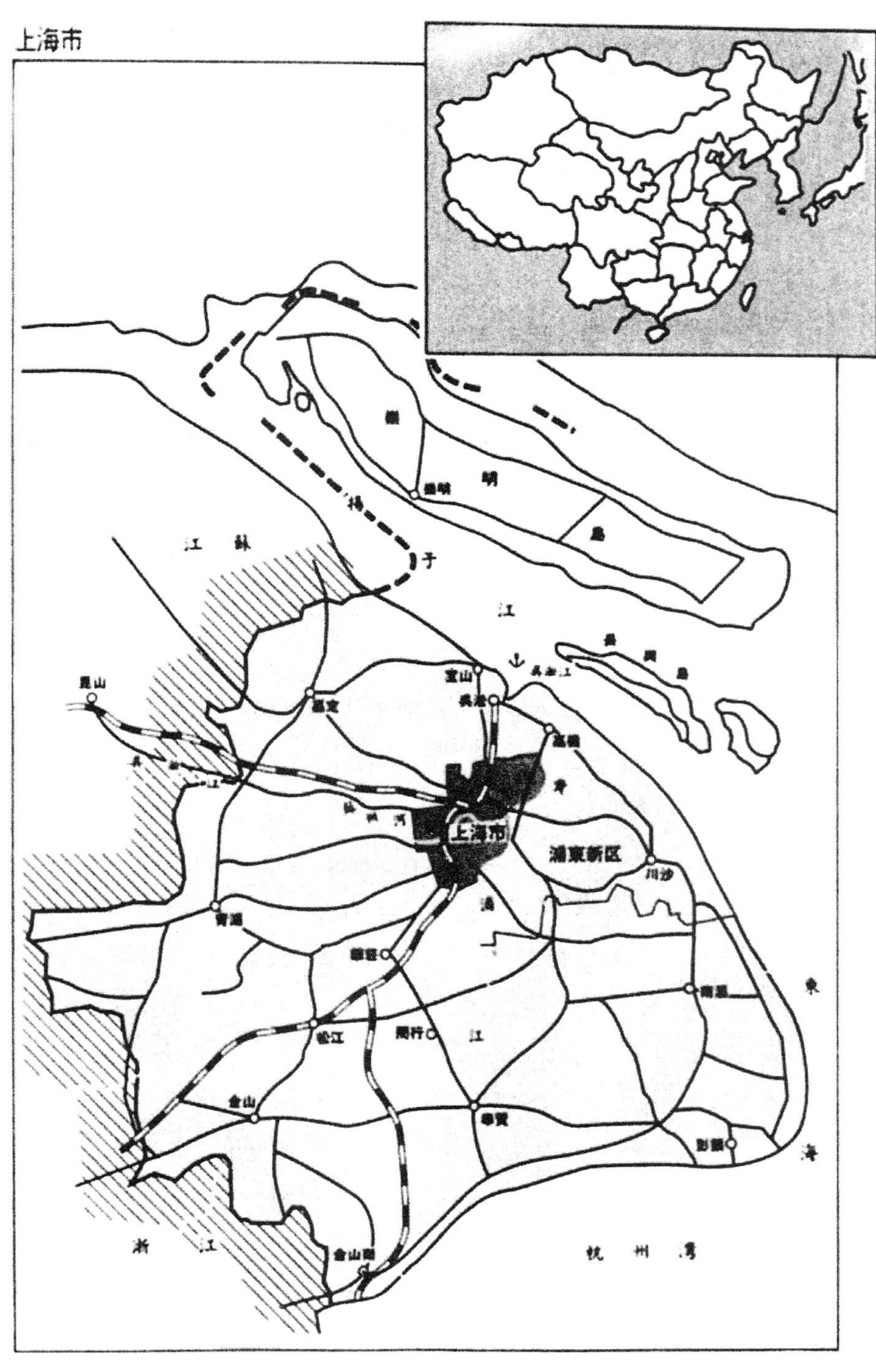
上海市
上海市
浦東新区
川沙
宝山
昆山
松江
金山
閔行
浙江
杭州灣

상하이는 원래 한 어촌에 불과하였으나, 1840년 아편전쟁(阿片戰爭)의 결과 체결된 난징(南京)조약으로 유럽의 조계(租界)가 설치된 이래 서구 열강의 중국 침략 거점지역이 되었다. 또한 중국의 원료와 저임 노동자를 이용하기 위한 서구 열강의 자본이 진입하여 경공업 특히 방적공업이 발전하였고 외국제품의 수입도 급증하였으며 1930~40년대에 증권시장이 개설되는 등 세계 10대 도시로 성장하였다. 이러한 경제적 기반이 형성된 결과 상하이는 중국 건국 후 철강, 기계, 화학 등의 중공업을 발전시켰다.

이러한 도시발전에 따라 중국의 지식인 등 선각자와 청년 · 근로자들의 의식이 높아져 5 · 30사건 등 민족주의 운동을 활발하게 전개하였으며 조계지역인 관계로 공산주의 활동의 거점이 되고 한국의 임시정부가 설립되기도 하였다.

관광명소로는 징안쓰(靜安寺), 루쉰(魯迅)기념관과 윤봉길 의사가 폭탄을 투척한 루쉰(魯迅)공원(과거의 홍커우공원), 우리의 임시정부 청사, 뚱팡밍주(東方明珠)탑 등이 있다.

2. 경제현황

상하이는 개혁 · 개방 이전부터 교통이 편리하고 공업기반이 형성되어 있는 중국 최대의 공업도시 · 항만도시였다. 그러나 개혁 · 개방이 추진되면서 중점이 광뚱성과 경제특구에 주어졌었다. 상하이의 발전이 본격화된 것은 1992년 푸뚱지구를 개발시키고 상하이 주변지역과 창강연안을 따라 내륙을 발전시키는 전략이 중국의 지역개발 핵심사업으로 채택되면서 부터이다.

1992년 이후 상하이는 기술수준이 높은데다가 인접한 장쑤성, 저장성의 빠른 발전속도, 창강을 통해 내륙과 연결되는 점 등으로 신속하게 발전하였으며 향후에도 경제발전의 가능성이 매우 크다. 창강을 통해 상하이와 그 인근지역의 경제발전 자원을 이용해 내륙을 개발시키는 것은 중국의 장기적인 발전계획이다.

최근 상하이는 철강이나 방직 등의 기존 산업 외에 하이테크 산업의 발전에 힘을 쏟는 한편 경제 · 금융 · 무역서비스 산업의 중심지로서 중국경제를 견인하는 역할도 수행하고 있다. 푸뚱개발 프로젝트는 상하이와 주변지역의 경제를 급속히 발전시키고 있다.

상하이는 현재 도시의 노동생산성, 연평균 GDP 증가율 · 1인당 소득 · 인력의 질과 양 · 인재잠재력 · 자본경쟁력 · 금융서비스 · 과학기술경쟁력 · 비농업부문의 생산액 · 인프라 · 공공부문의 제도적 경제력과 관리능력 · 기업관리 능력 등 경제발전의 전부문에서 전국 최고수준에 올라있다.

2005년 3월 중국 사회과학원이 인프라 · 자본 · 지리적 여건 · 문화 · 관리시스템 등 12개 분야의 전문가를 대상으로 조사한 설문조사에서 상하이가 가장 경쟁력이 있는 도시로 선정되었다.

주요 경제발전 상황을 보면, 2004년 지역내 총생산액은 7,450억 위엔으로 경제성장률은 13.6%에 달하였는데 이 규모는 전국의 5.4%를 점하는 높은 수준이다. 산업별 구성은 1차 산업 1.3%, 2차 산업 50.8%, 3차 산업 47.9%의 비중을 나타내고 있다. 최근에는 하이테크 산업 육성정책에 따라 3차 산업이 감소하고 2차 산업의 비중이 다소 증가하는 추세이며 1인당 GDP는 전국 최고인 5만 5,307위엔(6,696달러)을 기록하였다. 도시주민의 1인당 가처분 소득은 1만 6,683위엔, 농촌주민의 1인당 순수입은 7,066위엔이다.

재정수입은 1,106억 위엔, 재정지출은 1,383억 위엔으로 재정적자 상태이다. 지출구조를 보면 기본건설투자가 상당히 많은데, 이는 상하이에는 노후된 시설이 많아 갱신개조에 대한 투자가 많은 점과 도시기반 형성을 위한 사회간접자본에 대한 투자, 건설부문에 대한 투자가 많기 때문인 것으로 보인다. 사회건설 총규모는 1조 1,683억 위엔에 달하였다.

상하이시 경제현황(2004년)

지역내 총생산액 (억 위엔)	1인당 GDP (위엔)	경제성장률	산업구조(%) 1차:2차:3차	근로자 연간 평균임금 (위엔)	사회고정 자산 투자 (억 위엔)	사회건설 총규모 (억 위엔)
7,450.3	55,307	13.6	1.3:50.8:47.9	29,874	3,084.7	11,683.4
재정수입 (억 위엔)	재정지출 (억 위엔)	도시주민 1인 평균 가처분 소득(위엔)	농촌주민 1인 평균 순수입(위엔)	농업총생산액(억 위엔)	공업총생산액(억 위엔)	국유 및 규모 이상 비국유 기업수(개)
1,106.2	1,382.5	16,683	7,066	248.9	12,885.0	12,316
외자 기업수(개)	국유기업 과학기술요원 (2003년, 만 명)			과학기술 특허상황(건)		
	엔지니어	과학자	의료인	발명특허	실용신안	디자인특허
26,657	8.0	0.6	7.8	1,687	4,040	4,898

자료 : 2005 中國統計年鑑, www.kita.net, 新中國五十五年統計資料匯編 1949-2004.

광물자원으로는 동 · 은 · 아연 등의 금속광물이 분포해 있으며 교외 현에는 도자기나 건축재료로 쓰이는 내화점토와 천연가스가 매장되어 있다.

2004년 말 농업 총생산액은 249억 위엔에 달하였는데, 주요 농작물로는 쌀 · 밀 · 면화 · 감귤 · 포도 · 해산물 등이 있고 농작물의 단위 면적당 생산량은 전국 최고이다.

공업 총생산액은 1조 2,885억 위엔에 달하였고 주요 산업으로는 화학 · 전기 · 기계 · 전자통신 · 철강 · 석유화공 · 무역 · 의약 · 건재 · 자동차 · 신형 금속재료 · 방직 · 발전설비 등을 들 수 있는데 최근 들어서는 마이크로일렉트로닉스 · 컴퓨터 · 광섬유 통신 · 바이오테크놀로지 · 신형 구조재료 등의 신공업이 성장하고 있다. 현재 상하이 정부가 중시하고 있는 중요산업은 IT · 금융 · 무역 · 상업 · 부동산 · 자동차 · 기계설비업이다.

디자인 부분의 특허가 많고 엔지니어도 8만 명이 넘는다. 상하이의 엔지니어는 특히 IT, BT 등 분야에 해외귀국파들이 많은 편이다.

상하이는 중국 최대의 상업 중심지이자 창강 델타지구의 중요 물자집산지로서, 상품소매 총액이 전국 최대규모이다. 주식 · 부식 · 식용유 · 육류 · 어류 · 가축 등 일용품이 풍부하며 공급이 시장수요보다 큰 안정된 시장이다.

2004년 근로자의 1인당 연간 임금은 3만 85위엔(3,642달러)에 달하였다. 쓰촨성 · 후뻬이성 등의 내륙에서 몰려드는 농민이 새로운 노동층을 형성하고 있다.

상하이 사람들은 고고한 자존심, 상인기질, 이해관계에 대한 민감성 등 자신들만의 독특하고 우월한 의식이 있다.

또한 상하이 사람들은 영악스럽다고 할 정도로 이익에 집착한다. 작은 것에도 까다롭기 때문에 세세한 준비없이 상하이 상인들을 대하면 실패하기 쉽다. 그러나 준법정신 및 계약이행 의식이 강해 일단 계약이 체결되면 일이 쉽게 풀린다.

이러한 것들은 상하이의 지리적, 역사적, 사회적 상황에 기인하는데 상하이인들과의 비즈니스 과정에서 반드시 이해하고 넘어가야 하는 항목이다.

경제특별지역으로는 민항(閩行), 훙챠오(虹橋), 차오허징(漕河涇) 신흥기술개발구, 푸뚱의 진챠오(金橋) 수출가공구, 리우자쭈이(六家橋) 금융무역구, 와이까오챠오(外高橋) 보세구가 있다.

3. 사회간접자본

상하이는 중국의 육상, 해상, 항공 교통의 중심지로서 사회간접자본이 양호하다.

고속도로와 창강(長江), 철도를 통해 후뻬이성 우한(武漢)·쓰촨성 청뚜(成都)·충칭(重慶) 등지의 내륙으로 연결되고 징지우(京九) 고속철도 등을 통해 꽝뚱성·홍콩·뻬이징·동북 3성 등으로 연결된다. 국내 화물을 세계 각 도시로 유통시키는 중요 도시이며, 특히 내륙 창강을 이용한 내륙수운이 발달해 있어 인접도시의 수출입 물량은 모두 이곳을 통과한다.

철도 총 영업거리는 264㎞, 도로 총거리는 7,805㎞에 달한다. 현재 진행 및 계획중인 철도확장 사업으로는 상하이-뻬이징간 1,320㎞의 고속철도, 2006년 착공예정인 상하이-저쟝성 간의 175㎞의 자기부상 고속열차 사업이 있다.

시내교통은 남북 및 옌안(延安) 고가도로 망을 건설하고, 동-서 및 남-북 횡단형 도로 6개선을 완성하였으며 이와 함께 창강 삼각주 일대로 뻗는 여러 노선의 고속도로망을 확충, 상하이와 인근 지역의 연결성을 높여나가고 있다. 쓰촨성 청뚜까지 2,970㎞ 및 윈난성 루이리까지 4,090㎞를 연결하는 고속도로 공사가 진행중에 있다.

지하철 1, 2호선과 도시형 고가 경전철인 밍주(明珠)선을 2000년 12월 개통하였다.

상하이는 2004년 수운의 화물취급량이 3억 148만 톤에 달하는 중국의 최대 항구도시이다. 또한 상하이 부두의 길이는 25.6㎞로 중국 2위이고, 정박장(births)은 만톤 급 이상 82개를 포함한 215개에 이른다. 공항은 홍챠오(虹橋)공항과 푸뚱(浦東)공항이 각각 국내외 공항을 연결한다. 항공화물 처리능력 확대를 위해 푸뚱공항 확장공사를 진행 중이다.

한편 국제통신과 국내 장거리통신의 중계점으로서, 14개 연안개방도시들이 상하이를 통해 세계 각국과 통신하고 있다. 경제발전이 급속도로 진행됨에 따라 철도 및 도로시설에 대한 정비와 확충에 투자가 집중되고 있다.

2000년부터는 상하이 항구 및 푸뚱 국제공항 확장과 함께 상하이 텔레포트 프로젝트를 최우선적으로 추진해 왔다. 그 내용은 정보시스템 구축을 통해 국제도시로서의 기능을 강화하고, 낙후된 물류 소프트웨어 개선, 항구 출입국 검역, 항공 등의 컴퓨터 망을 연결하여 통관, 서류처리 효율성을 제고하는 것이다.

휴대폰사용자가 1,099만 명, 인터넷 사용자가 432만 명이 넘어 중국내 가장 빠른 정보화도시라고 말할 수 있다.

'서기동수'사업으로 2004년 12월부터 신장자치구에서 천연가스가 공급되고 있다.

상하이시 사회간접자본 현황(2004년)

<table>
<tr><td colspan="3">운송거리(㎞)</td><td colspan="3">여객 운송량(만 명)</td><td rowspan="2">자동차보유량
(승객용, 만 대)</td></tr>
<tr><td>철도영업</td><td>도로</td><td>내륙수운</td><td>철도</td><td>도로</td><td>내륙수운</td></tr>
<tr><td>264</td><td>7,805</td><td>2,223</td><td>4,076</td><td>2,465</td><td>1,142</td><td>64.7</td></tr>
<tr><td colspan="3">화물 운송량(만 톤)</td><td colspan="4">우편, 통신 사업</td></tr>
<tr><td>철도</td><td>도로</td><td>내륙수운</td><td>업무액
(억 위엔)</td><td>이동전화
(만 명)</td><td>특급우편
(만 건)</td><td>인터넷사용자
(만 명)</td></tr>
<tr><td>1,284</td><td>31,554</td><td>30,148</td><td>349.1</td><td>1,311.3</td><td>1,388.4</td><td>441</td></tr>
<tr><td colspan="6">교통, 통신 근로자 수(명)</td><td rowspan="2">자동차보유량
(화물용, 만 대)</td></tr>
<tr><td>철도</td><td>도로</td><td>내륙수운</td><td>항공</td><td>파이프라인</td><td>통신,
정보서비스</td></tr>
<tr><td>26,368</td><td>17,787</td><td>56,023</td><td>20,537</td><td>-</td><td>20,545</td><td>18.8</td></tr>
</table>

자료 : 2005 中國統計年鑑.

4. 대외경제

상하이의 대외무역은 중국 대외무역액의 14%를 차지하는데 상하이의 수출총액은 1999년 185.8억 달러에서 2004년 697.3억 달러로 증가하였고, 수입총액은 같은 기간 198.2억 달러에서 870.7억 달러로 증가하였으며, 무역적자는 계속 확대되고 있다.

주요 수출품목은 경공업, 방적제품의 비중이 수출총액의 50% 이상을 차지하며 버섯 · 마늘 · 냉동 닭고기 · 어패류 등의 농산물의 비중도 매우 높다. 한편 자동차 · 선박 · TV · 각종 기계설비 · 계기 등 일련의 기계 · 전자제품이 주력 수출상품으로 부상하고 있다. 주요 수입품목은 기계 및 운송설비 · 원료완성품 · 화학완성품 및 관련제품 · 비식용 원료 등이다. 주요 무역대상국으로는 일본 · 미국 · 독일 · 한국 · 대만 · 싱가포르 등이며 최근에는 이들 선진지역 외에 제 3세계와의 무역도 적극적으로 확대해 가고 있다.

상하이시 대외경제 현황

년 도	1999	2000	2001	2002	2003	2004
총수출액(억 달러)	185.8	253.5	276.2	310.1	458.3	697.3
외자기업의 수출(억 달러)	103.5	142.6	159.6	191.6	307.9	494.9
한국에 대한 수출(억 달러)	6.4	10.6	10.1	11.6	13.6	23.4
총수입액(억 달러)	198.2	293.6	332.7	412.4	646.8	870.7
외자기업의 수입(억 달러)	123.2	191.5	208.4	258.6	411.6	577.4
한국으로부터 수입(억 달러)	14.2	20.6	24.0	28.3	53.6	77.1
외국기업의 직접투자(억 달러)	28.4	31.6	43.9	42.7	54.7	65.4
외자기업 등록 투자총액(억 달러)	-	985.4	1,126.9	1,279.6	1,508.2	1,722
외자기업 등록기업 수(개)	-	15,930	18,160	20,963	24,133	26,657
한국의 투자(건수, 백만 달러, 실제 투자액 기준)	17건 39.8	30건 14.5	71건 31.0	104건 58.7	106건 85.1	136건 104.1

자료 : 中國統計年鑑, 각년 판, www.kotra.or.kr, www.koreaexim.go.kr, www.kita.net.

외자기업의 수출은 1999년 103.5억 달러에서 2004년 494.9억 달러로, 수입은 123.2억 달러에서 577.4억 달러로 증가하였다. 이로써 상하이 대외무역에서 외자기업의 비중이 60% 이상을 차지하고 매년 증가추세에 있음을 알 수 있다.

한국기업의 상하이에 대한 수출액은 1999년 14.2억 달러에서 2004년 77.1억 달러로 증가하였으며, 수입액은 같은 기간 6.4억 달러에서 23.4억 달러로 증가하였다. 한국의 주요 수출상품은 전자, 석유화학, 정보통신, 가전, 철강제품 등이며 주요 수입제품은 전자, 컨테이너, 기계, 섬유, 견직물, 화학, 석유제품 등이다.

외국기업의 직접투자는 실제 투자액 기준으로 2004년 65.4억 달러에 달하였고, 2004년 말 현재 기 등록된 외자기업수는 2만 6,657개, 등록된 투자총액은 1,722억 달러에 이르렀다. 주요 투자국은 미국, 일본, 대만, 싱가포르, 영국, 독일 등으로서 거의 모든 외국의 대기업이 진출해 있다. 유형별로는 합자기업과 단독투자기업의 진출이 모두 많으며 금융업 진출이 많은 것이 두드러진다.

투자업종은 제조업이 건수와 투자금액 기준으로 압도적인 비중을 차지하고 있고 서비스업은 건수로는 10%미만이나 투자금액으로는 45% 내외를 차지하고 있다.

한국기업의 상하이에 대한 투자는 2004년 실제 투자액 기준으로 136건 104백만 달러에 달하였다.

제3절 티엔진(天津)시, (간칭:津)

1. 티엔진시 개요

티엔진시는 비옥한 화뻬이(華北) 평야의 동북부에 위치한 중국 4개 직할시의 하나로서 북으로는 옌산(燕山), 동으로는 뻐하이(渤海)와 접하고 있다. 뻬이징시의 중요한 공업기지, 대외무역항이자 뻬이징의 관문이다.

지리적으로는 북위 38°~41°에 위치하며 사계절이 뚜렷한 온난·습윤한 대륙성몬순 기후로서 여름에는 덥고 비가 많으며 겨울에는 춥고 건조하다. 대체로 우리나라와 비슷한 기후인데 2004년 1월 평균 기온은 영하 3.1°C, 7월 평균 기온은 26.0°C, 연간 강우량은 490.5 ㎜를 기록하였다.

총면적은 1.2만㎢, 시할구는 7,418㎢이며 총인구는 2004년 말 현재 1,024만 명, 시할구는 764만 명 이다. 행정구역은 허핑(和平), 허뚱(河東), 난카이(南開), 허뻬이(河北) 등 15개 시할구와 3개 현으로 나누어져 있다.

2. 경제현황

티엔진시는 중국 동북부의 주요 경제중심지이자 뻐하이(渤海)지역의 중심으로서 전자, 방직 등 공업이 발달하여 전반적으로 기술력이 높은 도시이다.

뻬이징에 인접한 직할시이고, 14개 연안개방도시로 지정된 장점이 있었음에도 불구하고 발전은 늦은 편이었다. 그러나 최근 전반적인 생활수준 향상에 따라 뻬이징, 티엔진, 허뻬이성(河北省) 소비시장을 겨냥한 대형 외자기업의 진출이 증가하면서 급속히 발전하고 있다.

항구도시로서의 지리적 위치, 편리한 교통, 풍부한 고급기술인력, 자본유치 유리 등의 장점이 있지만 수자원, 환경, 기업관리에 문제가 있다.

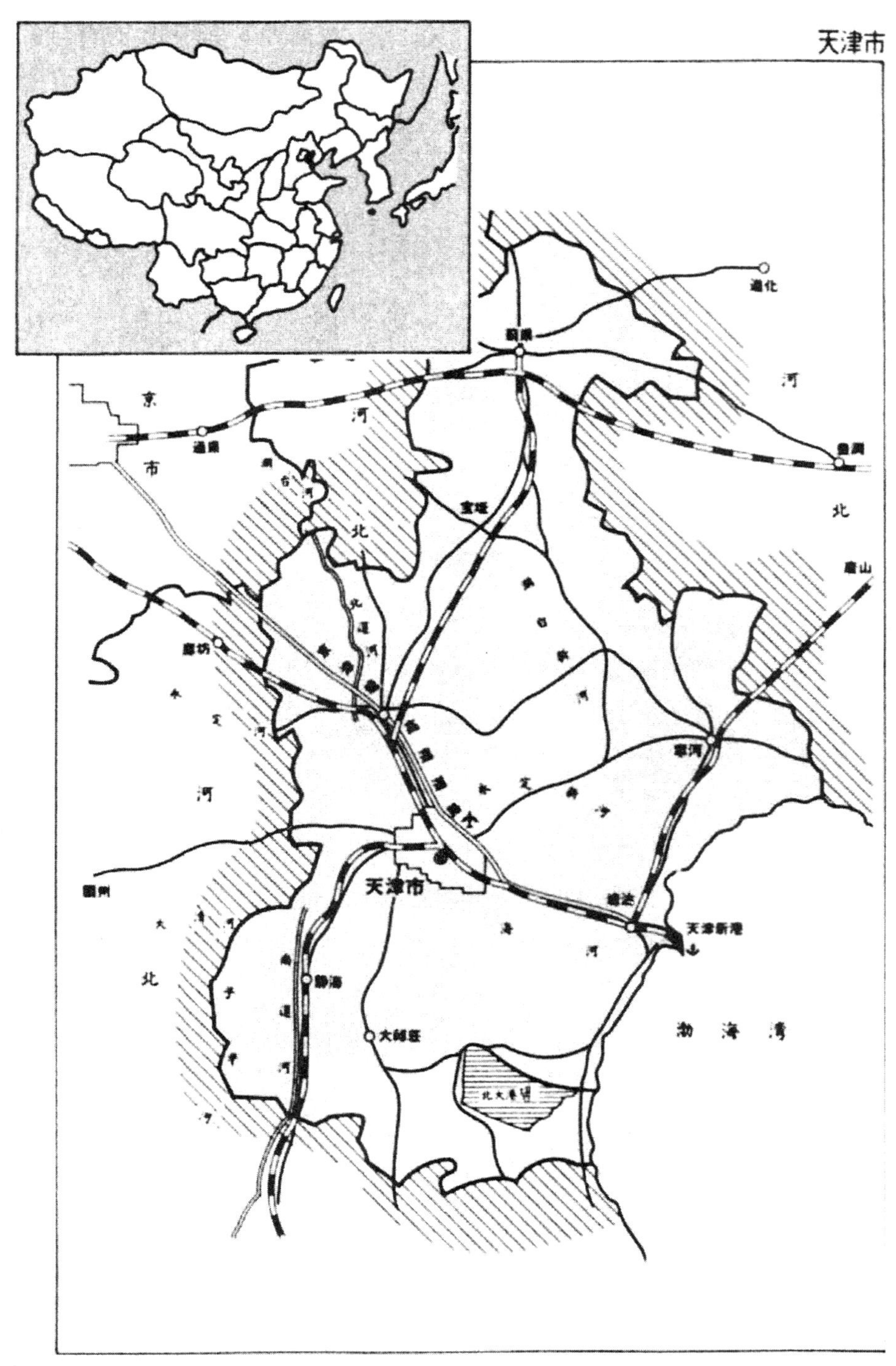
天津市
京
市
河
北
河
北
河
天津市
北
渤 海 湾

2004년의 지역내 총생산액은 2,932억 위엔으로 GDP 성장률은 15.7%에 달하였다. 산업구성은 1차 산업이 3.6%, 2차 산업이 53.2%, 3차 산업이 43.2%의 근대적인 면모를 보이고 있다. 2004년 주민 1인당 GDP는 3만 1,550위엔(3,820달러)에 달하였으며 도시주민 1인당 가처분소득은 1만 1,467위엔, 농촌주민 1인당 순수입은 5,020위엔을 기록하였다.

2004년 재정수입은 246억 위엔, 재정지출은 375억 위엔이었고 전사회고정자산투자 총액은 1,259억 위엔이었으며 사회건설 총규모는 3,618억 위엔에 달하였다. 투자 항목으로는 도로와 항만에 대한 대형 프로젝트가 있다.

주요 광물자원으로는 티타늄의 매장량이 548만톤으로 전국 2위이고 따깡유전大港油田 중심의 석유(4,110만 톤)도 중요한 광물이다. 이밖에 천연가스, 염, 철, 석탄, 금, 동, 니켈, 석탄, 유철광, 석회암 등이 매장되어 있다.

2004년 말 농업 총생산액은 241억 위엔으로서 주요 농작물은 밀, 옥수수, 콩, 면화, 포도, 사과 등이다. 농촌주민 1인당 수입은 상하이의 2/3 정도지만 전국적으로는 고소득 수준에 속한다.

공업에서는 경공업과 중공업이 균형있게 발달하고 있는데 주요 산업은 야금, 방직, 화학, 기계전자 및 의약공업 등이 있다. 특히 산업구조 조정, 외자 및 선진기술 도입 등을 통하여 자전거, 시계, TV, 석유채굴 장비, 공작기계, 방직기, 플라스틱 제품, 가전제품, PVC, 일용 화학제품 등의 산업이 성장하고 있다.

최근에는 자동차 및 기계설비, 마이크로전자와 통신설비, 해양화학 공업과 석유화학, 고품질 강관을 중점으로 하는 4대 지주산업을 형성하고 있고 상업, 무역, 금융, 보험 등 3차 산업이 신속히 발전하는 도시로 변모하고 있다. 특히 모토로라, 쉘, 도요타, 알카텔, IBM, 삼성, LG 등 세계적 대기업의 투자확대로 기술발전과 함께 급속한 경제발전이 이루어지고 있다.

2004년의 공업 총생산액은 5,375억 위엔에 달하였으며 근로자의 1인당 연간 임금총액은 2만 1,892위엔(2,650달러)이었다.

한편 중국정부는 2004년 초 티엔진시 삔하이(濱海)신구(新區)에 '제2의 푸뚱(浦東)'을 건설하여 북방지역의 경제, 무역, 금융 및 물류의 허브로 키우겠다고 발표하였다. 또한 16기 5중 전회에서 결정된 11 · 5(2006~2010) 계획에서도 이 지역을 선전과 푸뚱을 잇는 '국가종합개혁시험구'로 공식 지정하고 지역개발 · 개방을 통해 환뻐하이(環渤海) 지역의 경제발전을 추진한다고 하였다.

이 프로젝트는 2003년 전 중앙은행 행장이었던 따이샹룽(戴相龍)이 티엔진 시장으로 부임하면서 추진되었다. 삔하이 신구는 면적이 350㎢이며 현재 티엔진항, 보세구, 기술개발구 등이 밀집해 있으며 2010년까지 5,000억 위엔을 투자할 계획이다. 향후 석유화학·자동차·전자정보·생명공학·에너지 및 신소재 등 첨단 제조업 기지로 집중 육성한다는 목표가 있다. 이를 위해 금융, 재정, 세재 개혁은 물론 토지개혁까지 과감히 추진할 계획이다.

현재 이미 전자, 자동차, 화공분야의 글로벌 500대 기업 중 150여개가 생산기지를 두었으며 전문엔지니어와 연구인력이 거주하고 있다.

2005년 GDP가 전년대비 19.8% 증가한 1,609억 위엔에 달했으며 수출액은 전년대비 34.8% 증가한 185억 달러로 티엔진시 전체 수출액의 67.4%를 차지하였다. 외국인 직접투자액은 전년대비 52.1% 증가한 26억 달러로 시 전체의 79.5%를 점하여 상하이에 상당히 육박해 있다. 이 지역은 실제로는 지난 94년부터 이미 이곳을 거점으로 하는 환빼하이 경제권이 형성되어 있었다.

티엔진시는 삔하이신구 개발을 통해 2010년까지 연평균 경제성장률 12%, 1인당 GDP 7,000달러 달성을 목표로 하고 있으며 매년 시 GDP의 2.5%를 R&D에 투자할 방침이다.

티엔진시 경제현황(2004년)

지역내 총생산액 (억 위엔)	1인당 GDP (위엔)	경제성장률	산업구조(%) 1차:2차:3차	근로자 연간 평균임금 (위엔)	사회고정 자산 투자 (억 위엔)	사회건설 총규모 (억 위엔)
2,931.9	31,550	15.7	3.6:53.2:43.2	21,892	1,259.0	3,618.2
재정수입 (억 위엔)	재정지출 (억 위엔)	도시주민 1인 평균 가처분 소득(위엔)	농촌주민 1인 평균 순수입(위엔)	농업총생산액(억 위엔)	공업총생산액(억 위엔)	국유 및 규모 이상 비국유 기업수(개)
246.2	375.0	11,467	5,020	241.0	5,375.1	5,378
외자 기업수(개)	국유기업 과학기술요원(2003년, 만 명)			과학기술 특허상황(건)		
	엔지니어	과학자	의료인	발명특허	실용신안	디자인특허
9,938	5.6	0.2	5.1	432	1,587	559

자료 : 2005 中國統計年鑑, www.kita.net, 新中國五十五年統計資料匯編 1949-2004.

3. 사회간접자본

티엔진시에는 여러 노선의 철도와 10여 개 이상의 도시로 통하는 도로 및 고속도로가 형성되어 각 지역과 연결되어 있다.

철도는 5개의 철도노선이 종횡으로 연결되어 있으며 빼이징-선양(瀋陽), 빼이징-상하이, 빼이징-지우룽(九龍) 등의 교차점으로 중국 남북각지를 연결하는 중추지점이다. 2004년 철도 영업거리는 662㎞에 달하였다.

도로는 143㎞의 빼이징-티엔진-탕꾸(塘沽)를 연결하는 징진탕(京津塘) 고속도로를 통해 각 지역에 대한 인력 및 화물 운송속도를 크게 단축시켰다. 도로 총 연장은 1만 514㎞이다.

중국 최대의 인공항구인 티엔진신항(天津新港)은 76개 이상의 정박장을 보유하고 있으며 대다수의 국가와 지역에 원양항로가 연결되어 있다. 티엔진항은 화빼이의 해외창구로 중요한 역할을 하고 있지만 대외개방이 늦었던 관계로 해외진출 지체되었다. 수운의 화물운송량은 2억 619만톤을 기록하였다. 연간 70만개의 컨테이너 처리가 가능하고 1만톤 급 선박 52척이 동시에 정박하며 부두의 총길이는 20.3㎞이다.

삔하이 신구 개발계획으로 항만지역에 2010년까지 5,000억 위엔을 투자될 것이다. 이 계획으로 항구 면적은 현재의 3배 이상인 100㎢로 확대되어 컨테이너 취급량이 현재의 3배 이상인 1,400만 TEU로 늘어날 것이다. 아울러 계획대로 북방 최대규모의 뚱장(東疆) 보세구가 설립되면 국제화물의 환적과 구매·배송·중계무역·수출가공 기능 등을 갖춘 지역으로 발전할 것이다.

티엔진 공항은 화물중심의 공항으로 육성하기 위해 대대적인 시설확충 공사를 진행중이며 공항주변에 공항 국제물류구 및 항공화물의 분할, 저장, 배달 등 항공화물 운송의 중심지로 발전하고 있다. 삔하이 국제공항은 시설을 대폭 확장해 현재 219만 명인 여객수송량을 2010년까지 560만 명으로 끌어 올릴 예정이다.

장거리 통신망은 국내외 대부분의 지역과 직접 통화가 가능하다. 휴대폰, 위성통신 계열 정보전달망이 형성되어 있고 휴대폰 사용자 424만 명, 인터넷사용자는 193만 명에 이른다.

티엔진시 사회간접자본 현황(2004년)

운송거리(km)			여객 운송량(만 명)			자동차보유량 (승객용, 만 대)
철도영업	도로	내륙수운	철도	도로	내륙수운	
662	10,514	88	1,499	2,457	-	45.1
화물 운송량(만 톤)			우편, 통신 사업			
철도	도로	내륙수운	업무액 (억 위엔)	이동전화 (만 명)	특급우편 (만 건)	인터넷사용자 (만 명)
6,113	19,650	10,474	142.4	423.6	352.1	193
교통, 통신 근로자 수(명)						자동차보유량 (화물용, 만 대)
철도	도로	내륙수운	항공	파이프라인	통신, 정보서비스	
29,594	15,380	24,028	2,787	98	11,624	11.9

자료 : 2005 中國統計年鑑.

공업용수의 급수문제는 없으며 전력은 발전, 전력수송, 전력공급 등 조화된 전력체계를 구비하고 있다. 천연가스, 액화 석유가스 등이 완비되어 있으며 대부분의 주민이 가스를 이용하고 있다.

티엔진에 경제기술개발구와 첨단기술산업개발구, 보세구, 탕꾸 해양첨단기술개발구, 우칭(武淸)개발구 등이 경제특별지역으로 지정되어 있다.

11·5기간 동안 동북아 물류기지와 중국 북방지역 주요 물자의유통센터로 발전하기 위해 기존의 티엔진 항에 25만 톤급 선박정박 시설과 30만 톤급 원유항만·항구를 증개설해 티엔진을 철광석·강재·자동차 부품·원목 등 원부자재 물류기지화 할 계획이다. 또한 주변 지역과의 물류활성화를 위해 현재 징진탕(京津塘) 고속도로의 연장을 계획하고 있으며 뻬이징-티엔진을 30분대로 잇는 철도공사를 2007년까지 완공할 예정이다. 특히 최대의 수입차 전문 유통물류센터로 육성하고, 금수해양식품과학기술단지(金水海洋食品科技園) 개발 프로젝트를 추진해 환뻐하이만 최대의 수산물 가공기지로 배양할 계획이다.

4. 대외경제

최근 수출입 내역을 보면 수출이 1999년 63.8억 달러에서 2004년 204.8억 달러로 증가하였고, 수입은 70.3억 달러에서 227.6억 달러로 증가하였다. 주요 수출품은 전자부품·의류·전기설비·선박·신발·화공원료·무선통신설비·

컴퓨터 · 체육용품 등이며 주요 수입품목은 식용유 · 합성섬유 직물 · 강재 · PE · 운반기계 · 금속가공 기계 · 펄프 · 양모 등이다. 수출대상국은 일본 · 미국 · 한국 · 영국 · 싱가포르 등이며 수입품의 대부분은 원자재로 일본 · 한국 · 미국 등으로부터 수입되고 있다.

외국인 투자기업의 수출은 1999년 44.9억 달러에서 2004년 170.5억 달러로, 수입은 53.7억 달러에서 170.4억 달러를 기록하였다. 총수출입에서 외자기업의 수출입 비중이 80% 내외로 매우 높음을 볼 때 티엔진의 경제발전에 외자기업의 기여도가 매우 높다는 것을 알 수 있다.

티엔진시 대외경제 현황

년 도	1999	2000	2001	2002	2003	2004
총수출액(억 달러)	63.8	76.8	89.4	110.4	138.7	204.8
외자기업의 수출(억 달러)	44.9	63.8	71.0	90.9	114.2	170.5
한국에 대한 수출(억 달러)	5.6	7.2	8.9	10.6	13.8	16.7
총수입액(억 달러)	70.3	94.8	94.2	118.2	162.1	27.6
외자기업의 수입(억 달러)	53.7	73.1	72.4	92.2	118.7	170.4
한국으로부터 수입(억 달러)	14.0	19.4	18.9	28.1	39.4	53.0
외국기업의 직접투자(억 달러)	17.6	11.7	32.2	15.8	15.3	24.7
외자기업 등록 투자총액(억 달러)	-	330.9	341.5	365.3	415.6	470
외자기업 등록기업 수(개)	-	9,942	9,473	9,020	9,792	9,938
한국의 투자(건수, 백만 달러, 실제 투자액 기준)	16건 56.6	67건 57.4	85건 101.4	129건 97.9	139건 96.2	169건 134.9

자료 : 中國統計年鑑, 각년 판, www.kotra.or.kr, www.koreaexim.go.kr, www.kita.net.

한국의 수출액은 1999년 14.0억 달러에서 2004년 53.0억 달러로 증가하였고 합성섬유, 직물, 강재, PE, 금속가공 기계 등을 주로 수출하였다. 수입액은 5.6억 달러에서 16.7억 달러로 증가하였고, 주로 전자부품, 의류, 전기설비, 컴퓨터 등을 수입하였다.

외국인 직접투자는 실제 투자액 기준으로 2004년 24.7억 달러에 달하였고 주요 투자국은 일본, 미국, 한국, 대만, 싱가포르였다. 투자형태는 합자기업이 가장 많고 업종별로는 제조업이 과반수를 차지하고 있다. 2004년 말 현재까지 등록되어 있는 외자기업은 9,938개, 투자총액 470억 달러에 달하고 있다.

한국기업의 2003년 투자는 실제 투자액 기준으로 169건 135백만달러에 이른다.

티엔진 경제기술개발구에는 한국토지개발공사가 조성한 한국공단이 있는데, 한국공단은 티엔진항과 4㎞, 탕꾸(塘沽)역과 1.6㎞, 티엔진공항과 38㎞, 각급 도로와 사통팔달로 연결되어 있는 등 사회간접자본이 완비되어 있어 많은 한국기업이 진출해 있다.

제4절 허뻬이(河北)성, (간칭:冀)

1. 허뻬이성 개요

허뻬이성은 화뻬이(華北) 평야의 북부와 멍꾸(蒙古)고원 동남부에 위치하여 뻬이징과 티엔진을 둘러싸고 있으며 동으로는 뻐하이만(渤海灣), 서쪽으로는 산시성, 남으로는 산뚱성, 북으로는 네이멍꾸자치구와 랴오닝성에 인접해 있다.

위치는 북위 36°C~43°C, 동경 113°C~120°C에 있으며, 총면적은 18.8만㎢, 인구는 2004년 말 현재 6,809만 명이다. 온대대륙성 기후에 속하고 연평균 기온은 0°C~13°C, 연간 강우량은 300㎜~800㎜이다.

성의 행정구역은 11개 지급 시(地級市), 22개 현급 시와 36개 시할구, 108개 현, 6개 자치현으로 나뉘어 있으며 주요 도시로는 성도(省都)인 스자좡 (石家莊)과 최대의 공업도시 탕산(唐山), 석탄 수출항구 친황따오(秦皇島), 빠오띵(保定), 장자커우(張家口), 창저우(滄州), 한단(邯鄲), 휴양도시 청떠(承德) 등이 있다.

2. 경제현황

뻬이징시와 티엔진시 경제권에 속한다고 할 수 있지만 개방이 늦어 연해에 있는 다른 성·시에 비해 소득수준이 낮고 낙후되어 있다. 그러나 대도시와 인접한 지리적 이점과 인구 1.5억 명을 수용하고 있는 화뻬이(華北) 상권의 잠재력을 감안할 때 성장 가능성이 큰 지역이라 할 수 있다. 특히 뻬이징·티엔진의 원자재, 부품 및 에너지 공급기지로서의 역할이 증대될 것으로 보인다.

河北省

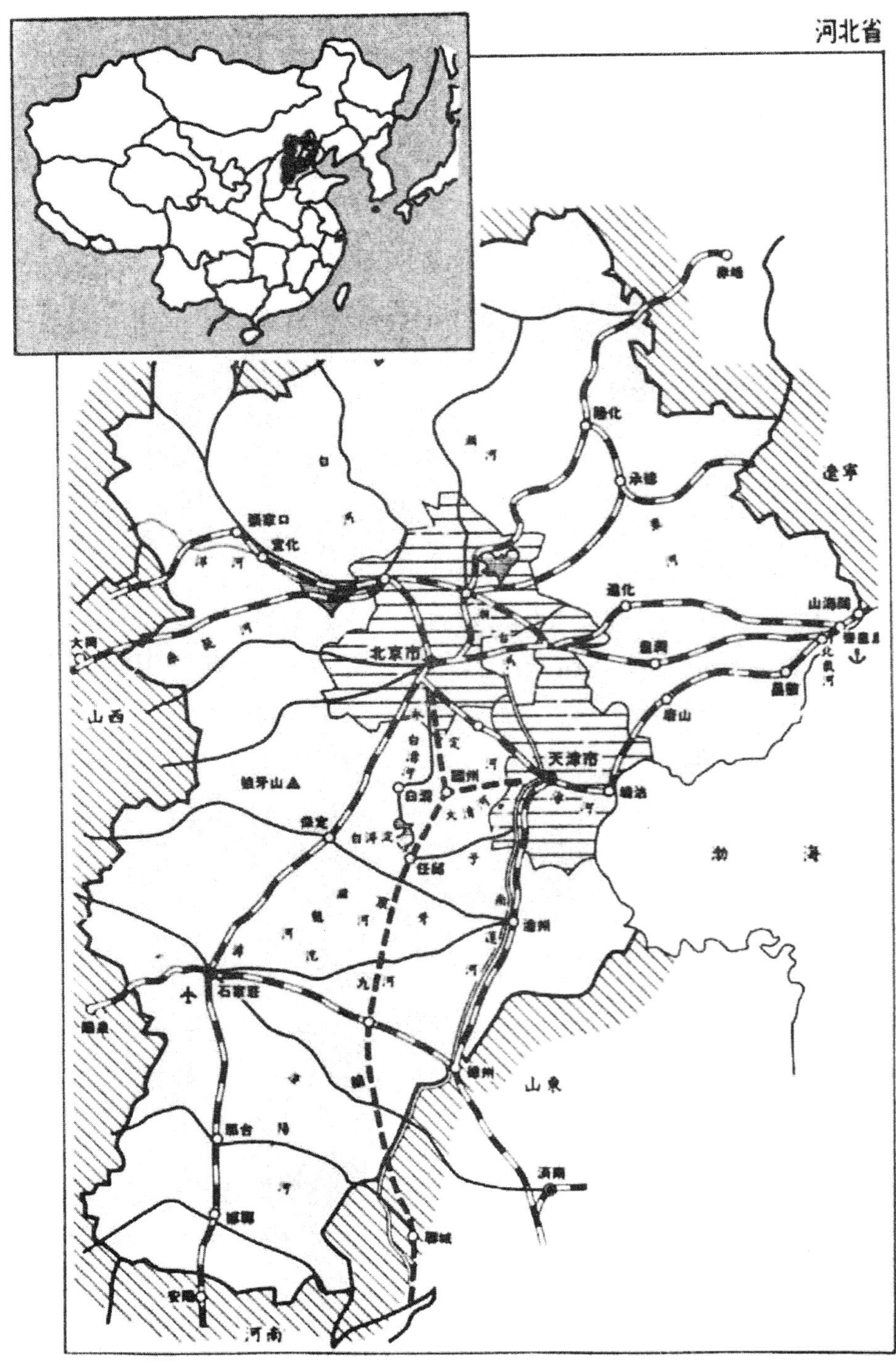

2004년의 지역내 총생산액은 8,769억 위엔으로 경제성장률은 12.5%에 달하였고 산업별 구성은 1차 산업 14.8%, 2차 산업 51.4%, 3차 산업 33.8%로 2차 산업의 비중이 계속 높아지고 있다. 주민 1인당 GDP는 1만 2,918위엔(1,564달러)으로 전국 평균(10,561위엔) 보다 약간 높은 수준이다. 도시주민 1인당 가처분소득은 7,951위엔, 농촌주민 1인당 순수입은 3,171위엔에 달하였다.

2004년 재정수입은 408억 위엔, 재정지출은 786억 위엔을 나타냈고 전사회고정자산투자 분야에 대한 지출은 3,432억 위엔이며 사회건설총액은 7,218억 위엔을 기록하였다.

부존 광물자원으로는 코크스 전국 1위, 철광석 전국 3위(40억 톤)이고 석유 3위(1.2억 톤)·인(2.3억 톤)·천연가스·유철광 등이 풍부하게 매장되어 있다. 이밖의 주요한 부존자원으로는 마그네슘·석회암·납·동·알루미늄·연·아연·망간·대리석 등 70여 종의 광물이 있다.

허뻬이성은 화뻬이 평야를 이용한 기계화 영농을 펼침으로써 곡물과 면화의 주산지 역할을 하고 있다. 644만 헥타르의 넓은 경작면적을 바탕으로 2004년 농업 총생산액은 2,376억 위엔의 농업 총생산액을 달성하였다. 주요 작물은 곡물·배·쌀·밀·옥수수·낙화생·포도·깨·면화·육류·사과·밤·대추·복숭아·호도·살구·식용유 등이 있다. 농업경제가 지속적으로 발전하고 있고 농업구조 조정도 순조롭게 진행되고 있다.

2004년의 공업 총생산액은 7,846억 위엔이며 그 중 독립채산제 기업의 생산액 비중이 매우 높다. 이러한 국가관리에서 벗어난 독립채산제 기업의 높은 비중은 향후 경제발전이 순조로우리라는 것을 예측하게 한다.

주요 산업은 석탄채굴과 세광·원유·발전량·철강·금속·비금속광·선광·기계·건축자재·방직 등이며 탕산(唐山)·빠오띵(保定)·스쟈좡(石家莊) 등의 도시를 중심으로 면방직 공업이 발달해 있다. 에너지·야금·화공·전자·석유·경공업·의약 산업의 생산량이 전국 상위에 있으며 안정적인 발전을 거듭하고 있다.

허뻬이성 경제현황(2004년)

지역내 총생산액 (억 위엔)	1인당 GDP (위엔)	경제성장률	산업구조(%) 1차:2차:3차	근로자 연간 평균임금 (위엔)	사회고정 자산 투자 (억 위엔)	사회건설 총규모 (억 위엔)
8,768.8	12,918	12.5	14.8:51.4:33.8	12,770	3,431.5	7,217.8
재정수입 (억 위엔)	재정지출 (억 위엔)	도시주민 1인 평균 가처분 소득(위엔)	농촌주민 1인 평균 순수입(위엔)	농업총생산액 (억 위엔)	공업총생산 액(억 위엔)	국유 및 규모 이상 비국유 기업수(개)
407.8	785.6	7,951	3,171	2,375.9	7,846.4	8,003
외자 기업수(개)	국유기업 과학기술요원(2003년, 만 명)			과학기술 특허상황(건)		
	엔지니어	과학자	의료인	발명특허	실용신안	디자인특허
3,497	14.7	0.3	13.2	357	2,064	986

자료 : 2005 中國統計年鑑, www.kita.net, 新中國五十五年統計資料匯編 1949-2004.

주요 공산품으로는 유리 · 털실 · 코크스 · 철과 생철 · 석탄 · 원유 · 염 · 종이 · 옷감 · 시멘트 · 화학비료 등이 있다.

2004년 근로자의 1인당 연평균 임금총액은 1만 2,770위엔(1,546달러)으로 전국 평균을 하회한다.

경제특별지역으로 스쟈좡, 친황따오, 랑팡(廊坊), 산하이꽌(山海關), 창저우에 경제기술개발구가 있고 빠오띵, 탕산에 첨단기술산업개발구가 있다.

11 · 5 기간 동안의 기본 원칙으로 새로운 공업화 모델을 통한 산업구조 개선, 자주적 창조능력의 제고, 경제 및 사회개발 수준의 향상, 지역간 경제협력 강화 등을 제시하였다. 이를 바탕으로 이 기간 연평균 11%의 경제성장을 유지하고 2010년 경제규모 1조 7천억 위엔, 1인당 GDP 2만 4천 위엔을 달성할 계획이다.

3. 사회간접자본

뻬이징 · 티엔진을 중심으로 철도, 도로 등의 교통망이 잘 발달되어 있다. 특히 철도는 성을 통과하는 뻬이징-꽝저우(廣州), 뻬이징-상하이, 뻬이징-선양(沈陽), 뻬이징-지우룽(九龍) 등 11개 간선이 방사선 모양으로 뻗어 전국 각지와 연결되어 있다. 2004년 철도영업 거리는 4,672㎞에 달하고 철도화물 운송량은 중국 2위를 차지하고 있다.

도로망도 발달하여 총 도로길이는 7만 200㎞로서 17개 국가급 간선도로가 있고 도로화물 회전량이 전국 1위이다. 티엔진-스쟈좡, 뻬이징-스쟈좡, 뻬이징-친황따오-황화항(黃驊港) 등 고속도로는 총길이 1,706㎞로 성 발전의 기반이 되고 있다.

허뻬이성 사회간접자본 현황(2004년)

운송거리(㎞)			여객 운송량(만 명)			자동차보유량 (승객용, 만 대)
철도영업	도로	내륙수운	철도	도로	내륙수운	
4,672	70,200	-	5,270	72,500	-	163.1
화물 운송량(만 톤)			우편, 통신 사업			
철도	도로	내륙수운	업무액 (억 위엔)	이동전화 (만 명)	특급우편 (만 건)	인터넷사용자 (만 명)
15,744	66,227	1,701	428.6	1,512.9	739.9	397
교통, 통신 근로자 수(명)						자동차보유량 (화물용, 만 대)
철도	도로	내륙수운	항공	파이프라인	통신, 정보서비스	
83,844	79,062	22,438	785	1,055	41,550	70.6

자료 : 2005 中國統計年鑑.

또한 해운조건도 우수하여 성 내에는 친황따오항을 비롯하여 탕산항과 황화항 등 대형 항구가 있다. 친황따오항의 발전은 산시성 석탄의 수출과 깊은 관계가 있다.

항공교통도 발달하여 스쟈좡 공항은 뻬이징・난징(南京)・상하이・광저우(廣州) 등 전국 27개 도시 및 홍콩, 러시아 등과 국내외 항공노선이 개설되어 있고 친황따오 공항은 20여개 지역과 연결되어 있다.

한편 통신시설은 취약한 편이었으나 최근 중국 전역에 불고 있는 정보통신의 발전에 힘입어 급속하게 발전하여 휴대폰 사용자가 1,514만 명을 넘고 있고, 성의 전화교환기 총량도 계속 확장해 나가고 있다. 이밖에 인터넷 사용자 수도 322만 명으로 급속히 발전하고 있다.

4. 대외경제

수출액은 1999년 26.6억 달러에서 2004년 97.1억 달러로 증가하였고, 수입액은 18.7억 달러에서 55.7억 달러로 증가하였다. 수출품은 의류・석탄・원유・금속제품・농산물・카페트・화섬・스테인레스・도자기・플라스틱 제품・면직물・면화・배 등이고 수입품은 강재・철광사・이동통신제품・화공원료・기계류 · 합성섬유 · 통신설비 · 비료 등이다. 주요 무역 대상국은 일본, 미국, 한국, 독일, 대만의 순이다.

허뻬이성 대외경제 현황

년 도	1999	2000	2001	2002	2003	2004
총수출액(억 달러)	26.6	32.8	35.0	41.6	59.5	97.1
외자기업의 수출(억 달러)	8.0	10.1	11.4	14.4	18.5	26.6
한국에 대한 수출(억 달러)	2.1	3.5	3.1	4.6	5.0	8.7
총수입액(억 달러)	18.7	22.1	23.5	26.7	37.5	55.7
외자기업의 수입(억 달러)	6.6	5.7	6.6	8.2	12.1	16.0
한국으로부터 수입(억 달러)	1.8	1.9	1.7	1.9	2.3	3.2
외국기업의 직접투자(억 달러)	10.4	6.8	6.7	7.8	9.6	19.7
외자기업 등록 투자총액(억 달러)	-	140.1	147.8	154.8	175.2	201
외자기업 등록기업 수(개)	-	3,812	3,621	3,396	3,454	3,497
한국의 투자(건수, 백만 달러, 실제 투자액 기준)	5건 1.4	13건 1.6	21건 6.0	32건 12.8	31건 21.3	40건 23.2

자료 : 中國統計年鑑, 각년 판, www.kotra.or.kr, www.koreaexim.go.kr, www.kita.net.

외자기업의 수출은 1999년 8.0억 달러가 2004년 26.6억 달러로, 수입은 6.6억 달러가 16.0억 달러로 증가하였다. 허뻬이성 경제에서 외자기업이 차지하는 비중은 아직 높지 않은 편이라 할 수 있다.

한국의 허뻬이성에 대한 수출액은 1999년 1.8억 달러에서 2004년 3.2억 달러로 증가하였고, 수입액은 2.1억 달러에서 8.7억 달러로 증가하였다.

허뻬이성에 대한 외국인 직접투자는 실제 투자액 기준으로 2004년 19.7억 달러로 급증하였는데, 주요 투자국은 대만, 미국, 일본, 싱가포르, 영국, 한국 등이다. 업종별로는 공업이 가장 많고 투자형태로는 합자기업이 많으나 단독투자 기업의 비중도 적지 않다. 그동안 외국인 투자는 여타 연안 성 · 시에 비해 비교적 저조했다.

그러나 최근 빠하이만 연안을 중심으로 한 대외경제개방구에 대해 집중개발이 이루어지고 있고 지리적으로 뻬이징과 티엔진에 인접해 있으며 인건비도 저렴하여 외국인투자가 활발히 이루어지고 있다.

2004년 말 현재 허뻬이성에 등록된 외자기업의 수는 3,497개 이며, 등록된 투자총액은 201억 달러에 이르고 있다.

한국기업의 투자는 2004년 말 실제 투자액 기준으로 40건 23백만 달러를 기록하고 있다.

5. 주요 도시 경제상황

① 스자좡(石家莊)시

성도 스자좡은 성의 서남부 화뻬이 평야에 위치하며 지세는 평탄하다. 총면적은 1만 5,848㎢, 2004년 말 총인구는 918만 명이며 시할구 면적은 456㎢, 인구는 217만 명이다.

행정구역은 창안(長安)·신화(新華) 등 6개 구, 핑산(平山)현 등 11개 현, 신러(新樂)시 등 6개 현급 시로 구성되어 있고, 온대 대륙성 기후로서 2004년 1월 평균기온은 영하 0.5°C, 7월 평균기온은 26.3°C를 기록하였으며 연간 강우량은 522㎜에 달하였다.

2004년 지역내 총생산액은 1,633억 위엔으로 전년대비 14.1%의 성장률을 기록하였고 1인당 GDP는 1만 7,871위엔(2,164달러)으로 전국 평균보다 높았다. 산업구조를 보면 1차, 2차, 3차 산업의 비중이 각각 14.1%, 48.6%, 37.3%로 1차 산업의 퇴색과 3차 산업의 비중증가가 나타난다.

지방 재정수입 56억 위엔, 재정지출 93억 위엔, 고정자산투자총액은 717억 위엔, 도시와 농촌 주민의 연말 저축액은 1,189억 위엔으로 증가하였다.

경작면적은 59만 헥타르에 달하는데 농업은 소맥과 면화생산이 두드러진다.

면방직공업이 발전하였고 화학공업도 주요 산업에 속하며 이밖에 제약, 화학비료·석탄·철강·기계·전자 등도 신속히 발전하고 있다. 2004년 공업 총생산액은 1,583억 위엔을 기록하였으며 근로자 수와 근로자의 연평균 임금총액은 각각 86만 명과 1만 3,602위엔(1,647달러)이었다.

화뻬이 지방의 중요한 교통 거점지역으로서 징꽝(京廣)선, 스더(石德)선, 스타이(石太)선의 3개 철도가 교차한다. 도로상황도 원활하여 뻬이징, 타이위엔(太原), 창저우(滄州) 등으로 뻗는 큰 도로가 있다.

2004년 현재 외자 공업기업의 개수는 59개(이하 홍콩과 대만기업을 제외함), 생산액은 79억 위엔에 달하며, 실제 외자투자액은 3.5억 달러에 달했다.

② 친황따오(秦皇島)시

친황따오시는 북경에서 동쪽으로 280㎞, 티엔진과는 245㎞ 떨어져 있다. 동으로 랴오닝성, 서로 뻬이징 · 티엔진 · 탕산(唐山)에 인접하고 남으로 뻐하이(渤海), 북으로 옌산(燕山)과 접한다.

총면적은 7,523㎢, 인구는 2004년 말 276만 명이며 시할구 면적은 363㎢, 시할구 인구는 76만 명이다. 행정조직은 산하이꽌(山海關), 뻬이따이허(北戴河) 등 3개 구와 창리(昌黎) 등 4개 현으로 구성되어 있다.

2004년 지역내 총생산액은 453억 위엔으로 전년대비 12.8%의 성장률을 기록하였고 1인당 GDP는 1만 6,515위엔(1,999달러)에 이르렀다. 1차, 2차, 3차 산업의 비중은 10.5%, 41.3%, 48.2%로 나타났다.

지방 재정수입 19억 위엔, 재정지출 34억 위엔으로 지출이 많으며, 고정자산투자 총액은 142억 위엔, 도시와 농촌 주민의 연말 저축액은 354억 위엔으로 증가하였다.

중국 지도자들의 여름 휴가처인 관광명승지로서 화북지구에서 물동량이 가장 많고 특히 우리나라에 석탄을 주로 수출하는 항구도시이며 중요 공업도시이다.

광물자원으로는 금 · 석탄 · 철 · 건축사암 · 화강암 · 백운암 · 유혈암 · 동 · 연 · 형석 · 알루미늄 등이 매장되어 있다.

농작물은 쌀 · 밀 · 옥수수 · 고량 · 콩류 · 고구마류와 함께 면화 · 콩 · 깨 · 마류 · 담배 등의 경제작물도 생산한다. 해안선의 길이는 126㎞, 해역면적은 2,629㎢에 달하여 해양자원이 풍부하다.

공업은 건자재 · 기계 · 전자 · 방직 · 식품 · 금속가공 위주의 공업체계를 가지고 있으며 강화유리 · 알루미늄 · 통조림 · 맥주 등의 생산도 일정한 규모를 유지하고 있다. 유리 공업도시라고 불릴 정도로 유리생산량이 많다. 2004년의 공업 총생산액은 413억 위엔, 근로자 수와 근로자의 연평균 임금은 각각 28만 명과 1만 5,840위엔(1,918달러)이었다.

징하(京哈)선, 따친(大秦)선, 징친(京秦)선이 지나고 산하이꽌역은 전국 대형 화물 운수역이며 광물운송을 위한 철도가 놓여져 있다. 뻬이징-친황따오-선양간 고속철도가 개통되어 있다.

도로는 징선(京沈)선 및 진산(津山)선을 중심으로 하며 도로길이는 3,000여㎞에 달한다. 항공은 산하이꽌 비행장에서 상하이, 꽝저우 등 전국 주요 지역으로 통항한다.

친황따오항은 산서성의 석탄 수출기지여서 세계 최대의 에너지 수출항으로 기록되고 있는데 부두의 길이가 10.1㎞, 정박장은 만톤 급 33개를 포함하는 57개가 있으며, 2004년 화물 물동량이 전국 7위인 1억 5,037만톤에 달하였다.

이밖에 파이프라인 등이 완비되어 있으며 전력, 수자원, 통신 부문에 대한 시설 개선도 신속히 진행되고 있다.

친황따오 경제개발구는 온화한 항구조건과 천혜의 항만 및 사통팔달의 도로망이 있는 개발지역이다. 항구 서쪽에 위치하며 낡은 기업에 대한 개량사업을 통해 유리, 방직, 식품음료, 관광공예품 등의 업종을 발전시켜 나가고 있다. 미국의 GE, 한국의 LG 등 외국 대기업들의 투자가 활발한 지역이다. 인천과 카페리가 개설되어 있으며 수송시간은 12시간이 걸린다.

2004년 현재 외자 공업기업의 개수는 72개, 생산액은 143억 위엔에 달하며, 실제 외자투자액은 2.0억 달러에 달했다.

③ 탕산(唐山)시

탕산은 허뻬이성의 동부, 티엔진 북쪽 약 100㎞ 지점, 친황따오의 서쪽에 위치하는 공업도시이다.

시의 총면적은 1만 3,472㎢, 2004년 총인구 710만 명이며 시할구 면적은 1,230㎢에 시할구 인구는 297만 명에 이른다. 행정구역은 루뻬이(路北) 등 6개 구, 쭌화(遵化) 등 2개 시, 러팅(樂亭) 등 6개 현이 있다.

청말 이후 중국 제 1의 탄광도시였으며 허뻬이성 제 1의 중공업도시로 평가되었었다. 그런데 1976년 탕산대지진으로 24만 명이 사망하는 대사고가 발생하여 중국 공업을 파탄에 빠뜨린 적이 있다. 그후 오랜 기간 경제력이 상당히 후퇴하였으나 최근 과거의 영광이 부활되는 과정에 있다.

2004년 지역내 총생산액은 1,626억 위엔으로 전년대비 14.9% 성장하였으며 이에 따라 1인당 GDP도 2만 2,965위엔(2,780달러)으로 증가하여 허뻬이 성에서 가장 높은 수준이 되었다. 1, 2, 3차 산업의 산업구조는 13.4%, 56.3%, 30.6%의 비중을 보였다.

연간 지방 재정수입은 58억 위엔, 재정지출 98억 위엔, 고정자산투자액 461억 위엔, 도시와 농촌 주민의 연말 저축액은 856억 위엔을 나타냈다.

석탄, 코크스탄, 철광, 석회암, 석유, 천연가스, 황금 등의 광물을 생산한다. 경작면적은 57만 헥타르로서 주요 농산물은 밀, 옥수수, 수수, 땅콩, 고구마, 쌀, 육류 등이며 밤, 복숭아, 사과 등의 과일생산도 유명하다. 조개, 게 등 수산물의 생산량도 허뻬이성에서는 가장 많다.

화뻬이(華北) 지방에서 손꼽히는 카이롼(開灤) 탄전이 있으며 강철, 기계, 전력, 차량, 건재, 화공 등 공업과 유리가공, 도자기, 고무제품, 식품가공, 피혁가공이 주요 산업이다. 2004년의 공업 총생산액은 1,813억 위엔이고 근로자 수와 근로자의 연평균 임금은 각각 70만 명과 1만 4,078위엔(1,704달러)이었다.

뻬이징-하얼삔을 잇는 징하(京哈)선과 뻬이징-친황따오를 왕래하는 징친(京秦)선이 시내를 지나간다.

2004년 현재 외자 공업기업의 개수는 61개, 생산액은 174억 위엔에 달하며, 실제 외자투자액은 4.1억 달러에 달했다.

④ 한딴(邯鄲)시

성 남부에 위치하고 서부는 타이항(太行)산에서 이어지는 산과 구릉, 동부는 화뻬이 평야의 중간에 위치한다. 북온대 계절풍 기후에 속하며 연평균 기온은 14.1℃, 연간 강우량은 627㎜ 정도이다.

시의 총면적은 1만 2,062㎢, 시할구 면적 434㎢이며 2004년 총인구는 863만 명, 시할구 인구 139만 명의 상업 및 공업도시이다.

춘추전국시대 여러 나라의 수도였던 지역으로서 현재의 행정구역은 한산(邯山) 등 4개 구, 우안(武安)시, 한딴(邯單) 등 14개 현으로 구성된다.

2004년 지역내 총생산액은 936억 위엔으로 전년대비 14.5%의 높은 성장률을 기록하였으며 1인당 GDP는 1만 887위엔(1,318달러)이 되었다. 산업구조는 1차 산업이 13.4%, 2차 산업이 52.2%, 3차 산업이 34.5%를 기록하였다.

지방 재정수입은 34억 위엔, 재정지출 64억 위엔 수준이며 고정자산투자총액은 346억 위엔에 이르렀다. 도시와 농촌 주민의 연말 저축액은 609억 위엔으로 증가하였다.

광물자원은 석탄 매장량이 80억 톤 이상, 철광석 매장량 8억 톤 이상이며 이밖에 도자기 재료 · 점토 · 알루미늄 · 대리석 · 석회석의 매장량도 많다.

66만 헥타르의 경작지에서 생산되는 주요 농산물은 밀·옥수수·쌀·고량·보리·콩·감자·면화·고추·땅콩·배·버섯 등이 있다.

공업 총생산액은 831억 위엔으로 주요 산업은 야금·석탄·전력·방직·도자기·건자재·강철·기계·기전 등이며 근로자의 연평균 임금은 1만 1,929위엔(1,444달러)이었다.

징쾅선이 남북으로 관통하고 한딴과 창즈(長治)를 연결하는 한창(邯長)선, 한딴과 지난(濟南)을 연결하는 철도가 있다. 뻬이징-선전을 연결하는 고속도로가 시내를 지난다.

2004년 현재 외자 공업기업의 개수는 21개, 생산액은 26억 위엔에 달하며, 실제 외자투자액은 1.3억 달러에 달했다.

⑤ 빠오띵(保定)시

뻬이징에서 허뻬이성 성도인 스쟈좡으로 가는 철도연변에 있는 도시로서 허뻬이성 중부에 위치하며 서쪽으로는 타이항(太行)산, 동쪽으로는 광활하고 풍요로운 지중(冀中) 평야에 접해 있다. 유구한 역사를 가진 도시로서 요나라, 금나라 이래로 줄곧 중요한 지역이었다.

시의 총면적은 2만 584㎢이나 시할구 면적은 312㎢에 불과해 2004년 시의 총인구 1,088만 명 중에서 시할구 인구는 100만 명 정도에 불과하다.

행정구역은 신스(新市) 등 3개 구, 띵저우(定州)·안꿔(安國) 등 4개 시, 만청(滿城) 등 18개 현으로 구성되어 있다.

2004년 지역내 총생산액은 1,111억 위엔으로 1차, 2차, 3차 산업의 비중은 16.0%, 49.0%, 35.0%로 구성되어 있다. 14.5%의 높은 경제성장을 달성하여 1인당 GDP가 1만 261위엔(1,363달러)이 되었다.

지방 재정수입 34억 위엔, 재정지출 69억 위엔으로 지출이 수입의 두배가 넘어 적자재정이 지속 및 확대되고 있으며 고정자산투자총액은 472억 위엔에 이르렀다. 도시와 농촌 주민의 연말 저축액은 814억 위엔이었다.

경지면적이 80만 헥타르로서 시할구보다는 시 외곽지역이 넓어 농업비중이 높은 편이나 효율성은 아직 낮다.

주요 산업은 방직·기계·식품·감광화학·전자·제지 등이 있는데 2004년의 공업 총생산액은 743억 위엔을 기록하였다. 근로자 수는 59만 명, 근로자의 연평균 임금은 1만 1,876위엔(1,438달러)에 달했다. 최근 외자기업의 진출이 활발한 지역이다.

2004년 현재 외자 공업기업의 개수는 82개, 생산액은 44억 위엔에 달하며. 실제 외자투자액은 2.2억 달러에 달했다.

⑥ 청떠(承德)시

빼이징 북동쪽 180㎞ 지점에 위치하며 화빼이 평야 인근의 산지에 건설된 도시이다. 청나라 강희제 때부터 황제들이 이곳에 와 정무와 주요 행사를 한 이래 최근에 이르기까지 많은 중국 지도자들이 여름휴가를 즐기는 피서산장이다.

조선조 박지원의 열하일기에서 열하는 롼하(灤河)의 지류인 러하(熱河)의 이름을 딴 것이다.

시의 총면적 3만 9,548㎢, 총인구는 361만 명이며 시할구의 면적은 708㎢, 인구는 46만 명에 이른다. 행정구역은 쐉챠오(双橋) 등 3개 시, 청더(承德) 등 5개 현, 펑닝만쭈(豊寧滿族) 등 3개 자치현이 있다.

2004년 지역내 총생산액은 301억 위엔으로서 전년대비 15.8%의 경제성장률을 이룩하였으며 1인당 GDP는 8,352위엔(1,011달러)이었다. 산업구조는 1차 산업 18.3%, 2차 산업 49.6%, 3차 산업 32.1%의 비중을 나타냈다.

지방 재정수입은 12억 위엔, 재정지출은 38억 위엔으로서 과다한 재정적자를 노정하고 있으며 고정자산투자총액은 151억 위엔에 불과하다. 도시와 농촌 주민의 연말 저축액은 217억 위엔을 기록하였다.

경작면적은 34만 헥타르에 달하고 농업으로는 면화와 황마의 생산이 많다. 1950년부터 중공업 중심지였으며 방직공장 등이 많다.

석탄 및 동의 매장량이 많다. 2004년 공업 총생산액은 301억 위엔이고, 국유기업 및 매출액 500만 위엔을 초과하는 공업기업 수는 338개에 달하였다. 근로자는 23만 명, 근로자의 연평균 임금은 1억 2,918위엔(1,564달러)이었다.

주변 지역의 상업중심지 및 물자 집산지로서 사회소비재 소매액은 103억 위엔이었다.

청더에서 랴오닝성 선양 및 네이멍꾸자치구의 츠펑(赤峰)으로 가는 철도가 연결되어 있다.

2004년 현재 외자 공업기업의 개수는10개, 생산액은 4억 위엔에 달하며, 실제 외자투자액은 1.0억 달러에 달했다.

⑦ 장쟈커우(張家口)시

허뻬이성 서북부에 위치하며 뻬이징과의 거리는 200여km 떨어져 있고 허뻬이, 산시, 네이멍꾸을 잇는 교통 요충지이다.

시의 총면적은 3만 6,873㎢, 총인구는 450만 명이며 시할구의 면적은 819㎢, 인구는 86만 명에 이른다. 챠오시(橋西) 등 4개 시할구와 장뻬이(張北) 등 13개 현으로 편제되어 있는 공업도시이자 유명한 피서지이다.

2004년 지역내 총생산액은 400억 위엔으로서 경제성장률은 전년대비 13.0%를 기록하였고 1인당 GDP는 8,889위엔(1,076달러)으로 나타났다. 산업구조는 1차 산업 14.6%, 2차 산업 48.7%, 3차 산업 36.8%의 비중을 보였다.

지방 재정수입은 15억 위엔, 재정지출은 53억 위엔이었으며 고정자산투자총액은 129억 위엔에 달하였다. 도시와 농촌 주민의 연말 저축액은 328억 위엔으로 나타났다.

광물자원은 50여 종으로서 석탄·철광석·금광석·망간·인·비소·대리석 등의 매장량이 풍부하다.

경작면적은 89만 헥타르이며 주요 농산품은 소·양·녹두·콩·옥수수·우유 등이다.

2004년 공업 총생산액은 343억 위엔에 달했는데 주요 공산품은 모피 위주의 피혁, 야금, 기계, 화공, 지질탐사, 석유채굴용 기계설비, 화공원료, 카페트, 담배 등이다. 근로자 수는 36만 명, 근로자의 연평균 임금은 1만 2,343위엔(1,494달러)에 이르렀다.

사회소비재 소매총액은 139억 위엔을 기록하였다.

2004년 현재 외자 공업기업의 개수는 11개, 생산액은 62억 위엔에 달하며, 실제 외자투자액은 0.3억 달러에 달했다.

⑧ 창저우(滄州)시

시의 총면적은 1만 4,053㎢, 시할구 면적 183㎢이며 2004년 총인구는 679만 명, 시할구 인구는 49만 명이었다. 행정구역은 윈허(運河) 등 2개 구, 런치우(任丘) 등 4개 시, 창(滄) 등 10개 현으로 구성되어 있다.

2004년 지역내 총생산액은 774억 위엔으로 전년대비 15.3%의 높은 경제성장률을 달성하였고 1인당 GDP는 1만 1,659위엔(1,412달러)을 기록하였다. 산업구조는 1차, 2차, 3차 산업이 각각 16.0%, 50.1%, 33.8%의 비중을 나타냈다.

시의 지방 재정수입은 26억 위엔, 재정지출은 50억 위엔으로 지출부문이 많으며 고정자산투자총액은 245억 위엔에 달했다. 도시와 농촌 주민의 연말 저축액은 456억 위엔에 이르렀다.

농업생산이 많은 지역인데 대추 생산량 전국 1위이며 식량·목화·과일·야채 등이 생산이 많은 편이다.

공업기업은 6만여 개, 그중 국유기업 및 매출액 500만 위엔을 초과하는 기업이 730개이며 주요 업종은 화공·방직·기계·건자재·의약·식품가공 등이다. 2004년의 공업 총생산액은 526억 위엔을 기록하였고 근로자 수는 38만 명, 근로자의 연평균 임금은 1만 1,210위엔(1,357달러)이었다.

2004년 사회소비재 소매총액은 192억 위엔에 달하였다.

2004년 현재 외자 공업기업의 개수는 47개, 생산액은 21억 위엔에 달하며, 실제 외자투자액은 0.8억 달러에 달했다.

제5절 랴오닝(遼寧)성, (간칭:遼)

1. 랴오닝성 개요

랴오닝성은 동북지구 남단에 위치하고 있으며 남으로 황하이(黃海)와 뻐하이(渤海), 서남으로 허뻬이성, 서북으로 네이멍꾸자치구, 동북으로 지린성, 동남으로 한국의 평안도와 접해 있다.

중국 동북 3성 지역의 정치·경제·사회·문화의 중심지이며 서남으로 뻬이징과 남으로 동북 최대의 개방도시 따리엔(大連), 북으로 창춘(長春)·하얼삔·러

遼寧省

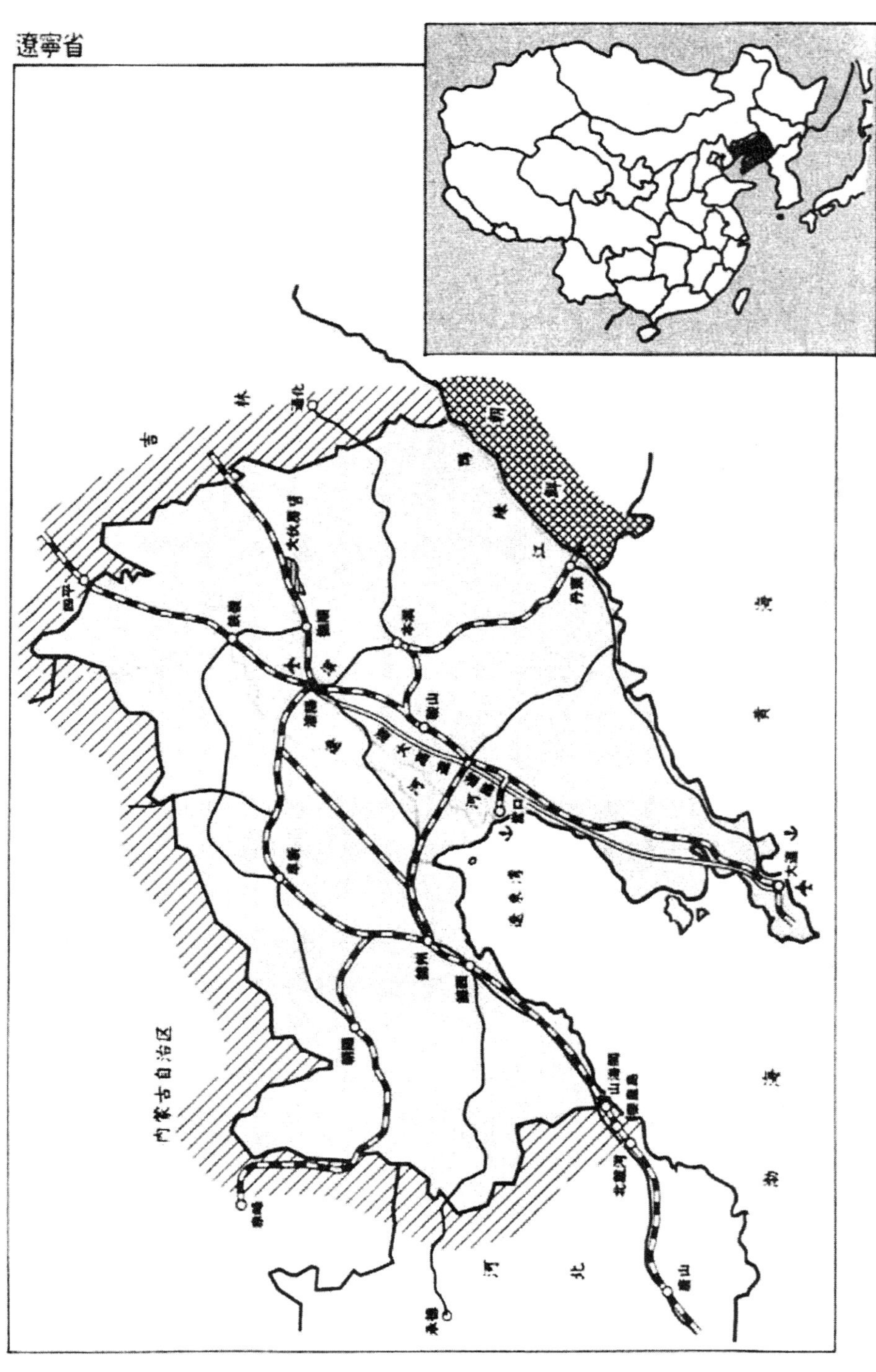

시아 · 동남으로 북한과 연결되는 교통의 요충지이다.

총면적은 14.8만㎢, 인구는 2004년 말 현재 4,217만 명이며 온대 대륙성 기후에 속한다.

성의 행정구역은 14개 지급 시, 17개 현급 시와 56개 시할구, 19개 현, 8개 자치현으로 나뉜다.

주요 도시로는 성도인 선양(沈陽), 개방도시이며 군사도시인 따리엔(大連), 석탄생산 도시인 안산(鞍山)과 푸순(撫順), 압록강변 국경도시 딴뚱(丹東) 등이 있으며 잉커우(營口), 랴오양(遼陽), 판진(盤錦) 등의 개방도시가 있다.

2. 경제현황

건국 이전부터 강철, 석탄, 기계산업이 발전해 온 중국 제1의 중공업, 중화학기지이다. 그러나 국유기업이 많고 설비의 노후화 등으로 개혁 · 개방에 즉시 대처하지 못해 따리엔(大連)을 제외하고는 개방에서 뒤처지게 되었다.

이러한 이유 때문에 80년대까지는 경제발전이 완만하였으나, 최근 한국 · 홍콩 · 싱가포르 등 외자기업의 진출이 활발해지면서 외자기업이 보유한 기술력, 자원과 결합되어 빠른 속도로 발전하고 있다.

랴오닝성 경제현황(2004년)

지역내 총생산액 (억 위엔)	1인당 GDP (위엔)	경제성장률	산업구조(%) 1차:2차:3차	근로자 연간 평균임금 (위엔)	사회고정 자산 투자 (억 위엔)	사회건설 총규모 (억 위엔)
6,872.7	16,297	12.5	9.7:51.6:38.7	14,881	2,957.4	7,085.7
재정수입 (억 위엔)	재정지출 (억 위엔)	도시주민 1인 평균 가처분 소득(위엔)	농촌주민 1인 평균 순수입(위엔)	농업총생산액(억 위엔)	공업총생산액 (억 위엔)	국유 및 규모 이상 비국유 기업수(개)
529.6	931.4	8,008	3,307	1,510.5	8,051.1	8,058
외자 기업수(개)	국유기업 과학기술요원(2003년, 만 명)			과학기술 특허상황(건)		
	엔지니어	과학자	의료인	발명특허	실용신안	디자인특허
14,858	16.6	0.6	15.4	911	3,752	1,086

자료 : 2005 中國統計年鑑, www.kita.net, 新中國五十五年統計資料匯編 1949-2004.

2003년 8월 중국은 랴오닝성을 중심으로 하는 동북지역의 노후 공업지대를 되살리기 위해 동북지역 재건계획을 국책사업으로 하는 '동북진흥공정(東北振興工程)' 계획을 발표하였고 11·5기간의 주요 사업으로 확정하였다. 이에 따라 향후 랴오닝의 발전의 급속도로 진행될 것으로 예상되는데 특히 따리엔을 중심으로 한 동북 3성 지역의 창구역할이 기대된다. 국유기업 문제가 해결되면 보다 빠르게 발전할 것이다.

2004년 지역내 총생산액은 6,873억 위엔으로 GDP 성장률은 12.5%를 기록하였다. 산업별 구성은 1차 산업 9.7%, 2차 산업 51.6%, 3차 산업 38.7%를 기록하여 2차 산업의 비중이 가장 높지만 최근 3차 산업의 비중이 높아지고 있다. 성주민의 1인당 GDP는 1만 6,297위엔(1,973달러)으로 국민소득 평균보다 상당히 높으며 도시주민 1인당 가처분소득은 8,008위엔, 농촌주민의 1인당 순수입은 3,307위엔으로 증가하였다.

지방 재정수입은 530억 위엔으로 전국 상위에 속하는데 이는 국유기업의 비율이 높은데서 연유하는 것이다. 지방 재정지출은 931억 위엔으로 대규모 적자를 기록하고 있는데 도시개발과 사회간접자본 및 기업개량에 대한 투자가 많기 때문이다.

전사회고정자산투자 총액은 2,957억 위엔으로 중공업이 집중되어 있는 지역으로서는 투자가 적다고 할 수 있으며, 노후된 설비가 많아 기술과 설비의 개조에 대한 투자비율이 높은 것이 특징이다. 그중 사회건설 총규모는 7,086억 위엔을 기록하였다.

광물자원은 확인되어 있는 것이 69종이 있는데 철광석·마그네싸이트·붕소·옥·활석 등의 매장량은 전국 1위이고 석유매장량은 5위, 천연가스는 3위이다. 석탄·우라늄·동·망간·납·아연·보크사이트·몰리브덴·규사 등의 매장량이 비교적 많다. 매장량이 명확히 밝혀져 있는 것으로는 철광석 63억 톤(평균품위는 30%), 마그네싸이트 12억 톤(전국 80%), 석탄 45억 톤, 유철광 2,845만 톤, 석유 1.8억 톤, 천연가스 449억 ㎥, 인 등이 있다. 교통이 편리하여 자원개발이 비교적 빠른 속도로 진행되고 있는 상황이다.

랴오닝성에는 비옥한 토지와 양호한 기후조건이 있고 농업기계가 현대화되어 있어 노동생산성이 전국 평균보다 높은 편이나, 인구의 도시집중으로 매년 곡물 및 육류를 다른 성에서 수입하고 있는 실정이다. 주요 농산물로는 쌀, 옥수수,

콩, 누에고치 등이 있고, 상업 작물로는 사과, 면화, 사탕무우 등이 있다. 2004년 농업 총생산액은 1,511억 위엔으로 생산증가 속도가 매우 느리다.

한편 2004년의 공업 총생산액은 8,051억 위엔을 기록하였다. 국유기업이 많고 설비가 노후화되어 있어 생산증가 속도가 늦은 편이며, 중공업의 비율이 경공업보다 높다. 주요 산업으로는 석유가공 · 석유화학 · 비철금속 공업 · 철강공업 · 채굴업 · 기계 · 야금 · 방직업 등이 있고 이밖에 전력공업 · 화학공업 · 석탄공업 · 의약공업 · 교통설비 · 전기기기 등도 전국 5위내에 들어 있다.

주요 공산품으로는 조강 · 선철 · 강재 · 원유 · 천연가스 · 소금 · 화학섬유 · 황산 · 시멘트 · 자전거 · 코크스 등을 들 수 있다. 주시해야 할 품목은 급격한 발전을 보이고 있는 고부가가치 및 하이테크 제품으로서 고정밀 선반기계 · 미형컴퓨터 · 레이저 선반기 · 디지털 컨트롤 선반기계 · 대형 선반기계 · 전화교환기 · 자동차 · 자전거 · 음향기기 · 공조기 · 컬러TV · 냉장고 등이다. 2004년 근로자의 1인당 연평균 임금총액은 1만 4,881위엔(1,802달러)이다.

랴오뚱(遼東) 반도가 경제개방구로 지정되어 있고, 선양 · 따리엔 · 잉커우(營口) · 딴뚱(丹東)에 경제기술개발구, 선양 · 따리엔 · 안산(鞍山)에 첨단기술산업개발구가 건립되어 있으며, 대외개방도시로는 선양 · 따리엔 · 잉커우 · 딴뚱 · 랴오양 · 안산 · 판진(盤金) 등이 지정되어 있다.

3. 사회간접자본

동북지역의 정치 · 경제 · 사회 · 문화의 중심지이며 동북 3성에서 철도망이 가장 잘 발달되어 있는 중심지역으로서 선양을 중심으로 빼이징 · 따리엔 · 네이멍꾸 · 하얼삔 · 엔지(延吉) 등지로 연결된다.

'동북진흥공정'에서 랴오닝성은 목표 달성을 위해 성과 외부지역을 연결하는 원활한 물류환경의 조성에 초점을 맞추고 이를 위해 철도 확충, 고속도로의 건설, 공항 정비, 항로 확충, 항만 정비 등을 추진하고 있다.

랴오닝성은 동북 3성의 중심지라는 지리적 특성 때문에 철도의 이용도가 매우 높으며 전국에서 철도 밀도가 가장 높다. 2004년 철도의 총 영업거리는 4,174㎞로 전국 4위, 여객 운송량은 9,626만 명으로 전국 1위, 화물운송량은 1억 5천만 톤으로 전국 2위의 수준이다. 향후 선양-따리엔 간 여객전용 고속철도 건설계획이 있다.

도로 또한 거미줄처럼 연결되어 있고 점차 고속도로 및 좋은 도로로 향상되고 있으며 그 길이도 매우 빨리 확충되고 있다. 2004년 도로상황을 보면 총 5만 2,415㎞로서 고속도로는 1,637㎞, 1급도로 1,472㎞가 건설되어 있다. 고속도로 건설이 늘면서 주변도시의 발전이 급속도로 진행되고 있다. 향후 고속도로의 건설 및 정비를 통해 총 1900㎞의 성내 14개 도시 전체에 이르는 고속도로 네트워크를 형성할 계획이다.

수상수송의 조건도 뛰어난데 따리엔, 잉커우, 진저우(錦州), 딴뚱 등 대외항구들은 지역경제 발전에 따라 물동량이 급속하게 증가하고 있다. 그중 동북지역 수송의 거점역할을 하고 있는 따리엔항은 동북아 중심허브 항으로 육성하며 잉커우 항의 중장기 발전계획도 가지고 있다.

공항의 발전속도도 성 정부의 사회간접자본 투자증대에 따라 급속하게 진행되고 있다. 선양공항은 물론 따리엔공항에서도 국내 노선은 물론 한국·일본 등과의 국제선이 왕래하고 있다.

랴오닝성 사회간접자본 현황(2004년)

운송거리(㎞)			여객 운송량(만 명)			자동차보유량 (승객용, 만 대)
철도영업	도로	내륙수운	철도	도로	내륙수운	
4,174	52,415	413	9,626	47,370	641	73.5
화물 운송량(만 톤)			우편, 통신 사업			
철도	도로	내륙수운	업무액 (억 위엔)	이동전화 (만 명)	특급우편 (만 건)	인터넷사용자 (만 명)
15,014	70,164	4,447	369.5	1,194.4	744.3	322
교통, 통신 근로자 수(명)						자동차보유량 (화물용, 만 대)
철도	도로	내륙수운	항공	파이프라인	통신, 정보서비스	
104,248	68,492	30,861	10,245	3,283	37,164	38.9

자료 : 2005 中國統計年鑑.

발전능력은 2,000여만 ㎾에 달하며 전체의 90% 이상이 석탄에 의존한 화력발전과 약간의 풍력발전이 있다.

통신산업은 가장 빨리 발전하고 있는 부문이다. 컴퓨터 발전에 따라 정보화 사회로 진입하고 있는 것을 보여주고 있는데 특히 핸드폰, 인터넷 통신업무의 발전이 괄목할 만하다. 2004년 핸드폰 보유자는 1,194만 명, 인터넷 사용자는 322만 명에 이르고 있다.

4. 대외경제

교역구조는 수출이 수입보다 많은데 이는 랴오닝성이 중화학공업 중심지이고 광물자원이 풍부하게 매장되어 있어 원자재의 대부분을 자체 조달하기 때문이다.

수출액은 1999년 82.0억 달러에서 2004년 195.9억 달러로 5년만에 두배 이상 증가하였고, 특히 공업제품의 수출비율이 매우 높다. 주요 수출품은 원유, 의류, 자동정보처리 설비 및 부속품 · 기계설비 · 화공원료 · 수산품 · 강재 · 축산품 등이며 수출국은 일본 · 미국 · 한국 · 네덜란드 · 싱가포르 등이다. 수입액은 1999년 55.3억 달러에서 2004년에는 203.5억 달러로 급격히 증가하였고, 주요 수입품은 원유 · 플라스틱 및 제품 · 음향설비 · 강재 · 대두 · 화공원료 · 수산품 · 통신설비 등이며 수입대상국은 일본 · 한국 · 미국 · 독일 · 러시아 · 호주 등이다.

외자기업의 수출은 1999년 43.6억 달러에서 2004년 109.0억 달러로 증가하였고, 수입은 같은 시기 39.0억 달러에서 97.7억 달러로 증가하였다. 이는 성 전체 수출입액의 50% 정도를 차지하는 것으로서 성 경제발전에 외자기업의 역할이 매우 크다는 것을 알 수 있다.

한국의 랴오닝성에 대한 수출액은 1999년 10.3억 달러에서 2004년 20.7억 달러로, 수입액은 같은 기간 7.5억 달러에서 23.6억 달러로 증가하였다.

외국인 직접투자는 실제 투자액 기준으로 2004년 28.2억 달러에 달하였는데 외국인투자가 많은 이유는 랴오뚱 반도를 중심으로 경제개방구가 설치되었고, 중공업이 발달한 선양 · 따리엔 등을 중심으로 인프라가 비교적 잘 정비되어 있어 제조업투자가 집중적으로 이루어졌기 때문이라 할 수 있다.

최근 중국정부의 '동북진흥공정'에 따라 이 지역을 선점하기 위해 홍콩 · 한국 · 일본 등의 많은 대기업들이 진출하고 있다.

랴오닝성 대외경제 현황

년 도	1999	2000	2001	2002	2003	2004
총수출액(억 달러)	82.0	108.5	111.1	120.6	150.5	195.9
외자기업의 수출(억 달러)	43.6	62.4	63.0	72.0	87.5	109.0
한국에 대한 수출(억 달러)	7.5	10.3	10.7	11.3	16.1	23.6
총수입액(억 달러)	55.3	81.7	87.9	113.7	148.1	203.5
외자기업의 수입(억 달러)	39.0	60.5	59.1	62.7	78.2	97.7
한국으로부터 수입(억 달러)	10.3	14.9	13.4	12.6	19.1	20.7
외국기업의 직접투자(억 달러)	10.6	20.4	25.2	34.1	28.2	55.0
외자기업 등록 투자총액(억 달러)	-	655.4	638.0	664.1	735.0	679
외자기업 등록기업 수(개)	-	13,146	13,158	13,642	13,814	14,858
한국의 투자(건수, 백만 달러, 실제 투자액 기준)	8건 35.9	112건 60.9	135건 39.9	146건 59.2	196건 100.4	227건 198.1

자료 : 中國統計年鑑, 각년 판, www.kotra.or.kr, www.koreaexim.go.kr, www.kita.net.

투자유형별로 보면 합자기업이 많고 업종별로는 섬유관련 산업이 가장 많은데, 주요 투자국은 미국・일본・한국・대만・싱가포르 등이다. 2004년 말 현재까지 등록된 외국인 투자기업은 모두 1만 4,858개이고 투자총액은 679억 달러이다.

한국기업의 2004년 투자는 실제 투자액 기준으로 227건 198백만 달러에 달하였는데 가공수출 위주의 투자가 가장 많고 화공・기계・전자・컴퓨터・방직・경공업과 식당・사우나 등 서비스업종에 대한 투자도 적지 않다.

5. 주요 도시 경제상황

① 선양(沈陽)시

성도인 선양시는 동북 3성의 중심도시로서 북온대 계절풍의 대륙성 기후이며 2004년 1월 평균기온은 영하 9.4°C, 7월 기온은 24.3°C를 기록하였고 연간 강우량은 705㎜에 달하였다.

총면적은 1만 2,980㎢, 시할구 면적 3,495㎢이고 2004년 총인구는 694만 명, 시할구 인구는 492만 명이었다. 행정구역은 선허(沈河)・허핑(和平)・ 따뚱(大東)의 9개 구와 신민(新民)시, 랴오중(遼中) 등 3개 현급 시로 구성되어 있다.

선양은 만주족의 근거지로서 청나라의 발상지이며 조선족 거주자가 23만 명에 달해 한국기업의 투자시 많은 도움을 받을 수 있고 한국상품의 구매자가 되는 지역이다.

동북 3성에서 인구가 가장 많고 시장규모가 큰 도시로서 생산품이 집중하고 다시 각 지역으로 배분되는 역할을 한다. 전국에서 두 번째로 큰 우아이(五愛) 도매시장 · 중국 가구성 · 중국 신발성 · 꿔쯔하오(國子號)시장 · 동북도자기성 · 난타(南塔)와 따시(大西) 전자시장, IT제품, 도소매상가 등 대형시장이 발달해 있다.

최근 전통적으로 비중이 높았던 의류, 식품의 비중이 낮아지고 생활수준의 향상으로 가전 · 통신 · 서비스 · 인테리어의 비중이 높아지고 있다. 개인기업의 비중이 높아지고 있으나 대중형 기업의 시장주도가 여전하다.

2004년 지역내 총생산액은 1,901억 위엔으로서 경제성장률은 전년대비 15.5%에 달하였고 1인당 GDP는 2만 7,487위엔(3,328달러)으로 증대되었다. 산업별 비중은 1차 산업 5.8%, 2차 산업 49.5%, 3차 산업 44.7%였다.

지방 재정수입은 110억 위엔, 재정지출은 172억 위엔이었으며 도시발전을 위한 고정자산투자총액은 971억 위엔으로 매우 많은 편이었다. 도시와 농촌 주민의 연말 저축액은 1,671억 위엔에 달하였다.

경작면적은 67만 헥타르이며 2004년 국유기업 및 매출액 500만 위엔 이상의 공업기업수는 1,836개, 공업 총생산액은 1,493억을 기록하였다. 근로자 수는 95만 명, 근로자의 연평균 임금은 1만 7,331위엔(2,098달러))에 이르렀다.

사회소비재 소매액은 809억 위엔이었다.

사회간접자본은 전력 · 상하수도 · 도로 · 철도 · 공항 · 통신 등 시설이 완비되어 있다.

주요 수출품목은 농산품 · 토산품 · 경공업제품 · 공예품 · 의류 · 의약 · 화공제품 등이었다. 주요 수출대상국은 미국 · 일본 · 한국 · 독일 · 네델란드 등이고 주요 수입대상국은 한국 · 일본 · 독일 · 미국 · 영국 등이다.

2004년 현재 외자 공업기업의 개수는 309개, 생산액은 509억 위엔에 달하며, 실제 외자투자액은 24.2억 달러에 달했다. 미국과 홍콩 한국의 투자가 많으며 교통운송 설비와 부동산업에 많이 투자되었다.

② 따리엔(大連)시

랴오닝성 남쪽 끝에 위치한 따리엔은 2004년 1월 평균기온이 영하 3.1°C, 7월 평균기온이 24.1°C인 해양성 특징을 지닌 온대 대륙성 계절풍 기후를 나타내며 연평균 강우량은 615㎜를 기록하였다.

시의 총면적은 1만 2,574㎢, 시할구 면적은 2,415㎢이며 2004년 말 총인구는 562만 명, 시할구의 인구는 278만 명이었다. 행정구역은 시깡(西崗) 등 6개 구, 와팡디엔(瓦房店) 등 3개 시, 창하이(長海)현으로 구성되어 있다.

2004년 지역내 총생산액은 1,962억 위엔, 경제성장률은 16.2%에 달했으며 1인당 GDP는 3만 4,975위엔(4,234달러)에 이르렀다. 산업구조는 1차 산업 7.8%, 2차 산업 50.1%, 3차 산업 42.1%의 비중을 나타냈다.

지방 재정수입은 117억 위엔, 재정지출은 170억 위엔의 적자재정이며, 고정자산투자총액은 716억 위엔으로 도시개발이 활발하다. 도시와 농촌 주민의 연말 저축액은 1,453억 위엔으로 증가하였다.

경작면적은 25만 헥타르이다. 중요 산업은 석유화공・야금・건자재・전자・기계・교통 운송설비 등이며 이외에 의류・신발・가구 산업도 안정적으로 발전하고 있고 컴퓨터・통신・가전・신재료 등의 첨단기술은 급속하게 발전하고 있다. 2004년의 공업 총생산액은 2,018억 위엔이고 근로자 수는 82만 명, 근로자의 연평균 임금은 1만 9,718위엔(2,387달러)이었다.

뿐만 아니라 도시발전을 위하여 매년 국제 패션쇼, 상품수출입 교역전, 국제 마라톤대회, 삥떵지에(冰燈祭-얼음축제) 등 대형 행사를 개최하고 있다. 특히 맥주축제를 시작하여 새로운 관광객 및 기업인을 유치하려고 노력하고 있다.

소비특성은 부식류에 대한 선호도가 증가하고 의복이 패션에 대한 관심도 증가, 내구재가 실용적인 것보다 고급형으로 전환되고 있다. 사회소비재 소매액은 645억 위엔에 달했다.

따리엔 경제의 취약점은 중공업의 비중이 전체 산업의 50%가 넘고 정유, 조선, 기계 등 일부 업종을 제외하면 모두 국제경쟁력이 뒤져있다는 점이다. 심지어 패션산업, 부동산, 관광업, 금융업 등도 규모가 작고 발전속도가 늦은 편이다. 또한 전국 규모의 브랜드, 기업, 산업이 없고 지역내 총생산액과 1인당 소득도 명성보다는 높지 않은 편이다.

따리엔항은 부두길이가 중국에서 가장 긴 30.7㎞로서 정박장 수는 만톤 급 이상 57개를 포함하는 223개가 있다. 화물 물동량은 2004년 전국 7위인 1억 4,516만 톤에 이르렀다. 향후 동북아 중심 허브로 육성하려 하며 2010년까지 62.8억 달러를 투자하여 총 116개의 선석을 마련하려는 계획이 있다.

주요 수출품목은 농축산품 · 경공업제품 · 공예품 · 방직품 · 의류 · 의약 등이다. 수출대상국은 일본 · 미국 · 한국 · 싱가포르 · 네델란드 등이며 수입대상국은 일본 · 한국 · 사우디아라비아 · 미국 · 독일 등이었다.

2004년 현재 외자 공업기업의 개수는 654개, 생산액은 767억 위엔에 달하며, 실제 외자투자액은 22.0억 달러에 달했다.

③ 안산(鞍山)시

랴오뚱(遼東)반도의 가운데 있는 안산은 성도인 선양과 제 1의 해안도시인 따리엔을 연결하는 지역으로서 난온대 대륙성 계절풍 기후에 속한다.

시의 총면적은 9,252㎢이고 2004년 총인구는 347만 명, 시할구 면적은 2,415㎢, 시할구 인구는 146만 명이다. 행정구역은 티에뚱(鐵東) · 티에시(鐵西)구 등 4개 구, 하이청(海城)시, 타이안(台安)현 등 2개 현급 시가 있다.

2004년 지역내 총생산액은 1,006억 위엔으로서 전년대비 16.1%의 높은 경제성장률 증가율을 나타냈고 1인당 GDP는 2만 8,900위엔(3,499달러)에 달했다. 산업별 비중은 1차 산업 5.0%, 2차 산업 59.2%, 3차 산업 35.8%로서 공업도시의 면모를 여실히 보여주고 있다.

지방 재정수입은 40억 위엔, 재정지출 64억 위엔으로서 공업도시임에도 불구하고 공업수준이 낮으며 도시경제가 취약함을 알 수 있다. 고정자산투자총액은 215억 위엔으로 도시발전을 위한 투자가 상대적으로 미흡한 편이라 할 수 있다. 도시와 농촌 주민의 연말 저축액은 534억 위엔이었다.

자원이 풍부하고 시 주변에 철광 매장량이 수백억 톤에 이르러 전국 매장량의 25%를 차지하고, 마그네사이트는 세계 매장량의 25%를 차지하며, 활석은 중국 3대 생산지의 하나이고 전세계의 최대 매장지역이다.

경작면적은 24만 헥타르이다.

유명한 안산강철공사가 위치한 중요한 강철생산 도시로서 철강산업과 연계하여 야금 · 기계 · 방직 · 경공업 · 전자 · 화학공업 · 건자재 · 전자정보 · 정밀화공 등의 산업이 발전하였다. 대형과 소형 및 농촌공업이 발전하고 있으며 보일러 · 혼합사료 · 종이판 · 황금 · 보일러 · 펌프 · 시멘트의 생산량이 증가하고 있다. 2004년의 공업 총생산액은 819억 위엔에 달했으며 근로자 수는 40만 명이고 근로자의 연평균 임금은 1만 5,396위엔(1,864달러)으로 많은 편이다.

사회소비재 소매액은 195억 위엔으로 나타났다.

철도는 창따(長大)선, 하이꺼우(海沟)선, 하이시우(海岫)선을, 도로는 하따꿍루(哈大公路), 선따꿍루(沈大公路)를 이용하며 항공도 원활하다. 전화용량도 급속도로 확대되고 있는데 특히 2004년 휴대폰 사용자가 97만 명에 이른다.

2004년 현재 외자 공업기업의 개수는 28개, 생산액은 23억 위엔에 달하며, 실제 외자투자액은 2.0억 달러에 달했다.

④ 딴뚱(丹東)시

딴뚱시는 랴오닝성의 남동쪽, 압록강변에 위치하고 북한의 신의주와 접한 중국 최대의 국경도시이다. 기후는 온난 다습한 계절풍형 대륙성기후로서 연평균 9℃ 정도이고 연평균 강우량은 1,000mm 내외이다.

총면적은 1만 5,030㎢, 시할구 면적은 830㎢이며 2004년 말 현재 인구는 241만 명, 시할구 인구는 75만 명이다. 다민족 도시로서 조선족 1.5만 명을 포함하여 만주(滿州)족, 몽고(蒙古)족 등 29개 민족이 있다. 행정구역은 쩐싱(振興) 등 3개 구, 펑청(鳳城) 등 2개 시, 1개 현이 있다.

1988년 3월 연해 개방도시로 지정되었으나 경제상황은 최근에야 빠르게 호전되고 있다. 향후의 발전계획은 국경지역이라는 지리적 장점을 활용해 대외개방을 촉진하고 기술력과 노동력을 결합시킨 형태로 산업발전을 꾀할 예정이다.

2004년 지역내 총생산액은 291억 위엔으로서 전년대비 16.8%의 높은 경제성장률을 달성하였으며, 1인당 GDP는 1만 2,050위엔(1,459달러)에 달했다. 랴오닝성 내의 중간정도 경제수준이다. 산업구조는 1차, 2차, 3차 산업의 비중이 각각 16.5%, 39.1%, 44.5%를 차지하였다.

지방 재정수입은 13억 위엔, 재정지출은 31억 위엔에 달했으며 고정자산투자총액은 91억 위엔을 기록하였다. 도시와 농촌 주민의 연말 저축액은 294억 위엔으로 도시의 수준으로는 많지 않은 편이다.

자연자원이 풍부하고 삼림축적량이 랴오닝에서 가장 많다. 광물자원은 금・붕사・아연・고령토・대리석・규석 등으로 풍부한 편이다.

경작면적은 21만 헥타르로서 농지가 전체의 86%를 차지하여 옥수수・쌀・대두 등의 농업이 발달해 있고 해안선 93㎞, 압록강 유역 236㎢로 수산업도 발전해 있다.

딴뚱시는 경공업 · 방직 · 전자공업을 중점 육성하고 있으며 경공업 비중이 크다. 실크 · 방직 · 제지 · 가전 · 화학섬유 · 손목시계 · 실크 · 제지(신문지) · 방사탐색기 · 의료기기 · 대형버스 · 자동차 및 엔진부품 · 염료 · 타이어 · 약제원료 · 만년필 등의 생산이 많은 편이다. 2004년의 공업 총생산액은 182억 위엔에 이르렀으며 근로자 수는 19만 명, 근로자의 연평균 임금은 1만 2,235위엔(1,481달러)이었다.

사회소비재 소매액은 105억 위엔에 달했다.

대외무역은 100여개 지역 및 국가와 진행되고 있으며 주요 무역대상국은 한국 · 북한 · 일본 · 네덜란드 등이다. 특히 북한과의 국경무역이 발달해 있다. 주요 수출제품은 냉장고 · 선반 · 면직품 · TV · 모니터 · 자동차 음향기기 · 스테인레스 · 식기 등이며 수입품은 목재 · 강재 · 수산품 등이다. 외자기업들은 주로 컬러 TV · 모니터 · 자동차 음향기기 · 의류 · 플라스틱 · 수산품 등을 수출하고 있다.

철도는 선양 · 따리엔 · 뻬이징 · 창춘 · 투먼(圖們)으로 연결되며 뻬이징-평양, 모스크바-평양의 국제열차가 경유한다. 도로 길이는 3,882km에 달하는데 특히 선양, 따리엔과 연결하는 고속도로가 완공되어 교통이 매우 편리해졌다. 티베트 라싸까지 4,590㎞의 고속도로를 건설중에 있다.

따뚱(大東)항, 랑터우(浪頭)항으로 구성된 딴뚱항은 5개의 만톤 급 접안시설이 있다. 통신시설도 완비되어 있으며 전력공급은 압록강변의 댐으로 매우 양호하다. 공항도 보유하고 있다.

2004년 현재 외자 공업기업의 개수는 56개, 생산액은 23억 위엔이었으며 실제 외자투자액은 0.9억 달러에 달했다. 한국, 일본, 홍콩, 대만기업의 투자가 대종을 이루고 있다.

변경경제합작구가 설치되어 있다.

한국과의 경제교류는 인천-딴뚱간 주 3회 카페리 운항 이후 많은 보따리상인들이 이곳을 찾고 있으며 2000년 남북정상회담 이후에는 현지 투자기업도 늘어나고 있는 추세이다. 한국인들은 상주인원 200명을 포함해 약 300~400명이 머무는 것으로 파악되고 있다.

⑤ 잉커우(營口)시

성의 남부에 있으며 북으로 안산(鞍山), 동으로 딴뚱(丹東), 남으로 따리엔(大連), 서쪽으로 뻐하이(渤海)에 접해 있다. 지형적으로 동부에 산이 많고 중부에는 구릉, 서부에는 평야 및 해안에 닿는다. 해안선의 총길이는 96㎞에 이른다. 기후는 온대 계절풍 기후이고 1월 평균기온은 영하 9~10°C, 7월 평균기온은 24~25°C이며 연간 강우량은 600~800㎜에 달한다.

총면적 5,402㎢, 시할구 면적 701㎢의 해안도시이며 2004년 총인구는 약 230만 명, 시할구 인구는 85여만 명에 달한다. 행정구역은 시스(西市) 등 4개 구, 따스챠오(大石橋) 등 2개 시가 있다.

2004년 지역내 총생산액은 318억 위엔으로서 전년대비 21.2%의 매우 높은 경제성장률을 이룩하였고 1인당 GDP는 1만 3,867위엔(1,679달러)에 달하였다. 산업구조는 1차 산업, 2차 산업, 3차 산업이 각각 25.5%, 38.7%, 35.8%의 비중을 나타냈다.

지방 재정수입은 13억 위엔, 재정지출은 30억 위엔이었고 고정자산투자총액은 72억 위엔으로 도시발전 시기에 비해 매우 적었다. 도시와 농촌 주민의 연말 저축액은 254억 위엔에 달하였다.

광물자원은 마그네슘・활석・붕석・금・은・동・형석 등 31종이 매장되어 있다. 경작면적은 11만 헥타르에 이르고 쌀・고량・옥수수・밀・면화・담배・마・유료작물 등의 농산품을 생산한다. 주변에 40여 개의 크고 작은 저수지가 있어 수자원도 풍부하다.

2004년 공업 총생산액은 182억 위엔이고 근로자 수와 근로자의 연평균 임금은 각각 17만 명과 1만 2,584억 위엔(1,523달러)에 달하였다.

사회소비재 소매액은 93억 위엔이었다.

도로 및 철도는 창따(長大)선, 선따(沈大)고속도로, 하따(哈大)도로, 좡린(庄林)도로가 남북으로 따잉(大營)선, 잉따(營大)도로, 꺼시우(盖岫)도로가 동서로 접해있어 교통이 매우 편리하다. 항구는 구항(舊港)인 잉커우항과 신항(新港)인 빠위쥐엔(鮁魚圈)항이 있다. 잉커우 항의 부두길이는 5.0㎞, 정박장은 만톤급 이상 16개를 포함해 31개이다. 화물물동량은 전국 8위인 5,978만톤을 기록하였다.

도로・철도・항만・통신 등이 잘 구비되어 있을 뿐 아니라 전력・석탄・천연가스 등의 공급조건도 양호하다.

빠위쥐엔(鲅魚圈) 수출가공구는 구 시가지와 45㎞ 떨어져 있으며 총 개발면적은 140㎢로 공업단지 · 보세구역 · 상업 서비스지역 · 과학단지 · 관광 및 주택단지의 6개 구로 나뉜다. 이 지역은 랴오닝성 중부와 동북 3성 및 네이멍꾸(內蒙古)를 커버할 계획으로 국제금융 · 국제투자 · 과학기술 개발 · 운송 등 다양한 요소의 도입 및 운용이 시도되고 있다.

2004년 현재 외자 공업기업의 개수는 116개, 생산액은 98억 위엔에 달하며, 실제 외자투자액은 0.9억 달러에 달했다.

⑥ 랴오양(遼陽)시

랴오양시는 북쪽에 선양, 남쪽에 안산(鞍山), 동쪽에 뻰시(本溪), 서쪽에 랴오허(遼河)유전과 접하는 요동반도의 중부에 위치한다. 연평균 강우량은 720㎜인 온대 계절풍 기후에 속한다.

시의 총면적은 4,743㎢, 시할구 면적은 574 ㎢, 총인구는 182만 명, 시할구 인구는 72만 명에 달한다. 행정구역은 빠이타(白塔) 등 5개 구, 1개 시로 구성되어 있다.

2004년 지역내 총생산액은 290억 위엔으로서 전년대비 16.3%의 높은 경제성장률을 보였으며 1인당 GDP는 1만 5,902위엔(1,925달러)을 기록하였다. 산업별 비중은 1차, 2차, 3차 산업이 각각 7.6%, 54.8%, 37.6%로 나타났다.

지방 재정수입은 14억 위엔, 재정지출은 25억 위엔으로 경제규모가 적은 편이고 고정자산투자총액도 77억 위엔으로 많지는 않다. 도시와 농촌 주민의 연말 저축액은 242억 위엔에 달했다.

광물자원으로는 철광석 · 알루미늄 · 동 · 아연 · 금 · 석탄 · 석회석 · 규석 · 석유 · 천연가스 · 석고 · 활석 · 화강암 · 백운모 등의 매장량이 많은 편이다.

경작면적은 18만 헥타르에 달하며 주요 농산물은 쌀 · 옥수수 · 고량 · 콩의 생산량이 많다.

신흥 석유화학 및 경방직공업 도시로서 방직 · 화학섬유 · 화공 · 야금 · 군수공업이 발달해 있다. 개혁 · 개방 이전 중국의 중요한 중공업 기지, 군수산업 기지였던 지역으로 공업이 매우 발전하였으나 개혁, 개방이후 일시적으로 정체되었다가 최근에는 공업개조 과정을 거쳐 재발전이 시도되고 있다. 화학공업이 발전하여 듀퐁 등 화공계열의 많은 외국 다국적 기업이 투자하였다. 2004년의 공업 총생산액은 399억 위엔을 기록하였고 근로자 수는 18만 명, 근로자의 연평균 임금은 1만 3,890위엔(1,682달러)이었다.

사회소비재 소매액은 79억 위엔이었다.

창따(長大), 랴오시(遼溪)선 등과 선따(沈大) 고속도로가 시내를 동서 혹은 남북으로 관통하여 교통이 편리하며 국제공항인 선양의 타오시엔(桃仙)공항과 60㎞의 근거리에 위치한다. 국제전화 이용이 원활하고 이동전화의 이용자는 47만 명이며 인터넷의 이용도 많은 도시이다.

2004년 현재 외자 공업기업의 개수는 34개, 생산액은 10억 위엔에 이르며, 실제 외자투자액은 0.6억 달러에 달했다.

제6절 산뚱(山東)성, (간칭:魯)

1. 산뚱성 개요

산뚱성은 화뻬이 평야 동부, 황하(黃河) 하류에 위치해 있는 지역으로서 산뚱(山東)반도와 내륙으로 이루어져 있다. 산뚱반도는 뻐하이를 건너 랴오뚱(遼東)반도와 마주보고 있고 내륙은 허난성, 허뻬이성, 안후이성, 장쑤성과 접해 있다.

위치는 북위 34°~39°, 동경 114°~123°사이에 있으며 온대 습윤의 계절풍 기후로서 연평균 기온은 11℃~14℃이다.

면적은 15.7만㎢이고, 인구는 2004년 말 현재 9,180만 명으로 허난성 다음으로 인구가 많다. 행정구역은 17개 지급시, 31개 현급 시와 48개 시할구, 60개 현이 있다.

주요 도시로는 성도인 지난(濟南), 연안개방도시이자 계획단열도시(計劃單列都市)인 칭따오(青島), 개방도시인 옌타이(煙台)와 중국에서 처음으로 한국과의 경제교류를 위해 개방도시로 지명된 웨이하이(威海) 등이 있다.

산뚱성은 중국의 4개 직할시를 제외하고는 중국에서 인구밀도가 가장 높다. 지리적으로 한국과 가장 인접해 있기 때문에 80년대 중국정부는 웨이하이시를

山東省

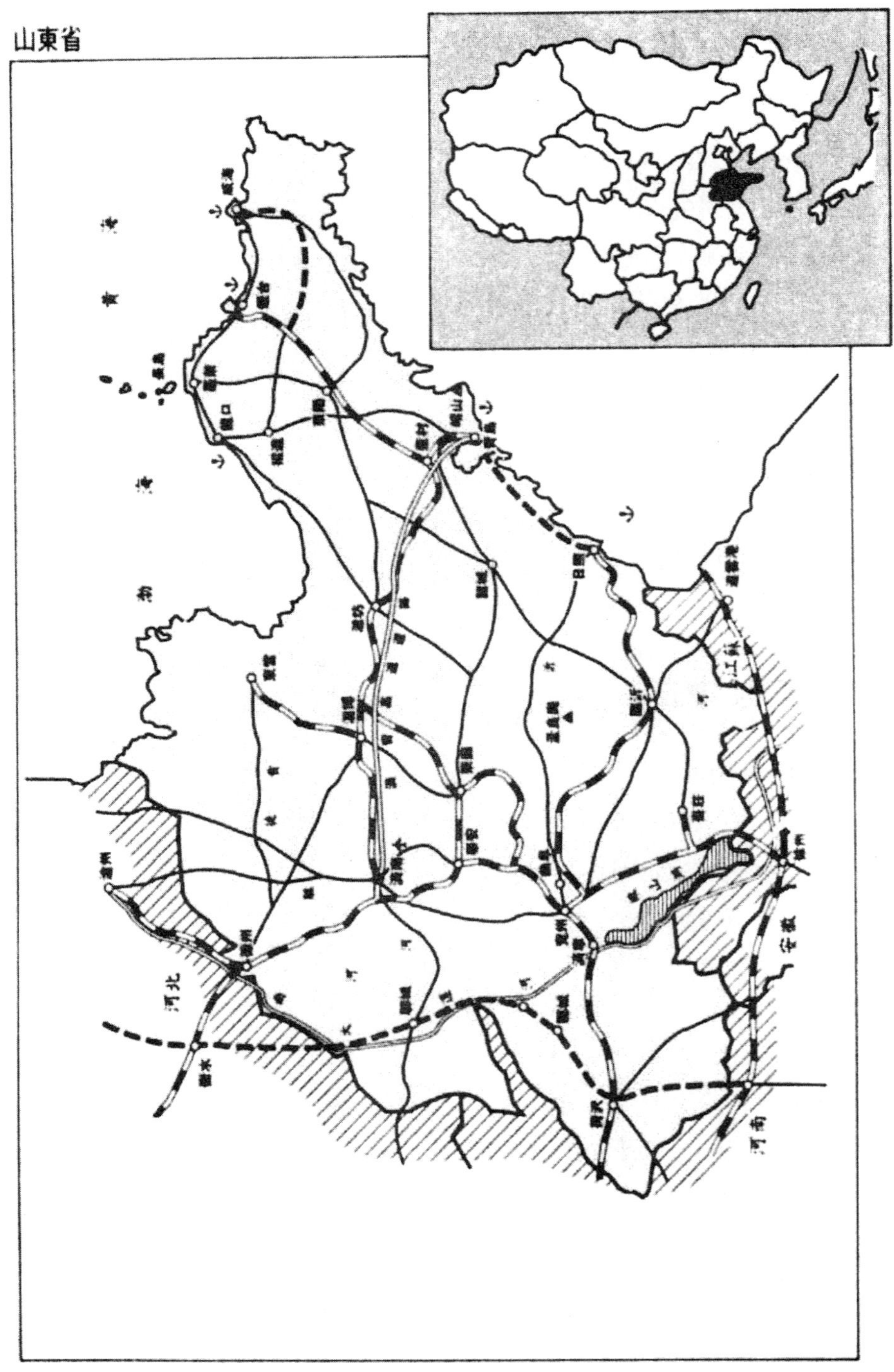

한국과 우선 교류할 수 있는 특정지역으로 지정하였고, 현재 한국기업이 가장 많이 진출해 있는 지역이 되었다. 산뚱성 내의 여러 개 대학에는 한국어 강좌가 개설되어 있다.

산뚱성은 또한 공자, 맹자의 출생지이고 수호지의 양산박 소재지가 있는 지역이며 역사적으로 문화를 한국으로 전파한 지역이기도 하다.

2. 경제현황

산뚱성은 다양하고 풍부한 천연자원을 바탕으로 공업과 농업이 균형있게 발전되어 있고 인프라도 잘 정비되어 있어 경제활동이 왕성한 성이다. 또한 경제개혁으로 향진기업(鄕鎭企業)과 개인기업이 발전하여 성 전체의 경제성장을 이룩해 왔으며, 성·시 관료들의 적극적인 외자기업 유치노력에 힘입어 외국인 직접투자가 급격하게 증가하고 있다.

2004년의 지역내 총생산액은 1만 5,491억 위엔으로 15.3% 성장하였는데 이는 광뚱에 이은 전국 제 2 규모이다. 산업구조는 1차 산업 11.4%, 2차 산업 56.0%, 3차 산업이 32.6%로 구성되었다. 지역주민의 1인당 GDP는 1만 6,925위엔(2,049달러)이며 도시주민 1인당 가처분소득은 9,438위엔, 농촌주민 1인당 순수입은 3,507위엔에 달하였다.

2004년 지방의 재정수입은 828억 위엔, 지출은 1,189억 위엔으로 재정적자 상태가 지속되고 있다. 전사회고정자산투자 총액은 8,190억 위엔으로서, 에너지와 도로건설에 중점적으로 투자되었으며 사회건설 총규모는 1조 5,537억 위엔에 달하였다.

산뚱성의 광업 및 에너지 부문의 개발 잠재력은 매우 크다고 평가되고 있는데 128종의 광물자원이 매장되어 있고 이 중 74종의 매장량이 확인되었으며 47종이 개발되고 있다. 주요 광물로는 매장량이 전국 1위인 금·유황·석고(307억 톤)·다이아몬드와 2위인 흑연·규사·마그네사이트·보크사이트·코발트가 있고 석유는 3위로서 매장량은 3.1억 톤에 이른다. 이외에도 석탄·천연가스·은·구리·철광석·염 등도 전국 유수의 매장량을 자랑하고 있다. 중국이 전체적으로 에너지 공급부족에 시달리고 있는 것과는 달리, 석탄과 석유를 국내 타 지역에 공급하고 있는 상황이다.

또한 산뚱성은 중국에서 손꼽히는 곡창지대로 경작지는 토지가 비옥한 북동부 지역에 집중되어 있다. 2004년 농업 총생산액은 전국 1위인 3,454억 위엔으로 사과 · 밀 · 옥수수 · 낙화생 · 수산품 · 면화 · 육류의 생산량이 모두 전국 최상위를 차지하며 누에고치 · 마 · 포도 · 배 · 소 · 돼지 등의 생산도 상당한 정도에 이른다.

산뚱성 경제현황(2004년)

지역내 총생산액 (억 위엔)	1인당 GDP (위엔)	경제성장률	산업구조(%) 1차:2차:3차	근로자 연간 평균임금 (위엔)	사회고정 자산 투자 (억 위엔)	사회건설 총규모 (억 위엔)
15,490.7	16,925	15.3	11.4:56.0:32.6	14,312	8,190.4	15,536.9
재정수입 (억 위엔)	재정지출 (억 위엔)	도시주민 1인 평균 가처분 소득(위엔)	농촌주민 1인 평균 순수입(위엔)	농업총생산액(억 위엔)	공업총생산액 (억 위엔)	국유 및 규모 이상 비국유 기업수(개)
828.3	1,189.4	9,438	3,507	3,453.9	21,338.2	20,836
외자 기업수(개)	국유기업 과학기술요원(2003년, 만 명)			과학기술 특허상황(건)		
	엔지니어	과학자	의료인	발명특허	실용신안	디자인특허
19,251	28.3	0.9	25.0	788	6,028	2,917

자료 : 2005 中國統計年鑑, www.kita.net, 新中國五十五年統計資料匯編 1949-2004.

국유기업 및 매출액 500만 위엔 이상 비국유 기업들에 의한 공업 총생산액은 꽝뚱, 쟝쑤에 이은 전국 3위인 2조 1,338억 위엔이며, 향진기업과 개인기업도 급속히 발전하고 있다.

공업구조는 경공업과 중공업이 비교적 균형을 이루고 있으며 석탄 · 석유채굴 · 전력 · 기계 · 석유화학 · 제지 · 건자재 · 방직 · 염업 · 식품가동 · 음료 등 산업이 대부분 전국 상위에 들어 비교우위가 있다. 주요 공산품은 냉장고 · 세탁기 · 에어컨 · 실크 · 시멘트 · 천연가스 · 강 · 소다회 · 유황 · 석탄 · 원유 · 화섬 등을 들 수 있다. 국제적으로 유명한 칭따오 맥주 · 하이얼 · 하이신 · 쌍싱 · 오커마 등이 있다.

2004년 근로자의 1인당 연평균 임금은 1만 4,312위엔(1,733달러) 수준이다.

칭따오(青島) · 옌타이(煙台) · 웨이하이(威海)에 경제기술개발구가 있고 지난(濟南) · 웨이하이 · 쯔뻐(淄博) · 웨이팡(濰坊)에 첨단기술산업개발구가 설립되었으며 칭따오에 보세구가 건설되어 있다.

산뚱성의 발전을 위해 중앙정부는 2005년 4월 칭따오・옌타이・웨이하이시 등을 중심으로 환빼하이 경제권 육성과 한국・일본의 제조업 기지조성을 제시하였다.

11・5 기간 동안 산뚱성의 경제발전 계획은 연평균 10%의 경제성장과 3조 위엔에 달하는 GDP 규모, 1인당 GDP 3,900달러로 하여 중진국 수준에 도달하는 것이다. 산업구조도 현재의 1차 산업 위주에서 2차 산업 위주로 전환시킬 계획이다.

또한 전력・도로・항만 등 에너지원과 사회기초시설 등 산업기초 부족으로 인한 경제성장 부진을 해결하기 위해 매년 고정자산투자를 18% 증가하려 한다.

농업은 8개 지역을 선정해 11개 경쟁우위 품종과 100개의 농업브랜드를 육성할 계획이며 아울러 농촌부문의 인프라도 확충할 구상이다.

제조업 분야는 2010년까지 160개 이상의 브랜드를 육성하고 핵심기술을 개발하며 특히 전자정보와 가전산업 육성을 위해 지난과 칭따오에 전자정보기지를 구축할 것이다. 전자정보・자동차・선박・석유화학・가전・식품・의류의 7대 산업을 집중 육성하여 경공업기지에서 국제적인 제조업 기지로 발전시킬 계획이다.

3. 사회간접자본

투자환경 개선 노력의 일환으로 전력, 철도, 도로, 항만, 항공 등의 확충사업을 적극 추진한 데 힘입어 나름대로 완벽한 교통망이 형성된 지역이다.

철도 총 영업거리는 3,263㎞로서 2004년 1.6억 톤의 화물을 운송하였다. 전국에서는 여객과 화물 운송량이 많은 곳으로서 빼이징-상하이를 연결하는 징후(京滬)선, 지난-칭따오-옌타이를 연결하는 쟈오저우(膠州)선 등을 통해 빼이징・상하이・헤이룽쟝・시안・퉁화 등으로 직행하는 열차가 있다.

도로의 총길이는 7만 7,766㎞로서 8.4억명의 여객과 10.7억 톤의 화물을 운송하는 등 전국에서 도로 보유량이 많고 정비가 잘된 편에 속한다. 장거리 여객버스가 빼이징・티엔진・허페이(合肥)・빠오띵(保定)・난징(南京) 등의 중심도시와 상업도시를 운행한다. 고속도로는 3,033㎞로서 전국에서 가장 길고 1 .2급 도로 또한 가장 많다. 닝샤자치구 인촨까지 1,610㎞의 고속도로 연결공사를 하고 있다.

항공편으로는 지난 · 칭따오 · 옌타이 · 웨이하이 등에 국내공항이 있고 한국과도 국제노선이 개설되어 있다.

산뚱성 사회간접자본 현황(2004년)

운송거리(km)			여객 운송량(만 명)			자동차보유량 (승객용, 만 대)
철도영업	도로	내륙수운	철도	도로	내륙수운	
3,263	77,766	1,012	3,876	84,290	1,241	132.3
화물 운송량(만 톤)			우편, 통신 사업			
철도	도로	내륙수운	업무액 (억 위엔)	이동전화 (만 명)	특급우편 (만 건)	인터넷사용자 (만 명)
14,850	106,887	7,287	538.9	1,909.4	1,259.4	848
교통, 통신 근로자 수(명)						자동차보유량 (화물용, 만 대)
철도	도로	내륙수운	항공	파이프라인	통신, 정보서비스	
64,200	102,767	48,608	6,813	1,205	46,926	72.2

자료 : 2005 中國統計年鑑.

또한 칭따오 · 옌타이 · 웨이하이 · 룽커우(龍口) · 르자오(日照) · 스지우쑤어(石臼所) 등의 개방항구를 비롯하여 20여 개의 항구가 있다. 그중 칭따오 항은 부두의 길이가 12.8㎞로 중국 5위에 해당하며 정박장도 만톤 급 37개를 포함하여 55개가 있다. 2004년의 물동량이 중국 5위인 1억 6,265만톤에 이르는 대형 수출 및 국제 컨테이너 항구이다. 르자오 항도 물동량 기준으로 4,507만톤, 옌타이 항은 137개의 정박장을 갖춘 중국 9위의 대형항구로서 전세계 100여개 국가 및 지역과 무역거래를 하는 국제항구이다.

4. 대외경제

대외무역은 흑자기조를 유지하고 있다. 수출액은 1999년 115.8억 달러에서 2004년 371.8억 달러로 증가하였으며, 주요 수출품은 의류 · 방직품 · 수산물 · 신발류 · 강철 · 채소 · 가전제품 · 석유 및 동제품 · 옥수수 · 땅콩 등 농산물 · 석탄 · 통조림 · 의약품 · 각종 기계 등이다. 이밖에 공예품 · 식품가공품 등 다량의 경공업 제품도 수출하고 있다.

수입액은 1999년 66.9억 달러에서 2004년 322.4로 급증하였다. 주요 수입품은 기계 · 전력관련 상품 · 강재 · 플라스틱 원료 · 천연고무 · 식량 · 화학 단섬

산뚱성 대외경제 현황

년 도	1999	2000	2001	2002	2003	2004
총수출액(억 달러)	115.8	155.3	181.2	215.0	276.9	371.8
외자기업의 수출(억 달러)	58.5	79.3	92.4	109.9	137.7	184.0
한국에 대한 수출(억 달러)	16.1	22.7	25.9	32.7	41.8	55.8
총수입액(억 달러)	66.9	94.6	108.3	158.7	217.2	322.4
외자기업의 수입(억 달러)	43.4	60.0	70.3	84.2	105.9	138.3
한국으로부터 수입(억 달러)	27.6	33.9	35.6	41.4	54.6	71.2
외국기업의 직접투자(억 달러)	22.6	29.7	36.2	47.3	60.2	110.4
외자기업 등록 투자총액(억 달러)	-	389.5	425.2	470.9	596.6	694
외자기업 등록기업 수(개)	-	12,389	13,753	14,741	17,237	19,251
한국의 투자(건수, 백만 달러, 실제 투자액 기준)	186건 63.0	309건 267.5	421건 189.1	531건 235.9	634건 404.7	828건 566.7

자료 : 中國統計年鑑, 각년 판, www.kotra.or.kr, www.koreaexim.go.kr, www.kita.net.

유・전기 및 전자제품・플라스틱 등이 큰 비중을 차지하고 이밖에 컴퓨터・화학비료・자동차・전선・통신설비・가전부품 등이 있다. 최대 무역상대국은 일본이며 다음으로 한국・미국・독일 등의 순이다.

외자기업의 수출은 1999년 58.5억 달러에서 2004년 184.0억 달러로, 수입은 같은 기간 43.4억 달러에서 138.3억 달러로 증가하였다. 산뚱성의 경우는 전체 무역액이나 외자기업의 무역액에서 계속 무역흑자가 발생되고 있을 뿐 아니라 전체 무역액에서 차지하는 외자기업의 비중이 타 성・시에 비해 낮은 편으로서 비교적 건전한 경제・무역 구조를 견지하고 있다고 말할 수 있다.

한국과 산뚱성간의 무역은 매우 활발한데 한국의 산뚱성에 대한 수출액은 1999년 27.6억 달러에서 2004년 71.2억 달러로 급격히 증가하는 추세에 잇으며, 주요 수출품은 플라스틱・IC・철강자재・무선전화・화학원료・전자부품・데이터처리설비 등이다. 한국의 수입액은 같은 기간 16.1억 달러에서 55.8억 달러로 세배 이상 급증하였으며, 수입품목은 의복 및 악세사리・방직품 및 원사・각종수산품・전자부품・알루미늄・채소・건과류・석탄 등이다. 1998년 이후 한국의 무역흑자가 계속되고 있지만 산뚱성의 한국에 대한 수출증가 추세가 가파르게 증가하고 있음을 보여준다.

한국과의 개인교역(일명 보따리 무역)이 가장 왕성한 지역이기도 하다.

외국인 직접투자는 실제 투자된 금액을 기준으로 2004년 110.4억 달러이고, 주요 투자국은 한국・미국・대만・일본・싱가포르 등이다. 형태별로 보면 합자기업이 가장 많았으나 최근에는 단독투자를 선호하는 기업도 많으며 업종별로는 제조업이 반수를 넘는다.

2004년 말까지 등록되어 있는 외자기업은 총 1만 9,251개이고 세계 500대 기업중 116개가 투자하였다. 투자누계 총액은 694억 달러로서 전국 3위이다. 10·5기간(2001~2005)에 투자된 금액은 522억 달러에 달하는데 1천만 달러 이상 프로젝트 2,738개, 1억 달러 이상 프로젝트는 20개 이상이다.

2004년 말 현재 실제 투자액 기준으로 828건에 5억 67백만 달러에 달하고 있다. 한국은 산뚱성의 최대 투자국이고 한국의 투자 역시 산동성에 가장 많이 투자되었는데 그중에서도 칭따오·옌타이·웨이하이에 집중되고 있다. 그 이유는 지리적 인접성, 중국정부의 지원과 우대제도, 지방정부의 적극성, 한국기업인의 심리적 안정성 등에 기인한다.

또한 칭따오, 옌타이는 연안개방도시라서 정부의 각종 우대가 있으며 웨이하이는 중앙정부가 한국과 특별히 교류하도록 권유한 도시로서 우대와 혜택이 있었다. 이들 도시는 연해지역의 발전된 도시이고 자원과 자재 공급이 용이하며 노동력도 풍부하다.

위와 같은 장점은 앞으로 쉽게 상실될 성질의 이유가 아니라서 산뚱성에 대한 투자는 향후에도 지속될 것으로 예상된다.

5. 주요 도시 경제상황

① 지난(濟南)시

산뚱성 중서부에 위치한 성도인 지난시는 북으로는 황하(黃河), 남으로는 타이산(泰山)에 인접해 있다. 온난 대륙성 계절풍 기후로 봄은 건조하고 비가 적으며 여름은 무덥고 비가 많고, 가을은 서늘하며 겨울은 춥고 건조하다. 2004년 1월 평균기온은 영하 0.1°C, 7월 평균기온은 26.4°C를 기록하였으며 연간 강우량은 1,090㎜에 달하였다.

총면적은 8,177㎢ 시할구 면적은 3,257㎢에 달하고 2004년 말 총인구는 590만 명, 시할구 인구는 342만 명이었다. 행정구역은 리샤(歷下)·티엔챠오(天橋) 등 6개 구, 핑인(平陰) 등 3개 현, 장치우(章丘)시로 구성되어 있다.

유구한 역사, 문명도시로 룽산문화(龍山文化)의 발원지이고 타이산과 황하에 둘러싸인 아름다운 자연조건을 가진 온천도시이다. 대명호, 천불산, 표돌천 등의 명승지가 있다.

2004년 지역내 총생산액은 1,619억 위엔으로서 전년대비 15.6%의 경제성장률을 달성하였고 1인당 GDP는 2만 7,610위엔(3,343달러)으로 중국내 상위그룹에 속한다. 산업구조는 1차 산업 7.3%, 2차 산업 45.9%, 3차 산업 46.8%의 비중으로 구성되었다.

지방 재정수입은 89억 위엔, 재정지출은 102억 위엔, 고정자산투자총액은 651억 위엔을 기록하였고 도시와 농촌 주민의 연말 저축액은 871억 위엔에 달하였다.

경작면적은 35만 헥타르에 달한다. 2004년 공업 총생산액은 1,754억 위엔을 기록하였는데 지난시는 향후 기계·방직·강철·화공·경공업·식품·건자재 등 비교우위가 있는 산업을 기초로 하고 고성능·고부가가치의 기계산업과 야금산업, 자동차 산업, 전자산업, 화학공업과 화학섬유 산업을 주도적으로 발전시킬 계획이다. 근로자 수와 근로자의 연평균 임금은 각각 79만 명과 1만 7,980위엔(2,177달러)이었다.

기업관리 능력·기술인력·자본동원 능력·과학기술 수준·문화수준은 전국 상위에 올라 있지만 광물자원이 적고 인프라가 불충분하며 주거환경이 그다지 좋지 않다. 특화된 산업이 없다.

사회소비재 소매액은 686억 위엔이었다.

도로는 4,500여㎞에 달하고 철도는 징후(京滬)선과 쟈오지(膠濟)선의 교차점으로서 모두 경제발전에 큰 역할을 하고 있으며 항공노선은 전국 및 해외로 연결된다.

2004년 현재 외자 공업기업의 개수는 107개, 생산액은 86억 위엔에 이르며, 실제 외자투자액은 4.8억 달러에 달했다.

② 칭따오(青島)시

계획단열도시인 칭따오는 성 남부에 위치하는 해변의 휴양도시로서 성도인 지난(濟南)보다도 발전한 산뚱성 최대의 도시, 생동하는 경제중심 도시, 2008년 중국 올림픽에서 수상경기가 개최되는 도시이다.

온대 계절풍 기후로서 2004년 1월의 평균기온은 영하 0.2°C, 7월의 평균기온은 24.8°C를 기록하였으며 연간 강우량은 626㎜에 달하였다.

시의 총면적은 1만 922㎢, 시할구 면적은 1,411㎢이며 2004년 말 총인구는 731만 명, 시할구 인구는 258만 명이었다. 행정구역은 스난(市南) · 스뻬이(市北) 등 7개 구와 지머(卽墨) · 쟈오저우(膠州) 등 5개 시로 편제되어 있다.

2004년 지역내 총생산액은 2,164억 위엔으로서 전년대비 16.8%의 경제성장률을 달성하였고, 1인당 GDP는 2만 8,150위엔(3,408달러)을 기록하였다. 각 산업의 비중은 1차 7.5%, 2차 산업 54.1%, 3차 산업 38.4%로 나타났다.

지방 재정수입은 131억 위엔, 재정지출은 165억 위엔, 고정자산투자총액은 1,025억 위엔이었다. 도시와 농촌 주민의 연말 저축액은 1,089억 위엔으로 상당히 많은 편이다.

광물자원은 흑연 · 형석 · 제오라이트 · 대리석 · 화강암 · 중정석 등이 있다.

주요 공업은 방직 · 경공업 · 화공업 · 가전제품 · 전자 · 고무 · 기관차제조 및 식품가공 등이며 2004년 공업 총생산액은 3,583억 위엔에 달하였고 지역 근로자 수는 112만 명, 근로자의 연평균 임금은 1만 7,263위엔(2,090달러)으로 기록되었다.

경작면적은 42만 헥타르로서 농업자원이 풍부하여 식량 · 식물유 · 과일 · 축산품 · 수산물 등이 많이 생산된다. 칭따오시의 현급 시들 모두 중국의 매우 중요한 농업생산지에 속한다. 어업과 목축업의 비중이 높은 편이다. 해안선 길이는 730㎞로 어류는 도미 · 황조기 · 전복 · 농어 · 굴 · 참새우 · 해삼 · 게 · 소라 등이 생산된다.

칭따오에는 하이얼(海爾) 그룹, 칭따오(靑島)맥주, 하이신(海信)그룹, 오커마(奧克馬)그룹, 쌍싱(雙星)그룹 등 전국적 혹은 전세계적으로 유명한 기업이 많이 있다.

사회소비재 소매액은 605억 위엔에 달하였다.

사회간접자본이 완비되어 있는 도시이다. 산뚱성의 최대 항구로서 중국 3위의 컨테이너 항구, 제 2위의 무역항구이고 전세계 130여 개국, 450여 개 항구와 통항하고 있다. 세계 1위 및 2위의 선사들이 앞다투어 칭따오항에 투자하고 있다. 부두의 길이는 12.8만 ㎞이며, 정박장은 만톤 급 37개를 포함하여 모두 55개이며 물동량은 1.6억 톤에 이른다.

공항은 국내는 물론 전세계 주요 공항으로 매주 130여 개의 노선이 운항중에 있다. 고속도로는 쟈오저우(膠州) 등 7개 고속도로를 거쳐 뻬이징 · 상하이 · 시안 · 지난 등 전국 주요 지역으로 연결되며, 철도는 쟈오지(膠濟) 철도의 기점으로서 옌타이와 지난을 거쳐 전국으로 통한다. 고속도로의 길이는 520㎞에 달한다. 사회간접자본이 완비되어 있어 세계적인 기업의 투자가 이어지고 있고 세계적으로 유명한 중국기업들도 적지 않다.

대외무역은 세계 200여 개 지역 및 국가와 진행되며 주요 수출상품은 복장 및 악세사리 · 전기 및 전자제품 · 운송수단 · 기계장비 · 섬유사 · 직물 및 제품 · 신발류 · 해산물 등이다. 주요 수입상품은 전기 · 전자 · 광산품 · 기계장비 · 피혁 · 유색금속 · 강철 및 제품 · 플라스틱 제품 등이다.

수출국은 일본 · 미국 · 한국 · 홍콩 · 독일 등이며 수입국은 한국 · 일본 · 미국 · 독일 · 홍콩 등이다.

외자기업은 한국이 가장 많이 투자하였으며 다음은 홍콩 · 일본 · 미국의 순이다. 산업별로는 전자 · 통신 · 부동산 · 기계 · 방직 등의 순으로 많이 투자되었고 최근 다국적 기업의 투자가 증가하고 있다.

2004년 현재 외자 공업기업의 개수는 1,039개, 생산액은 738억 위엔에 이르며, 실제 외자투자액은 38.0억 달러에 달했다.

1984년 승인된 220㎢의 칭따오 경제기술개발구가 운영되고 있고 1992년 설립된 칭따오 보세구와 국가급 첨단공업단지가 있다. 이밖에 6개의 성급 경제기술개발구가 있다.

③ 옌타이(煙台)시

옌타이시는 산뚱반도 동부에 위치하며 북쪽으로 뻐하이(渤海), 남으로 황하이(黃海)와 인접해 있다. 난온대 대륙성 계절풍 기후로서 연평균 기온은 12°C 내외이며 겨울에는 혹한이 없고 여름에는 혹서가 없다. 연평균 강우량은 790㎜ 정도이다.

총면적은 1만 3,746㎢, 시할구 면적은 2,722㎢이며 지형은 완만한 구릉으로 되어 있고 909㎞의 해안선이 있다. 총인구는 2004년 말 현재 647만 명이고 시할구 인구는 174만 명이다. 행정조직은 푸산(福山) 등 5개 구와 라이양(萊陽) · 평라이(蓬萊) 등 7개 시, 1개 현으로 구성되어 있다.

관광지가 많은 피서지이기도 하다. 개방도시로서 최근의 발전속도는 매우 빠르며 한국 화교중에 이곳 출신이 많다.

2004년 지역내 총생산액은 1,631억 위엔으로서 전년대비 17.5%의 경제성장률을 기록하였고 1인당 GDP는 2만 5,183위엔(3,049달러)으로 평균보다 높은 편이다. 산업별 구조는 1차, 2차, 3차 산업이 각각 10.7%, 56.7%, 32.6%의 비중을 차지하였다.

지방 재정수입은 64억 위엔, 재정지출은 92억 위엔이며 고정자산투자총액은 1,085억 위엔에 이르렀다. 도시와 농촌 주민의 연말 저축액은 893억 위엔이었다.

금 · 마그네사이트 · 몰리브덴 · 활석 등 광물자원도 풍부하다.

경작면적은 44만 헥타르로서 주요 농산물로는 땅콩 · 밀 · 옥수수 · 고구마 · 감자 등이 있고 과일류는 사과가 전국의 중요한 산지로 되어 있고 배 · 포도 · 앵두도 유명하다. 해변지역이기 때문에 이용가능한 해수면적도 많고 새우 · 인삼 등 70여 종 이상의 수산물이 생산된다.

산뚱성 내에서도 중요한 경제발전 도시에 속하며 경공업 · 식품 · 방직 · 기계 · 화공 등이 발전하였고 국제적인 포도주 생산지역이고 중국 최대의 폴리우레탄 원료와 합성피혁 생산기지이다. 2004년의 공업 총생산액은 2,657억 위엔으로 매우 많으며 근로자 수와 근로자의 연평균 임금은 각각 66만 명과 1만 5,509위엔(1,878달러)으로 기록되었다.

사회소비재 소매액은 440억 위엔에 달했다.

사회간접자본도 양호한 편이다. 란저우(蘭州)-옌타이간 철도, 쟈오저우(膠州)-지난(濟南)간 철도를 통해 뻬이징 · 상하이 · 지난 · 시안(西安) 등 전국 각지로 연결된다. 시내의 도로는 완비되어 매우 편리하며 옌타이-칭따오간 고속도로가 있고 도로의 총길이는 5,000여 ㎞에 이른다.

3개의 중대형 항구가 있고 정박시설은 만톤 급 이상 21개를 포함해 37개가 있으며 70여 개국 100개 항구와 연결되어 있다. 2006년 초 옌타이와 따리엔을 잇는 열차페리호를 진수하였는데 향후 옌타이시와 인천시를 잇는 국제 열차페리호 진수로 발전시킬 계획을 추진중에 있다.

항공노선은 전국 주요 지역과 연결되며 한국과의 국제선이 개설되어 있다. 통신은 직접 세계 각국과 연결된다.

주요 수출품목은 의류·수산품·채소·과일·방직품 등이며 수입품목은 화공제품·전자부품·자동차부품 등이다. 주요 수출국은 일본·미국·한국·EU·미국·브라질 등이었다. 한국의 옌타이에 대한 주요 수출품목은 화공제품·전자제품·자동차 부품 등이며 수입품목은 의류·수산품·채소·과일 등이다.

2004년 현재 외자 공업기업의 개수는 430개, 생산액은 530억 위엔에 이르며, 실제 외자투자액은 18.6억 달러에 달했다. 주요 투자국은 한국·홍콩·일본·미국·대만 등이다.

④ 웨이하이(威海)시

웨이하이시는 성의 동북부에 위치하는 항구도시로서 한국과는 최단 거리에 있다. 1990년 한국과 최초로 직항로가 개설되었고 한·중교류가 진행될 초기에 처음으로 중국정부가 한국과의 교류를 인정하였다. 이에 따라 많은 한국기업들이 웨이하이시로 진출하여 한국기업인들에게 익숙한 도시이다. 연평균 기온은 12℃, 연평균 강우량은 800㎜ 정도이다.

총면적은 5,436㎢이고 시할구 면적은 731㎢이며 2004년 총인구는 248만 명, 시할구 인구는 59만 명에 이른다. 행정구역은 환추이(環翠)구와 룽청(榮成)·원떵(文登) 등 3개 시로 구성되어 있다.

2004년 지역내 총생산액은 1,009억 위엔으로서 전년대비 17.1%의 경제성장률을 달성하였으며 1인당 GDP는 4만 700위엔(4,927달러)으로 중국 전역에서 최상층 수준이다. 산업구조는 1차 산업, 2차 산업, 3차 산업의 비중이 각각 9.8%, 61.1%, 28.1%로 2차 산업의 비중이 매우 높다. 원래 농어촌 도시가 개혁·개방과정을 거치면서 공업도시로 변모하였고 외자기업의 역할이 매우 크다 하겠다.

지방 재정수입 43억 위엔, 재정지출 59억 위엔이며 고정자산투자총액은 530억 위엔으로서 재정에 비추어 투자가 매우 많다. 지역개발과 외자유치를 위해 매우 많은 노력을 경주하고 있다. 도시와 농촌 주민의 연말 저축액은 395억 위엔에 달했다.

경작면적은 18헥타르이며 땅콩, 사과, 배 등 과일류와 수산물의 주요 생산지이다. 특히 1,000㎞에 달하는 해안선과 넓은 해수면으로 양식과 자연산 수산물 생산이 많은 중국 3대 어장에 속한다.

2004년 공업 총생산액은 2,141억 위엔으로 상당히 많으며 사회소비재 소매액은 238억 위엔을 기록하였으며 근로자 수는 35만 명, 근로자의 연평균 임금은 1만 3,200위엔(1,598달러)에 이르렀다.

사회소비재 소매액은 238억 위엔이다.

세계 100여 개 국가 및 지역과 무역관계를 맺고 있고 한국 · 일본 · 미국 · 대만 등의 투자가 많다.

2004년 현재 외자 공업기업의 개수는 281개, 생산액은 395억 위엔에 이르며, 실제 외자투자액은 11.2억 달러에 달했다.

⑤ 웨이팡(濰坊)시

성 중부에 위치한 웨이팡시는 동쪽에 칭따오시, 서쪽에 지난시가 있는 교통 중심도시로서 난온대 동부 계절풍 기후이며 연평균 기온은 12°C 내외, 연평균 강우량은 700㎜ 정도에 달한다.

총면적 1만 5,859㎢, 시할구 면적은 1,575㎢이며 2004년 총인구는 851만 명, 시할구 인구 144만 명에 이른다. 행정구역은 웨이청(濰城) 등 4개 구, 안치우(安丘) 등 6개 시, 2개 현으로 구성되어 있다.

2004년 지역내 총생산액은 1,246억 위엔으로서 전년대비 16.9% 증가한 경제성장률을 달성하였고 1인당 GDP는 1만 4,678위엔(1,777달러)을 기록하였다. 산업구조는 1차, 2차, 3차 산업이 각각 14.5%, 54.8%, 30.7%였다.

지방 재정수입은 53억 위엔, 재정지출은 74억 위엔이었으며 고정자산투자총액은 825억 위엔으로 도시건설에 주력하고 있음을 알 수 있다. 도시와 농촌 주민의 연말 저축액은 696억 위엔이었다.

경작면적은 78만 헥타르로 매우 넓으며 중국의 중요한 농업기지이다. 야채 생산량이 중국 1위이고 닭고기 수출량이 중국의 10%를 차지하며 소고기 · 오리고기 · 화초 · 새우양식 · 가리비양식이 유명하다.

공업은 해양화공 · 농업운송 차량 · 의류 · 정보처리 · 화학섬유 · 신형건축재료 · 의약 및 보건품 · 식품 음료수 · 종이 포장재업 등이 있다. 최근에는 시정부가 산뚱성 최대 소상품 · 건축자재 · 농업기계 · 자동차 도매시장을 건설중에 있다. 2004년의 공업 총생산액은 1,897억 위엔으로 매우 많다고 할 수 있으며 지역 근로자 수와 근로자의 평균임금은 각각 59만 명과 1만 2,299위엔(1,489달러)에 달하였다.

사회소비재 소매액은 405억 위엔으로 나타났다.

교통은 쟈오저우(膠州)-지난(濟南)선, 지난(濟南)-칭따오(青島) 고속도로, 웨이팡(濰坊)-라이양(萊陽) 고속도로와 10개 이상의 국도 및 성도가 있다. 칭따오 및 지난 국제공항을 이용하며 웨이팡(濰坊)항을 운영중에 있다.

수자원이 풍부하고 전력도 충분하며 통신산업도 신속하게 발전하고 있다. 이밖에 고생물 화석・공룡 화석・목판 세화가 유명하며 세계 연대회가 열리는 도시이다.

2004년 현재 외자 공업기업의 개수는 297개, 생산액은 238억 위엔에 이르며, 실제 외자투자액은 10.2억 달러에 달했다.

⑥ 쯔뻐(淄博)시

산뚱성 중부의 쯔빠시는 반건조, 반습윤의 대륙성 기후이며 연평균 기온은 14°C 내외, 연평균 강우량은 630㎜ 정도로 기록되고 있는 도자기의 도시, 석유화학 도시이다.

시의 총면적은 5,938㎢, 시할구는 2,970㎢이며 2004년 총인구는 415만 명, 시할구는 275만 명이다. 행정구역은 장띠엔(張店) 등 5개 구와 환타이(桓台) 등 3개 현을 포함한다.

2004년 지역내 총생산액은 1,231억 위엔으로서 경제성장률은 전년대비 17.0% 증가하였고 1인당 GDP는 2만 9,729위엔(3,599달러)에 달했다. 산업구조는 각각 4.4%, 64.7%, 30.9%의 비중을 나타냈다.

지방 재정수입은 50억 위엔, 재정지출은 63억 위엔이었으며 고정자산투자총액은 531억 위엔으로 나타났다. 도시와 농촌 주민의 연말 저축액은 543억 위엔이었다.

중국의 50위권 도시인 쯔빠시의 2004년 공업 총생산액은 1,898억 위엔에 달하였다. 주요 산업은 석유화학 공업・의약・건축재료・기계・방직・경공업・전자 등이며 이밖에 원유가공・내화자료・산화알루미늄・해열제・중소형 전기기계・정밀화학・전자정보 산업도 발전중에 있다. 지역 근로자 수와 근로자의 연평균 임금은 각각 48만 명과 1만 5,083위엔(1,826달러)에 달하였다.

철도의 총길이는 560㎞로 도시의 동서와 남북을 연결하는 선로가 있고 이들은 뻬이징・상하이 등과 직접 연결된다. 도로는 총연장이 3,000㎞에 달하며 19갈래의 간선이 전국 각지로 연결된다. 지칭(濟青)고속도로 등이 시내를 관통하고 뻬이징과 상하이를 연결하는 징후(京滬)고속도로와 연결되어 있다. 항구는 칭따오항과 르짜오(日照)항을 이용하며 지난공항과 가깝다.

통신은 휴대폰 사용자가 2004년 160만 명이 넘고 5,400㎞의 광케이블이 건설되었으며 장거리 전화선은 1만 3,000회선에 달한다. 전기 · 가스 · 상하수도 · 열 등 모든 시설이 완비되어 있다.

2004년 현재 외자 공업기업의 개수는 96개, 생산액은 137억 위엔에 이르며, 실제 외자투자액은 3.6억 달러에 달했다.

쯔뻐시의 정치, 경제, 문화의 중심인 장띠엔의 동북부에 국가급인 쯔뻐첨단산업개발구가 자리하고 있다.

⑦ 기타 도시

중국 제 2의 도매시장인 린이(臨沂)시는 십수년 전만 해도 산뚱성의 낙후된 가난한 도시가운데 하나였으나 8~9년 전부터 장쑤성의 리엔윈깡과 연결되는 교통의 중심지라는 이점을 살려 도매시장 도시로 발전해 지금은 20여 개 전문 도매시장이 산재해 있는 도시로 발전하였다.

의류 · 섬유 · 도자기 · 건축자재 · 자동차 부품 · 가전제품 · 화장품 · 철강제 · 문방구 · 기계 · 화공품 등 중국 중북부 지역의 유통 중심지 역할을 하고 있다.

각 제품의 도매시장 규모가 매우 크다. 예를 들어 목재시장의 경우 판매점만도 중소기업 공장 몇 개를 모아 놓은 듯한 크기이며 하루 유동인구 몇 십만명이 움직이는 활력있는 도시로 발전하였다.

린이시의 창산(蒼山)현은 중국 최대의 마늘 생산지로서 대규모의 저온창고가 있다. 한국으로 수출되는 대부분의 마늘이 이곳에서 거래된다. 2003년부터 동쪽 100㎞ 지점에 있는 르짜오(日照)시가 평택과 카페리 정기항로가 생기면서 한국상인들이 크게 늘어나고 있다.

스따오(石島)는 산뚱반도 동쪽 끝의 작은 항구도시로서 인천에서 직선거리 300㎞ 지점에 위치한다. 스따오 항에서 4㎞ 떨어진 곳에 신라 장보고가 세운 사찰인 적산 법화원이 있다.

룽청(榮成)은 인천과 직선거리 300㎞에 위치하는데 산뚱성에서 무공해 농업이 가장 발달한 지역이다. 약 30여개 국가 및 지역으로 수출하고 있으며 연간 수출액이 2억여 달러에 달한다. 중앙정부는 룽청시가 제출한 5억 위엔 규모의 국가급 녹색 농업시범구역 설립안을 승인하였다.

제7절 쟝쑤(江蘇)성, (간칭:蘇)

1. 쟝쑤성 개요

중국 대륙의 동부 연해지역에 위치하며, 동으로는 황해, 서쪽으로는 안후이성(安徽省), 남으로는 상하이와 저장성(浙江省), 북으로는 산뚱성과 인접해 있다. 평야 위주의 지역으로 자연조건이 좋고 원래의 경제기초가 매우 튼튼하다.

북위 30°~36°, 동경 116°~122°사이의 동부연해 중심에 위치한 평야지대이며 남쪽은 아열대 습윤계절풍 기후에 속하고 북쪽은 난온대 습윤계절풍 기후에 속한다. 연평균 기온은 13℃~16℃이고, 연간 평균 강우량은 800~1,200㎜이다.

총면적은 10.3만㎢, 인구는 2004년 말 현재 7,433만 명에 이른다. 행정구역은 13개 지급 시, 27개 현급 시와 54개 시할구, 25개 현으로 나뉘어 있다.

주요 도시로는 성도인 난징과 정원도시이자 정보산업 도시인 쑤저우(蘇州), 난퉁(南通), 리엔윈깡(連雲港), 우시(無錫), 전쟝(鎮江), 양저우(揚州), 창저우(常州), 쿤산(昆山) 등이 있다.

2. 경제현황

자원은 적은 편이지만, 비옥한 경지가 비교적 많아 전국 유수의 곡창지대로서 농업이 번창하고 있다.

성은 창강에 의해 남북으로 나누어지는데 북부는 산뚱성, 허난성과 접해 있고 남부는 상하이 경제권에 들어 있어 상하이와 동시적으로 발전하고 있다.

2006년 5월 1일부터 농업 호구와 비농업호구의 구분을 철폐하기로 하였다. 이는 자금과 인재를 끌어 들이기 위해 도시호구 이전정책을 활용하는 것으로서

江蘇省

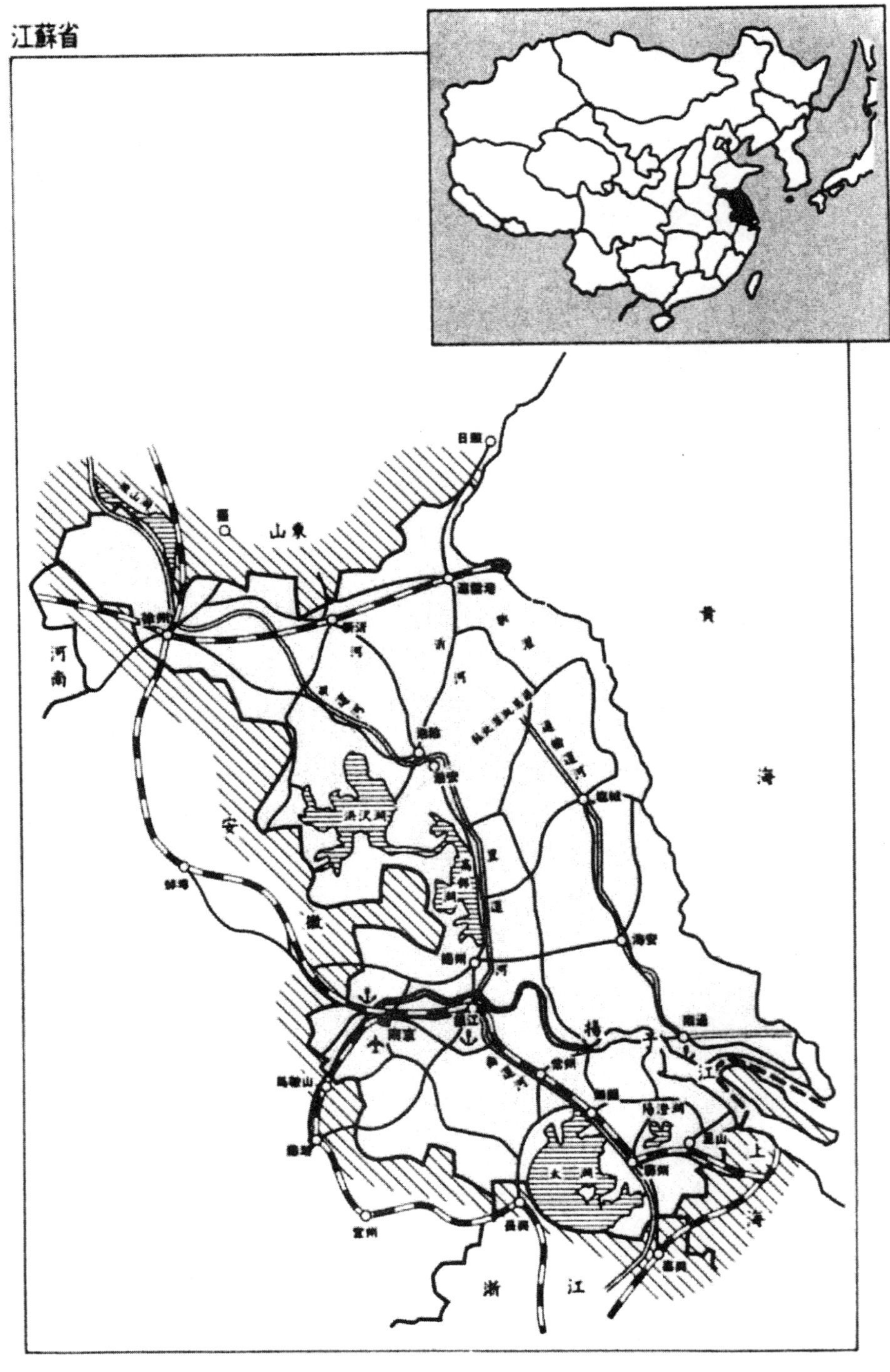

합법적이고 고정된 주소나 안정된 직업이 있을 경우 부가조건을 추가하지 않고 각종 제한을 완화하는 것이다.

2004년의 지역내 총생산액은 1조 5,403억 위엔으로 14.9%의 경제성장률을 보였다. 꽝뚱성에 이어 전국 2위이며 산업별 구성은 1차 산업 8.0%, 2차 산업 56.0%, 3차 산업이 36.0%이다. 주민의 1인당 GDP는 2만 705위엔(2,507달러)으로서 전국 상위권 수준이다. 도시주민 1인당 가처분소득은 1만 482위엔이었으며 농촌주민 1인당 순수입은 4,754위엔으로 나타났다.

2004년 지방 재정수입은 980억 위엔, 지출은 1,313억 위엔에 달했으며, 전사회 고정자산투자 총액은 7,563억 위엔으로 대폭 증가하였고 도로, 발전소 등의 인프라에 대한 투자가 많은 것이 특징이다. 사회건설 총규모는 1조 7,368억 위엔으로 전국의 최상위 수준이다.

광물자원은 약 98종이 매장되어 있으며 그 중 19종이 전국 10위 이내에 들어있다. 주요 자원으로는 철광석(2.3억 톤)·석탄(24.2억 톤)·석유(2,396만 톤)·천연가스(24.6억 ㎥)가 있고 그밖에 동·아연·코발트·망간·인·고령토·염·점토·석영·석회석 등이 있다.

2004년 농업 총생산액은 2,418억 위엔을 기록하였다. 주요 농산물은 벼와 보리·종자유·누에고치·마·사탕무우·배·산양 등이며 해산물, 담수산물 등 수산물 생산량은 전국 상위권 수준이다. 성 소재의 타이호(太湖), 홍쩌호(洪澤湖)에서 과반수를 생산하고 있다. 수자원과 긴 해안선이 수산업의 장점이며 염업도 발달해 있다.

공업 총생산액은 2조 4,836억 위엔으로 꽝뚱에 이어 전국 2위를 기록하였다. 주요 산업은 전체적으로 경공업이 중심을 이루고 있는 가운데 기계·자동차·전자·가전·화공·야금·금속·철강·석탄채광·전력·건재·식품·방직·봉제·피혁업 등이 주류를 이루고 있다. 주요 공산품으로는 자동차·모직물·화섬·자전거·합성세제·라디오·음향설비·플라스틱·소다회·유황 및 화학농약·시멘트 등을 들 수 있다.

2004년 근로자의 연평균 임금 총액은 2만 3,589위엔(2,856달러)이었다.

장쑤성 경제현황(2004년)

지역내 총생산액 (억 위엔)	1인당 GDP (위엔)	경제성장률	산업구조(%) 1차:2차:3차	근로자 연간 평균임금 (위엔)	사회고정 자산 투자 (억 위엔)	사회건설 총규모 (억 위엔)
15,403.2	20,705	14.9	8.0:56.0:36.0	18,223	7,562.5	17,367.6
재정수입 (억 위엔)	재정지출 (억 위엔)	도시주민 1인 평균 가처분 소득(위엔)	농촌주민 1인 평균 순수입(위엔)	농업총생산액(억 위엔)	공업총생산액(억 위엔)	국유 및 규모 이상 비국유 기업수(개)
980.4	1,312.5	10,482	4,754	2,417.6	24,836.5	27,131
외자 기업수(개)	국유기업 과학기술요원(2003년, 만 명)			과학기술 특허상황(건)		
	엔지니어	과학자	의료인	발명특허	실용신안	디자인특허
29,939	17.8	0.6	16.2	1,026	5,474	4,830

자료 : 2005 中國統計年鑑, www.kita.net, 新中國五十五年統計資料匯編 1949-2004.

경제특별지역은 경제기술개발구가 난퉁 · 리엔윈깡 · 쿤산(昆山) · 전쟝 · 장쟈깡에 설립되어 있고 첨단기술산업개발구가 난징 · 쑤저우 · 창저우 · 우시에 건설되어 있으며 장쟈깡에는 보세구가 있다.

3. 사회간접자본

성내의 철도선은 뻬이징-상하이, 난징(南京)-우후(蕪湖), 리엔윈깡-우루무치로 연결되는 3개의 주요 철도가 있고 뻬이징 · 상하이 · 헤이룽쟝 · 시안 · 신쟝 · 꽝뚱 등 20여개 성 · 시를 연결하는 노선이 있다. 후닝선(滬寧線), 진푸선(津浦線), 닝우선(寧蕪線)을 기반으로 난징 창강대교를 통해 전국과 연결된다. 철도의 총영업거리는 1,606㎞에 이른다.

성내 도로는 7만 8,262㎞에 달하고 타 지역과 연결하는 고속도로 건설을 신속히 추진하여 2,423㎞에 이른다. 8개의 고급도로가 전국 각지로 연결되며 상하이에서 충칭(重慶)으로 연결되는 고속도로는 창강 연안의 수많은 도시를 변모시킬 것이다. 리엔윈깡에서 신쟝자치구 훠얼궈쓰(霍爾果斯)까지 6,980㎞를 잇는 고속도로가 공사중이다. 시내도로도 90% 이상의 마을에 버스가 개통되어 있어 여러 성 중에서 교통상황이 가장 좋다.

장쑤성 사회간접자본 현황(2004년)

운송거리(㎞)			여객 운송량(만 명)			자동차보유량 (승객용, 만 대)
철도영업	도로	내륙수운	철도	도로	내륙수운	
1,606	78,262	24,349	6,085	122,218	91	113.1
화물 운송량(만 톤)			우편, 통신 사업			
철도	도로	내륙수운	업무액 (억 위엔)	이동전화 (만 명)	특급우편 (만 건)	인터넷사용자 (만 명)
3,663	78,540	35,871	556.5	2,232.9	1,464.0	661
교통, 통신 근로자 수(명)						자동차보유량 (화물용, 만 대)
철도	도로	내륙수운	항공	파이프라인	통신, 정보서비스	
58,714	83,358	74,170	4,460	8,451	44,361	44.4

자료 : 2005 中國統計年鑑.

내륙수운은 창강 본류와 지류를 효율적으로 활용하여 총길이가 2.5만㎞로 중국에서 가장 발달해 있으며 해운도 리엔윈깡·장쟈깡 등 항구를 바탕으로 크게 발전하고 있다. 현재 성 소재 개방항구만 11개에 달한다.

난징항은 부두 길이 19.7㎞, 정박시설은 만톤 급 32개를 포함한 317로 연 물동량이 5천만 톤이 넘는 아시아 최대의 내륙 수운 항구이다. 일본, 한국, 홍콩 등과 정기 컨테이너선이 운행중이다.

리엔윈깡은 27개의 만톤 급 정박장을 포함한 37개의 정박장이 있고 2004년 화물 물동량이 4,352만 톤 전국 10위를 기록하였다.

성에는 8개 공항이 있으며 중심공항인 난징뤼커우(南京祿口) 공항은 국내노선을 통해 전국 주요 대도시와 연결되어 있고 미국, 일본, 홍콩 및 한국 등과 국제직항로가 개설되어 있다.

정보통신산업이 발전하여 휴대폰 사용자가 2,233만 명, 인터넷 사용자가 661만 명으로 각각 전국 3위에 올랐다.

4. 대외경제

대외경제 활동은 대단히 활발하게 전개되고 있는데 수출액은 1999년 183.1억 달러에서 2004년 880.4억 달러로 4년간 5배 내외, 수입액은 129.5억 달러에서 915.0억 달러로 7배 가까이 급증하였다. 이러한 무역액의 급증은 장쑤경제의 활성화를 극명하게 보여주는 것이다.

주요 수출품은 전기기계 · 음향설비 · 원자로 · 전자레인지 · 기자재 · 복장 · 비단 · 면직물 · 약품 · 컨테이너 · 자전거 · 채소 · 석탄 · 합성유기염료 등이며 수입품은 집적회로 및 마이크로 전자부품 · 강재 · 플라스틱 재료 · 종이 펄프 · TV · 라디오 및 무선통신 · 합성섬유 · 석유 · 목재 등이다. 무역 대상국은 일본 · 미국 · 한국 · 대만 · 독일 · 인도네시아 등이다.

장쑤성 대외경제 현황

년 도	1999	2000	2001	2002	2003	2004
총수출액(억 달러)	183.1	257.7	288.8	390.1	595.9	880.4
외자기업의 수출(억 달러)	98.6	144.5	166.4	242.5	411.2	651.5
한국에 대한 수출(억 달러)	8.1	10.6	12.2	17.1	22.8	36.0
총수입액(억 달러)	129.5	198.7	224.7	354.7	617.0	915.0
외자기업의 수입(억 달러)	97.8	157.3	175.5	256.3	448.6	703.9
한국으로부터 수입(억 달러)	14.8	23.4	22.7	34.0	75.5	143.9
외국기업의 직접투자(억 달러)	64.0	64.2	73.5	108.3	158.0	140.8
외자기업 등록 투자총액(억 달러)	-	750.0	920.0	1,254.8	1,500.1	2,170
외자기업 등록기업 수(개)	-	18,060	19,602	22,991	26,925	29,939
한국의 투자(건수, 백만 달러, 실제 투자액 기준)	30건 49.0	401건 76.7	64건 82.7	126건 193.3	170건 360.6	236건 564.8

자료 : 中國統計年鑑, 각년 판, www.kotra.or.kr, www.koreaexim.go.kr, www.kita.net.

외자기업의 수출액은 1999년 98.6억 달러가 2004년 651.5억 달러로, 수입액은 각각 97.8억 달러가 703.9억 달러로 폭증하였다. 외자기업이 많이 진출해 있고 이들 기업의 무역액이 장쑤성 대외무역의 70% 이상을 차지하는 것은 실제로 장쑤성의 경제발전이 외자기업에 의해 주도됨을 뜻한다.

한국의 수출액은 1999년 14.8억 달러에서 2003년 143.9억 달러로, 수입액은 8.1억 달러에서 36.0억 달러로 급격히 증가하였다.

외국기업의 직접투자는 실제 투자액 기준으로 2004년 140.8억 달러로서 광뚱성 다음으로 외국기업의 관심이 많은 지역이다. 합자기업이 압도적으로 많으며 업종별로 보면 섬유 · 의류, 전자 · 전기, 화공 · 의약, 금속제품 등이다. 주요투자국은 대만 · 미국 · 일본 · 한국 등이다. 2004년 말 현재 기 등록된 외자기업 수는 2만 9.939개이고 투자총액은 2,170억 달러로 최근 2~3년 사이에 폭증하였다.

한국의 장쑤성에 대한 투자는 2004년 236건에 565백만 달러에 이른다.

5. 주요 도시 경제상황

① 난징(南京)시

난징은 2,400년의 유구한 역사를 자랑하고 삼국시대 동오(東吳)가 도읍을 정한 이래 송(宋)·제(齊)·양(梁)·진(陳)·중화민국 등 10개 왕조의 수도였던 지역으로 장쑤성의 정치·경제·역사·문화가 숨쉬는 지역이다. 창강 유역의 4대 도시이며 아름다운 정원도시여서 매년 관광객이 천만 명이 넘는다. 과학기술의·잠재력이 높고 창강 하류의 물자·자본·정보·인재의 집산지이다.

최근에는 일반 공업 및 첨단산업이 급속하게 발전하고 있으며, 상하이에 버금가는 상업·무역도시로서 소매유통망·요식업·서비스업이 발달해 있다.

2004년 1월 평균기온은 3.3°C, 7월 평균기온은 29.3°C를 기록하였으며 연간 강우량은 975㎜를 기록하였다.

총면적은 6,582㎢, 시할구 면적은 4,723㎢이고 총인구는 2004년 말 현재 584만 명, 시할구 인구는 501만 명에 달하였다. 행정구역은 쉬엔우(玄武)· 친화이(秦淮) 등 11개 구와 리수이(溧수)·까오춘(高淳) 등 2개 현으로 편제되어 있다.

2004년 지역내 총생산액은 1,910억 위엔으로서 경제성장률은 전년대비 17.3% 증가하였으며 1인당 GDP는 3만 3,050위엔(4,001달러)으로 상승하였다. 산업구조는 1차, 2차, 3차 산업이 각각 3.7%, 52.6%, 43.7%의 비중을 보였다. 과거의 상업도시였던 사실과 최근의 공업화 추세를 읽을 수 있다.

재정수입 170억 위엔, 재정지출 192억 위엔으로 적자재정이기는 하지만 비교적 안정적인 추세에 있으며 고정자산투자총액은 1,202억 위엔, 도시와 농촌 주민의 연말 저축액은 1,287억 위엔으로 나타났다.

창강 삼각주 지역의 빠른 경제발전에 따라 공업경제가 발달하고 공업구조가 완비되어 있다. 그 결과 중국내에서 전자, 자동차, 화공제품의 생산량이 많은 지역으로 36개 산업, 200여 업종 2,000여개 중요 제품이 생산되고 있다. 그중 전자기기, 석유화학은 종합적인 생산규모로 볼 때 전국 2위, 자동차공업은 제5위이며 전자정보·생물·의약분야의 첨단 기술분야는 이미 발전기반이 갖추어져 있다. 2004년 공업 총생산액은 2,509억 위엔에 달하였고 근로자 수는 86만 명, 근로자의 연평균 임금은 2만 6,063위엔(3,155달러)이었다.

과학기술 분야도 발달하여 시내에 500여개의 과학연구 기구, 48개 대학, 33만 명의 과학기술자를 보유한 전국 4대 과학연구 및 교육중심 도시이다.

그럼에도 불구하고 경제발전 속도가 늦은 편이이어 경제규모의 확장이 더딤으로서 경제력은 쑤저우(蘇州) · 항저우(杭州)에 못 미친다.

이러한 난징 경제의 문제점은 사영경제의 규모가 빈약하고, 민영기업의 자본이 영세한 편이어서 시 경제발전에 대한 공헌도가 낮으며, 또한 산업발전의 활력이 부족하고, 과학기술이 산업화에 접목되지 못하고 있다는 점 때문이다.

사회간접자본은 지역적으로 창강유역과 연해개방지대의 접촉지로서 강과 연해의 장점을 두루 갖추고 있어 예전부터 교통 · 통신이 발달하였다. 아시아 최대의 내륙항구인 난징항이 있고 화동지역 철도 · 도로 · 운송의 중심축이며 전국 6대 통신중심 지역이다. 또한 현재 신설된 난징공항, 후닝(滬寧)고속도로, 닝리엔(寧連) · 닝퉁(寧通)의 1급 도로가 있고 현재에도 여러 개의 도로공사가 진행중이다. 1인당 용수 · 전기 · 가스 공급량과 전화보급률이 전국에서 상위수준에 속한다.

2004년 현재 외자 공업기업의 개수는 272개, 생산액은 827억 위엔으로 생산성이 높으며, 실제 외자투자액은 25.7억 달러에 달했다.

② 쑤저우(蘇州)시

쑤저우는 장쑤성의 매우 중요한 도시로서 창강 삼각주의 중부, 장쑤성 남부의 평야 위에 자리잡고 있다.

춘추전국시대에 오(吳)나라의 수도였고 오랜 기간 주변 지역의 행정중심지 역할을 해 왔다. 쑤저우인은 사리가 밝고 온화하며 총명하여 많은 인재들이 배출되었다. 이는 온화한 기후와 풍부한 물자 및 뛰어난 경치에 기인한 것으로 보인다.

옛말에 "하늘엔 천당이 있고 땅에는 쑤저우 · 항저우가 있다(上有天堂 下有蘇杭)란 말로 쑤저우의 아름다운 경관을 표현하고 있다. 시내에 운하가 발달하여 물의 도시로 불리며 주어정위엔(拙政園), 스쯔린(獅子林), 한산사(寒山寺) 등 명승고적이 많다.

상하이 · 저장성 · 우시 · 창강 · 타이호(太湖)와 인접해 있으며 지형은 평지 54.8%, 수면 42.5%, 구릉 3% 정도이고 해발은 4m에 불과하다. 평균 기온은 16℃로서 온대기후이며 4계절이 분명하고 온화하다. 강수량은 1,100mm 내외이다.

총면적 8,488㎢, 시할구 면적은 1,650㎢에 달하며 2004년 말 현재 총인구 599만 명, 시할구 인구는 221만 명에 이른다. 행정구역은 창랑(滄浪) 등 6개 구, 쿤산(昆山) 등 5개 시가 있다.

성도인 난징보다 경제력이 훨씬 큰 전국적인 도시이고 유엔이 정한 세계에서 가장 활력있는 도시중의 하나, 중국에서 경제성장이 가장 빠른 도시중의 하나이다.

1994년 시 외곽에 '싱가포르 공업단지'를 조성하여 싱가포르의 최첨단시스템과 체제를 도입함으로써 대만 등 외국기업의 투자가 급격히 증가하였고 이에 따라 신속한 경제발전이 이루어져 전국 10위 전후의 경제력을 가진 도시로 급부상하였다. 현재의 경제력은 이미 직할시인 충칭시와 티엔진시를 능가하고 있다.

외자기업들은 후닝(滬寧)고속도로를 통해 1시간 안에 상하이 접근이 가능해지자 공장은 쑤저우에, 본부는 상하이에 두고 상하이의 자본 및 고급기술 인력을 공급하고 있다. 중국 1위의 외자유치 지역이다.

자연과 역사 및 문화부문도 지역발전에 큰 도움이 되고 있다. 대외개방도가 높고 경제제도가 적극적이며 정부관료와 기업인의 의식 및 관리수준이 높은 것이 외자유치에 큰 도움이 되고 있다.

2004년 지역내 총생산액은 3,450억 위엔으로서 경제성장률은 전년대비 17.6% 증가하였고 1인당 GDP는 5만 7,992위엔(7,021달러)에 이르렀다. 산업별 비중은 1차, 2차, 3차 산업이 각각 2.2%, 65.7%, 32.3%로서 2차 산업의 비중이 절대적이다.

지방 재정수입은 220억 위엔, 재정지출은 233억 위엔이며 사회고정자산투자는 1,555억 위엔이었다. 소득수준이 높아 가처분 소득에서 식비가 차지하는 비중이 낮고 통신비・의류비・오락문화비의 비중이 점차 확대되고 있다.

농업과 담수어업이 발전해 있으며 '비단의 고장'이라는 이름답게 전통적인 견직물・자수제품이 유명하며 명나라 이후부터 면포의 생산도 많은 편이다.

공업은 석유화학・방적・기계・제강・시멘트・섬유・자수 등 굴뚝산업이 발전한 가운데 근년들어 대만・싱가포르・한국 등의 전자・정보통신・신소재・정밀화공・바이오 산업체가 많이 진출하여 첨단산업의 비중이 높고 발전속도가 더욱 빠르다. 특히 대만의 헝지(宏基) · 란티엔(藍天) · 룬페이(倫飛) 등 대만의 유명한 대부분의 업체들이 진출하여 메인보드와 완제품 컴퓨터 · 노트북 · 스캐너 · LCD 등 기술집약도가 높은 다양한 제품을 생산하고 있다. 실례로 세계 스캐너 제품의 20%를 생산하는 세계 최대의 스캐너 생산기지이고, 세계 3대 LCD 업체들도 부근에 공장을 설립하였다.

전체적으로 보면 세계 500대 기업중 90여개 이상, 특히 필립스 · 노키아 · 삼성 · 후지쓰 등 다수의 다국적 기업이 진출하였을 뿐 아니라 200여개의 신규 프로젝트를 계획하고 있고 외국기업의 연구센터 130여개가 설립되어 있다. 자본과 인재 · 기술 · 시장까지 창출한 외국기업 수는 1만여 개에 가깝다.

2004년의 공업 총생산액은 7,308억 위엔이었고 근로자 연평균 임금은 2만 2,510위엔(2,725달러)에 달했다.

쑤저우가 단기간에 이와 같이 강력한 경쟁력을 보유하고 급속하게 발전하게 된 요인으로는 ① 우수한 지리적 환경과 잘 형성된 인프라 구축 및 국제적인 네트워크 ② 중국의 막대한 시장잠재력 ③ 완비된 전후방 연관산업 체계와 급속한 지역경제 발전 ④ 역사와 문화적 배경에 힘입은 우수한 인력자원 ⑤ 시정부의 융통성있는 제도적용과 투자환경 개선노력 및 성실한 외자유치 노력 등이 있었기 때문이다. 이중에서도 ⑤번이 가장 중요한 요인이라고 판단된다.

상하이 개항 전에는 우쑹강(吳淞江)의 수운을 이용한 외국무역이 활발하였고 최근에도 대운하, 후닝(滬寧)선 등 편리한 수륙교통에 힘입어 농업생산과 전통적인 상업이 빠른 속도로 발전하고 있다.

사회간접자본은 도로건설이 활발하게 진행되고 있고 후닝(滬寧) 고속도로를 이용할 수 있다. 철도는 징후(京滬)선 및 고속철이 연계 가능하며 항공은 상하이의 푸뚱 및 훙챠오(虹橋) 공항을 이용한다. 쑤저우 동쪽 창강 하류에 원양항구를 건설중에 있다. 이동전화 사용자가 266만 명에 달하고 IDSN, DDN, ADSL이 모두 보급되어 있다.

외자기업의 수출액이 전체의 80% 이상을 차지하며 주요 수출국은 미국, EU, 일본 등이다. 한국과의 무역도 활발하다.

외국인 투자 건수는 2,465건, 실제 외자 이용액은 48.1억 달러이다. 한국기업의 투자도 많은 편이다.

2004년 현재 외자 공업기업의 개수는 1,090개, 생산액은 3,137억 위엔에 이르며, 실제 외자투자액은 50.3억 달러에 달했다.

쑤저우공업단지, 쑤저우첨단기술개발구가 지정되어 있다.

쑤저우의 부속 시인 쿤산시는 상하이에서 북서쪽으로 자동차로 40분 거리에 있다. 1985년 인구 5만의 소도시가 상하이와 쑤저우의 발전을 배경으로 2004년 현재 인구 64만 명의 대도시로 발전하였고, 지역 총생산액이 571억 위엔을 기록하였다. 산업구조는 1차, 2차, 3차 산업이 각각 8.9%, 68.1%, 29.9%의 비중을 차지하였다. 1인당 GDP는 8만 9,690위엔(1만 858달러)로 상하이를 추월하고 거의 선진국 수준에 도달하고 있다.

도소매 매출액은 55억 위엔, 실제 투자된 외자액은 9.6억 달러이고 수출총액은 128.4억 달러에 달하였다. 근로자 1인당 연평균 임금은 2만 99위엔(2,433달러)이었다.

쿤산시는 최근 총 197㎢의 부지에 반도체 등 IT 산업을 주축으로 하는 첨단산업단지와 골프장·고급아파트를 포함하는 리조트를 건설할 목적으로 옌후산업대(沿滬産業帶) 건설계획을 추진중에 있다.

③ 우시(無錫)시

우시는 성 동남부에 있으며 중국에서 세번째로 큰 담수호인 타이호(太湖)에 인접해 있고 창강 삼각주의 하류에 위치하는 도시이다. 아열대 계절풍 해양성 기후로서 사계절이 분명하고 온화하고 습도가 높은 편이다. 연평균 기온은 15.5℃, 강우량은 1,000㎜에 달한다. 타이호 관광의 전초기지이고 TV촬영지로서 관광명소가 되고 있다.

총면적 4,788㎢, 시할구 면적 1,623㎢이며 2004년 총인구는 447만 명, 시할구는 224만 명에 이른다. 행정구역은 충안(崇安)·뻬이탕(北塘) 등 6개 구와 쟝인(江陰) 등 2개 시가 있다.

2004년 지역내 총생산액은 2,350억 위엔으로서 경제성장률은 전년대비 17.4% 증가하였고 1인당 GDP는 5만 2,825위엔(6,395달러)에 이르렀다. 산업구조는 1차산업 2.2%, 2차 산업 57.6%, 3차 산업 40.2%의 비중을 차지하였다. 1차 산업의 비중이 매우 늦은 반면 2차 산업의 비중은 높다. 지방 재정수입은

135억 위엔, 재정지출은 143억 위엔이며 사회고정자산투자는 1,114억 위엔이었다.

경작면적은 16만 헥타르에 불과하나 기후가 좋고 경치가 좋으며 토지가 비옥하여 물산이 풍부하다. 쌀 · 유채 · 차 · 생사의 생산 및 집산지로 알려져 있고 복숭아, 귤 · 포도 · 배 등의 과일생산량도 많다.

상하이와 가깝고 경제가 발전한 창강 삼각주에 위치한 관계로 일찍이 산업화가 진행되었다. 제사 · 면방직 공업이 성하며 정미 · 제분 · 식용유 등 식품공업과 기계, 화학, 의약공업도 발달해 있다. 외국기업의 투자가 폭증하면서 전자 · 컴퓨터 및 부품 · 멀티미디어 · 인터넷 등 정보통신 및 첨단기술 산업도 발전하고 있다. 공업 총생산액은 4,575억 위엔에 달했으며 근로자 연평균 임금은 2만 2,125위엔(2,679달러)이었다.

대외개방도가 높고 문화 · 환경 · 경제제도와 관리 등이 잘 되어 있으나 3차 산업의 발전은 더디다. 사회소비재 소매액은 579억 위엔이었다.

상하이 · 닝뻐 · 항저우 등 도시로 직접 연결되며 후닝(滬寧) 고속도로, 시청(錫澄) 고속도로와 국도가 시내를 통과하고 징후(京滬)선 철도가 동서로, 신포(新浦)와 창싱(長興)을 왕래하는 신창(新長)철도가 남북으로 지난다. 창강이 있고 뻬이징과 항저우를 연결하는 징항(京杭)대운하가 남북으로 흐르며 시내 곳곳은 수로로 연결되어 있는 등 내륙 수운의 중심지로서 교통이 매우 편리하다. 항구도 발달하여 석유화학제품 · 석탄 · 식량 · 잡화 등의 화물을 전국각지로 운송한다. 동쪽 왕팅(望亭)에 대형 화력발전소가 있다. 전신 · 장거리 전화 · 이동통신 등 통신산업의 발전도 신속하게 진행되고 있다.

2004년 현재 외자 공업기업의 개수는 448개, 생산액은 829억 위엔에 이르며, 실제 외자투자액은 21.0억 달러에 달했다. 최근들어 대형 외자기업 및 다국적 기업의 진출이 급격히 증가하고 있다.

④ 리엔윈깡(連雲港)시

장쑤성 동북부에 위치한 리엔윈깡은 동쪽은 황하이(黃海), 서로는 쉬저우(徐州)와 신이(新沂)시, 남으로는 화이수이(淮水), 북으로는 산뚱성과 접해 있다. 난온대 아열대 지대로서 습윤한 계절풍 기후를 나타내고 연평균 기온은 14°C,

연평균 강우량은 930㎜이며 동남풍이 많이 분다. 일조량과 바람이 장쑤성에서 가장 많고 경관이 매우 아름다운 지역중의 하나이다. 역사와 고적이 많다.

시의 총면적은 7,500㎢, 수역 면적은 1,760㎢ 시할구 면적은 898㎢이며 2004년 총인구는 469만 명, 시할구 인구는 67만 명에 달한다. 행정구역은 신푸(新浦) 등 3개 구, 뚱하이(東海) 등 4개 현으로 구성되어 있다.

2004년 지역내 총생산액은 416억 위엔으로서 전년대비 13.9%의 경제성장률을 달성하였고 1인당 GDP는 8,891위엔(1,076달러)으로 성의 타 도시보다 수준이 매우 낮고 전국 평균에도 못 미친다. 산업별 비중은 1차 산업 21.3%, 2차 산업 45.2%, 3차 산업 33.5%로 나타났다.

광물은 몰리브덴·해염·인광석·수정·석영·대리석 등 40여 종이 생산된다.

농산물은 쌀·밀·면화·콩·땅콩·삼림·차·약재 등이 있고 수산물은 중국 8대 어장으로서 해양 및 양식어업 기지인데 넓은 수역과 담수어 등이 유명하다. 부근의 해안지대는 화이뻬이(淮北) 염장(鹽場)으로 알려진 천일염 산지이다.

항만에 발전소·강철공장·화공기지·운수기계·조선·제염 등의 공업이 완비된 대규모 임해 공업단지가 형성되어 있으며 리엔윈깡 중심의 수륙이 결합된 운수체계를 조성하고 있다. 뿐만 아니라 룽하이(隴海)-란신(蘭新) 경제지대가 안정적인 배후지 역할을 하고 풍부한 물자와 광대한 소비시장으로서의 응집력과 소화력을 가지고 있다.

2004년 공업 총생산액은 288억 위엔, 근로자 연평균 임금은 1만 2,714위엔(1,539달러)이며 사회소비재 소매액은 141억 위엔을 기록하였다.

오랫동안 국가의 중점건설 지역이었던 관계로 항구가 잘 발달해 있으며 수심이 넓고 깊은 천연의 양항(良港)이므로, 주변의 작은 항구들과 연합하여 향후 대형 무역능력을 가진 항구결합체를 형성할 수 있다.

항공노선도 국내, 국제선이 모두 다양하고 많다. 철도는 깐쑤성 란저우로 연결되는 룽하이(隴海)선의 시발점으로서 시내 길이는 90㎞에 달하며 뻬이징·상하이·티엔진·난징 등과 직접 연결된다. 시내의 도로 길이는 1,693㎞에 이른다. 통신은 시내 유선전화는 물론 광섬유 통신, 디지털 통신 등으로 다양하게 확대되고 있다.

2004년 현재 외자 공업기업의 개수는 76개, 생산액은 82억 위엔에 이르며, 실제 외자투자액은 2.5억 달러로 성내에서 적은 편이다.

⑤ 난퉁(南通)시

성 남부, 창강 북쪽에 위치하며 화중(華中) 평야를 배후로 하고 창강의 항구로 발달하였다.

총면적 8,001㎢, 시할구 면적 355㎢이며 2004년 총인구는 774만 명, 시할구 인구는 84만 명에 달한다. 행정구역은 쑹촨(崇川) 등 2개 구, 하이먼(海門) 등 4개 시, 2개 현으로 나뉜다.

2004년 지역내 총생산액은 1,226억 위엔으로서 경제성장률은 전년대비 15.6% 증가하였고 1인당 GDP는 1만 5,806위엔(1,914달러)로 전국 평균은 넘지만 성내에서는 낮은 편이다. 산업구조는 1차, 2차, 3차 산업의 비중이 각각 12.1%, 54.2%, 33.7%를 차지하였다.

지방 재정수입은 53억 위엔, 재정지출은 76억 위엔이며, 전사회고정자산투자액은 607억 위엔에 달했다. 근로자 수는 52만 명, 근로자 연평균 임금은 1만 5,903위엔(1,925달러)이었다.

개혁 · 개방 초기에 연해개방 14개 도시에 선정되어 급속한 경제발전이 이루어졌다. 쌀 · 목화 · 소금 · 어류 등의 집산지인데 특히 목화는 퉁저우면(通州綿)으로 널리 알려져 있다.

주요 공업은 방직 · 기계 · 화공 · 전자 · 건자재 · 식품 등이며 창강을 이용한 수운이 발달해 있다. 2004년 공업 총생산액은 1,603억 위엔으로 나타났다.

2004년 현재 외자 공업기업의 개수는 455, 생산액은 396억 위엔에 이르며, 실제 외자투자액은 11.0억 달러에 달했다.

⑥ 전쟝(鎮江)시

장쑤성 서남부, 창강 남안에 위치하며 창강과 징항대운하, 징후(京滬)선과 대운하가 교차되어 공업 · 항구 · 관광이 일체화한 교통의 중심도시이다. 삼국시대 손권이 한때 도읍으로 삼았으며 난징의 입구라는 의미에서 징커우(京口)로 불리웠다. 북송시대에 처음으로 전쟝으로 불리기 시작했고 항저우와 뤄양(洛陽)을 연결하는 운하가 완공되면서 강남운하의 기점지역이 되어 경제, 군사적 지위가 격상되었다.

창강의 주요 항구중 하나로 부근 여러 지역의 물자가 집산되는 지역이고 자원이 풍부하며 공업기초가 완비되어 있다.

면적은 3,847㎢에 달하고 시할구 면적은 1,082㎢이며, 2004년 총인구는 267만 명, 시할구 인구는 101만 명에 이른다. 행정구역은 징커우(京口) · 룬저우(潤州) 등 3개 구가 있다.

2004년 지역내 총생산액은 781억 위엔으로서 경제성장률은 전년대비 14.7% 증가하였고 1인당 GDP는 2만 9,235위엔(3,539달러)으로 높은 수준이다. 1차, 2차, 3차 산업의 비중은 각각 4.37%, 59.0%, 36.7%로 나타났다.

농업은 16만 헥타르의 면적에서 쌀 · 보리 · 면화 · 유채 · 양잠 · 채소 등 다양한 작물을 재배하며 담수어 생산도 많은 편이다.

공업은 전력 · 제지 · 조선 · 건자재 · 광업 · 플라스틱 등이 중요하며 이밖에 기계 · 자동차 · 화공 · 전자 · 방직 · 야금 · 착유 · 실크 · 의약 · 식품가공 등도 상당한 규모에 이른다. 목재산업의 중심지이다. 2004년 공업 총생산액은 1,073억 위엔에 달했으며 근로자 1인당 연평균 임금은 1만 7,382위엔(2,104달러)이었다.

사방으로 통하는 운하와 수로망, 난징 · 상하이로 통하는 철도 등을 통해 농산물의 집산과 분배가 이루어지는 등 운수업과 상업이 매우 발달해 있다. 2004년 사회소비재 소매액은 192억 위엔이었다.

무역기업이 많고 수출상품은 대체로 식품 · 방직 · 침직 · 복장 · 실크 · 토산품 · 축산 · 경공업 · 공예품 · 도자기 · 화공품 등이다. 외국기업의 투자가 매우 활발한 지역이다.

2004년 현재 외자 공업기업의 개수는 170개, 생산액은 209억 위엔에 이르며, 실제 외자투자액은 6.1억 달러에 달했다.

⑦ 쉬저우(徐州)시

성 서북부에 위치하고 산뚱성과 접해 있으며, 평야지대와 함께 쯔팡산(子房山) 등 구릉이 주위를 둘러싸고 있는 군사상 · 교통상의 요지이다.

총면적은 1만 1,258㎢, 시할구 면적은 1,038㎢이며 2004년 총인구는 917만 명, 시할구 인구는 167만 명에 이른다. 행정구역은 윈룽(雲龍) · 꾸러우(鼓樓)구 등 5개 구와 2개 시, 4개 현으로 나뉘어 있다.

2004년 지역내 총생산액은 1,096억 위엔으로서 전년대비 14.0%의 경제성장률을 달성하였으며 1인당 GDP는 1만 2,005위엔(1,453달러)으로 높지 않다. 1차, 2차, 3차 산업의 비중은 각각 14.0%, 49.5%, 36.5%로 나타났다.

지방 재정수입은 43억 위엔, 재정지출은 67억 위엔이며, 전사회고정자산투자액은 445억 위엔에 달했다.

석탄·철·석회석 등 광물자원이 풍부하다.

경작면적이 60만 헥타르에 달하는 전국적으로 중요한 농업기지의 하나로서 쟝쑤성 채소의 1/3을 생산한다. 시 전체에 수천 개의 각종 농산물 가공업체들이 조업중인 전국 6대 식품도시에 속한다.

주요 공업은 기계제조·야금·화공·전력·전자·식품 등이다. 근교의 대규모 탄전에서 생산하는 석탄을 이용한 대형 화력발전소가 건설되어 있고 석탄 화학공업도 발달되어 있다. 2004년 공업 총생산액은 952억 위엔을 기록하였고 근로자 수는 57만 명, 근로자 연평균 임금은 1만 5,808위엔(1,914달러)이었다.

산뚱·허난·안후이·쟝쑤 4개 성의 교통 중추도시이고 징후선과 룽하이선이 교차하는 지역이며 뻬이징과 상하이를 연결하는 최초의 고속철도가 통과할 예정이다.

2004년 현재 외자 공업기업의 개수는 18개, 생산액은 26억 위엔에 이르며, 실제 외자투자액은 3.3억 달러에 달했다.

⑧ 양저우(揚州)시

쟝쑤성 중부, 창강의 북쪽, 징항대운하가 지나는 연변에 위치하며 남북 교통의 중요 지역이다. 춘추전국시대의 오나라 왕 부차가 성을 축성한 고도(古都)로서 역사와 전통을 자랑한다.

총면적은 6,634㎢, 시할구 면적은 980㎢이며 2004년 총인구는 454만 명, 시할구 인구 114만 명에 달하였다. 행정구역은 웨이양(維揚) 등 3개 구, 3개 시, 1개 현으로 구성되어 있다.

2004년 지역내 총생산액은 788억 위엔으로서 전년대비 14.7%의 경제성장률을 달성하였으며 1인당 GDP는 1만 7,359위엔(2,102달러)이었다. 산업구조는 1차, 2차, 3차 산업의 비중은 각각 10.1%, 53.3%, 36.6%로 나타났다.

운하를 통해 강남물자를 운송하여 예로부터 쌀 등 식량과 소금·방직품·옥그릇·약재 등의 집산지가 되었고 상업이 발달하였다.

최근 외자기업이 증가하면서 공업이 급속도로 발전하고 있는데 주요 공업으로는 조선·화공·전자·방직·식품·의류 등과 기계·디젤엔진 공업 등이 있다. 2004년의 공업 총생산액은 1,130억 위엔에 달했고 근로자 연평균 임금은 1만 5,733위엔(1,905달러)를 기록하였다.

2004년 현재 외자 공업기업의 개수는 108개, 생산액은 100억 위엔에 이르며, 실제 외자투자액은 8.1억 달러에 달했다.

⑨ 창저우(常州)시

장쑤성 남부에 위치하며 징항대운하와 징후선이 이곳을 지나간다.

총면적은 4,375㎢이고 시할구 면적은 1,864㎢에 달하는데 2004년 총인구는 349만 명, 시할구 인구는 220만 명이다.

전체 면적의 대부분이 타이호(太湖) 주변의 평야지대로서 행정구역은 종러우(鐘樓) 등 5개 구와 2개 시로 구성되어 있다.

2004년 지역내 총생산액은 1,101억 위엔으로서 전년대비 15.5%의 경제성장률을 달성하였으며 1인당 GDP는 3만 1,665위엔(3,834달러)으로 매우 높은 편이다. 산업별 비중은 1차, 2차, 3차 산업이 각각 4.7%, 58.9%, 36.5%를 차지하였다.

장쑤성의 주요 공업도시로서 원래의 수공업, 상업의 기반하에 현대공업이 발전하였다. 주요 공업은 방직·기계·기관차 제조·화학·전자 등이 있다. 2004년의 공업 총생산액은 2,013억 위엔으로 많은 편이며 근로자 연평균 임금은 1만 9,984위엔(2,419달러)으로 나타났다.

징후선 외에 2개 국도가 지나며 전국으로 연결되는 국내선이 개설되어 있다.

2004년 현재 외자 공업기업의 개수는 241개, 생산액은 269억 위엔에 이르며, 실제 외자투자액은 3.3억 달러에 달했다.

제8절 저장(浙江)성, (간칭:浙)

1. 저장성 개요

저장성은 중국 중동부에 위치하고 있으며 북으로는 상하이와 창강델타, 서쪽으로는 쟝시성과 안후이성, 남으로는 푸지엔성과 접해 있다. 위치는 북위 27°~31°, 동경 118°~123°에 있으며 토지가 비옥하다.

아열대 기후에 속하고 연평균 기온은 15°~19°C이며, 연간 강우량은 850~1,700㎜이다. 성도 항저우(杭州)의 기온은 2004년 1월 평균 4.7°C, 7월 평균 30.2°C, 연간 강우량은 1,047㎜에 달했다.

면적은 10.2만㎢, 인구는 2004년 말 현재 4,720만 명이다. 행정구역은 11개 지급시, 22개 현급 시와 32개 시할구, 35개 현, 1개 자치현으로 나뉘어 있다.

주요도시는 성도인 항저우(杭州)와 중국 전국의 상품시장으로 발전하고 있는 닝뻐(寧波), 원저우(溫州), 사오싱(紹興), 진화(金華), 이우(義烏) 등이 유명하다.

2. 경제현황

개혁 · 개방 정책이 본격화된 이후 중국에서 가장 발전한 지역이다. 80년대는 외국투자가 적었지만 개혁 · 개방에 의해 향진기업과 개인기업들이 급속히 발전하여 성 전체의 경제력이 커짐으로써 GDP 기준으로 2004년 중국 4위가 되었다. 특기할 만한 자원이 없고 경지도 적으나 농업생산성은 높은 특색을 지니고 있다. 또한 연해에 위치해 있어 항만조건도 좋다. 북부지역은 상하이의 배후지로서의 역할을 하고 있으며, 남부는 푸지엔성과 동일 경제권으로 발전해 나가고 있다.

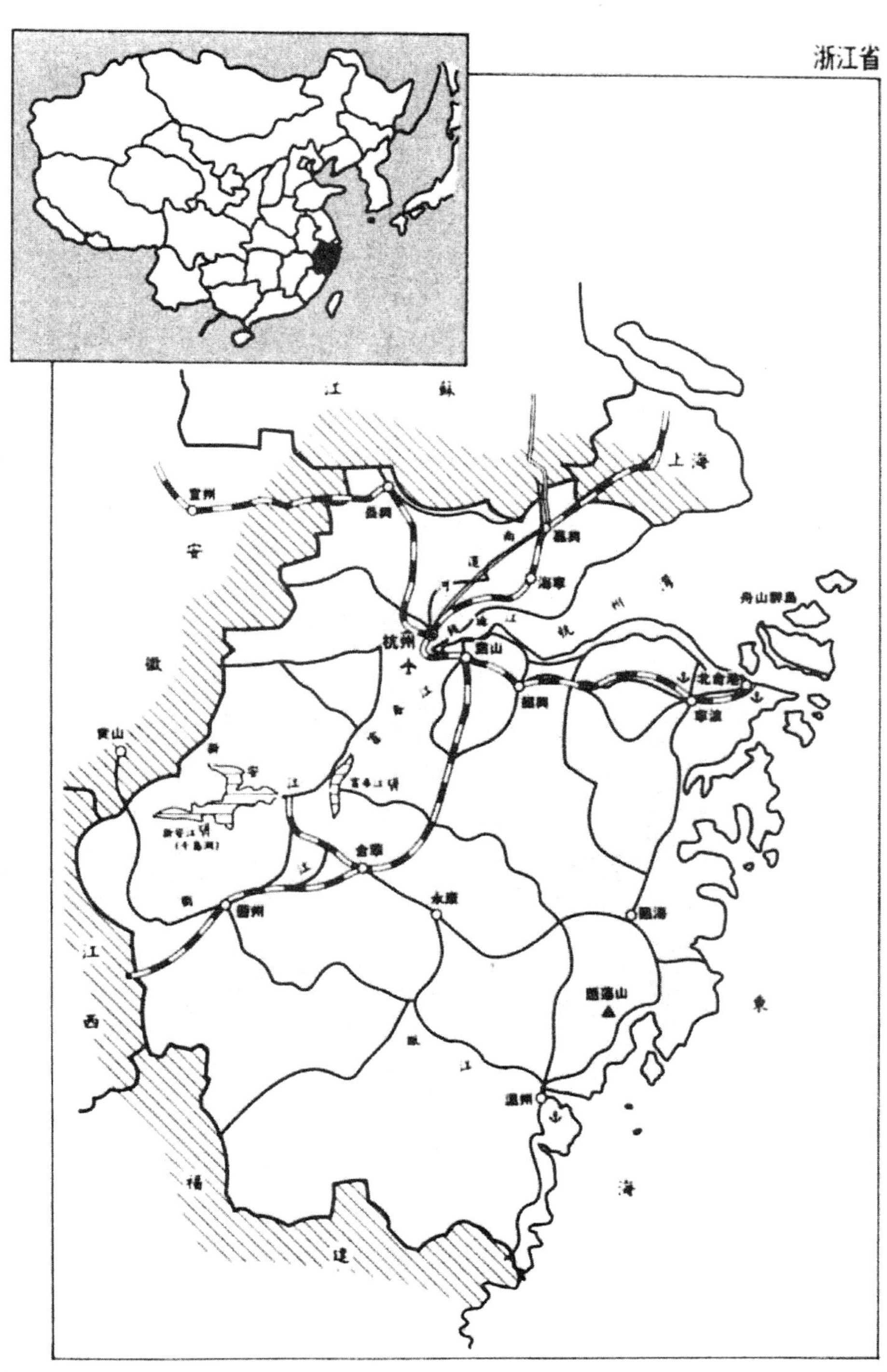
浙江省
上海
杭州
舟山群島

저장 상인들은 외부지향적 성격을 가지고 있고 중국의 유태인으로 불리우는데, 특히 원저우(溫州) 상인들이 유명하다. 눈썰미가 좋고 기회포착이 능하여 기막힌 상술을 구상한다. 12세기부터 저장성의 긴 해안을 기반으로 무역활동을 해 온 것으로 알려져 있다. 현재 해외에서 활동하는 저장 상인이 500만 명에 달한다.

이들은 모험, 개척정신이 강한 성격에 높은 투자적중률과 풍부한 자금동원력을 가지고 있다. 저장 상인들의 노력과 성정부와 협력으로 형성된 지역별 상품의 특화는 저장 경제발전의 원동력이 되고 있다.

특기할 만한 사실은 이들 저장 상인들은 활동지역이 중국의 소비시장을 넘어 세계시장에까지 영향을 미친다는 것인데 현재 해외에 투자한 저장성 기업은 2,200여개가 넘는다. 저장성은 중국내에서도 민간기업이 가장 많은 시장경제의 선봉지역이며 해외투자 기업 중 민간기업이 90%를 차지한다.

저장성은 소비재시장이 발달한 것으로도 유명하다. '시장대성(市場大省)' 이라고 불리울만큼 시장이 많고 주요한 상품집산지이기도 하다. 취급하고 있는 소비재는 농부산물에서 화섬 · 복장 · 실크 · 신발과 가죽 등 소상품과 가전제품 · 자전거 · 가구 · 장식재 · 통신 · 컴퓨터 등 공산품에 이르기까지 다양하다.

생산재료 시장은 중고 금속시장을 비롯한 강재 · 자동차 · 중고차 · 자동차부품 · 통신 · 건자재 · 기계 · 금형 · 방직기계 · 선박 · 전자 등 다양한 시장으로 발전하고 있다. 위타오(余姚) 중국플라스틱성, 저장 남(南) 건자재시장, 사오싱 중국경방성전청(中國輕紡城錢淸) 원료시장, 사오싱 염료성, 항저우 등(燈)시장 등은 중국내 동일한 상품시장에서 최대 규모, 최대 영향력을 가진 대형 생산재료 시장이다. 이밖에 러칭(樂淸)은 저압전기제품, 쟈싱(嘉興)은 피혁 · 목재품 · 의류, 하이따오(海島)는 농수산품, 리수이(麗水) · 칭위엔(慶元) · 룽취엔(龍泉)은 식용균류 수출량 전국 1위를 차지한다.

저장성 경제현황(2004년)

지역내 총생산액 (억 위엔)	1인당 GDP (위엔)	경제성장률	산업구조(%) 1차:2차:3차	근로자 연간 평균임금 (위엔)	사회고정 자산 투자 (억 위엔)	사회건설 총규모 (억 위엔)
11,243.0	23,942	14.3	7.1:56.1:36.8	23,589	5,935.4	17,636.2
재정수입 (억 위엔)	재정지출 (억 위엔)	도시주민 1인 평균 가처분 소득(위엔)	농촌주민 1인 평균 순수입(위엔)	농업총생산액(억 위엔)	공업총생산액 (억 위엔)	국유 및 규모 이상 비국유 기업수(개)
805.9	1,062.9	14,546	5,944	1,332.3	18,729.1	33,335
외자 기업수(개)	국유기업 과학기술요원(2003년, 만 명)			과학기술 특허상황(건)		
	엔지니어	과학자	의료인	발명특허	실용신안	디자인특허
17,792	11.1	0.5	13.1	785	5,492	8,972

자료 : 2005 中國統計年鑑, www.kita.net, 新中國五十五年統計資料匯編 1949-2004.

최근에는 부동산, 노동력, 건축, 기술정보 등 소시장들이 10여개의 부류로 나누어져 성의 대외개방과 경제발전을 촉진하고 있다.

이러한 시장의 발전은 저장성 경제와 사회발전에 활력을 주어 농촌 공업화, 도시화를 가속화 하였다.

전반적인 경제상황은, 2004년도 지역내 총생산액이 1조 1,243억 위엔으로 14.3%의 경제성장률을 보였고 산업별 구성은 1차 산업 7.3%, 2차 산업 53.8%, 3차 산업 39.0%의 비중을 나타냈다. 지역주민 1인당 GDP는 2만 3,942위엔(2,899달러)으로 상하이, 베이징에 이은 전국 3위의 수준이며 도시주민 1인당 가처분소득은 1만 3,180위엔, 농촌주민 1인당 순수입은 5,389위엔으로 중국에서는 매우 높다.

2004년의 지방 재정수입은 806억 위엔, 재정지출은 1,063억 위엔으로 재정적자 상황이기는 하지만 심각한 편은 아니어서, 이를 바탕으로 독자적인 경제정책을 실행하고 있다. 전사회고정자산투자 총액은 5,935억 위엔이며 사회건설 총규모액은 1조 7,636억 위엔에 달하였다.

광물자원은 유철광(1,314만 톤)・형석・명반・몰리브덴・고령토・알루미늄・금・연・아연・동・망간・대리석 등 87종이 있다. 자원매장량이 적은 편이다.

경작면적은 159만 헥타르로서 매우 적으며 2004년 농업 총생산액은 1,332억 위엔에 달하였다. 주요 식량작물로 쌀・옥수수・보리를, 특용작물로 차잎・면화・누에・황마・유채・사탕수수・귤・벌꿀 등을 생산하고 있다. 항저우・후저우(湖州) · 자싱(嘉興)을 중심으로 양잠업이 활발하고 저우산(舟山)군도 근해는 어업자원이 풍부한 중국 최대의 어장으로 연안어업이 발달되어 있다. 전국 3대 담수어 생산기지이다.

2004년 공업 총생산액은 1조 8,729억 위엔이며 기계 · 전자 · 화공 · 의약의 4대 지주산업과 섬유산업이 발달해 있다. 또한 경공업 생산비중이 높은 편으로서 중소기업이 성 전체 기업의 99%를 차지할 정도이다. 가공업이 전체 공업의 90%에 달하고 방직 · 식품 · 가전 · 음료 제조업이 현저하게 발달되어 있으며 중공업 부문에서는 금속기계 공업이 어느 정도 발달해 있다. 제품별로는 화학섬유 · 생사 · 통조림 및 금속절삭기 · 냉장고 · 세탁기 · 다리미 및 화학농약 등의 생산량은 전국 최상위 수준이다. 또한 에너지 1톤당 공업생산액도 상하이와 전국 1.2위를 다툴 정도이며 전력의 kW당 공업생산액 역시 전국 상위 수준이다. 따라서 전반적인 공업 생산효율은 상하이 및 쟝쑤성 등과 함께 전국에서 가장 높은 편이라 하겠다. 2004년 근로자 1인당 연평균 임금은 2만 3,506위엔(2,846달러)에 달하였다.

경제특별지역은 경제기술개발구가 닝뻐 · 항저우 · 샤오산(蕭山) · 원저우에 있고 첨단기술산업개발구가 항저우에 건설되어 있으며, 닝뻐에 보세구가 설립되어 있다.

3. 사회간접자본

교통 · 전력 · 통신 등 인프라는 전반적으로 완비된 편이다.

철도 총 영업길이는 1,250㎞로 항저우-상하이, 항저우-쟝시, 항저우-닝뻐의 3개 복선과 항저우-이청(宜城), 진화(金華)-원저우의 2개 간선철도가 있다. 2006년 저쟝성-상하이를 잇는 175㎞의 자기부상 열차를 착공할 계획이 있으며 항저우-닝뻐를 연결하는 궤도철도를 부설할 예정이다.

도로의 총연장은 4만 6,935㎞인데 그중 고속도로가 1,475㎞, 1급도로 2,487㎞, 2급도로가 6,189㎞ 등이다. 상하이-항저우-닝뻐 고속도로 등 주요 지역을 연결하는 고속도로가 대부분 완공되어 항저우를 중심으로 긴밀하게 발전하고 있다. 최근 도로 건설에 중점을 둔 관계로 고속도로와 1급도로의 확장속도가 매우 빠르다.

내륙수운도 매우 발달하여 총 연장 9,893㎞로 전국 5위의 수준이며 '강남의 수향(水鄕)'으로 일컬어진다. 성안의 각 지역에 내륙운송이 가능하고 136개의 항구가 있다.

해상운송 항구로 닝뻐, 뻬이룬(北侖)항과 저우산(舟山)항이 중간항으로서 규모도 크고 전국적으로 유명하다.

닝뻐항은 2004년 화물 물동량 중국 2위 항구로 2억 2,586만톤에 달했는바 부두의 길이 10.0㎞ 정박장 79개에 만톤 급 이상만 26개에 달한다.

공항은 항저우·닝뻐·원저우·저우산·이우 등 7곳이 있는데 그 중 항저우공항은 상하이·뻬이징·시안·선양 등의 국내와 홍콩·일본·미국·한국 등지에 직항노선이 개통되어 있는 국제공항이다.

또한 통신은 항저우를 중심으로 전국 각지와 네트워크를 형성하여 전국 전화보급률 1위이며 세계 각국과 국가·지역과 우편·전보·전화가 개통되어 있다. 최근에는 휴대폰 사용자 2,323만 명, 인터넷 사용자가 534만 명으로 휴대폰과 인터넷 통신의 이용률이 계속 높아지고 있다.

전력은 화력발전을 주로 하면서 수력발전과 원자력 발전을 보조로 하며·풍력과 조수발전을 보충으로 한다. 중국에서 최초로 자체 제작한 타이산(泰山) 원자력 발전소가 가동되고 있다.

저장성 사회간접자본 현황(2004년)

운송거리(㎞)			여객 운송량(만 명)			자동차보유량 (승객용, 만 대)
철도영업	도로	내륙수운	철도	도로	내륙수운	
1,250	46,935	9,893	6,255	142,177	2,311	107.5
화물 운송량(만 톤)			우편, 통신 사업			
철도	도로	내륙수운	업무액 (억 위엔)	이동전화 (만 명)	특급우편 (만 건)	인터넷사용자 (만 명)
3,663	78,540	35,871	677.2	2,322.5	1,164.2	534
교통, 통신 근로자 수(명)						자동차보유량 (화물용, 만 대)
철도	도로	내륙수운	항공	파이프라인	통신, 정보서비스	
23,850	65,896	24,977	6,237	13	37,996	51.9

자료 : 2005 中國統計年鑑.

4. 대외경제

수출액은 1999년 128.7억 달러에서 2004년 611.5억 달러로, 수입액은 54.3억 달러에서 335.1억 달러로 급증하였고, 매년 대규모의 흑자를 시현하고 있다. 총 수출액 중 외국인 투자기업의 수출액은 1999년 33.3억 달러, 2004년 196.5억 달러로, 수입액은 각각 23.4억 달러에서 130.0억 달러로 계속 증대되어 왔다. 외자기업의 수출입액은 규모는 크나 총 수출입에서 차지하는 비중이 의외로 낮다. 이는 잡제품의 생산과 수출비중이 높은 저장의 산업구조적 특성에 기인하며 외자 의존적이 아닌 국내기업 위주의 건전한 경제형태를 가졌음을 보여준다.

주요 수출품목은 복장 및 의류 악세사리 · 방직용 실 · 직물 및 제품 · 수산품 · 신발류 · 차잎 · 사 · 비단 · 카페트 등이고 수입품목은 플라스틱 원료 · 강재 · 방직기계 · 펄프 · 전자제품 · 화공원료 등이다. 주요 무역상대국으로는 일본 · 대만 · 한국 · 영국 · 독일 등이다.

저장성 대외경제 현황

년 도	1999	2000	2001	2002	2003	2004
총수출액(억 달러)	128.7	194.4	229.8	315.6	443.9	611.5
외자기업의 수출(억 달러)	33.3	53.5	71.0	92.0	130.5	196.5
한국에 대한 수출(억 달러)	4.3	6.5	7.8	12.6	13.9	16.9
총수입액(억 달러)	54.3	83.9	98.2	147.9	219.3	335.1
외자기업의 수입(억 달러)	23.4	40.4	47.7	53.8	88.8	130.0
한국으로부터 수입(억 달러)	6.5	9.2	12.3	19.8	25.0	32.8
외국기업의 직접투자(억 달러)	98.9	24.8	45.2	47.0	37.7	69.8
외자기업 등록 투자총액(억 달러)	-	293.1	340.6	432.0	612.3	834
외자기업 등록기업 수(개)	-	10,002	11,194	12,111	15,140	17,792
한국의 투자(건수, 백만 달러, 실제 투자액 기준)	14건 9.4	23건 24.6	35건 42.5	55건 54.8	76건 111.1	88건 93.9

자료 : 中國統計年鑑, 각년 판, www.kotra.or.kr, www.koreaexim.go.kr, www.kita.net.

한국의 수출액은 1999년 6.5억 달러에서 2004년 32.8억 달러로, 수입액은 4.3억 달러에서 16.9억 달러로 계속 증가해왔다.

외국인 직접투자는 실제 투자액 기준으로 2004년 69.8억 달러에 달하였고, 주요 투자국은 미국 · 일본 · 대만 · 영국 · 싱가포르 · 한국 등이다. 같은 해말 기등록된 외자기업의 수는 총 17,792개이며 이들의 투자총액은 834억 달러에 이른다.

한국의 투자는 2004년 말, 88건 93.9백만 달러에 달하였다.

5. 주요 도시 경제상황

① 항저우(杭州)시

저장성 성도인 항저우시는 치엔탕강(錢唐江) 하류, 징항(京杭) 대운하 남단의 출발지역, 창강 삼각주의 중요 도시이자 중국 동남부 연안의 교통중심지로서 저장성의 정치·경제·사회·행정의 중심지이다. "하늘엔 천당이 있고 땅에는 쑤저우·항저우가 있다"는 말로 표현되는 지상낙원의 아름다운 도시이다. 시호(西湖)의 경치가 유명하다.

1936년, 항저우 근교 량주(良諸)에서 신석기시대의 문화유적이 발견되었으며 진(秦)나라 이후 2200년의 역사를 가진 중국의 관광·역사 및 문화도시이다. 풍부하고 찬란한 오(吳)나라와 월(越)나라 및 남송(南宋) 시대의 수도로서 고유의 문화를 가지고 있다. 시안·뤄양·난징·카이펑·뻬이징 등과 함께 중국의 유명한 고도(古都) 중에 하나이다.

항저우는 '물고기·쌀의 고향(魚米之鄕-어미지향), 비단의 창고(絲綢之府-사주지부), 차의 땅'으로 불리며, 중국 비단의 최초 발원지 중 하나이고 저명한 룽징차(龍井茶)의 생산지이다.

구릉지역이 총면적의 65.6%, 평야가 26.4%를 차지하며 나머지는 강, 호수, 저수지 등이다. 아열대성 기후로 4계절이 분명하고 온난습윤하며 일조량이 충분하다. 2004년 1월의 평균기온은 4.7℃, 7월의 평균기온은 30.2℃, 연평균 강우량은 1,047mm 내외를 기록하였다.

총면적은 1만 6,596㎢, 시할구 면적은 3,068㎢이며 총인구는 2004년 말 652만 명, 시할구 인구는 402만 명이었다. 행정구역은 꽁수(拱墅)·상청(上城) 등 8개 구, 린안(臨安) 등 3개 시, 2개 현으로 구성되어 있다.

경제의 특징은 농업·공업 및 관광업 위주의 서비스 산업이 고루 발전해 있다는 것이다. 과학기술인력이 풍부하고 교육수준도 높고, 인프라도 잘 되어 있는 편이며 지리적 위치도 좋다. 뿐만 아니라 환경이 뛰어나고 문화수준도 높은 편이며 시 정부의 관리수준과 대외개방도가 높은 편이다. 그러나 최근 고급인력은 상하이로, 외국 제조업체들은 쑤저우(蘇州)에 진출하였고 부동산 가격은 가파르게 상승하는 것 등이 경제발전에 부정적 요인으로 작용하고 있다.

2004년 지역내 총생산액은 2,515억 위엔으로서 경제성장률은 전년대비 15.0% 증가하였고 1인당 GDP는 3만 8,858위엔(4,704달러)을 기록하였다. 산업구조는 2004년 7.1%, 56.1%, 36.8%로서 공업과 서비스산업이 잘 발달되어 있다.

지방 재정수입은 728억 위엔, 재정지출은 904억 위엔이었고 사회고정자산투자는 1,205억 위엔으로 나타났다. 도시와 농촌주민의 저축액은 3,345억 위엔에 달했다.

광물은 형석·백운석·석회석·철·망간·동이 매장되어 있다.

농업은 총생산액에서의 비중이 낮지만, 물과 농경지가 풍부하여 쌀·과일·차·농수산물 생산이 매우 풍요롭고 발전에 필요한 양호한 환경이 형성되어 있다.

공업은 가공공업 위주의 향진기업이 잘 발달하여 지역경제 발전의 주축이 되고 있는데 4대 지주산업은 식품가공·기기제조·전자통신·방직업이며 그 밖에 기계·전자·방직·화공·경공업 등이 발전해 있다. 2004년의 공업 총생산액은 4,149억 위엔을 기록하였으며 근로자 수는 76만 명, 근로자 연평균 임금은 2만 8,891위엔(3,498달러)에 이르렀다.

관광산업은 항저우 서비스업의 주요 부문으로 시호(西湖) 및 여러 역사적 유물을 기반으로 하며, 특히 상하이를 방문하는 관광객을 적극 유치함으로써 관광수입이 지역내 총생산액의 상당부분을 차지한다. 상업은 저장성 내에 산재한 상품시장의 집결지로서 발전하고 있다. 2004년의 사회소비재 소매액은 704억 위엔에 달했다.

도로상황은 매우 양호하며 특히 상하이·닝뻐·난징·진화(金華) 등과 연결하는 고속도로가 이미 건설되어 있다. 철도도 후항(滬杭)·항창(杭長)·저깐(浙赣)선이 교차하는 등 저장성 내에서 가장 발달하였고 항공노선은 국내 주요 지역과의 연결되며 한국 등 외국과의 직항노선도 개설되어 있다. 항구는 주변의 닝뻐항과 상하이항을 이용한다.

2004년 현재 외자 공업기업의 개수는 413개, 생산액은 776억 위엔에 이르며, 실제 외자투자액은 14.0억 달러에 달했다.

경제기술개발구, 첨단기술산업개발구, 국가관광리조트구, 샤오산(蕭山)경제기술개발구가 설립되어 있다.

② 닝뻐(寧波)시

닝뻐시는 저장성 닝사오(寧紹) 평야 동쪽에 위치하며 동쪽으로는 저우산군도(舟山群島), 서는 사오싱시(紹興市), 남은 싼먼만(三門灣), 북은 항저우만(杭州灣)과 인접해 있다.

기후는 아열대 계절풍 기후에 속해 온화하고 습윤하며 사계절이 분명하다. 1월 평균기온은 영하 4°C, 7월 평균기온은 29°C 내외이며 연간 강우량은 1,300~1,400㎜에 달한다.

총면적은 9,365㎢, 시할구 면적은 2,560㎢이며 2004년 말 총인구는 553만 명, 시할구 인구는 210만 명이다. 행정구역은 쟝뚱(江東)·쟝뻬이(江北) 등 6개 구, 위야오(余姚) 등 3개 시, 닝하이(寧海) 등 2개 현으로 되어 있다.

7세기 이후부터 무역이 왕성했던 무역항이다. 닝뻐 출신으로 타지에서 활동하는 닝뻐빵(寧波幇)은 유명한 상인조직이다. 현재 세계 50개국 이상에 8만여 명의 조직원이 있다.

닝뻐는 지역내 총생산액 1천억 위엔 초과, 대만기업의 두번째 투자 선호지역, 항구물동량 전국 2위, 의류의 전국 시장점유율 10% 초과, 90% 이상이 민영기업, 소비증가율이 14%를 초과하는 도시로서 성도인 항저우와 비견될 정도이다. 경제제도가 적극적이며 관료 및 기업의 관리능력도 매우 높은 편이다.

2004년의 지역내 총생산액은 2,158억 위엔으로서 전년대비 15.0%의 경제성장률을 기록하였으며 1인당 GDP는 3만 9,174위엔(4,743달러)의 고소득 수준에 올라 있다. 산업별 비중은 1차, 2차, 3차 산업이 각각 5.7%, 57.0%, 37.3%의 비중을 차지하였다.

지방 재정수입은 152억 위엔, 재정지출은 216억 위엔, 고정자산투자총액은 1,096억 위엔, 도시와 농촌 주민의 연말 저축액은 737억 위엔을 기록하였다.

농경지와 임업용지가 많고 하천과 호수 및 해역의 면적이 넓어 농업·수산업자원이 풍부하다고 말할 수 있다. 경작면적은 21만 헥타르이며 특히 788㎞에 달하는 길고 완만한 해안선을 가지고 있고 해역면적은 9,758㎢에 달한다.

닝뻐는 저쟝의 중요한 공업기지이다. 주요 산업은 석유 및 화공·전력공업이 주축이 되어 있고 전자·야금·의약·건재·복장·공예·미술 등도 신속하게 발전하고 있다. 향진기업이 신속하게 발전하고 있고 그에 따라 농촌공업화와 도시화가 진행되고 있다. 2004년 공업 총생산액은 3,509억 위엔이었다. 근로자 수와 근로자의 연평균 임금은 각각 65만 명과 2만 5,823위엔(3,126달러)에 달했다.

철도는 샤오융(蕭甬)선, 후항(滬杭)선, 위츠(余慈)선 등이 있는데 전체 길이는 150여 ㎞에 달한다. 도로는 5천여 ㎞가 건설되어 시내는 물론 저우산(舟山) · 항저우(杭州) · 원저우(溫州) · 진화(金華) 등의 타지까지 연결한다.

이외에 후항융(滬杭甬) 고속도로가 지역간 교통을 원활하게 하고 시간을 단축시키고 있다.

닝뻐와 상하이를 잇는 세계 최장의 해상의 항저우만 해상대교(항주과해대교) 공사가 진행중에 있다.

바다와 접하고 하천이 있어 수로가 발달해 있으며 항공은 전국 주요 도시와 대만, 홍콩으로까지 연결한다.

통신부문의 발전도 괄목할 만하다. 2004년 휴대폰 보유자는 480만 명이며 인터넷 사용자는 94만 명에 이른다.

2004년 현재 외자 공업기업의 개수는 413개, 생산액은 776억 위엔에 이르며, 실제 외자투자액은 14.0억 달러에 달했다.

③ **원저우(溫州)시**

원저우는 저장 남부의 정치 · 경제 · 문화 · 교통의 중심지이고 경제기적을 이룬 도시이다. 기후가 생활하기에 적당하고 토지는 비옥하며 물자가 풍부한 지역으로 연평균 기온은 18°C, 연평균 강우량은 1,800㎜에 달한다.

총면적은 1만 1,784㎢, 시할구 면적은 1,188㎢이며 총인구는 2004년 현재 744만 명, 시할구 인구는 135만 명이다. 행정구역은 루청(鹿城) 등 3개 구와 루이안(瑞安) 등 2개 시, 융자(永嘉) 등 6개 현으로 구성되어 있다.

세계 화교상인들의 고향이라고 말할 정도로 원저우 출신 화교상인들이 전국 10여개 성에 87만 명, 전세계에 40여만 명 등 많은 지역에서 경제권을 장악하고 있다. 원저우 상인들은 자신들의 노력에 의해 독특한 경제운영과 유통방식을 창출하였다. 또한 상품경제에 대한 효율관념, 위험관념, 경쟁관념이 비교적 강하다.

원저우 인의 특징은 손재주가 좋고 교육열이 뛰어나며 근면성실한 성격, 토지는 좁고 인구는 많은 입지조건 때문에 일찍부터 중국 전역으로 이주를 했으며 이 인맥이 향후 원저우 물건을 전국으로 확대판매하는 유통망의 고리가 되었다.

원저우 자본의 파워는 막강한 현금동원 능력, 배타적인 상거래 네트워크, 집단투자의 세가지로서 이들의 운용자금은 6,000억 위엔인데 이는 원저우 GDP의 4배 이상이다. 이들은 또한 부동산 투기인 차오팡탄(炒房團), 석탄 투기단은 차오메이톈(炒煤團)으로도 유명하다.

2004년의 지역내 총생산액은 1,402억 위엔으로서 전년대비 14.1%의 경제성장률을 기록하였으며 1인당 GDP는 1만 8,846위엔(2,282달러)에 달했다. 산업별 비중은 1차, 2차, 3차 산업이 각각 4.6%, 56.8%, 38.6%의 비중을 차지하였다.

여러 종류의 지하자원이 부존되어 있는 외에 동해 대륙붕 지역에 석유가 매장되어 있는 것으로 추정되어 조사가 진행중이며 관광자원으로 2개의 국가급 자연보호구가 있다.

공업은 기계·화공·의약·경방직·식품·제지·제혁·플라스틱·공예미술·도자기·가정용전기·저압전기 등의 생산체계가 이루어져 있다.

원저우 모델은 소수의 경공업품 생산에 집중하고 향촌부락이 생산단위가 되는 독특한 생산방식을 유지해 왔고 이것이 노동집약적 경공업 제품의 생산에 유리한 조건을 가져왔다. '저압전기성', '패션성', '구두성' 등으로 불리운다. 2004년의 공업 총생산액은 1,822억 위엔에 달하였고 근로자 연평균 임금은 1만 9,576위엔(2,370달러)이었다.

또한 원저우나 혹은 원저우 주변에서 생산된 장식등, 피혁·신발·라이터·단추·의류·전기용품·가구·플라스틱제품 등 1,000여 종 이상의 많은 소상품들과 복사품들에 대한 직접 및 간접 판매도 담당한다. 라이터는 세계 수요의 70%를 공급한다.

원저우가 성공한 요인 중의 하나는 반경 5㎞ 내에 부품업체가 배치되어 있고 부품의 전문화가 이루어져 있는 것이다.

도로는 104번 국도와 330번 국도가 시를 동서로 관통하며 여러 개의 고급도로가 건설중에 있다. 철도는 진화(金華)-원저우간 진원(金溫)선이 1998년 개통되었고 해안선의 길이는 355㎞로 매우 길며 항구조건도 우수하다. 원저우 항은 저장성의 제2대 항구이다. 원저우 비행장은 전국 50여개 지역으로 연결되는 노선이 있으며 홍콩, 마카오 등지로도 연결된다.

전력도 풍부하고 통신업도 장거리전화, 휴대폰 등의 사용이 급격히 증가하고 있다. 2004년 휴대폰 이용자는 407만 명, 인터넷 사용자는 78만 명에 이르렀다.

원저우의 경제배후 지역으로는 내륙 중부의 장시성 · 안후이성 · 푸지엔성 등이 있다. 원저우경제기술개발구, 원저우푸삔(扶貧)개발구, 원저우농업신기술시범구 등의 개발구가 있다.

2004년 현재 외자 공업기업의 개수는 273개, 생산액은 140억 위엔에 이르며, 실제 외자투자액은 2.1억 달러에 달했다.

④ 이우(義烏)시

이우는 진화(金華)시에 속한 도시로서, 항저우에서 동남쪽으로 약 2시간, 닝뻐나 상하이에서 4~5시간 거리, 원저우(溫州)에서 2시간 거리의 북쪽에 있는 중국에서 가장 유명하고 거대한 도매시장이 있는 지역이다.

총면적은 1,103㎢, 시할구 면적은 52㎢이며 2004년 총인구는 69만 명이다.

2004년의 지역내 총생산액은 234억 위엔을 기록했으며 산업별 비중은 1차, 2차, 3차 산업이 각각 3.8%, 52.4%, 43.8%의 비중을 차지하였다. 1인당 GDP는 3만 3,764위엔(4,088달러)로 추산되고 있다.

도시와 농촌의 근로자 수는 4.3만 명에 달하며 근로자의 연평균 임금은 2만 9,981위엔(3,630달러)에 이른다.

이우시는 저장성에 진출한 대만 및 홍콩의 중소기업들이 그들의 생산제품을 시장에 출하하면서 발전하기 시작하였고 시정부의 지원하에 전국적인 규모로 확대되었다. 특히 원저우를 중심으로 발전한 향진기업들의 제품이 이우시로 집결되었고 이것이 다시 전국으로 판매되었다.

이곳의 특징은 가격수준이 매우 저렴하다는 것이며, 이우가 성공한 요인은 낮은 세금과 관리비로 상인들이 원가를 낮출 수 있게 한 시정부의 노력과 유능하고 부지런한 이우상인들의 성격에 있다. 외국상인들의 소득세는 면제이고 영업세는 월 매출액의 0.1~0.2% 정도에 불과하다. 이 밖에 유명제품에 대한 복제가 많으며 품질이 좋지 않은 점이다. 품질문제는 상당히 빨리 개선되고 있다.

전체 기업의 98% 이상이 개인기업인 이우시에서 가장 중요한 도매상점은 국제상무성(國際商貿城) 혹은 푸티엔(福田)시장이다.

국제상무성은 3만여 개의 부스에 7만 명이 종사하는 잡화류 상품의 중국 최대 전문시장으로서 소상품·복장·양말·가방·부식품·공예품 등 8대류 1만여 종의 상품이 출시되고 있고 취급하는 상품종류는 1,700개 업종에 32만 종이 넘는다. 여기에는 대중형 기업과 유명브랜드 기업들까지 시장경영에 뛰어들고 있으며 6,000여개 국유 대중형기업과 2만여 개 집체기업(集體企業)이 시장에 판매망을 설치하고 있다.

이밖에 넥타이·속옷류·피혁·공예품·안경·액세서리 등 각종 생활용품을 판매하는 여러 개의 대형 전문시장이 더 있다.

이우시의 2005년 거래액은 전년대비 8.1% 증가한 288억 위엔으로서 일용잡화 부문에서 15년 연속 중국 도매시장 1위를 차지하는 규모이다.

2004년 180여 개국에 8.7억 달러를 수출하였으며 실제 외자투자액은 1.2억 달러에 달했다.

외국인들의 출입도 상당히 많은데 상주하는 외국상인은 70여개 국의 6천여 명에 이른다. 상주하는 한국상인은 공식적으로 가장 많은 1,000여명, 빈번하게 왕래하는 한국상인들은 2,500여명에 이르는 것으로 알려져 있다.

⑤ 사오싱(紹興)시

사오싱은 저쟝 동북부에 위치하는 역사·문화도시로서 닝뻐와 항저우 및 항저우만과 접해있고 경치가 아름답고 인재가 많이 배출되었다.

총면적은 8,256㎢, 시할구 면적은 362㎢에 이르며 총인구는 2004년 435만 명, 시할구 인구는 64만 명이다. 행정구역은 위에청(越城)구, 3개 시, 2개 현으로 구성되어 있다.

2004년의 지역내 총생산액은 1,314억 위엔으로서 전년대비 15.3%의 경제성장률을 기록하였으며 1인당 GDP는 3만 254위엔(3,663달러)에 달했다. 산업별 비중은 1차, 2차, 3차 산업이 각각 7.0%, 59.9%, 33.1%의 비중을 차지하였다.

사오싱의 경제발전은 내부적으로 완비된 경제제도와 공공부문과 기업의 강력한 관리능력에 기인한다.

경제림·금·철·동·은·아연 등 자연자원이 풍부하며 농업이 발전한 우수한 농업지역이고 곡물 생산지역이다.

공업은 향진기업 및 외자기업을 중심으로 급속하게 발전하였다. 향진기업은 방직·기계·양조·식품·야금·화공·건자재 등의 산업이 주축을 이루고 있다.

중국 화학섬유 생산량의 1/6, 염색원단 가공량의 1/5을 점유하는 공업지역이다. 2004년의 공업 총생산액은 2,514억 위엔에 달하였으며 근로자 연평균 임금은 2만 1,579위엔(2,612달러)이었다.

3차 산업의 발전은 괄목할 만하지만 인프라는 부족한 편이다.

2004년 현재 외자 공업기업의 개수는 368개, 생산액은 225억 위엔에 이르며, 실제 외자투자액은 8.2억 달러에 달했다.

제9절 꽝뚱(廣東)성, (간칭:粤)

1. 꽝뚱성 개요

중국대륙의 최남단에 위치하며 북으로는 쟝시성과 후난성, 동북으로는 푸지엔성, 서쪽으로는 꽝시자치구와 접해 있고 남으로는 바다건너 하이난성(海南省)과 가깝다. 주강(珠江), 짠강(湛江) 등 주요한 강이 흐르고, 1,600여개의 섬이 있으며 남부지역은 토지가 비옥하다.

위치는 북위 20°~26°, 동경 109°~118°사이에 있으며, 면적은 18.0만㎢, 인구는 2004년 말 현재 8,304만 명으로 인구밀도가 높은 성이다. 아열대 기후에 속하고 연평균 기온은 19°C~23°C에 이르며 연간 강우량은 1,500~2,000㎜ 이다.

행정구역은 21개 지급 시, 23개 현급 시와 54개 시할구, 41개 현, 3개 자치현으로 나뉘어 있다.

주요 도시로는 성도인 꽝저우와 경제특구인 선전(深圳), 주하이(珠海), 산터우(汕頭), 그리고 14개 연해개방도시의 하나인 짠장(湛江)과 뚱꽌(東莞), 사오꽌(韶關), 푸어산(佛山), 자오칭(肇慶), 마오밍(茂名) 등이 있다.

성도인 꽝저우 부근 주강(珠江) 삼각주 지역 주변의 여러 도시에는 외자기업들이 투자한 전기, 전자, 정보통신 업체가 상당수 밀집해 있다. 선전(深圳), 주하이(珠海), 산터우(汕頭)의 경제특구 지정은 홍콩, 마카오의 자본과 기술을 유치하는 것이 가장 큰 목적이었다.

廣東省

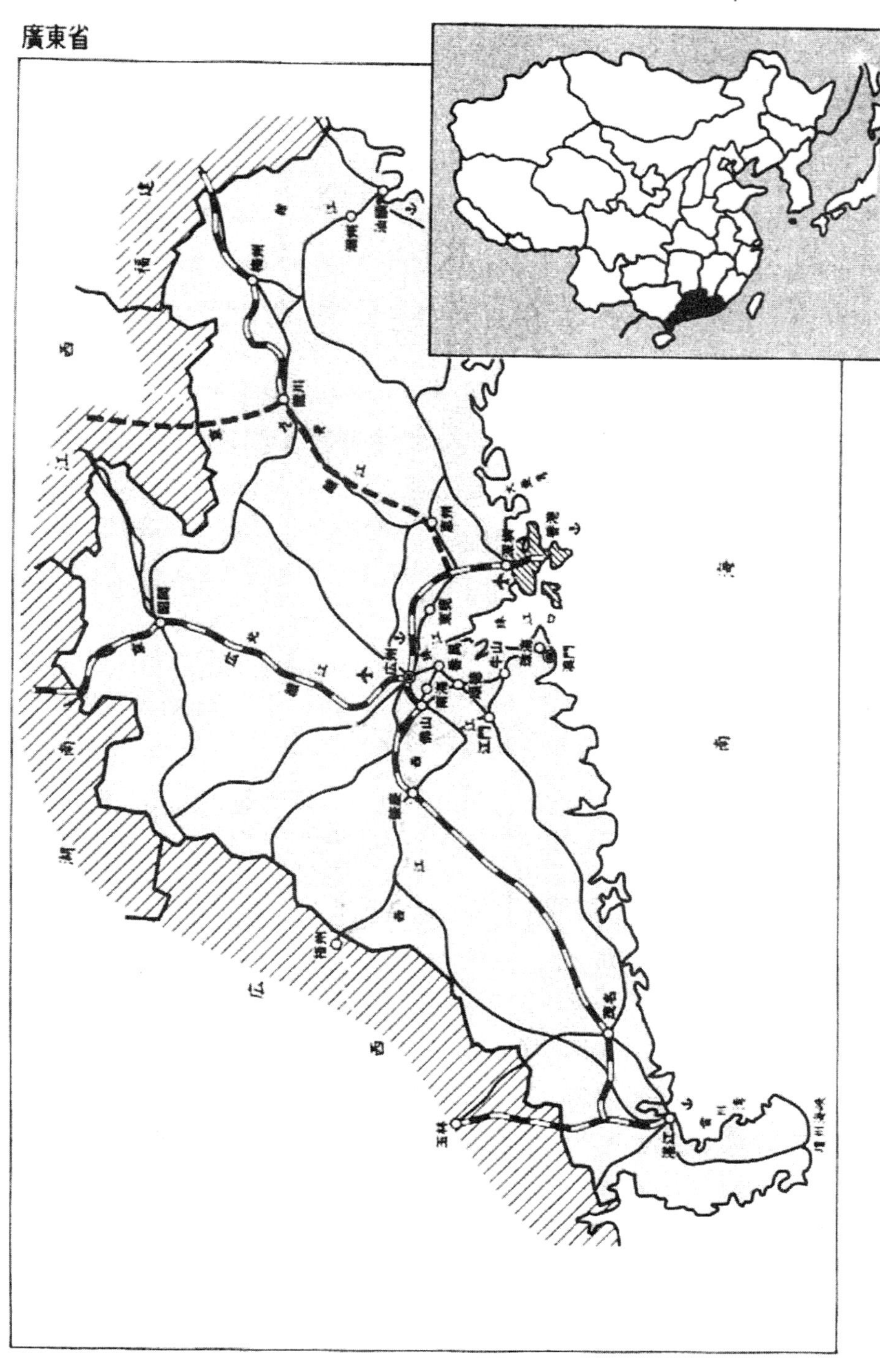

2. 경제현황

광뚱 상인들은 '이익에 죽고 이익에 산다'고 할 정도로 돈을 추구한다. 특징은 과감성과 먼저 시작하는 것이다.

광뚱성은 선전(深圳) · 주하이(珠海) · 산터우(汕頭)의 3개 경제특구와 광저우(廣州) · 짠장(湛江)의 2개 연안개방도시를 중심으로 대외개방을 적극 추진한 결과 성의 경제력이 급속히 확대되어 1980년 전국 6위에서 현재 1위로 올라섰다. 그러나 소득이 급속하게 증가된 반면, 물가도 급격하게 상승하고 있고 성 여러 지역의 소득격차가 심화되고 있는 것이 큰 문제로 부각되고 있다.

외자도입과 대폭적인 규제완화 조치로 경제는 발전하였지만 중공업과 경공업이 불균형하게 발전하고 있으며 주변 산업도 정비되어 있다고는 할 수 없다. 토지사용권 가격과 임금수준이 높다는 점에서 중소 제조업의 진출은 신중하게 검토할 필요가 있다.

2004년의 지역내 총생산액은 1조 6,040억 위엔으로 전국에서 가장 많으며 경제성장률은 14.2%를 기록하였다. 산업구조는 1차 산업 7.8%, 2차 산업 55.4%, 3차 산업 36.8%로 80년대 이후 1차 산업의 비중이 대폭 하락한 반면 2, 3차 산업의 비중은 계속 높아졌다. 지역경제의 발전에 따라 주민의 1인당 GDP도 1만 9,707위엔(2,386달러)으로 상승하여 전국 상위수준에 속한다. 도시주민의 1인당 가처분소득은 1만 4,546위엔이었고, 농촌주민의 1인당 순수입은 5,944위엔이었다.

지방 재정수입은 2004년 1,419억 위엔으로 많은 편이나 지출이 1,853억 위엔으로 적자여서 중앙재정에는 도움을 주지 못하고 있다. 고정자산투자 총액은 5,870억 위엔이고 사회건설 총규모는 2만 2,086억 위엔에 이른다. 특히 최초의 개방지역인 경제특구가 있고 홍콩과 인접한 관계로 타 지역에 비해 외자이용에 유리하였다.

광둥성 경제현황(2004년)

지역내 총생산액 (억 위엔)	1인당 GDP (위엔)	경제성장률	산업구조(%) 1차:2차:3차	근로자 연간 평균임금 (위엔)	사회고정 자산 투자 (억 위엔)	사회건설 총규모 (억 위엔)
16,039.5	19,707	14.2	8.7:50.9:40.5	22,079	5,831.8	22,085.6
재정수입 (억 위엔)	재정지출 (억 위엔)	도시주민 1인 평균 가처분 소득(위엔)	농촌주민 1인 평균 순수입(위엔)	농업총생산액(억 위엔)	공업총생산액 (억 위엔)	국유 및 규모 이상 비국유 기업수(개)
1,418.5	1,853.0	13,628	4,366	2,154.8	26,720.9	25,814
외자 기업수(개)	국유기업 과학기술요원(2003년, 만 명)			과학기술 특허상황(건)		
	엔지니어	과학자	의료인	발명특허	실용신안	디자인특허
55,259	13.6	0.5	16.1	1,941	9,307	20,198

자료 : 2005 中國統計年鑑, www.kita.net, 新中國五十五年統計資料匯編 1949-2004.

광물자원은 전국 1위인 유철광(3.3억 톤)·티타늄, 2위인 연(148만 톤), 3위인 고령토(3억 톤)이 있으며 아연·망간의 매장량도 많다. 그밖에 철·동·텅스텐·안티몬·금·은·희토류·게르마늄·납·비스마스·주석 등 116종이 있다. 현재 유철광과 아연·납의 개발이 진행중이다. 에너지 자원으로는 소량의 석탄·해저석유 등이 매장되어 있는 것으로 알려져 있다.

광둥성은 농업발전에 유리한 자연조건을 갖추고 있어 대부분 지역에서 2~3모작을 하고 있다. 또한 농업의 기계화정책 추진으로 단위 생산량이 늘어나고 있는 등 농업분야의 발전이 두드러져, 2004년 농업 총생산액이 2,155억 위엔에 달하였다. 농업과 함께 어업의 비중이 높은 특징이 있는데 어업의 높은 비중은 긴 해안, 넓은 면적의 해역 등으로 수산업과 양식업이 발달한데 기인한다. 주요 농산품은 쌀·사탕수수·땅콩·황마·담배·바나나·감귤·담수산물·송진·차잎·해산물·딸기·고무·생사·육류 등이다.

2004년의 공업 총생산액은 2조 6,721억 위엔에 달하는데 이와 같은 공업발전은 향진기업과 경제특구내 외자기업의 발전에 의한 것이다. 산업은 식품가공·섬유·의류·신발 등 경공업 위주로 발전하였으며 식품·방직·제지·전자·가전·화학·야금·비철금속·기계·전력·건재 등의 생산이 모두 전국 상위수준이다. 주요 생산품은 TV·세탁기·냉장고·화학섬유·종이·자동차·시멘트·자전거·설탕·유황·실크·식품류·제당·복장 등으로 모든 제품의 생산량이 전국의 10~20%를 넘어선다. 최근에는 정유업이 급속도로 발전하고 있다. 홍콩과 마카오에 인접해 있고 교통시설 또한 발달한 것이 급속한 경제발전의 동력이 되고 있다.

2004 근로자의 1인당 연간 평균 임금이 2만 2,116위엔(2,677달러)으로 31개 성 · 자치구 · 직할시 중에서는 매우 높은 수준이고 노동생산성도 높다. 이는 대외개방의 가속화로 외자기업의 활동이 활발한데다가 노동숙련도가 높은 데서 기인한다. 그러나 일부 도시의 경우는 임금이 너무 높아 저임금을 겨냥한 투자는 효과가 없을 것이다.

경제특별지역으로는 3개 경제특구와 광저우, 짠쟝의 2개 연안개방도시가 있으며 광저우 · 난사(南沙) · 짠쟝 · 따야만(大亞灣) · 후이저우(惠州)에 경제기술개발구가 건립되어 있고 광저우 · 푸어산 · 후이저우 · 주하이 · 선전 · 중산(中山)에 첨단기술산업개발구가 선전 · 사터우쟈오(沙頭角) · 산터우에 보세구가 있다.

3. 사회간접자본

광저우는 중국 남부지역 철도망의 중심지로서, 뻬이징과 광저우를 연결하는 징광(京廣)선과 북경과 홍콩 지우룽반도를 고속으로 연결하는 징지우(京九)선을 통해 홍콩과 뻬이징까지 연결된다. 그리고 광저우-선전 고속철도, 광저우-산터우 철도가 이미 운행 중에 있고, 광뚱성-하이난성의 해상철도가 건설중에 있어 지역개발이 빠르게 진행되고 있다. 총 영업거리는 2,181㎞에 달한다.

도로 총연장은 11만 1,452㎞로 비교적 광범위하게 펼쳐져 있으며 광저우-선전 고속도로, 주하이-뻬이징 고소도로를 비롯해 주강삼각주 주변 도시를 잇는 20여개 이상의 고속도로 망과 1급도로가 계속 건설되고 있다. 뿐만 아니라 향후에도 중장기적인 투자 계획이 있어 향후의 도로 수송능력은 더욱 향상될 것이다. 2004년 현재 고속도로 연장은 2,519㎞로 전국 제 2위를 차지하며, 1, 2급 도로의 길이도 상위 수준에 속한다.

한편 광저우 · 서커우(蛇口) · 짠쟝 등 많은 항구가 잘 발달되어 있지만 경제발전 속도가 워낙 빨라 수요에 못 미치고 있다. 옌티엔(鹽田) · 주하이 · 마오밍 등의 신항구가 건설되면 해상교통 문제가 다소간 개선될 것이다. 2004년 광저우항의 화물 물동량은 2억 1,520만 톤으로 상하이 · 닝뻐에 이어 중국 3위이다. 광저우항의 부두 총연장은 14.6㎞이고, 만톤 급 이상 정박장이 37개를 포함해 133개의 정박장이 있으며, 산터우(汕頭)항의 부두연장은 9.3㎞이고 91개의 정박장에 16개의 만톤 급 정박장이 건설되어 있다.

광뚱성 사회간접자본 현황(2004년)

운송거리(㎞)			여객 운송량(만 명)			자동차보유량 (승객용, 만 대)
철도영업	도로	내륙수운	철도	도로	내륙수운	
2,181	111,452	11,844	8,459	131,435	1,853	198.7
화물 운송량(만 톤)			우편, 통신 사업			
철도	도로	내륙수운	업무액 (억 위엔)	이동전화 (만 명)	특급우편 (만 건)	인터넷사용자 (만 명)
8,169	81,792	24,829	1,786.1	5,373.9	2,689.4	1,188
교통, 통신 근로자 수(명)						자동차보유량 (화물용, 만 대)
철도	도로	내륙수운	항공	파이프라인	통신, 정보서비스	
57,277	117,358	80,270	24,508	317	95,628	101.1

자료 : 2005 中國統計年鑑.

주요 공항으로는 광저우·주하이·선전·산터우가 있어 항공운송망은 양호하다. 특히 광저우는 홍콩·한국·태국·싱가포르·말레이시아·필리핀 등 세계 각국을 연결되고 있다.

광저우는 중국에서 통신이 가장 발달된 곳이기도 하다. 전화교환기·전화보유율·이동통신·디지털 통신 등 모든 통신사정이 양호하다. 2004년 휴대폰 사용자는 5,374만 명, 인터넷 사용자는 1,188만 명에 이른다.

전력은 수력 및 화력발전소, 따야만(大亞灣)의 핵발전소, 기업의 자가발전소, 내륙으로부터 전송되는 전력 등이 있지만 수요증가세가 워낙 빨라 부족상태에 직면해 있다.

4. 대외경제

경제특구 지정을 통한 외자기업의 진출이 많았고 홍콩·마카오와 인접한 이유로 중국에서 대외무역이 가장 먼저 발달하였을 뿐 아니라 무역액도 가장 많다. 수출액은 1999년 776.8억 달러에서 2004년 1,924.1억 달러로, 수입액은 같은 기간 626.7억 달러에서 1,709.4억 달러로 증가하였으며, 무역흑자가 지속되고 있다.

주요 수출품은 기계·전기·전자제품 및 부품·의류 및 부자재·신발·완구·섬유류·플라스틱제품·가방·가구·조명기구·유선전화기 등으로서 그중 기계·전기·전자제품 및 부품의 수출이 전체의 60%가 넘는다. 특히 최근에는 전자 · 통신기기 등 정보통신 산업제품의 수출이 늘고 있다. 주요 수입품은 전기 · 전자 · 석유화학 제품 · 반도체 · 플라스틱 원료 · 철강 · 컴퓨터 부품 · 원유 · 종이 및 판지 · 컴퓨터 및 주변기기 · 동 · 유류제품 · 면직물 등이다. 주요 교역대상국은 미국 · 일본 · 대만 · 한국 · 독일 · 싱가포르 · 영국 등이다.

외국인 투자기업의 수출액은 1999년 394.0억 달러에서 1,217.1억 달러로, 수입액은 각각 339.2억 달러에서 1,048.2억 달러로 증가하였다. 꽝뚱성에 진출한 외자기업들의 대외무역액이 전체 무역액의 과반수를 차지하여 꽝뚱성의 대외무역과 경제발전에 기여하는 바가 매우 큼을 알 수 있다.

한국의 수출액은 1999년 55.6억 달러에서 2004년 145.1억 달러로 증가하였고 수입액은 같은 기간 8.0억 달러에서 41.7억 달러로 증가하였다. 꽝뚱성은 한국의 부자재를 수입하여 가공, 수출하는 구조를 형성하고 인접한 홍콩과의 편리한 운송으로 인하여 한국제품에 대한 수입이 많다.

꽝뚱성 대외경제 현황

년 도	1999	2000	2001	2002	2003	2004
총수출액(억 달러)	776.8	919.7	954.3	1,190.9	1,537.1	1,924.1
외자기업의 수출(억 달러)	394.0	495.1	542.7	696.3	953.7	1,217.1
한국에 대한 수출(억 달러)	8.0	10.4	11.7	14.5	25.2	41.7
총수입액(억 달러)	626.7	782.0	810.7	1,063.6	1,355.2	1,709.4
외자기업의 수입(억 달러)	339.2	425.3	442.6	589.8	793.0	1,048.2
한국으로부터 수입(억 달러)	55.6	68.6	67.5	76.5	105.2	145.1
외국기업의 직접투자(억 달러)	122.0	122.4	129.7	113.3	78.2	140.6
외자기업 등록 투자총액(억 달러)	-	2,165.1	2,218.2	2,363.5	2,412.6	2,610
외자기업 등록기업 수(개)	-	49,865	47,102	49,875	51,672	55,259
한국의 투자(건수, 백만 달러, 실제 투자액 기준)	6건 2.5	18건 8.1	31건 15.6	45건 34.4	62건 46.0	86건 114.0

자료 : 中國統計年鑑, 각년 판, www.kotra.or.kr, www.koreaexim.go.kr, www.kita.net.

외자기업의 투자는 꽝뚱성의 높은 투자비용, 화교들의 지역 및 업종 선점 등 단점이 있는데도 불구하고 중국에서 가장 높은 구매력, 전국적인 물류 운송망, 사회간접자본의 완비, 높은 노동생산성, 개방적인 분위기 등으로 외국인투자는 다른 성 · 시에 비해 단연 앞서고 있다. 이러한 외자기업에 유리한 경제환경은 3개의 경제특구와 2개의 개방도시 등을 조기 개방한 결과이다.

외국인 직접투자는 매년 상당한 규모가 투자되고 있는데, 2004년 140.6억 달러가 투자되었다. 이는 장쑤성 다음으로 많은 수치이다. 투자 누적액으로 보면 중국 전체 성중에서 광뚱성에 가장 많이 투자되었다. 주요 투자국은 홍콩·마카오를 제외하면 대만·태국·싱가포르·미국·일본 등이다. 홍콩의 투자가 전체의 80%를 넘으며 대만 등 화교상권의 투자액까지 합치면 90% 내외에 달한다.

투자형태는 최근 수년간 금액기준으로 단독투자가 절반이 넘으며 투자업종은 경공업분야의 조립가공이 주종을 이루고 있다. 이것은 노동력이 절대 부족한 홍콩 투자가들이 광뚱성의 노동력을 이용하기 위하여 위탁가공 계약 및 노동집약 산업에 투자한 것이 대부분이라 할 수 있다. 최근 산업발전에 따라 정유업·정보통신 산업 등에 대한 투자도 급격히 증가하고 있다.

2004년 말 현재 기 등록된 외자기업 수는 5만 5,259개이며 등록된 투자총액은 2,610억 달러에 이르고 있다.

한국의 투자는 실제 투자액 기준으로 2004년 86건 114백만 달러에 이르고 있다.

5. 주요 도시 경제상황

① 광저우(廣州)시

광저우시는 성의 중남부와 주강(珠江) 삼각주의 북쪽에 위치하며 남아열대 전형의 계절풍 해양성 기후의 영향으로 온난하고 비가 많으며 햇빛이 많다. 2004년 1월 평균기온 13.4°C, 7월 평균기온은 28.7°C를 기록하였으며 연간 강우량은 1,637㎜에 달하였다.

지형은 북쪽이 높고 남쪽은 낮으며 중간은 저산지대 및 구릉지대를 이루는 복잡한 형태이다.

총면적은 7,434㎢, 시할구 면적 3,718㎢이며 2004년 말 총인구는 738만 명, 시할구 인구는 600만 명이었다. 행정구역은 위에시우(越秀)·뚱산(東山)·판위(番禺) 등 10개 구, 쩡청(增城) 등 2개 시로 구성된다.

광저우는 2000년의 역사를 지닌 고도(古都)로 옛부터 동서무역을 연결하는 '해상 실크로드'의 요충지였다. 1,200년의 개항역사를 가지고 있고 근대에 아편전쟁의 도화선이 된 지역이다.

해외 화교들의 고향이기도 하여 120여 국가 50여만 명의 화교들이 왕래하며 홍콩 및 대만화교 80여만 명이 방문한다. 이러한 해외화교들은 중국에 투자하는 원동력이고 중국기업의 해외활동에 적극적인 매개체로서의 역할을 한다.

2004년 말 지역내 총생산액은 4,116억 위엔으로서 경제성장률은 전년대비 15.0% 증가하였으며 1인당 GDP는 5만 6,271위엔(6,812달러)으로 중국 최상위 수준이다. 산업구조는 1, 2, 3차 산업의 비중이 각각 2.8%, 44.2%, 53.0%였다.

지방 재정수입 303억 위엔, 재정지출 408억 위엔, 고정자산투자총액은 1,349억 위엔, 도시와 농촌 주민의 연말 저축액은 4,257억 위엔을 기록하고 있다. 광물은 유색금속 · 귀금속류 · 희토류 · 에너지 · 석탄 · 철광 · 연 · 황금 · 대리석 · 고령토 · 정장석 · 석묵 · 석영사 등의 자원이 풍부하다.

채소 · 리즈 · 룽옌 · 화혜 등의 농산물과 머리화(茉莉花) · 국화 · 식량 · 가금 · 수산물 · 야생동물이 많다.

과학 · 교육 · 교통 · IT산업이 발전하였고 노동생산성, 1인당 평균소득이 매우 높다. 창업이 활발하고 자본경쟁력이 높은 도시이다. 개방도가 높아 정부와 기업의 관리수준이 높다. 2004년의 공업 총생산액은 5,043억 위엔으로 나타났고 근로자 수와 근로자의 연평균 임금은 각각 186만 명과 3만 1,592억 위엔(3,825달러)에 달하였다.

징광(京廣)선 · 징지우(京九)선이 지나고 광선(廣深)선 · 광란(廣蘭)선 · 광마오(廣茂)선 · 광메이산(廣梅汕)선의 교차점이다. 뻬이징-광저우간 고속철도 건설계획이 있으며 광저우-선전, 광저우-주하이 간 궤도철도를 부설할 계획으로 있다.

도로로 내륙 각지와 홍콩으로 연결되며 화남지역 민간항공 교통의 중심지이다. 남부 최대의 원양어업 기지이기도 하다.

장거리 및 이동전화 등 통신산업이 급속하게 발전하여 휴대폰 보유자는 1,123만 명, 인터넷사용자는 248만 명에 이른다. 수력과 화력 등 전력산업의 발전도 양호하다.

2004년 현재 외자 공업기업의 개수는 541개, 생산액은 1,938억 위엔에 이르며, 실제 외자투자액은 24.0억 달러에 달했다.

② 선전(深圳)시

선전시는 광뚱성 중남부에 위치하며 남쪽으로 홍콩, 북쪽으로 뚱관시, 후이저우시와 접하고 서쪽은 주강 입구, 동쪽은 따펑만(大鵬灣)에 인접해 있다. 연평균 기온은 22.4°C, 강우량은 1,910㎜ 내외이다.

총면적 1,953㎢에 경제특구 면적은 392㎢이며 2004년 말 총인구는 137만 명에 달하였다.

경제특구중 가장 발전한 선전시의 행정구역은 뤄후(羅湖)·푸티엔(福田) 등 6개 구로 편성되어 있고 그중 4개가 특구이다.

선전은 작은 어촌에 불과하였으나 경제특구로 지정된 이후 지속적인 발전을 거듭하여 특구 중 가장 경제규모가 크며 전국 제 2위의 경쟁력을 가진 현대적이며 발전전망이 큰 도시가 되었다. 화난(華南)지역의 경제·증권·금융·해운·첨단산업 등의 중심도시로서 1인당 국민소득·노동생산성·GDP 증가율이 매우 높고 인재, 자본이 몰리는 지역이다. 홍콩과 인접한 장점이 있고 기술 인프라가 잘 되어 있으며 쾌적한 주거환경, 관광산업에 잠재력을 가지고 있다. 반면 인건비가 지나치게 높은 단점이 있다.

산업구조는 농수산업 위주에서 공업도시이자 상업·무역·부동산 등의 3차 산업이 발전한 도시로 변모하였다.

2004년 지역내 총생산은 3,423억 위엔으로 경제성장률은 17.3%로 나타났고 1인당 GDP는 5만 9,271위엔(7,176달러)에 달하였다. 산업구조는 1차 산업 0.%, 2차 산업 61.59%, 3차 산업 38.0%으로 나타났다.

지방 재정수입은 328억 위엔, 재정지출은 386억 위엔으로 적자상태이며 고정자산투자는 1,093위엔에 달했다.

농업은 첨단산업을 핵심으로 한 공업 및 3차 산업 중시풍조로 인하여 경작지의 감소, 생산량의 감소현상이 나타나고 있다.

공업은 경공업 위주에서 정보통신·전자 등 첨단산업으로 이동되고 있다. 주요 공산품은 집적회로·핸드폰을 포함한 전화기·전화교환기·마이크로컴퓨터·전자부품·플라스틱 제품 등이며 이에 포함되지 않는 TV·프린터·하드드라이브, 액정모니터 등 전자제품을 포함하면 구조변경은 거의 완결단계에 이른 것을 알 수 있다. 공업 총생산액 6,509억 위엔에 달하여 타 경제특구보다 상당히 많고 일부 내륙 빈곤지역보다 앞섰다. 근로자 수는 131만 명으로 근로자의 연평균 임금은 3만 1,928위엔(3,865달러)으로 나타났다.

사회간접자본은 도로 · 철도는 뻬이징 · 홍콩 · 광저우로 편리하게 연결되며 항만 · 항공은 국내 전 지역은 물론 해외로 직접 연결된다.

전력의 연간 발전량은 2003년 484억 kWh로 양호하며 통신도 광케이블이 25만 ㎞로 원만한 편이다. 경제 각 분야의 200여개 D/B가 운용되고 있으며 전국 웹싸이트의 10%를 차지한다. 공업용수 등도 모두 문제가 없다.

무역에 대한 통계를 보면, 주요 수출품은 의류 등 섬유류 · 카세트 라디오 · C-TV · 전화기 · 식품류 · 자전거 등이며 수출대상국은 미국 · 일본 · 독일 · 싱가포르 · 대만 · 프랑스 등이었다.

주요 수입품은 주로 강재 · 컴퓨터 · 설탕 · 복사기 · 자동차 · 석유 · 비료 등이며 수입대상국은 일본 · 대만 · 한국 · 미국 · 말레이시아 · 싱가포르 등이었다. 한국의 수출은 2003년 42.8억 달러, 수입은 4.5억 달러에 달하였다.

2004년 현재 외자 공업기업의 개수는 355개, 생산액은 2,679억 위엔에 이르며 2004년의 실제 외자투자액은 36.1억 달러에 달했다. 주요 투자국가는 홍콩 · 마카오 외에 프랑스 · 미국 · 영국 · 한국 · 싱가포르 · 일본 · 대만 등으로 나타났다. 업종은 제조업이 가장 많은데 최근에는 정보통신, 전자 업종에 대한 투자가 증가하고 있다.

선전시에 첨단기술산업원이 건설되어 있다.

③ 뚱관(東莞)시

주강 연안에 있고 선전의 서북쪽에 접하며 홍콩에서 47해리 떨어져 있는 홍콩의 배후도시이자 광뚱성의 중심도시이다. 홍콩과 광저우의 중간에 위치한다.

총면적 2,465㎢에 인구는 159만 명이다. 시내에 300만 명의 해외 화교 · 홍콩 · 마카오인 등 외지인이 거주한다.

2004년의 지역내 총생산액은 1,155억 위엔으로서 전년대비 19.6%의 경제성장률을 기록하였다. 1인당 GDP는 7만 1,997위엔(8,716달러)으로 전 중국의 도시민 중에서 가장 높은 수준이다. 1차, 2차, 3차 산업의 비중은 각각 2.4%, 55.5%, 42.2%이며 재정수입은 83억 위엔, 재정지출 94억 위엔, 고정자산투자는 434억 위엔으로 나타났다.

뚱꽌은 세계적으로 유명한 IT산업기지이자 중국의 정보통신산업 메카로서 2,800여 개의 컴퓨터업체가 진출해 있고 전원보호기 · 마우스 · 액정화면 · 컴퓨터 케이스 등의 생산량이 전세계에서 가장 많은 지역이다. 세계 500대 기업중 28개가 진출해 있어 컴퓨터 생산에 필요한 부품 중 95%를 뚱꽌 자체에서 조달할 수 있는 정도이다. 그래서 뚱꽌-선전간 고속도로가 막히면 세계 컴퓨터 시장의 70%가 마비된다고 한다.

반경 2시간 안에 컴퓨터 · 통신 · 전자 관련 부품회사들이 몰려 있어 기업간 원자재 확보에서 생산품 판매까지 기업간 연계가 매우 밀접한 특징이 있다. 실제로 전지회사 듀라셀이 진출하고 노키아가 공장을 세웠고, 히다찌가 모니터 생산공장을 세우자 관련업체 100여개가 동시에 투자하여 완벽한 일관 생산체제가 형성되었다.

이러한 정보통신산업은 800여 개에 달하는 대만 컴퓨터 생산업체(총 4,500여 개 업체가 투자)들의 주도하에 형성되었는데 상위 10개사 생산품이 세계시장 점유율 1위를 차지한다. 대만의 투자는 지리적 인접성 · 혈연 · 문화적 동질성과 중국정부의 적극적인 지원에 기인한다. 아울러 홍콩에 거주하는 뚱꽌출신 화교, 시정부의 전력 · 교통 · 통신 등에 관한 인프라 건설 등도 한몫을 차지하였다. 매출액 대비 연구개발 재투자비의 비율도 높다.

2004년의 공업 총생산액은 2,583억 위엔으로 높으며 근로자 연평균 임금은 2만 5,330위엔(3,067달러)이다.

선전, 상하이에 이은 중국 제 3위의 수출도시이며 4천여 개의 외자기업이 투자하였다. 한국 기업도 200여 개에 이른다.

2004년 현재 외자 공업기업의 개수는 288개, 생산액은 884억 위엔에 이르며, 실제 외자투자액은 21.4억 달러에 달했다.

④ 주하이(珠海)시

주하이는 성 중남부 주강(珠江) 하류에 위치하며 중국과 마카오의 국경선과 접해 있는 경제특구이다. 146개의 부속 섬을 포함하여 총면적 1,688㎢에 경제특구 면적은 121㎢이다. 2004년 말 특구내 인구는 86만 명이었다. 행정구역은 샹저우(香洲) · 터우먼(頭門) 등 3개의 구가 있다.

수년간 시장수요를 고려하지 않은 무모한 인프라 투자의 후유증으로 재정위기에 직면한 바 있고 점차 외국투자가들이 외면하는 실패특구로 쇠락해 가고 있다.

2004년 지역내 총생산액은 546억 위엔으로서 전년대비 13.8%의 경제성장률을 기록했으며 1인당 GDP는 6만 4,960위엔(7,864달러)으로 매우 수준이 높다. 1, 2, 3차 산업의 비중은 3.6%, 57.0%, 39.4%로 나타났다. 지방 재정수입은 34억 위엔, 재정지출은 51억 위엔이었다.

농업은 자가 소비용보다는 인접한 마카오에 공급하기 위한 상업농이 큰 비중을 차지한다. 농업 총생산은 29억 위엔에 달하였으며 주요 농산품은 쌀 · 사탕수수 · 과일 · 채소 등이다. 50여개의 소비재 종합시장과 20여개의 농부산품 시장이 있다.

공업은 전자 · 섬유봉제 · 식품가공업이 주종을 이루어 왔으나 최근에는 정유공장 · 펄프공장 · 조선소 건설에 중점을 두기 시작했으며 이외에 컴퓨터 소프트웨어 · 생물공학 단지 조성에 초점을 두고 있다.

공업 총생산액은 1,263억 위엔에 달했으며 근로자 연평균 임금은 2만 86위엔(2,432달러)이었다.

사회간접자본은 주하이가 주강 하류라는 점에서 도로보다는 수운이 더 발달되어 있다. 도로확충을 위해 짠쟝(湛江) · 뻬이징 · 광저우와 주하이를 잇는 3개의 고속도로와 홍콩 · 타이산(台山) · 마카오에서 주하이를 연결하는 3개의 교량이 건설되고 있다.

수운은 지우저우(九洲)항, 샹저우(香洲)항, 주하이(珠海)항의 3개 항이 있다. 지우저우항은 홍콩이나 주강 연안을 운송하는 컨테이너 바지선 항구로, 샹저우항은 소규모 화물운송과 어항으로 활용된다. 주하이항은 2만톤 급 접안부두가 2개 있고 8만톤 급 석유전용 부두가 1개 있어 원양화물 항구로 사용되고 있다. 최근 주하이항을 자재, 광물 등을 운송하는 특수부두로 사용할 계획하에 5만톤 급 이상의 선박이 정박하는 국제항으로 개발하고 있으며 배후에는 400㎢의 중화학 단지를 조성하고 있다.

주하이 공항은 대형여객기의 이착륙이 가능하고 국내외의 주요 도시와 연결되어 있지만 도심과 30㎞ 떨어져 있는 불편함이 있다.

전력은 광뚱성에 연결되어 있고 시 자체로 49만 ㎾의 화력발전소가 있어 안정적인 편이다.

주하이의 주요 수출품은 의류・플라스틱・면직물・전등장식・가구・완구 등이고 주요 수출대상 지역은 독일・호주・멕시코・이태리・미국・일본 등이었다. 수입품은 기계설비・전기・전자・철강 등이다.

2004년 현재 외자 공업기업의 개수는 140개, 생산액은 659억 위엔에 이르며, 실제 외자투자액은 5.1억 달러에 달했다. 주요 투자국은 홍콩, 마카오, 싱가포르・버지니아군도・미국・일본 등이다.

헝친(橫琴) 경제기술개발구와 주하이 첨단기술산업개발구가 건설되어 있다.

⑤ 산터우(汕頭)시

산터우는 꽝뚱성 남부에 위치하는 경제특구로서 연평균 기온은 21.3°C, 연평균 강우량은 1,510㎜ 내외의 기후를 보이는 지역이다.

총면적 2,064㎢에 특구 면적은 234㎢이다. 2004년 말 시 전체 인구는 488만 명이며 행정구역은 룽후(龍湖)・진핑(金平) 등 6개 구 및 난아오(南澳)현으로 편제되어 있다.

2004년 지역내 총생산액은 604억 위엔으로 전년대비 10.1%의 성장률을 보였고 1인당 GDP는 1만 2,421위엔(1,504달러)에 달했다. 산업구조는 1차 산업이 8.4%, 2차 산업 50.3%, 3차 산업 41.2%의 비중을 보이고 있다. 중앙정부로부터 밀수 다발지역으로 주목받고 있다.

농업은 과실・채소・수산・가공・목축업 등의 기지를 조성하여 발전을 시도하고 있다. 그러나 시의 발전이 공업에 중점을 두고 있기 때문에 한계가 있다.

공업은 경공업 위주이지만 최근 서서히 중화학・전자・의약・기계 등을 중점산업으로 육성하기 시작하였다. 2004년의 공업 총생산액 622억 위엔에 달했으며 근로자 연평균 임금은 1만 5,482위엔(1,874달러)이르렀다.

산터우시의 사회간접자본은 대체로 부족함이 없다. 도로는 주요 국도가 시내를 통과하고 있고 도로포장율도 매우 높으며 고속도로의 사용도 용이하다. 홍콩과 컨테이너 화물차가 매일 왕복하고 있고 꽝저우–뚱꽌–후이저우–메이저우(梅州)-산터우를 잇는 꽝메이산(廣梅汕)선을 통해 징지우선과 연결된다.

산터우공항은 대형여객기의 이착륙이 가능하고 국내외의 주요 도시와 연결되어 있다. 항만은 부두의 길이가 9.3㎞에 달하고 정박시설이 만톤 급 16개를 포함해 91개가 건설되어 있다. 2004년의 물동량은 1,576만 톤이며 세계 40여개 국가와 통항하고 있다.

통신의 경우도 전화교환기의 보급도 충분한데 2004년의 휴대폰 사용자는 191만 명, 인테넷 사용자는 15만 명으로 급속하게 증가하고 있다. 광저우와 중국 최초의 정보 고속도로가 개통되어 있다.

전력도 광뚱에 연결되어 용량이 충분한 편이며 또한 변전설비 공사가 계속되고 있어 향후의 공급상황도 낙관적이다.

주요 수출품은 감광 · 도자기 · 방직 · 의류 · 의약 · 공예품 등이었고 주요 수입품은 기계설비 · 전기 · 전자 · 철강 등이다. 주요 교역 대상국은 홍콩 · 말레이시아 · 대만 · 미국 · 호주 등이다.

2004년 현재 외자 공업기업의 개수는 107개, 생산액은 112억 위엔에 이르며 2004년의 실제 외자투자액은 0.8억 달러에 달했다.

주요 투자국은 태국 · 영국 · 말레이시아 · 대만 · 싱가포르 등이며 업종은 제조업이 가장 많았다.

난아오하이따오(南澳海島)개발시험구, 보세구, 첨단기술산업개발구 등이 설립되어 있다.

⑥ 짠쟝(湛江)시

중국 최남단 광뚱성 서남부에 위치한 아름다운 해변도시이다. 광뚱, 광시자치구 · 하이난이 연결되는 지역으로서 화남지역과 서남지역의 중심지가 되고, 서남지역의 성 · 시가 해양으로 진출하는 출구이며 아시아 · 태평양 경제권의 전략적 위치에 놓여 있다. 북회귀선 이남에 위치하여 아열대 계절풍 기후를 보이며 연평균 23℃의 기온을 나타내고 있다. 해안선 길이는 1,556㎞로 풍부한 해양자원을 가지고 있다.

총면적은 1만 2,471㎢, 시할구 면적은 1,460㎢이고 2004년 총인구는 716만 명, 시할구 인구는 144만 명이다. 행정구역은 샤산(霞山) 등 4개 구, 레이저우(雷州) 등 3개 시, 쉬원(徐聞) 등 2개 현으로 편성되어 있다.

2004년 지역내 총생산액은 608억 위엔으로 전년대비 11.0%의 성장률을 보였고 1인당 GDP는 9,733위엔(1,178달러)에 달했다. 산업구조는 1차 산업이 20.5%, 2차 산업 44.4%, 3차 산업 35.1%의 비중을 보이고 있다.

광산물은 금 · 은 · 연 · 티타늄 · 석회석 · 고령토 · 규사 · 화강암 등이 풍부하다. 농업이 발전한 도시로서 쌀 · 사탕무우 · 고무 · 커피 · 수박 · 바나나 · 룽엔 · 리즈 · 망과 등을 생산하고 수산물은 진주 · 게 · 돔 등 수백 종이 있다.

공업은 제당 · 식품 · 방직 · 담배 · 석유화학 · 건재 · 자동차 · 기계 · 가정용 전기제품, 플라스틱제품, 전자, 전력 등 업종이 발전해 있다. 2004년의 공업 총생산액은 499억 위엔, 근로자 연평균 임금은 1만 3,402위엔(1,623달러)으로 나타났다.

타 지역과 연결되는 도로가 완비되어 있고 광저우-짠장의 고속도로가 있으며 철도는 리탕(黎塘)선과 싼마오(三茂)선이 있고 국가철도 간선과 연계하여 전국과 연결된다. 또한 리탕선의 복선과 짠장-하이난선이 공사중에 있다.

항구는 부동항으로서 수심이 깊고, 수역이 넓으며 장애요인이 없고, 풍랑이 적어 7만톤 급의 선박출입이 자유롭다. 세계 100개 이상의 항구와 통항하는 등 완벽한 교통체계를 갖추고 있다. 항만의 부두길이는 10.1㎞이며 정박시설은 만톤급 이상 29개를 포함하여 총 80개가 있다. 2004년 물동량은 3,780만톤에 달하였다. 특수한 점은 철도와 항구가 결합된 컨테이너 운송체계를 갖추고 있다는 것이다. 통신은 마이크로웨이브 통신과 광섬유 통신, 이동전화 등이 급속히 확산되고 있다.

2004년 현재 외자 공업기업의 개수는 40개, 생산액은 349억 위엔에 이르며, 실제 외자투자액은 0.6억 달러에 달했다.

제10절 푸지엔(福建)성, (간칭:閩)

1. 푸지엔성 개요

중국 동남부에 위치하며 대만해협을 사이에 두고 대만과 마주보고 있다. 남으로는 남해(南海), 북으로는 저장성, 서로는 장시성, 서남으로는 광뚱성과 접해 있다.

위치는 북위 23°~28°사이, 동경 115°~120°사이에 있으며 아열대 해양성몬순 기후에 속하며 연평균 기온은 17°C~21°C이고 연간 강우량은 1,400~2,000㎜이다.

면적은 12.1만㎢, 인구는 2004년 말 현재 3,511만 명이다. 행정구역은 9개 지급시, 14개 현급 시, 26개 시할구를 포함하는 85개 현급 구획으로 나뉘어 있다.

푸지엔성은 중국정부에서 정치, 경제적으로 많은 주목을 받는 지역이다. 우선 대만과 지리적으로 가장 가깝고 대만 거주민 상당수의 친인척이 살고 있어 정치적으로 미묘하다. 또한 푸지엔성 화교들은 대만 뿐 아니라 전세계에 부를 축적한 경제인들이 많아 이들이 고향에 집중 투자함으로써 푸지엔성의 신속한 경제발전에 많은 기여를 하였다. 사면(厦門)이 경제특구로 지정된 이면에는 이러한 중국의 정치 · 경제적 전략이 포함되어 있다.

주요 도시는 성도인 푸저우(福州)와 경제특구인 샤먼(厦門), 그리고 개방도시인 취엔저우(泉州), 장저우(漳州) 등이 있다.

2. 경제현황

푸지엔성은 개혁, 개방이후 신속한 경제발전을 거듭해 왔는데, 향후 산업과 기술발달에 따른 자기개발 가능성의 확대, 천연적으로 양항(良港)의 조건을 갖춘 해안선, 푸지엔성 출신의 화교가 많은 점 등의 요인으로 성장잠재력이 높은 것으로 평가되고 있다.

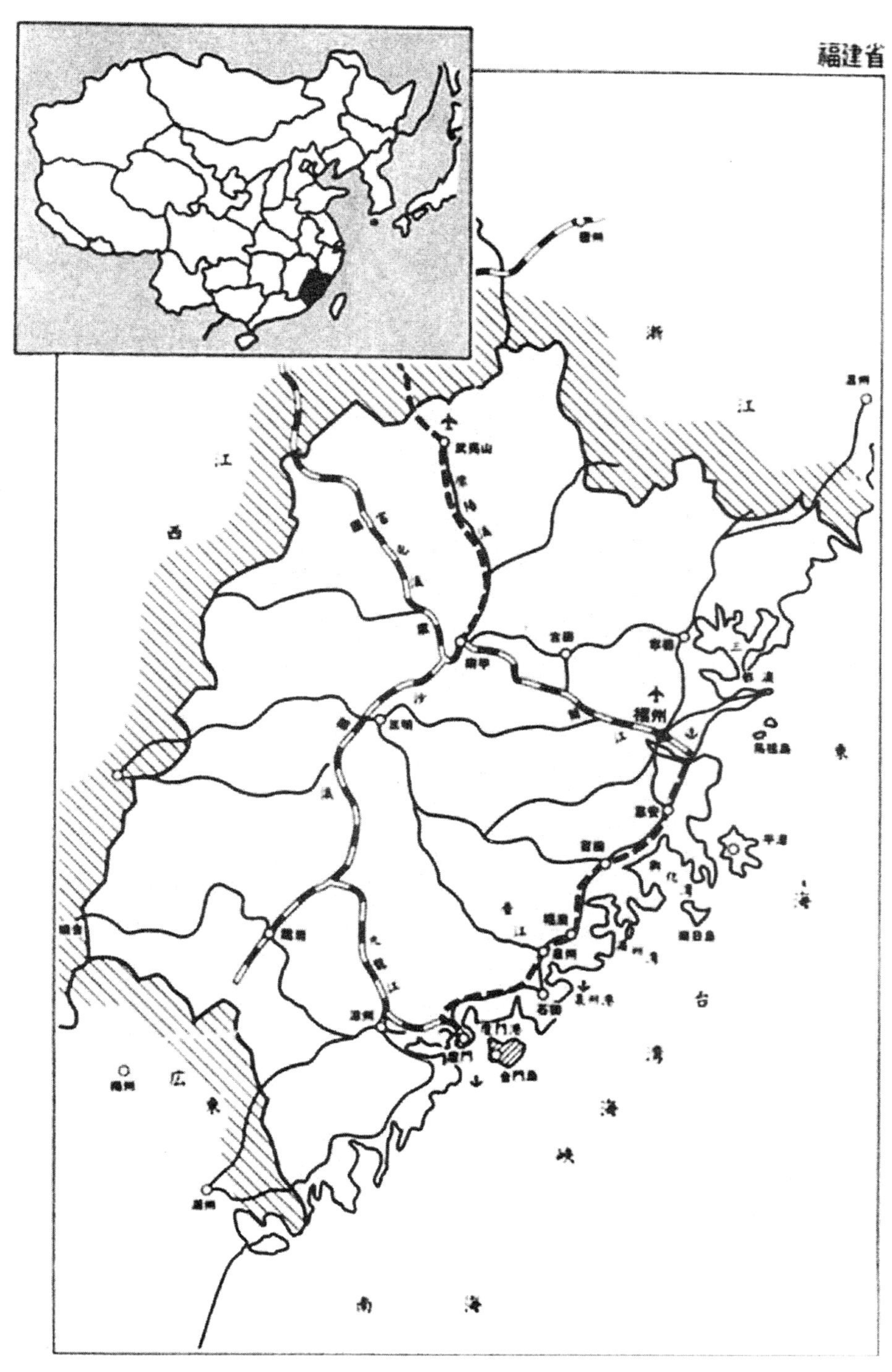
福建省
浙
江
江
西
福州
広
東
東
海
台
湾
海
峡
南
海

2004년의 지역내 총생산액은 6,053억 위엔으로 GDP 성장률은 12.1%를 기록하였다. 산업별 구성은 1차 산업이 12.3%, 2차 산업이 49.4%, 3차 산업이 38.3%의 분포를 보였다. 지역주민의 1인당 GDP는 1만 7,218위엔(2,085달러)으로 부유한 지역에 속한다. 도시주민의 1인당 가처분소득은 1만 1,175위엔, 농촌주민의 1인당 순수입은 4,089위엔으로 달해 전국에서 높은 수준이다.

지방 재정수입은 334억 위엔, 재정지출은 517억 위엔에 달하여 만성적인 재정적자 상태가 유지되고 있으며 전사회고정자산투자 총액은 1,889억 위엔을 기록하였다. 사회건설 총규모는 6,677억 위엔에 달했다.

푸지엔성에는 많은 광물자원이 매장되어 있고 매장량도 비교적 풍부한데, 그 중 텅스텐 · 유리용 석영사(石英砂) · 석영 · 보석류와 화강암 등의 14종이 전국 5위를 차지하고 있다. 이외에 동 · 석탄암 · 형석 · 고령토 · 철광석 · 석탄 · 보크사이트 · 몰리브덴 · 니켈 등 자원도 풍부하다. 또한 삼림자원이 풍부하여 화동(華東)지구 삼림 축적량의 36%를 차지하는 중요 목재 생산지역이기도 하다.

푸지엔성 경제현황(2004년)

지역내 총생산액 (억 위엔)	1인당 GDP (위엔)	경제성장률	산업구조(%) 1차:2차:3차	근로자 연간 평균임금 (위엔)	사회고정 자산 투자 (억 위엔)	사회건설 총규모 (억 위엔)
6,053.1	17,218	12.1	12.3:49.4:38.3	15,495	1,888.6	6,676.9
재정수입 (억 위엔)	재정지출 (억 위엔)	도시주민 1인 평균 가처분 소득(위엔)	농촌주민 1인 평균 순수입(위엔)	농업총생산액(억 위엔)	공업총생산액 (억 위엔)	국유 및 규모 이상 비국유 기업수(개)
333.5	516.7	11,175	4,089	1,317.3	6,783.4	11,912
외자 기업수(개)	국유기업 과학기술요원(2003년, 만 명)			과학기술 특허상황(건)		
	엔지니어	과학자	의료인	발명특허	실용신안	디자인특허
17,236	6.9	0.4	6.1	160	1,776	2,822

자료 : 2005 中國統計年鑑, www.kita.net, 新中國五十五年統計資料匯編 1949-2004.

2004년 농업 총생산액은 1,317억 위엔으로 주요 작물로는 쌀 · 사탕수수 · 고무 · 송진 · 차잎 · 바나나 · 감자 · 수산물 등이며 경작지는 주로 푸저우 · 장저우 · 취엔저우 등 동부지역에 밀집되어 있다. 특히 3,000㎞가 넘는 광활한 해역에서 생산되는 수산물의 생산 비중이 점차 높아가고 있는데 2004년의 경우 전체 농업 총생산액에서 어업의 비중은 30%나 되었다.

2004년의 공업 총생산액은 6,783억 위엔에 달했다. 중앙통제가 강한 국유기업의 비중이 타 지역에 비해 낮은 편이어서 독자적인 개방정책을 실행할 수 있었고 향진기업, 외자기업 중심의 경제발전이 가능했다.

주요 산업으로는 야금・전력・화학・건재・제지・전자・계측기기・플라스틱・목재・식음료 등을 들 수 있으며, 주요 공산품으로는 석탄・소금・목재・담배・시멘트・철강・발전량・설탕・통조림・면직물 등이 있다. 2004년 근로자의 1인당 평균 연간 임금총액은 1만 5,603위엔(1,889달러)으로 나타났다.

경제특별지역으로는 샤먼(厦門)에 경제특구가 건설된 외에 푸저우・푸칭룽챠오(福淸融橋)에 경제기술개발구, 푸저우에 보세구가 설치되어 있다.

3. 사회간접자본

푸지엔성은 산지가 많고 대만에 대한 군사적 전초기지의 역할을 해왔기 때문에 사회간접자본에 대한 투자가 오랫동안 부진했다. 그러다가 1979년부터 1988년까지 푸저우・샤먼・우이산(武夷山)의 3개 공항, 푸저우・샤먼・메이저우만(湄州灣)의 3개 항만과 푸마(福馬)・푸샤(福厦)의 2개 도로, 푸저우・샤먼・취엔저우(泉州)・장저우(漳州)의 프로그램 제어전화 망, 잉샤(鷹厦)・와이푸(外福)・장취엔(漳泉)의 3개 철도가 집중적으로 건설 혹은 보수되었다.

최근 상황을 구체적으로 보면 2004년 말 현재 철도 영업길이는 1,454km, 도로의 총연장이 5만 6,208km에 이르며 도로망은 푸저우를 중심으로 샤먼・장저우・푸티엔 등 주요 도시로 연결된다. 농촌도로망도 대부분 완비되어 있다.

철도는 성의 연해쪽 외곽지역을 거치는 형태로 되어 있고 내부를 관통하는 철도는 없다. 이에 따라 고속철도 건설 및 간선철도 복선화 및 전기화를 적극 추진중에 있다.

연근해, 내륙수운 등은 푸저우・샤먼・취엔저우를 중심으로 운송망이 형성되어 있다. 현재 200톤 이상 선박이 정박 가능한 부두는 150여개소에 달하며 원양선박 접안은 20여개 항구에서 가능하다. 주요 항만의 화물취급 능력이 대폭 개선되었으며 260여개의 국내외 해운항로가 개설되어 있다.

푸저우・샤먼・우이산 등 4개 지역의 공항을 통해 뻬이징・상하이 등 국내공항은 물론 홍콩・싱가포르・필리핀 등 다른 나라와 연결되고 있다.

또한 푸저우, 샤먼의 전화망으로 국내 주요도시나 홍콩 · 일본 · 미국 · 영국 등 20여 개 국가 및 지역과 직접 연결된다.

2004년 휴대폰 사용자 1,138만 명, 인터넷 사용자 326만 명으로 정보화가 급속히 진행되고 있다.

전력은 1997년 발전소 확충에 따라 충분한 공급능력을 확보하고 있으나 급속한 경제발전에 따른 수요증가로 전력부족상황에 근접해 있다.

푸지엔성 사회간접자본 현황(2004년)

<table>
<tr><td colspan="3">운송거리(㎞)</td><td colspan="3">여객 운송량(만 명)</td><td rowspan="2">자동차보유량
(승객용, 만 대)</td></tr>
<tr><td>철도영업</td><td>도로</td><td>내륙수운</td><td>철도</td><td>도로</td><td>내륙수운</td></tr>
<tr><td>1,454</td><td>56,208</td><td>3245</td><td>1,754</td><td>50,862</td><td>897</td><td>35.5</td></tr>
<tr><td colspan="3">화물 운송량(만 톤)</td><td colspan="4">우편, 통신 사업</td></tr>
<tr><td>철도</td><td>도로</td><td>내륙수운</td><td>업무액
(억 위엔)</td><td>이동전화
(만 명)</td><td>특급우편
(만 건)</td><td>인터넷사용자
(만 명)</td></tr>
<tr><td>4,722</td><td>25,964</td><td>7,567</td><td>430.5</td><td>1,138.1</td><td>789.4</td><td>326</td></tr>
<tr><td colspan="6">교통, 통신 근로자 수(명)</td><td rowspan="2">자동차보유량
(화물용, 만 대)</td></tr>
<tr><td>철도</td><td>도로</td><td>내륙수운</td><td>항공</td><td>파이프라인</td><td>통신,
정보서비스</td></tr>
<tr><td>31,433</td><td>32,742</td><td>14,384</td><td>8,770</td><td>-</td><td>23,846</td><td>22.2</td></tr>
</table>

자료 : 2005 中國統計年鑑.

4. 대외경제

대외무역은 특히 경제특구 샤먼을 중심으로 한 성 소재 외자기업의 무역액 증가에 힘입어 급속하게 증가하고 있는데 현재 성 총무역액에서 외자기업이 차지하는 비중은 60%를 넘고 있다.

수출액은 1999년 103.5억 달러에서 2004년 305.5억 달러로, 수입액은 동기간 72.7억 달러에서 193.0억 달러로 증가하였고, 매년 큰 폭의 무역흑자를 기록하고 있다.

주요 수출품목으로는 신발류 · 의류 · 컴퓨터 및 주변기기 · 석재 · 플라스틱 제품 · 가구 · 섬유류 · 여행용품 및 가방 · 채소 등이 있으며 수입품목은 플라스틱 원료 · 컬러 모니터 · 강재 · 컴퓨터 부품 · 컴퓨터 및 주변기기 · 방직기기 · 섬유류 · 알루미늄 무기화합물 · 전기회로 개폐기 등이다. 주요 수출대상국이 미국 ·

일본 · 독일 · 네덜란드 등이며 수입국은 대만 · 일본 · 한국 · 미국 · 싱가포르 · 말레이시아 · 독일 등이다. 그중 대만과의 무역은 지역적 인접성 및 대만주민의 상당수가 푸지엔성 출신이라는 점, 대만기업 중 푸지엔성에 진출한 기업이 많은 이유 등으로 향후 교역량은 계속적으로 증가할 것으로 보인다.

외자기업의 수출액은 1999년 58.9억 달러에서 2004년 184.2억 달러로, 수입액은 54.5억 달러에서 127.5억 달러로 푸지엔성의 대외무역과 경제발전에 외자기업의 기여도가 매우 큰 것을 알 수 있다.

한국의 수출액은 1999년 8.3억 달러에서 2004년 22.3억 달러로 증가하였는데 주요 수출품은 화공원료 · 합성섬유사 및 직물 · 모니터 · 유류제품 · 알루미늄 · 반도체 · 철강 · 컴퓨터 및 주변기기 등이었다. 수입액은 같은 기간 1.2억 달러에서 5.0억 달러로 증가하였고 주요 수입품은 해산물 · 화섬직물 · 건자재 · 실크 · 신발류 · 컴퓨터 및 주변기기 · 의류 · 우산 · 양산 등이었다. 한국은 큰 폭의 무역흑자를 시현하고 있다.

푸지엔성 대외경제 현황

년 도	1999	2000	2001	2002	2003	2004
총수출액(억 달러)	103.5	129.1	139.3	183.9	234.7	305.5
외자기업의 수출(억 달러)	58.9	76.0	82.9	104.7	134.7	184.2
한국에 대한 수출(억 달러)	1.2	1.8	2.3	2.9	4.1	5.0
총수입액(억 달러)	72.7	83.2	87.0	119.4	150.9	193.0
외자기업의 수입(억 달러)	4.5	64.6	67.4	83.3	102.1	127.5
한국으로부터 수입(억 달러)	8.3	9.3	8.4	14.0	18.9	22.3
외국기업의 직접투자(억 달러)	40.2	38.0	39.2	38.4	26.0	44.0
외자기업 등록 투자총액(억 달러)	-	470.8	512.6	594.0	661.2	689
외자기업 등록기업 수(개)	-	16,013	15,403	15,563	16,884	17,236
한국의 투자(건수, 백만 달러, 실제 투자액 기준)	2건 0.7	5건 1.1	7건 2.9	10건 22.9	14건 9.0	13건 6.6

자료 : 中國統計年鑑, 각년 판, www.kotra.or.kr, www.koreaexim.go.kr, www.kita.net.

외국인 직접투자는 실제 투자액 기준으로 2004년 44억 달러에 달하였다. 투자형태는 금액기준으로 단독투자 기업보다 합자기업이 좀 더 많다.

주요 투자국은 홍콩이외에 대만 · 미국 · 싱가포르 · 일본 · 필리핀 · 영국 등이다. 공식 통계에서는 대만이 누락되어 있는데 대만정부가 중국에 대한 직접투자를 허용하지 않음에 따라 홍콩기업 혹은 홍콩 현지법인의 이름으로 투자하였기 때문이다. 참고로 홍콩의 투자비중은 전체의 50%를 초과하였다. 대만기업의 투자는 1988년 7월 중국이 대만인의 투자장려 규정을 제정·시행함과 동시에 중국·대만간 관계가 호전됨에 따라 푸지엔성에 대한 투자가 매우 활발히 진행되고 있는 상황이다.

2004년 말 현재 기 등록된 외국기업수는 1만 7,236개이고 투자총액은 689억 달러이다.

한국기업의 투자는 2004년 13건 6.6백만 달러로 적은 편인데 그 이유는 거리에 멀어 한국기업에 잘 알려져 있지 않고, 대만기업의 진출이 많아 한국기업이 의도적으로 투자를 기피하였으며, 푸지엔성 당국도 대만의 투자가 많으므로 다른 나라에 대해 외자유치 홍보를 소홀히 하였기 때문이다.

5. 주요 도시 경제상황

① 푸저우(福州)시

푸저우시는 아열대 해양성 기후로서 2004년 1월 평균 기온은 11.0°C, 7월 기온은 29.5°C를 나타냈으며 연간 강우량은 995㎜에 달하였다.

총면적은 1만 1,968㎢, 시할구 면적은 1,043㎢이며 총인구는 2004년 말 현재 609만 명, 시할구 인구는 171만 명이다. 행정구역은 꾸러우(鼓樓) 등 5개 구, 푸칭(福清) 등 2개 시, 민허우(閩侯) 등 6개 현으로 구성되어 있다.

2004년 말 지역내 총생산액은 1,548억 위엔으로 경제성장률은 전년대비 13.0% 증가하였으며 1인당 GDP는 2만 3,444위엔(2,838달러)으로 전국 평균의 두배 이상이 되었다. 산업구조는 1차, 2차, 3차 산업의 비중이 각각 10.5%, 51.0%, 38.5%를 차지하였다.

지방 재정수입은 75억 위엔, 재정지출 76억 위엔으로 재정균형이 이루어져 있으며 고정자산투자총액은 527억 위엔에 이른다. 도시와 농촌 주민의 연말 저축액은 996억 위엔을 기록하였다.

광물자원으로는 52종이 매장되어 있는 것으로 알려져 있는데 특히 엽랍석·석영사·화강암·고령토 등의 부존량이 많다.

주요 농작물은 쌀·밀·보리·옥수수·깨·유채·땅콩·채소·과일·차잎·

식용균・수박 등으로서 논은 3모작(쌀, 쌀, 밀이나 보리)을 한다. 해안선의 길이는 1,137㎞이고 해역의 면적은 11.1㎢으로 매우 광활하다. 담수 양식어류가 120종, 해양어류가 500종으로 수산업도 발전해 있다. 특징적으로 중국 3대 온천지역의 하나이다.

교통시설과 통신업무의 현대화를 위해 적극 노력하고 있다. 푸저우-뻬이징을 연결하는 전장 2,540㎞의 고속도로 공사가 진행중이다. 꾸티엔시(古田溪)에 세워진 수력발전소 등으로 전력공급은 풍부한 편이며 최근 풍력과 조력을 이용한 발전이 시범적으로 운용되고 있다.

주요 산업으로는 제강・기계・식품・제지・방적・의약품・차・담배 등이 있다. 2004년의 공업 총생산액은 6,774억 위엔에 이르고 근로자 수와 근로자의 연평균 임금은 각각 78만 명과 1만 6,585위엔(2,008달러)이었다.

해외에 거주하는 동포가 약 250만 명에 이를 정도로 많으며 50여개 지역 및 국가에 퍼져 있다. 특히 대만에 거주하는 대륙출신중 푸저우 출신이 많다.

외국기업 특히 화교 기업인들을 유치하기 위하여 국가급 경제기술개발구, 보세구, 대만기업투자구, 해협양안(海峽兩岸) 농업합작시험구 등을 설립하였다.

2004년 현재 외자 공업기업의 개수는 406, 생산액은 428억 위엔에 이르며, 실제 외자투자액은 13.6억 달러에 달했다.

② 샤먼(厦門)시

샤먼시는 푸지엔성 남부연안, 대만해협 서안에 위치하는 경제특구로서 둘레 24㎞의 섬이고 총면적은 1,569㎢이다. '아모이'라고도 불리우며 상업항, 어업항을 겸하고 있다. 아열대 해양성 기후이며 연평균 기온은 20.6°C, 연평균 강수량은 1,500㎜에 달한다.

2004년 말 총인구는 147만 명이며 행정구역은 쓰밍(思明) 등 6개 구로 나뉜다.

해안도시인 관계로 해양・담수 등을 이용한 수산업이 발전하였으며 자갈・모래 등의 건축자재 생산이 많고 해수욕장이 많다. 화교의 고향, 항구, 경제특구의 이점을 살려 급속하게 발전하였다.

경제특구로서 외자기업들의 진출이 활발한 지역이다, 2004년 말 지역내 총생산액은 883억 위엔으로 경제성장률은 전년대비 16.0% 증가하였으며 1인당 GDP는 4만 146위엔(4,860달러)으로 전국 상위의 수준에 이르렀다. 산업구조는 1차, 2

차, 3차 산업의 비중이 각각 2.3%, 59.3%, 38.4%로 1차 산업은 미미한 수준이다.

지방 재정수입 65억 위엔, 재정지출 102억 위엔, 사회고정자산 투자 305억 위엔으로 나타났으며 도시 · 농촌 주민의 저축액은 465억 위엔이었다.

주요 농작물로 차 · 과일 · 야채 · 대두 등이 있으나 생산량은 점차 감소하고 있다.

공업은 경공업 위주이지만 중공업의 비중이 점차 높아지는 추세에 있으며 공업 총생산액은 1,797억 위엔에 달하였다. 근로자 수는 60만 명, 근로자 연평균 임금은 2만 540위엔(2,487달러)이었다.

사회간접자본은 부족함이 없다. 도로는 샤먼-선전-홍콩으로 이어져 화물운송에 지장에 없고 철도를 이용한 여객과 화물 운송량은 급격히 증가하고 있다. 샤먼항은 주요 항구의 하나로 90여개의 부두가 있고 세계 33개국 60여개 항구와 연결된다. 샤먼 공항은 국내외 60여개 노선으로 연결된다.

세계 각국과는 IDD를 통해 연결되며 2004년 이동통신 가입자는 145만 명, 인터넷 사용자는 50만 명으로 급속히 증가하였고, 전력은 푸지엔성 전력망을 주요 공급선으로 하고 있기 때문에 충분하고 안정적이다.

주요 생산 및 수출품목은 담배 · 컨테이너 · 전자부품 · 건자재 · 도자기 · 의류 · 부속품 · 신발 · 플라스틱 등이며 수출국은 일본 · 미국 · 홍콩 · 대만 · 싱가포르 · 영국 · 독일이었다. 수입상품은 초급형상 플라스틱, 자동수치 처리설비 등이며 수입국은 대만 · 일본 · 한국 · 미국 · 말레이시아 등이었다. 한국은 샤먼의 3대 수입국이다.

2004년 현재 외자 공업기업의 개수는 388개, 생산액은 819억 위엔에 이르며, 실제 외자투자액은 5.7억 달러에 달했다.

③ 취엔저우(泉州)시

푸지엔성 동남부, 대만해협 서편에 위치한 취엔저우시는 총면적이 1만 866㎢, 시할구 면적은 530㎢이며 총인구는 2004년 665만 명, 시할구 인구는 99만 명이다.

행정구역은 펑저(豊澤) 등 4개 구, 진쟝(晋江) 등 3개 시, 후이안(惠安) 등 5개 현으로 구성되어 있다.

남송, 원나라 때 중국 최대의 무역중심지였고 아라비아 상인의 왕래도 많았다. 마르코폴로는 이곳을 당대 세계 최대의 상업항구라 하였다.

취엔저우 역시 화교들의 고향이라고 말할 수 있는데 세계 100여개 국가와 지역의 화교중 600만 명 이상, 홍콩・마카오 주민 중 70여만 명, 대만 한족의 45%인 900여 만 명이 취엔저우 출신이다. 이러한 화교들의 투자 및 진출로 취엔저우는 개혁・개방 이래 신속한 발전을 거듭하였다.

2004년 말 지역내 총생산액은 1,603억 위엔으로 전년대비 14.2%의 경제성장률을 달성하였으며 1인당 GDP는 2만 1,260위엔(2,574달러)의 높은 수준이다. 1차, 2차, 3차 산업의 비중은 각각 6.0%, 53.5%, 40.5%를 차지하였다.

2004년의 공업 총생산액은 1,660억 위엔이었고 근로자의 평균 임금은 1만 4,464위엔(1,751달러)으로 나타났다.

기초시설에 대한 건설・교통・에너지・통신 등에 있어서도 많은 투자를 하여 도로길이는 9천㎞가 넘고 취엔샤(泉厦)고속도로, 푸취엔(福泉)고속도로 등이 완공되었으며 철도는 장취엔샤오(漳泉肖)선이 운영중에 있다. 공항은 취엔저우진장(泉州晋江) 공항의 개통을 포함하여 홍콩・필리핀 등지까지 노선이 연결되며, 부두가 25개 있고 정박시설이 39개가 있다. 이밖에 전기・통신・상하수도 등 모든 것이 완비되어 있다.

2004년 현재 외자 공업기업의 개수는 40개, 생산액은 349억 위엔에 이르며, 실제 외자투자액은 0.6억 달러에 달했다.

④ 장저우(漳州)시

장저우시는 성 남부의 개방도시로서 대만의 맞은편에 있고 샤먼(厦門)・산터우(汕頭) 경제특구의 중간에 위치한다. 아열대 계절성의 습윤한 기후로서 연평균 기온이 21°C 정도이며 연평균 강우량은 1,500㎜ 내외로 많은 편이다.

면적은 1만 2,608㎢, 시할구 면적은 401㎢이며 2004년 총인구는 456만 명, 시할구 인구는 53만 명에 달하였다. 행정구역은 룽원 등 2개 구, 룽하이 시, 장푸(漳浦) 등 8개 현으로 편제되어 있다.

2004년 말 지역내 총생산액은 702억 위엔으로 경제성장률은 전년대비 11.6% 증가하였으며 1인당 GDP는 2만 9,056위엔(3,518달러)로 중진국의 궤도에 진입하였다. 산업별 비중은 1차, 2차, 3차 산업이 각각 20.3%, 41.3%, 38.3%를 차지하였다.

지방 재정수입은 20억 위엔, 재정지출은 31억 위엔에 이르며 고정자산투자는

164억 위엔이었고 도시 · 농촌 주민의 저축액은 249억 위엔에 달하였다.

규사 · 화강암 · 현무암 등 30여 종의 광물자원이 매장되어 있다.

서리가 내리는 날이 거의 없어 식물재배에 좋다. 이에 따라 푸지엔성 내에서 식량 · 감자 · 과일 · 수산물 · 야채 · 화훼 · 버섯 등의 주요 산지이다. 15만 헥타르의 경작지에 농업이 발달하였으며 해역면적이 1.86만 ㎢로 넓다.

주요 공업은 기계 · 화공 · 의약 · 식품 · 방직 · 복장 · 전자 · 건재 · 전력 등인데 해외 화교들의 투자가 많고 기술을 이전받아 제품수준이 상당한 편이고 유명브랜드도 있다. 수선화, '편자황' 등의 생산은 세계적으로 유명하다. 2004년의 공업총생산액은 489억 위엔이었고 근로자 평균 임금은 1만 1,964위엔(1,448달러)을 기록하였다.

2004년 휴대폰 사용자는 295만 명이었으며 인터넷 가입자는 27만 명에 이르렀다.

시내에 14개의 국가급 및 성급 개발구가 있는데 대만 · 홍콩 · 마카오 등 해외화교들의 투자가 많다. 해외 화교들 중 상당수가 이곳 출신이고 특히 대만 인구의 3분의 1이 장저우 출신이다.

2004년 현재 외자 공업기업의 개수는 125개, 생산액은 123억 위엔에 이르며, 실제 외자투자액은 5.3억 달러에 달하였다.

제11절 꽝시좡쭈(廣西壯族)자치구, (간칭:桂)

1. 꽝시좡쭈자치구 개요

꽝시좡쭈자치구는 중국 남서부 국경에 위치하며 남으로는 뻬이뿌만(北部灣), 동은 꽝뚱성, 동북은 후난성, 북은 꾸이저우성, 서쪽으로는 윈난성, 남서는 베트남과 접해 있다. 아열대계절풍 기후에 속하며 연평균 기온은 17°C~23°C이다.

총면적은 23.7만㎢으로 구릉이 전체의 68.4%를 차지할 정도로 산지가 많은 편이다. 총인구는 2004년 말 현재 4,889만 명에 이르며 행정구역은 14개 지급시, 7개 현급 시, 34개 시할구, 56개 현, 12개 자치현으로 편제되어 있다.

廣西壯族自治區

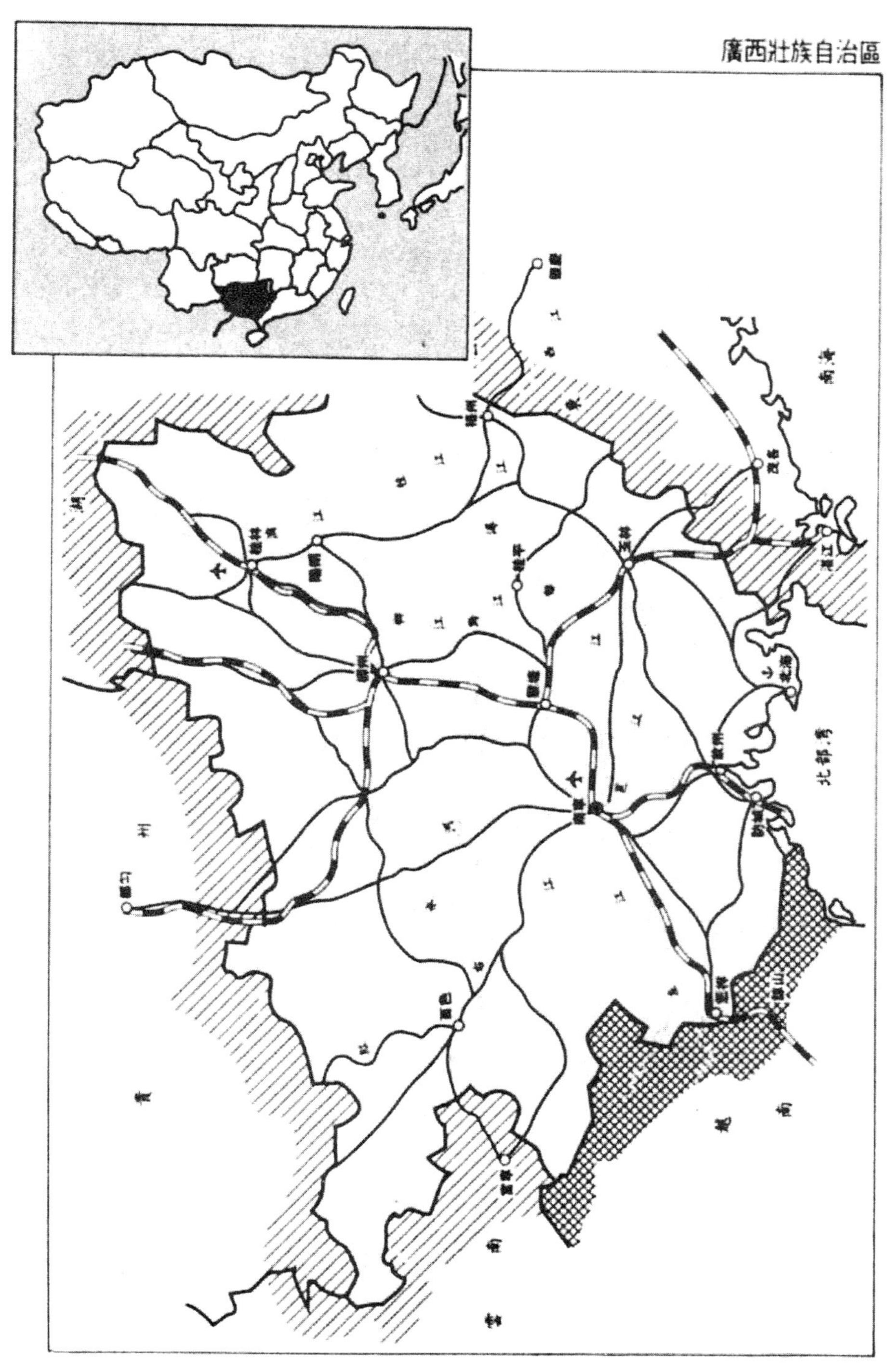

좡족(壯族)이 1,540만 명으로 성 전체인구의 32%를 차지하고 성내 총 소수민족의 83%를 점하여 좡쭈(壯族)자치구가 되었다.

주요 도시로는 성도(省都)인 난닝(南寧)과 개방도시 뻬이하이(北海) 및 유명한 관광지인 꾸이린(桂林), 리우저우(柳州), 우저우(梧州) 등이 있다.

2. 경제현황

꽝시자치구는 뻬이하이시라는 개방도시가 있지만 전체적으로 대외개방은 늦은 편이다. 1991년 베트남과 관계개선 후 서남지역의 해양출구 역할을 하고 있으며 동남아시아 등 광역경제권의 중심기지 역할을 하고 있다. 공업, 농업 모두 낮은 수준이나 꾸이린이라는 명승지가 있어 관광업이 발달한 편이다.

2004년의 지역내 총생산액은 3,320억 위엔으로 다른 지역보다 낮은 편인 11.8%의 경제성장률을 보였다. 산업별 구성은 1차 산업 24.4%, 2차 산업 38.8%, 3차 산업이 36.8%로 1차 산업의 비중이 다른 지역보다 높다.

꽝시자치구는 총생산액의 평균성장률이 낮은 편이고, 관광산업을 통한 발전이므로 한계가 있어 장기적으로는 새로운 발전방향이 모색되어야 할 상황이다. 지역주민의 1인당 GDP는 7,196위엔(871달러)으로 전국 평균에 상당히 미달하는 저개발 지역에 속하며 도시주민의 1인당 가처분 소득도 8,690위엔, 농촌주민의 1인당 순수입은 2,305위엔에 불과하다. 이에 따라 최근 중앙정부 차원에서 진행되고 있는 내륙개발 프로그램에 포함되어 있다.

2004년의 지방 재정수입은 238억 위엔, 재정지출은 508억 위엔으로 재정규모가 적고 적자상태가 지속되어 중앙정부의 지원을 받고 있다. 투자자금은 사회간접자본 외에는 수력발전과 비철금속 개발에 중점적으로 투자하고 있다. 전사회고정자산투자 총액은 1,237억 위엔이었으며 사회건설 총규모액은 4,473억 위엔이었다.

110종의 광물자원이 채굴되고 있고 74종의 매장량이 확인되어 있는 광물자원의 보고지역이다. 주요한 광물로는 망간·주석·마그네슘 등 12종이 전국 1위, 안티몬 등 6종이 2위, 은 전국 3위, 보크사이트 등 5종이 5위, 활석이 전국의 4분의 1, 아연 전국 7위를 차지하고 있으며 이밖에 비철금속류의 중요자원이 많다.

또한 에너지 자원으로는 석탄이 22억 톤, 수력개발 가능용량이 2,133만 ㎾인데 수력자원과 비철의 개발을 연결시키려 하고 있으며 수력을 이용한 중국 최대 규모의 알루미늄 공장이 건설되고 있다.

2004년의 농업 총생산액은 1,295억 위엔이며 목축업의 비중이 전체의 35.9%로 타 지역보다 목축업의 비율이 높은 특징이 있다. 농업생산이 충분치 않아 식량자급이 불가능하고 식량부족이 심각한 상황에 처해 있다. 쌀 이외의 농산물로는 지역적 특성상 열대작물이 많은데 사탕수수가 중국 최대의 산지이며 그 밖에 송진, 바나나·고무·소·감귤·돼지·해산물·마·낙화생·육류 등이 있다.

2004년 공업 총생산액은 1,887억 위엔으로 주요 산업으로는 식품, 건재, 담배, 제지, 제당, 화학, 비철금속 채광 및 정련 등이 있는데 그 중에서 제당공업이 두드러진다. 주요 공산품으로는 설탕·목재·종이·자동차·담배·실크·시멘트·석탄·망간 등이 있다.

2004년 근로자의 1인당 연평균 임금 총액은 1만 3,579위엔(1,644달러)으로 낮은 수준이다.

경제특별지역으로는 꾸이린에 첨단기술산업개발구와 공업개발구가 설립되어 있다.

꽝시좡쭈자치구 경제현황(2004년)

지역내 총생산액 (억 위엔)	1인당 GDP (위엔)	경제성장률	산업구조(%) 1차:2차:3차	근로자 연간 평균임금 (위엔)	사회고정 자산 투자 (억 위엔)	사회건설 총규모 (억 위엔)
3,320.1	7,196	11.8	26.8:36.0:36.2	13,509	1,183.7	4,473.4
재정수입 (억 위엔)	재정지출 (억 위엔)	도시주민 1인 평균 가처분 소득(위엔)	농촌주민 1인 평균 순수입(위엔)	농업총생산액(억 위엔)	공업총생산액 (억 위엔)	국유 및 규모 이상 비국유 기업수(개)
237.8	507.5	8,690	2,305	1,294.5	1,886.8	2,655
외자 기업수(개)	국유기업 과학기술요원(2003년, 만 명)			과학기술 특허상황(건)		
	엔지니어	과학자	의료인	발명특허	실용신안	디자인특허
2,336	10.9	0.3	10.5	127	666	479

자료 : 2005 中國統計年鑑, www.kita.net, 新中國五十五年統計資料匯編 1949-2004.

전국에서 낙후되어 있는 지역에 속하는 광시자치구를 개발하기 위하여 향후 서부대개발 전략의 하나인 서전동송(西電東送 : 서부의 전력을 동부로 송전함)의 주요 기지, 서남부의 해양진출 거점, 관광 휴양지, 아열대 생태환경 시범지역으로 건설을 추진할 예정이다. 이러한 방향하에 수력발전 · 수리시설 · 고속도로 · 항구 등의 인프라 부문, 알루미늄 · 펄프 · 천연가스의 공업부문과 임해 공업단지를 조성해 나갈 계획이다. 한편 지역을 계남(桂南), 계북(桂北), 계중(桂中), 계동(桂東), 계서(桂西의) 5개 지역으로 나누어 지역적 특성에 맞게 집중 개발할 예정이다.

3. 사회간접자본

교통망의 정비가 늦어져 경제발전에 한계가 있는 지역이다. 철도망은 난닝(南寧), 꾸이린(桂林)시를 중심으로 방사형으로 뻗어 있어 철도는 주력 교통망 역할을 하고 있다. 그러나 철도 영업거리는 2,738㎞에 불과하고 대부분 단선이다. 향후 베트남으로 연결되어 있는 철도가 부활될 경우 급속한 경제발전이 이루어질 것이다.

도로 총길이는 5만 9,704㎞에 달하며 주요 공항으로는 난닝, 꾸이린이 있는데 한국은 꾸이린과 직항노선이 운행중이다.

꽝시좡쭈자치구 사회간접자본 현황(2004년)

<table>
<tr><td colspan="3">운송거리(㎞)</td><td colspan="3">여객 운송량(만 명)</td><td rowspan="2">자동차보유량
(승객용, 만 대)</td></tr>
<tr><td>철도영업</td><td>도로</td><td>내륙수운</td><td>철도</td><td>도로</td><td>내륙수운</td></tr>
<tr><td>2,738</td><td>59,704</td><td>5,413</td><td>1,639</td><td>45,578</td><td>861</td><td>29.7</td></tr>
<tr><td colspan="3">화물 운송량(만 톤)</td><td colspan="4">우편, 통신 사업</td></tr>
<tr><td>철도</td><td>도로</td><td>내륙수운</td><td>업무액
(억 위엔)</td><td>이동전화
(만 명)</td><td>특급우편
(만 건)</td><td>인터넷사용자
(만 명)</td></tr>
<tr><td>5,232</td><td>25,822</td><td>3,432</td><td>262.9</td><td>874.5</td><td>583.1</td><td>285</td></tr>
<tr><td colspan="6">교통, 통신 근로자 수(명)</td><td rowspan="2">자동차보유량
(화물용, 만 대)</td></tr>
<tr><td>철도</td><td>도로</td><td>내륙수운</td><td>항공</td><td>파이프라인</td><td>통신,
정보서비스</td></tr>
<tr><td>44,589</td><td>54,297</td><td>18,847</td><td>3,683</td><td>-</td><td>23,117</td><td>18.4</td></tr>
</table>

자료 : 2005 中國統計年鑑.

전력사정은 양호한 편이며 수력의 비중이 화력보다 높다. 10.5계획에는 전력산업을 발전시켜 동부지역에 송전하는 서전동송(西電東送)을 추진하는 동시에 이를 바탕으로 공업과 서비스업을 발전시켜 산업구조를 고도화하려는 계획을 가지고 있다.

통신망은 최근 전국적인 통신서비스의 수요확대에 따라 2004년 휴대폰 사용자 875만 명, 인터넷 사용자 285만 명으로 해마다 급속하게 증가하고 있다.

4. 대외경제

수출액은 1999년 12.5억 달러에서 2004년 23.1억 달러로, 수입액은 같은 기간 5.1억 달러에서 25.2억 달러로 다른 성・시에 비해 급속한 증가추세를 보였다. 베트남과의 국경무역이 발달해 있지만 베트남 등 동남아 국가들과의 밀수품 거래지역이기도 하다.

주요 수출품은 설탕・주석 및 합금・의류・송진・오토바이・면직물・통조림・산화 아연・시멘트・맥주・계피 등이고 주요 수입품은 강재・통신 및 음성녹음・재생 설비・합판・종려유・화학비료・디젤유 등이다.

꽝시좡쭈자치구 대외경제 현황

년 도	1999	2000	2001	2002	2003	2004
총수출액(억 달러)	12.5	14.9	12.4	14.8	17.8	23.1
외자기업의 수출(억 달러)	2.2	3.4	2.4	3.1	3.8	5.0
한국에 대한 수출(억 달러)	-	-	-	0.5	0.6	1.0
총수입액(억 달러)	5.1	5.5	5.6	11.3	14.4	25.2
외자기업의 수입(억 달러)	2.6	2.1	2.2	4.8	6.6	9.7
한국으로부터 수입(억 달러)	-	42.8	-	0.3	0.4	1.2
외국기업의 직접투자(억 달러)	6.4	5.3	3.8	4.2	4.2	3.8
외자기업 등록 투자총액(억 달러)	-	108.5	102.5	104.4	104.5	127
외자기업 등록기업 수(개)	-	2,705	2,436	2,509	2,311	2,336
한국의 투자(건수, 백만 달러, 실제 투자액 기준)	- -	- -	- -	- -	- -	- -

자료 : 中國統計年鑑, 각년 판, www.kotra.or.kr, www.koreaexim.go.kr, www.kita.net.

외자기업의 수출은 1999년 2.2억 달러에서 2004년 5.0억 달러로, 수입 역시 같은 기간 2.6억 달러에서 9.7억 달러로 증가하였다. 외자기업의 진출이 매우 적어 경제발전 및 무역확대에 한계가 있음을 보여준다.

한국의 광시자치구에 대한 무역액은 2004년 수출액 1.2억 달러, 수입액 1.0억 달러에 달한 바가 있다.

외국인 직접투자는 실제 투자액 기준으로 2004년 3.8억 달러를 기록하였고, 그동안의 주요 투자국은 대만 · 마카오 · 미국 · 태국 · 일본 · 싱가포르 등이었다.

2004년 말 현재 등록된 외자기업 수는 2,336개, 등록된 투자총액은 127억 달러에 달한다. 한국의 투자는 알려져 있지 않다.

5. 주요 도시 경제상황

① 난닝(南寧)시

광시좡쭈자치구의 구도 난닝시는 남방연해 아열대에 있는 남부 국경지대의 중심도시로서, 봄과 가을이 비교적 길고 겨울이 없는 고온 습윤한 기후이다. 2004년 1월 평균기온은 13.3℃, 7월 평균기온은 27.1℃이었으며 연간 강우량은 906㎜를 기록하였다.

총면적 2만 2,112㎢, 시할구 면적 1,799㎢에 총인구는 2004년 말 649만 명, 시할구 인구는 150만 명에 이르며 좡(壯)족의 비중은 60%를 초과한다. 행정구역은 칭시우(青秀) 등 6개 구와 6개 현으로 나뉘며 서쪽이 베트남과 접한다.

1,600년의 역사를 가지고 있지만 오랫동안 후진지역으로 있었다. 청말 이후 개항장이 형성되어 쌀 · 사탕수수 · 땅콩 등 농산물을 집산, 분배하는 내륙 수운의 거점지역으로서 상업이 활발하였으나 공업은 미미하였다.

개혁 · 개방정책을 추진하면서 1984년 경제체제 종합개혁의 시험도시로 선정되었고 1992년 대외개방도시로 지정되어 외자기업에 대한 우대정책을 실시하고 있다. 점차 경제상황이 좋아지고 있다.

2004년 말 지역내 총생산액은 589억 위엔으로 경제성장률은 전년대비 13.2% 증가하였으며 1인당 GDP는 9,126위엔(1,105달러)으로 전국 평균보다 낮다. 산업구조는 1차, 2차, 3차 산업의 비중이 각각 17.5%, 31.4%, 51.1%를 차지하였다.

지방 재정수입은 43억 위엔, 재정지출 62억 위엔이었으며 고정자산투자액은 261억 위엔에 달하였다. 도시·농촌 주민의 연말 저축액은 383억 위엔이었다.

난닝분지와 융쟝(邕江) 평야의 평야지대와 산지에 농작물을 재배하는데 2모작인 쌀농사와 고구마·옥수수·밀 등의 밭농사가 있으며 사탕수수·땅콩·담배·차·바나나 등의 생산량이 많다.

공업은 식품·경공업·방직공업의 비중이 크며 이외에 제강·화학비료·공작기계·고무·피혁·제지 등 공업이 있다. 인근에 탄전과 금·은·납 등의 광상이 있고 텅스텐 광이 채굴·수출되고 있다. 2004년의 공업 총생산액은 264억 위엔에 달하였고 근로자는 54만 명, 근로자의 연평균 임금은 1만 5,448위엔(1,870달러)에 이르렀다.

교통은 샹꾸이(湘桂)선에 의해 북경과, 여우이꽌(友誼關)을 경유하여 베트남으로 연결된다. 수운은 위(郁)강을 통해 광저우·홍콩·마카오와 연결된다. 1997년 난닝-쿤밍간 난쿤선이 완공된 이후 경제발전이 가속화되고 있다.

2004년 현재 외자 공업기업의 진출은 알려져 있지 않다.

② 꾸이린(桂林)시

꾸이린은 자치구의 북동부에 위치하며 주(珠)강 지류인 꾸이(桂)강이 흐르는 지역이다. 연평균 기온은 18℃ 내외인 아열대 기후로 4계절이 따뜻하며 연평균 강우량은 1,900㎜ 정도이다.

'계림의 산수는 천하 제일이다(桂林山水甲天下)'라는 명성을 얻고 있을 정도로 기암계석과 빼어난 풍치로 유명한데 이는 카르스트 지형으로 형성된 것이다.

총면적 2만 7,809㎢에 시할구 면적 561㎢이고 2004년 말 총인구는 494만 명, 시할구 인구는 72만 명에 이른다. 행정구역은 상산(象山) 등 5개 구와 양쑤어(陽朔) 등 12개 현으로 구성되어 있다.

2004년 말 지역내 총생산액은 455억 위엔으로 경제성장률은 전년대비 13.1% 증가하였으며 1인당 GDP는 9,240위엔(1,119달러)으로 전국 평균이하이다. 산업구조는 1차, 2차, 3차 산업의 비중이 각각 26.0%, 36.9%, 37.1%를 차지하였으며 도시와 농촌 주민의 2004년 말 저축총액은 319억 위엔에 이르렀다.

진(秦)나라 이후 화남지역의 가장 오래된 도시로서 예로부터 내륙 수운의 요충지였고 오늘날에는 샹꾸이(湘桂)선을 통해 전통적인 상업과 면방직업·화학·농기구 · 제사 · 제지공업이 활발하다.

공업총생산액은 2004년 현재 203억 위엔이었으며 근로자 연평균 임금은 1만 3,770위엔(1,667달러)에 이르렀다. 휴대폰 사용자는 87만 명, 인터넷 사용자는 9만 명에 불과하다.

꾸이린-양쑤어(陽朔)간의 리강(漓江) 유람으로 관광산업이 발전해 있다. 사회소비재 소매액은 121억 위엔에 이른다.

고속도로는 꽝시자치구 · 리우저우(柳州) 등과 연결되며, 징꽝선이 통과한다. 항공은 뻬이징 · 꽝저우 · 상하이 등 60여개 노선이 있고 한국 · 일본 등과 연결하는 국제선도 있다.

③ 뻬이하이(北海)시

뻬이하이는 1984년 지정된 14개 연안개방도시의 하나로서, 자치구의 남단에 위치한다. 하이난을 마주보고 있고 동남아의 교두보적인 위치에 있다. 아열대 해양성 계절풍 기후로서 연평균 기온은 23°C 내외이고 연간 강우량은 1,600~1,700㎜에 달한다.

총면적은 3,337㎢이고 시할구 면적은 957㎢이며 행정구역은 하이청(海城) 등 3개구와 허푸(合浦)현이 있다. 북에서 남으로 경사져 있고 동북과 서북은 구릉지대, 남부 연해지역은 평지이고 평균 해발 10~15m 정도이다.

2004년 말 총인구는 148만 명, 시할구 인구는 55만 명에 이른다. 윈난성 · 쓰촨성 · 후난성 · 후뻬이성 등과 연결되는 해상 실크로드 지역이라 할 수 있다.

2004년 말 지역내 총생산액은 162억 위엔으로 경제성장률은 전년대비 13.0% 증가하였으며 1인당 GDP는 1만 989위엔(1,330달러)으로 전국 평균과 비슷한 수준이다. 산업구조는 1차, 2차, 3차 산업의 비중이 각각 26.3%, 32.8%, 40.9%를 차지하였다.

자연자원은 북부만에 석유와 천연가스의 매장량이 확인된 상태이고 석영 · 이산화규소 · 석고 · 이산화티타늄 등이 부존되어 있다.

농업은 감자 · 땅콩 · 황홍마 · 아열대 과일 등을 생산하며 해안선의 길이는 32㎞, 양식면적 9만 무(畝)이다. 자치구의 가장 중요한 어업 생산기지이다.

주요 산업은 식품 · 기계전자 · 석유화공 · 건자재 · 방직 · 인쇄 · 제지 · 공예미술 · 도자기 · 사료공업 등이다.

교통은 도로의 길이가 1,133㎞로 국도 160㎞, 1급도로 41㎞이며 철도는 쓰촨성 청뚜(成都)와 꽝시자치구의 난닝(南寧)으로 가는 노선이 있다. 공항은 뻬이징・꽝저우・상하이 등 주요 지역으로 연결되며 항만은 만톤 급 정박시설이 4개 있고 국내외 100여개 지역과 국가의 230여개 항구와 왕래가 있다.

여객운송은 대부분 도로와 항공에 의해 진행되는데 도로운송량은 2,795만 명, 항공운송량은 27만 명에 이른다.

통신업무도 활발하게 확장되고 있는데 특히 2004년 말 휴대폰 사용자는 42만 명, 인터넷 가입자는 4만 명에 달했다.

제12절 하이난(海南)성, (간칭:琼)

1. 하이난성 개요

하이난성은 꽝뚱성 남서쪽, 베트남 동쪽, 필리핀 서쪽 해상에 위치하는 섬이며 난사(南沙)군도, 시사(西沙)군도 및 기타 섬으로 구성된다. 1988년에 경제특구의 지위를 가지면서 꽝뚱성의 한개 섬에서 별도의 성으로 독립하였다. 환서태평양(環西太平洋) 경제발전 지대의 중심에 있어 동남아시아의 여러 나라 및 홍콩, 마카오, 대만과의 경제연계・협력에 유리한 위치에 있다.

위치는 북위 18°~21°, 동경 108°~112°에 이르며 총면적은 3.5만㎢, 인구는 2004년 말 818만 명이다. 열대 계절풍기후에 속하며 연평균 기온은 22°C~26°C이고 연간 강우량은 1,500~2,000㎜에 달한다.

성의 행정구역은 2개 지급 시, 6개 현급 시와 4개 시할구, 4개 현, 6개 자치현으로 나뉘어 있다.

주요 도시로는 성도인 하이커우(海口)와 관광지로 유명한 싼야(三亞), 퉁선(通什) 등이 있다.

海南省

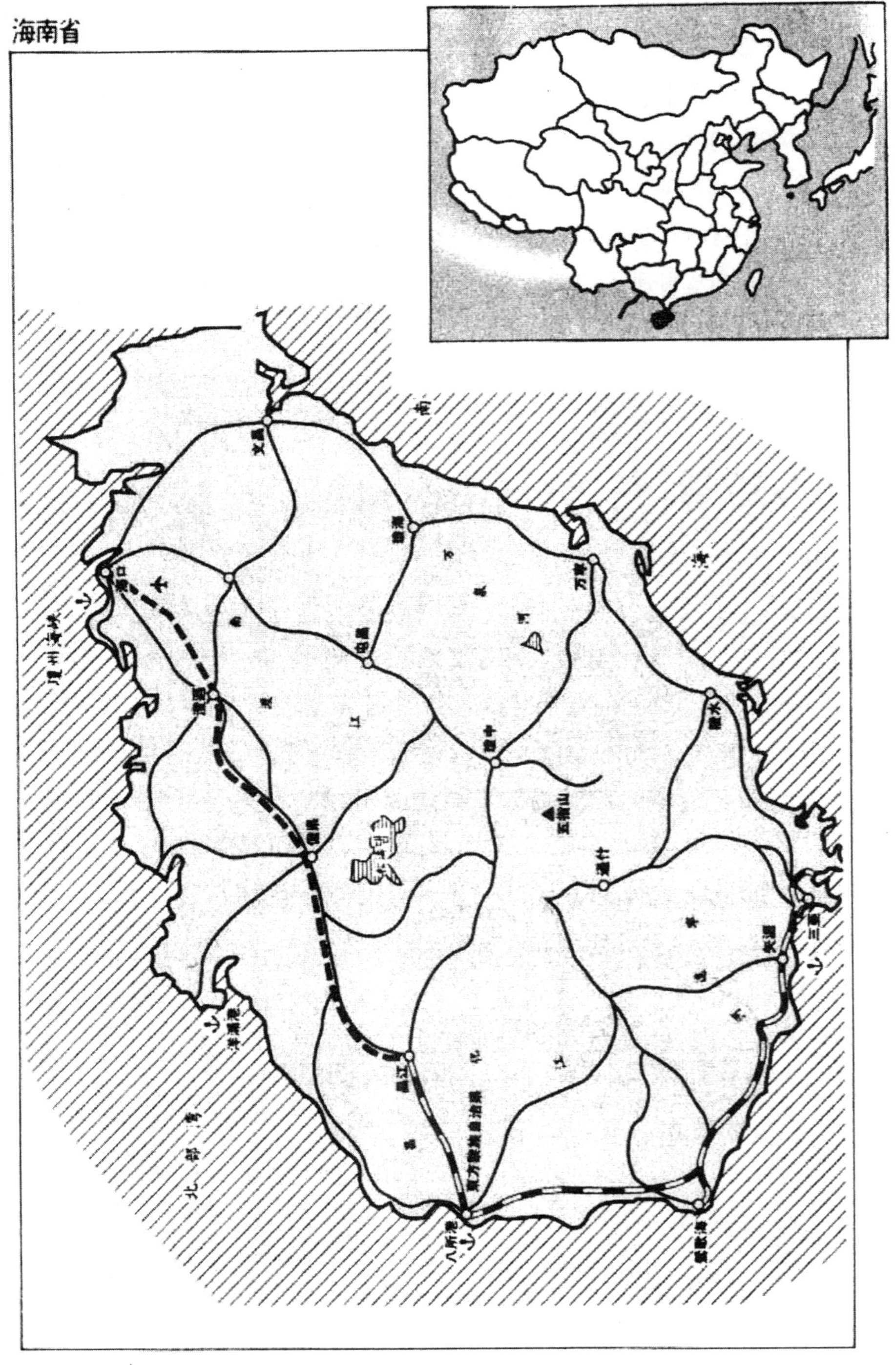

하이난성은 네델란드 인들이 남기고 간 고무농장 설비와 태평양 전쟁 당시 일본군이 남기고 간 병참시설이 공업시설의 전부였다. 개방정책을 실시하면서 다른 경제특구보다 늦게 지정되었지만 훨씬 유리한 조건을 제공함으로서 외국기업의 투자를 적극 유치하였고 관광산업을 비롯한 3차 산업을 발전시켜 왔다.

2. 경제현황

전 성이 경제특구인 하이난성의 산업은 농업이 중심이며 공업은 섬유 및 고무산업이 있는 정도였다. 지리적으로 동남아시아와의 교류에 유리하고 섬 전체가 경제특구라는 점 때문에 외자도입에 있어 타 지역보다 조건이 좋아 90년대 들어 외자, 설비, 기술도입이 매우 활발하며 주요 도시를 중점으로 급속하게 발전하였다.

그러나 1998년 이후 정부특혜의 축소와 인프라 부족, 물류환경의 혼란, 세금우대 정책 폐지, 시장협소, 원부자재 조달의 어려움, 산업기반 부족 등의 문제로 발전이 더디다.

2004년의 지역내 총생산액은 769억 위엔으로 GDP 성장률은 10.4%에 달하였다. 산업별 구성은 1차 산업 36.9%, 2차 산업 23.4%, 3차 산업 39.7%인데, 최근 수년간 3차 산업이 급속히 발전하고 있다. 3차 산업의 비중이 높은 것은 관광개발에 주력하고 있고 금융산업이 발전하고 있기 때문이다. 지역주민의 1인당 GDP는 9,450위엔(1,114달러)으로 평균보다 낮다. 도시주민의 1인당 가처분소득은 7,736위엔이고 농촌주민의 1인당 순수입은 2,818위엔으로 역시 중국 전체의 평균보다 낮다.

지방 재정수입은 57억 위엔, 재정지출은 127억 위엔으로 규모가 작아 중앙정부의 보조에 의존하고 있는 실정이다. 외자기업의 투자가 많아 재정수입은 향후 계속 확대될 것으로 보인다. 전사회고정자산투자 총액은 317억 위엔으로 투자의 상당부분이 도로, 전력 등의 인프라 정비에 소요되고 있고, 사회건설 총규모액은 1,038억 위엔에 달했다.

광물자원으로는 50여종이 매장되어 있는데, 중요한 것은 철광석・티타늄・코발트・보크사이트・납・아연・텅스텐・금・망간・석회석・규사・천연가스・석염 등이 있다. 비철자원 등 중요한 자원은 다양하게 있으나 매장량은 그렇게 많지 않은 편이다.

농업 총생산액은 2004년 439억 위엔을 기록하였다. 농업은 지역특성에 맞는 열대작물 재배에 중점을 둔 결과 열대농산물 생산이 많은데 특히 천연고무 · 사탕수수 · 야자기름 · 커피 등은 전국 수위의 생산량을 보이고 있으며 그밖에 후추 · 땅콩 · 수박 · 곡류 · 바나나 · 차잎 등의 농산물이 생산되고 있다. 삼림자원도 풍부해 약 4,200여 종이 있고 삼림면적은 68.6만 헥타르이다. 그러나 경지면적이 협소하고 기계화수준이 낙후되어 있는 등 농업생산 조건이 열악하여 전국적으로 볼 때 농산물의 생산효율은 낮은 편에 속한다.

2004년 공업 총생산액은 385억 위엔으로 중국 전체로 볼 때 매우 낮은 비중이며 대형기업이 적고 생산설비도 낙후되어 있다. 여타 지역과 비교해 노동생산성이 크게 떨어지는 편이며 특히 개방전 공업시설이 전혀 없어 공업기초가 취약한 점이 큰 문제로 지적되어 왔다. 90년대에 발전하기 시작한 중공업이 향후 공업발전에 긍정적인 영향을 미칠 것으로 보인다.

주요 산업은 설탕 · 통조림 · 전자 · 경공업 · 방직 · 건자재 · 담배 등이며 중점육성업종은 천연가스 · 화학비료 · 타이어 제조 · 합성섬유 원료제조 · 자동차 및 오토바이 조립생산 및 부품 · 천연 과즙음료 · 수산물 가공업 · 화학섬유 · 제지 · 유리 · 위생도기 등이다. 주요 공산품으로는 고무가공 · 제당 · 타이어 · 시멘트 · 목재 · 식품 · 제염 · 전자 · 화섬 등을 들 수 있다. 이러한 산업기반은 특구지정에 따른 각종 특혜조치로 단시일내에 구축된 것이다.

열대작물을 원료로 하는 농산품 가공업이 발달하였으며 특히 '야자(椰子)'표 코코넛 주스, '해남(海南)'표 자동차 타이어 등의 브랜드 제품은 유명하여 국내와 홍콩 · 동남아시아 · 일본 · 미국 등에서 판매되고 있다.

최근에는 열대작물 가공업을 기간산업으로 하고 고도의 신기술산업이 선도하는 전자 · 방적 · 기계 · 화학공업이 갖추어진 산업구조 구축을 추진하고 있다.

한편 경제특구 지정과 함께 부동산, 건축경기가 활발했었으나 1997년 외환외기 이후 정부의 강력한 부동산업에 대한 통제가 가해지면서 경제전반이 상당히 위축되었다.

이에 따라 관광업이 중요한 산업으로 부각되었다. 하이난성은 본래 관광자원이 풍부하여 1979년 이후 본격적인 개발을 시작하였고 현재 전국 7대 관광중점 지역의 하나로 꼽힌다. 관광지는 사철 해수욕이 가능한 싼야(三亞) 해양 휴양도시와 우즈산(五指山) 등을 포함하여 28개 지역에 달한다.

그러나 관광지를 보호하려는 중앙정부의 개발제한정책으로 최근 관광산업부문의 특혜가 폐지되어 발전동력을 상실해 가고 있다.

하이난성 경제현황(2004년)

지역내 총생산액 (억 위엔)	1인당 GDP (위엔)	경제성장률	산업구조(%) 1차:2차:3차	근로자 연간 평균임금 (위엔)	사회고정 자산 투자 (억 위엔)	사회건설 총규모 (억 위엔)
769.4	9,450	10.4	13.5:31.1:55.4	17,114	156.6	1,038.1
재정수입 (억 위엔)	재정지출 (억 위엔)	도시주민 1인 평균 가처분 소득(위엔)	농촌주민 1인 평균 순수입(위엔)	농업총생산액(억 위엔)	공업총생산액 (억 위엔)	국유 및 규모 이상 비국유 기업수(개)
57.0	127.2	7,736	2,818	438.7	384.7	258
외자 기업수(개)	국유기업 과학기술요원(2003년, 만 명)			과학기술 특허상황(건)		
	엔지니어	과학자	의료인	발명특허	실용신안	디자인특허
2,329	1.1	0.05	2.1	36	93	149

자료 : 2005 中國統計年鑑, www.kita.net, 新中國五十五年統計資料匯編 1949-2004.

2004년 근로자의 1인당 연평균 임금은 1만 2,652위엔(1,532달러)으로 매우 낮은 편이다. 업종별 임금은 금융・보험이 가장 높고 다음으로 교통・창고・우편・전력・가스・수력생산・위생・체육・사회복지의 순으로 높다.

경제특별지역으로는 성전체가 경제특구이고 첨단기술산업개발구인 하이난(海南), 양푸(洋浦)경제개발구, 보세구 하이커우 등이 있다.

3. 사회간접자본

현재 도로의 총연장은 2만 873㎞로서 4개의 동서간선도로와 3개의 주 도로가 주요 도로망을 형성하고 있다. 싼야에서 헤이룽장성 퉁장(同江)을 잇는 5,700㎞의 고속도로가 공사중에 있다. 철도의 영업거리는 386㎞이다. 원래 하이난성으로 독립하고 경제특구로 지정된 후 사회간접자본에 투자액을 늘리고 있지만 여전히 취약하다.

또한 80여개의 항구가 있는데 이 중 수출입 하역이 가능한 항구는 하이커우 · 싼야 · 빠쑤어(八所) 및 양푸항(洋浦港) 등으로 이 지역의 하역량이 하이난성 전체의 80% 이상을 차지하고 있다. 그 중 빠쑤어 항은 만톤 급 6개를 포함한 8개의 정박장이 있고 2004년의 물동량이 548만 톤에 이른다.

하이커우와 싼야에 국제비행장이 있으며 통신상황은 마이크로 통신망이 완성되어 시와 현까지도 자동전화가 보급되어 있다. 휴대폰 사용자는 136만 명, 인터넷 사용자는 40만 명에 이른다.

성내 사회간접자본에 대한 중점투자 분야는 수리관개 시설 · 교통망 · 발전 · 통신분야이다.

하이난성 사회간접자본 현황(2004년)

운송거리(㎞)			여객 운송량(만 명)			자동차보유량
철도영업	도로	내륙수운	철도	도로	내륙수운	(승객용, 만 대)
386	20,873	343	16	24,981	794	8.9
화물 운송량(만 톤)			우편, 통신 사업			
철도	도로	내륙수운	업무액 (억 위엔)	이동전화 (만 명)	특급우편 (만 건)	인터넷사용자 (만 명)
468	6,168	1,941	62.4	165.0	95.7	47
교통, 통신 근로자 수(명)						자동차보유량
철도	도로	내륙수운	항공	파이프라인	통신, 정보서비스	(화물용, 만 대)
3,337	12,431	9,696	8,200	-	6,180	5.4

자료 : 2005 中國統計年鑑.

수리관개 시설은 따룽(大隆) · 춘장(春江) 저수지 건설이며, 교통운송망은 하이커우 메이란(美蘭)공항 건설, 서부 천연가스관 건설, 하이커우항 확장, 양푸항 확장, 동부고속도로 건설 등 여러 건이 있다. 발전부문은 하이커우–싼야, 하이커우–뤄지(洛基) 220kV 송전망 건설, 하이커우발전소 3기 공정, 빠쑤어(八所) 발전소가 건설중이다.

통신망은 싼야–양푸–하이커우–뻬이하이 광통신망 건설, 하이커우–싼야 광통신망 건설, 위성통신망 건설 등이 있다. 2004년 말 휴대폰 보유자는 165만 명이고 인터넷 가입자는 30만 명에 이르렀다.

4. 대외경제

대외무역은 1980년 이전까지 극히 미미하였으나 개방정책 시행이후 급속히 발전하기 시작하였다. 특히 1988년 경제특구로 지정되면서 각종 우대정책을 실시하여 수출이 급속히 증가하였다. 그러나 외환위기 이후 무역량이 급속히 감소한 상황에 있고 최근 조금씩 증가하고 있다.

총 수출액은 1999년 7.5억 달러에서 2004년 8.2억 달러로 크게 변함이 없고 총 수입액은 4.7억 달러에서 20.7억 달러로 증가하여 적자 폭이 커지고 있다. 교역 상대국은 홍콩을 통한 교역이 전체의 과반수이며 그밖에 미국·일본·러시아·독일·영국·대만·프랑스·이태리 등이다.

주요 수출품은 천연가스·철합금·의류 및 부속품·해산물·요소 등이며 주요 수입품은 비행기 및 부품·철강재·액화석유가스·기계 및 설비·가전기기·자동차·선박·버섯 통조림 등이다.

외자기업의 수출액은 1999년 2.9억 달러에서 2003년 3.5억 달러로, 수입액은 같은 기간 1.0억 달러에서 10.8억 달러에 달해 무역액 자체도 적고 수출제품의 구조가 성내의 생산품 위주여서 외자기업 비중 역시 매우 낮은 편이다. 수출액보다는 수입액이 많다.

하이난성 대외경제 현황

년 도	1999	2000	2001	2002	2003	2004
총수출액(억 달러)	7.5	8.0	8.0	6.7	6.5	8.2
외자기업의 수출(억 달러)	2.9	3.0	3.0	3.5	2.8	3.5
한국에 대한 수출(억 달러)	-	0.3	-	0.4	1.9	0.5
총수입액(억 달러)	4.7	4.9	9.6	11.2	12.6	20.7
외자기업의 수입(억 달러)	1.0	1.6	5.1	6.0	5.5	10.8
한국으로부터 수입(억 달러)	0.2	0.3	0.4	0.3	1.5	0.3
외국기업의 직접투자(억 달러)	4.8	4.3	2.2	5.1	4.2	4.3
외자기업 등록 투자총액(억 달러)	-	234.4	215.0	98.5	89.0	86
외자기업 등록기업 수(개)	-	7,248	5,940	2,251	2,366	2,329
한국의 투자(건수, 백만 달러, 실제 투자액 기준)	- 6.3	- -	- -	3건 3.8	0건 2.3	3건 25

자료 : 中國統計年鑑, 각년 판, www.kotra.or.kr, www.koreaexim.go.kr, www.kita.net.

한국의 하이난성에 대한 수출은 1999년 0.2억 달러에서 2004년 0.3억 달러로,

수입은 2000년 0.3억 달러에서 2003년 0.5억 달러로 변화 폭이 미미하여 중요성이 부각되지 못하고 있다.

외국인 직접투자는 실제 투자액 기준으로 1999년 4.8억 달러에서 2004년 4.3억 달러가 투자되었다. 주요 투자국을 살펴보면 대만 · 미국 · 일본 · 싱가포르 · 태국 · 호주 등이다. 한편 최근 들어 건축업 · 부동산업 · 관광업에 대한 외국인투자가 크게 증가하는 추세이다.

2004년 말 현재 등록되어 있는 외자기업 수는 2,329개, 투자총액은 86억 달러인데 두 가지 모두 2000년에 비해 대폭 감소하였다.

한국은 2004년 25백만 달러를 투자한 것으로 집계되고 있다.

5. 주요 도시 경제상황

① 하이커우(海口)시

성도 하이커우시는 하이난도(海南島)의 북부에 있으며, 열대도서 계절풍 기후로서 2004년 1월 평균기온은 18.4°C, 7월 평균기온은 29.1°C를 기록하였고 연간 강우량은 984㎜에 달하였다.

총면적은 2,305㎢이고 2004년 말 총인구는 143만 명이었다. 행정구역은 룽화(龍華) · 시우잉(秀英) 등 4개 구로 구성되어 있다.

2004년 말 지역내 총생산액은 455억 위엔으로 경제성장률은 전년대비 13.1% 증가하였으며 1인당 GDP는 9,240위엔(1,119달러)으로 전국 평균이하이다. 산업구조는 1차, 2차, 3차 산업의 비중이 각각 26.0%, 36.9%, 37.1%를 차지하였고 도시와 농촌 주민의 2004년 말 저축총액은 319억 위엔이었다.

농업은 안정적인 발전에 힘입어 과일, 채소의 생산이 상당히 증가하고 육류 · 우유 · 가금 · 계란 · 어류 등 부식품의 생산이 크게 증가하였다.

공업은 기계 및 전자 · 음료 및 식품 · 고무 및 화공 · 화섬 및 방직 · 의약 제조 등이 지주산업으로 분류되어 발전하였다. 2004년 공업 총생산액은 222억 위엔에 달하였고 근로자 연평균 임금은 1만 3,770위엔(1,667달러)에 이르렀다.

사계절이 봄과 같고 자연경관이 아름다워 관광업 및 서비스업이 발전해 있다.

사회소비재 소매액은 101억 위엔이었다.

전력공급도 충분하고 이동통신 등의 통신업무도 급속히 발전하고 있다.

하이커우 항의 정박시설은 만톤 급 2개를 포함해 15개가 있고 2004년의 물동량이 1,416만 톤이었다.

하이커우보세구, 진판(金盤)공업구 등의 경제특별지역이 있다.

② 싼야(三亞)시

성의 제2 도시로 남부에 위치하며 열대성 계절풍 기후로서 연평균 기온은 25.4℃, 연평균 강우량은 1,280㎜에 달하는 고온다습한 지역이다.

총면적은 1,919㎢이고 해안선 길이는 209㎢에 달한다. 총인구는 2004년 말 51만 명이며 행정구역은 2개 관리구, 1개 판사처, 10개 진 등으로 구성되어 있다.

2004년 말 지역내 총생산액은 48억 위엔으로 경제성장률은 전년대비 13.2% 증가하였으며 1인당 GDP는 9,538위엔(1,155달러)으로 전국 평균이하이다. 산업구조는 1차, 2차, 3차 산업의 비중이 각각 13.5%, 31.1%, 55.4%를 차지하였다. 도시와 농촌 주민의 2004년 말 저축총액은 394억 위엔이었다.

개혁・개방 초기 부동산 등 분야에 외자를 중심으로 자본투자가 급속히 진행되었으나 부패의 온상지역으로 중앙정부의 제재를 받으면서 침체기로 들어갔다. 최근 들어 관광이 서서히 되살아나고 경제발전이 완만하게 진행되고 있다.

자원이 풍부하여 빠오따오(寶島)라고 불리우는데 특히 고구마・고무・코코아・커피 등 아열대성 농작물과 어류・게 등의 수산물 생산이 많다.

식품・제당・소금・건재・전자・기계・전력・조선・수산품 가공・공예품제조 등의 공업이 있다. 2004년 공업총생산은 9억 위엔을 기록하였으며 근로자수 29만 명, 근로자 연평균 임금은 1만 4,594위엔(1,767달러)에 이르렀다.

관광수입이 시 수입의 상당부분을 차지하는 성 최대의 관광도시인데 주요 관광지로는 야롱(牙龍)만, 티엔아이하이쟈오(天涯海角), 루후이터우(鹿回頭), 따뚱하이(大東海) 해수욕장 등 13개 소가 유명하며 전반적으로 완만하고 긴 해안선을 따라 백사장・야자림 등이 펼쳐져 있다. 사회소비재 소매액은 17억 위엔에 달하였다.

도로・고속도로・철도・수운 등으로 하이커우와 연결되며 대륙 및 외국으로 연결되는 항구가 있다. 항공은 빼이징 · 상하이 등의 국내노선과 한국 · 싱가포르 · 일본 등과 연결하는 국제노선이 있다.

2004년 현재 외자 공업기업의 개수는 2개, 생산액은 1.1억 위엔에 이르며, 실제 외자투자액은 1.1억 달러에 달하였다.

제2장 내륙 중부지역

제1절 산시(山西)성, (간칭:晋)

1. 산시성 개요

화뻬이평야의 서부, 황토고원의 동부에 위치하며 동으로는 허뻬이성과 네이멍꾸자치구, 서남으로는 산시성(陝西省)과 허난성(河南省)에 인접해 있다.

면적은 15.6만㎢, 인구는 2004년 말 현재 3,335만 명이며 대륙성계절풍 기후로 남북의 기온 차가 크다. 연평균 기온은 0~13℃이며 연평균 강우량은 300~800㎜이다.

행정구역은 11개 지급 시, 11개 현급 시와 23개 시할구, 85개 현으로 나뉘어 있으며, 주요 도시로는 성도인 타이위엔(太原)과 석탄으로 유명한 따퉁(大同), 그밖에 양취엔(陽泉), 창즈(長治), 진청(晋城) 등이 있다.

석탄 매장량이 많아 '매도(煤都)'라고 불리운다.

불교성지인 우타이산(五臺山), 윈깡(雲岡)석굴(石窟), 헝산(恒山) 등 매우 많은 명승고적을 보유하고 있어 해마다 관광객이 20만 명을 넘고 있다.

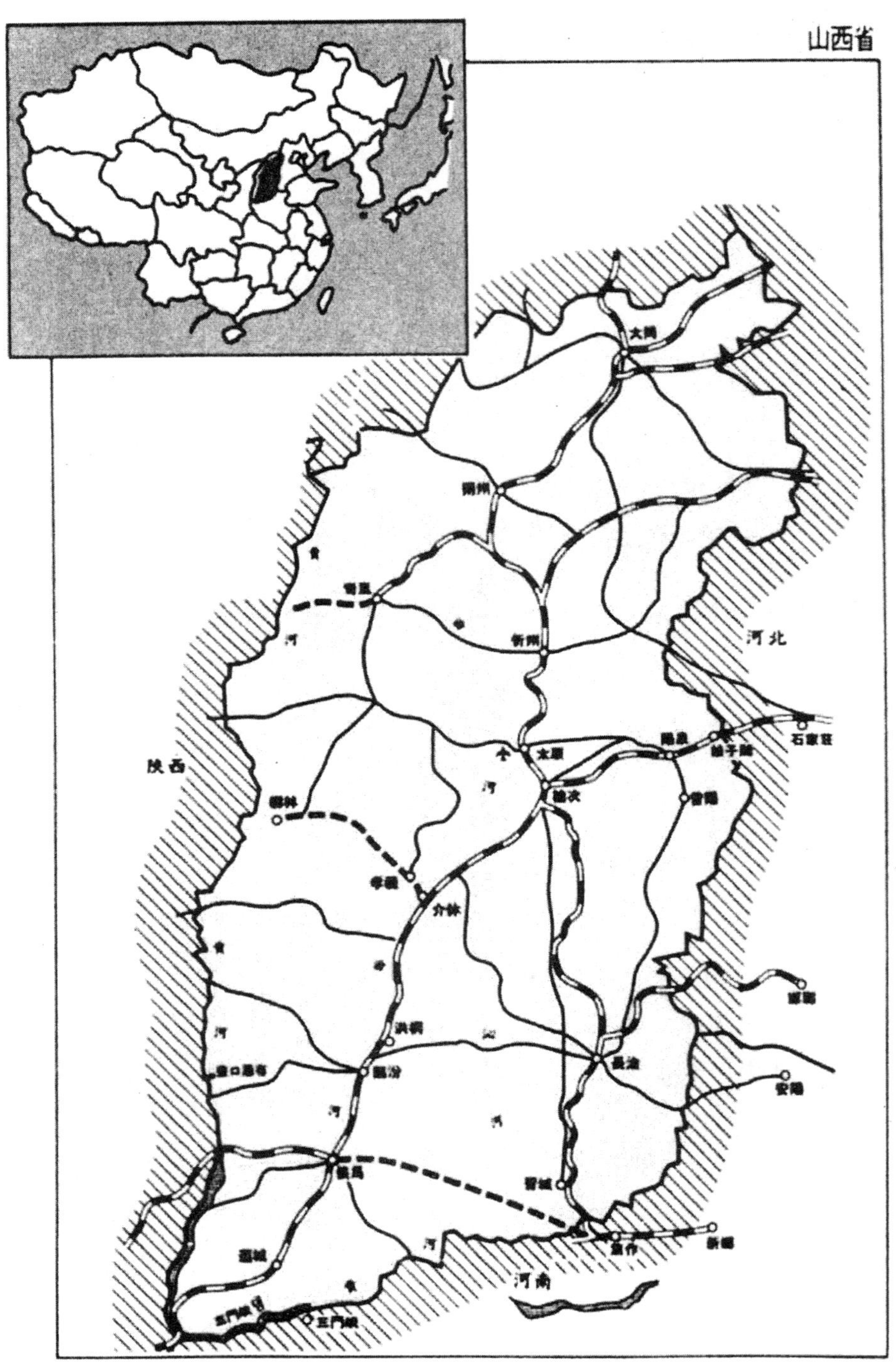
山西省
河北
陝西
河南

2. 경제현황

석탄생산과 화력발전소가 많은 중요 에너지기지로서 중국 경제발전에 막대한 공헌하는 지역이다. 황하의 물을 끌어와 10년 중 9년이 가뭄이 드는 물부족 문제를 해결하였으며 이를 바탕으로 전력을 일으키고 남는 풍부한 전력을 뻬이징과 티엔진에 송전하고 있다.

타이위엔을 중심으로 철강・석탄・전력산업을 발전시켜나가고 있다.

2004년의 지역내 총생산액은 3,042억 위엔으로 GDP 성장률은 14.1%를 기록하였다. 산업구조는 1차 산업 8.6%, 2차 산업 59.0%, 3차 산업 32.4%로 경제는 낙후되어 있으나 공업비중은 높은 편이다. 1인당 GDP는 9,150위엔(1,108달러)으로 전국 평균보다 낮으며 도시주민 1인당 가처분소득은 7,903위엔, 농촌주민 1인당 순수입은 2,590위엔으로 나타났다.

2004년의 지방 재정수입은 256억 위엔, 재정지출은 519억 위엔으로 적자재정이 지속되고 있고 정부의 지원도 계속되고 있다. 특히 산시성이 에너지 기지로서의 역할이 더욱 커지고 있고 이에 따라 석탄개발과 화력발전소 건설 부문에 대한 투자가 증가할 것으로 보인다. 전사회고정자산투자 총액은 1,389억 위엔이었으며 사회건설 총규모는 4,058억 위엔에 달하였다.

성에는 120종의 광물자원이 부존되어 있고 매장량이 확인된 것은 53종인데, 그 중 24종이 전국 10위 이내에 든다. 주요 자원으로는 석탄 매장량이 2,021억 톤으로 전국 1위이며 보크사이트도 9억 톤을 넘어 1위를 차지하고 있다. 석탄가스와 내화점토의 부존량이 1위이고 그밖에 철광석이 28.5억 톤으로 전국 4위, 아연과 동이 전국 5위를 기록하며 납・유황・몰리브덴・코발트・인광석・염 등이 있다.

석탄은 운송능력의 제한으로 생산량을 판매하지 못하는 상황이 벌어지고 있고 운송과정의 낭비와 환경오염을 축소하기 위하여 전기에너지를 전환하는 열발전소를 건설하였다. 매년 쟝쑤성에 100억 ㎾의 전기를 공급하고 있고 산뚱・허뻬이・뻬이징・티엔진・탕산 등으로도 매년 1,400만 톤의 석탄을 전기에너지로 전환하여 공급하고 있다.

2004년의 농업 총생산액은 482억 위엔으로 농업이 61.8%를 차지하며, 주요 공산품은 쌀과 보리・잡곡・감자 등이며 특히 잡곡과 감자류의 비율이 높다. 이밖에 깨・사탕무우・사과・호도・면양・옥수수 등이 있다.

공업 총생산액은 2004년 3,346억 위엔으로서 중공업의 발전이 경공업보다 빠르고, 지방기업의 발전이 중앙 직속기업보다 빠르며, 주식제 · 주식합작제 기업의 발전이 국유기업보다 빠른 특징을 나타내고 있다. 전력을 이용한 알루미늄 공업과 화학공업이 발전해 있다.

성내의 공업은 중공업 위주이며 석탄 · 전력 · 야금 · 기계 · 화학공업 · 알루미늄 · 전자 · 건재 · 방적 · 식품가공 등의 업종이 있다. 주요 기업으로는 중국 유수의 특수강 생산기지인 타이위엔(太原)철강공사, 전국 최대의 알루미늄 기지인 산시 알루미늄공장, 전국 3대 화학공업 기지의 하나인 타이위엔화학공업공사, 티엔지(天脊)석탄화공집단공사가 입지해 있다. 주요 공산품은 석탄 · 생철 · 강 · 코크스 · 시멘트 등이다.

2004년 근로자의 1인당 연평균 임금총액은 1만 2,858위엔(1,557달러)이다.

경제특별지역으로는 타이위엔에 첨단기술산업개발구, 따퉁과 양취엔에 경제기술개발구가 있다.

산시성 경제현황(2004년)

지역내 총생산액 (억 위엔)	1인당 GDP (위엔)	경제성장률	산업구조(%) 1차:2차:3차	근로자 연간 평균임금 (위엔)	사회고정 자산 투자 (억 위엔)	사회건설 총규모 (억 위엔)
3,042.4	9,150	14.1	8.6:59.0:32.4	12,858	1,389.4	4,057.7
재정수입 (억 위엔)	재정지출 (억 위엔)	도시주민 1인 평균 가처분 소득(위엔)	농촌주민 1인 평균 순수입(위엔)	농업총생산액(억 위엔)	공업총생산액 (억 위엔)	국유 및 규모 이상 비국유 기업수(개)
256.4	519.1	7,903	2,590	481.8	3,346.1	4,886
외자 기업수(개)	국유기업 과학기술요원(2003년, 만 명)			과학기술 특허상황(건)		
	엔지니어	과학자	의료인	발명특허	실용신안	디자인특허
705	12.5	0.4	9.1	295	636	258

자료 : 2005 中國統計年鑑, www.kita.net, 新中國五十五年統計資料匯編 1949-2004.

3. 사회간접자본

철도는 성의 석탄을 운송하는 주요한 교통수단으로서 영업길이는 3,144㎞에 달한다. 그러나 운송능력의 부족으로 석탄생산량의 운송이 적절하게 진행되지 못하는 문제가 있고, 운송과정의 소모량과 환경오염이 또 다른 문제로 부각되고 있다. 이에 따라 이 에너지를 전기에너지로 바꾸어 송전하는 경우가 있다.

철도 노선의 문제는 신노선의 건설과 기존선로의 정비에 주력하고 있는데 현재 친황따오 행의 따친(大秦)선, 황화항(黃驊港) 행이 있고 철도의 전철화가 진행되고 있다. 시안-허페이를 연결하는 전장 995㎞ 철도가 건설중에 있다. 석탄운송이 많아 철도화물 운송량이 전국 1위를 차지한다.

도로 총길이는 6만 5,813㎞에 달하는데 가장 중요한 고속도로는 산시성과 연해지역을 연결하는 타이지우(太舊) 고속도로이다. 총 144㎞의 이 도로는 산시성 경제발전의 동맥이라고 할 수 있는데 타이위엔에서 허뻬이성의 지우꽌(舊關)까지이다. 여기서 허뻬이 스쟈좡-산뚱 칭따오 고속도로와 연결하여 닝샤(寧夏)자치구 인촨(銀川)까지, 뻬이징-스쟈좡 고속도로와 연결하여 뻬이징과 연결된다.

항공노선은 타이위엔에서 뻬이징 등 주요 도시로 연결되는 정기노선이 있고 홍콩 등과도 직행편이 있다. 통신은 타이위엔 통신센터의 완공에 따라 따퉁 등 19개 도시에 디지털화가 완성되었다. 휴대폰 사용자 754만 명, 인터넷 사용자는 211만 명에 이른다.

산시성 사회간접자본 현황(2004년)

운송거리(㎞)			여객 운송량(만 명)			자동차보유량 (승객용, 만 대)
철도영업	도로	내륙수운	철도	도로	내륙수운	
3,144	65,813	467	3,411	35,688	108	47.8
화물 운송량(만 톤)			우편, 통신 사업			
철도	도로	내륙수운	업무액 (억 위엔)	이동전화 (만 명)	특급우편 (만 건)	인터넷사용자 (만 명)
48,929	72,621	83	216.1	753.8	238.4	211
교통, 통신 근로자 수(명)						자동차보유량 (화물용, 만 대)
철도	도로	내륙수운	항공	파이프라인	통신, 정보서비스	
108,975	50,025	67	4,258	-	28,858	32.4

자료 : 2005 中國統計年鑑.

4. 대외경제

수출액은 1999년 12.9억 달러에서 2004년 72.0억 달러로, 수입액은 동기간 4.5억 달러에서 18.7억 달러로 증가하였다. 계속되는 무역흑자는 석탄 등 자연자원 위주의 수출구조에 기인하며 세계적인 석탄 수급에 많은 영향을 받는다.

주요 수출품은 코크스 · 유연탄 · 마그네슘 · 강철 · 의류 · 옥수수 · 방적제품 · 황산소다 · 카바이트 · 규소철 · 생철 · 알루미늄 · 의약품 · 전자시계 부품 · 종이공예품 등이며 주요 수입품목은 철광사 · 화공원료 · 기계류 · 식용유 · 기계설비 · 산화알루미늄 · 통신설비 · 전자계산기 등이다.

주요 무역대상국은 일본 · 한국 · 미국 · 독일 · 영국 · 스위스 · 러시아 등으로서 세계 각국과 직간접적인 무역관계가 형성되어 있다.

외자기업의 수출액은 1999년 0.8억 달러, 2003년 5.2억 달러로 증가하였고, 수입액은 동기간 3.3억 달러에서 1.7억 달러로 감소하였다. 내륙인 관계로 외자기업이 많이 진출하지 않았고 외자기업의 진출목적이 주로 내수시장 진출과 관계가 많으므로 수출입액이 적다.

산시성 대외경제 현황

년 도	1999	2000	2001	2002	2003	2004
총수출액(억 달러)	12.9	20.9	26.5	27.5	37.4	72.0
외자기업의 수출(억 달러)	0.8	1.5	1.5	1.6	2.6	5.2
한국에 대한 수출(억 달러)	3.1	4.4	5.4	5.4	5.9	8.6
총수입액(억 달러)	4.5	7.0	6.9	8.5	14.4	18.7
외자기업의 수입(억 달러)	3.3	2.7	1.1	0.8	1.5	1.7
한국으로부터 수입(억 달러)	0.5	0.7	0.2	0.04	0.2	0.3
외국기업의 직접투자(억 달러)	3.9	2.3	2.3	2.1	2.1	2.1
외자기업 등록 투자총액(억 달러)	-	48.3	49.3	57.7	61.2	69
외자기업 등록기업 수(개)	-	959	827	773	760	705
한국의 투자(건수,	-	1건	2건	2건	9건	1건
백만 달러, 실제 투자액 기준)	-	0.1	0.4	1.5	1.9	1.8

자료 : 中國統計年鑑, 각년 판, www.kotra.or.kr, www.koreaexim.go.kr, www.kita.net.

한국의 수출은 1999년 0.5억 달러에서 2003년 0.3억 달러로 큰 변화가 없으며, 수입은 3.1억 달러에서 8.6억 달러로 점차 확대되고 있다. 한국이 대량의 석탄과 코크스를 수입하면서 무역수지 적자가 계속 증가하고 있다.

외국인 직접투자는 2004년 2.1억 달러로 주요 투자국은 대만·미국·싱가포르·한국·일본·독일 등이다. 투자형식은 합자경영이 전체의 70% 내외를 차지하고 있다.

2004년 말 등록된 외자기업 수는 705개로 감소추세에 있으며, 투자총액은 69억 달러이다.

한국의 투자는 2004년 1건 1.8백만 달러에 달하였다.

5. 주요 도시 경제상황

① 타이위엔(太原)시

성도인 타이위엔시는 황하유역의 중부에 위치하며 동·서·북 3면이 산으로 둘러싸여 있다.

혹한과 혹서가 없는 온대 대륙성 기후로서 2004년 1월 평균기온은 영하 4.7°C, 7월은 23.5°C를 기록하였고 연간 강우량은 377㎜로 나타났다.

총면적은 6,988㎢이고 시할구는 1,460㎢이며 2004년 말 총인구는 332만 명, 시할구는 255만 명이었다. 행정구역은 잉쩌(迎澤)·싱화링(杏花嶺) 등 6개 구, 칭쉬(淸徐) 등 3개 현, 꾸쟈오(古交)시로 구성되어 있다.

유구한 역사를 자랑하며 중요한 에너지 및 중화학공업 도시이고 군사적 요충지이다. 과학기술 인원이 집중해 있는 지역으로 발전가능성이 높은 지역이다.

2004년 말 지역내 총생산액은 640억 위엔으로 경제성장률은 전년대비 15.7% 증가하였으며 1인당 GDP는 1만 8,804위엔(2,277달러)으로 전국 평균보다 높은 편이다. 산업구조는 1차, 2차, 3차 산업이 각각 3.4%, 54.5%, 42.1%의 비중을 차지하였다.

지방 재정수입은 43억 위엔, 재정지출은 57억 위엔이었고 고정자산투자총액은 335억 위엔에 달하여 도시건설에 집중투자하고 있음을 알 수 있다. 도시와 농촌 주민의 연말 저축액은 815억 위엔으로 많은 편이다.

석탄과 철강의 도시로 부르는데 특히 석탄의 매장량은 250억 톤 이상 매장되어 있다. 이밖에 주요한 광물자원으로는 석고·망간·동·알루미늄·연·석회석·내화점토·유황·석영 등이 있다.

농업은 기후가 따뜻하고 펀하(汾河)가 시내를 남북으로 관통하여 농업조건이 좋다. 주요 농산물은 밀 · 쌀 · 옥수수 · 고량 · 콩류 · 감자 · 채소 · 면화 · 유료작물 · 약재 등이며 포도 · 사과 · 배 · 복숭아 · 은행 등 과일의 생산량이 풍부하다. 채소 · 계란 · 우유 · 생산 · 육류 등의 수요를 만족할 정도로 생산하며 이것을 외지에 판매한다.

공업은 야금 · 기계 · 화공, 석탄산업을 지주산업으로 하고 경공업 · 방직 · 전자 · 건자재 · 전력 · 식품 · 의약 · 정밀기기 산업 등도 적극 장려하고 있다. 2004년 공업 총생산액은 720억 위엔이었으며 근로자 수 74만 명, 근로자의 연평균 임금은 1만 5,399위엔(1,864달러)에 달하였다.

퉁푸(同蒲), 스타이(石太)등 4개 철도가 교차하는 지역이며 도로도 잘되어 있다. 항공노선도 뻬이징 · 상하이 · 광저우 등 주요 지역으로 정기적으로 운항한다. 통신부문의 발전도 신속하게 진행되고 있다. 전력 · 수도 · 가스의 공급도 원활하다.

2004년 현재 외자 공업기업의 개수는 12개, 생산액은 9억 위엔에 이르며, 실제 외자투자액은 1.4억 달러에 달하였다.

② 따퉁(大同)시

성의 북부에 있고 네이멍꾸 자치구에 인접해 있다. 북위(北魏) 때 건설된 도시로서 군사적으로 중요한 지역이다. 중국 3대 석굴의 하나인 윈깡(雲岡)석굴은 시의 16㎞ 서쪽에 위치한다.

삼면이 산으로 둘러싸여 있고 위하(御河)가 남북으로 흐른다. 기후는 춥고 바람이 많으며 기온차가 큰 편으로 연평균 기온은 6.4℃이다.

총면적은 1만 4,112㎢, 시할구 면적은 2,080㎢이며 2004년 말 총인구는 332만 명, 시할구 인구는 255만 명이다. 행정구역은 청(城) · 난쟈오(南郊) 등 4개 구와 양까오(陽高) 등 7개 현으로 구성된다.

2004년 말 지역내 총생산액은 305억 위엔으로 경제성장률은 전년대비 13.4% 증가하였으며 1인당 GDP는 9,874위엔(1,195달러)으로 전국 평균이하이다. 산업구조는 1차, 2차, 3차 산업의 비중이 각각 6.1%, 59.7%, 34.3%를 차지하였다.

지방 재정수입은 15억 위엔, 재정지출 37억 위엔, 고정자산투자총액은 112억 위엔, 도시와 농촌 주민의 연말 저축액은 372억 위엔에 달하였다.

쌀 · 옥수수 · 콩 · 소맥 등의 농산물을 생산하며 광물자원은 석탄 · 동 · 연 ·

철 · 인 · 황금 · 화강석 · 대리석 · 석회석 · 고령토 · 내화점토 · 흑연 등이 풍부하게 매장되어 있다.

주요 공업은 석탄 · 기계 · 건자재 · 화공 · 식량가공업 등이며 특히 따퉁(大同) 탄전은 세계적으로 유명하다. 2004년의 공업 총생산액은 319억 위엔으로 나타났으며 근로자의 연평균 임금은 1만 2,590위엔(1,524달러)이었다.

징빠오(京包)선, 퉁푸(同蒲)선의 교차지역이며 모스크바로 가는 국제열차의 정거장이기도 하다.

2004년 현재 외자 공업기업의 개수는 11개, 생산액은 35억 위엔에 이르며, 실제 외자투자액은 0.2억 달러에 달하였다.

③ 린펀(臨汾)시

성의 서남부에 위치하고 황하의 중류, 펀하(汾河)와 가깝다. 황하 주변에 위치하여 유구한 역사와 찬란한 문화를 가지고 있다.

총면적은 2만 275㎢, 시할구 면적은 1,316㎢이며 총인구는 415만 명, 시할구 인구는 78만 명에 이른다. 행정구역은 야오(堯) 구와 허우마(侯馬) 등 2개 시, 취우(曲沃) 등 14개 현으로 구성되어 있다.

2004년 말 지역내 총생산액은 376억 위엔으로 경제성장률은 전년대비 15.7% 증가하였으며 1인당 GDP는 9,221위엔(1,116달러)으로 전국 평균이하이다. 산업구조는 1차, 2차, 3차 산업의 비중이 각각 8.9%, 65.3%, 25.8%를 차지하여 공업의 비중이 매우 높음을 알 수 있다.

지방 재정수입은 20억 위엔, 재정지출은 44억 위엔, 고정자산투자총액은 126억 위엔, 도시와 농촌 주민의 연말 저축액은 352억 위엔에 달하였다.

산시성의 중요한 에너지 중화학 공업기지의 하나이고 주요한 면화와 보리의 생산지이다. 2004년의 공업 총생산액은 563억 위엔이고 근로자의 연평균 임금은 1만 2,347위엔(1,495달러)으로 나타났다.

중요한 광물자원으로는 석탄 · 철 · 석고 · 석회암 · 백운암 등이 있는데 특히 석탄자원이 풍부하다. 총 매장량은 960억 톤에 이른다. 코크스탄의 3대 매장지역에 속한다.

교통이 매우 편리한데 난퉁푸(南同蒲)선과 후어허우(霍侯) 1급도로, 치린(祁臨)고속도로가 남북을 관통하고 허우시(侯西)선, 후어위에(侯月)선이 동서로 횡단한다.

2004년 현재 외자 공업기업의 개수는 6개, 생산액은 9억 위엔에 이르며, 실제 외자투자액은 8.9억 달러에 달하였다.

제2절 네이멍꾸(內蒙古)자치구, (간칭:蒙)

1. 네이멍꾸자치구 개요

네이멍꾸자치구는 중국 북방 변경지대에 위치하여 몽골, 러시아와 국경을 접하고 있으며, 신쟝자치구, 시짱자치구에 이어 중국에서 세 번째로 면적이 넓다. 해발 1,000m 이상의 고원지역에 속한다.

북위 37°~53°, 동경 97°~127°에 위치하고 온대 대륙성 계절풍 기후에 속하며 연평균 기온은 -1°C~10°C이고 연간 강우량은 50~450㎜이다. 겨울에는 영하 40°C로 내려가는 경우도 있다.

초원지대가 전 지역의 73.3%를 차지하고 있고 황사의 발원지가 되고 있다. 이에 따라 천연 방풍림 조성 등 생태환경 보호와 개선을 위한 정책이 추진되고 있으며 초지의 경작지 환원 계획을 경제발전의 중점목표로 삼고 있다.

총면적은 118.3만㎢, 인구는 2004년 말 2,384만 명이다. 행정구역은 9개 지급시, 3개 맹(盟), 11개 현급 시와 21개 시할구, 17개 현, 49개 기(旗), 3개 자치기로 나뉘어 있으며, 주요 도시로는 성도인 후허하오터(呼和浩特)와 공업지역인 빠오터우(包頭), 츠펑(赤峰) 등이 있다.

원래 몽고제국의 후신이 일부는 중국에 편입되어 네이멍꾸가 되었고 일부는 독자적인 국가로 남아 몽골인민공화국이 되었다.

內蒙古自治區

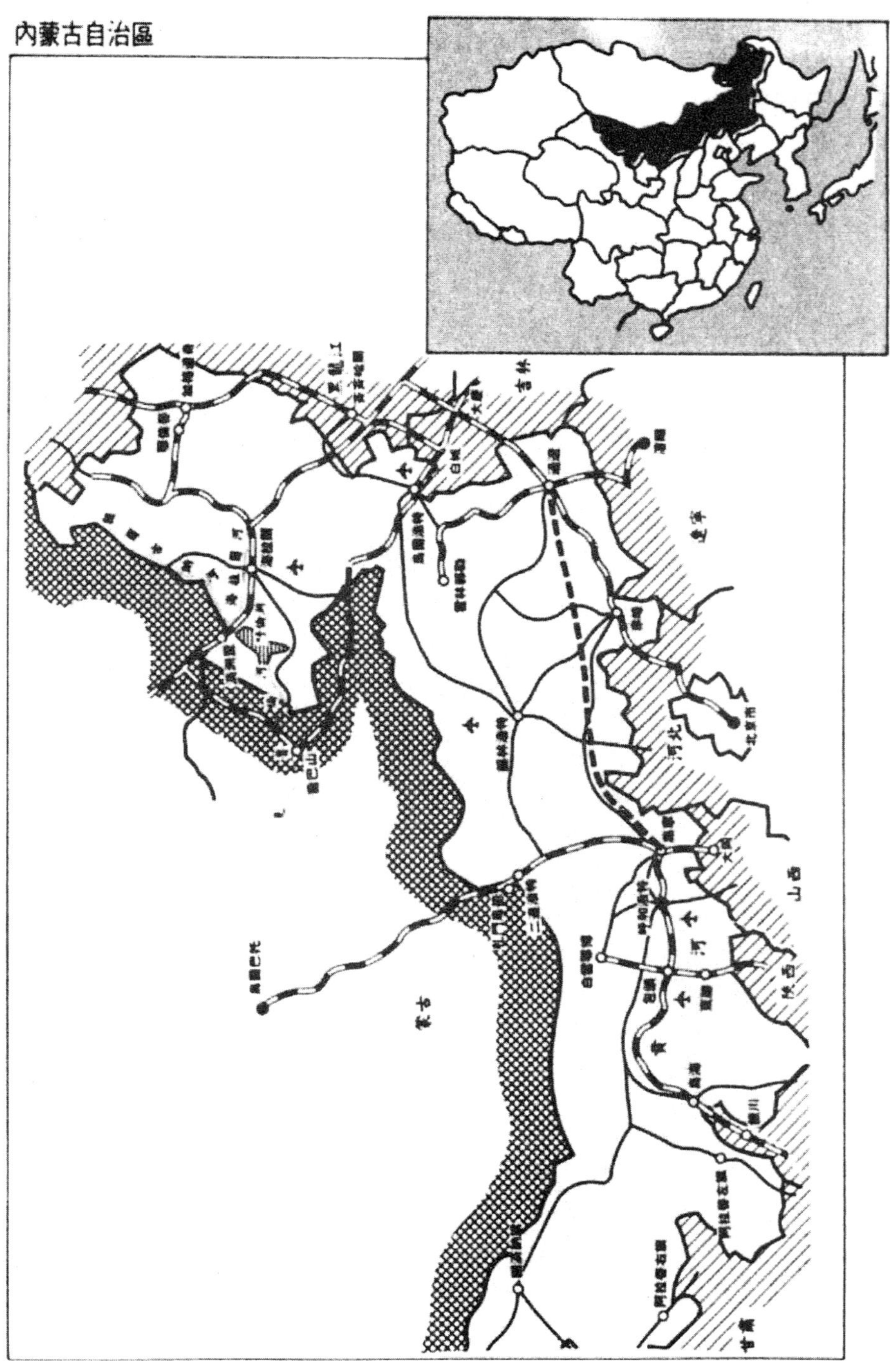

2. 경제현황

몽골 · 러시아와 국경을 접하고 있어 최근 국경무역이 활발하게 전개되고 있고 에너지와 자원이 풍부해 현재 개발을 위한 투자가 집중되고 있는 지역 중의 하나이다. 그러나 교통여건이 좋지 않아 경제발전의 한계가 많은 편이다.

지역내 총생산액은 2004년 2,712억 위엔으로서 19.4%의 경제성장률을 보였다. 산업별 구성은 1차 산업이 16.4%, 2차 산업이 46.3%, 3차 산업이 37.3%를 차지하였다. 산업구조의 특징은 1차 산업의 비중이 감소하는 추세에 있고 2, 3차 산업이 증가하고 있다.

자치구 주민의 1인당 GDP는 1만 1,305위엔(1,369달러)으로 전국 평균보다 조금 높은 편이며 도시주민 1인당 가처분소득은 8,123위엔, 농촌주민의 1인당 순수입은 2,606위엔에 불과하다. 특기할만한 사실은 농민의 순수입 증가상황이 매우 저조한 것으로서 지역경제의 상황변화를 짐작하게 한다.

2004년 지방 재정수입은 197억 위엔, 재정지출은 564억 위엔으로 경제력이 매우 약해 중앙으로부터 매년 거액의 보조를 받고 있으며 따라서 그만큼 중앙의 통제가 강한 지역이다. 전사회고정자산투자 총액은 1,794억 위엔이고 사회건설 총규모는 4,862억 위엔이었다.

130여 종의 광물자원이 있고 가치가 높은 자원이 많은 편이다. 주요 자원은 희토류(希土類)로서 매장량은 전국 90% 이상이고, 니오브 · 지르코늄 · 베릴륨 · 천연소다도 전국 1위의 매장량을 기록하고 있다. 석탄 매장량은 전국의 30%가 넘어 산시 다음인 전국 2위를 차지하며 크롬 · 알루미늄 · 천연가스 역시 전국 2위의 부존량을 기록하고 있다. 이 밖에 아연 · 철광석 · 인광석 · 석유 · 금 · 은 · 동 · 텅스텐 · 망간 · 몰리브덴 · 석면 · 운모 · 석묵 · 망초 등이 있다. 대형 노천탄광과 천연알칼리 저장량이 전국 수준이다.

2004년 농업 총생산액은 851억 위엔으로 전국에서 낮은 수준이며, 구성은 농업 48.3%, 목축업 44.0%로 농업에서 차지하는 목축업의 비율이 타 지역보다 상당히 높아 내몽고 초원지대의 특성을 보여준다. 1인당 식량 생산량은 인구가 적은 관계로 전국 최상위 수준이며 농산품으로는 사탕무우 · 말 · 양 및 양털 · 면양모 · 옥수수·밀가루·콩류 등이 있다. 소금 생산도 많은 편이다. 자치구내 총 2억 무(畝)의 삼림이 있으며 따싱안링(大興安嶺) 산맥의 목재축적량은 전국의 1/6을 차지한다. 특산물로는 버섯·가죽·해바라기·회향·감초·구기자 등이 있다.

공업 총생산액은 2004년 2,096억 위엔에 달하였는데, 주요 산업으로는 철강·철강채굴 및 가공업·방직·기계·에너지·건자재 전력·야금·전자·화공·석탄·식품·임업 및 관련 설비·목축 가공업 등이 있다. 주요 공산품에 설탕·목재·조강·석탄·소금 등이 있다.

네이멍꾸자치구 경제현황(2004년)

지역내 총생산액 (억 위엔)	1인당 GDP (위엔)	경제성장률	산업구조(%) 1차:2차:3차	근로자 연간 평균임금 (위엔)	사회고정 자산 투자 (억 위엔)	사회건설 총규모 (억 위엔)
2,712.1	11,305	19.4	16.4:46.3:37.3	13,325	1,794.4	4,861.6
재정수입 (억 위엔)	재정지출 (억 위엔)	도시주민 1인 평균 가처분 소득(위엔)	농촌주민 1인 평균 순수입(위엔)	농업총생산액(억 위엔)	공업총생산액 (억 위엔)	국유 및 규모 이상 비국유 기업수(개)
196.8	564.1	8,123	2,606	851.3	2,095.9	1,718
외자 기업수(개)	국유기업 과학기술요원(2003년, 만 명)			과학기술 특허상황(건)		
	엔지니어	과학자	의료인	발명특허	실용신안	디자인특허
847	6.9	0.2	7.3	108	437	286

자료 : 2005 中國統計年鑑, www.kita.net, 新中國五十五年統計資料匯編 1949-2004.

향후 공업발전을 위해 지역적 특수성을 살려 천연가스·화력발전 등 에너지 및 원자재 개발, 희토류의 연구개발에 역점을 두고 있다.

재정수입·공업기업수·외자기업수를 보면 내몽고자치구의 경제상황을 쉽게 파악할 수 있다. 2004년 근로자의 1인당 연간 임금총액은 1만 3,325위엔(1,613달러)에 달하였다.

빠오터우(包頭)에 첨단기술산업개발구가 있다.

3. 사회간접자본

네이멍꾸자치구는 내륙에 위치해 있고 면적도 넓어 교통여건이 좋지 않은 편이다.

화물운송을 거의 철도에 의존하고 있는데, 2004년 운영거리가 6,337㎞에 이르고 있다. 1994년 완성된, 동서를 가로지르는 943㎞의 철도는 경제발전에 버팀목이 되고 있다.

도로 역시 90년대 이후에 많이 건설되어 2004년 말 전체 길이가 7만 5,976㎞에 달하였다. 몽골과 러시아로 연결되는 여객 운송노선도 개설되어 있다.

후허하오터-빠오터우 · 후허하오터-라오이에먀오(老爺廟) · 얼리엔하오터(二連浩特)-허커우(河口) · 만저우리(滿洲里)-쑤이펀허(綏芬河) 고속도로 건설, 지닝(集寧)-장쟈커우(張家口), 시린하오터(錫林浩特)-쌍껀따주이(桑根達贅) 지선 철도 건설, 창칭(長慶)-후허하오터 가스 파이프라인 공사 등의 인프라 확충사업이 진행중에 있어 신속한 경제발전을 추진하기 위한 기반이 급속하게 형성되고 있다.

네이멍꾸자치구 사회간접자본 현황(2004년)

운송거리(㎞)			여객 운송량(만 명)			자동차보유량(승객용, 만 대)
철도영업	도로	내륙수운	철도	도로	내륙수운	
6,337	75,976	2,403	3,142	25,510	-	34.1
화물 운송량(만 톤)			우편, 통신 사업			
철도	도로	내륙수운	업무액(억 위엔)	이동전화(만 명)	특급우편(만 건)	인터넷사용자(만 명)
14,739	42,697	-	156.6	594.6	218.1	93
교통, 통신 근로자 수(명)						자동차보유량(화물용, 만 대)
철도	도로	내륙수운	항공	파이프라인	통신, 정보서비스	
89,106	32,210	46	3,014	-	25,877	24.1

자료 : 2005 中國統計年鑑.

공항 발전 역시 눈부시다. 종전에 2개 소형비행장 밖에 없던 것이 현재는 후허하오터 · 빠오터우 · 시린하오터(錫林浩特) · 하이라얼(海拉爾) 등 7개 지역에 공항이 있다. 후허하오터에서 뻬이징 · 상하이 등 국내 20개 지역 이상과 직접 연결되며 국제선도 운항되고 있다.

전화보급률이 90%내외로 대부분의 지역에서 IDD가 가능하며 이동전화 가입자는 2000년 50만 명에서 2004년 595만 명으로 급증하였으며, 인터넷 사용자는 93만 명에 달하였다.

4. 대외경제

내륙에 있지만 세계 각 국가・지역과 경제교류 관계를 가지고 있으며 지방특산물・축산물・식량・식용유・금속・광물・경공업제품・방적품 등 약 300종의 상품이 교역되고 있다. 몽골, 러시아 등과 국경을 접하고 있어 국경무역이 계속적으로 확대・발전하고 있다.

네이멍꾸자치구 대외경제 현황

년 도	1999	2000	2001	2002	2003	2004
총수출액(억 달러)	6.8	11.1	9.2	10.3	15.3	18.9
외자기업의 수출(억 달러)	0.7	1.4	1.3	1.2	1.5	1.6
한국에 대한 수출(억 달러)	0.6	2.1	2.1	2.4	4.1	3.7
총수입액(억 달러)	5.8	12.7	12.9	16.4	16.7	24.9
외자기업의 수입(억 달러)	0.4	0.4	0.5	1.3	0.6	1.2
한국으로부터 수입(억 달러)	0.2	0.09	0.03	0.04	0.05	0.3
외국기업의 직접투자(억 달러)	0.7	1.1	1.9	1.8	0.9	6.3
외자기업 등록 투자총액(억 달러)	-	25.4	22.2	24.2	38.4	108
외자기업 등록기업 수(개)	-	874	778	805	923	847
한국의 투자(건수, 백만 달러, 실제 투자액 기준)	- 1.0	- 2.5	- 3.1	- 12.3	- 13.1	- -

자료 : 中國統計年鑑, 각년 판, www.kotra.or.kr, www.koreaexim.go.kr, www.kita.net

수출액은 1999년 6.8억 달러에서 2004년 18.9억 달러로, 수입액은 5.8억 달러에서 24.9억 달러로 규모가 작은 편이다. 주요 수출품은 옥수수・실크넥타이・편직물・금 장식품・강괴・알루미늄・무연탄 등이며 주요 수입품목은 원목・알루미늄・동광석・산화알루미늄・염화칼슘・야금설비 등 이다.

외자기업의 수출액은 1999년 0.7억 달러에서 2004년 1.6억 달러로, 수입액은 같은 기간 0.4억 달러에서 1.2억 달러로 증가하였다. 이러한 외자기업 수출입액 규모가 변화는 네이멍꾸자치구의 지리적 위치가 외자기업의 진출에 불리하여 진출기업이 매우 적기 때문이라고 할 수 있다. 한국의 네이멍꾸에 대한 무역도 역시 적은 편인데 1999년 수출이 0.2억 달러, 2004년 0.3억 달러이며 수입은 각각 0.6억 달러, 3.7억 달러에 달하였다.

외국인 직접투자는 실제 투자액 기준으로 2003년까지 1~2억 달러에 불과하였으나 2004년 6.3억 달러로 급증하였다. 대체로 지역경제 상황이 아직 외국기업의 관심을 끌지 못하고 있다. 주요 투자국은 대만 · 미국 · 캐나다 · 일본 · 러시아 등이다.

2004년까지 기등록된 외자기업 총수는 847개에 투자총액은 108억 달러에 달하고 있다. 한국은 2003년 실제투자액 기준으로 13백만 달러를 투자하였다.

5. 주요 도시 경제상황

① 후허하오터(呼和浩特)시

성도인 후허하오터는 북쪽에 2,283미터가 넘는 산이 있고 중부, 남부는 평야지대이다. 시내에 따헤이하(大黑河)가 흐르며 시외는 광활한 평야지대이다. 대륙성 기후로서 일교차가 큰 편이며, 2004년 1월 평균 기온은 영하 10.2°C, 7월 평균기온은 22.8°C를 기록하였으며 연간 강우량은 424㎜에 달하였다.

총면적은 1만 7,224만 ㎢, 시할구 면적은 2,054㎢에 달한다. 2004년 말 총인구는 213만 명에 달하였으며 시할구 인구는 109만 명이었다. 행정구역은 위취엔(玉泉) 등 4개 구와 투머터쭈어(土默特左)기, 허린꺼얼(和林格爾) 등 4개 현으로 구성되어 있다.

현재 국경 개방도시의 하나로서 국경지역 경제건설에 중점을 두고 외자유치 및 경제활성화를 위해 중앙정부로부터 인가된 특수한 정책을 실시하고 있다. 동구 여러 나라와 교역을 진행하는 중요한 매개역할을 담당하고 있다. 후허하오터는 몽골어로 '청색의 성'이라는 뜻이다.

2004년 말 지역내 총생산액은 512억 위엔으로 경제성장률은 전년대비 23.0% 증가하였으며 1인당 GDP는 2만 6,321위엔(3,187달러)의 높은 소득수준을 보여준다. 산업별 비중은 1차, 2차, 3차 산업이 각각 8.2%, 43.3%, 48.5%를 차지하였다.

2004년 지방 재정수입은 29억 위엔, 재정지출은 53억 위엔, 고정자산투자총액은 315억 위엔, 도시와 농촌 주민의 저축총액은 307억 위엔으로 나타났다.

광물자원으로는 대리석 · 흑연 · 화강암 · 석면 · 운모 · 수정 · 점토 등이 있으며 에너지자원인 석탄의 부존량도 상당히 많은 편이다.

주요 농작물은 밀 · 옥수수 · 마령서 등 10여 종이며 약용식물과 야생 동식물이 많이 살고 있다. 주민의 대부분이 아직도 유목생활을 한다.

공업은 모방 · 기계 · 철강 · 화공 · 제당 · 피혁 · 유가공업이 주요 산업이다. 2004년 공업 총생산액은 345억 위엔이었으며 근로자 수는 31만 명, 근로자 연평균 임금은 1만 6,754위엔(2,028달러)에 이르렀다.

1997년 후허하오터와 빠오터우를 잇는 고속도로가 완공되면서 주변지역이 신속하게 변화되고 있다.

2004년 현재 외자 공업기업의 개수는 17개, 생산액은 71억 위엔에 이르며, 실제 외자투자액은 6.3억 달러에 달하였다.

② 빠오터우(包頭)시

17세기 청나라 때 건설되기 시작한 도시로서 자치구 중서부에 위치한다. 북부는 몽골, 남쪽은 황하와 근접하며 동서는 투머촨(土默川) 평야, 허타오(河套) 평야와 접한다. 기후는 일교차가 심하다.

총면적은 2만 7,768㎢이고 시할구 면적은 2,969㎢이며 2004년 말 총인구는 219만 명, 시할구 인구는 135만 명에 이른다. 행정구역은 뚱허(東河) 등 6개 구, 투머터여우(土默特右) 등 2개 기(旗), 꾸양(固陽) 현으로 편제되어 있다.

2004년 말 지역내 총생산액은 608억 위엔으로 경제성장률은 전년대비 28.5% 증가하였으며 1인당 GDP는 3만 9,561위엔(4,789달러)의 높은 소득수준을 보여준다. 산업별 비중은 1차, 2차, 3차 산업이 각각 4.8%, 57.2%, 25.0%를 차지하였다.

2004년 고정자산투자총액은 406억 위엔, 도시와 농촌 주민의 저축총액은 300억 위엔에 달했다.

시의 동쪽과 서쪽은 평야지대로서 목축업이 발달하였고 모피 · 식량 · 약재의 생산 및 집하지역이다.

북쪽의 따칭산(大青山) 산맥의 지하자원, 남쪽 황하의 입지조건으로 마오쩌뚱 시대에 거대한 철강도시로 발전하였다. 이와 함께 야금 · 석탄 · 기계 · 화공 · 전력 · 자동차 · 시멘트 · 알루미늄 정련 · 제당 · 피혁 · 방직 등 공업도 주요 산업이다. 중국의 중요한 공업지역으로서 2004년의 공업 총생산액은 621억 위엔에 달했으며 근로자의 연평균 임금은 1만 6,381위엔(1,983달러)에 이르렀다.

화북과 서북지방을 관통하는 대동맥인 징빠오(京包)선, 빠오란(包蘭)선이 여기서 교차하고 도로는 사통팔달로 타 지역과의 잘 연계되어 있다. 빠오터우 공항은 전천후로 대형 여객기의 이착륙이 가능하다.

우편전신 업무, 인터넷, 이동전화, 휴대폰 산업도 급속하게 발전하고 있다. 휴대폰 사용자는 84만 명, 인터넷 사용자는 10만 명에 이른다.

개방의 조류에 보다 잘 적응하기 위하여 도시기초 시설 건설에 주력하여 투자환경이 비교적 양호하다.

2004년 현재 외자 공업기업의 개수는 15개, 생산액은 11억 위엔에 이르며, 실제 외자투자액은 2.5억 달러에 달하였다.

③ 츠펑(赤峰)시

1983년 자오우따멍(昭烏達盟)에서 츠펑시로 명칭이 바뀌었다. 위치는 자치구의 동남부 허뻬이성과 랴오닝성이 접하는 곳에 있으며 지형적으로는 북부에 따싱안링(大興安嶺) 산맥, 서남에는 옌산(燕山)과 랴오시(遼西) 산지, 중부와 동부는 시랴오하(西遼河) 평야가 있다. 대륙성 계절풍 기후로서 연평균 기온은 남부가 6~7℃, 북부가 1~4℃이며 연간 강우량은 350~500㎜ 내외이다.

총면적은 9만 21㎢, 시할구 면적 7,012㎢이고 2004년 총인구는 447만 명, 시할구 인구는 113만 명이다. 행정구역은 홍산(紅山) 등 3개 구, 빠오린쭈오(巴林左) 등 7개 기(旗), 닝청(寧城) 등 2개 현으로 구성되어 있다.

2004년 말 지역내 총생산액은 327억 위엔으로 경제성장률은 전년대비 27.2% 증가하였으나 1인당 GDP는 7,130위엔(863달러)으로 여전히 매우 낮은 수준에 있다. 산업별 비중은 1차, 2차, 3차 산업이 각각 27.3%, 39.9%, 32.8%를 차지하였다.

2004년 고정자산투자총액은 162억 위엔, 도시와 농촌 주민의 저축총액은 187억 위엔에 달했다.

광물은 금·에너지 자원이 풍부하며 주요 농산물은 밀·옥수수·고량 등이 있고 콩·해바라기유·담배·중약재 등의 경제작물을 생산한다. 목축업이 발달하여 소·양·가금 생산량이 많다.

공업은 에너지·야금·건자재·방직·식료품·의약·화공산업이 주종을 이룬다. 공업 총생산액은 139억 위엔에 달했으며 근로자 1인당 연말 평균 임금은 1만 875위엔(1,317달러)에 이르렀다.

교통은 8개의 간선도로가 시외로 연결되고 남쪽으로는 징퉁(京通)선, 이에츠(葉赤)선이 지역내를 통과하고 북쪽에서는 지퉁(集通)선이 지난다. 뻬이징·후허하오터(呼和浩特) 등지로 연결되는 항공노선이 있다.

2004년 현재 외자 공업기업의 개수는 1개, 생산액은 4억 위엔에 이르며, 실제 외자투자액은 0.1억 달러에 달하였다.

제3절 지린(吉林)성, (간칭:吉)

1. 지린성 개요

중국 동북부의 동쪽에 위치하며 동남쪽으로는 압록강과 두만강, 서쪽으로는 네이멍꾸자치구, 남서쪽으로 랴오닝성, 북쪽으로 헤이룽쟝성에 접하고 있다.

온대 대륙성 계절풍 기후에 속한다. 연평균 기온은 2.0°~5.0°C이고 연간 강우량은 410㎜ 내외이다.

면적은 18.7만㎢, 인구는 2004년 말 현재 2,709만 명이며 행정구역은 8개 지급시, 1개 자치주, 19개 시할구, 20개 현급 시, 18개 현, 3개 자치현으로 나뉘어 있다.

주요 도시로는 성도인 창춘(長春)과 지린(吉林), 옌뻬옌조선족자치주 주도(州都)로서 우리 동포가 많이 사는 옌지(延吉), 쓰핑(四平), 훈춘(琿春), 퉁화(通化) 등이 있다.

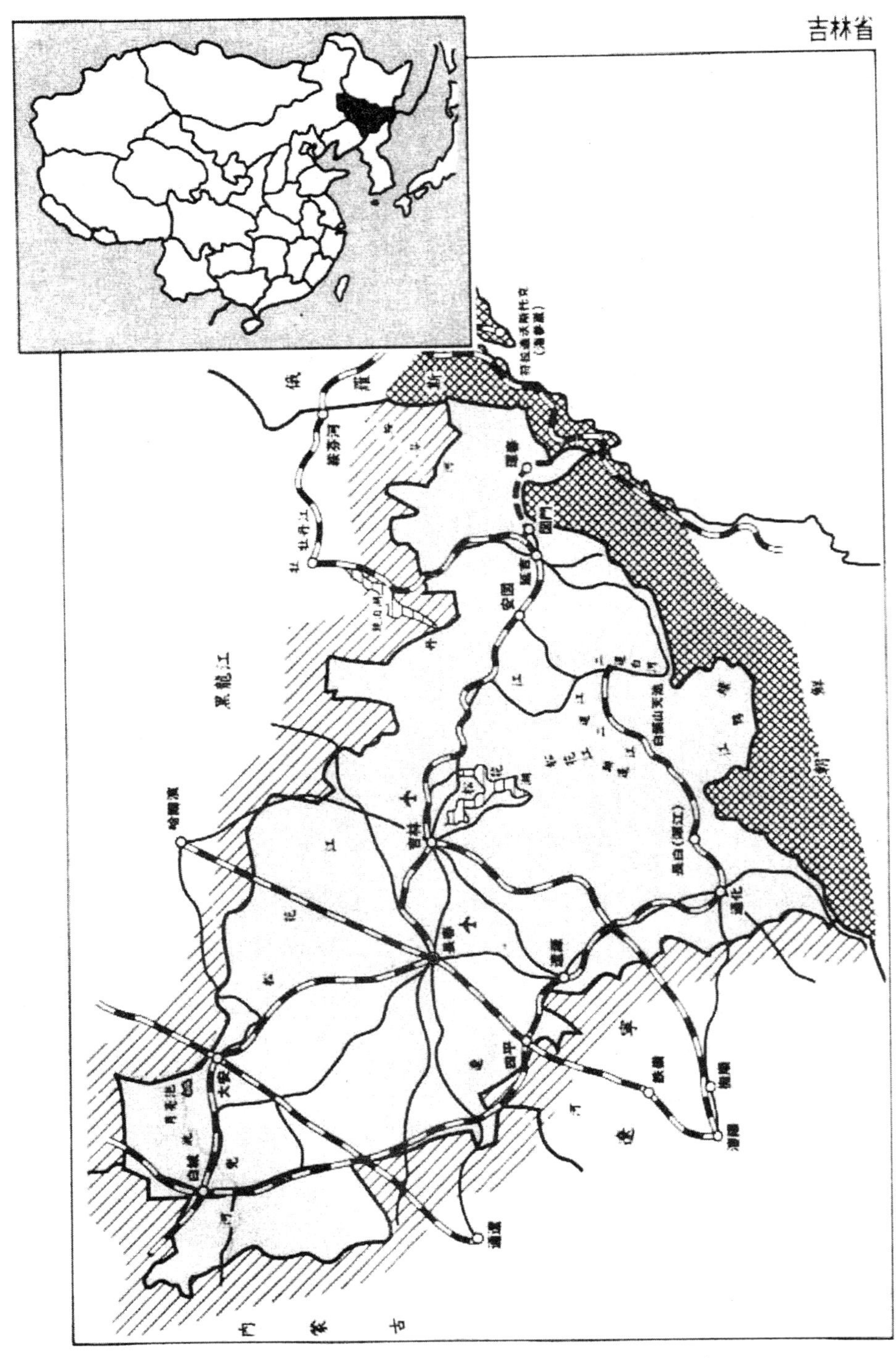
吉林省

2. 경제현황

인구가 적은 편이고 개혁·개방이 늦어 경제력은 크지 않지만 농업발전에 좋은 자연조건을 구비하고 있으며 중국 최대의 식량 생산기지라 할 수 있다. 또한 다른 동북지역과 마찬가지로 국유기업의 비율이 높으며 중공업기지에서 점차 경공업의 비중이 높아지고 있다.

2004년 지역내 총생산액은 2,958억 위엔으로 12.2%의 경제성장률을 보였다. 산업구조는 1차 산업 19.0%, 2차 산업 46.6%, 3차 산업 34.4%로 1, 3차 산업의 비중이 감소하고 2차 산업의 비중이 증가하였다. 지역주민의 1인당 GDP는 1만 932위엔(1,323달러)으로 전국 평균과 비슷한 수준이다. 도시주민의 1인당 가처분소득은 7,841위엔, 농촌주민 1인당 순수입은 3,000위엔으로 나타났다.

2004년 지방 재정수입은 166억 위엔, 지출은 508억 위엔으로 중앙정부의 보조가 많다. 고정자산투자 총액은 1,169억 위엔이며 사회건설 총규모는 2,635억 위엔을 기록하였다.

성에는 72종의 광물자원이 매장되어 있는데 석회석·유패암(油頁岩) 등은 전국 최고의 매장량을, 석탄·석유·니켈·몰리브덴·금 등은 전국 5위에서 10위의 매장량을 보이며 철·동·석면·안티몬·목재 등도 주요 부존자원에 속한다.

임업 면적은 전국 3위, 목재 생산은 전국 2위 지역이며 동부 백두산지역의 20만 헥타르에는 원시림이 있어서 중국 최대의 자연보호 지역이라 할 수 있다.

중서부의 쑹랴오(松遼) 평야와 대초원 지대에서는 옥수수·콩·쌀·수수 등의 식량작물과 사탕무우·담배·해바라기·대마·포도 등의 상업작물이 풍부하다. 한편 동북삼보(東北三寶)로 일컬어지는 인삼·담비가죽·녹용의 주산지로서 야생 동식물의 낙원이기도 하다. 2004년 농업 총생산액은 941억 위엔으로 보리·벼·옥수수·대두·간장·유료 등의 생산량이 많았다. 특별한 사항은 농업 총생산액에서 목축업의 비중이 42.4%로 매우 높다는 것이다.

1차 산업의 비중이 점차 낮아지고 있고, 2차 산업의 비중은 자동차 산업 및 중화학 공업지대로서의 면모를 유지하고 있으며 3차 산업의 비중이 점진적으로 증가하는 추세에 있다.

2004년의 공업 총생산액은 3,247억 위엔이었다. 국가중점 공업건설 지역의 하나로서 자동차 · 석유화학 · 기계 · 의약 · 식품 · 야금산업이 비교적 발전이 빠르다. 자동차, 석유화학은 성의 2대 기간산업으로 식품 · 의약 · 전자는 3대 산업으로 5대 산업체계가 형성되어 있다.

지린성 경제현황(2004년)

지역내 총생산액 (억 위엔)	1인당 GDP (위엔)	경제성장률	산업구조(%) 1차:2차:3차	근로자 연간 평균임금 (위엔)	사회고정 자산 투자 (억 위엔)	사회건설 총규모 (억 위엔)
2,958.2	10,932	12.2	17.6:45.1:37.3	12,563	1,164.7	2,634.8
재정수입 (억 위엔)	재정지출 (억 위엔)	도시주민 1인 평균 가처분 소득(위엔)	농촌주민 1인 평균 순수입(위엔)	농업총생산액(억 위엔)	공업총생산액 (억 위엔)	국유 및 규모 이상 비국유 기업수(개)
166.3	507.8	7,841	3,000	940.7	3,247.3	2,215
외자 기업수(개)	국유기업 과학기술요원(2003년, 만 명)			과학기술 특허상황(건)		
	엔지니어	과학자	의료인	발명특허	실용신안	디자인특허
2,370	10.3	0.4	9.9	451	1,179	515

자료 : 2005 中國統計年鑑, www.kita.net, 新中國五十五年統計資料匯編 1949-2004.

자동차 · 철도객차 · 탄소의 생산량이 전국 상위를 기록하고 있고 섬유류 · 플라스틱제품 · 전력 · 석탄 · 강재 · 화학원료 · 원유 · 시멘트 · 기계 · 타이어 · 석유설비 · 삼림 및 목재가공 등의 생산증가율도 높았다. 특히 제지공업은 백두산 부근의 풍부한 산림자원을 이용하여 전국 최상위의 지위를 확보하고 있다.

2004년 근로자 연평균 임금총액은 1만 2,431위엔(1,505달러)에 달했다. 공업지대였던 관계로 엔지니어 등 과학기술요원과 특허가 많은 편이다.

경제특별지역으로 경제기술개발구가 장춘에 설립되어 있고 첨단기술산업개발구가 장춘과 지린에 있으며 훈춘(琿春)에는 국경경제합작구가 건설되어 있다.

2003년부터 추진하고 있는 동북지역 재건계획(東北振興工程)에서는 지린성의 발전을 위해, 지리적 장점을 활용해 동북 3성 간 인재 · 기술 · 자본의 교류와 협력관계를 확대하고 대러시아 및 대한반도 국경무역을 촉진시키며 다국적 기업과의 연계강화를 계획하고 있다.

또한 도시별 중점발전 목표는, 창춘과 지린시는 공업과 농업생산의 기반을 이용해 고도의 산업집중지대를 건설하고 특히 농업 · 하이테크 산업 · 환경보호형 공업을 중점적으로 육성하며, 창빠이산(長白山) 주변지역은 자원과 지리적 장점을 활용해 생태계와 환경보호를 전제로 한 자원개발과 녹색산품의 생산 및 가공에 중점을 두며, 투먼강(圖們江) 지역은 대외개방을 통해 훈춘(琿春) 변경경제합작구·수출가공구의 기능을 강화하며 세관의 인프라시설 확장을 통해 동아시아 지역의 교역창구 역할을 하는 것으로 하였다.

이 계획의 성공여부는 지린성 공업생산 부가가치의 70%를 점하는 자동차·석유화학·농산물 가공·현대 중의약과 바이오 제약·광전자 정보 등의 하이테크 산업의 발전에 달려 있다고 할 수 있다.

3. 사회간접자본

지린성의 주요 교통수단은 철도로서 영업거리는 3,562㎞에 달하며 남으로는 선양(瀋陽)·티엔진·뻬이징·평양으로 연결되고 북으로는 하얼삔·만저우리(滿洲里)·러시아·유럽으로 뻗는다.

도로의 총길이는 4만 6,796㎞로서 창춘–쓰핑(四平), 창춘–지린 등 각지로 고속도로가 건설되었거나 건설과정 중에 있는데 현재 고속도로와 1급도로가 각각 542㎞, 1,364㎞에 이른다.

지린성 사회간접자본 현황(2004년)

운송거리(㎞)			여객 운송량(만 명)			자동차보유량 (승객용, 만 대)
철도영업	도로	내륙수운	철도	도로	내륙수운	
3,562	46,796	1,444	4,687	22,293	108	39.4
화물 운송량(만 톤)			우편, 통신 사업			
철도	도로	내륙수운	업무액 (억 위엔)	이동전화 (만 명)	특급우편 (만 건)	인터넷사용자 (만 명)
6,552	26,659	75	216.6	763.8	322.9	179
교통, 통신 근로자 수(명)						자동차보유량 (화물용, 만 대)
철도	도로	내륙수운	항공	파이프라인	통신, 정보서비스	
80,571	38,312	1,875	3,554	1,364	22,345	17.2

자료 : 2005 中國統計年鑑.

항공편은 창춘·지린과 옌지에서 뻬이징·상하이·꽝저우·난징·선양 등 국내 주요 지역으로 연결되며 홍콩 · 한국 · 일본 · 러시아를 잇는 국제선도 있다.

동해 및 러시아 연해주와 인접한 훈춘 지역을 통해 태평양으로 진출하는 통로를 건설해 왔지만 최근 발전이 부진하다.

통신은 여타 내륙 성에 비해 양호하여 성내 송신 광케이블의 길이가 1.3만 ㎞에 달한다. 이동통신과 디지털 통신망의 확대, GSM 망의 확대로 첨단화가 계속 진행되고 있다. 2004년 이동전화 보유자 764만 명, 인터넷 사용자는 179만 명에 이르고 있다.

전력사정도 최근 공업화 추진에 따라 수요가 증가하고 있지만 압록강 · 두만강을 이용한 수력발전으로 큰 곤란은 겪지 않는다.

향후 지린성 사회간접자본 건설은, 동북지역 재건계획에서는 근대적인 종합운수 시스템을 구축하고 대외개방 경로의 확립에 중점을 두고 컨테이너 수송과 복합운송의 발전에 목표를 두고 있다. 특히 동북 3성 간의 연계와 대외경로 확충을 위한 인프라 정비로는 철도의 경우, 단선구간의 복선화 · 투먼과 훈춘의 철도세관 기능 강화에 초점을 맞추고 있다. 도로의 경우는 성내 간선도로 · 농촌도로 · 국경도로 건설에 주력한 후, 1급 도로 확대개량 공사를 실시할 계획이다. 항공의 경우는 창춘 국제공항을 국가급 공항의 표준 수준으로 끌어 올리고, 옌지 공항의 국제공항화를 더욱 가속화하며, 창빠이산 공항 건설을 추진하는 것으로 계획하고 있다.

4. 대외경제

대외교역 현황을 보면 수출액이 1999년 10.2억 달러에서 2004년 19.2억 달러로 증가하였는데 주요 수출품은 옥수수 · 기전설비 및 제품 · 의류 및 부자재 · 방직사 · 냉동 닭 · 가구 · 자동차 · 콩 · 쌀 등이었다. 주요 수출국은 한국 · 일본 · 북한 · 미국 · 말레이시아 · 독일 등이다. 한편 수입액은 같은 기간 12.0억 달러에서 55.7억 달러로 증가하였고 주요 수입품은 자동차 부품 · 원목 · 종이펄프 · 계측기기 · 강재 · 산화알루미늄 · 기계류 등이다. 수입 대상국은 독일 · 일본 · 미국 · 한국 · 러시아 · 캐나다 등이었다.

러시아 및 북한과의 국경무역이 지속적으로 증가추세에 있다.

외자기업의 수출액은 1999년 3.5억 달러에서 2003년 5.1억 달러로 증가세가 미미하였으나, 수입액은 동기간 6.1억 달러에서 30.2억 달러로 크게 증가하였다.

한국의 지린성에 대한 수출액은 1999년 0.7억 달러가 2004년 23.6억 달러로, 수입액은 같은 시점에 2.0억 달러가 20.7억 달러로 무역적자를 나타내고 있다.

외국인 직접투자는 실제 투자액 기준으로 2004년 10.1억 달러로 적은 편인데 주요 투자분야는 제조업이 가장 많고 건축업 · 농업 · 유흥업 등이 주를 이룬다. 투자형태는 합자기업이 주종을 이루는 가운데 독자기업도 적지 않다. 주요 투자국은 한국 · 미국 · 일본 · 대만 · 싱가포르 등이다.

지린성 대외경제 현황

년 도	1999	2000	2001	2002	2003	2004
총수출액(억 달러)	10.2	12.6	14.6	18.7	24.1	19.2
외자기업의 수출(억 달러)	3.5	3.9	4.3	4.0	4.1	5.1
한국에 대한 수출(억 달러)	2.0	3.6	4.2	5.8	6.0	20.7
총수입액(억 달러)	12.0	13.1	16.7	22.1	43.2	55.7
외자기업의 수입(억 달러)	6.1	7.3	10.6	13.2	22.9	30.2
한국으로부터 수입(억 달러)	0.7	0.7	1.0	0.9	0.9	23.6
외국기업의 직접투자(억 달러)	3.0	3.4	3.4	2.4	1.9	10.1
외자기업 등록 투자총액(억 달러)	-	76.6	81.0	179.1	182.7	194
외자기업 등록기업 수(개)	-	2,747	2,753	2,541	2,690	2,370
한국의 투자(건수, 백만 달러, 실제 투자액 기준)	69건 17.2	73건 11.1	54건 21.5	41건 15.6	40건 13.8	56건 17.6

자료 : 中國統計年鑑, 각년 판, www.kotra.or.kr, www.koreaexim.go.kr, www.kita.net.

2004년 말 등록된 외자기업 수는 2,370개이고 등록된 투자총액은 194억 달러이다. 한국의 투자는 2004년 실제 투자액이 56건 17.6백만 달러에 달하였다.

5. 주요 도시 경제상황

① 창춘(長春)시

성도인 창춘은 서부의 평야와 동부산지 사이에 있기 때문에 지세 · 기후 · 식물과 토양 등 자연변화가 많으며 수려한 풍경으로 "새외춘성(塞外春省)"이라고 불리운다. 쑹랴오(松遼) 평야의 중심에 위치하며 지린(吉林)시 · 헤이룽장성 · 쑹화강

(松花江)과 접한다.

기후는 온대 대륙성의 습윤한 계절풍 기후로서 봄엔 건조하고 바람이 많으며, 여름에는 온난하나 짧고, 겨울에는 매우 춥고 기간이 긴 특징이 있다. 2003년 1월 평균기온은 영하 13.2°C, 7월 기온은 22.5°C를 기록하였고 연간 강우량은 476㎜에 달하였다.

총면적은 2만 571㎢, 시할구 면적 3,603㎢에 총인구는 2004년 말 724만 명, 시할구 인구는 315만 명에 달하였다. 행정구역은 차오양(朝陽) 등 6개 구와 위수(楡樹) 등 3개 시, 눙안(農安)현으로 구성되어 있다.

동북지역의 중요한 상품시장이자 화물의 집산지이다. '자동차 도시', '영화 도시', '과학기술문화 도시', '삼림 도시'란 별칭이 있는데 이는 제1자동차 공장과 철도 객차 및 운반관련 공장들, 세계적으로 유명한 영화제작소가 있으며 과학기술 수준과 실적이 뛰어나고 지리적으로 삼림이 많은 지역이기 때문이다.

2004년 말 지역내 총생산액은 1,535억 위엔으로 경제성장률은 전년대비 13.5% 증가하였으며 1인당 GDP는 2만 1,285위엔(2,577달러)의 높은 소득수준을 보여준다. 산업별 비중은 1차, 2차, 3차 산업이 각각 11.1%, 48.3%, 40.6%를 차지하였다.

2004년 지방 재정수입은 51억 위엔, 재정지출은 101억 위엔이며 고정자산투자 총액은 460억 위엔에 이르렀다. 도시와 농촌 주민의 저축총액은 965억 위엔이었다.

부존 광물자원은 석탄 · 석회암 · 동 · 은 · 철광 · 석유 · 천연가스 등이 있다.

중국의 중요한 식량생산 지역으로서 주요 농산품은 옥수수 · 콩 · 쌀 · 고량 등이다. 소고기 · 닭고기 · 토끼 · 콩 · 쌀 · 과일류 · 채소류 등의 식품가공 산업이 발전해 있다.

주요 산업은 자동차 · 철도객차 · 트랙터 및 그 부품산업 · 생물학 및 전자정보 · 신재료 · 광학 등 첨단기술 산업 · 광학기기 · 제약 · 전기 · 농업 부산품 및 가공 산업 등이다. 특히 첨단기술 산업의 육성 및 발전은 지린성 정부가 중시하는 분야이다. 공업 총생산액은 1,713억 위엔에 달했으며 근로자 연평균 임금은 1만 5,717위엔(1,902달러)이었다.

도로 · 철도 · 공항 등 사회간접자본이 거의 완비되어 뻬이징 · 선양 · 하얼삔 ·

상하이 등 전국 각 지역과 원활하게 연결되며 도심개발 촉진으로 도시가 깨끗하게 정비되어 있다. 전력 등도 부족함이 없다. 휴대폰 사용자는 349만 명, 인터넷 가입자는 33만 명으로 급증하는 추세에 있다.

2004년 현재 외자 공업기업의 개수는 90개, 생산액은 744억 위엔에 이르며, 실제 외자투자액은 9.0억 달러에 달하였다.

② 옌삐엔(延邊) 조선족자치주

옌삐엔 자치주는 지린성 동부에 위치한 조선족 자치주로서, 온대 습윤계절풍 기후에 속하며 사계절이 뚜렷하다. 연평균 기온은 5°C 내외, 연평균 강우량은 550㎜ 정도이다.

자치주의 면적은 4만 3,474㎢이고 2004년 총인구는 220만 명, 시할구 인구는 172만 명에 이르며 조선족의 비율은 40% 정도이다. 조선족의 비율은 점차 감소하고 있다.

주도(州都)는 옌지(延吉)시이며 이 밖에 투먼(圖們), 뚠화(敦化), 훈춘(琿春), 룽징(龍井), 허룽(和龍)시 등이 있다. 옌지는 백두산·징뻐(境泊)호·훈춘팡촨(琿瑃防川)으로 가는 출발지역이다.

이들 도시는 대부분 조선족이 한족을 초과하고 있고 조선족들에게 자치권이 허용되어 있으며 역사적, 지리적으로 우리 조상들의 활동무대였다. 간도로 불리던 지역으로 항일 독립운동의 주요 근거지였다. 조선족은 80년대 초 180여만 명에서 대폭 감소하고 있다. 인구감소는 한국기업의 중국진출 확대에 따른 수요증가로 중국 국내의 타 지역으로 이주하였기 때문이다. 옌지에는 아직도 우리 옛 문화의 흔적이 상당히 남아 있다.

광물은 금·연·아연·동·은·망간·석탄, 석유 등이 부존되어 있다. 농작물은 식량·채소·과일·담배·육류·우유·가금 등이 생산되며 홍백송·낙엽송·자단·백화 등의 고급 수종들이 있다.

산업은 식품·의약·임산·에너지 및 광산업을 지주산업으로 하고 담배·제지·방직의류·의약 등의 산업체계를 형성하고 있다. 경제침체와 높은 실업률로 경제상황이 어려운 편이나 중-북한간 및 중-러시아간 국경무역이 계속 확대되어 경제발전에 대한 기여도가 높다.

도로와 철도는 창춘·하얼삔·선양·뻬이징 등 중국 내륙과 러시아, 북한으로 연계되고 항공은 옌지에서 뻬이징 · 상하이 · 선양 · 따리엔 · 칭따오 등으로 연결되고 있다.

옌지시에는 옌지경제개발구가 있으며 훈춘은 국무원이 정한 국경개방도시이다. 한국의 투자를 기대하고 있으며 한국에 취업한 조선족 동포가 많은 지역이다.

주도(州都)인 옌지(延吉)시의 총면적은 1,350㎢, 시할구 면적은 32㎢이며, 2004년 총인구는 41만 명이다.

옌지시의 2004년 지역 총생산액은 63억 위엔으로 산업별 비중은 1차 산업 2.6%, 2차 산업 47.6%, 3차 산업 49.8%로 구성되었다. 3차 산업의 비중이 상당히 높은 수준이다. 1인당 GDP는 1만 5,158위엔(1,835달러)로 추산된다.

고정자산투자 중 기본건설투자에 전체의 약 45% 내외인 9.5억 위엔이 투입되었으며, 도소매 매출액 총액은 13억 위엔에 달했다. 도시 · 농촌 근로자의 연평균 임금은 1만 4,627위엔(1,771달러)으로 기록되었다.

2004년 수출액은 0.7억 달러, 실제 외자 투자액은 1.7억 달러였다.

③ 지린(吉林)시

지린성의 제 2도시인 지린시는 성 중동부에 위치하며 동고서저(東高西低)의 지형이고 시내에는 쑹화강(松花江)이 흐른다.

총면적은 2만 7,120㎢, 시할구 면적 3,636㎢이며 2004년 총인구 429만 명, 시할구 인구 179만 명에 이른다. 행정구역은 촨잉(船營) 등 4개 구, 쉬란(舒蘭) 등 4개 시, 융지(永吉)현으로 편제되어 있다.

2004년 말 지역내 총생산액은 704억 위엔으로 경제성장률은 전년대비 14%내외의 증가율을 보였으며 1인당 GDP는 1만 6,239위엔(1,966달러)으로 나타났다. 산업별 비중은 1차, 2차, 3차 산업이 각각 14.1%, 45.2%, 40.7%를 차지하였다.

2004년 지방 재정수입은 20억 위엔, 재정지출은 58억 위엔이며 고정자산투자총액은 350억 위엔에 이르렀다. 도시와 농촌 주민의 저축총액은 446억 위엔이었다.

광물자원은 몰리브덴, 금, 철 등이 다량 매장되어 있다.

풍부한 자연자원과 수려한 경관을 자랑한다. 교외지역에 삼림이 펼쳐져 있고 특히 동쪽 지역은 원시삼림 보호지역으로서 임산물 생산이 풍부하다. 주요 농작물은 대두・쌀・고량・옥수수 등이다.

건국 초기 지린성의 성도로서 많은 발전을 하였으나 창춘(長春)으로 성도가 변경된 이후 쇠퇴일로에 있었다. 주요 산업은 화공・전력・야금・자동차 등이며 제지・기계・식품・방직・제당, ・목재가공업도 발전중에 있다. 2004년의 공업 총생산액은 642억 위엔, 근로자의 연평균 임금은 1만 2,692위엔(1,537달러)이었다.

자동차 도시로 육성중에 있어 자동차산업에 막대한 투자가 진행중이다. 창춘-투먼 간 창투(長圖)선, 선양-지린 간 선지(沈吉)선이 교차한다.

2004년 현재 외자 공업기업의 개수는 15개, 생산액은 11억 위엔에 이르며, 실제 외자투자액은 0.7억 달러에 달하였다.

제4절 헤이룽장(黑龍江)성, (간칭:黑)

1. 헤이룽장성 개요

중국 동북부의 최북단에 위치하고 있으며 동북으로는 러시아, 서쪽으로는 네이멍꾸자치구, 남으로는 지린성과 접하고 있다. 위치는 북위 43°~53°, 동경 121°~135°에 있으며 온・한대 대륙성 계절풍 기후이다. 연평균 기온은 -6°C~4°C이고 연간 강우량은 250~700㎜이다.

총면적은 45.4만㎢로서 전국 6위에 속하고 인구는 2004년 말 3,817만 명에 이른다. 행정구역은 12개 지급 시, 1개 지구, 65개 시할구, 19개 현급 시, 45개 현, 1개 자치현으로 나뉘어 있다.

주요 도시로는 성도인 하얼삔, 치치하얼, 무딴장(牧丹江), 중국 최대의 유전도시 따칭(大慶), 쟈무쓰(佳木斯), 쑤이펀허(綏芬河) 등이 있다.

헤이룽장성도 우리 동포가 많이 살고 있는 지역이다. 또한 하얼삔에는 러시아 통치시대의 잔영과 유럽적 분위기가 많이 남아 있고 인구구성도 러시아 혼혈이 종종 눈에 뜨인다. 추운 겨울인 1~3월에 삥떵지에(氷燈節)라고하는 얼음등 축제가 유명하여 전국적으로 많은 관광객이 몰린다.

黑龍江省

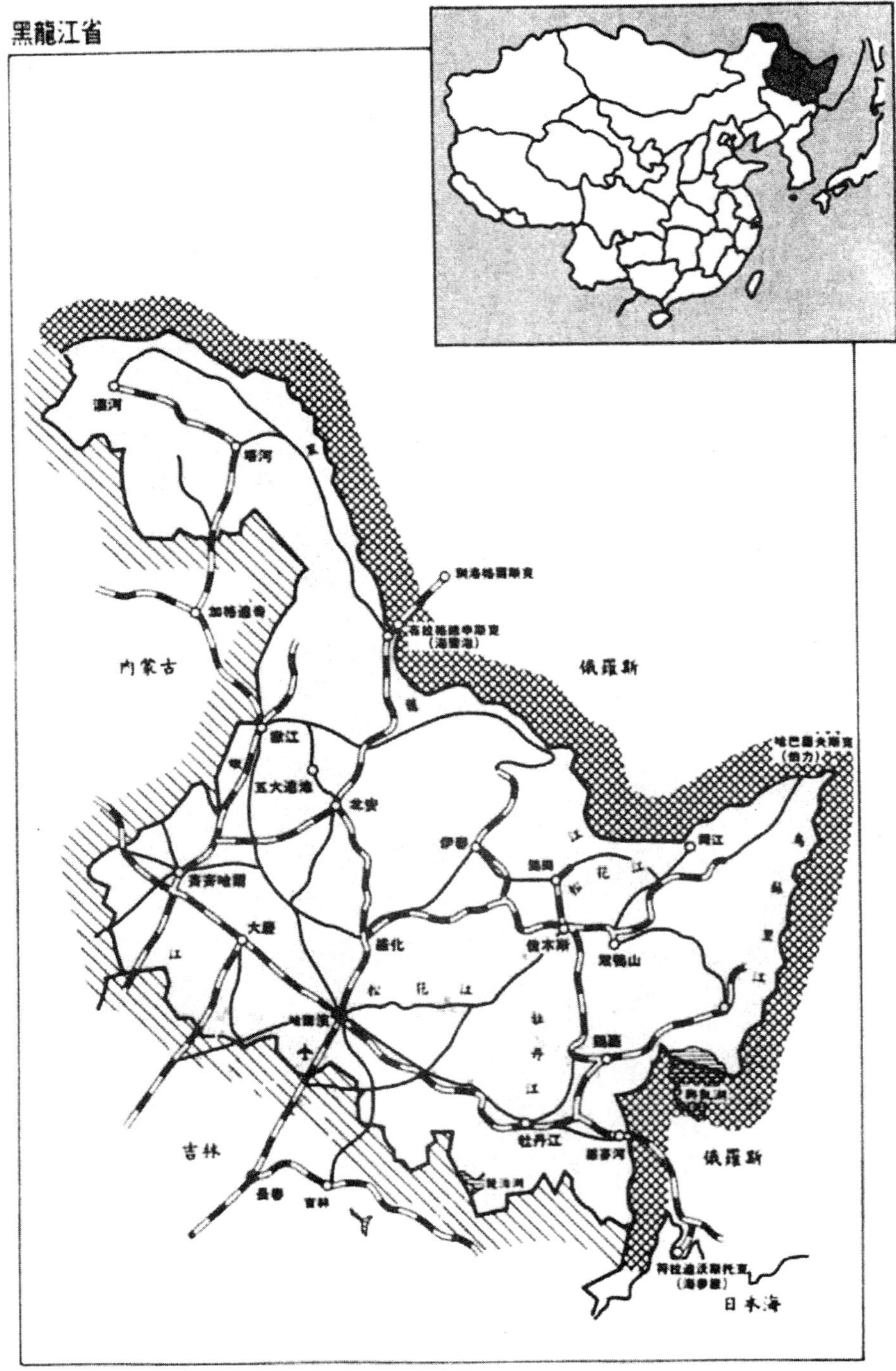

2. 경제현황

한편 지리적으로 최북단에 위치, 러시아와 국경을 접하고 있어 러시아와의 국경무역이 활발하며 풍부한 자원에 대한 투자가 지속될 경우 향후 개발잠재력은 매우 크다고 할 수 있다.

석유·석탄 등 주요 에너지가 생산되고 있는데 특히 따칭(大慶)유전은 중국 최대기업으로 성뿐 아니라 중국 전체에 많은 이익을 주어 왔다. 그러나 80년대 중반부터 생산이 정체되어 성의 경제력이 점차 축소되고 있다.

2004년의 지역내 총생산액은 5,303억 위엔으로서 전년대비 11.7%의 경제성장률을 기록하였다. 산업별 구성을 보면 1차 산업 11.1%, 2차 산업 59.2%, 3차 산업 29.4%로서 2차 산업의 비중이 매우 높다. 지역주민의 1인당 GDP는 1만 3,897위엔(1,682달러)이며 도시주민 1인당 가처분소득은 7,471위엔, 농촌주민 1인 평균 순수입 3,005위엔에 달한다. 재정수입은 289억 위엔, 재정지출은 698억 위엔으로 재정적자는 중앙으로부터의 원조에 의해 보전되고 있다. 전사회고정자산투자 총액은 1,196억 위엔으로 경제력에 비해 높은 수준은 아니며 사회건설 총규모는 3,509억 위엔이었다.

광물은 111종이 매장되어 있고 그 중 54종은 매장량이 확인되어 있다. 석유·석탄·현무암 등의 생산이 전국 1위이며 금이 2위, 그밖에 11종이 3위 이내에 들어 있을 정도로 지하자원이 풍부하다. 주요 자원의 매장량을 보면 석유 40억 톤·석탄 180억 톤·인광석 4,300만 톤·석회석 13.5억 톤 등인데 석유와 석탄의 대규모 개발이 진행되고 있는 중이다. 그밖에 보크사이트·몰리브덴·코발트·연·아연·목재의 부존량도 적지 않다.

온·한대 대륙성계절풍 기후에 속하여 농업조건은 좋지 않으나 전국 최대의 경지면적에서 콩·옥수수·보리·마류·사탕무우 등이 재배되고 있다.

중국 곡창지대의 하나라 할 수 있으며 식량 생산량은 지린성 다음으로 여유가 있는 편이다. 또한 중국 최대의 삼림지역으로 삼림 축적량이 전국의 15%나 되고 목재생산량도 전국 1위를 기록하고 있다. 2004년의 농업 총생산액은 1,137억 위엔에 달하였다.

원유 · 석탄 등 풍부한 천연자원을 바탕으로 석탄 · 석유채굴 및 가공업 · 석유화학 · 기계 · 전기 · 목재가공 · 식품 등의 공업이 비교적 발달하였다. 공업구조는 중공업이 높은 비중을 차지하고 있으나 설비의 노후화, 기술낙후 등으로 어려움을 겪고 있다.

헤이룽장성 경제현황(2004년)

지역내 총생산액 (억 위엔)	1인당 GDP (위엔)	경제성장률	산업구조(%) 1차:2차:3차	근로자 연간 평균임금 (위엔)	사회고정 자산 투자 (억 위엔)	사회건설 총규모 (억 위엔)
5,303.0	13,897	11.7	16.6:48.8:34.6	12,294	1,195.8	3,509.2
재정수입 (억 위엔)	재정지출 (억 위엔)	도시주민 1인 평균 가처분 소득(위엔)	농촌주민 1인 평균 순수입(위엔)	농업총생산액(억 위엔)	공업총생산액 (억 위엔)	국유 및 규모 이상 비국유 기업수(개)
289.4	697.6	7,471	3,005	1,136.6	3,464.0	2,672
외자 기업수(개)	국유기업 과학기술요원(2003년, 만 명)			과학기술 특허상황(건)		
	엔지니어	과학자	의료인	발명특허	실용신안	디자인특허
2,202	15.5	0.6	13.3	326	1,997	486

자료 : 2005 中國統計年鑑, www.kita.net, 新中國五十五年統計資料匯編 1949-2004.

2004년 공업 총생산액은 3,464억 위엔으로 공업신장률이 다른 성에 비해 매우 낮다. 주요 공산품으로는 원유 · 천연가스 · 목재 · 설탕 · 석탄 · 플라스틱 등을 들 수 있다. 2004년 근로자의 1인당 연평균 임금은 1만 2,294위엔(1,488달러)에 이른다.

경제특별지역으로는 하얼삔 · 무딴장(牧丹江)에 경제기술개발구, 하얼삔과 따칭에 첨단기술산업개발구가 설립되었으며 국경경제합작구로 헤이허(黑河) · 쑤이펀허(綏芬河)가 지정되었다.

3. 사회간접자본

육상교통은 철도가 발달하여 영업거리는 5,565㎞으로 전국 2위 수준이다. 하얼삔 시에서 북쪽으로 시베리아 철도와 남쪽으로 창춘-따리엔 철도와 연결되어 있고 34개 철도선이 분포되어 있다. 하얼삔-뻬이징을 잇는 여객전용 고속철도 건설계획이 있다.

도로는 총길이 6만 6,821㎞로 98%의 향진(鄕鎭)과 농촌에 자동차가 통할 수 있다. 퉁쟝(同江)에서 하이난성 싼야(三亞)까지 5,700㎞, 쑤이펀허(綏芬河)에서 네이멍꾸 만저우리(滿洲里)까지 1,280㎞의 고속도로 공사가 진행중에 있다.

쑹화강(松花江), 헤이룽강(黑龍江), 우쑤리강 등의 내륙수로도 총 길이 5,131㎞로 선박을 이용한 물자수송이 용이하다. 전 성에 통항할 수 있는 강이 10개, 호수가 2개 있고 화물운송량이 연간 만 톤 이상인 항구가 35개 있다.

하얼삔시 공항은 뻬이징 · 상하이 · 꽝저우 등의 국내도시 및 홍콩 · 러시아의 주요 도시와 연결되어 있다.

한편 통신은 장거리 자동전화기 용량 1,403만 회선, 휴대폰 전화기 용량 1,146만 명, 장거리 광케이블 거리 3만 4,120㎞, 장거리 마이크로웨이브 거리 141㎞의 수준에 있으며 휴대폰 사용자 1,017만 명, 인터넷 가입자 278만 명으로 집계되었다.

헤이룽장성 사회간접자본 현황(2004년)

운송거리(㎞)			여객 운송량(만 명)			자동차보유량 (승객용, 만 대)
철도영업	도로	내륙수운	철도	도로	내륙수운	
5,565	66,821	5,131	8,860	42,170	233	48.6
화물 운송량(만 톤)			우편, 통신 사업			
철도	도로	내륙수운	업무액 (억 위엔)	이동전화 (만 명)	특급우편 (만 건)	인터넷사용자 (만 명)
15,143	40,712	1,156	285.2	1,017.1	371.5	278
교통, 통신 근로자 수(명)						자동차보유량 (화물용, 만 대)
철도	도로	내륙수운	항공	파이프라인	통신, 정보서비스	
119,559	71,928	5,276	4,055	496	37,698	23.9

자료 : 2005 中國統計年鑑.

전력은 대부분 화력발전에 의존하고 있으며 전력사정이 좋지 않아 시설 확충이 시급한 실정이다. 그러나 많은 하천을 보유하고 있어 수력발전의 잠재력은 매우 크다고 할 수 있다.

2003년부터 진행중인 동북지역 재건계획(東北振興工程)에서 헤이룽쟝성의 인프라 정비 전략으로는 간선철도와 국도 및 성도의 확대, 성내도시와 인접하는 간선 운수네트워크의 형성, 외향형 경제발전 수요를 바탕으로 하는 세관 및 국제 수송경로의 건설, 각 수송형태간 원활한 연계가 중시되고 있다.

철도의 경우 성 내외 네트워크를 강화하기 위해 주요 노선의 속도를 개선시키고 하얼삔에서 동으로 무딴쟝, 서로 치치하얼, 남으로 창춘으로 가는 여객열차의 운행속도를 시속 140~160㎞로 높이고, 국경무역을 진전시키기 위한 철도건설과 이와 관련된 철도인 동부 국경노선 건설이 계획되어 있다.

도로는 하얼삔을 중심으로 하는 성 전체 12개 도시 및 60개 현 간에 고속도로 건설을 목표로 하고 있다.

국제수송은 헤이허에 철도대교 · 도로대교 건설계획을 적극 추진하고, 수이펀허 철도세관의 통과 및 적재능력 확대와 수송 효율성 제고, 적재비용 경감, 러시아 블라디보스톡 항을 통한 수송방식을 적극 이용하도록 계획하고 있다.

4. 대외경제

대외교역 상황은 총 수출액이 1999년 9.5억 달러에서 2004년 37.2억 달러로 증가하였고, 주요 수출제품은 옥수수 · 쌀 · 아마 및 모시 · 직물 · 데이터 자동처리 설비부품 · 채소 · 과일 등이었다. 수입액은 같은 기간 년 12.4억 달러가 34.6억 달러로 증가하였다. 주로 원목 · 종이펄프 · 플라스틱 · 무기화합물 · 폐강 · 폐 알루미늄 등을 수입하였다. 주요 교역대상국은 러시아 · 일본 · 한국 · 미국 등이다.

한편 소련붕괴 직후인 1992년 3월 러시아와 국경협정을 체결함에 따라 1983년부터 이미 공식적으로 시작되고 있던 국경무역이 계속적으로 증가추세에 있다. 현재 국경무역 개방도시는 하얼삔 · 헤이허(黑河) · 쑤이펀허(綏芬河) · 퉁쟝(同江) · 뚱링(東鈴) 등 20개 도시인데 매년 4천여 종 이상의 상품이 거래되고 있는 것으로 알려져 있다.

헤이룽장성 대외경제 현황

년 도	1999	2000	2001	2002	2003	2004
총수출액(억 달러)	9.5	14.5	16.1	24.1	37.3	37.2
외자기업의 수출(억 달러)	2.3	2.7	2.6	2.8	2.9	3.8
한국에 대한 수출(억 달러)	1.1	2.0	1.8	-	3.3	2.4
총수입액(억 달러)	12.4	15.4	15.4	22.8	24.9	34.6
외자기업의 수입(억 달러)	2.1	2.1	2.6	3.7	3.4	3.8
한국으로부터 수입(억 달러)	1.3	1.3	1.8	-	1.9	2.3
외국기업의 직접투자(억 달러)	3.2	3.0	3.4	3.6	3.2	5.5
외자기업 등록 투자총액(억 달러)	-	83.4	76.5	74.7	81.2	95
외자기업 등록기업 수(개)	-	3,318	2,980	2,067	2,243	2,202
한국의 투자(건수, 백만 달러, 실제 투자액 기준)	14건 3.3	18건 23.3	22건 2.1	20건 5.0	19건 9.9	22건 8.4

자료 : 中國統計年鑑, 각년 판, www.kotra.or.kr, www.koreaexim.go.kr, www.kita.net.

외자기업의 수출은 1999년 2.3억 달러에서 2004년 3.8억 달러로, 수입은 동기간 2.1억 달러에서 3.8억 달러로 증가세가 크지 않다. 이는 다른 내륙의 성과 마찬가지로 외국기업의 진출도 적고 무역에서 차지하는 비중도 낮기 때문이다.

한국의 수출액은 1999년 1.3억 달러에서 2004년 2.3억 달러로, 수입액은 같은 기간 1.1억 달러에서 2.4억 달러로 모두 약간씩 증가하였다.

외국인 직접투자는 실제 투자액 기준으로 2004년 5.5억 달러에 달하였다. 투자업종은 주로 마방직 · 축산 · 가구 · 기계 · 전자 등 성의 풍부한 자원을 이용할 수 있는 업종에 중점 투자되고 있으며 주요 투자국은 대만 · 마카오 · 일본 · 한국 등이다. 한국의 투자는 2004년 실제 투자액 기준으로 22건, 8.4백만 달러가 투자되었다.

2004년 말 현재 등록된 외자기업 수는 2,202개이고 총투자액은 95억 달러로 다소 감소하였다.

5. 주요 도시 경제상황

① 하얼삔(哈爾濱)시

하얼삔은 성 서남부에 위치하며 총면적은 5만 3,068㎢, 시할구 면적은 4,272㎢이고 총인구는 2004년 말 현재 970만 명, 시할구 인구는 395만 명이다.

행정구역은 쑹뻬이(松北), 따오리(道里) 등 7개 구와 솽청(双城) 등 4개 시, 이란(依蘭) 등 7개 현으로 구성되어 있다.

온대 대륙성 계절풍 기후에 속하며 겨울이 길고 여름이 짧은데 2004년 1월의 연평균 기온은 영하 16.0°C, 7월은 22.8°C로 기록되었다. 연간 강우량은 521㎜에 달하였다.

2004년 말 지역내 총생산액은 1,680억 위엔으로 경제성장률은 전년대비 14.7%의 증가율을 보였으며 1인당 GDP는 1만 7,463위엔(2,114달러)으로 나타났다. 산업별 비중은 1차, 2차, 3차 산업이 각각 16.4%, 38.3%, 45.3%를 차지하였다.

2004년 지방 재정수입은 96억 위엔, 재정지출은 150억 위엔이며 고정자산투자 총액은 533억 위엔에 이르렀다. 도시와 농촌 주민의 저축총액은 1,261억 위엔이었다.

광물자원이 풍부한데 석탄의 매장량이 상당히 많고 석묵과 사금의 매장량도 전국 수위이다. 농토는 비옥한 편으로서 쌀 · 옥수수 · 소맥 · 대두 · 고구마 · 아마 등의 주요 생산기지이고 목재생산이 많다.

하얼삔은 동북지역의 중공업 도시로서 공업기초가 든든한데 주요 공업은 전기 · 방직 · 의약 · 석유화학 · 식품 · 자동차 · 건자재 등이며 그중 동력설비나 발전설비가 유명하다. 그러나 기술과 설비가 낙후되어 도시발전 속도는 매우 느리다.

이에 따라 시정부는 하얼삔을 북부지역에서 설비공업 · 녹색식품 · 동계관광 · 바이오산업 · 첨단기술 · 금융 · 물류가 발전한 도시로 만들려는 목표하에 적극 노력중에 있다. 2004년의 공업 총생산액은 886억 위엔을 기록하였고 근로자 연평균 임금은 1만 3,891위엔(1,682달러)이었다.

교통이 편리하여 동북아 지역은 물론 유럽과 태평양으로 연결되는 교두보적인 역할을 하며 헤이허(黑河) · 쑤이펀허(綏芬河) 등을 연결하는 요충지이다. 삔저우(濱州), 삔쑤이(濱綏), 징하(京哈) · 라삔(拉濱) · 창삔(長濱)의 5개 철도노선과 시베리아 철도가 여기에서 접한다. 항구는 내륙수운으로서 쑹화강(松花江)에 있는 하얼삔항이 있으며 공항은 전국 및 세계 각국과 연결된다.

2004년 현재 외자 공업기업의 개수는 49개, 생산액은 86억 위엔에 이르며, 실제 외자투자액은 4.1억 달러에 달하였다.

② 치치하얼(齊齊哈爾)시

성의 서부, 쑹넌(松嫩) 평야에 위치하며 동쪽은 따칭(大慶)시, 서쪽은 네이멍꾸 자치구, 남쪽은 지린성, 북쪽은 헤이허(黑河)시 및 따싱안링(大興安嶺)산맥과 접한다.

온대 대륙성 계절풍 기후로서 연평균 기온은 2.3℃이고 연평균 강우량은 450㎜ 내외이다. 경작지는 172만 헥타르이고 초원이 많으며 삼림면적은 39.8만 헥타르에 달한다. 넌강(嫩江) 등 170여개의 하천과 800여개의 호수가 있어 수자원은 풍부하다.

총면적은 4만 2,469㎢, 시할구 면적은 4,310㎢이며, 2004년 말 총인구는 552만 명, 시할구 인구는 143만 명으로 농업인구가 2/3에 달한다. 행정구역은 룽사(龍沙)구 등 7개 구, 너허(訥河)시, 커산(克山) 등 8개 현으로 구성된다.

2004년 말 지역내 총생산액은 402억 위엔으로 경제성장률은 전년대비 15.3%의 증가율을 보였으며 1인당 GDP는 7,549위엔(914달러)으로 나타났다. 산업별 비중은 1차, 2차, 3차 산업이 각각 23.3%, 36.9%, 39.8%를 차지하였다.

2004년 지방 재정수입은 14억 위엔, 재정지출은 39억 위엔이며 고정자산투자 총액은 76억 위엔에 이르렀다. 도시와 농촌 주민의 저축총액은 283억 위엔이었다.

주요한 광물자원으로는 석영사 · 석회석, 대리석 · 화산석 · 맥반석 · 현무암 · 화강암 · 석유와 천연가스 등이 있다.

2004년 공업 총생산액은 230억 위엔, 근로자 연평균 임금은 1만 408위엔(1,260달러)으로 기록되었다.

2004년 현재 외자 공업기업의 개수는 8개, 생산액은 8억 위엔에 이르며, 실제 외자투자액은 0.2억 달러에 달하였다.

③ 무딴쟝(牧丹江)시

성의 동남부에 위치하며 동은 러시아 해변, 서는 하얼삔, 남은 지린성 뚠화(敦化)시, 북은 쟈무쓰(佳木斯)에 접한다. 시내에 무딴강(牧丹江)이 흐른다. 중온대 대륙성 계절풍 기후로서 연평균 기온은 3.9℃이고 연간 강우량은 500~600㎜ 정도이다.

총면적은 4만 583㎢, 시할구 면적은 1,353㎢이고 2004년 말 총인구는 270만 명, 시할구 인구는 79만 명이다.

행정구역은 아이민(愛民) 등 4개 구, 쑤이펀허(綏芬河) · 하이린(海林) 등 4개 시와 린커우(林口)현, 뚱닝(東寧)현이 있다. 우리 동포가 많이 거주하는 지역이다.

2004년 말 지역내 총생산액은 302억 위엔으로 경제성장률은 전년대비 10.0%의 증가율을 보였으며 1인당 GDP는 1만 1,168위엔(1,352달러)으로 나타났다. 산업별 비중은 1차, 2차, 3차 산업이 각각 13.2%, 42.4%, 44.5%를 차지하였다.

2004년 고정자산투자총액은 72억 위엔이었고, 도시와 농촌 주민의 저축총액은 327억 위엔에 달하였다.

삼림지역이 전체 시 면적의 75%(3.0만 ㎢)를 차지할 정도로 삼림자원도 풍부한 지역이다. 산림지역에서는 목이버섯과 표고버섯 등의 특산품과 인삼 · 황기 등의 중요 약재가 생산된다. 광물자원으로는 석탄 · 황금 · 흑연 · 화강암 · 대리석 · 석회석 등의 부존량이 많고 개발잠재력이 크다. 이외에 알루미늄 · 니켈 · 아연 · 철 등의 매장량도 많은 편이다.

성의 중요 공업지역으로서 주요 산업으로는 화공 · 경방 · 기계 · 정유 · 석탄 · 전자 · 의약 · 식품 · 건재 · 제지 등이 있다. 2004년 공업 총생산액은 127억 위엔이었고 근로자 연평균 임금은 1만 851위엔(1,314달러)에 달하였다.

상업발전을 위하여 생산자재 · 강재 · 석탄 · 식량 · 과일 · 채소 등의 전문시장을 건설하였는데 2004년 사회소비재 소매액은 112억 위엔이었다.

국내와 국경도시를 연결하는 중요한 거점도시로서 도로발전이 신속하게 진행되었고 무쟈(牡佳), 무투(牧圖), 빈쑤이(濱綏)선 등의 철도망이 발달해 있다. 항공교통도 뻬이징, 상하이, 꽝저우 등 국내 주요 도시와 직접 연결된다. 전기 · 석탄 · 가스 등 에너지자원의 공급은 충분한 편이다.

2004년 현재 외자 공업기업의 개수는 25개, 생산액은 22억 위엔에 이르며, 실제 외자투자액은 0.4억 달러에 달하였다.

④ 따칭(大慶)시

성의 서남부, 쑹넌 평야 중부에 위치한다. 온대대륙성 계절풍 기후로서 여름 평균 기온은 21℃~22℃이고 연간 강우량은 400~440㎜에 달한다.

총면적은 2만 1,219㎢, 시할구 면적은 5,107㎢이며 2004년 총인구는 262만 명, 시할구 인구는 121만 명에 이른다. 행정구역은 사얼투(薩尒圖) 등 5개 구와 자오저우(肇州) 등 4개 현으로 구성되어 있다.

2004년 말 지역내 총생산액은 1,240억 위엔으로 경제성장률은 전년대비 10.2%의 증가율을 보였으며 1인당 GDP는 4만 7,667위엔(5,771달러)으로 나타났다. 산업별 비중은 1차, 2차, 3차 산업이 각각 3.23%, 84.6%, 12.2%를 차지하여 석유생산 도시로서 2차 산업 비중이 높은 특성을 보여준다.

2004년 지방 재정수입은 44억 위엔, 재정지출은 50억 위엔이며 고정자산투자 총액은 238억 위엔에 이르렀다. 도시와 농촌 주민의 저축총액은 467억 위엔이었다.

주요한 농작물은 옥수수・대두・밀・고량 등인데 쑹넌 평야가 주 생산지이다.

1959년 석유가 발견된 이래 석유공업 도시로 발전하였다. 따칭의 석유는 매장량이 풍부하고 생산량이 전국에서 가장 많다. 천연가스의 매장량도 풍부하다. 주요한 산업은 석유화공 산품 및 가공품・전자정보업・건재 및 가공업・의약업 등이다. 특히 석화화공 분야는 연료・윤활유・화학섬유・화학비료・비닐・표면활성제 등의 주요 공급원이 되고 있다. 2004년의 공업 총생산액은 1.669억 위엔, 근로자의 연평균 임금은 2만 2,617위엔(2,738달러)이었다.

교통은 철도 위주로서 삔저우(濱洲)선이 시 중심을 지나고 삔저우・랑퉁(讓通)선이 시내에서 교차한다. 5개 도로가 시내를 관통하고 하따(哈大) 도로가 하얼삔을 연결한다. 뻬이징・상하이・티엔진・난징 등 전국 각지로 연결되는 장거리 버스도 운영된다.

마이크로웨이브의 이용, 전화의 디지탈화 등 통신망이 완비되어 있다. 휴대폰 사용자는 110만 명, 인터넷 사용자는 23만 명에 이른다.

2004년 현재 외자 공업기업의 개수는 9개, 생산액은 15억 위엔에 이르며 2004년의 실제 외자투자액은 0.2억 달러에 달하였다.

⑤ 쟈무쓰(佳木斯)

하얼삔의 동쪽에 있으며 쑹화강, 헤이룽강, 우쑤리강(烏蘇里江)이 합류하는 삼강(三江) 평야의 중심지역이다.

총면적은 3만 2,704㎢, 시할구 면적은 1,874㎢이며 2004년 말 총인구는 247만 명, 시할구 인구는 82만 명에 달한다. 행정조직은 융홍(永紅) · 샹양(向陽) 등 5개 구, 푸진(富錦) 등 2개 시, 화난(樺南) 등 4개 현으로 구성되어 있다.

2004년 말 지역내 총생산액은 236억 위엔으로 경제성장률은 전년대비 11.8%의 증가율을 보였으며 1인당 GDP는 9,605위엔(1,163달러)으로 나타났다. 산업별 비중은 1차, 2차, 3차 산업이 각각 29.1%, 27.8%, 43.1%를 차지하였다.

2004년 고정자산투자총액은 37억 위엔이었으며 도시와 농촌 주민의 저축총액은 208억 위엔에 이르렀다.

싼쟝(三江) 평야는 중국의 중요한 식량생산 기지이고 농업종합개발시험구이다. 지역내에는 쑹화강, 헤이룽강, 우쑤리강 외에도 크고 작은 하천이 118개나 되어 농업생산이 많고 진귀한 어류가 풍부하다. 주요 농작물로는 콩 · 밀 · 옥수수 · 담재 · 아마 · 채소 등이 있다.

광물자원으로는 석탄 · 대리석 · 금 · 흑연 · 철 등의 개발잠재력이 높으며, 공업은 식품 · 기계 · 제지 · 화공 · 건재 등이 주종을 이루고 있다. 2004년의 공업 총생산액은 76억 위엔이었으며 근로자 연말 평균 임금은 1만 560위엔(1,278달러)에 달하였다.

주요 수출품은 식량 · 식용유 · 축산품 · 방직 · 경공 · 공예 · 화공 · 의약품 등이며 주요 무역대상국은 일본 · 동남아 · 미국 · 독일 · 이태리 · 캐나다 등이다.

제5절 안후이(安徽)성, (간칭:皖)

1. 안후이성 개요

중국대륙의 동남부에 위치하고 있으며 동쪽으로는 쟝쑤성과 저쟝성, 서쪽으로는 후뻬이성과 허난성, 남으로는 쟝시성, 북으로는 산뚱성과 인접하고 있다.

북위 29°～35°, 동경 114°～120°에 위치하며 기후는 화이하(淮河)를 기준으로 차이가 현격한데 화이하 북쪽이 온대기후로 건조한데 비해 남쪽은 아열대 기후로

安徽省

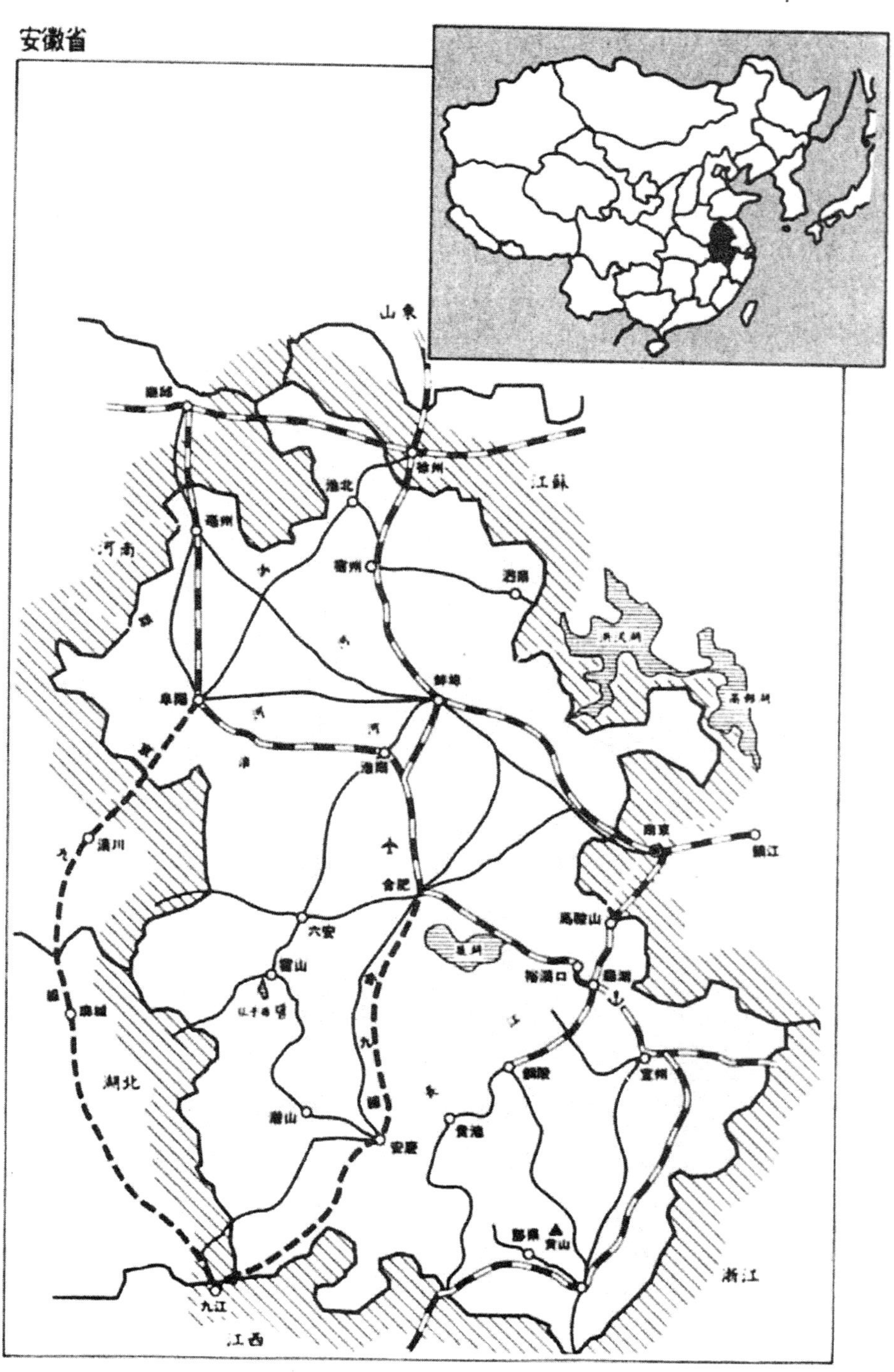
山東
江蘇
河南
湖北
浙江
江西
徐州
淮北
宿州
阜陽
淮南
合肥
六安
霍山
潜山
安慶
南京
鎮江
馬鞍山
裕溪口
蕪湖
銅陵
宣州
貴池
黄山
九江
潢川

비가 많다. 연평균 기온은 15°C~18°C이고 연간 강우량은 700~2300㎜로서 지역간 차이가 많다.

성을 관통하는 창강과 화이하(淮河)에 의해 화이뻬이(淮北), 화이난(淮南), 장난(江南)의 세 지구로 나뉘어 진다.

면적은 13.9만㎢, 인구는 2004년 말 현재 6,461만 명이며 행정구역은 17개 지급 시, 44개 시할구, 5개 현급 시, 56개 현으로 나뉘어 있다. 주요 도시로는 성도인 허페이(合肥)와 우후(蕪湖), 철강도시 마안산(馬鞍山), 빵뿌(蚌埠) 등이 있다.

내륙의 낙후지역이나 마안산(馬鞍山) 철강회사와 연계된 과학연구 기관의 고급 기술인력이 성의 발전에 영향을 미치고 있다. 최근에는 고속도로 · 내륙항만 · 공항 등 사회간접자본의 확충을 통해 상하이 · 장쑤성 난징 · 저장성의 주요 도시들과 경제연관성이 제고되면서 적극적인 경제발전이 추진되고 있다.

중국에서 최고의 아름다움을 지녔다는 명산인 황산(黃山), 불교 4대 성지인 지우화산(九華山), 대시인 이백(李白)이 말년을 보낸 마안산 등의 관광지가 유명하다.

2. 경제현황

지리적으로 상하이와 인접해 있으나 경제지리적 연관성은 별로 없었다. 최근 들어 난징-상하이를 연결하는 고속도로가 건설되면서 성의 발전에 활력이 나타나고 있다. 주요 산업은 농업이며 공업수준은 전반적으로 낮은 편이어서 주변에서 낙후된 지역이라 할 수 있다.

자원은 비교적 풍부한 편이지만 창강에 의해 남북으로 분단되어 경제활동이 제약을 받으며, 또한 내륙에 위치한 관계로 대외개방도 늦고 인프라가 미비하여 경제발전이 지연되고 있다.

2004년 지역내 총생산액은 4,813억 위엔으로 12.5%의 경제성장률을 달성하였다. 산업별 구성은 1차 산업 21.6%, 2차 산업 44.4%, 3차 산업 33.9%의 비중으로 1차 산업인 농업의 비중이 높은 편이고, 2차 산업과 3차 산업의 비중이 낮았다.

2004년 1인당 GDP는 7,768위엔(940달러)으로 전국 평균에 상당히 못미치는 빈곤지역이다. 도시주민 1인당 가처분소득은 7,511위엔을, 농촌주민의 1인당 순수입은 2,499위엔을 기록하였다. 도시주민의 소득증가 규모가 농촌주민 보다 상당히 높다.

안후이성 경제현황(2004년)

지역내 총생산액 (억 위엔)	1인당 GDP (위엔)	경제성장률	산업구조(%) 1차:2차:3차	근로자 연간 평균임금 (위엔)	사회고정 자산 투자 (억 위엔)	사회건설 총규모 (억 위엔)
4,812.7	7,768	12.5	21.6:44.4:33.9	12,914	1,881.8	5,797.6
재정수입 (억 위엔)	재정지출 (억 위엔)	도시주민 1인 평균 가처분 소득(위엔)	농촌주민 1인 평균 순수입(위엔)	농업총생산액(억 위엔)	공업총생산액 (억 위엔)	국유 및 규모 이상 비국유 기업수(개)
274.6	601.5	7,511	2,499	1,644.4	3,659.6	4,589
외자 기업수(개)	국유기업 과학기술요원(2003년, 만 명)			과학기술 특허상황(건)		
	엔지니어	과학자	의료인	발명특허	실용신안	디자인특허
2,114	9.8	0.3	9.3	150	972	485

자료 : 2005 中國統計年鑑, www.kita.net, 新中國五十五年統計資料匯編 1949-2004.

안후이성은 경제력이 취약하여 재정수입 275억 위엔, 재정지출 602억 위엔에 불과하고 또 지속적인 적자상태로 중앙정부의 보조를 받아 왔다. 고정자산투자 총액은 1,882억 위엔이며 사회건설 총규모는 5,798억 위엔을 기록하였다.

부존 광물자원은 130여 종에 이르며 주요 자원은 전국 1위인 명반・유철광, 2위인 동, 황, 5위인 석탄, 철 등이 있다. 이밖에 연・아연・석영・금・석고・석회석・인광석・몰리브덴・석묵 등이 생산되고 있다. 석탄의 매장량은 247만 톤, 철광석 30억 톤, 동 360만 톤, 유철광 5.9억 톤 등으로서 석탄, 철광석 등의 개발이 비교적 두드러진다.

2004년의 농업 총생산액은 1,644억 위엔으로, 구성을 보면 농업이 51.2%,로 확실히 농업지역이며 목축업이 32.9%로 목축업의 비중도 높은 편이다. 땅이 비옥하고 기후가 온난하여 농산품의 주요 산지일 뿐 아니라 창강과 화이허에서 많은 수산물 양식이 이루어지고 있다. 식량생산은 쌀과 보리가 주종을 이루고 그 밖에 콩・밀・고구마・마・채소・차잎・면화・낙화생・누에고치・깨・유채씨 등이 주로 생산되며 담수어 등 민물 양식어류 생산이 풍부하다.

공업 총생산액은 2004년 3,660억 위엔으로 인구에 비해 매우 적은 편이다. 주요 산업으로는 석탄 채광·발전·금속제련과 가공·화학원료 제련과 합성·자동차와 기계제조·담배·방직과 복장·가정용 전기기구 제조·건축재료·약품·식음료·제혁·제지 등이 있다. 마안산에 있는 채광 및 정련, 철강과 담배산업은 평균수준 이상이다. 그 밖에 전자·건재 등이 있으며 농산물을 원료로 하는 경공업의 비율도 큰 편이다. 주요 공산품은 강재·선철·실크·유황·냉장고·세탁기·담배·식물유·시멘트·화학비료 등이다.

2004년 근로자의 1인당 연평균 임금총액은 1만 2,914위엔(1,563달러)이다.

경제특별지역으로 우후(蕪湖)에 경제기술개발구가 있고 허페이에 첨단기술산업개발구가 있다. 허페이와 우후는 안후이성의 경제성장의 축이다.

3. 사회간접자본

철도영업 거리는 2,353㎞이며 징지우(京九)선, 징푸(京浦)선이 성 내부를 통과하면서 뻬이징, 상하이, 홍콩과 연결된다. 현재 허페이-시안간 전장 995㎞의 철도공사가 진행중이다. 도로 총연장은 7만 1,783㎞이다.

내륙하천 수로는 창강과 화이하가 있어 비교적 긴 5,587㎞에 달하며 우후, 안칭(安慶)·퉁링(銅陵)·마안산·꾸이츠(貴池) 등이 대외개방 항구로 되어 있다.

항공은 허페이와 황산(黃山)의 대형 공항과 우후·안칭(安慶)·빵뿌(蚌埠) 비행장이 있다. 철강생산지인 마안산은 난징공항에서 30분 거리에 있어 난징공항을 이용한다.

에너지 자원은 성내에 석탄매장량이 풍부하여 문제가 없는 편이며 농공업과 일반 생활에 필요한 전기공급이 충분하다.

휴대폰 사용자 873만 명, 인터넷 사용자는 240만 명에 이른다.

안후이성 사회간접자본 현황(2004년)

운송거리(㎞)			여객 운송량(만 명)			자동차보유량 (승객용, 만 대)
철도영업	도로	내륙수운	철도	도로	내륙수운	
2,353	71,783	5,587	3,406	65,075	356	35.5
화물 운송량(만 톤)			우편, 통신 사업			
철도	도로	내륙수운	업무액 (억 위엔)	이동전화 (만 명)	특급우편 (만 건)	인터넷사용자 (만 명)
9,009	43,468	6,416	223.0	873.4	432.5	240
교통, 통신 근로자 수(명)						자동차보유량 (화물용, 만 대)
철도	도로	내륙수운	항공	파이프라인	통신, 정보서비스	
31,192	56,681	18,307	2,122	-	23,763	29.8

자료 : 2005 中國統計年鑑.

4. 대외경제

대외무역을 보면 수출은 1999년 16.8억 달러에서 2004년 34.6억 달러로 증가하였고, 주요 수출품은 복장 및 의류 악세사리 · 전기 · 기계제품 · 금속제품 · 단조하지 않은 동 및 동 재료 · 기계설비 · 쌀 · 신발류 · 전기 및 전자제품 · 타이어 · 레몬산 등이다. 주요 수출대상국은 미국 · 일본 · 한국 · 독일 · 대만 · 이태리 · 네덜란드 등의 순이다.

수입액은 같은 기간 9.7억 달러가 34.3억 달러로 증가하였으며, 주요 수입품은 요소비료 · 함석 · 담배제조 기계 · 기계설비 · 철광석 · 동광석 · 플라스틱 등이다. 주요 수입대상국은 일본 · 독일 · 칠레 · 한국 · 미국 등의 순이며 현재 세계 150개 지역 및 국가와 교역을 행하고 있다.

외자기업의 수출은 1999년 2.9억 달러에서 2003년 9.7억 달러로, 수입은 동기간 연 5.4억 달러에서 10.0억 달러로 증가하였다. 전반적으로 외자기업의 진출이 적어 무역에서 차지하는 비중이 낮은 편이다.

한국의 수출액은 1999년 0.8억 달러가 2003년 2.9억 달러까지, 수입액은 동기간 1.2억 달러에서 1.4억 달러를 유지하고 있다.

안후이성 대외경제 현황

년 도	1999	2000	2001	2002	2003	2004
총수출액(억 달러)	16.8	21.6	22.8	23.3	27.7	34.6
외자기업의 수출(억 달러)	2.9	4.0	4.3	4.6	5.8	9.7
한국에 대한 수출(억 달러)	1.2	1.5	1.1	1.3	1.2	1.4
총수입액(억 달러)	9.7	11.7	13.4	18.8	29.1	34.3
외자기업의 수입(억 달러)	5.4	5.5	5.6	6.7	9.5	10.0
한국으로부터 수입(억 달러)	0.8	1.1	1.3	1.5	2.6	2.9
외국기업의 직접투자(억 달러)	3.6	4.2	4.8	3.8	3.7	10.8
외자기업 등록 투자총액(억 달러)	-	91.4	92.1	96.2	116.4	129
외자기업 등록기업 수(개)	-	2,216	2,055	1,914	2,034	2,114
한국의 투자(건수, 백만 달러, 실제 투자액 기준)	2건 1.1	- 5.5	1건 0.1	4건 8.0	5건 5.3	14건 4.2

자료 : 中國統計年鑑, 각년 판, www.kotra.or.kr, www.koreaexim.go.kr, www.kita.net.

1992년부터 적극적으로 대외개방을 추진하였지만 내륙에 있는 관계로 투자환경이 열악하여 외국인 직접투자는 실제 투자액 기준으로 2004년 10.8억 달러에 불과하였다. 주요 투자국가는 싱가포르 · 독일 · 일본 · 영국 · 미국 등이다. 창강 연안 일부지역의 항만을 개방하고 있지만 규모가 작고 인프라 정비가 미흡하여 실제로 진출한 기업은 많지 않다.

한국기업의 투자는 실제 투자액 기준으로 2004년 14건에 4.2백만 달러에 이르고 있다.

2004년 등록되어 있는 외자기업 수는 3,415개이고, 투자총액은 163억 달러이다.

5. 주요 도시 경제상황

① 허페이(合肥)시

성도인 허페이는 성 중부에 위치하며 기후는 열대 계절풍의 온화하고 습윤하다. 2004년 1월 평균기온은 2.9°C, 7월 평균기온은 28.9°C를 기록하였고 연간 강우량은 908㎜로 나타났다.

총면적은 7,029㎢이고 시할구 면적은 596㎢이며 2004년 말 총인구는 445만 명, 시할구 인구는 164만 명에 달한다. 행정구역은 야오하이(瑤海) 등 4개 구,

창평(長豐) 등 3개 현으로 구성되어 있다.

2004년 말 지역내 총생산액은 590억 위엔으로 경제성장률은 전년대비 16.2%의 증가율을 보였으며 1인당 GDP는 1만 3,378위엔(1,620달러)으로 나타났다. 산업별 비중은 1차, 2차, 3차 산업이 각각 9.2%, 50.4%, 40.4%를 차지하였다.

2004년 지방 재정수입은 45억 위엔, 재정지출은 57억 위엔이며 고정자산투자 총액은 361억 위엔, 도시와 농촌 주민의 저축총액은 1,211억 위엔에 이르렀다.

농업은 수자원이 비교적 풍부하고 농업 산업화가 진전되어 생산성이 향상되었다. 주요 작물은 쌀·유채·땅콩·면화·채소 등이다.

공업은 일용 화공제품과 화학비료 위주의 화학공업·자동차·포크레인·플랜트 설비 위주의 기계공업 등을 지주산업으로 하며 신형 건자재업도 발전하고 있다. 2004년의 공업 총생산액은 659억 위엔을 기록하였으며 근로자의 연평균 임금은 1만 7,368위엔(2,103달러)이었다.

허페이는 교통과 통신이 편리하다. 뻬이징·상하이·광저우·청뚜·샤먼 등으로 급행열차가 직접 왕래하고 화이난(淮南)선을 통해 징후(京滬)선·룽하이(隴海)선·환깐(皖贛)선·닝우(寧蕪)선·쉬엔항(宣杭)선 등과 접한다. 이밖에도 여러 개의 선로가 허페이를 통과한다. 도로도 2개의 국도가 교차하고 허닝(合寧)·허우(合蕪)·허퉁(合銅) 등의 고속도로·고급도로가 재건되어 창강 유역의 여러 도시를 왕래한다.

수운은 차오호(巢湖)를 통해 창강과 연결되며 현대화된 비행장은 뻬이징, 상하이·우한·광저우 등 전국 주요 도시를 왕래하는 정기노선이 개설되어 있다.

② 마안산(馬鞍山)시

마안산은 창강 하류의 남단에 위치하고, 아열대 기후에 속하여 온난 다습하며 사계절이 분명하다. 서남은 우후(蕪湖)에 인접하고 동북은 난징과 접하는 안후이성의 동쪽 대문이라 할 수 있다.

총면적은 1,686㎢, 시할구 면적 354㎢이며 2004년 총인구는 124만 명, 시할구 인구는 60만 명이다. 행정구역은 현재 화산(花山) 등 3개 구와 땅투(當塗) 현으로 구성되어 있다.

2004년 말 지역내 총생산액은 265억 위엔으로 경제성장률은 전년대비 37.7%

의 증가율을 보였으며 1인당 GDP는 2만 1,337위엔(2,583달러)으로 나타났다. 산업별 비중은 1차, 2차, 3차 산업이 각각 6.8%, 69.3%, 23.9%를 차지하여 2차 산업이 도시발전의 핵심임을 알 수 있다.

2004년 지방 재정수입은 18억 위엔, 재정지출은 22억 위엔이며 고정자산투자총액은 145억 위엔에 이르렀다. 도시와 농촌 주민의 저축총액은 116억 위엔이었다.

하천과 호수가 많아 수로망이 조밀하며 비가 많아 창강 이남에서 농산물과 수산물 생산이 풍부한 지역이다. 전국적인 식량과 면화 산지이고 창강 연안의 대규모 수산물 생산지이기도 하다.

산물이 풍부하고 개발 잠재력이 비교적 큰 자원도시이다. 철 · 황 · 인 · 고령토 · 칼리장석 등 지하자원도 풍부하며 개발가치가 크고 높은 여러 가지 종류의 광물이 있다. 철강공업의 발전에 따라 코크스 부산품 · 철 · 인 등 재생산 자원도 상당히 풍부하며 개발가능 산업에 혜택을 부여하고 있다.

마안산철강공사를 중심으로 철강산업이 발달해 있으며 선재 · 바퀴 · 철판 등의 좋은 제품을 생산하고 있다. 그 중에는 연산 60만 톤의 대형 H빔 생산라인이 있다. 철강공업과 연계된 기계 · 화공 · 건자재 · 방직 · 경공업 · 전력 · 전자 · 건축 등 분야가 비교적 발전해 있다. 2004년 공업 총생산액은 398억 위엔에 달하였고 근로자 연평균 임금은 2만 948위엔(2,536달러)으로 높은 편이다.

투자환경 개선에 주력하여 용수 · 전기 · 통신시설을 완비하였으며 대외무역 항구의 추가 건설 · 세관 · 상품검사 등 대외서비스 기구를 정비하였다.

2004년 휴대폰 사용자가 32만 명, 인터넷 가입자가 7만 명에 이른다.

2004년 현재 외자 공업기업의 개수는 17개, 생산액은 10억 위엔에 이르며, 실제 외자투자액은 0.5억 달러에 달하였다.

③ 추저우(滁州)시

성 동부에 위치하며 동쪽은 장쑤성의 화이인(淮陰) · 양저우(揚州)시와 인접하고 남쪽은 난징시, 북쪽은 본 성의 화이난(淮南), 빵뿌(蚌埠)와 가깝다. 창강과 화이하(淮河)의 중간 구릉지대에 있고 아열대 습윤기후에 속한다.

총면적은 1만 3,523㎢이고 시할구 면적은 1,404㎢이고 2004년 총인구는 434

만 명, 시할구 인구는 51만 명이었다. 행정구역은 랑야(琅琊) 등 2개 구, 라이안(來安) 등 4개 현, 티엔창(天長)시로 편성되어 있다.

2004년 말 지역내 총생산액은 356억 위엔으로 경제성장률은 전년대비 10.4%의 증가율을 보였으며 1인당 GDP는 7,425위엔(899달러)에 불과하다. 산업별 비중은 1차, 2차, 3차 산업이 각각 25.4%, 40.5%, 34.1%를 차지하였다.

2004년 지방 재정수입은 11억 위엔, 재정지출은 27억 위엔이며 고정자산투자 총액은 87억 위엔에 이르렀다. 도시와 농촌 주민의 저축총액도 164억 위엔으로 매우 적은 편이다.

광물자원은 규석·석영암·암염·석고·칼슘망초·석유 등이 매장되어 있다. 기후와 농업조건이 좋아 쌀·옥수수·유채·땅콩 등 600여종의 작물을 재배한다.

주요 공업은 화공, 전자, 통신, 자동차 등으로서 2004년 공업 총생산액은 211억 위엔에 달하였고 근로자의 연평균 임금은 1만 62위엔(1,218달러)에 이르렀다.

2004년 현재 외자 공업기업의 개수는 23개, 생산액은 22억 위엔에 이르며, 실제 외자투자액은 0.5억 달러에 달하였다.

④ 푸양(阜陽)시

황화이하이(黃淮海) 평야의 남단, 안후이성의 서북부에 위치한다. 동부와 서부의 중간지점에 있고 중서부 지역의 풍부한 자원과 동부의 발달한 공산품이 집결하는 지역이다.

총면적은 9,775㎢, 시할구 면적은 1,796㎢이다. 2004년 총인구는 919만 명, 시할구 인구는 185만 명에 이른다. 행정구역은 잉저우(潁州) 등 3개 구, 지에셔우(界首)시, 멍청(蒙城)·타이허(太和) 등 4개 현으로 편제되어 있다.

도교의 창시자로 알려진 노자와 장자, 관포지교로 알려진 관중과 포숙, 전설의 의사 화타, 한나라 건국의 공신 장량, 삼국지로 알려진 조조와 조식 등 3부자의 고향이며 당송 8대가인 소식·구양수·증공이 이 지역에서 관료를 역임하였다.

2004년 말 지역내 총생산액은 263억 위엔으로 경제성장률은 전년대비 10.4%의 증가율을 보였으며 1인당 GDP는 2,559위엔(310달러)으로 나타났다. 산업별 비중은 1차, 2차, 3차 산업이 각각 40.3%, 26.1%, 33.7%를 차지하였다.

2004년 지방 재정수입은 12억 위엔, 재정지출은 36억 위엔이며 고정자산투자

총액은 92억 위엔에 이르렀다. 도시와 농촌 주민의 저축총액은 282억 위엔으로 나타났다.

광물자원도 풍부하여 석탄 · 석유 · 천연가스 등을 생산한다. 농산품은 밀 · 쌀 · 면화 · 옥수수 · 대두 · 약재 등으로서 국가의 중요한 대형 곡물생산 기지이다. 특히 산양 · 박하 · 소 등의 생산이 전국적으로 유명하다.

주요 공업은 식품 · 방직 · 화공 · 기전 · 피혁 · 플라스틱 · 제지 · 의약 · 통신 · 에너지 등이 있다. 2004년 공업 총생산액은 105억 위엔을 기록하였고 근로자의 연평균 임금은 9,727위엔(1,178달러)이었다.

징지우 선을 비롯하여 4개 철도노선이 통과하며 이들 노선은 다시 징꽝(京廣)선과 징후(京滬)선과 연계되어 전국 주요 도시와 연결된다. 뻬이징 · 상하이 · 시안 등 전국의 10개 이상 주요 도시로 항공노선이 있다.

현재 푸양에는 미국 · 일본 · 싱가포르 · 태국 · 호주 및 홍콩과 대만기업들이 진출해 있다.

2004년 현재 외자 공업기업의 개수는 8개, 생산액은 3억 위엔에 이르며, 외자 투자액은 0.3억 달러에 달하였다.

제6절 쟝시(江西)성, (간칭:贛)

1. 쟝시성 개요

쟝시는 창강 중류에서 하류지역에 걸쳐 있으며, 동으로 푸지엔성과 저쟝성, 북으로 안후이성, 서로 후뻬이성와 후난성, 남으로 꽝뚱성과 접한다. 동 · 서 · 남 세 방향이 모두 산으로 둘러싸여 있고 북부가 분지형의 평야, 중앙부가 구릉지대이다. 산지와 구릉이 총면적의 약 70%를 차지한다.

북위 24°~31°,동경 113°~119°에 위치하며 아열대 습윤 기후에 속하는데 봄철은 따뜻하고 비가 많으며, 여름은 무덥고, 가을은 시원하고 비가 적게 내리며, 겨울은 춥고 건조하다. 연평균 기온은 17.6°C~20.4°C사이, 연간 강우량은

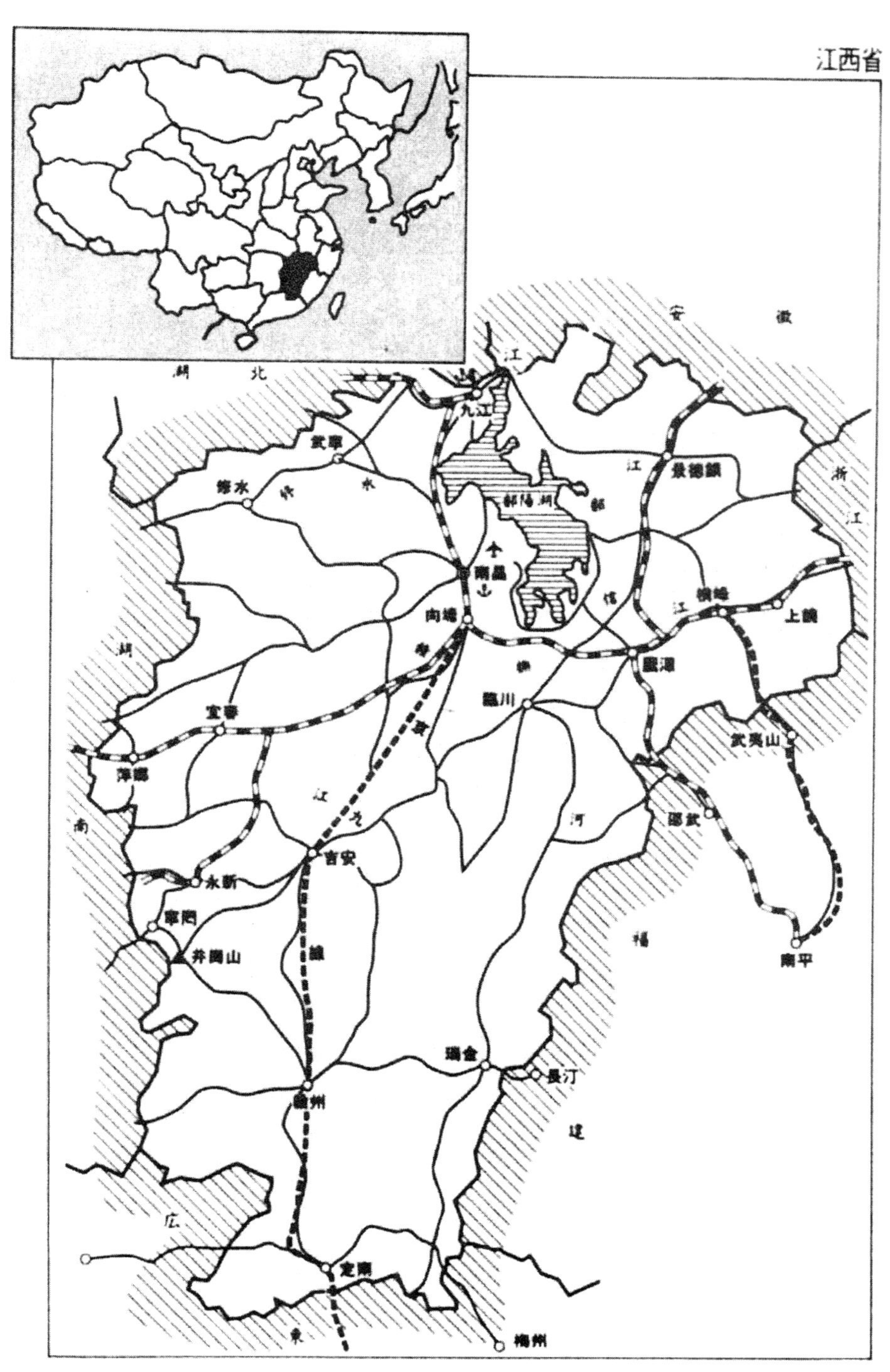
江西省
九江
武寧
修水
景德鎮
南昌
向塘
鷹潭
上饒
臨川
宜春
萍鄉
吉安
永新
寧岡
井岡山
贛州
瑞金
長汀
定南
梅州
武夷山
邵武
南平

1,200~1,900㎜에 달한다.

총면적은 16.7만㎢, 인구는 2004년 말 현재 4,284만 명이다. 행정구역은 11개 지급 시, 19개 시할구, 10개 현급 시, 70개 현으로 나뉘어 있다.

주요 도시로는 성도인 난창(南昌)과 세계적으로 유명한 도자기 생산지 징떠전(景德鎭), 징지우 철도가 지나는 지우쟝(九江), 잉탄(鷹潭), 신위(新余), 핑샹(萍鄕) 등이 있다.

난창은 1992년 국무원이 지정한 내륙의 중점 개방도시로서 일본 · 한국 · 미국 등 외국의 관심이 고조되고 있으며 최근에는 공업개발구, 금융구를 포함한 신도시 개발에 나서고 있다. 유구한 역사를 지닌 문화관광 도시이기도 하다. 지우장시는 징지우철도의 요충지로서 유통 및 상업중심지로 급속히 발전하고 있다.

2. 경제현황

북부는 상하이와 가깝고 남부는 꽝뚱과 인접해 있는 교통의 요지로서 천연자원이 풍부하고 기후조건도 좋은 등 경제가 발전할 만한 조건인 데도 불구하고 내륙이라는 한계로 개방이 늦어 아직 낙후성을 면치 못하고 있다.

그러나 경제발전 지역인 저쟝 · 꽝뚱 · 푸지엔 등과 인접해 있어 이들 지역의 발전성과가 쟝시성의 여러 분야에 직간접적인 영향을 줄 것이다.

주요 산업으로 담배 · 석탄과 석유 채굴업 · 방직업 등이 있지만 일부의 원부자재 산업을 제외하면 미미하고 대외적으로 내세울만한 공업분야는 없다 하겠다.

농업이 주요 산업으로 쌀을 중심으로 하는 곡창지대 중 하나이지만 별로 알려져 있다.

성 정부는 이러한 농공업 분야의 한계를 극복하기 위하여 자재가격 인하, 정부보조금 확대 등의 조치를 취하고 선진기술 및 신경영 기법 도입을 적극 추진하고 있다.

또한 1995년 말 완공된 징지우 고속철도가 난창·지우쟝 등 성의 중심지역을 통과하고 있으며 최근 철도·도로 등의 기반시설을 확충하고 외국인 투자환경을 개선하고 있어 이들 지역을 중심으로 경제성장 속도가 점차 빨라지고 있다.

지역내 총생산액은 2004년 3,496억 위엔으로 13.2%의 GDP 성장률을 달성했으며 산업별 구성은 1차 산업 19.0%, 2차 산업 45.7%, 3차 산업은 35.3%이다. 1차 산업 즉, 농업의 비율이 전국 평균보다 높다는 특징에서 알 수 있듯이 농업이 주체이며 공업은 최근 급속도로 발전하고 있다. 1차 산업의 비중이 점차 감소하고 있고 2차 산업 급증, 3차 산업 감소의 산업구조 조정이 급속하게 진행되고 있다.

지역주민의 1인당 GDP는 8,189위엔(991달러)으로 매우 낮은 수준이며 도시주민 1인당 가처분소득은 7,560위엔, 농촌주민 1인당 순수입은 2,787위엔에 달하였다.

다른 지역의 재정수입은 대부분 공업으로부터 들어오는데 쟝시성은 농업지역인 관계로 농업의존도가 높은 편이다. 2004년 지방 재정수입은 206억 위엔, 지출 454억 위엔의 적자 재정이다. 전사회고정자산투자 총액은 1,435억 위엔으로 매우 적으며 국유기업과 집체기업에 대한 투자가 많았다. 사회건설 총규모는 4,276억 위엔이었다.

쟝시성 경제현황(2004년)

지역내 총생산액 (억 위엔)	1인당 GDP (위엔)	경제성장률	산업구조(%) 1차:2차:3차	근로자 연간 평균임금 (위엔)	사회고정 자산 투자 (억 위엔)	사회건설 총규모 (억 위엔)
3,495.9	8,189	13.2	2	11,590	1,435.0	4,275.6
재정수입 (억 위엔)	재정지출 (억 위엔)	도시주민 1인 평균 가처분 소득(위엔)	농촌주민 1인 평균 순수입(위엔)	농업총생산액(억 위엔)	공업총생산액 (억 위엔)	국유 및 규모 이상 비국유 기업수(개)
205.8	454.1	7,560	2,787	1,055.0	2,211.8	3,200
외자 기업수(개)	국유기업 과학기술요원(2003년, 만 명)			과학기술 특허상황(건)		
	엔지니어	과학자	의료인	발명특허	실용신안	디자인특허
3,415	8.0	0.3	9.9	105	625	439

자료 : 2005 中國統計年鑑, www.kita.net, 新中國五十五年統計資料匯編 1949-2004.

광물자원은 140여 종이 매장되어 있고 주요한 광물은 전국 1위의 매장량을 보이고 있는 동(22%에 1,300만 톤)과 은(21%), 텅스텐(22%), 금(17%)이 있으며 그밖에 납이 8%, 아연과 몰리브덴이 5% 전후로 매장량이 풍부한 자원이 많다. 이 밖에 우라늄 · 인광석 · 석탄 · 보크사이트 · 염 · 철광석 · 황산나트륨 · 유철광 · 규사 · 대리석 등도 비교우위가 있는 자원이다.

농업은 평야, 호수 등 지형적 특성과 적절한 자연환경 등으로 전통적인 산업이지만 관개시설이 제대로 정비되어 있지 않은 취약한 구조를 지니고 있다. 이에 따라 수리시설 개선, 신기술 개발을 통한 농업발전의 가속화를 추진하고 있다.

2004년의 농업 총생산액은 1,055억 위엔으로 목축업의 비율이 30.8%로 높은 편이다. 어업 역시 그 비중이 13.6%로 높은 편인데 이는 창강과 성 소재의 많은 호수를 이용한 수산업이 발전했기 때문이다. 주요 농산품으로는 쌀 · 야채류 · 깨 · 사탕수수 · 귤 등이 있다. 삼림축적량은 2.5억 ㎥이다.

공업발전을 위해서 난창-지우쟝의 창지우(昌九)공업단지, 징떠전(景德鎭) 및 징지우선 주변지역을 중심으로 전력, 전기, 전자, 농수산물가공, 자동차산업을 중점적으로 육성하고 기존의 비교적 발전되어 있는 섬유, 건자재, 강재관련 산업의 개발 확대 등을 추진하고 있다.

공업 총생산액은 2004년 2,212억 위엔으로 중국 전체로서는 낮은 수준이다. 공업부문별 구성에서 전국 5위 이내에 들어가는 산업은 하나도 없고 다만 석탄채굴 · 섬유 · 식품 · 교통설비 · 의약업과 비철금속 공업이 비교적 나은 편이다. 그 밖에 담배 · 야금 · 전력 · 화공 · 전자 · 방직 · 식품 · 제지 등이 있다.

주요 공산품으로는 목재, 유황의 생산량이 비교적 많은 편이고 그밖에 시멘트, 종이, 담배, 설탕, 강재 등이 있다. 2004년 근로자의 1인당 연평균 임금총액은 1만 1,590위엔(1,403달러)이었다.

경제특별지역으로 창뻬이(昌北)에 경제기술개발구, 난창에 첨단기술산업개발구가 설립되어 있다.

난창을 중심으로 지우쟝 · 꿍저우(贛州)에 자동차 · 항공 · 정밀기기 · 전자 · 의약 · 방직 · 건자재 등의 산업을 육성할 계획이다.

3. 사회간접자본

장시성의 물류 상황을 보면 동서연결은 철도수송에, 남북연결은 해상수송에 의존해 왔다. 그러나 징지우 철도가 완공되면서 남북을 잇는 물류체계가 새롭게 형성되었고 특히 지우쟝의 고속철도 역과 개방항구인 지우장항이 성 발전의 획기적인 새로운 핵으로 등장하였다. 또한 성도인 난창도 고속철도 역과 함께 공항을 이용한 종합적인 물류체계가 정착되고 있다.

철도는 징지우선, 징꽝(京廣)선 외에 10개의 지선이 있고 철도의 영업거리는 2,274㎞에 이르러 기본적인 교통상황은 구비되어 있다. 향후 최근 1,400㎞ 이상의 고속도로를 건설하여 인접한 항저우・우한・창사・꽝저우・푸저우 등지로의 연결을 진행하고 있다.

도로는 6개의 국도와 100여개의 성급, 현급 도로가 조성되어 총 거리가 6만 1,860㎞에 달하고 주변 지역과 연결하는 도로사정은 양호한 편이다.

수운은 창강으로 흘러드는 푸하(撫河) 등이 있고 창강 연안의 항구로는 지우쟝항 외에도 난창・장저우・빠양 등에 주요 항구가 있다. 지우쟝항은 일본・한국・홍콩・싱가포르 등과 창강을 통한 직접 통상이 가능하다. 내륙수운의 총거리는 5,638㎞에 달한다. 난창・지우쟝・장저우・징떠전에 공항이 있다.

성 전체에 각종 근대적인 통신수단을 종합 이용하는 우편・통신망을 형성하고 있으며, 프로그램제어 교환기 등의 통신설비도 완비되어 있다. 휴대폰 사용자는 671만 명, 인터넷 사용자는 156만 명에 이른다.

장시성 사회간접자본 현황(2004년)

운송거리(㎞)			여객 운송량(만 명)			자동차보유량 (승객용, 만 대)
철도영업	도로	내륙수운	철도	도로	내륙수운	
2,274	61,860	5,638	3,778	35,312	446	21.3
화물 운송량(만 톤)			우편, 통신 사업			
철도	도로	내륙수운	업무액 (억 위엔)	이동전화 (만 명)	특급우편 (만 건)	인터넷사용자 (만 명)
5,723	23,223	2,978	201.6	671.3	390.1	156
교통, 통신 근로자 수(명)						자동차보유량 (화물용, 만 대)
철도	도로	내륙수운	항공	파이프라인	통신, 정보서비스	
61,951	47,917	4,840	4,962	-	22,460	18.1

자료 : 2005 中國統計年鑑.

4. 대외경제

대외무역을 보면 수출액이 1999년 9.1억 달러에서 2003년 26.1억 달러로, 수입액은 동기간 4.1억 달러에서 22.1억 달러로 증가하였다. 성 정부 차원에서 무역발전을 위해 많은 노력을 기울이고 있지만, 내륙인데다가 주요 공업도 뚜렷하지 않고 중앙정부의 투자도 적으며 외자기업의 흥미도 없어 무역발전이 정체되어 있다.

주요 수출품목은 의류 · 면직물 · 동제품 · 금속부품 · 전자제품 · 텅스텐합금 · 사료 · 희토류 등이고 수입품목은 동광석 · 운송기구 · 자동차 부품 · 전자상품 · 기계류 · 통신설비 · 화학비료 · 강재 · 화공원료 등이다. 주요 무역대상국은 일본 · 한국 · 독일 · 미국 등이다.

외자기업의 무역액을 보면 수출액은 1999년 1.0억 달러에서 2004년 5.3억 달러로 수입액도 같은 기간에 1.9억 달러에서 6.3억 달러로 약간씩 증가하였다.

장시성 대외경제 현황

년 도	1999	2000	2001	2002	2003	2004
총수출액(억 달러)	9.1	12.0	10.4	10.6	14.2	26.1
외자기업의 수출(억 달러)	1.0	1.6	1.1	1.8	2.8	5.3
한국에 대한 수출(억 달러)	0.4	0.8	0.5	0.4	0.5	0.6
총수입액(억 달러)	4.1	4.3	4.9	9.4	15.4	22.1
외자기업의 수입(억 달러)	1.9	1.6	1.7	2.3	4.0	6.3
한국으로부터 수입(억 달러)	0.2	0.2	0.1	0.3	0.9	0.5
외국기업의 직접투자(억 달러)	5.7	3.3	5.4	12.5	16.6	21.9
외자기업 등록 투자총액(억 달러)	-	68.8	73.8	98.7	136.7	163
외자기업 등록기업 수(개)	-	2,246	2,284	2,478	2,939	3,415
한국의 투자(건수, 백만 달러, 실제 투자액 기준)	1건 0.3	6건 1.1	3건 0.2	6건 1.4	5건 1.6	5건 14.4

자료 : 中國統計年鑑, 각년 판, www.kotra.or.kr, www.koreaexim.go.kr, www.kita.net.

한국의 수출은 1999년 0.2억 달러에서 2004년 0.5억 달러로, 주요 수출품목은 가전제품 · 기계 · 전기제품 · 완성유 · 플라스틱 제품 · 합성섬유 등이었다. 한국의 수입은 각각 0.4억 달러, 0.6억 달러에 달했으며 주요 수입품목은 방직사 및 제품 · 동 · 기계 · 전기 제품 · 의류 등이었다.

내륙에 있는 관계로 대외개방이 늦어진 지역 중의 하나이다. 외국인 직접투자는 실제투자액 기준으로 2004년 21.9억 달러로 나타났으며 주요 투자국은 싱가포르 · 미국 · 일본 · 영국 · 한국 등이다. 2004년 말 현재 등록되어 있는 외자기업 수는 3,415개, 투자총액은 163억 달러에 달하고 있다.

한국기업의 투자는 2004년 5건, 실제 투자액 기준으로 14.4백만 달러에 이른다.

5. 주요 도시 경제상황

① 난창(南昌)시

성도인 난창의 기후는 습윤하고 온화한 아열대 지역에 속하며 강우량이 풍부하고 사계절이 분명하다. 2004년 1월의 평균기온은 5.7°C, 7월의 평균기온은 29.7°C을 기록하였으며 연간 강우량은 1,210㎜에 달하였다.

유구한 역사를 자랑하며 퍼양호(鄱陽湖) 등 호수가 많아 풍경이 수려한 장점을 가진 내륙의 중점 개방도시이다. 문화도시, 상업도시로 성장하고 있다.

총면적은 7,432㎢, 시할구 면적은 617㎢이며 2004년 말 총인구는 461만 명, 시할구 인구는 204만 명이다. 깐강(贛江), 푸하(撫河)의 하류에 있으며 행정구역은 뚱호(東湖) 등 5개 구, 신지엔(新建) 등 4개 현으로 구성된다.

2004년 말 지역내 총생산액은 770억 위엔으로 경제성장률은 전년대비 16.5%의 증가율을 보였으며 1인당 GDP는 1만 7,238위엔(2,087달러)으로 나타났다. 산업별 비중은 1차, 2차, 3차 산업이 각각 7.7%, 52.4%, 39.9%를 차지하였다.

2004년 지방 재정수입은 42억 위엔, 재정지출은 52억 위엔이며 고정자산투자총액은 352억 위엔에 이르렀다. 도시와 농촌 주민의 저축총액은 558억 위엔이었다.

광물자원은 비금속 건자재 위주로서 매장량이 풍부한 것은 화강암, 석영, 석회석 · 도자기원료토 등 28 종이며 화강암의 매장량은 1억 ㎥에 이른다. 호수가 많아 수력자원이 풍부하다.

농업은 쌀 · 유채 · 깨 · 땅콩 · 돈육 · 가금 · 과일과 호수에서 생산되는 특수한 수산물이 풍부하다. 전국에서 중요한 식량 및 농업부산품의 생산기지이다.

공업은 기계 · 전기 · 경방직업 · 화공 · 의약 · 방직 · 제지 등 30개 업종이 형성되어 있다. 2004년의 공업 총생산액은 544억 위엔이며 근로자의 연평균 임금은 1만 5,589위엔(1,887달러)에 달하였다.

도로는 뻬이징-주하이 등의 3개 국도가 난창에서 교차하고 지우쟝(九江)-꽝뚱 고속도로가 통과한다. 철도는 징지우(京九) · 저깐(浙贛) · 샹러(向樂) · 환깐(皖贛)선 등의 주요 간선이 종횡으로 교차한다. 수운은 퍼양호(鄱陽湖)를 거쳐 창강에 들어가 해외로 나가는 노선이 있으며 항공노선은 뻬이징 · 상하이 · 꽝저우 등 전국 각지를 연결한다.

내륙의 중점 개방도시로서 일본 · 미국 · 독일 · 이태리 · 한국 등 세계 60여개 국가와 무역 및 투자관계가 설립되어 있다.

2004년 현재 외자 공업기업의 개수는 38개, 생산액은 123억 위엔에 이르며, 실제 외자투자액은 7.3억 달러에 달하였다.

② 지우쟝(九江)시

지우쟝은 후뻬이성 · 후난성 · 안후이성의 경계지점에 위치하며 아열대 기후로서 연평균 기온은 16~17°C, 연간 강우량은 1,300~1,600㎜에 달한다.

총면적은 1만 8,823㎢, 시할구 면적은 699㎢이며 2004년 총인구는 465만 명, 시할구 인구는 58만 명이었다. 행정구역은 루산(廬山) 등 2개 구, 루이창(瑞昌)시 · 지우쟝 등 9개 현으로 나뉘어 있다.

2004년 말 지역내 총생산액은 357억 위엔으로 경제성장률은 전년대비 15.2%의 증가율을 보였으며 1인당 GDP는 7,728위엔(936달러)으로 나타났다. 산업별 비중은 1차, 2차, 3차 산업이 각각 16.6%, 48.6%, 34.9%를 차지하였다.

2004년 지방 재정수입은 19억 위엔, 재정지출은 38억 위엔이며 고정자산투자 총액은 155억 위엔, 도시와 농촌 주민의 저축총액은 209억 위엔에 이르렀다.

광물자원은 금속, 비금속, 에너지 자원을 포함하여 80종이 매장되어 있는데 금 · 주석 · 형석 등이 전국 1위로 풍부한 매장량이 확인된 상태이다. 그 밖에 석영사 · 대리석 · 석회석 · 화강암 등이 있다. 삼림자원도 풍부하고 퍼양호(鄱陽湖)는 자연보호구로 지정되어 있으며 수자원도 풍부하다.

농업은 식량생산 위주로 안정적으로 발전하여 기본적인 자급이 실현된 상황이다. 면화 생산이 많고 그 외에 유료작물·수산·목축·채소·특수한 과일 등의 생산량도 빠르게 증가하고 있다.

공업은 석유화학 및 화학공업이 주요 산업으로 공업 총생산액의 40% 수준에 달하며 지우장 석유화학공장은 전국 500대 기업에 포함될 정도이다. 또한 방직업·기계·건자재업·조선 등이 중요한 산업이며 남북의 철도와 창강이 합쳐지는 지역적 특성에 따라 급속히 발전하는 상업·유통기지이기도 한다. 2004년의 공업 총생산액은 273억 위엔, 근로자의 연평균 임금은 1만 619위엔(1,286달러)이었다.

사회소비재 소매액은 97억 위엔에 달했다.

지우장은 창강과 징지우선이 교차하는 지역으로서, 시의 남북을 관통하는 난쉰(南潯)선, 시 경계를 지나는 사따(沙大)선, 우한(武漢)과 연결되는 우지우(武九)선, 허페이와 연결되는 허지우(合九)선, 퉁링(銅陵)과 연결되는 퉁지우(銅九)선, 징떠쩐(景德鎭)으로 연결되는 징지우(景九)선 등이 있으며 시내의 철도길이는 400여 ㎞에 이른다. 이 철도노선은 징꽝선·잉샤(鷹厦)선 등과 연계되어 전국과 연결된다. 징지우 고속철도도 이미 완공되어 지우장역에 정차하고 있다.

도로도 사통팔달하여 총거리는 4천여 ㎞에 이르는데 주요 도로는 난창-지우장, 지우장-우한, 지우장-난징, 지우장-창사, 지우장-원저우(溫州) 등이 있다. 항공노선도 이미 뻬이징·상하이 등지에 정기편이 있으며 지우장항은 대외개방 항구로서 외국선박을 통한 대외무역이 이루어지고 있다.

지우장의 통신사업도 신속하게 발전하여 디지털 통신, 인터넷과 이동통신 등이 급격하게 확장되고 있다. 2004년 휴대폰 사용자는 73만 명, 인터넷 가입자는 7만 명 수준이다.

2004년 현재 외자 공업기업의 개수는 14개, 생산액은 17억 위엔에 이르며, 실제 외자투자액은 3.1억 달러에 달하였다.

③ 징떠전(景德鎭)시

징떠전은 성 동북부에 위치하고 안후이성과 인접해 있다. 1992년 국무원이 지정한 문화도시이며 세계적인 도자기 생산지역이다.

총면적은 5,256㎢, 시할구 면적은 423㎢이며 2004년 총인구는 151만 명, 시할구 인구는 43만 명에 이른다. 행정구역은 주산(珠山) 등 2개 구, 러핑(樂平)시, 푸량(浮梁)현으로 구성되어 있다.

2004년 말 지역내 총생산액은 165억 위엔으로 경제성장률은 전년대비 15.8%의 증가율을 보였으며 1인당 GDP는 1만 842위엔(1,313달러)으로 나타났다. 산업별 비중은 1차, 2차, 3차 산업이 각각 8.5%, 53.9%, 37.6%를 차지하였다.

2004년 지방 재정수입은 8억 위엔, 재정지출은 14억 위엔이며 고정자산투자총액은 103억 위엔, 도시와 농촌 주민의 저축총액은 106억 위엔에 이르렀다.

지명도에 비해 도시 규모는 작은 편이며 경제발전이 정체되어 있다. 그러나 2000년 11월 지우쟝과 연결되는 고속도로 건설로 난창 · 지우쟝 등 주요 도시와의 연결이 단축되어 경제발전에 긍정적인 요인으로 작용하고 있고 경제발전 전망이 점차 좋아지고 있다.

주요 광물로는 매장량이 풍부한 도자기 원료와 석탄 · 망간 · 대리석 등이 있다. 2004년 공업 총생산액은 127억 위엔이었으며, 근로자 연평균 임금은 1만 889위엔(1,318달러)에 달하였다.

도자기 수출이 징떠전 시 전체 수출액의 70% 정도되며 이 밖에 냉장고 컴프레서 · 헬리콥터 · 소형 봉고차 등을 생산한다.

2004년 현재 외자 공업기업의 개수는 7개, 생산액은 1억 위엔에 이르며, 실제 외자투자액은 0.1억 달러에 불과하였다.

제7절 허난(河南)성, (간칭:豫)

1. 허난성 개요

황하 중 · 하류에 위치하고 있으며 대부분 지역이 황하 남쪽에 위치하고 있다는 뜻에서 허난성이라는 이름이 붙여졌다. 산뚱성 · 안후이(安徽)성 · 허뻬이(河北)성 · 산시성 · 산시(陜西)성 · 후뻬이성의 6성과 인접해 있다.

북위 31°~37°, 동경 110°~117°에 위치하고 온난대와 북아열대의 대륙성 계절풍 기후에 속하며 연평균 기온은 13°C~15°C, 연간 강우량은 500~900㎜이다.

성의 총면적은 16.7만㎢, 2004년 말 인구는 9,717만 명이다. 행정구역은 17개 지급 시, 50개 시할구, 21개 현급 시, 88개 현으로 나뉘어 있다.

주요 도시로는 성도이고 내륙 중부의 중심도시인 정저우(鄭州)와 역사가 깊은 카이펑(開封)과 뤄양(洛陽), 신샹(新鄕), 안양(安陽), 핑띵산(平頂山), 싼먼샤(三門峽) 등이 있다.

1954년 허난성의 성도가 카이펑(開封)시에서 정저우(鄭州)로 옮겨진 이래 정저우는 성의 정치·경제·교통·무역과 문화의 중심지가 되었다. 특히 정저우는 깐쑤성의 란저우와 장쑤성의 리엔윈깡을 동서로 잇는 룽하이(隴海)선과 남북을 연결하는 징광(京廣)선이 교차하는 철도교통의 중심지로, 전국 도시교통망 중에서 매우 중요한 지위를 차지하고 있다.

허난성은 황하문명이 발전하고 중원(中原)이라고 일컬어졌던 과거 중국의 중심지역이다.

주요 지역으로는 중국 5대 산의 하나인 쑹산(嵩山)과 1500년의 역사를 가지고 소림권법·달마조사를 연상하게 하는 사오린사(少林寺), 전설의 하(夏) 왕조가 실재했다는 우왕전(禹王鎭)의 유적, 갑골문자로 유명한 은허(殷墟), 상(商)나라 때 성벽이 남아있는 안양(安陽), 중국의 3대 고도(古都)로서 서주(西周) 및 7대 왕조의 도읍지가 되었던 카이펑(開封), 9대 왕조의 수도였고 삼국지의 배경이 되었으며, 당나라때 이백·두보·백낙천을 비롯한 많은 문인·예술가의 활동으로 문화·예술의 중심도시로 날렸던 뤄양(洛陽) 등이 유명하다. 카이펑과 뤄양은 도시 전체가 문화유적이라 할 수 있다.

이외에 400여년 간 1,352개의 석굴과 10만 여개의 불상이 만들어진 중국 3대 석굴인 뤄양 룽먼(龍門)석굴, 양사오(仰韶)문화·룽산(龍山)문화의 신석기 출토품과 청동기 상청(商城)유적 출토품이 보관된 허난성 박물관 등도 유명하다.

河南省

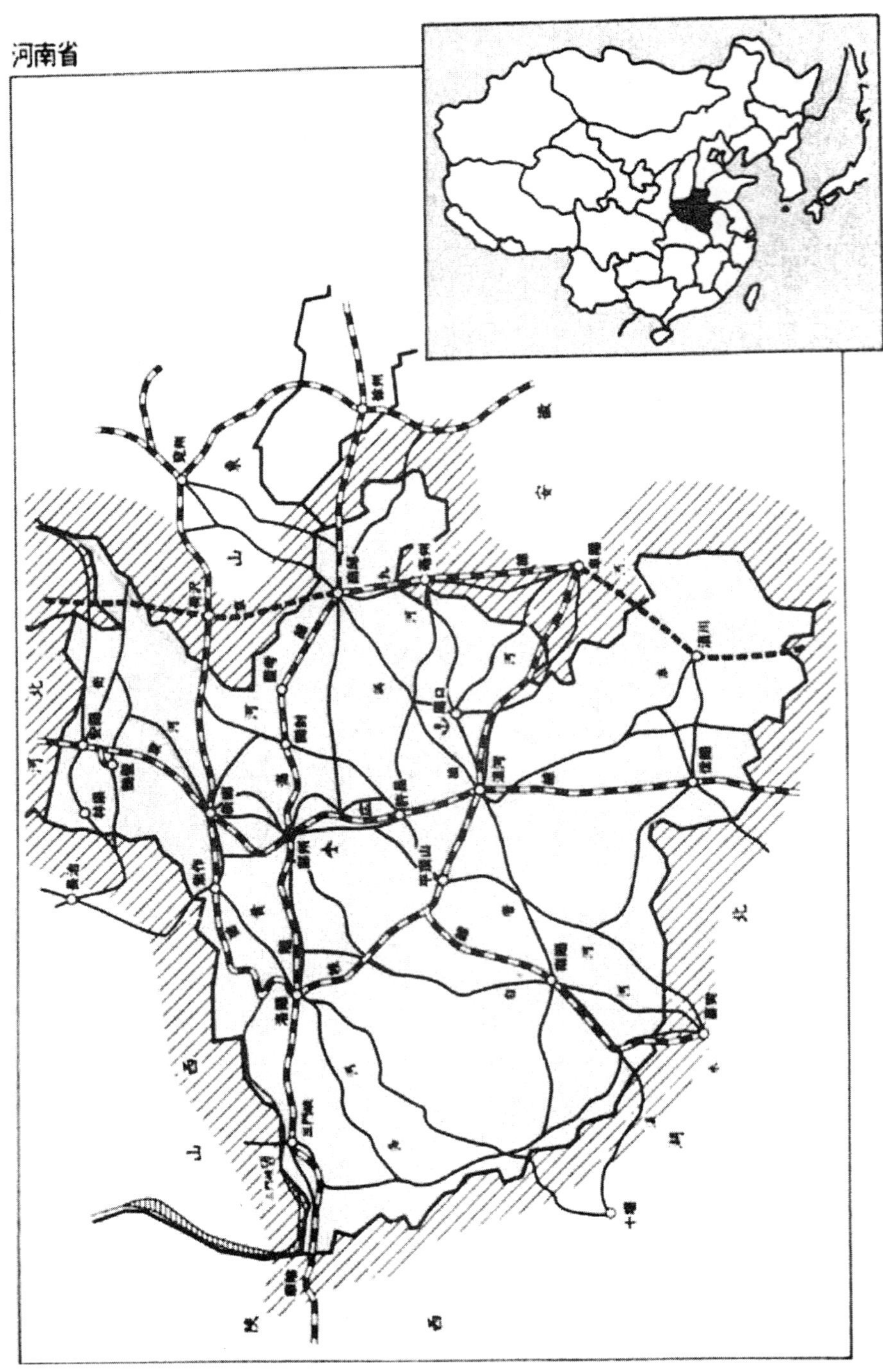

2. 경제현황

중국 최대의 인구를 가진 성으로서 농업이 주요 산업이다. 이것은 역설적으로 공업이 덜 발전하여 주민들의 생활이 아직 낙후되어 있음을 말해 준다.

동서·남북의 접점에 위치하는 철도 및 도로의 교통 요충지인 관계로 대형 상품도매시장 25개, 상품소매 시장 5천여 개의 시장이 광활하고 상업이 발달한 전국의 중요한 상품집산지로 되어 있다.

2004년 지역 총생산액은 8,815억 위엔으로 GDP 성장률은 13.7%의 비교적 발전속도가 빨랐으며 산업구조는 1차 산업이 19.0%, 2차 산업이 51.3%, 3차 산업이 32.0%의 비중을 나타냈다. 농업을 중심으로 한 1차 산업의 비중이 계속 약화되고, 2차 산업의 비중은 계속 확대되어 50%를 초과하였으며, 3차 산업의 비중 역시 증가하고 있는 추세이다. 지역주민의 1인당 GDP는 9,470위엔(1,146달러)으로 평균을 밑돌고 있고 도시주민의 1인당 가처분소득은 7,705위엔, 농촌주민의 1인당 순수입은 2,553위엔이었다.

지방재정은 2004년 수입이 429억 위엔, 지출이 880억 위엔으로 규모는 점차 커지고 있지만 중앙정부의 지원은 계속되고 있는 실정이다.

전사회고정자산투자 총액은 3,093억 위엔으로 상대적으로 낮은 수준이며, 전력·도로 등 인프라에 투자를 집중시키고 있지만 금액이 적어 경제성장이 늦다. 사회건설 총규모는 7,455억 위엔을 기록하였으며 외자투자가 적은 관계로 외자의 기여도는 매우 적다.

광물자원은 102종이 매장되어 있고 그 중 26종이 비교적 매장량이 많은 편인데, 몰리브덴은 세계 부존량의 50%인 150만 톤이 매장되어 세계 1위·전국 1위이다. 보크사이트는 27억 톤이 매장되어 전국 2위를 차지하였고 이밖에 알루미늄·바나듐·금의 부존량도 전국 2위에 올라있다. 텅스텐·알루미늄·천연소다·석유·동·아연·유철광 등도 많이 매장되어 있다.

에너지 자원인 석탄·석유·천연가스의 개발이 진행되고 있고 전력도 비교적 풍부해 자원개발의 조건은 좋다 하겠다. 석탄매장량은 165억 톤이고 전국 2위인 1억 톤의 생산량을 보이고 있으며 발전능력은 1,200만 ㎾로 전국 6위에 올라 있다. 중궈(中國)유전과 허난(河南)유전은 석유 · 천연가스 생산에서 전국의 상위에 올라있는 중요한 유전들이다. 이러한 에너지 및 비철 등 자원은 부존량이 많은데도 불구하고 개발이 늦은 편이다.

농업자원이 풍부하고 생산조건도 매우 개선되어 있지만 2004년의 농업 총생산액은 2,964억 위엔으로 인구에 비하면 낮은 편이다. 전국 밀 생산량의 25%를 차지하며 보리 · 입담배 · 참기름이 전통적 농작물이다. 면화 · 감자 · 대두 · 황마 · 적마 · 사과 · 소 · 산양의 생산량도 높은 수준이다. 농부산품의 생산도 비교우위를 가지고 있다. 이와 같이 농업이 발달했지만 생산성은 낮아 농촌주민 수입이 전국 평균보다 낮다.

허난성 경제현황(2004년)

지역내 총생산액 (억 위엔)	1인당 GDP (위엔)	경제성장률	산업구조(%) 1차:2차:3차	근로자 연간 평균임금 (위엔)	사회고정 자산 투자 (억 위엔)	사회건설 총규모 (억 위엔)
8,815.1	9,470	13.7	19.0:51.3:29.7	10,906	3,092.9	7,454.5
재정수입 (억 위엔)	재정지출 (억 위엔)	도시주민 1인 평균 가처분 소득(위엔)	농촌주민 1인 평균 순수입(위엔)	농업총생산액(억 위엔)	공업총생산액 (억 위엔)	국유 및 규모 이상 비국유 기업수(개)
428.8	880.1	7,705	2,553	2,963.9	7,236.5	9,649
외자 기업수(개)	국유기업 과학기술요원(2003년, 만 명)			과학기술 특허상황(건)		
	엔지니어	과학자	의료인	발명특허	실용신안	디자인특허
2,600	14.7	0.5	16.6	306	2,117	895

자료 : 2005 中國統計年鑑, www.kita.net, 新中國五十五年統計資料匯編 1949-2004.

2004년 공업 총생산액은 7,237억 위엔으로 독립채산제 기업 중 공업기업이 많은 편이며 향진기업이 빠른 속도로 발전하고 있다. 주요 산업은 담배 · 석탄 · 석유 채굴업 · 비철금속 가공업 · 기계 · 방직 · 식품 · 유색금속 제련 · 전력 · 야금 · 화공 · 건자재 · 방직공업 등이 비교적 발전해 있다. 주요 공산품은 석탄 · 옷감 · 식물기름 · 석유 · 시멘트 · 화학비료 · 화섬 · 소다회 · 코크스 · 천연가스 · 자전거 · 담배 등이다.

2004년 근로자의 1인당 연평균 임금총액은 1만 906(1,320달러)위엔으로 전국적으로는 낮은 수준이다.

경제특별지역은 국가급으로 정저우에 경제기술개발구와 첨단기술산업개발구가, 뤄양에 첨단기술산업개발구가 건설되어 있다.

향후 도시발전 전략은 정저우를 중심으로 9개 도시를 육성하는 것인데, 정저우를 IT·금융·물류 중심지로 발전시킴으로써 다른 도시들의 공업발전을 도모하려 한다.

3. 사회간접자본

허난은 룽하이(隴海)선, 징광(京廣)선, 징지우(京九)고속철도, 아시아유럽 간 철도 등 모든 중요 철도가 경유한다.

특히 정저우는 남북을 잇는 징광선, 동서를 연결하는 룽하이선의 교차점이고 아시아유럽 철도의 화물전환 지역으로서 후뻬이(湖北)의 우한(武漢)과 함께 중국의 동서와 남북을 연결하는 내륙 중부의 중요한 도시이다. 철도·영업 총길이는 4,090㎞에 달한다.

총길이 7만 5,719㎞에 달하는 도로는, 정저우에서 각 대도시로 고속도로가 연결되어 있어 허난성 경제발전의 중요한 역할을 담당하고 있다. 뤄양-정저우-카이펑, 신샹(新鄕)-안양(安陽), 정저우-쉬창(許昌) 등의 고속도로는 이미 개통되어 2004년 말 현재 고속도로 길이는 1,759㎞에 달하고 쉬창(許昌)-핑딩산(平頂山), 싼먼샤(三門峽)-위양(岳陽) 고속도로도 건설 중이다.

허난성 사회간접자본 현황(2004년)

운송거리(㎞)			여객 운송량(만 명)			자동차보유량(승객용, 만 대)
철도영업	도로	내륙수운	철도	도로	내륙수운	
4,090	75,719	1,208	5,695	85,016	84	78.4
화물 운송량(만 톤)			우편, 통신 사업			
철도	도로	내륙수운	업무액(억 위엔)	이동전화(만 명)	특급우편(만 건)	인터넷사용자(만 명)
13,668	58,147	915	434.0	1,392.3	1,104.6	305
교통, 통신 근로자 수(명)						자동차보유량(화물용, 만 대)
철도	도로	내륙수운	항공	파이프라인	통신, 정보서비스	
110,949	125,649	2,823	1,566	-	35,971	47.3

자료 : 2005 中國統計年鑑.

정저우·뤄양·베이징·상하이·홍콩·모스크바 등 모두 100여 편의 국내외 항공선이 개설되어 있다.

통신산업은 연해 지역에 비해 많이 낙후된 상황이나 국내외 직통전화가 가능하다. 현재 이동전화 및 인터넷 사용을 위한 투자도 증가하여 휴대폰 사용자는 1,392만 명, 인터넷 사용자는 305만 명에 이르고 있다.

4. 대외경제

대외무역은 수출이 1999년 11.3억 달러에서 2004년 44.0억 달러로 증가하였으며 주요 수출품은 방직사선 직물과 제품 · 의류 · 신발 · 가발 · 가전제품 · 소고기 · 돼지고기 · 식용유 · 햄 · 모피제품 · 의약품 · 타이어 · 탄수화합물 · 강철 · 자연산 꿀 · 사과쥬스 · 조미료 · 자전거 · 건전지 등으로 나타났다.

수입은 1999년 6.2억 달러에서 2004년 29.6억 달러로 증가하였다. 주요 수입품은 합성고무 · 종이 · 건축 및 채굴용 광산기계 · 콩 · 천연고무 · 감광재료 · 가발 · 동 재료 · 자동차 부품 · 인쇄, 방직기계 등이었다.

주요 무역 대상국은 미국 · 일본 · 한국 · 호주 · 러시아 등이다.

외자기업의 수출은 1999년 2.4억 달러에서 2004년 7.0억 달러로, 수입은 2.2억 달러에서 5.2억 달러로 증가하였는데 전체 무역에서 차지하는 비중이 크지 않다.

한국의 허난성에 대한 수출은 1999년 0.3억 달러에서 2004년 0.5억 달러로 크게 변하지 않았고, 수입은 같은 기간 0.7억 달러에서 6.4억 달러로 증가하였다.

외국인 직접투자는 실제 투자액 기준으로 2004년 8.6억 달러에 달했으며 최근의 주요 투자국은 일본 · 미국 · 독일 · 영국 · 싱가포르 · 태국 등 60여개 국가와 지역이다. 한국의 투자는 2004년 실제 투자액 기준으로 6건 4.5백만 달러를 기록하였다.

2004년 말 등록되어 있는 외자기업 수는 2,600개이고 투자총액은 149억 달러에 이르고 있다.

허난성 대외경제 현황

년 도	1999	2000	2001	2002	2003	2004
총수출액(억 달러)	11.3	14.9	17.2	23.4	33.3	44.0
외자기업의 수출(억 달러)	2.4	3.1	3.1	3.7	5.4	7.0
한국에 대한 수출(억 달러)	0.7	1.1	1.4	2.5	3.5	6.4
총수입액(억 달러)	6.2	7.8	10.8	13.9	22.5	29.6
외자기업의 수입(억 달러)	2.2	2.7	2.8	3.0	5.3	5.2
한국으로부터 수입(억 달러)	0.3	0.2	0.3	0.3	0.4	0.5
외국기업의 직접투자(억 달러)	5.2	5.6	8.6	4.0	5.4	8.6
외자기업 등록 투자총액(억 달러)	-	113.6	100.7	118.2	126.3	149
외자기업 등록기업 수(개)	-	3,004	2,401	2,437	2,403	2,600
한국의 투자(건수, 백만 달러, 실제 투자액 기준)	- -	2건 0.3	5건 1.0	- 0.5	7건 0.5	6건 4.5

자료 : 中國統計年鑑, 각년 판, www.kotra.or.kr, www.koreaexim.go.kr, www.kita.net.

5. 주요 도시 경제상황

① 정저우(鄭州)시

성도인 정저우(鄭州)는 동남쪽에 황화이(黃淮) 평야, 서쪽에 쑹산(崇山), 북쪽은 황하에 접해 있다. 온난한 대륙성 기후로서 사계절이 분명하고 2004년의 경우 1월 평균기온이 영하 1.5°C, 7월 평균기온이 27.0°C를 기록하였다. 연평균 강우량 767㎜에 달하였다.

총면적은 7,446㎢, 시할구 면적 1,010㎢이며 2004년 말 총인구는 671만 명, 시할구 인구는 252만 명에 달하였다. 행정구역은 중위엔(中原) 등 6개 구, 신정(新鄭) 등 5개 시, 1개 현으로 편제되어 있다.

3,500년 전에 상(商) 왕조가 도읍한 이래 10개 이상 왕조의 수도가 될 정도로 지형이 매우 뛰어난 지역이다. 역사 및 문화 유적지로서 헌원황제(軒轅黃帝)의 고향, 양사오(仰韶)문화, 룽산(龍山)문화, 하(夏)나라의 양청(陽城) 및 상청(商城) 유적지, 쑹산(崇山)과 사오린사(少林寺), 시인 두보(杜甫)의 고향 등이 있다.

2004년 말 지역내 총생산액은 1,378억 위엔으로 경제성장률은 전년대비 15.7%의 증가율을 보였으며 1인당 GDP는 2만 1,233위엔(2,571달러)으로 나타났다. 산업별 비중은 1차, 2차, 3차 산업이 각각 4.6%, 53.6%, 41.9%를 차지하였다.

2004년 지방 재정수입은 105억 위엔, 재정지출은 108억 위엔이며 고정자산투자총액은 613억 위엔, 도시와 농촌 주민의 저축총액은 1,211억 위엔에 이르렀다.

정저우는 지하자원이 풍부한데 현재 매장이 확인된 것이 34종이며 주요한 것으로는 석탄 · 내화점토 · 알루미나 · 시멘트원료 · 유철광 · 석영사 등이 있다. 석탄의 매장량은 50억 톤에 이른다.

중국의 중요한 식량 생산기지로서 농산물은 밀 · 옥수수 · 콩 · 쌀 · 땅콩 · 면화 · 마늘 등과 사과 · 배 · 대추 · 감 · 포도 · 수박 등의 과일을 많이 생산된다.

공업은 방직 · 기계 · 건자재 · 내화재료 · 에너지 · 원부자재 · 유색금속 · 식품 · 석탄 · 담배 등이 주요 산업이다. 특히 전국 방직공업 기지의 하나이고 야금 · 건자재 공업기지이다. 2004년의 공업 총생산액은 1,237억 위엔, 근로자의 연평균 임금은 1만 5,023위엔(1,819달러)이었다.

또한 전국의 중요한 교통 · 통신의 중심지이고 물자의 집산지이며 전국적인 상업 · 무역의 요충지 도시이다. 2004년의 사회소비재 소매액은 559억 위엔으로 나타났다.

대륙의 가운데에서 동서와 남북으로 연결하는 내륙의 중심도시로서 도로 · 철도 · 항공 등 사회간접자본이 완비되어 있다. 철도는 징꽝선과 룽하이선이 정저우에서 교차되고 있고 전국 최대의 화물 환적지, 최대의 승객 환승지이다.

전국 7개 도로의 주축도시이고 2개의 국도가 통과하고 18개의 시내도로가 지나는 지역이다. 또한 카이펑(開封) · 뤄양(洛陽) · 쉬창(許昌) 등과 연결되는 고속도로도 이미 건설되었다. 공항은 전국으로 연결되는 국내선과 홍콩 · 마카오 및 국제선이 있다.

정저우 첨단기술산업개발구가 있다.

2004년 현재 외자 공업기업의 개수는 51개, 생산액은 72억 위엔에 이르며, 실제 외자투자액은 2.4억 달러에 달하였다.

② 카이펑(開封)시

카이펑(開封)은 황하 중동부에 위치하며 남쪽에는 핑처우(平疇), 북쪽에는 황하하류와 접하고 위뚱(豫東) 평야의 중심부에 위치한다. 3천년 전 서주(西周) 때 도시가 세워진 이래 7개 왕조의 수도였던 문화 · 역사도시이다.

난온대 대륙성 계절풍 기후로서 따뜻하며 연평균 기온은 14.5℃, 연평균 강우량은 670㎜에 달한다.

총면적은 6,444㎢, 시할구 면적은 362㎞에 이르며 총인구는 671만 명, 시할구 인구는 252만 명에 이른다. 행정구역은 꾸러우(鼓樓) 등 5개 구, 카이펑 등 5개 현으로 나뉜다.

2004년 말 지역내 총생산액은 346억 위엔으로 경제성장률은 전년대비 10.7%의 증가율을 보였으며 1인당 GDP는 7,294위엔(883달러)으로 나타났다. 산업별 비중은 1차, 2차, 3차 산업이 각각 28.1%, 37.7%, 34.2%를 차지하였다.

2004년 지방 재정수입은 11억 위엔, 재정지출은 30억 위엔이며 고정자산투자 총액은 83억 위엔, 도시와 농촌 주민의 저축총액은 220억 위엔에 이르렀다.

지하자원으로는 매장량 5.6억 톤의 석유, 485억㎥의 천연가스, 78억 톤의 석탄 등과 석회암·암염·석고 등으로 부존 광물이 매우 풍부하다.

농작물은 소맥·면화·땅콩·대두·수박 등이 다량 생산되며 양식어업·사과·포도·목축 등도 생산량이 많다.

주요한 산업으로는 화학 및 화공·기계·경방·야금·건자재·식품·제약 등이며 제품으로는 광학기기·화공 및 제약부문·모방·화학비료·소형트랙터·고무제품·약품원료·합성세제·맥주·사료 등이 있다. 2004년 공업 총생산액은 180억 위엔, 근로자의 연평균 임금은 8,657위엔(1,048달러)이었다.

지리적 장점으로 과거는 물론 현재까지도 교통·상업의 중심지가 되고 있다. 철도는 룽하이(隴海)선이 동서로 횡단하고 징광선, 징지우선이 좌측과 우측에서 종단한다. 도로는 2개 국도가 좌우와 상하로 교차하고 카이뤄(開洛), 카이상(開商) 고속도로가 카이펑을 좌우로 가로지른다. 카이펑시의 도로 밀도는 전국 및 전 성에서 매우 높다.

광케이블의 개통, 장거리 전화 및 이동전화 사용율 증가 등 통신부문의 현대화도 신속하게 진행되고 있다. 휴대폰 사용자는 64만 명, 인터넷 사용자는 12만 명에 이르고 있다.

2004년 현재 외자 공업기업의 개수는 9개, 생산액은 7억 위엔에 이르며, 실제 외자투자액은 0.2억 달러에 달하였다.

③ 뤄양(洛陽)시

허난성 서부에 위치한 뤄양(洛陽)은 동으로는 후루(胡虜), 서로는 한꾸(函谷), 남으로는 이뤄(伊洛)와 접하였고 북으로는 황하가 흐르는 등 지형이 험준하고 견고한 지역이다.

주나라 때 낙읍(洛邑)이라 불리웠고 동한(東漢)의 고도였다. 이외에도 역대 9개 왕조가 도읍을 두었던 유구한 역사의 고장이며 노자(老子) · 두보(杜甫) · 이백(李白) · 백낙천(白樂天) 등 많은 문인, 예술가가 활약한 예술의 도시이다.

룽먼석굴(龍門石窟)은 이하(伊河)의 양쪽 기슭과 룽먼산(龍門山) · 샹산(香山)에 퍼져있는 석굴군으로서 중국 3대 석굴의 하나이다.

시의 총면적은 1만 5,200㎢, 시할구 면적은 544㎢이고 2004년 총인구는 647만 명, 시할구 인구는 149만 명에 이른다. 행정구역은 시꿍(西工) 등 6개 구, 멍진(孟津) 등 8개 현, 옌스(偃師)시로 나뉘어 있다.

2004년 말 지역내 총생산액은 905억 위엔으로 경제성장률은 전년대비 16.2%의 증가율을 보였으며 1인당 GDP는 1만 4,204위엔(1,313달러)으로 나타났다. 산업별 비중은 1차, 2차, 3차 산업이 각각 9.8%, 58.8%, 31.5%를 차지하였다.

2004년 지방 재정수입은43억 위엔, 재정지출은 63억 위엔이며 고정자산투자 총액은 330억 위엔, 도시와 농촌 주민의 저축총액은 519억 위엔에 이르렀다.

주요 광물자원으로는 몰리브덴 · 알루미늄 · 금 · 은 · 텅스텐 · 석탄 · 철 · 아연 · 수정 · 연 등이며 이들 제품은 매장량도 많고 고품질이다. 특히 몰리브덴의 매장량은 전국 최고이며 세계 3대 몰리브덴광의 하나이다.

경작지가 43만 헥타르로 넓고, 지역내 하천이 많아 각종 농산물 생산이 풍부하다. 수자원도 지역내에 황하 · 뤄하(洛河) · 이하(伊河) · 리하(厘河) 등 많은 하천과 대형 저수지들이 있어 풍부하다.

농업기계와 광산기계 생산이 많은 지역이고 수공업제품인 당삼채(唐三彩)가 유명하다. 지주산업은 기계 · 전자 · 석유화공 · 야금 · 건재 · 경방 · 식품 등이며 대형 기업들도 많이 있다. 2004년 공업 총생산액은 803억 위엔에 달했고 근로자 연평균 임금은 1만 3,030위엔(1,577달러)이었다.

룽하이 · 자오지(焦技) 철도가 교차하고 310호 국도가 동서로, 207호 국도가 남북으로 뻗어 있으며 아울러 유럽으로 통할 수도 있다 정삐엔뤄(鄭汴洛) 고속도로가 지난다. 황하 · 뤄하(洛河) 등 많은 하천이 있어 수운이 활발하다.

2004년 현재 외자 공업기업의 개수는 13개, 생산액은 16억 위엔에 이르며, 실제 외자투자액은 0.9억 달러에 달하였다.

제8절 후뻬이(湖北)성, (간칭:鄂)

1. 후뻬이성 개요

창강 중류에 있는 뚱팅호(洞庭湖) 북부에 위치한 데서 후뻬이(湖北)라는 이름이 유래되었다. 동으로는 안후이성, 남으로는 장시성과 후난성, 서로는 쓰촨성, 북서로는 산시성(陜西省), 북으로는 허난성과 인접해 있다. 크고 작은 호수가 다수 분포되어 있어 '많은 호수가 있는 성(千湖之省)', '쌀과 물고기 생산이 많은 고장(魚米之鄕)'으로 알려져 있다.

북위 29°~33°, 동경 108°~116°사이에 위치하며 농업, 임업, 그 부속산업과 어업에 적합한 아열대성 계절풍 기후에 속한다. 기온은 섭씨 15°~17°C, 연평균 강수량은 800~1,600mm 정도이다.

면적은 18.6만㎢, 2004년 말 현재 인구는 6,016만 명에 이르며 행정구역은 12개 지급 시, 1개 자치주, 38개 시할구, 24개 현급 시, 37개 현, 2개 자치현, 1개 임업구로 나뉘어 있다.

주요 도시로는 성도이자 내륙중부의 중심도시인 우한(武漢)과 황스(黃石), 샹판(襄樊), 스옌(十堰), 사스(沙市), 이창(宜昌), 징저우(荊州) 등이 있다.

후뻬이는 동서, 남북을 관통하는 철도의 접점이자 교통의 요충지이며 창강을 통해 상하이와 내륙, 외국의 화물이 교류되는 내륙 중심지역이다.

2006년 5월 싼샤(三峽)댐 건설이 완성되어 새로운 경제혁명이 진행중에 있으며 이창(宜昌)에는 갑문식 꺼저우(葛州)댐이 있다.

湖北省

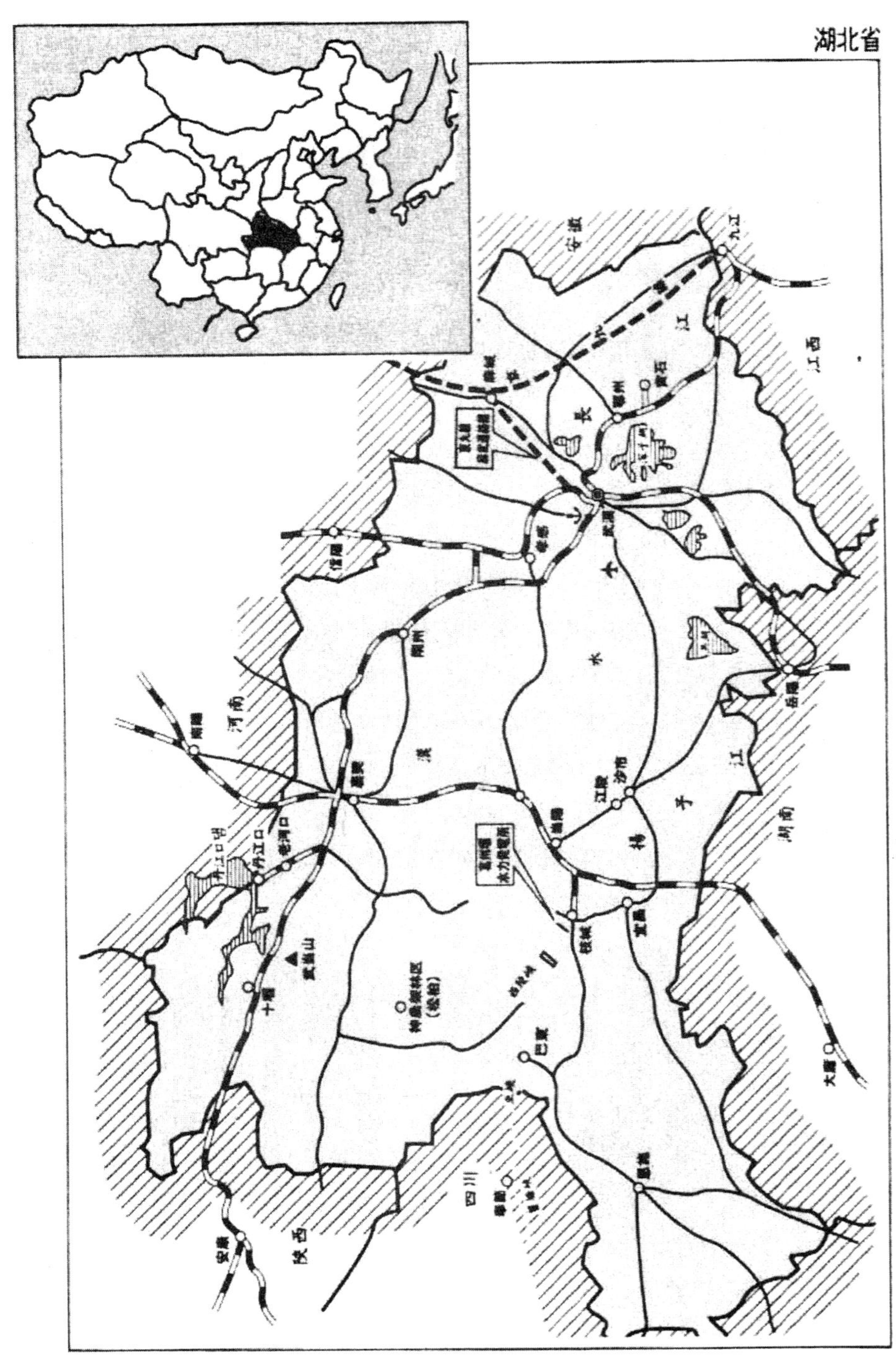

2. 경제현황

개방 전에는 농업생산에 주력하여 발전이 늦었으나 현재는 농업을 기초로 하고 공업에도 큰 비중을 두어 전국 중요 공업과 농업의 생산기지 역할을 하고 있다.

2004년의 지역내 총생산액은 6,310억 위엔으로 경제성장률은 11.3%에 달하였다. 산업별 구성은 1차 산업 16.2%, 2차 산업 47.5%, 3차 산업 36.4%로서 1차 산업 정체, 2차 산업 감소, 3차 산업 증가의 양상을 보여주고 있다. 1인당 GDP는 1만 500위엔(1,271달러)으로 전국 평균수준이며, 도시주민 1인당 가처분소득은 8,023위엔, 농촌주민 1인당 순수입은 2,890위엔에 달하였다.

지방 재정수입은 2004년 310억 위엔, 재정지출은 646억 위엔으로 중앙정부의 지원을 받는다. 전사회고정자산투자 총액은 1,984억 위엔으로 그 규모가 매우 크며 사회건설 총규모는 8,247억 위엔이었다.

광물자원은 110여 종이 풍부하게 매장되어 있는데 주요 자원으로는 인광석의 매장량이 전국 1위인 29억 톤으로 전체의 약 20%를 차지하며, 석회암의 매장량도 전국 1위를 기록하고 있다. 철광석·동·암염·석고·내화점토·형석·바나듐·수은 등이 전국 6위 이내의 매장량을 보이고 있으며 중정석의 매장량도 풍부하다. 에너지 자원으로는 석탄과 석유가 적은 양이지만 생산되고 있고 수력 자원은 3천만 kW를 넘어 전국 4위를 차지한다.

대규모 치수사업으로 생산환경이 개선되어 양질의 식량과 면화의 생산기지로 변모하였다. 이에 따라 농업 생산성이 높아져 2004년 농업 총생산액이 1,695억 위엔을 기록하였다. 경작 작물로는 쌀·면화·옥수수·유료작물·감귤·차잎·배·깨·마 등의 생산이 풍부하다. 한편 창강이 성을 관통하는 관계로 어업이 발전해 있다.

아편전쟁 후 개항되어 근대공업의 발전이 빨라 철강·기계·육류가공·화학비료·수력발전소·자동차 공장 등이 설립되었다. 주요 산업은 자동차·철강·우주·항공·기계·제련·수력발전·화공·방직 등이 있다. 특히 자동차 산업의 경우 뚱펑(東風)그룹이 프랑스 씨트로엥과 합자하여 자동차 생산능력을 확장하고 있으며 성 각지에는 자동차 생산, 조립 및 부품공장이 있다.

공업의 특징으로는 업종이 다양하고 기술과 설비가 완비되어 있다는 점을 들 수 있으며, 주요 공산품으로는 자동차 · 조강 · 화학비료 · 유황 · 옷감 · 식물류 · 담배 등이 있다.

농촌에 설립된 제조업 · 건축업 · 운수업 · 상업 등 부문의 향진기업(鄕鎭企業)이 급속도로 발전하고 있다.

2004년의 공업 총생산액은 4,960억 위엔이며 근로자의 1인당 연평균 임금은 1만 1,833위엔(1,433달러)이었다.

내륙의 동서와 남북을 연결하는 중부지역의 요충지인데서 알 수 있듯이 상업과 유통은 허난성 정저우와 함께 내륙에서 가장 발전한 지역으로 국내무역과 국제무역이 상당히 발달해 있다. 사회소비재 소매액은 2004년 2,383억 위엔에 달했다.

경제특별지역은 경제기술개발구가 우한 · 어저우(鄂州)에 건립되어 있고, 신기술개발구가 우한에, 샹판(襄樊)에 첨단기술산업개발구와 자동차산업경제기술개발구가 건설되어 있다.

후베이성의 도시발전 전략을 보면 우한을 중심으로 반경 100㎞의 9개 도시를 3개 산업벨트로 나누어 발전시킬 계획이다. 첫째는 우한 첨단기술개발구로서 황스(黃石) · 어저우(鄂州) · 황강(黃岡) · 시엔닝(咸寧)에 IT · 신소재 · 생명공학 · 환경 등의 산업을 육성하며 둘째, 우한경제기술개발구를 중심으로 시엔타오(仙桃) · 치엔쟝(潛江) · 티엔먼(天門)에 자동차 · IT · 화학 · 식품 산업을 셋째, 우한 우쟈산양안과학기술산업원(吳家山海峽兩岸科技産業園)과 샤오깐(孝感)에 자동차 부품 · 화학 · 식품과 농산물 관련 사업을 육성하려 한다.

후베이성 경제현황(2004년)

지역내 총생산액 (억 위엔)	1인당 GDP (위엔)	경제성장률	산업구조(%) 1차:2차:3차	근로자 연간 평균임금 (위엔)	사회고정 자산 투자 (억 위엔)	사회건설 총규모 (억 위엔)
6,309.9	10,500	11.3	14.6:47.6:37.8	11,833	1,984.8	8,247.0
재정수입 (억 위엔)	재정지출 (억 위엔)	도시주민 1인 평균 가처분 소득(위엔)	농촌주민 1인 평균 순수입(위엔)	농업총생산액(억 위엔)	공업총생산액 (억 위엔)	국유 및 규모 이상 비국유 기업수(개)
310.4	646.3	8,023	2,890	1,695.4	4,960.3	5,627
외자 기업수(개)	국유기업 과학기술요원(2003년, 만 명)			과학기술 특허상황(건)		
	엔지니어	과학자	의료인	발명특허	실용신안	디자인특허
4,173	12.2	0.7	17.7	744	1,966	570

자료 : 2005 中國統計年鑑, www.kita.net, 新中國五十五年統計資料匯編 1949-2004.

3. 사회간접자본

내륙교통의 중심지로서 철도, 수로망이 충실하여 교통이 좋은 편이다. 뻬이징과 꽝저우를 잇는 징꽝(京廣)선의 중간에 위치하고 뻬이징-홍콩 지우룽반도를 잇는 2,500여 ㎞의 징지우(京九)철도와도 연결되며 쓰촨 청뚜(成都)와 상하이를 잇는 철도도 우한(武漢)을 통과하는 등 전국과 원활하게 연결되는 사통팔달한 지역이다. 2004년 말 현재 철도 영업거리는 2,487㎞에 달한다. 이창(宜昌)에서 충칭을 연결되는 철도를 건설중에 있다.

도로 총길이는 8만 9,673㎞로서 그중 고속도로는 1,353㎞, 1급도로는 973㎞ 등으로 도로망이 잘 건설되어 있다. 특히 우한-이창(宜昌), 황스(黃石)-이창 등을 연결하는 고속도로가 완공되어 신속한 지역경제 발전이 이루어지고 있다.

성 내부에 창강이 흐르는 관계로 내륙수운이 8,176㎞로 상당히 길며 창강을 이용하여 해외 여러 나라에까지 직접 나갈 수가 있다. 2006년 5월 싼샤 댐의 완공으로 주변 11개 성과 시들이 항만시설을 대폭 확충하고 있는데 이를 계기로 후뻬이성도 신속하게 발전될 것으로 예상된다. 2003년 1,500만 톤에서 2005년 4,393만 톤으로 급증한 상하이에서 충칭까지의 화물운송 규모는 앞으로 더욱 탄력을 받을 것으로 보인다.

싼샤댐은 26기의 발전기에서 하루 1,820만 ㎾의 막대한 전력을 생산하는데 내륙개발을 위해 추진되고 있는 서전동송(西電東送)의 일환으로 동부로 송전하고 있다.

후뻬이성 사회간접자본 현황(2004년)

운송거리(㎞)			여객 운송량(만 명)			자동차보유량
철도영업	도로	내륙수운	철도	도로	내륙수운	(승객용, 만 대)
2,487	89,673	8,176	3,456	63,127	522	46.3
화물 운송량(만 톤)			우편, 통신 사업			
철도	도로	내륙수운	업무액 (억 위엔)	이동전화 (만 명)	특급우편 (만 건)	인터넷사용자 (만 명)
5,036	31,584	7,259	290.6	1,129.8	656.5	429
교통, 통신 근로자 수(명)						자동차보유량 (화물용, 만 대)
철도	도로	내륙수운	항공	파이프라인	통신, 정보서비스	
77,669	95,028	36,602	5,999	558	28,341	29.8

자료 : 2005 中國統計年鑑.

싼샤댐 뿐 아니라 꺼저우(葛洲)댐(271.5만 Kw) 등도 수력발전을 공급하여 발전량이 매우 풍부하다. 또한 우한 티엔하(天河) · 이창(宜昌) 싼샤(三峽) · 언스(恩施) 쉬쟈핑(許家坪)의 공항은 뻬이징 · 상하이 등 국내선은 물론 홍콩 · 일본 등 외국과 연결되는 국제선 정기항로 체제를 갖추고 있다.

2004년 말 현재 1,130만 명의 휴대폰 사용자, 429만 명의 인터넷 사용자가 있는 것으로 집계되고 있다.

4. 대외경제

전 세계 100개 이상의 국가와 교역을 하며 미국 · 일본 · 독일 · 이탈리아 · 영국 · 프랑스 등과의 무역액이 해마다 증가하고 있는 추세이다. 수출액은 1999년 15.1억 달러에서 2004년 32.5억 달러로, 수입액은 같은 기간 11.6억 달러에서 43.1억 달러로 증가하였다.

주요 수출품으로는 컨테이너 선박 · 면직의류 · 섬유 · 강판 · 흑색금속 · 화공원료 · 통조림 등 농부산품 · 자동차부품 · 기계 · 무선통신 설비 · TV · 음향설비 등이 있고 주요 수입품은 통신설비 · 방직원료 · 면직물 · 화섬직물 · 직물 · 방직품 · 목재 · 화공원료 · 천연 및 화학비료 · 천연고무 등을 들 수 있다.

외자기업의 수출액은 1999년 3.1억 달러에서 2004년 9.9억 달러로, 수입액은 6.0억 달러에서 13.6억 달러로 증가하였다.

한국기업의 후뻬이성에 대한 수출은 1999년 0.6억 달러가 2004년 1.4억 달러로 증가하였으며 주요 수출품목은 화학섬유 · 무기화합물 · 철강 · 합성수지 등이다. 수입액은 1999년 0.7억 달러가 2004년 2.9억 달러로 약간 증가한 상태로서 주요 수입품목은 콩깻묵 · 섬유사 및 직물 · 섬유류 · 강괴 · 구리 · 강판 등이다.

최근 들어 성은 외자유치에 더욱 적극성을 보이고 있는데 외국인 직접투자는 실제 투자액 기준으로 2004년 25.6억 달러에 달했으며, 주요 투자국은 미국 · 독일 · 일본 · 싱가포르 등이다.

한국기업의 투자는 실제 투자액 기준으로 2004년 6건에 11.2백만 달러에 이르고 있다.

후뻬이성 대외경제 현황

년 도	1999	2000	2001	2002	2003	2004
총수출액(억 달러)	15.1	19.3	18.0	20.7	25.7	32.5
외자기업의 수출(억 달러)	3.1	4.3	5.0	6.7	8.4	9.9
한국에 대한 수출(억 달러)	0.7	0.8	0.8	1.0	1.2	2.9
총수입액(억 달러)	11.6	12.8	23.5	24.6	32.4	43.1
외자기업의 수입(억 달러)	6.0	6.2	8.2	7.9	11.8	13.6
한국으로부터 수입(억 달러)	0.6	1.0	1.1	1.0	1.1	1.4
외국기업의 직접투자(억 달러)	13.3	10.6	15.6	14.3	15.7	25.6
외자기업 등록 투자총액(억 달러)	-	166.7	141.4	158.5	176.8	227
외자기업 등록기업 수(개)	-	5,123	4,443	3,705	4,031	4,173
한국의 투자(건수, 백만 달러, 실제 투자액 기준)	2건 0.5	1건 0.1	1건 0.1	4건 9.1	3건 1.8	6건 11.2

자료 : 中國統計年鑑, 각년 판, www.kotra.or.kr, www.koreaexim.go.kr, www.kita.net.

2003년 말 기 등록된 외자기업 수는 4,173개로 감소추세이고, 투자총액은 227억 달러에 달하고 있다.

5. 주요 도시 경제상황

① 우한(武漢)시

후뻬이성 성도인 우한은 서에서 동으로 흘러내리는 창강의 중류에 위치하며 창강과 창강 최대의 지류 한수(漢水)가 시내에서 합치면서 한커우(漢口), 한양(漢陽), 우창(武昌)의 3개 진(鎭)으로 나뉜다.

동서의 상하이-쓰촨성 청뚜, 남북의 뻬이징-꽝뚱성 꽝저우가 교차하는 선의 중심에 있는 중국의 정치・경제・교육・과학기술 면에서 매우 중요한 핵심도시이다.

학문의 도시에서 출발하여, 쑨원(孫文) 주도하에 청나라 타도의 신해혁명이 발발한 정치・사회적 도시로 성장하였고, 현재는 철강콤비나트 건설, IT산업육성이 진행되고 있는 후뻬이성 및 화중(華中)지구 최대의 종합 공업기지이자 과학・문화의 중심지로 발전하고 있다.

아열대 기후로서 2003년 1월 평균 기온은 4.5°C, 7월 평균기온은 29.9°C를 기록하였다. 연간 강우량은 1,572㎜에 달하였다.

총면적은 8,494㎢, 2004년 말 총인구는 781만 명에 이르며 행정구역은 장안

(江岸) · 장한(江漢) 등 13개 구로 구성된다.

2004년 말 지역내 총생산액은 1,956억 위엔으로 경제성장률은 전년대비 14.5%의 증가율을 보였으며 1인당 GDP는 2만 4,963위엔(3,022달러)으로 나타났다. 산업별 비중은 1차, 2차, 3차 산업이 각각 5.3%, 46.2%, 48.6%를 차지하였다.

2004년 지방 재정수입은 104억 위엔, 재정지출은 143억 위엔이며 고정자산투자총액은 822억 위엔에 이르렀고 도시와 농촌 주민의 저축총액은 1,453억 위엔이었다. 1인당 소득수준도 상당히 높은 편이고 노동생산성 · 자본동원 능력도 좋은 편이다.

중국 중부지역의 가장 중요한 공업기지로서 공업기초가 확고하고 3만 여개의 공업기업이 있다. 계획경제 시기 중공업이 발전하였으나 최근에는 기존업체의 설비노후, 활력결핍 등의 문제로 개혁 참여에 뒤지게 되었고 경제발전이 늦어졌다. 주요 산업은 강철 · 자동차 · 기계 · 광전자 · IT 산업 등이다. 생산품으로는 철강 · 선반설비 · 전자설비 · 방직기계 · 건축기계 · 화공기계 · 의료기계 · 선박 · 보일러 · 냉동설비 · 발전기 등이 있다.

2004년 공업 총생산액은 1,678억 위엔, 근로자 연말 평균 임금은 1만 5,970위엔(1,933달러)이었다.

특히 동서남북의 중간지점에 위치한 지역적 특성때문에 상업 · 무역 · 유통산업이 발달하였고 유동인구가 많다. 2004년 사회소비재 소매액은 961억 위엔에 달하였다.

도로와 철도는 시내는 물론 동서남북으로 타 지역과 연결되며 수로는 長江을 이용한 수운, 항공은 국내선과 국제선이 모두 열려있다. 전력과 통신 또한 완비되어 있다.

대외무역은 급속히 발전하고 있는데 주요 수출품은 의류 및 부자재 · 전기 · 전자 · 기계류 · 선박 · 플랜트 등 공산품이며 주요 수입품목은 자동차부품 · 철광석 · 엔진부품 · 산화알루미늄 등이다. 주요 무역대상국은 미국 · 네델란드 · 홍콩 · 독일 · 대만 등이다.

한국의 우한에 대한 주요 수출품목은 철강판재 · 컬러 모니터 · 아스팔트 · ABS · 항공연료유 등이며 주요 수입품목은 빌레트 · 선철 · 광케이블 · 유기염 · 면제의류, 혁제파우치 등이었다.

2004년 외자기업의 투자액은 실제 금액 기준으로 17.6억 달러로서 전년대비 11.8% 증가한 수치이며 주요 투자국은 영국·미국·싱가포르·대만·네델란드·프랑스 등이었다.

우한 경제기술개발구, 뚱호(東湖) 첨단기술개발구가 있다.

2004년 현재 외자 공업기업의 개수는 94개, 생산액은 266억 위엔에 이르며, 실제 외자투자액은 15.2억 달러에 달하였다.

② 샹판(襄樊)시

후뻬이성 서북부, 한수이(漢水) 중류에 위치하고 있는 유명한 역사·문화 도시이다. 샹샹(襄襄)성과 판(樊)성이 합쳐져 생겨난 도시이름으로서 삼국지의 양양성이 바로 이 지역이다.

총면적은 1만 9,724㎢, 시할구 면적은 3,672㎢이고 2004년 총인구는 579만 명, 시할구 인구는 219만 명에 이른다. 행정구역은 샹청(襄城) 등 3개 구, 라오허커우(老河口) 등 3개 시, 꾸청(谷城) 등 3개 현으로 구성된다.

2004년 말 지역내 총생산액은 558억 위엔으로 경제성장률은 전년대비 11.0%의 증가율을 보였으며 1인당 GDP는 9,641위엔(1,167달러)으로 나타났다. 산업별 비중은 1차, 2차, 3차 산업이 각각 21.0%, 46.4%, 32.6%를 차지하였다.

2004년 지방 재정수입은 18억 위엔, 재정지출은 33억 위엔이며 고정자산투자 총액은 131억 위엔에 이르렀고 도시와 농촌 주민의 저축총액은 283억 위엔이었다.

후뻬이성 교통 및 경제중심 도시로 발전하고 있으며 방직과 식품산업이 중심산업이고 이외에 기계·전자·화학공업·건재 등 다양한 산업이 있다.

2004년 공업 총생산액은 364억 위엔이었고 근로자 1인당 연평균 임금은 9,168위엔(1,110달러)에 달하였다.

2004년 현재 외자 공업기업의 개수는 13개, 생산액은 59억 위엔에 이르며, 실제 외자투자액은 0.8억 달러에 달하였다.

③ 이창(宜昌)시

창강 중류의 항구도시로서 후뻬이성 서부, 창강 싼샤(三峽) 동쪽 입구에 위치한다. 창강의 첫 번째 댐이며 갑문식 수력발전 댐인 꺼저우(葛州霸) 댐이 있다.

총면적은 2만 1,048㎢, 시할구 면적은 4,248㎢이며 2004년 총인구는 399만 명, 시할구 인구는 121만 명에 이른다. 행정구역은 시링(西陵) 등 5개 구, 즈쟝(枝江) 등 3개 시, 위엔안(遠安) 등 5개 현으로 나뉜다.

2004년 말 지역내 총생산액은 589억 위엔으로 경제성장률은 전년대비 17.5%의 증가율을 보였으며 1인당 GDP는 1만 4,802위엔(1,792달러)으로 나타났다. 산업별 비중은 1차, 2차, 3차 산업이 각각 13.4%, 56.2%, 30.4%를 차지하였다.

2004년 지방 재정수입은 19억 위엔, 재정지출은 39억 위엔이며 고정자산투자총액은 271억 위엔에 이르렀고 도시와 농촌 주민의 저축총액은 286억 위엔이었다.

주요 공업은 철강 · 기계 · 화공 · 경공업 · 건자재 등이며 공업 총생산액은 413억 위엔에 달하고 근로자 1인당 연평균 임금은 1만 636위엔(1,288달러)을 기록하였다.

2004년 현재 외자 공업기업의 개수는 20개, 생산액은 20억 위엔에 이르며, 실제 외자투자액은 3.4억 달러에 달하였다.

제9절 후난(湖南)성, (간칭:湘)

1. 후난성 개요

우링(五嶺)산맥 이북, 뚱팅호(洞庭湖) 이남에 위치하고 창강 중하류에 있으며 동으로는 쟝시성, 서쪽으로는 쓰촨성과 꾸이저우성, 북으로는 후뻬이성과 접해 있다.

뚱팅호(洞庭湖) 남쪽에 위치하여 '후난(湖南)'이라 일컬어지고 중국 남부 연해

개방지대와 창강유역 개방지대 사이에 있어 지리적 위치가 매우 좋다. 북위 24°~31°, 동경 108°~115° 사이에 있으며 면적은 21.2만㎢, 2004년 말 인구는 6,698만 명이고 아열대몬순 기후에 속한다. 연 평균기온은 16°~18°C로서 연간 강우량이 1,200~1,700㎜로 풍부하고 일조량이 충분하며 사계절이 분명하다.

행정구역은 13개 지급 시, 1개 자치주, 34개 시할구, 16개 현급 시, 65개 현, 7개 자치현으로 나뉘며 주요 도시로는 성도인 창사(長沙)와 주저우(株洲), 샹탄(湘潭), 헝양(衡陽), 위에양(岳陽), 창떠(常德), 따융(大庸) 등이 있다.

창사(長沙)시는 오랜 역사를 지닌 유적지이자 관광 명승지이며 대외개방도시이다. 시내에 마오쩌뚱(毛澤東)의 모교인 호남사범대학이 있고 주자(朱子)가 강의하고 왕양명(王陽明)이 공부한 위에루(岳麓)서원이 있다. 또한 창사(長沙)에서 2시간 거리인 위에양(岳陽)에는 두보(杜甫)의 시 '등악양루(登岳陽樓)'로 유명한 위에양러우(岳陽樓), 규모가 크고 경치가 아름다운 뚱팅호(洞庭湖)가 있다. 특히 도연명(陶然明)의 무릉도원으로 이름난 유네스코 자연보호 지역인 장쟈지에(張家界) 국립공원, 도교와 불교의 명산이자 중국 5대 산의 하나인 남악 형산(衡山)도 후난성에 있다.

2. 경제현황

중국 최대의 곡창지대이나 공업발전이 늦어 특별한 산업이 없고 대외개방도 늦어 산업구조가 전체적으로 불균형하다. 일부 비철 부문에 중요자원이 있지만 에너지자원은 매우 적고 개발도 안된 상태이다. 교통은 동서, 남북으로 지나는 5개의 간선이 서남과 연해를 이어주고 있지만 내륙인 관계로 성의 발전에는 큰 도움이 없었다.

2004년의 지역내 총생산액은 5,612억 위엔으로 12.0%의 경제성장률을 보였는데 최근 수년간 급속히 발전하는 추세에 있다. 산업별 구성은 1차 산업 19.7%, 2차 산업 39.8%, 3차 산업 40.5%로 30%를 넘던 1차 산업의 비중이 급속히 낮아지고 3차 산업이 급증하고 있다.

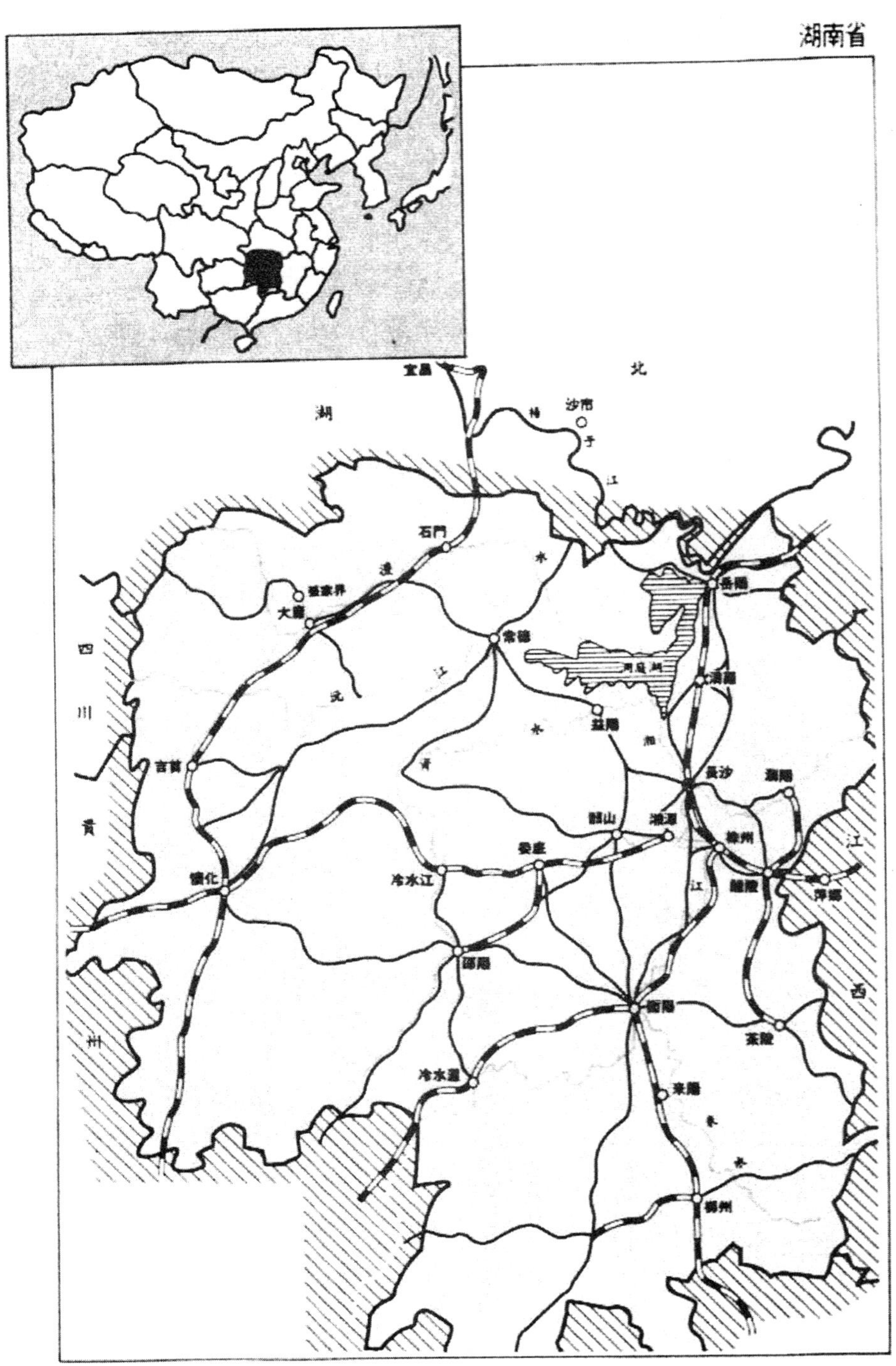
湖南省
宜昌
北
湖
沙市
石門
大庸
常德
益陽
長沙
吉首
懷化
冷水江
韶山
湘潭
邵陽
冷水灘
郴州
四
川
貴
州
江
西

주민의 1인당 GDP는 9,117위엔(1,103달러)으로 낮은 편이지만 최근 수년간 빠르게 증가하고 있다. 도시주민 1인당 가처분소득은 8,617위엔, 농촌주민 1인당 순수입은 2,838위엔을 기록하여 주민간 소득격차가 매우 크다.

지방 재정수지는 2004년에 수입이 321억 위엔, 지출이 720억 위엔으로 과다한 적자를 보이고 있고 이를 중앙정부의 지원으로 보전하고 있다. 전사회고정자산투자 총액은 2,027억 위엔으로 최근 투자증가 추세가 두드러진다. 사회건설 총규모는 6,107억 위엔을 기록하였다.

광물자원은 111종이 매장되어 있으며 주요한 부존광물로는 텅스텐 · 형석 · 안티몬 · 중정석 · 비스무스의 매장량이 전국 1위이고 이밖에 장석 · 망간 · 연 · 아연 · 알루미늄 · 철광석 · 석탄 · 수은 · 마그네슘 등이 있으며, 비철을 중심으로 한 자원 및 수력자원이 풍부한 편이다.

2004년의 농업 총생산액은 1,913억 위엔으로 농업이 54.1%, 목축업 37.7%로서 목축업의 비율이 상당히 높은 특징이 있다. 주요 농산품은 쌀이 가장 많은 부분을 차지하며 이밖에 돼지 · 차잎 · 감귤 · 채소류 · 면화 · 담배 · 육류 등이 있고 뚱팅호가 담수호인 관계로 담수산물 생산이 많다.

공업 총생산액은 2004년 3,506억 위엔으로 매우 낮은 수준인데 이는 투자가 적고 외자도입이 적기 때문이다. 경공업 성장률보다 중공업의 성장률이 더 높아 후난성이 추구하고 있는 경제발전 방향이 중공업에 있음을 알 수 있다.

후난성 경제현황(2004년)

지역내 총생산액 (억 위엔)	1인당 GDP (위엔)	경제성장률	산업구조(%) 1차:2차:3차	근로자 연간 평균임금 (위엔)	사회고정 자산 투자 (억 위엔)	사회건설 총규모 (억 위엔)
5,612.3	9,117	12.0	19.7:39.8:40.5	13,850	2,027.3	6,106.7
재정수입 (억 위엔)	재정지출 (억 위엔)	도시주민 1인 평균 가처분 소득(위엔)	농촌주민 1인 평균 순수입(위엔)	농업총생산액(억 위엔)	공업총생산액 (억 위엔)	국유 및 규모 이상 비국유 기업수(개)
320.6	719.5	8,617	2,838	1,913.3	3,506.1	6,966
외자 기업수(개)	국유기업 과학기술요원(2003년, 만 명)			과학기술 특허상황(건)		
	엔지니어	과학자	의료인	발명특허	실용신안	디자인특허
2,598	13.0	0.5	16.1	436	1,801	1,044

자료 : 2005 中國統計年鑑, www.kita.net, 新中國五十五年統計資料匯編 1949-2004.

주요 산업은 전국적으로 유명한 담배 외에 비철금속 · 석유가공 및 석유화학 ·

건자재 · 석탄 채광 및 선광 · 철강 · 제련 · 제지 · 식품 · 방직 등이 있으나 다른 지역과 비교하여 두드러진 정도는 아니다. 주요 공산품으로는 담배 · 냉장고 · 목재 · 화학비료 · 석탄 · 유황 · 시멘트 등이 있다. 2004년 근로자의 1인당 연평균 임금총액은 1만 3,928위엔(1,686달러)이었다.

경제특별지역으로 창사와 주저우(株洲)에 첨단기술산업개발구가 설립되어 있다.

향후의 도시발전 전략은 창사를 중심으로 반경 50㎞ 이내에 위치한 3개 도시를 집중 육성하는 것으로서 창사에 IT와 서비스 산업을, 주저우에 기계(자동차) · 화학 · 식품 · 건자재 산업을, 샹탄(湘潭)에 철강 · 정밀화학 · 기계 · 건자재 · 방직 등의 산업에 초점을 맞추는 것이다.

3. 사회간접자본

최근 들어 중앙정부 차원의 대형 건설사업과 성 자체의 사회간접자본에 대한 투자를 늘린 결과 5개의 철도간선이 성 전체를 관통하게 되고 7개의 도로망이 잘 연계되어 교통이 편리해졌다. 특히 뻬이징-선전(深圳)간 국도 등과 고속도로 사업이 진행중에 있어 앞으로는 빠른 속도로 계속 발전할 것으로 전망된다.

2004년 철도영업 거리는 2,836㎞에 달하였으며 도로는 고속도로 1,218㎞와 1급도로 488㎞를 포함하여 8만 7,875㎞에 이르고 있다. 고속도로 건설에 중점을 두어왔는데 헝양에서 윈난성 쿤밍을 잇는 1,980㎞의 고속도로를 건설중에 있다.

뚱팅호 등 많은 호수와 4,700여 개의 강이 있어 수운이 발달해 있으며 창사 · 위에양(岳陽) · 헝양(衡陽) · 주저우(株洲) · 샹탄(湘潭) · 사오양(邵陽) · 화이화(懷化) 등의 도시는 수륙교통의 중추역할을 담당하고 있는데 특히 위에양은 창강 연안의 항구로 후난성의 주요 화물운송을 맡고 있다.

후난성 사회간접자본 현황(2004년)

운송거리(㎞)			여객 운송량(만 명)			자동차보유량 (승객용, 만 대)
철도영업	도로	내륙수운	철도	도로	내륙수운	
2,836	87,875	11,495	5,563	99,975	772	41.3
화물 운송량(만 톤)			우편, 통신 사업			
철도	도로	내륙수운	업무액 (억 위엔)	이동전화 (만 명)	특급우편 (만 건)	인터넷사용자 (만 명)
6,043	60,291	3,986	285.5	1,036.4	450.3	312
교통, 통신 근로자 수(명)						자동차보유량 (화물용, 만 대)
철도	도로	내륙수운	항공	파이프라인	통신, 정보서비스	
76,133	72,328	11,488	2,190	5	33,743	29.6

자료 : 2005 中國統計年鑑.

공항은 창사를 중심으로 전국 각 대도시에 정기편이 개설되어 있으며 홍콩, 방콕 등과 국제선도 연결되어 있다.

통신망은 낙후된 편이나 주요 도시는 모두 직접 국제전화·팩스·전보가 가능하다. 2004년 이동전화 가입자 수는 1,036만 명에 이르러 최근 급증추세에 있으며 인터넷 사용자도 312만 명에 이른다.

4. 대외경제

대외무역은 수출액이 1999년 12.8억 달러에서 2004년 31.4억 달러, 수입액은 같은 기간 6.7억 달러에서 29.4억 달러로 증가하였다.

주요 수출품은 쌀·산돼지·돈육 등 축산물·식량·식용유 식품·차잎·직물 및 섬유사·안티몬 제품·흑연·아연·공구 등이며, 주요 수입품은 강재·철광석·컴퓨터 및 부품·자동차 부품·내연기관 부품·플랜트 설비·전자부품·통신설비·원유·냉동어 등이 있다. 주요 무역대상국은 일본·미국·한국·독일 등이며 세계 110여 개국과 무역왕래를 하고 있다.

후난성 대외경제 현황

년 도	1999	2000	2001	2002	2003	2004
총수출액(억 달러)	12.8	16.5	17.5	18.0	21.6	31.4
외자기업의 수출(억 달러)	1.3	1.8	2.1	2.4	3.3	5.0
한국에 대한 수출(억 달러)	0.9	1.3	1.0	1.1	1.1	1.7
총수입액(억 달러)	6.7	8.6	10.0	14.7	25.4	29.4
외자기업의 수입(억 달러)	1.7	1.8	2.1	4.2	4.3	5.7
한국으로부터 수입(억 달러)	0.8	2.1	2.2	2.9	2.6	3.1
외국기업의 직접투자(억 달러)	6.5	6.8	8.1	9.0	10.2	17.1
외자기업 등록 투자총액(억 달러)	-	73.1	65.7	86.8	102.1	119
외자기업 등록기업 수(개)	-	2,316	2,080	2,152	2,337	2,598
한국의 투자(건수, 백만 달러, 실제 투자액 기준)	1건 27.9	1건 18.2	2건 26.6	2건 0.4	9건 36.0	4건 24.0

자료 : 中國統計年鑑, 각년 판, www.kotra.or.kr, www.koreaexim.go.kr, www.kita.net

외자기업의 무역액은 수출이 1999년 1.3억 달러가 2004년 5.0억 달러로, 수입은 같은 기간 1.7억 달러가 5.7억 달러로 증가하였다.

성의 수출입에 외자기업의 역할이 그다지 크지 않다.

한국의 수출은 1999년 0.8억 달러에서 2004년 3.1억 달러로 증가하였고, 주요 수출품목은 무기화합물 · 전자부품 · 철강 · 기계 · 핸드폰 등이었다. 수입은 0.9억 달러에서 1.7억 달러로 별로 증가하지 않았는데, 주요 수입품은 화공원료 · 방직품 · 철강 · 납제품 · 아연제품 · 망간제품 등이었다.

외국인 직접투자는 실제 투자액 기준으로 2004년 17.1억 달러로서 주요 투자국은 대만 · 미국 · 마카오 · 일본 등이었다.

한국기업의 투자는 실제 투자액 기준으로 2004년 4건 24백만 달러에 달하였으며 창사시 LG전자필립스 공장이 유명하다.

2004년 말 현재 등록되어 있는 외자기업 수는 2,598개이며 이들 기업의 투자총액은 119억 달러에 이르고 있다.

5. 주요 도시 경제상황

① 창사(長沙)시

성도 창사는 성 동부, 샹강(湘江)의 하류에 위치하며 아열대 계절풍의 습윤한 기후에 속한다. 봄은 습기가 많고 여름과 가을은 맑으며 혹한은 짧고 혹서는 길다. 2003년 1월 평균기온은 5.5°C, 7월 평균기온은 31.2°C, 연간 강우량은 1,065㎜를 기록하였다. 북쪽에 뚱팅호가 있다.

총면적은 1만 1,819㎢, 시할구 면적은 556㎢에 이르며 2004년 말 총인구는 610만 명이고 시할구 인구는 202만 명에 달했다. 행정구역은 푸룽(芙蓉) 등 5개 구와 왕청(望城) 등 3개 현, 리우양(瀏陽)시로 구성된다.

3000년 전 서주(西周) 이래 중국의 중심지역이었으며 근세에 들어와서도 화북(華北)과 화남(華南)을 잇는 교통의 요지이자 군사상의 중심지였다. 1920년대 초 영국, 일본 등으로부터 압력을 받아 통상항으로 개항하였고 그후 마오쩌뚱의 혁명활동 무대였던 지역이다. 대륙 중부의 행정·경제·문화의 중심지이다.

2004년 말 지역내 총생산액은 1,134억 위엔으로 경제성장률은 전년대비 15.0%의 증가율을 보였으며 1인당 GDP는 1만 8,036위엔(2,184달러)으로 나타났다. 1인당 소득수준도 높은 편이다. 산업별 비중은 1차, 2차, 3차 산업이 각각 9.2%, 44.5%, 46.3%를 차지하여 의외로 1차 산업의 비중이 낮고, 3차 산업의 비중이 높은 편이다.

2004년 지방 재정수입은 81억 위엔, 재정지출은 101억 위엔이며 고정자산투자 총액은 668억 위엔에 이르렀다. 도시와 농촌 주민의 저축총액은 801억 위엔이었다.

광물자원은 철·망간·동·연·아연·금·은·인·황·석탄 등이 있으며 동식물 자원도 상당히 종류가 많고 풍부하다.

농업은 쌀농사가 주종을 이루고 양돈·동백유·차·귤류를 생산하며 뚱팅호가 있어 수자원이 풍부하다.

건국이래 공업발전에 주력하여 기계, 방직, 화공, 제지, 담배, 제약, 자동차, 전자 등의 공업이 발전하였고 전통적인 자수, 도자기 등도 발달하였다. 2004년 공업 총생산액은 706억 위엔, 근로자의 1인당 연평균 임금은 1만 8,945위엔(2,294달러)이었다.

교통은 징꽝(京廣)선의 복선이 창사를 남북으로 관통하고 저깐(浙贛)선·샹치엔(湘黔)선이 동서로 접해 있으며 뻬이징·상하이·광저우 등으로 직접 연결된다. 도로의 총길이는 4,412㎞이고 많은 노선이 왕래한다.

내륙운수는 우선 샹강(湘江)에서 뚱팅호(洞庭湖)로 들어가며 다시 다른 강과 연결되고 창강과도 접한다. 아울러 창사 항구의 발전이 신속하게 진행되고 있다. 공항도 국내 및 국제의 다수 공항과 연결되며 디지털 통신 · 이동통신 등 통신부문의 발전도 급속하게 이루어지고 있다.

2004년 현재 외자 공업기업의 개수는 48개, 생산액은 93억 위엔에 이르며, 실제 외자투자액은 5.0억 달러에 달하였다.

② 위에양(岳陽)시

위에양시는 후난성 북부의 뚱팅호와 창강이 합쳐지는 지역, 후뻬이성과 쟝시성이 접한 곳에 위치한다. 유구한 역사와 편리한 교통, 수려한 경관, 온화한 기후, 풍부한 물산을 자랑하는 창강 중류의 문화도시이다.

아열대 기후로서 온화하고 사계절이 분명하다. 연평균 기온은 16.4°C, 연간 강우량은 1,230~1,500㎜ 정도이다.

창강과 징꽝선이 지나기 때문에 후난성 및 주변 지역의 물자가 모이는 집산지로서 총면적은 1만 5,087㎢, 시할구 면적 1,261㎢이며 2004년 말 총인구는 529만 명, 시할구 인구는 95만 명이었다.

행정구역은 위에양러우(岳陽樓) 등 3개 구, 린샹(臨湘) 등 2개 시, 위에양(岳陽) 등 4개 현으로 나뉜다.

2004년 말 지역내 총생산액은 590억 위엔으로 경제성장률은 전년대비 12.1%의 증가율을 보였으며 1인당 GDP는 1만 1,736위엔(1,421달러)으로 나타났다. 산업별 비중은 1차, 2차, 3차 산업이 각각 20.0%, 45.2%, 34.7%를 차지하였다.

2004년 지방 재정수입은 22억 위엔, 재정지출은 42억 위엔이며 고정자산투자 총액은 153억 위엔에 이르렀고 도시와 농촌 주민의 저축총액은 219억 위엔이었다. 1인당 소득수준이 중국 평균보다 약간 높다.

담수어 양식이 발전하여 있으며 면화 · 마 · 차잎 · 깨 · 벌꿀 등의 생산이 풍부하다. 광물자원은 금 · 연 · 동 · 주석 등 40여 종이 매장되어 있다.

공업은 석유 · 화공 · 방직 · 제지 · 기전 · 시멘트 등이 발달하였으며 지방의 특색이 있는 경공업제품을 생산한다.

2004년의 공업 총생산액은 587억 위엔이고 근로자의 연평균 임금은 1만 2,275

위엔(1,486달러)에 달하였다.

지역내에 창강이 흐르고 징꽝선이 지나므로 강남북과 장강 동서를 연결하는 교통의 요충지이다. 항구도 발달하였다.

2004년 현재 외자 공업기업의 개수는 20개, 생산액은 14억 위엔에 이르며, 실제 외자투자액은 1.0억 달러에 달하였다.

③ 주저우(株州)

성 동부, 샹강 중류에 위치하며 동쪽은 쟝시성 핑샹(萍鄉)시와 지안(吉安)지구와 접하고 서쪽은 헝양(衡陽) 및 샹탄(湘潭)시, 남쪽은 천저우(郴州)지구, 북쪽은 창사시와 연결된다.

총면적은 1만 1,272㎢, 시할구 면적은 542㎢이며 2004년 말 총인구는 371만 명, 시할구 인구는 79만 명이며 행정구역은 허탕(荷塘) 등 4개 구, 리링(醴陵)시, 주저우(株州) 등 4개 현으로 편제되어 있다.

2004년 말 지역내 총생산액은 452억 위엔으로 경제성장률은 전년대비 12.4%의 증가율을 보였으며 1인당 GDP는 1만 2,635위엔(1,530달러)으로 나타났다. 산업별 비중은 1차, 2차, 3차 산업이 각각 14.4%, 48.9%, 36.7%를 차지하였다.

2004년 지방 재정수입은 20억 위엔, 재정지출은 39억 위엔이며 고정자산투자 총액은 139억 위엔에 이르렀고 도시와 농촌 주민의 저축총액은 277억 위엔이었다.

지하자원은 철・석탄・텅스텐・연・아연・주석・우라늄・석회석 등이 매장되어 있다.

농작물은 쌀과 생강・마늘・고추 등을 주로 생산하며 이밖에 귤・식량・돼지・오리 등의 생산도 많은 편이다. 수자원, 임업자원 등도 풍부한 편이다.

공업은 야금・기계・화학・자동차 등 중화학 공업이 발달하였고 그 밖에 방적 등의 경공업도 유명하다. 성도인 창사 다음으로 중요한 공업생산 기지이다. 주요 공산품은 도자기・비닐・석탄・생철・강・황산・화학비료・판유리・전력자동차・철도화차 등이 있다. 2004년의 공업 총생산액은 356억 위엔이고 근로자 연평균 임금은 1만 4,907위엔(1,805달러)에 이르렀다.

징꽝선・저깐선・샹치엔(湘黔)선의 3개 철도가 교차하는 철도교통의 중추지역이다. 자동차도로가 사방으로 뻗어있고 향진(鄕鎭)에 모두 자동차가 왕래한다. 수운은 샹강(湘江) · 뤄수(淥水) · 여우수(攸水) 등이 있어 발전중에 있으며 농산물과 공산품의 집산지가 되었다.

2004년 현재 외자 공업기업의 개수는 22개, 생산액은 25억 위엔에 이르며, 실제 외자투자액은 1.3억 달러에 달하였다.

④ 헝양(衡陽)

성 중남부의 공업도시로서 중국의 5대 산중의 하나인 형산(衡山)의 남쪽에 있다. 샹강과 라이수(來水)의 합류지점 부근에 위치하며 샹꾸이(湘桂)선을 따라 오랜 세월 꽝시자치구로 향하는 수륙교통의 요지였다.

총면적은 1만 5,310㎢, 시할구 면적은 557㎢이며, 2004년 말 총인구는 719만 명, 시할구 인구는 93만 명이었다. 행정구역은 주후이(株暉) · 스꾸(石鼓) 등 5개 구, 창닝(常寧) 등 2개 시, 헝양(衡陽) 등 5개 현으로 나뉜다.

2004년 말 지역내 총생산액은 542억 위엔으로 경제성장률은 전년대비 10.2%의 증가율을 보였으며 1인당 GDP는 8,204위엔(993달러)으로 나타났다. 산업별 비중은 1차, 2차, 3차 산업이 각각 25.1%, 35.9%, 39.0%를 차지하였다.

2004년 지방 재정수입은 17억 위엔, 재정지출은 39억 위엔이며 고정자산투자 총액은 136억 위엔에 이르렀고 도시와 농촌 주민의 저축총액은 377억 위엔이었다. 1인당 소득수준이 전국 평균에 미치지 못하고 있다.

고구마 · 유채, · 땅콩 · 사탕수수 · 감귤류 등과 목재, 대나무, 동백유가 생산된다.

2004년의 공업 총생산액은 290억 위엔이고 근로자 1인당 연평균 임금은 1만 2,015위엔(1,455달러)에 달하였다.

2004년 현재 외자 공업기업의 개수는 7개, 생산액은 5억 위엔에 이르며, 실제 외자투자액은 1.5억 달러에 달하였다.

제3장 내륙 서부지역

제1절 충칭(重慶)시

1. 충칭시 개요

충칭시는 뻬이징·상하이·티엔진 등과 함께 4대 직할시의 하나로서 쓰촨성에 소속되어 있다가 1997년 직할시로 승격되었다.

동으로 후뻬이성·후난성, 남으로 꾸이저우성, 서로 쓰촨성, 북으로 산시성(陝西省)과 접하고 있는데 지리적으로 연해와 내륙 중·서부간의 경제적 유대를 도모할 수 있는 연결지역으로서의 중요성을 가진 지역이다.

기후는 아열대 계절풍 기후로 비교적 따뜻한 날씨이나 습기가 많아 여름에는 무척 덥고 겨울에는 무척 춥다. 중국의 '4대 화로(火爐)'로 불리운다. 2004년 1월 평균 기온은 8.5°C, 7월 평균 기온은 28.5°C를 기록하였으며 강우량은 1,182㎜였다.

총면적은 8만 2,403㎢, 시할구 면적은 7,152㎢이고 총인구는 2004년 말 현재 3,144만 명, 시할구 1,018만 명으로 세계에서 인구가 가장 많은 도시이다. 행정구역은 위중(渝中) 등 15개 시할구, 허촨(合川) 등 4개 시, 퉁량(銅梁) 등 21개 현 및 자치현으로 구성되어 있다.

3000년의 역사를 가진 역사·문화도시로서 중국 서남부 지역의 공업·무역·상업의 중점도시이고 창강의 본격적 시작점으로서 우한(武漢)을 거쳐 상하이로 내려가는 수륙교통의 중심도시이다. 청나라 이후 물류집산지이며 1891년부터 대외통상항이었다. 비탈과 돌계단이 많은 도시이다.

重慶市

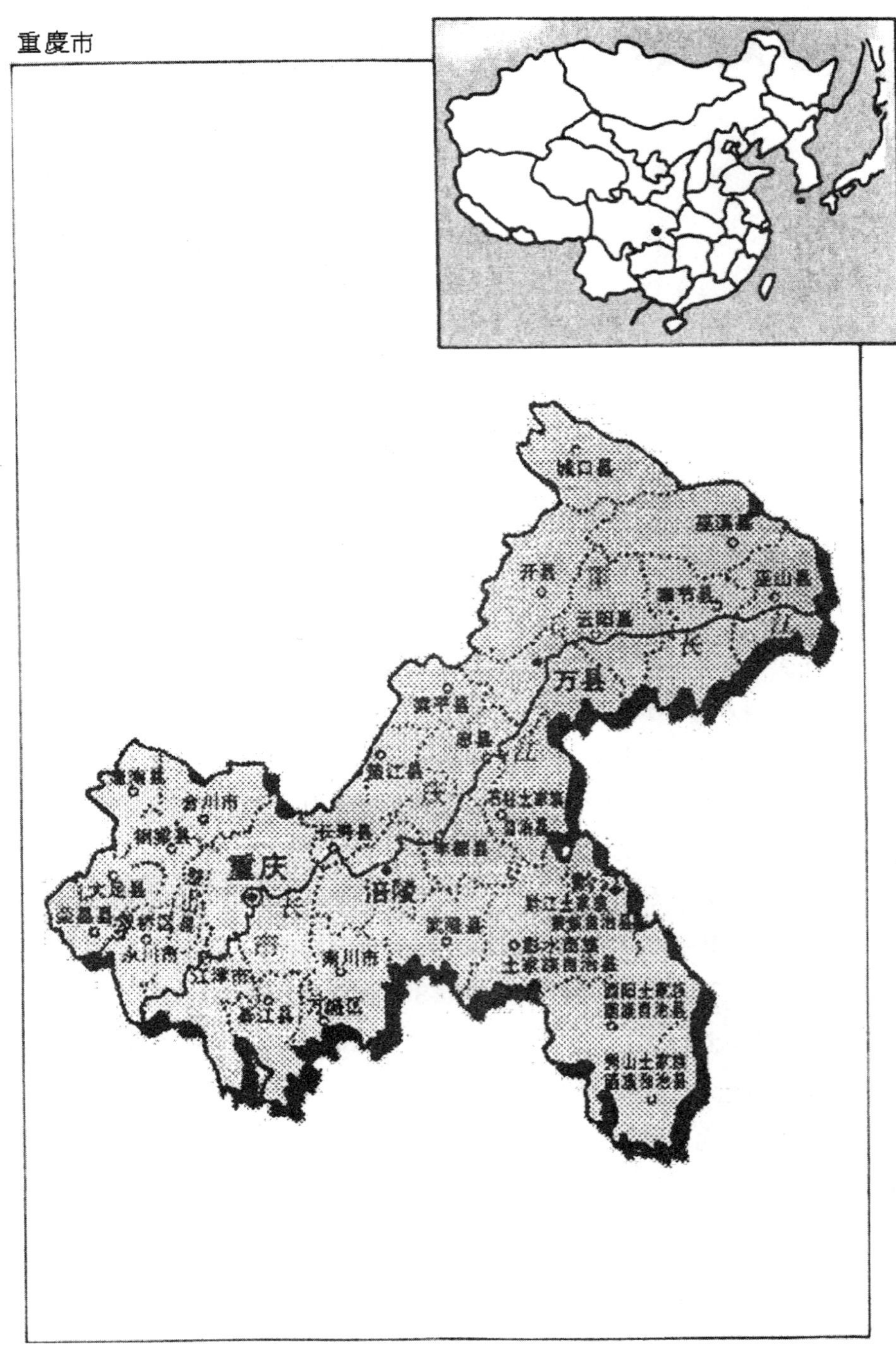
城口县
开县
巫山县
奉节县
云阳县
万县
梁平县
忠县
垫江县
长寿县
丰都县
重庆
涪陵
合川市
永川市
江津市
綦江县
南川市
武隆县
万盛区

2. 경제현황

충칭은 내륙 서부의 경제발전도시로서 중요한 공업지역이며 국유기업의 비중이 높은 편이다. 서남부 지역의 주요한 철도・도로・항공편이 모두 통과하며 자원이 풍부하다. 또한 60년대부터 축적된 자동차・오토바이・기계 등 중공업분야의 기술기반이 형성되어 있고 인력자원이 풍부하다. 임금수준이 낮으며 노동의지도 강력한 장점이 있다.

최근 구조개혁의 성과가 있고 사회간접자본의 확충, 부동산 개발, 공업부문 호조 등으로 경제・사회발전이 신속하게 진행되고 있다.

그러나 시내의 지형이 험하고 복잡하며 농업도시라는 점이 발전을 저해한다. 중공업의 비중이 높지만 기계와 기술이 낙후되어 있고, 주변지역의 빈곤퇴치와 환경보호도 중점을 두어야 하고 자본유치도 쉽지 않은 문제점을 안고 있다.

2004년 지역내 총생산액은 2,665억 위엔으로 12.2%의 높은 경제성장률을 달성하였고 산업구조는 1차 산업 15.9%, 2차 산업은 44.3%, 3차 산업 39.8%로 2차 산업과 3차 산업의 비중이 상당히 높은 편이다.

1인당 GDP는 9,608위엔(1,163달러)으로 전국 평균보다는 낮지만 도시주민의 1인당 가처분소득은 8,094위엔으로 높은 편이다. 농촌주민 1인당 순수입은 2,510위엔으로 상대적으로 낮다.

재정수입은 201억 위엔, 재정지출은 396억 위엔으로 적자가 매우 많아 도시개발 초기 자금조달의 어려움을 보여주고 있다. 중앙정부로부터 많은 지원을 받고 있다. 전사회고정자산투자 총액은 1,622억 위엔이고 사회건설 총규모는 5,776억 위엔에 달해 사회간접자본의 건설에 많은 자금이 사용되고 있음을 알 수 있다.

광물자원은 비금속・석탄・철광석・천연가스・망간・수은・알루미늄・염・마그네슘 등을 보유하고 있는데 그중 천연가스는 확인 매장량이 382억 ㎥에 달한다.

쓰촨성과 분리되면서 농업지역인 링(陵), 치엔쟝(黔江), 완(萬)현 등을 포함하게 되어 농업도 주요 산업이 되었다. 2004년 농업 총생산액은 613억 위엔으로 농업의 비중이 55%를 차지한다. 곡물・유채・면화・야채・과일・차잎・한약재 등 농부산품 생산량이 풍부하며 주요 작물로는 쌀・보리・옥수수・식용유・사탕수수・면화 등이 있다.

2004년의 공업 총생산액은 2,143억 위엔에 달하였다. 충칭시는 원래 쓰촨을 대표하는 공업기지였을 정도로 공업이 발달해 있다. 각종 광물자원의 매장량 및 생산량이 많아 중국 남서부 지역의 최대 공업도시를 형성하고 있는데, 주요 산업은 자동차 · 오토바이 · 야금 · 기계 · 화학 · 조선 · 전력 · 철강 · 페니실린 · 유리 · 주류 · 담배 등이다.

충칭시는 쓰촨, 산시(陝西)와 함께 서부대개발 전략의 핵심지역으로서 발전 잠재력이 높다. 이에 따라 많은 도시개발 및 지역개발 프로젝트가 있다. 현재 계획하고 있는 20대 중점개발 프로젝트는 도로교통 · 주요 지역 고속교통망 · 철도건설 · 공항 · 수돗물 공급 · 수리기초시설 · 서부지역 정보센터 · 항구건설 등 도시 사회간접자본 확충에 관한 것들이 많다.

2004년 근로자의 1인당 연평균 임금은 1만 4,357위엔(1,738달러)이다.

충칭에 경제기술개발구와 첨단기술산업개발구가 건립되어 있다.

충칭시 경제현황(2004년)

지역내 총생산액 (억 위엔)	1인당 GDP (위엔)	경제성장률	산업구조(%) 1차:2차:3차	근로자 연간 평균임금 (위엔)	사회고정 자산 투자 (억 위엔)	사회건설 총규모 (억 위엔)
2,665.4	9,608	12.2	15.9:44.3:39.8	14,357	1,621.9	5,776.3
재정수입 (억 위엔)	재정지출 (억 위엔)	도시주민 1인 평균 가처분 소득(위엔)	농촌주민 1인 평균 순수입(위엔)	농업총생산액(억 위엔)	공업총생산액 (억 위엔)	국유 및 규모 이상 비국유 기업수(개)
200.6	395.7	9,221	2,510	612.8	2,142.7	2,634
외자 기업수(개)	국유기업 과학기술요원(2003년, 만 명)			과학기술 특허상황(건)		
	엔지니어	과학자	의료인	발명특허	실용신안	디자인특허
1,294	4.8	0.2	5.3	147	1,247	2,207

자료 : 2005 中國統計年鑑, www.kita.net, 新中國五十五年統計資料匯編 1949-2004.

3. 사회간접자본

교통은 도로가 중심이나 산지가 많아 인프라건설에 비용이 많이 들어 철도와 항공 · 수로를 통해 부족한 부분을 보완하고 있다. 청위(成渝) · 촨치엔(川黔)철도를 이용하여 꾸이저우성 · 산시성(陝西省)을 거쳐 전국으로 왕래하며, 수운을 통한 상품집산지이다.

2004년 철도영업 거리는 718㎞, 도로는 32,344㎞, 수운은 4,103㎞에 달하여

도로의 비중이 높다. 여객수송은 도로가 96.1%인 6억 833만 명을 담당하고 철도가 1.8%, 수운이 2.1%를 점한다. 화물운송도 도로가 86.5%인 3억 1,515만 톤을 점하고 철도가 5.5%, 수운이 8.0%를 차지한다. 충칭에서 화이화(懷化)간 640㎞ 철도가 공사중이며 고가철도도 건설중에 있다. 꽝시자치구의 짠쟝을 잇는 고속도로 건설이 진행중에 있다.

2001년 도시개발을 위한 64개 항목의 중점건설 프로젝트를 발표하였다. 항목은 도로건설이 13개, 에너지 통신이 6개, 도시 기초시설 14개, 사회·문화·개발구역 건설 10개 등 사회간접자본 확충에 관한 것이 주를 이루었다.

충칭의 장뻬이(江北)공항은 서남지역 최대 공항으로 국내 주요 도시는 물론 홍콩·태국·싱가포르·한국 등과 직항노선이 있다.

충칭시 사회간접자본 현황(2004년)

운송거리(㎞)			여객 운송량(만 명)			자동차보유량 (승객용, 만 대)
철도영업	도로	내륙수운	철도	도로	내륙수운	
718	32,344	4,103	1,166	60,833	1,304	19.4
화물 운송량(만 톤)			우편, 통신 사업			
철도	도로	내륙수운	업무액 (억 위엔)	이동전화 (만 명)	특급우편 (만 건)	인터넷사용자 (만 명)
1,997	31,515	2,918	168.7	811.6	333.7	181
교통, 통신 근로자 수(명)						자동차보유량 (화물용, 만 대)
철도	도로	내륙수운	항공	파이프라인	통신, 정보서비스	
34,716	35,872	28,671	4,908	134	20,831	14.6

자료 : 2005 中國統計年鑑.

통신시설은 이미 디지털 이동전화망이 보편화되어 있지만 여전히 수요에 비해 공급이 부족한 상황이다. 이에 따라 10.5계획 기간에 대규모 투자가 계획되어 있다. 2004년 말 현재 휴대폰 사용자 812만 명, 인터넷 사용자 181만 명에 달하였다.

전력은 에너지원인 수자원과 석탄자원의 매장량이 풍부한데도 불구하고 개발이 늦어 공급이 부족한 상황이다. 이에 따라 발전소 건설과 함께 에너지원 개발에 많은 투자를 진행하고 있다. 싼샤(三峽)댐이 완공되어 충칭시는 물론 후뻬이성의 전력공급이 충분하게 될 것이다.

4. 대외경제

대외무역은 수출액이 1999년은 5.3억 달러에서 2004년 18.7억 달러로 증가하였고, 주요 수출품은 오토바이 및 부품·디젤엔진·전기기기·직물 및 방직제품·의류 및 부품·염료·의약품·알루미늄 등이며 수출대상국은 베트남·인도네시아·미국·일본·한국·독일 등이었다.

수입액은 같은 기간 7.9억 달러에서 18.5억 달러로 증가하여 수지균형을 이루었다. 수입품은 자동차 부품·디젤엔진 부품·중유·금속 부품·엘리베이터·알콜·철광사·조명설비 등이며 수입국은 일본·한국·미국·대만·독일 등이었다.

외자기업의 수출액은 1999년 0.6억 달러가 2004년 2.2억 달러로 증가하고, 수입액은 1.7억 달러가 10.5억 달러로 증가하여 수입증가 폭이 컸다.

한국의 충칭시에 대한 수출액은 1999년 0.3억 달러에서 2004년 0.6억 달러로 큰 변화는 없으며, 수출품목은 텔레프탈산·화공원료·냉연강판 등 철강·전자부품·엘리베이터·섬유류 등이었다. 반면 수입액은 1999년 0.4억 달러에서 2003년 0.9억 달러로 증가하였고 수입품목은 아연괴·모시직물·다운·티타늄화이트·알루미늄 제품·합성섬유 직물·판지·강재·기계부품·농산물·한약재 등이었다.

충칭시는 시정부의 개방정책에 따른 적극성과 거대한 제품의 폭넓은 유통성 및 최근의 서부대개발 정책 추진 등으로 투자여건이 매우 좋다. 이와 같이 시장규모가 크고 활력이 있으며 전망이 밝은 관계로 많은 외국기업이 진출하고 있다.

2004년 외국의 직접투자액은 실제 투자액 기준으로 4.1억 달러에 달하였다. 주요 투자국은 일본·영국·미국·싱가포르·대만 등이며 주요 투자업종은 제조업·화학공업·부동산·사회서비스업·부동산 경영·교통운수 및 통신 등이었다.

외자기업 등록기업 수는 2000년 이후 계속 감소하여 2003년 1,129개가 되었다가 2004년 1,294개로 증가하였으며 등록 투자 총액은 72억 달러가 되었다.

한국은 2003년 실제투자액 기준으로 14.5백만 달러를 투자하였다.

충칭시 대외경제 현황

년 도	1999	2000	2001	2002	2003	2004
총수출액(억 달러)	5.3	10.6	11.7	11.2	14.9	18.7
외자기업의 수출(억 달러)	0.6	1.0	0.9	1.0	1.4	2.2
한국에 대한 수출(억 달러)	0.4	0.6	0.6	0.5	0.7	0.9
총수입액(억 달러)	7.9	7.9	9.7	9.1	10.7	18.5
외자기업의 수입(억 달러)	1.7	2.3	2.2	2.8	4.8	10.5
한국으로부터 수입(억 달러)	0.3	0.9	0.7	0.4	0.4	0.6
외국기업의 직접투자(억 달러)	-	2.4	2.6	2.0	2.6	4.1
외자기업 등록 투자총액(억 달러)	-	66.0	70.2	68.9	65.5	72
외자기업 등록기업 수(개)	-	1,708	1,502	1,388	1,129	1,294
한국의 투자(건수,	-	-	-	-	-	-
백만 달러, 실제 투자액 기준)	-	-	-	-	14.5	-

자료 : 中國統計年鑑, 각년 판, www.kotra.or.kr, www.koreaexim.go.kr, www.kita.net.

제2절 쓰촨(四川)성, (간칭:川, 蜀)

1. 쓰촨성 개요

중국의 서남부에 위치하고 있으며 북으로는 칭하이성 · 깐쑤성 · 산시성(陝西省), 남으로는 꾸이저우성 · 윈난성, 동으로는 후뻬이성 · 후난성 · 서쪽으로는 시짱티베트자자치구와 각각 접하고 있는 내륙 서부의 중심지역이다.

위치는 북위 26°~35°, 동경 97°~111°에 있으며 면적은 48.5만㎢이고 인구는 2004년 말 현재 8,725만 명이다. 아열대계절풍 기후로서 연간 평균온도는 일반적으로 섭씨 16°C~18°C이며 연간 강우량은 1,000㎜ 내외이다. 연중 안개가 끼며 햇빛나는 날이 거의 없고 습도가 높다. 여름에 고온다습하고 겨울에는 비가 많이 온다.

행정구역은 18개 지급 시로 포함하는 21개 지급 시, 14개 현급 시와 43개 시할구를 포함하는 181개 현급구획으로 나뉘며 주요 도시로는 성도인 청뚜(成都)와 이삔(宜賓), 판즈화(攀枝花), 미엔양(綿陽), 네이쟝(內江) 등이 있다.

四川省

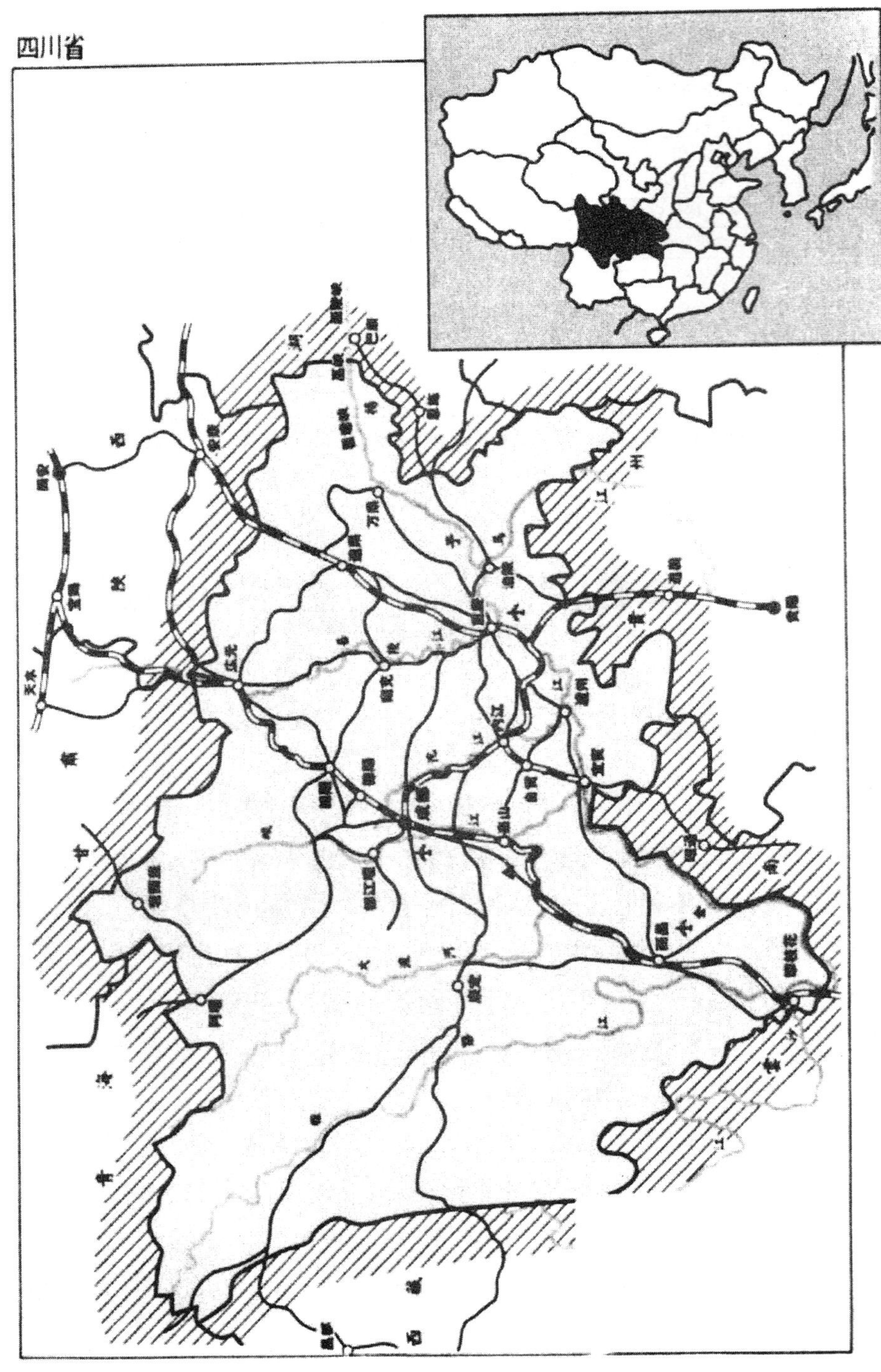

쓰촨성은 서남지역의 중심지로 자원이 풍부하고 농업 생산량도 여유가 있다. 60년대 국방상의 이유로 산업을 내륙에 분산시킨 3선건설 정책의 중심지였기 때문에 공업기반이 확립되어 있는 편이다.

쓰촨성 특히 청뚜 사람들의 성격은 지리·기후·음식 등의 영향으로 비교적 급하고 격한 편이다. 여성들 또한 활발하고 호탕한 편이다. 이들의 최근 소비행태는 식생활 소비의 증가, 의료소비의 패션 및 개성화, 고급 가전제품 소비의 증가, 주택장식 증가 등으로 나타나고 있다.

삼국지의 배경인 촉나라가 위치해 있던 지역으로서 역사유적지로는 삼국지 촉왕 유비의 묘, 제갈공명의 사당, 당나라때 대시인 두보(杜補)의 사당 등이 있으며 관광지로는 4대 불교명산인 어메이산(蛾眉山), 세계최대 러산따푸어(樂山大佛), 중국 제일의 산수 지우자이꺼우(九寨溝), 창강 싼샤(三峽) 등이 유명하다.

2. 경제현황

내륙에 위치한 관계로 개혁·개방은 늦었지만 여전히 서남지역의 중심지 역할을 담당하고 있으며 꽝시자치구 지역으로 철도·도로건설이 진행되고 있어 이것이 완성되면 바다로의 출구가 가까워져 동남아시아와 광역경제권을 이룰 수 있을 것으로 예상된다.

2004년 지역 총생산액은 6,556억 위엔으로 12.7%의 경제성장률을 기록하였으며 산업별 구성은 1차 산업 19.4%, 2차 산업 43.5%, 3차 산업 37.1%로 되어 있다. 공업과 상업이 발전해 있던 충칭(重慶)이 분리됨으로써 1차 산업의 비중이 높고 3차 산업의 비중이 다소 축소되었다. 1인당 GDP는 8,113위엔(982달러)으로 인구가 많아 전국 평균수준을 하회한다. 도시주민의 1인당 가처분소득은 7,710위엔이고 농촌주민의 1인당 순수입은 2.519위엔에 이르렀다.

한편 지방 재정수입은 2004년 386억 위엔, 지출은 895억 위엔으로 상당액을 중앙정부로부터 재정지원을 받는다. 전사회고정자산투자 총액은 2,555억 위엔으로 서남지역의 중심에 적합한 도로·발전소 등의 프로젝트를 추진하는 것을 감안하면 오히려 낮은 수치라 할 수 있다. 사회건설 총규모는 8,888억 위엔에 달하였다.

광물자원은 122종이나 매장되어 있고, 81종의 매장량이 확인되어 있는데, 그

중 24종이 3위 이내에 들어가고 바나듐 · 리튬 · 티타늄 · 형석 등의 8종은 전국 1위의 매장량을 보이고 있다. 주요 자원의 매장량은 천연가스 790억 ㎥ · 철광석 96억 톤 · 석탄 96억 톤 · 동 200만 톤 · 납 295만 톤 · 아연 691만 톤 · 보크사이트 6천만 톤 등이다. 특히 티타늄 매장량은 전국의 93%, 전세계의 40%로 세계에서 가장 많이 부존되어 있으며 바나듐의 경우(전국 매장량의 64%), 세계 5위를 차지한다. 동 · 연 · 금 · 석면 · 천연가스 · 마그네슘 · 유철광의 매장량도 많은 편이며 수력도 풍부하다.

80년대 초까지 성의 농업 총생산액은 전국 1위를 기록하였으나 90년대 이후 산뚱성, 장쑤성 등의 농업발전이 매우 빠르고 충칭이 분리됨으로써 지위가 하락하였다. 그러나 농업과 목축업 등이 여전히 전국적으로 유명하며 전통적으로 식량생산에 주력하고 있다. 2004년의 농업 총생산액은 2,252억 위엔이며 주요 생산곡물로는 쌀 · 보리 · 옥수수 등이 있고 누에고치 · 유채 · 돼지 · 감귤 · 육류 · 야채류 · 차잎 · 벌꿀 · 식용유 · 호도 · 배 · 잎담배 · 소 · 마 · 산양 등의 생산량도 많은 편이다.

2004년의 공업 총생산액은 4,464억 위엔으로서 야금 · 석탄 · 석유 · 기계 · 식음료 · 철강 · 전자공업이 전국 상위권에 위치한다. 경공업 · 중공업의 거의 모든 산업이 전국 10위 이내에 들어있으며 특히 천연가스의 생산능력은 전국 최고수준이고 철강 생산능력은 전국 4위, 전자제품의 생산량도 전국 상위수준이다. 산업이 전체적으로 균형있게 발달되어 있다고 볼 수 있다.

국방군수 산업과 과학기술 산업을 기반으로 하는 기초산업과 생필품 공급 관련 가공산업도 고루 발달하였는데, 특히 우주항공 · 핵발전 · 전자 · 광통신 · 생물공학 · 고분자 재료공학 등의 분야에서는 중국 최고 수준인 것으로 알려져 있다. 350여개의 과학연구 기관, 30여만 명의 과학연구 인원, 공업설비, 기술수준이 전국 상위이다. 주요 공산품은 천연가스 · 철강 · 유황 · 화학비료 · 실크 · 코크스 · 강재 · 계측기기 · 시멘트 · 목재 · 석탄 · 생철 · 자동차 · 담배 · TV · 제지 · 실크 등이 있다.

쓰촨성 경제현황(2004년)

지역내 총생산액 (억 위엔)	1인당 GDP (위엔)	경제성장률	산업구조(%) 1차:2차:3차	근로자 연간 평균임금 (위엔)	사회고정 자산 투자 (억 위엔)	사회건설 총규모 (억 위엔)
6,556.0	8,113	12.7	19.4:43.5:37.1	13,843	2,555.1	8,887.7
재정수입 (억 위엔)	재정지출 (억 위엔)	도시주민 1인 평균 가처분 소득(위엔)	농촌주민 1인 평균 순수입(위엔)	농업총생산액(억 위엔)	공업총생산액 (억 위엔)	국유 및 규모 이상 비국유 기업수(개)
385.8	895.3	7,710	2,519	2,252.3	4,463.7	6,154
외자 기업수(개)	국유기업 과학기술요원(2003년, 만 명)			과학기술 특허상황(건)		
	엔지니어	과학자	의료인	발명특허	실용신안	디자인특허
3,789	12.8	0.5	15.6	583	1,822	2,025

자료 : 2005 中國統計年鑑, www.kita.net, 新中國五十五年統計資料匯編 1949-2004.

근로자의 2004년 1인당 연평균 임금은 1만 3,843위엔(1,676달러)이었다.

1992년 7월 내륙개방도시 허가를 받은 청뚜시에는 첨단기술산업개발구와 경제기술개발구가 설립되어 있고 미엔양에도 참단기술산업개발구가 개설되어 있다.

쓰촨성 지역은 정부의 내륙발전 지원정책에 따라 각종 혜택이 부여되고 있고 창강발전 계획이 이곳을 출발점으로 하기 때문에 외국의 관심이 집중되어 있는 지역이라 하겠다.

3. 사회간접자본

교통운송은 5개 철도망과 창강 내륙해운이 주종을 이루고 있으나, 최근에는 도로와 항공을 이용한 수송이 급격히 증가하고 있으며 석유와 천연가스의 운송이 늘면서 파이프라인의 이용도 급증하고 있다.

교통부문의 정비를 통해 타 지역 및 국가와의 연결을 추진중에 있는데 창장 주요 항구의 개보수, 도로와 철도의 정비·신설, 청뚜를 중심으로 한 방사선 도로 건설 등이 있다.

주요 철도의 개보수, 복선화가 진행중에 있으며 2004년 철도의 영업거리는 2,958㎞에 달하고, 도로의 길이는 13만 3,043㎞에 이른다.

청뚜-충칭, 미엔양(綿陽)-러산(樂山)간 고속도로가 완공되어 고속도로의 총길이는 1,758㎞에 이르렀다. 1급도로는 1,496㎞였다. 상하이까지 2,970㎞를 잇는 고속도로 공사가 진행중이다. 2004년 주요 운송로인 도로의 화물운송량은 4억 9,143만 톤, 여객운송량은 15억 176만 명에 달하였다.

충칭을 거쳐 상하이까지 가는 내륙수로와 기타 수운이 발달하여 있다.

항공은 청뚜의 쐉리우(雙流) 공항이 국내의 60여개 지역과 홍콩 · 태국 · 한국 · 일본 등과 연결되는 국제 정기노선에 매일 취항하고 있다.

쓰촨성 사회간접자본 현황(2004년)

운송거리(㎞)			여객 운송량(만 명)			자동차보유량(승객용, 만 대)
철도영업	도로	내륙수운	철도	도로	내륙수운	
2,958	133,043	10,720	4,945	150,176	3,487	83.3
화물 운송량(만 톤)			우편, 통신 사업			
철도	도로	내륙수운	업무액(억 위엔)	이동전화(만 명)	특급우편(만 건)	인터넷사용자(만 명)
8,084	49,143	2,928	335.6	1,514.6	984.9	523
교통, 통신 근로자 수(명)						자동차보유량(화물용, 만 대)
철도	도로	내륙수운	항공	파이프라인	통신, 정보서비스	
38,998	85,346	7,872	11,763	762	43,075	40.7

자료 : 2005 中國統計年鑑.

수력발전의 잠재력이 무한하여 외국자본을 도입하여 계속 개발중에 있다. 통신은 인구에 비해 상당히 부족하나 주요 도시간에는 자동전화가 이미 개통된 상황이다. 최근 투자비중이 증가하고 있는데 2004년 휴대폰 사용자가 1,515만 명, 인터넷 사용자가 523만 명에 달하였다.

4. 대외경제

쓰촨성의 수출액은 1999년 11.4억 달러에서 2004년 34.9억 달러로, 수입액은 같은 기간 11.5억 달러에서 32.1억 달러로 증가하였다.

주요 수출품은 화학관련 제품 · 방직품 · 전기기계 · 강재 · 발전설비 · 시멘트 · 철합금 · 공구 · 전자부품 · 오토바이 · 알루미늄 · 면직물 · 쌀 · 돼지고기 · 송이버섯 등이며 주요 수입품은 전자기계 · 강재 · 플랜트설비 · 자동차 부품 · 선박운수 제품 · 화공원료 · 오토바이 부품 · 항공 · 합성섬유 · 광학기기 등이다. 주요 수출대상국은 일본·미국·한국·인도·인도네시아 등이며 수입대상국은 일본, 미국, 한국, 브라질, 이태리 미국 등이다.

외자기업의 수출액은 1999년 1.6억 달러에서 2003년 5.5억 달러로, 수입액은 동기간 2.7억 달러가 7.5억 달러로 증가하였다.

한국의 쓰촨성에 대한 수출은 1999년 0.6억 달러, 2004년 1.6억 달러에 달했으며 주요 수출품은 화학제품·전자부품·플라스틱·철강·섬유류 등이었다. 수입은 각각 0.7억 달러, 1.8억 달러로 주요 수입품목은 합성섬유 및 실크직물·농산물·한약재 등이었다. 한국과 쓰촨성의 교역이 적은 것은 거리가 멀어 운송비 등 물류비용이 과다하고, 쓰촨성이 농공업 기반이 어느 정도 형성되어 있어 내부적으로 자급자족하는 물품이 비교적 많으며, 쓰촨성이 필요로 하는 물자들은 연해지역을 통해 구입하기 때문이다.

외국인 직접투자는 실제 투자액 기준으로 2004년 6.8억 달러에 이르렀다. 주요 투자업종은 경공업·방직·기계·광산·화공·의류·식품 등이며 최근에는 에너지·교통·기초공업·첨단기술에 대한 투자가 증가하는 추세에 있다. 주요 투자대상국은 미국·일본·대만·싱가포르·프랑스·호주·영국 등이다.

한국의 투자는 2004년 말 현재, 실제 투자액 기준으로 7건 14.8백만 달러에 불과하다.

2004년 말 등록된 외자기업 수는 3,789개이고 투자총액은 140억 달러에 이르고 있다.

쓰촨성 대외경제 현황

년 도	1999	2000	2001	2002	2003	2004
총수출액(억 달러)	11.4	13.9	15.8	26.3	30.3	34.9
외자기업의 수출(억 달러)	1.6	2.5	2.4	3.2	4.5	5.5
한국에 대한 수출(억 달러)	0.7	0.7	1.0	1.3	1.9	1.8
총수입액(억 달러)	11.5	13.3	15.2	18.3	27.5	32.1
외자기업의 수입(억 달러)	2.7	3.7	4.3	3.5	5.1	7.5
한국으로부터 수입(억 달러)	0.6	1.1	0.3	1.0	1.5	1.6
외국기업의 직접투자(억 달러)	3.4	4.4	5.8	5.6	4.1	6.8
외자기업 등록 투자총액(억 달러)	-	101.1	109.4	120.0	136.3	140
외자기업 등록기업 수(개)	-	3,539	3,678	3,913	4,162	3,789
한국의 투자(건수, 백만 달러, 실제 투자액 기준)	- -	2건 5.5	3건 0.4	18건 3.4	14건 18.9	7건 14.8

자료 : 中國統計年鑑, 각년 판, www.kotra.or.kr, www.koreaexim.go.kr, www.kita.net.

5. 주요 도시 경제상황

① 청뚜(成都)시

성도인 청뚜는 중국 중부 및 서남지역의 가장 큰 청뚜 평야에 위치한다. 아열대 계절풍 기후로 연중 따뜻한데 2003년 1월 평균기온은 7.0°C, 7월 기온은 26.4°C 이었으며 연간 강우량은 741㎜에 달하였다.

총면적은 1만 2,163㎢, 시할구는 2,177㎢이고 2004년 말 총인구는 1,060만 명, 시할구 인구는 465만 명에 달하였다. 주요 행정구역은 진장(錦江) 등 9개 구, 펑저우(彭州) 등 4개 시, 푸쟝(蒲江) 등 6개 현이 있다.

쓰촨의 특성은 물가는 저렴하고 소비는 왕성하다. 진(秦) · 촉(蜀) 등 역사와 문화가 연원이 있어 풍류를 좋아하고 여유가 있으며 부동산 · 요식업 · 차 · 패션산업 등 상업이 발전해 있고 매스컴 활동이 적극적이다. 뿐만 아니라 서부내륙의 중심지로 공업 및 서비스업이 활발한데다가 서부대개발 전략에 따른 정부의 지원과 구매력확대를 겨냥한 외국기업의 진출로 경제활동이 활발하고 신속하게 발전하고 있다. 게다가 상하이 등 외지로 진출한 노동자들의 송금으로 소득이 대폭 신장되고 있고 자체적인 경제발전자금이 확보되고 있다.

2004년 말 지역내 총생산액은 2,186억 위엔으로 경제성장률은 전년대비 13.6%의 증가율을 보였으며 1인당 GDP는 2만 777위엔(2,515달러)으로 나타났다. 산업별 비중은 1차, 2차, 3차 산업이 각각 7.7%, 46.8%, 45.6%를 차지하였다.

2004년 지방 재정수입은 108억 위엔, 재정지출은 156억 위엔이며 고정자산투자총액은 1,085억 위엔에 이르렀고 도시와 농촌 주민의 저축총액은 1,726억 위엔이었다. 서부내륙에서 1인당 소득수준이 상당히 높은 편이고 사회간접자본 건설도 적극적으로 추진중이다.

광물자원은 석탄 · 천연가스 · 철광석 · 망초 · 석회석 · 백운석 등의 매장량이 많은 편이다.

주요 농산품은 쌀 · 밀 · 유채 · 채소 · 과일 · 참깨 · 목화 등이 있으며 약초 재배량이 많다. 가금 · 돼지 · 벌꿀 생산량도 전국적으로 알려져 있다.

주요 공업은 기계·항공·철강·전자·의약·야금·강관·화공·면방·식품 등이 있다. 2004년 공업 총생산액은 1,231억 위엔에 이르며 근로자 연평균 임금은 1만 7,556위엔(2,125달러)이었다.

사회간접자본은 철도·도로·항공 등 잘 갖추어져 있으며 수운은 민강(岷江), 투어강(沱江)이 시내를 조밀하게 흘러 발전에 큰 도움이 되고 있다. 전력·석유와 천연가스의 공급도 원활한 편이다.

주요 수출품목은 기전·방직원료 및 제품·금속 및 제품·화공제품·식품·가죽·모피·광물재료 등이며 주요 수출 대상국은 미국·홍콩·일본·한국·인도 등을 꼽을 수 있다. 수입품목은 면사·대두·의료설비·광섬유·항공기관련 부품·보일러·강재·화학섬유·플라스틱·아스팔트·펄프 등이다. 주수입대상국은 일본·미국·프랑스·독일·이태리 등이다.

한국의 청뚜시에 대한 수출은 철강·화공원료·산업기계·각종 전자제품·파이프·섬유 등이며 수입은 유색금속·차잎·방직품·알루미늄 원자재·농산품 등으로 진행된다.

2003년 말까지 비준된 외자기업 수는 3,197개이며, 2004년 현재 외자 공업기업의 개수는 123개, 생산액은 156억 위엔에 이르며, 실제 외자투자액은 3.3억 달러에 달하였다.

청뚜의 중장기적 발전전망을 볼 때 장점은 서부지역의 중심에 있으며 쾌적한 생활환경과 자연조건, 합리적인 경제산업 구조, 풍부한 관광자원, 서부대개발의 중심지, 역사와 전통이 깊은 문화도시, 상대적으로 낮은 도시화 비용, 높은 문화교육과 과학기술력, 잠재력이 큰 기술인력 구조 등이다. 반면 단점은 경제낙후 지역에 위치하고, 문화적 배타성이 강하여 국제화가 늦고 타성과 보수성에 젖어 의식변화가 늦은 점이다.

② 이삔(宜賓)시

쓰촨성 남부, 민강(岷江)과 창강(長江)의 합류지점에 위치한다. 청뚜에서 윈난성 쿤밍으로 가는 청쿤(成昆)선의 중간 기착지이며 네이이(內宜)선 선상에 있다. 한 면이 산, 삼면은 하천으로 둘러싸인 지역이며 지세는 험하고 수려하다. 여름에는 매우 덥고 겨울에는 온난하며 구름과 안개가 많다.

총면적은 1만 3,283㎢, 시할구 면적은 1,123㎢이며 2004년 총인구는 518만 명, 시할구 인구는 78만 명에 이른다. 행정구역은 추이핑(翠屛) 구, 이삔 등 9개 현으로 나뉜다.

창강 상류의 중요 항구이며 쓰촨분지 서남부의 수륙교통 요충지이다. 따라서 윈난성 북부와 쓰촨성 남서부의 물품 집산지이자 상업중심지 역할을 하였다.

2004년 말 지역내 총생산액은 349억 위엔으로 경제성장률은 전년대비 13.2%의 증가율을 보였으며 1인당 GDP는 6,212위엔(752달러)이다. 산업별 비중은 1차, 2차, 3차 산업이 각각 20.5%, 49.5%, 30.0%를 차지하였다.

2004년 지방 재정수입은 13억 위엔, 재정지출은 42억 위엔이며 고정자산투자 총액은 118억 위엔에 이르렀고 도시와 농촌 주민의 저축총액은 176억 위엔이었다. 1인당 GDP나, 전반적인 지방정부의 수입, 지출을 볼 때 중국 평균보다 상당히 낮은 수준임을 알 수 있다.

중국 최고의 술인 '우량이에(五粮液)'의 생산지이며 제지 · 실크 · 피혁 · 기계 · 화학비료 등의 공업이 있다. 7세기부터 암염의 생산지로 알려져 왔으며 현재 주변 화학공장에 대규모로 공급된다.

2004년 공업 총생산액은 283억 위엔, 근로자 1인당 연평균 임금은 1만 2,950 위엔(1,568달러)에 달하였다.

2004년 현재 실제 외자투자액은 703만 달러에 달하였다.

③ 쯔꿍(自貢)시

남부 투어강(沱江) 유역에 있으며 네이이(內宜)선이 이곳을 통과한다. 소금생산의 많은 지역이며 채굴의 역사가 천년이 넘는다.

총면적은 4,373㎢, 시할구 면적은 813㎢이며 2004년 총인구는 316만 명, 시할구 인구는 107만 명에 달하였다. 행정구역은 따안(大安) 등 4개 구, 룽(榮) 등 2개 현으로 구성된다.

2004년 말 지역내 총생산액은 249억 위엔으로 경제성장률은 전년대비 14.0%의 증가율을 보였으며 1인당 GDP는 9,057위엔(1,096달러)으로 나타났다. 산업별 비중은 1차, 2차, 3차 산업이 각각 21.0%, 41.7%, 37.3%를 차지하였다.

2004년 지방 재정수입은 8억 위엔, 재정지출은 21억 위엔이며 고정자산투자총액은 51억 위엔에 이르렀고 도시와 농촌 주민의 저축총액은 161억 위엔이었다. 경제규모가 적은 지역이다.

제염・화학공업・천연가스 등과 야금・전력・기계・경공・건자재 등이 있는 공업도시이며 전지(剪紙)・채등(彩燈)・죽세공 등의 수공예품을 생산한다.

2004년의 공업 총생산액은 177억 위엔, 근로자 연평균 임금은 1만 1,982위엔(1,451달러)이었다.

2004년 현재 외자 공업기업의 개수는 2개, 생산액은 10억 위엔에 이르며, 실제 외자투자액은 0.2억 달러에 달하였다.

④ 러산(樂山)시

쓰촨성 중부에 있으며 민강(岷江)・칭이강(靑衣江)・따뚜하(大渡河)의 합류지점에 위치한다. 청쿤(成昆)선이 통과하며 지형은 구릉위주로서 전체 면적의 60%를 차지한다.

팬더 곰의 서식지이며 국가 및 성에서 지정한 와룡(臥龍)보호구, 문물보호구 등 보호지역이 많은 특징이 있다. 당나라의 미륵불로서 높이 58.7m인 중국 최대의 석불이 있다.

총면적은 1만 2,826㎢, 시할구 면적은 2,514㎢이고 2004년 총인구는 348만 명, 시할구 인구는 113만 명에 이른다. 행정구역은 스중(市中) 등 4개 구, 어메이산(峨眉山)시, 징옌(井研) 등 4개 현 및 2개 자치현으로 구성되어 있다.

2004년 말 지역내 총생산액은 266억 위엔으로 경제성장률은 전년대비 14.5%의 증가율을 보였으며 1인당 GDP는 7,904위엔(957달러)으로 나타났다. 산업별 비중은 1차, 2차, 3차 산업이 각각 20.7%, 49.8%, 29.5%를 차지하였다.

2004년 지방 재정수입은 11억 위엔, 재정지출은 32억 위엔이며 고정자산투자총액은 102억 위엔에 이르렀고 도시와 농촌 주민의 저축총액은 211억 위엔이었다. 소득수준이 낮다.

삼림자원과 철・석탄 등 광산자원이 풍부하며 농업으로는 쌀・옥수수・유채・면화・담배・누에・차・실크 등이 있다. 공업으로는 기계・석탄・수력발전・방직 등이 유명하다.

2004년 공업 총생산액은 271억 위엔이었으며 근로자 1인당 연평균 임금은 1만 1,967위엔(1,449달러)에 달하였다.

2004년 현재 외자 공업기업의 개수는 11개, 생산액은 271억 위엔에 이르며 2004년의 실제 외자투자액은 1.3억 달러에 달하였다.

⑤ 판즈화(攀枝花)시

쓰촨성과 윈난성이 맞닿는 지역에 위치하나. 이곳에 중국 남방 최대의 철광이 발견되자 마오쩌뚱이 직접 이곳을 방문하여 판즈화라는 이름을 붙였다.

총면적은 7,440㎢, 시할구 면적은 2,018㎢이고 2004년 총인구는 106만 명, 시할구 인구는 67만 명이었다. 행정구역은 뚱(東) 등 3개 구, 미이(米易) 등 2개 현으로 나뉜다.

2004년 말 지역내 총생산액은 201억 위엔으로 경제성장률은 전년대비 13.0%의 증가율을 보였으며 1인당 GDP는 1만 7,831위엔(2,159달러)으로 나타났다. 산업별 비중은 1차, 2차, 3차 산업이 각각 5.5%, 72.5%, 22.0%를 차지하여 철강 공업도시의 면모를 알 수 있다.

2004년 지방 재정수입은 12억 위엔, 재정지출은 25억 위엔이며 고정자산투자 총액은 79억 위엔에 이르렀고 도시와 농촌 주민의 저축총액은 124억 위엔이었다. 서부내륙에서 소득수준이 상당히 높은 지역에 속한다.

현재 판즈화시는 중국 남방의 가장 큰 철강산지이며 항공산업에 필수불가결한 바나딘 · 티타늄의 산지이다. 광업 외에도 상업 · 금융업 · 관광업도 매우 발달하였다.

2004년의 공업 총생산액은 266억 위엔이고 근로자 1인당 연평균 임금은 1만 7,345위엔(2,100달러)에 이르렀다.

2004년 현재 외자 공업기업의 개수는 3개, 생산액은 2억 위엔에 이르며, 실제 외자투자액은 533만 달러에 달하였다.

제3절 꾸이저우(貴州), (간칭:黔, 貴)

1. 꾸이저우성 개요

꾸이저우성은 중국의 서남부, 윈꾸이(雲貴)고원 동부에 위치하고 쓰촨성(四川省), 후난성(湖南省), 윈난성(雲南省), 꽝시(廣西)자치구와 접해 있는 내륙 오지의 성이다. .

위치는 북위 24°~30°, 동경 103°~110°사이에 있으며, 습윤・몬순의 아열대 기후에 속하고 연평균 기온은 14~16℃, 연평균 강수량은 900~1,500㎜이다. 산지가 전체 면적의 87%를 차지하는 등 산악지대라 할 수 있다.

총면적은 17.6만㎢, 인구는 2004년 말 현재 3,904만 명이며 행정구역은 4개 지급 시, 3개 자치주, 10개 시할구, 9개 현급 시, 56개 현, 11개 자치현, 2개 특구로 나뉘어 있다. 주요 도시로는 성도인 꾸이양(貴陽)과 류판수이(六盤水), 안순(安順), 공산혁명의 주요 근거지인 쭌이(遵義), 카이리(凱里) 등이 있다.

중국 최고의 명주인 마오타이주(茅台酒)의 생산지이며 쪽빛 물감의 대부분이 이곳에서 생산된다. 먀오족(苗族) 등 소수민족이 비교적 많다.

2. 경제현황

성의 87%가 산지이고 내륙 오지여서 중국에서 소득수준이 가장 낮은 최극빈 지역이다. 일부 자원은 비교적 매장량이 많으나 대부분 소수민족 지역에 있고 교통조건이 나빠 개발이 늦은 편이다.

농업은 노동력은 많지만 생산성이 낮고, 공업도 담배와 알루미늄 정련만이 두드러지는 정도이다. 3선건설 정책의 영향으로 정밀기계 부문과 전자공업의 기술수준이 괜찮은 편이나 낙후된 기술인 경우가 많다.

貴州省

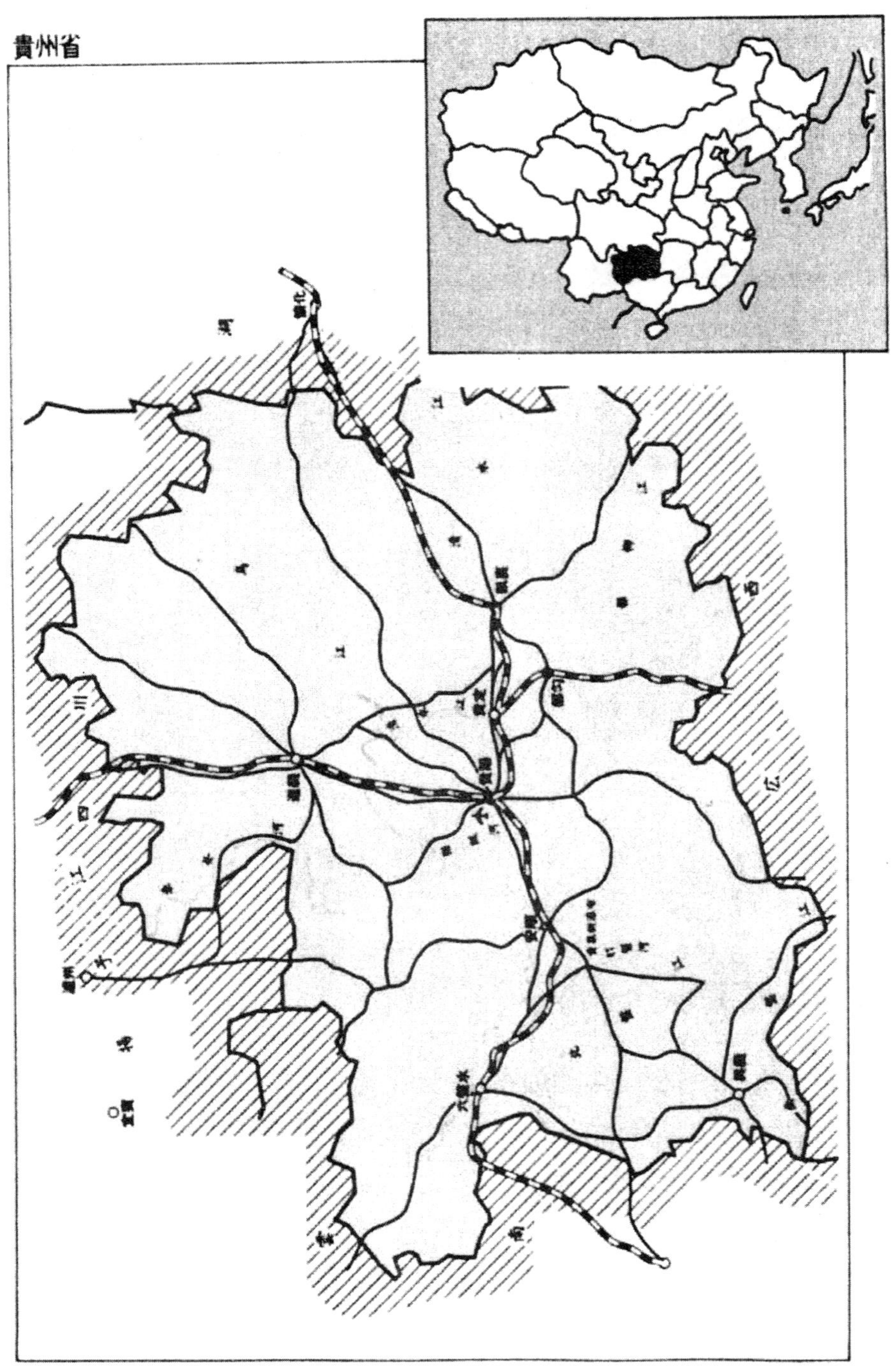

2003년의 지역내 총생산액은 1,592억 위엔으로 11.4%의 경제성장률을 보였으며 산업구조는 1차 산업 15.9%, 2차 산업 49.3%, 3차 산업이 34.8%의 비중을 보이고 있다. 1차 산업이 대폭 감소하고 2차 산업의 비중이 증가하였다.

지역주민의 1인당 GDP는 4,215(510달러)위엔으로 전국에서 가장 낮으며 또한 거의 모든 경제지표에서 중국 최하위를 기록하고 있다. 소득이 가장 높은 상하이의 1/13에 불과하다. 그러나 도시주민 1인당 가처분소득은 7,322위엔으로 농업지역인 깐쑤(甘肅), 닝샤후이쭈(寧夏回族)와 비슷하고, 농촌주민의 1인당 순수입은 1,722위엔으로 시짱(西藏), 깐쑤(甘肅) 보다 낮은 최하위 수준이다.

2004년 지방 재정수입은 각종 세수입이 적어 149억 위엔에 불과했으며, 지출은 418억 위엔으로 적자가 지속되어 중앙의 보조가 비교적 많다. 전사회고정자산투자 총액은 564억 위엔으로 국유기업에 대한 투자가 많았으며 사회건설 총규모는 3,357억 위엔이었다.

꾸이저우성 경제현황(2004년)

지역내 총생산액 (억 위엔)	1인당 GDP (위엔)	경제성장률	산업구조(%) 1차:2차:3차	근로자 연간 평균임금 (위엔)	사회고정 자산 투자 (억 위엔)	사회건설 총규모 (억 위엔)
1,591.9	4,215	11.4	15.9:49.3:34.8	13,495	564.4	3,356.9
재정수입 (억 위엔)	재정지출 (억 위엔)	도시주민 1인 평균 가처분 소득(위엔)	농촌주민 1인 평균 순수입(위엔)	농업총생산액(억 위엔)	공업총생산액 (억 위엔)	국유 및 규모 이상 비국유 기업수(개)
149.3	418.4	7,322	1,722	524.6	1,249.7	1,228
외자 기업수(개)	국유기업 과학기술요원(2003년, 만 명)			과학기술 특허상황(건)		
	엔지니어	과학자	의료인	발명특허	실용신안	디자인특허
641	6.4	0.2	7.1	179	364	194

자료 : 2005 中國統計年鑑, www.kita.net, 新中國五十五年統計資料匯編 1949-2004.

광물자원은 74종의 매장량이 확인되어 있고 그 중 28종은 전국 5위내에 들어있다. 수은·화학비료용 규석·광학수정·인은 국내 최대의 매장량을 기록하고 있고 20억 톤이 매장되어 있는 인광석과 요오드·보크사이트·희토류는 2위를 점하며 매장량 6천만 톤의 망간·안티몬·시멘트 원료는 전국 3위, 칼륨은 전국 4위, 매장량 451억 톤의 석탄은 전국 5위에 랭크되어 있다. 이밖에 마그네슘·중정석·알루미늄·동·유철광 등이 풍부하며 석탄과 알루미늄이 비교적 개발되어 있는 편이다. 수력자원이 매우 풍부하여 수력 에너지의 발전 가능량은 1,874만 kW에 달한다.

2004년 농업 총생산액은 525억 위엔으로 농업생산성이 낮아 농촌주민 수입이 전국 최저수준이다. 주요 농산품은 쌀 · 옥수수 · 소맥 · 감자 · 말 · 바나나 · 송진 등이다. 이외에도 유채씨 · 연초 · 차잎 · 마늘 · 버섯 · 죽순 등이 있다.

2004년의 공업 총생산액은 1,250억 위엔으로 담배산업이 전국 4위를 차지하고 기계(총포) · 전자(제어공정) · 계측기기 · 베어링 생산이 비교우위가 있다. 자동차는 경승용차 · 개조차 · 버스 및 군용트럭 등을 생산하며 이밖에 현지에서 산출되는 자원을 이용한 야금 · 화공 · 비철금속 · 음료공업 · 건자재 공업이 비교적 발달해 있다. 주요 공산품으로는 담배 · 알루미늄 · 석탄 · 코크스 · 강재 · 시멘트 · 목재 · TV · 식용유 등이 있고 꾸이저우(貴州) 마오타이(茅台)주는 세계에서 가장 유명한 중국술이다.

2004년 근로자 1인당 연평균 임금총액은 1만 3,495위엔(1,634달러)이었다.

성도인 꾸이양(貴陽)에 경제기술개발구와 첨단기술산업개발구가 설립되어 있다.

3. 사회간접자본

꾸이저우에는 산이 많아 주요 운송수단인 철도를 통해 윈난 · 쓰촨 · 꽝시 등 외부와 연결한다. 2004년 말 성내 영업철도망의 총길이는 1,891㎞이며 복선화와 전기화가 진행중에 있다.

도로는 총 연장이 46,128㎞에 달하는데 도로건설 사업이 계속되고 있다. 꾸이양시 황꿔수(黃果樹) 고속도로 등 국가급 고속화도로 5개 구간이 성을 통과한다.

하천은 창강과 주강(珠江)의 지류들로서 내륙 수운망의 총길이는 3,323㎞에 이르며 성도의 꾸이양(貴陽)공항은 전국 40여개 도시와 연결한다.

꾸이저우성 사회간접자본 현황(2004년)

운송거리(km)			여객 운송량(만 명)			자동차보유량 (승객용, 만 대)
철도영업	도로	내륙수운	철도	도로	내륙수운	
1,891	46,128	3,323	1,855	56,077	775	19.3
화물 운송량(만 톤)			우편, 통신 사업			
철도	도로	내륙수운	업무액 (억 위엔)	이동전화 (만 명)	특급우편 (만 건)	인터넷사용자 (만 명)
5,504	13,541	394	131.2	440.0	326.8	98
교통, 통신 근로자 수(명)						자동차보유량 (화물용, 만 대)
철도	도로	내륙수운	항공	파이프라인	통신, 정보서비스	
32,433	27,904	1,882	2,839	14	12,170	14.6

자료 : 2005 中國統計年鑑.

통신은 우선 전화보급률이 매우 낮은 편이다. 광케이블은 꾸이양시에서 광시(廣西)의 난닝(南寧), 윈난(雲南)의 쿤밍(昆明)까지 연결되어 있고 푸저우(福州)-항저우(杭州)-꾸이양-청뚜의 광케이블이 통과하고 있어 IDD는 잘 연결되고 있다. 인터넷 가입자는 1996년 33만 명에서 2004년 98만 명으로 증가하였고, 휴대폰 사용자도 2.6만 명에서 440만 명으로 기하급수적으로 증가하였다. 인터넷이나 휴대폰 사용자의 증가속도가 빠른 특성은 곧 전화보급률이 낮은 것과도 상관관계가 있다 하겠다.

전력사정은 비교적 양호한 편으로 남는 발전량 일부를 쓰촨(四川), 윈난(雲南) 등 다른 성에 송전하고 있다.

4. 대외경제

수 출액은 1999년 3.6억 달러에서 2004년 12.7억 달러로, 수입액은 같은 기간 1.9억 달러에서 11.0억 달러로 증가하였다. 주요 수출품은 술, 규철, 아연, 망간, 중정석 · 잎담배 · 화공제품 · 플라스틱 등이고, 수출국은 일본 · 한국 · 미국 · 대만 · 네덜란드 순이다. 수입품은 전기 · 기계 · 플라스틱 · 천연고무 · 페인트 · 전자부품 · 강판 · 알루미늄 · 합판 · 가솔린 · 통신설비 등이 대종을 이루고 있으며 주요 수입국은 인도 · 일본 · 호주 · 이태리 · 미국 · 아르헨티나의 순이다.

외자기업의 수출액은 1999년 0.3억 달러, 2004년 1.9억 달러였고, 수입액은 각각 0.1억 달러, 2.0억 달러로 규모가 크지 않다. 내륙지역인 관계로 외자기업의 진출 목적이 수출보다는 내수시장 개척에 중점이 있다.

한국의 수출은 2002년 0.6억 달러, 2004년 0.2억 달러를 기록하였고, 수입은 1999년 0.4억 달러에서 2004년 0.9억 달러를 기록하였다.

외국인 직접투자는 매우 저조한데 실제 투자액 기준으로 1999년 0.4억 달러, 2004년 0.9억 달러에 달하였다. 투자형태는 대부분 합자기업이며 투자업종은 제조업이 주종을 이룬다. 주요 투자국은 대만 · 일본 등이다.

한국기업의 투자는 2004년 실제 투자액 기준으로 2건 130만 달러에 불과하였다.

2004년 말 등록된 외자기업 수는 641개로 2000년 이후 감소추세에 있다가 약간 증가하였으며 등록된 투자총액은 220억 달러이다.

꾸이저우 대외경제 현황

년 도	1999	2000	2001	2002	2003	2004
총수출액(억 달러)	3.6	4.2	4.2	4.4	5.9	12.7
외자기업의 수출(억 달러)	0.3	0.4	0.4	0.5	1.1	1.9
한국에 대한 수출(억 달러)	0.4	0.4	0.4	0.4	0.6	0.9
총수입액(억 달러)	1.9	2.4	2.3	2.5	4.0	11.0
외자기업의 수입(억 달러)	0.1	0.2	0.2	0.7	1.7	2.0
한국으로부터 수입(억 달러)	-	-	-	0.6	0.3	0.2
외국기업의 직접투자(억 달러)	0.4	0.25	0.28	0.37	0.48	0.9
외자기업 등록 투자총액(억 달러)	-	14.9	16.0	18.9	21.0	22
외자기업 등록기업 수(개)	-	715	714	639	595	641
한국의 투자(건수, 백만 달러, 실제 투자액 기준)	- -	- -	1건 0.6	1건 3.2	- 0.3	2건 1.3

자료 : 中國統計年鑑, 각년 판, www.kotra.or.kr, www.koreaexim.go.kr, www.kita.net.

5. 주요 도시 경제상황

① 꾸이양(貴陽)시

성도인 꾸이양은 윈꾸이(云貴)고원의 동부에 위치하며 시 중심이 평균 해발 1,000m에 자리잡고 있다.

아열대의 습윤하고 온화한 기후로서 혹서와 혹한이 없고 비와 햇빛이 풍부하다.

2004년 1월 평균기온은 3.1°C, 7월 기온은 22.2°C에 달하였고 연간 강우량은 1,048㎜를 기록하였다.

총면적은 8,034㎢, 시할구 면적은 2,404㎢에 달하며 2004년 말 총인구는 348만 명, 시할구 인구는 203만 명에 이르고 있다. 행정구역은 윈옌(雲岩)구 등 6개 구, 카이양(開陽)현 등 3개 현, 칭전(清鎭)시로 구성되어 있다.

2004년 말 지역내 총생산액은 444억 위엔으로 경제성장률은 전년대비 13.7%의 증가율을 보였으며 1인당 GDP는 1만 2,683위엔(1,535달러)으로 나타났다. 산업별 비중은 1차, 2차, 3차 산업이 각각 7.2%, 52.6%, 40.3%를 차지하였다.

2004년 지방 재정수입은 50억 위엔, 재정지출은 60억 위엔이며 고정자산투자총액은 293억 위엔에 이르렀고 도시와 농촌 주민의 저축총액은 402억 위엔이었다.

지하자원은 매장량이 풍부한 알루미늄・인・석탄・철・마그네슘・규석・중정석・대리석・고령토 등이 있다. 에너지 자원도 풍부한데 지역내 98개의 크고 작은 하천을 이용한 수력발전의 가능성의 가능성이 높고 석탄의 매장량도 100억 톤에 이른다.

농산품은 두충・은행・천마・무란 등의 약재와 과일생산이 많다. 돼지・소・양・가금류・수산물・차 등의 전문화된 생산기지가 건립되어 있다.

중국 서남지역의 공업기지로서 전국 최대의 알루미늄 공업생산지의 하나이고 의료광학기기와 담배의 생산거점이다. 항공・야금・기계・전자・식품공업이 발전하였고 전력・석탄・화공・건재・경방업 등도 주요한 산업으로 알려져 있다. 2004년의 공업 총생산액은 443억 위엔, 근로자 1인의 연평균 임금은 1만 3,810위엔(1,672달러)에 달하였다.

서남지역의 철도 요충지로서 촨치엔(川黔)・꾸이쿤(貴昆)・샹치엔(湘黔)・치엔꾸이(黔桂) 등 4개 철도의 간선이 이곳을 교차하며 그 중 촨치엔(川黔), 꾸이쿤(貴昆)・샹치엔(湘黔) 등 노선은 이미 전기화 되어 있다. 도로도 꾸이양과 황꿔수(黃果樹)을 연결하는 꾸이황(貴黃) 고급도로, 꾸이양과 쭌이(遵義)를 연결하는 꾸이쭌(貴遵) 고급도로 등 외지로 나가는 8개 노선이 있으며 도로의 총길이는 1,800여㎞에 달한다. 뻬이징・상하이・꽝저우・청뚜 등으로 연결되는 신설된 공항이 있다.

통신도 시내전화, 장거리 전화, 디지털 통신, IC 카드, 이동통신 등 각 방면의 발전속도가 신속하게 이루어지고 있다. 2004년의 휴대폰 사용자는 134만 명, 인터넷 가입자는 33만 명으로 기록되었다. 휴대폰 사용자가 내륙에서 의외로 많은데 이는 내륙의 전화보급률이 낮고 신설하기 쉽지 않기 때문에 대안으로 선택한 경우가 많다.

꾸이양 경제기술개발구와 꾸이양 첨단기술산업개발구가 건립되어 있다.

꾸이양은 1992년 7월 내륙 개방도시로 지정되어 외자기업에 대한 우대정책이 실시되고 있다.

2004년 현재 외자 공업기업의 개수는 31개, 생산액은 29억 위엔에 이르며, 실제 외자투자액은 0.8억 달러에 달하였다.

② **퉁런(銅仁)지구, 퉁런(銅仁)시**

성 동북부에 위치하며 쓰촨성 · 후난성과 접한다. 아열대 계절풍 습윤 기후로 연평균 기온은 13℃~17.5℃이며 온화하며 여름에 무더위가 없고 겨울에 맹추위가 없다. 연평균 강우량은 1,100~1,400㎜으로 농업 · 임업 · 목축어업에 유리하고 풍부한 수자원으로 수력발전 잠재력이 풍부하다.

총면적은 1만 8,003㎢, 2004년 총인구는 380만 명이며 행정구역은 퉁런시, 완산(万山)특구, 위핑뚱쭈(玉屛侗族) 등 4개 자치현, 쓰난(思南)현 등 4개 현이 있다.

농업은 담배 · 유채 · 땅콩 · 양잠 · 약재 · 차 등과 돼지 · 소 · 산양 등의 생산량이 많다. 광물자원의 경우는 수은 · 망간 · 연 · 아연 · 석탄 등의 매장량이 풍부하고 품질도 양호하다.

주요 공업은 전력 · 야금 · 유색금속 · 화공 · 기계 · 건재 · 경공 · 방직 · 의약 · 담배업 등으로 체계적인 발전을 거듭하고 있다.

사회간접자본은 비교적 완비되어 있는데 복선인 샹치엔(湘黔)선이 위핑자치현을, 위화이(渝懷)선이 퉁런시를 통과하고 있다. 도로는 4,300여 ㎞로 구내 주요 지역을 지나며 수운은 창강으로 연결되는 하천이 있다. 공항이 있고 이동통신 분야도 급속하게 발전하고 있다. 특히 수력발전 · 화력발전 등 에너지 자원은 매우 충분하여 동부 연해지역으로 송전까지 하고 있다.

퉁런(銅仁)시는 퉁런지구의 중심 도시로서 면적은 1,514㎢이고 인구는 35만 명이다. 2004년 지역 총생산액은 20억 위엔이며 1차, 2차, 3차 산업의 비중은 각각 23.2%, 44.0%, 32.8%를 차지하였다. 1인당 GDP는 5,607위엔(679달러)에 불과한 것으로 추산되고 있다.

고정자산투자 중에서 기본건설 분야에 대한 투자는 5억 위엔, 갱신개조 사업분야는 1억 위엔, 부동산개발 분야는 3억 위엔에 달하였다. 도시와 농촌의 근로자수는 3.7만 명, 근로자 1인당 연평균 임금은 1만 3,964위엔(1,691달러)으로 나타났다.

도소매 판매액은 0.8억 위엔이고 수출총액은 200만 달러를 기록하였다.

제4절 윈난(雲南)성, (간칭:雲, 滇)

1. 윈난성 개요

윈난은 중국 서남 국경지역에 위치하고 북으로는 쓰촨성・시짱(西藏)자치구, 동으로는 꾸이저우성・광시자치구와 접하며 남은 베트남・라오스 서쪽으로는 미얀마와 국경을 접하고 있다.

북위 21°~30°, 동경 97°~107°에 위치하며 아열대 고계절풍 기후에 속한다. 높은 산, 깊은 계곡 등 복잡한 지형으로 기후가 다양하며 연평균 기온은 16°C, 연간 강우량은 서남은 2,000㎜ 이상, 중북부는 500~600㎜ 정도이다.

총면적은 39.4만㎢, 인구는 2004년 말 현재 4,415만 명이고 행정구역은 8개 지급시, 8개 자치주, 12개 시할구, 9개 현급 시, 79개 현, 29개 자치현으로 나뉘어 있으며 26개의 소수민족이 거주하고 있다.

주요 도시는 성도인 쿤밍(昆明)과 따리(大理), 위시(玉溪), 추슝(楚雄), 자오퉁(昭通), 최근 급속히 발전하고 있는 시솽빤나(西雙版納) 등이 있다. 1997년 이후에는 중띠엔(中甸) 현의 띠칭(迪慶)자치주가 가상의 지상낙원인 샹그릴라(香格里拉)로 선전되면서 연간 150만 명 이상의 많은 국내외 관광객이 방문하고 있다.

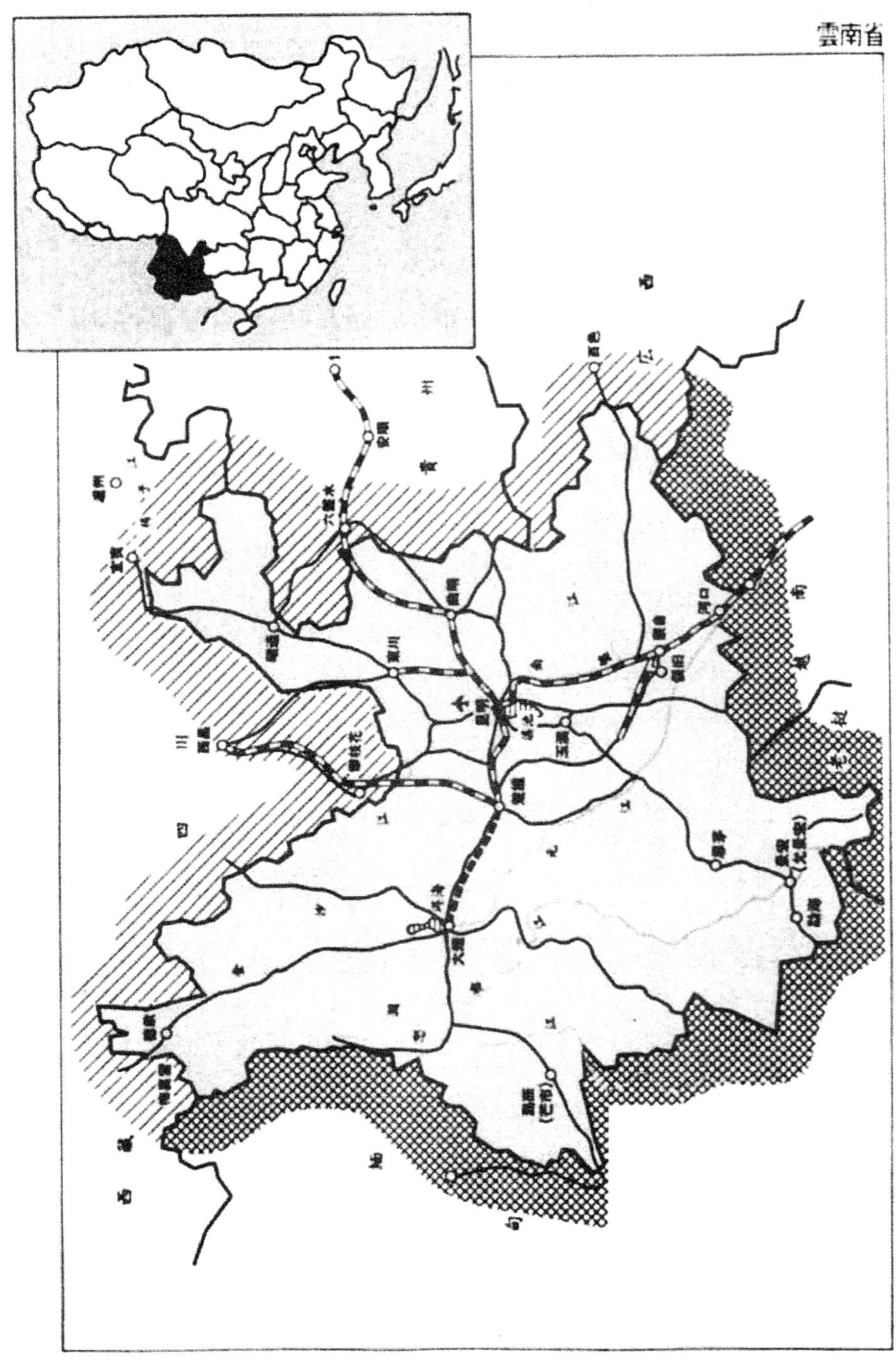
雲南省

2. 경제현황

임산자원과 광산자원이 풍부한 성에 속하며 비철을 중심으로 자원이 풍부하게 매장되어 있다. 그러나 항구가 없고 교통 등 사회간접자본의 개발이 미비하여 채굴되지 못하고 있고 지역의 대부분이 높은 지대여서 농업생산성이 낮다. 공업도 담배산업 외에는 두드러진 것이 없다. 기초산업과 기간산업이 미비하다.

이러한 지리적 여건은 90년대 중반 이후 개혁·개방을 적극적으로 받아들이면서 경제발전 여건을 변화시켰고 이에 따라 경제성장도 점차 빠르게 전개되고 있다. 최근 진행되고 있는 서부대개발 전략이 본격적으로 진행되어 도로·발전 등 사회간접자본 투자가 완공되면 경제발전은 더욱 신속하게 진행될 것으로 보인다.

특히 광시(廣西)자치구으로 통하는 철도가 완공되면 향후 국경무역이 보다 더 활발해질 것으로 예상되며 앞으로 베트남·라오스 등 주변 여러 나라와의 광역경제권을 형성할 가능성이 있다.

2004년의 지역내 총생산액은 2,960억 위엔으로 전년대비 11.5%의 경제성장률을 기록하였다. 산업별 구성은 1차 산업 15.4%, 2차 산업 47.5%, 3차 산업 37.1%로 3차 산업의 비중이 서서히 증가하고 있다. 성내 경제발전이 지연되고 있는데도 불구하고 담배산업의 수입이 안정적이고 관광산업이 빠르게 발전하는 관계로 경제상황이 내륙지역 중에서 비교적 안정되어 있다. 산업구조도 담배경작으로 농업이 일정수준을 계속 유지하고 있다.

지역주민의 1인당 GDP는 6,733위엔(815달러)으로 전체 평균보다 매우 낮은 수준이다. 도시주민의 1인당 가처분소득은 8,871위엔이었으며 농촌주민의 1인당 순수입은 1,864위엔으로 최하위 그룹에 속한다.

지방 재정수입은 263억 위엔으로 경제력에 비해 높은 수준인데 그 이유는 이윤이 높은 담배산업이 발달해 있기 때문이다. 재정지출도 가난한 소수민족 지역에 대한 보조가 많아 664억 위엔의 비교적 높은 수준을 유지하고 있다. 전사회고정자산투자 총액은 907억 위엔으로 도로, 발전소 등에 주로 투자되고 있으며 사회건설 총규모는 5,384억 위엔에 달했다.

한편 광물자원은 155종이 매장되어 있으며 그 중 52종은 전국 10위 이내에 들어 있다. 주요 자원을 보면 연·아연·규회석·흑연·납·아연·게르마늄·갈탄의 부존량이 전국 1위이고 생산량 전국 1위인 주석과 백금·암염·안티몬은 전국 2위의 매장량을 보이고 있다. 동 · 니켈 · 규사 · 보크사이트 · 인철광의 매장량은 전국 3위이고 석탄과 망간의 매장량도 많다. 자원개발에 필요한 수력에너지의 개발가능량도 7,117만 kWh로 전국 2위이며 지열에너지는 매장량도 많고 이용가치도 높은 편이다.

2004년 농업 총생산액은 965억 위엔으로 식량자급이 불가능하다. 주요 곡물로는 벼 · 밀 · 보리 · 옥수수 · 식용유 · 고구마 · 감자 · 콩 등이며 이밖에 담배 · 호도 · 고무 · 돼지 · 사탕수수 · 차잎 · 말 · 소 · 바나나 · 송진 · 배 등이 있다.

공업 총생산액은 2004년 2,094억 위엔으로 대도시 정도의 수준을 보이고 있다. 담배산업이 전국 1위인 것 외에 두드러진 산업은 없으나 비철금속과 채광 · 제련 · 화공 · 전력 · 야금 · 건자재 등이 비교적 양호하게 발달되어 있다. 최근의 동향은 제당 · 식품가공업 · 야금 · 화학공업이 비교적 빠르게 발전하고 있고 기계 · 전자산업도 발전속도가 빨라 성의 중점산업이 되었다. 주요 공산품으로는 담배 · 설탕 · 목재 · 차잎 · 유황 · 화학비료 · 천연가스 · 시멘트 · 강재 · 석탄 등이 있다.

윈난성 경제현황(2004년)

지역내 총생산액 (억 위엔)	1인당 GDP (위엔)	경제성장률	산업구조(%) 1차:2차:3차	근로자 연간 평균임금 (위엔)	사회고정 자산 투자 (억 위엔)	사회건설 총규모 (억 위엔)
2,959.5	6,733	11.5	15.4:47.5:37.1	15,017	906.8	5,383.8
재정수입 (억 위엔)	재정지출 (억 위엔)	도시주민 1인 평균 가처분 소득(위엔)	농촌주민 1인 평균 순수입(위엔)	농업총생산액(억 위엔)	공업총생산액 (억 위엔)	국유 및 규모 이상 비국유 기업수(개)
263.4	663.6	8,871	1,864	965.2	2,094.0	1,417
외자 기업수(개)	국유기업 과학기술요원(2003년, 만 명)			과학기술 특허상황(건)		
	엔지니어	과학자	의료인	발명특허	실용신안	디자인특허
1,761	9.0	0.4	9.9	235	586	443

자료 : 2005 中國統計年鑑, www.kita.net, 新中國五十五年統計資料匯編 1949-2004.

2004년 근로자 1인당 연평균 임금총액은 1만 5,017위엔(1,818달러)으로 전국 평균보다 높은 수준이다. 이것은 많은 관광객으로 인한 관광수입과 베트남 등 국가와 3,000km 이상 국경이 맞닿아 있어 국경무역이 발달해 있기 때문이다.

경제특별지역으로는 쿤밍에 첨단기술산업개발구가 설치되어 있고 루이리(瑞麗) · 허커우(河口) 등 4개 지역이 국경무역합작구로 지정되어 있다.

3. 사회간접자본

교통·통신 등 사회간접자본이 열악한데, 이 점이 성 발전에 제약요건으로 작용하고 있다. 철도는 꾸이양(貴陽)과 쿤밍(昆明)을 연결하는 꾸이쿤(貴昆)선, 청뚜(成都)와 쿤밍(昆明)간의 청쿤(成昆)선의 2대 간선이 뻬이징·상하이·청뚜·충칭·꾸이양·우한 등과 통하고 있으나 운송능력이 부족하다. 이에 따라 안삐엔(安邊)-수서(樹舍) 간을 연결하는 복선인 네이쿤(內昆)선, 따리(大理)-루이리(瑞麗)선, 꽝퉁(廣通)-따리(大理)선, 윈난·라오스·태국을 잇는 쿤밍-방콕간 국제철도 등을 계속 건설중에 있다. 2004년 철도영업 거리는 2,328㎞에 달했다.

도로는 윈난성의 주요한 운송수단으로서 쿤밍을 중심으로 교통망이 형성되어 있고 빠오산(保山)-텅충(騰衝)-인도(印度)를 잇는 중인꿍루(中印公路) 등 국제도로와 윈짱(雲藏), 쿤뤄(昆洛) 등의 국내 간선도로가 있다. 도로 총길이가 2004년 16만 7,050㎞로 중국에서 1위이다. 도로운송이 빠른 증가세이고 쿤밍-시쐉빤나(西雙版納), 쿤밍-루이리까지의 국도가 확장되고 있다. 상하이까지 4,090㎞ 및 후난성 형양까지 1,980㎞를 연결하는 고속도로 공사가 진행중이다.

윈난성 사회간접자본 현황(2004년)

<table>
<tr><td colspan="3">운송거리(㎞)</td><td colspan="3">여객 운송량(만 명)</td><td rowspan="2">자동차보유량
(승객용, 만 대)</td></tr>
<tr><td>철도영업</td><td>도로</td><td>내륙수운</td><td>철도</td><td>도로</td><td>내륙수운</td></tr>
<tr><td>2,328</td><td>167,050</td><td>2,539</td><td>1,739</td><td>36,502</td><td>412</td><td>52.3</td></tr>
<tr><td colspan="3">화물 운송량(만 톤)</td><td colspan="4">우편, 통신 사업</td></tr>
<tr><td>철도</td><td>도로</td><td>내륙수운</td><td>업무액
(억 위엔)</td><td>이동전화
(만 명)</td><td>특급우편
(만 건)</td><td>인터넷사용자
(만 명)</td></tr>
<tr><td>4,534</td><td>54,326</td><td>221</td><td>206.3</td><td>732.4</td><td>218.0</td><td>206</td></tr>
<tr><td colspan="6">교통, 통신 근로자 수(명)</td><td rowspan="2">자동차보유량
(화물용, 만 대)</td></tr>
<tr><td>철도</td><td>도로</td><td>내륙수운</td><td>항공</td><td>파이프라인</td><td>통신,
정보서비스</td></tr>
<tr><td>39,145</td><td>51,421</td><td>767</td><td>5,198</td><td>4</td><td>25,327</td><td>36.0</td></tr>
</table>

자료 : 2005 中國統計年鑑.

민용 항공노선은 쿤밍에서 뻬이징·상하이·꽝저우·시안·꾸이양 등의 대·중도시 등 성내 일부 지역에 이르는 정기편과 홍콩·방콕·베트남·양곤·싱가포르 · 한국 등으로 국제 항공노선이 개설되어 있으며 쿤밍 공항 제2기 확장공사가 진행중이다. 리강(麗江), 따리(大理) 민용공항은 신축, 빠오산(保山) 민용공항은 확장공사 중에 있다. 관광개발로 국제공항 사업이 활황을 보이고 있다.

전화는 모든 현이 전국과 장거리 전화망이 건설되어 있고 거의 모든 세계 각국과 자동전화가 가능하며 우편전신도 네트워크화되어 있다. 쿤밍을 비롯한 주요 도시는 선진적 통신시설이 완비되었고 인터넷 가입자는 206만 명에 이른다. 삼성에 의해 성 전체에 무선호출망이 건설되어 있으며 휴대폰 보유자도 732만 명으로 많은 편이다. 그러나 통신시설 전반이 여전히 미흡한 편이어서 이 분야에 대한 투자가 적극 진행중에 있다.

수력자원은 206억 kWh로 풍부하고 총발전량도 충분하나 공업기업의 수가 적어 전력이 남아돌아 서전동송(西電東送) 즉, 동부의 다른 성으로 수출하고 있다. 그럼에도 불구하고 현재도 계속 발전소 건설을 추진하고 있다.

공업용수는 풍부한 수자원을 바탕으로 충분히 공급되고 있다.

4. 대외경제

수출액은 1999년 10.3억 달러에서 2004년 20.2억 달러로 증가세가 완만한데 주요 수출품은 담배 · 무기화학품 · 비료 · 연제품 · 인 · 주석 및 제품 · 의류 · 망원경 · 송이버섯 · 차잎 · 야채 · 옥 장식품 등이다.

수입액은 같은 기간에 6.3억 달러에서 17.1억 달러로 증가하였는데 동력 · 기계 및 부품 · 포장기계 · 플랜트설비 · 강재 · 인쇄 기계 · 화공기계 · 화학섬유 등을 주로 수입하였다. 주요 무역대상국은 미안마(국경무역) · 일본 · 미국 · 호주 등이다.

특기할 것은 국경무역이다. 국경무역의 수출액이 2000년 2.8억 달러에서 2003년 21.0억 달러로 3년만에 10배로 증가하였고, 수입액은 같은 기간 0.8억 달러에서 13.8억 달러로 급격히 증가하였다.

국경무역의 규모는 정상적인 무역규모를 초과할 정도로 급속하게 발전하고 있다. 성 발전의 주요 요인이 되고 있다.

관광객도 성의 주요한 수입원인데 2003년 66만 명의 외국인이 방문하여 3.4억 달러의 수입을 올렸고 국내 관광객은 34만 명에 이르렀다.

외자기업의 수출은 1999년 0.4억 달러에서 2004년 2.1억 달러로, 수입은 같은 기간 1.0억 달러에서 1.1억 달러로 미미한 증가세를 보였다. 다른 내륙 지역과 마찬가지로 외자기업의 진출이 적고 외자기업의 무역액도 적다.

한국기업의 수출은 2000년 14백만 달러, 2004년 21백만 달러로서 주요 수출품목은 철강·화공원료·산업기계·가전제품·잡화류 등이며 수입은 각각 22백만 달러, 43백만 달러로서 수입품목은 유색금속·차잎·방직품·목재 등이다.

윈난성 대외경제 현황

년 도	1999	2000	2001	2002	2003	2004
총수출액(억 달러)	10.3	11.8	12.4	12.9	14.7	20.2
국경무역(수출, 억 달러)	-	2.8	18.0	19.2	21.0	-
외자기업의 수출(억 달러)	0.4	0.8	1.1	1.3	1.4	2.1
한국에 대한 수출(억 달러)	-	0.22	0.37	0.46	0.41	0.43
총수입액(억 달러)	6.3	6.4	7.5	10.3	12.5	17.1
국경무역(수입, 억 달러)	-	0.8	1.2	11.6	13.8	-
외자기업의 수입(억 달러)	1.0	1.2	1.0	1.2	1.2	1.1
한국으로부터 수입(억 달러)	-	0.14	0.07	0.06	0.13	0.21
외국기업의 직접투자(억 달러)	1.5	1.3	0.6	1.1	1.7	0.9
외자기업 등록 투자총액(억 달러)	-	48.2	53.8	60.6	73.1	79
외자기업 등록기업 수(개)	-	1,634	1,632	1,619	1,666	1,761
한국의 투자(건수, 백만 달러, 실제 투자액 기준)	- 0.1	-	4건 0.3	- 0.5	2건 0.2	6건 0.9

자료 : 中國統計年鑑, 각년 판, www.kotra.or.kr, www.koreaexim.go.kr, www.kita.net.

내륙에 위치하며 교통시설이 불편하여 외자기업의 내수판매를 어느 정도 허용하고 있다. 외국인 직접투자는 실제 투자액 기준으로 2004년 0.9억 달러를 기록하였다. 2004년 말 등록된 외자기업 수는 1,761개이고 등록된 총투자액은 79억 달러에 달한다.

한국의 투자는 2004년 실제 투자액 기준으로 6건 0.9백만 달러에 달했다.

5. 주요 도시 경제상황

① 쿤밍(昆明)시

윈꾸이(雲貴) 고원의 중부에 있는 해발 1,895m의 고원도시로서 2004년 1월 평균기온은 9.2℃, 7월은 20.4℃로서 연간 강우량은 1,024㎜를 기록하였다.

총면적은 2만 1,111㎢, 시할구 면적은 3,946㎢에 달하며 2004년 총인구는 503만 명, 시할구 인구는 226만 명이었다. 한(漢) · 후이(回) · 이(彝) · 빠이(白) · 먀오(苗) · 하니(哈尼)족 등 26개 다민족 지역이다. 행정구역은 우화(五華) 등 4개 구, 안닝(安寧)시, 청꿍(呈貢) 등 5개 현 및 3개 자치현으로 구성되어 있다.

역사 · 문화도시이면서 기온이 온화하고 계절변화가 크지 않아 여름은 덥지 않고 겨울은 춥지 않다. 이 때문에 꽃과 녹색이 화려한 '봄의 도시(春城)'라고 불리우며 경관이 뛰어나 겨울철 관광지로 유명하다. 주변에 수천 개의 기암괴석이 솟아있는 스린(石林)도 유명하다.

주민들은 인간적 의미에서 매우 여유로운 생활을 즐긴다.

2004년 말 지역 총생산액은 942억 위엔으로 경제성장률은 전년대비 12.0%의 증가율을 보였으며 1인당 GDP는 1만 8,773위엔(2,273달러)으로 나타났다. 산업별 비중은 1차, 2차, 3차 산업이 각각 7.0%, 48.2%, 44.8%를 차지하였다.

2004년 지방 재정수입은 73억 위엔, 재정지출은 92억 위엔이며 고정자산투자 총액은 435억 위엔에 이르렀고 도시와 농촌 주민의 저축총액은 826억 위엔이었다. 내륙으로는 소득수준이 높은 편이며 투자도 많이 하고 주민의 저축도 많다.

광물은 인 · 염 · 철 · 석탄 · 석영 등이다. 인광의 매장량은 전국에서 가장 많다. 주요 농산품은 쌀 · 옥수수 · 담배 · 채유식물 · 채소 · 과일 · 화혜 등이다.

기계 · 담배 · 야금 · 전력 · 건자재 · 화공 · 방직 · 경공 · 의료기기 · 전자 · 제지 · 식품가공 등 다양한 산업이 발전하고 있으나 전국적 수준으로는 낮은 편이다. 전선 · 광학기기 · 담배 · 약재 등에 대한 국내외의 수요가 많다. 2004년의 공업 총생산액은 750억 위엔이며 근로자 1인당 연평균 임금은 1만 6,647위엔(2,015달러)으로 나타났다.

1999년 쿤밍의 우수 상품과 자원을 재조합하여 쿤밍의 이미지를 국내외에 높인

'쿤밍마케팅' 이후 쿤밍의 지명도가 급격히 상승하여 국내와 해외에서 쿤밍제품의 판매가 급증하고 있고, 쿤밍과 윈난에 대한 관광객도 급속히 증가하고 있다.

교통・통신시설이 완비되어 있다. 청쿤(成昆)・꾸이쿤(貴昆) 등 철도와 띠엔미엔(滇緬), 쿤뤄(昆洛) 등 도로의 교차지역이며 국제 및 국내 항공노선이 있다.

국가급의 첨단기술산업개발구와 띠엔츠(滇池)리조트개발구가 건설되어 있다.

2004년의 실제 외자투자액은 0.6억 달러에 달하였다.

② 따리(大理) 빠이족(白族) 자치주

따리 빠이족 자치주는 윈난성 서북부에 위치하며 리강(麗江), 추숭이(楚雄彛) 자치주 등과 인접해 있고 4개 하천이 자치주를 지난다. 아열대 고원형 서남계절풍 기후에 속한다.

총면적은 2만 9,459㎢에 달하고 총인구는 337만 명에 달하며 행정구역은 따리(大理)시와 삔촨(賓川) 등 8개 현 및 3개 자치현으로 구성되어 있다.

경치가 아름답고 역사가 유구하여 국무원이 지정한 역사・문화 도시이고 자연보호지역이다.

대리석・염・석탄 등 광물자원이 풍부하며 최근 따리 비행장, 꽝따(廣大)선, 추따(楚大)고속도로, 대리(大麗) 도로 등이 신설되었다.

주정부 소재지인 따리시는 총면적이 1,815㎢, 경지면적이 1,281만 헥타르이며 시 인구는 2004년 59만 명에 달한다. 연평균 기온은 15℃, 연평균 일조시간은 2,280시간 내외, 강우량은 1,240㎜ 내외이다.

2004년 말 지역 총생산액은 80억 위엔이며 산업별 비중은 각각 1차 산업 10.3%, 2차 산업 44.4%, 3차 산업 45.3%를 차지하였다. 1인당 GDP는 1만 3,530위엔(1,638달러) 정도로 추산된다.

고정자산 투자 중에서 기본건설 분야의 투자는 16.4억 위엔, 갱신개조 투자는 4.1억 위엔에 달하였다. 근로자 수는 8.0만 명, 근로자 1인당 연평균 임금은 1만 4,331위엔(1,735달러)이었다.

2004년 도소매 매출액은 46억 위엔에 이르렀고 외자유치액은 213만 달러였다.

③ 위시(玉溪)시

위시시는 위시(玉溪)지구의 중심도시로서 동쪽은 훙하(紅河), 서쪽은 추숭이(楚雄彛), 남쪽은 쓰마오(思茅), 북쪽은 쿤밍(昆明)과 인접한다.

평균 기온은 15.5℃~24℃이고 연평균 강우량은 700~900㎜에 달한다.

총면적은 1만 5,285㎢, 시할구는 1,004㎢이고 2004년 총인구는 209만 명, 시할구의 인구는 40만 명이다. 행정구역은 홍타(紅塔)구와 퉁하이(通海) · 장촨(江川) 등 50개 현 및 3개 자치현으로 나뉘어 있다. 홍타구의 면적은 1,004㎢이고 2004년 인구는 39만 명이었다.

2004년 말 지역 총생산액은 328억 위엔으로 경제성장률은 전년대비 8.2%의 증가율을 보였으며 1인당 GDP는 1만 5,787위엔(1,911달러)으로 나타났다. 산업별 비중은 1차, 2차, 3차 산업이 각각 11.1%, 65.4%, 23.6%를 차지하였다.

2004년 지방 재정수입은 30억 위엔, 재정지출은 37억 위엔이며 고정자산투자총액은 82억 위엔에 이르렀고 도시와 농촌 주민의 저축총액은 163억 위엔이었다.

광물자원은 철광 · 니켈 · 동 · 인 · 코발트 · 금 · 알루미늄 · 아연 · 석고 · 백운석 등을 생산한다.

토지가 비옥하여 물산이 풍부한 편이다. 주요 농산물은 식량 · 담배 · 유채 · 감자 · 과일 · 가축 · 가금 · 어류 등인데 특히 담배의 생산량이 많고 품질이 우수하다.

공업은 담배 · 화공 · 야금 · 기계 · 전자 · 방직 · 의약 · 식품 · 건자재 등 업종이 비교적 발전하였다. 2004년의 공업 총생산액은 325억 위엔, 근로자 1인당 연평균 임금은 1만 6,458위엔(1,992달러)에 달하였다.

사회소비재 소매액은 44억 위엔이었다.

시내에 200여개의 국도가 있고 추슝(楚雄)과 머장(墨江)을 왕래하는 추머(楚墨), 친청(晋城)과 쓰마오(思茅)를 연결하는 진쓰(晋思) 간선도로가 있다. 철도는 쿤위(昆玉)선이 지난다.

이동전화의 사용량이 급속히 확대되고 있고, 광케이블 디지탈망도 건설이 완료되었다. 2004년의 휴대폰 사용자는 41만 명, 인터넷 가입자는 11만 명에 이르렀다. 성급 위시경제기술개발구가 있다.

2004년 현재 외자 공업기업의 개수는 8개, 생산액은 10억 위엔에 이르며, 실제 외자투자액은 986만 달러에 달하였다.

제5절 시짱(西藏)티베트자치구, (간칭:藏)

1. 시짱티베트자치구 개요

중국 서남국경에 위치하고 동으로는 쓰촨성・윈난성, 남으로는 인도・네팔・부탄・미얀마, 서쪽으로는 캐시미르 고원, 북으로는 칭하이성(青海省)・신장(新疆)자치구와 인접하고 있다.

면적은 122.8만㎢, 인구는 2004년 말 현재 274만 명이며 고원 대륙성 기후에 속한다. 고원・산악・초원지대가 많아 지역별로 연평균 기온이 차이가 크다. 자치구의 연간 평균 강우량은 200~500㎜이고, 산간지대의 남쪽은 2,000㎜에 달한다.

행정구역은 1개 지급 시, 6개 지구, 1개 시할구, 1개 현급 시, 71개 현으로 나뉘어 있으며 주요 도시로는 성도인 라싸(拉薩)와 린즈(林芝), 창뚜(昌都), 산난(山南) 등이 있다.

티베트는 세계의 숨겨진 땅으로 알려져 있었으나 점차 그 베일을 벗고 있다. 관광지로는 호화로운 불교 궁전인 뿌따라꿍(布達拉宮), 이슬람 사원인 칭전꾸쓰(淸眞古寺) 등이 있다.

2. 경제현황

대부분이 높은 지대이며 티베트족이 95% 이상을 차지하고 있다. 면적은 넓고 인구는 희소하나 신장자치구와 함께 독립 움직임이 있어 중국 내의 '특수지역'이라 할 수 있다. 따라서 티베트에 대해서는 경제뿐만이 아니라 항상 정치적인 문제를 결부시켜 생각해야 한다.

경제력이 매우 낮아 2004년 지역내 총생산액이 212억 위엔에 불과하였으나 경제 성장률은 12.2%를 나타냈다.

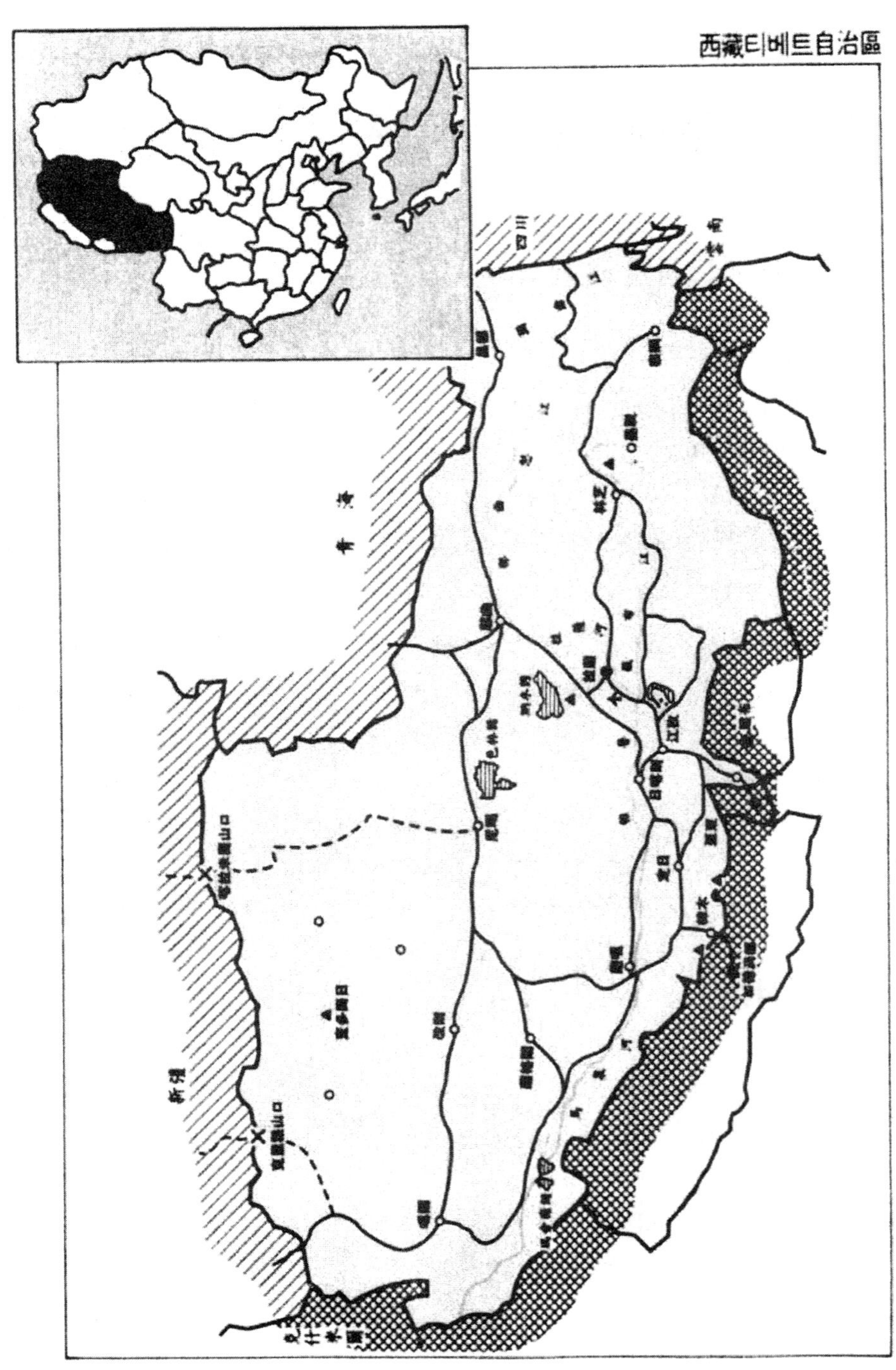

西藏티베트自治區

전국 GDP의 0.1%에도 못 미치며 산업도 목축업을 근간으로 한 농업 위주이고 공업이라고 할 만한 것은 없는 형편이다. 지역주민 1인당 GDP는 7,779위엔(942달러)으로 빈곤지역에 속하며 도시주민의 1인당 가처분소득은 9,106위엔으로 전국 평균수준에 약간 미달된다. 농촌주민 1인당 순수입은 1,861위엔으로 전국 최저수준이다.

2004년 지방 재정수입은 10억 위엔이고 지출은 134억 위엔으로 대부분 중앙의 보조를 받는다. 전사회고정자산투자 총액은 162억 위엔으로 국가에 의한 투자가 상당부분을 차지하고 있다. 타 성의 일개 도시에도 못미치는 투자수준이다. 이에 따라 사회건설 총규모도 363억 위엔에 불과하다. 당연히 외자기업의 진출도 적고 기여도도 매우 적다.

최근 칭짱철도가 완공되어 운송비가 하락하면서 관심이 높아지고 있다.

시짱티베트자치구 경제현황(2004년)

지역내 총생산액 (억 위엔)	1인당 GDP (위엔)	경제성장률	산업구조(%) 1차:2차:3차	근로자 연간 평균임금 (위엔)	사회고정 자산 투자 (억 위엔)	사회건설 총규모 (억 위엔)
211.5	7,779	12.2	20.5:27.2:52.3	30,873	162.4	363.2
재정수입 (억 위엔)	재정지출 (억 위엔)	도시주민 1인 평균 가처분 소득(위엔)	농촌주민 1인 평균 순수입(위엔)	농업총생산액(억 위엔)	공업총생산액 (억 위엔)	국유 및 규모 이상 비국유 기업수(개)
10.0	133.8	9,106	1,861	62.7	28.4	164
외자 기업수(개)	국유기업 과학기술 요원(2003, 만 명)			과학기술 특허상황(건)		
	엔지니어	과학자	의료인	발명특허	실용신안	디자인특허
86	0.3	0.04	0.7	3	5	15

자료 : 2005 中國統計年鑑, www.kita.net, 新中國五十五年統計資料匯編 1949-2004.

광물자원은 94종이 매장되어 있고 그 중 11종은 전국 5위내에 들어 있다. 주요 자원으로는 세계 1위 겸 전국 1위의 부존량을 보이는 리튬, 전국 1위인 크롬·금강석·수정 및 매장량 천만 톤 이상의 동·연·아연·납·붕사·몰리브덴·유철광·철광석·석탄·소다 등이 있다. 목재 축적량이 많고, 수력개발 가능량도 풍부한 편이다. 그러나 철도가 없고 노동조건도 좋지 않아 거의 개발되지 않고 있다.

2004년의 농업 총생산액은 63억 위엔으로서 농업과 목축업이 각각 반 정도를 차지하고 있는데 보리·면양·소·산양·양모 등이 주요 생산품이다. 농업은 일조량은 풍부하나 강수량이 적고 추위로 생장기간이 짧아 작황이 부진한 편이다. 이러한 기후적 요인으로 동충하초 · 영지 · 천마 등의 한약재가 많이 생산되고 있다.

공업기업이 적은 관계로 공업 총생산액은 28억 위엔으로 매우 적고 전년에 비해 감소했다. 전력 · 채광 · 건축 · 건재 · 방모 · 인쇄 · 경공업 · 식품 등 부문에 중소 기업이 약간 있을 뿐이다. 주요 공산품으로는 시멘트 · 목재 · 크롬광석 · 황금 · 식용유, 민속공예품 정도를 들 수 있다. 근로자 1인당 연평균 임금은 3만 873위엔(3,738달러)으로 상당히 높은 수준인데 이는 공업 근로자들이 적어 상대적으로 높은 대우를 받는 것이라 할 수 있다.

해발 4,000m 이상의 고원지대여서 관광업이 상대적으로 발전해 있다.

3. 사회간접자본

시짱티베트자치구는 철도가 없는 유일한 지역이었는데, 2006년 칭하이성 꺼얼무에서 라싸까지 전장 960㎞(총 연장은 1,925 km)의 칭짱철도가 완공되었다.

도로는 4만 ㎞를 넘지만 워낙 지역 자체가 광대하기 때문에 몇 개의 도시와 쓰촨성 · 칭하이성과 인도 · 네팔 · 파키스탄 등을 연결하고 있을 뿐이다. 도로의 여객 운송량은 256만 명, 화물 운송량은 246만 톤으로 지역적 특성상 매우 적다. 최근 라싸에서 딴뚱을 연결하는 전장 4,590㎞의 고속도로 공사가 진행중이다. 항공은 뻬이징 · 상하이 · 광저우 · 청뚜와 해외로는 네팔의 카트만두를 연결한다.

연료에너지를 공급하기 위해 라싸에서 칭하이의 꺼얼무(格爾木)시까지 석유 파이프라인을 부설하였다.

2004년의 휴대폰 이용자는 40만 명, 인터넷 가입자는 7만 명이었다.

시짱티베트자치구 사회간접자본 현황(2004년)

운송거리(㎞)			여객 운송량(만 명)			자동차보유량 (승객용, 만 대)
철도영업	도로	내륙수운	철도	도로	내륙수운	
-	42,203	-	-	256	-	4.9
화물 운송량(만 톤)			우편, 통신 사업			
철도	도로	내륙수운	업무액 (억 위엔)	이동전화 (만 명)	특급우편 (만 건)	인터넷사용자 (만 명)
-	246	-	13.3	39.7	30.7	7
교통, 통신 근로자 수(명)						자동차보유량 (화물용, 만 대)
철도	도로	내륙수운	항공	파이프라인	통신, 정보서비스	
-	3,138	9	630	-	2,258	3.3

자료 : 2005 中國統計年鑑.

4. 대외경제

대외무역 현황을 보면 수출이 1999년 0.9억 달러, 2004년 1.2억 달러, 수입은 각각 0.8억 달러, 2004년 0.5억 달러에 불과하였다. 주요 수출품은 면양모, 카페트 등이고 주요 수입품은 강재, 자동차 및 오토바이 등이다.

시짱티베트자치구 대외경제 현황

년　도	1999	2000	2001	2002	2003	2004
총수출액(억 달러)	0.9	1.1	0.8	0.7	1.0	1.2
외자기업의 수출(억 달러)	0.02	0.04	0.02	0.02	0.02	0.02
한국에 대한 수출(억 달러)	-	-	-	0.001	0.001	0.005
총수입액(억 달러)	0.8	0.2	0.1	0.6	0.5	0.5
외자기업의 수입(억 달러)	0.09	0.02	0.02	0.005	0.02	0.03
한국으로부터 수입(억 달러)	-	-	-	0.018	0.004	0.006
외국기업의 직접투자(억 달러)	-	-	1.6	-	0.8	-
외자기업 등록 투자총액(억 달러)	-	3.4	3.4	3.5	3.6	3
외자기업 등록기업 수(개)		78	85	94	107	86
한국의 투자(건수, 백만 달러, 실제 투자액 기준)	-	-	-	-	-	-

자료 : 中國統計年鑑, 각년 판, www.kotra.or.kr, www.koreaexim.go.kr, www.kita.net.

외자기업의 수출액은 1999년 2백만 달러, 2004년 2백만 달러이며 수입액은 각각 9백만 달러, 3백만 달러를 기록하여 이 지역에 진출한 외자기업들은 내수 위주의 기업이라는 점을 알 수 있다.

외국인 직접투자는 2003년 0.8억 달러에 달하였으며 한국의 투자는 통계에 잡히지 않고 있다. 2004년 말 등록된 외자기업 수는 86개, 투자총액은 3억 달러에 달하였다.

5. 주요 도시 경제상황

① 라싸(拉薩)시

시짱 자치구의 중부, 라싸허의 북쪽에 위치하며 해발 3,500m 내외의 시짱 고원 지대에 있다. 2004년 1월 평균 기온은 영하 0.9℃, 7월 평균 기온은 14.4℃로서 1년 내내 안개가 없고 일조량이 풍부하다. 연간 강우량은 555㎜에 달하였다.

총면적은 3만 1,662㎢, 시할구 면적은 523㎢이고 총인구는 42만 명, 시할구 인구는 15만 명이었다. 행정구역은 청꽌(城關)구, 린저우(林周) 등 7개 현으로 구성되어 있다.

농업으로는 청과물 · 밀 · 목축업 · 약재 등이 있으며 공업은 전력 · 석탄 · 기계 · 방직 · 화공 · 경공업 등이 있다.

제6절 산시(陝西)성, (간칭:陝)

1. 산시성 개요

서북지구의 동부, 황하(黃河) 중류에 위치하며 동쪽과 동남쪽으로는 산시성과 허난성 및 후뻬이성, 서쪽과 서북쪽으로는 깐쑤(甘肅)성과 닝샤후이쭈(寧夏回族) 자치구, 남쪽은 쓰촨성, 북쪽은 네이멍꾸자치구와 인접해 있다. 대륙성 계절풍 기후에 속한다.

총면적은 20.6만㎢이고 총인구는 2004년 말 현재 3,705만 명이며 행정구역은 10개 지급 시, 24개 시할구, 3개 현급 시, 80개 현으로 구성되어 있고 주요 도시로는

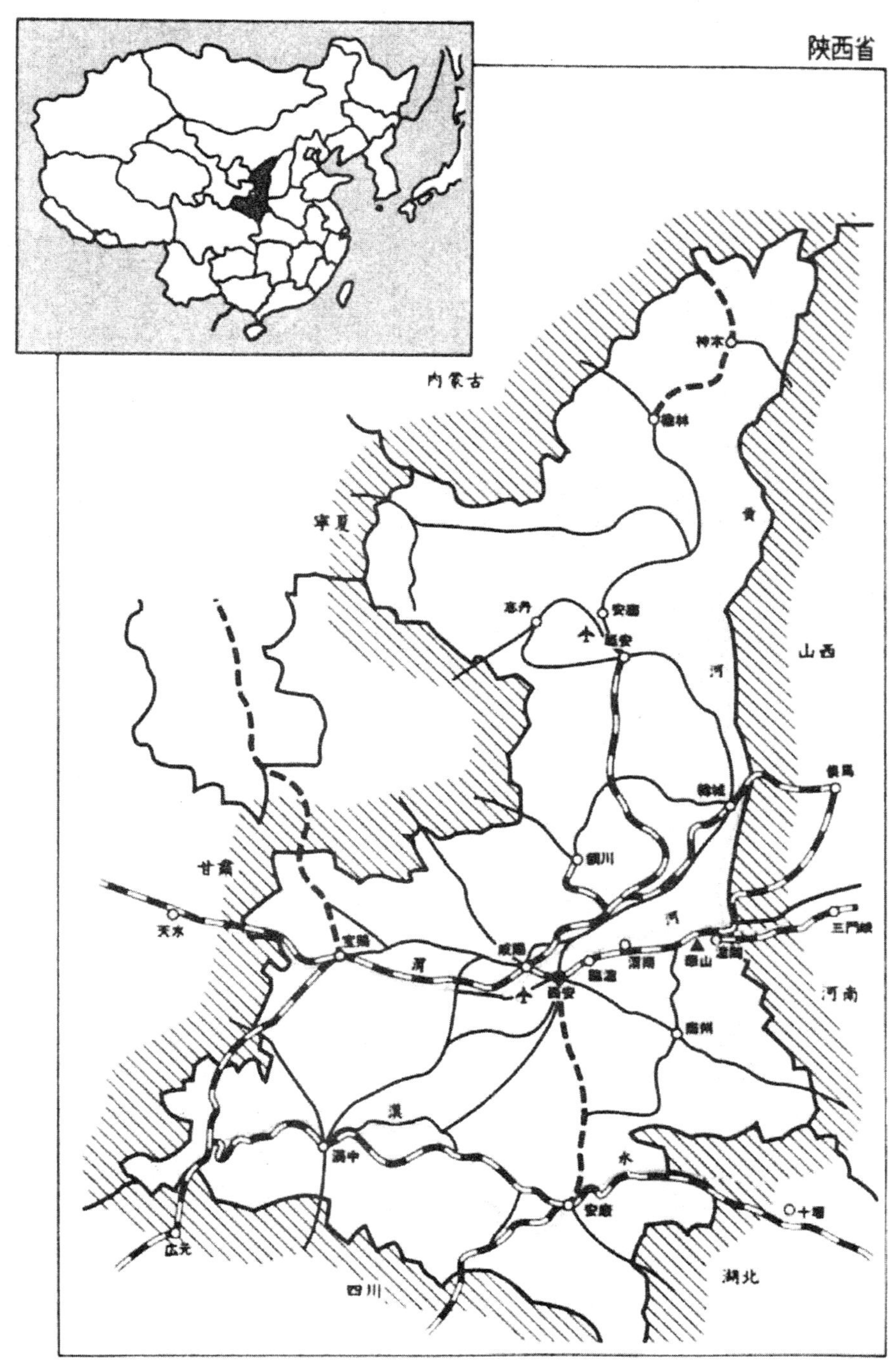
陝西省
内蒙古
寧夏
甘肅
山西
河南
湖北
四川
黄
河
渭
漢
水
銅川
天水
西安
三門峡
十堰
広元

성도인 시안(西安)과 빠오지(寶鷄), 시엔양(咸陽), 퉁촨(銅川), 공산혁명 시기에 공산당의 주요 거점이 된 옌안(延安) 등이 있다.

진시황(秦始皇)의 사후를 지키기 위한 삥마융(兵馬俑), 현장법사의 거처였던 츠언사(慈恩寺), 역대 명필의 글을 새긴 뻬이린(碑林), 양귀비가 사용했던 온천지 화칭츠(華淸池) 등 많은 역사적 유물과 관광지가 있다.

최근 진행되고 있는 서부대개발 전략의 중심지로서 향후 급속한 발전이 예상되는 지역이다.

2. 경제현황

산시성(陝西省)은 보유자원은 많으나 내륙에 위치하여 기후나 토양 등 농업조건이 좋지 않고 경제적으로 낙후된 지역이라 할 수 있다. 반면 60년대의 3선건설로 국방산업 위주의 공업기반이 형성되어 있고 일정 수준의 기술인력이 있다.

최근 서부대개발 전략의 중점지역으로 지정되면서 첨단산업 건설이 진행중에 있다. 역사적으로 시안(西安)에 관광명소가 많아 관광업이 발달해 있고 이것이 성 경제발전의 큰 도움이 되고 있다.

2004년의 지역내 총생산액은 2,884억 위엔으로 12.9%의 높은 경제성장률을 보였으며 산업별 구성은 1차 산업 13.3%, 2차 산업 47.3%, 3차 산업 39.4%의 비중을 차지하고 있다. .

지역주민의 1인당 GDP는 7,757위엔(939달러)로 낮은 편에 속하며 도시주민의 1인당 가처분소득은 7,492위엔, 농촌주민의 1인당 순수입은 1,867위엔으로 전국적으로 최저 수준이다.

지방 재정수입은 2004년 215억 위엔, 지출은 516억 위엔으로 지역건설을 위해 중앙으로부터 많은 보조를 받고 있으며, 전사회고정자산투자에는 1,528억 위엔에 달하였다. 사회건설 총규모는 4,271억 위엔으로 서부대개발의 진행으로 도시건설이 활발히 이루어지고 있다.

광물자원은 비교적 풍부하여 112종의 자원이 있고 그 중 57종은 매장량이 확인되어 있는데, 주요 자원으로는 레늄과 칼륨의 매장량이 전국 1위이고 몰리브덴 · 수은 · 석면은 전국 2위, 천연가스와 석탄은 전국 3위에 올라 있다. 텅스텐 · 안티몬 · 철광석 · 납 · 연 · 아연 · 인광석 · 유철광 · 석유 · 석회석 · 편마암 · 소다 · 비철금속 · 천연가스 등도 풍부한 편이다.

성 남북 지방간의 기온차가 심해 재배되는 농작물이 다양한 편이다. 남부지방은 2모작이 가능하고 아열대 과일 · 차잎 · 담배 등이 생산되고 있다. 북부 및 산악지방에서는 옥수수와 겨울 밀이 주요 재배 농작물이며, 여타 지방에서는 쌀(통상 2년 3모작) · 겨울 호밀 · 담배 · 소 · 누에 · 기장 · 수수 · 보리 · 사탕무우 등이 골고루 재배되고 있다.

2004년 농업 총생산액은 651억 위엔으로 많지 않으며 주요 농산물은 목화 · 천마 · 호도 · 깨 · 과일 · 산양 · 종자유 · 담배 · 누에고치 · 캐시미어 등이다.

한편 2004년의 공업 총생산액은 1,269억 위엔으로 전국 평균을 하회하고 있는데 이는 국유기업의 비율이 높기 때문인 것으로 보인다. 60년대에 주요 군사기지를 건설했었기 때문에 현재의 중공업 위주 공업구조를 가지고 있고 최근에는 정보통신 등 첨단산업의 발전에 노력중이다.

주요 산업부문을 보면 전자 · 군수 · 가전 · 석탄채광 · 석유채굴 · 철강제련 · 화공원료 · 기계제조 · 전기 · 방직 · 염색 · 연초가공 · 교통설비 · 의약 · 경공업 등이 있다. 근로자 1인당 연평균 임금은 1만 3,234위엔(1,602달러)에 달하였다.

산시(陝西)성 경제현황(2004년)

지역내 총생산액 (억 위엔)	1인당 GDP (위엔)	경제성장률	산업구조(%) 1차:2차:3차	근로자 연간 평균임금 (위엔)	사회고정 자산 투자 (억 위엔)	사회건설 총규모 (억 위엔)
2,883.5	7,757	12.9	13.5:46.5:40.0	13,234	1,527.5	4,271.1
재정수입 (억 위엔)	재정지출 (억 위엔)	도시주민 1인 평균 가처분 소득(위엔)	농촌주민 1인 평균 순수입(위엔)	농업총생산액(억 위엔)	공업총생산액 (억 위엔)	국유 및 규모 이상 비국유 기업수(개)
215.0	516.3	7,492	1,867	651.2	1,268.9	2,712
외자 기업수(개)	국유기업 과학기술요원(2003년, 만 명)			과학기술 특허상황(건)		
	엔지니어	과학자	의료인	발명특허	실용신안	디자인특허
2,754	9.6	0.3	8.4	459	1,193	355

자료 : 2005 中國統計年鑑, www.kita.net, 新中國五十五年統計資料匯編 1949-2004.

산시성(陝西省)은 중국 최초의 C-TV 브라운관 · 로케트 엔진 · 민용비행기를 생산했으며 신형 방직기계 · 냉장고 및 에어컨 압축기 · 자동차 · 버스 등을 생산하고 있다. 기계 공업 중 전자전기 · 계측기 · 공작기계 · 중형자동차 · 플랜트 설비 등은 국내에서 최고의 경쟁력을 보유하고 있고 무선통신 설비 · TV · 냉장고 · 세탁기 등 전자공업 분야도 국내외의 매우 높은 지명도를 가지고 있다. 최초의 인공위성을 발사한 지역이다. 이밖에 주요 공산품으로는 담배 · 석탄 · 시멘트 · 화학비료 · 혼합사료 · 강 · 원유 등을 들 수 있다.

경제특별지역으로 첨단기술산업개발구에 시안, 빠오지가 지정되어 있으며 양링(楊淩)에 농업첨단기술산업시범구가 건설되어 있다.

향후 상대적인 비교우위를 지니고 있는 첨단기술 산업, 관광서비스업, 농산물 품질개량, 군수산업 기반의 정보 · 통신 · 항공우주 등의 상호 연계발전을 추진할 계획이다.

3. 사회간접자본

핵심 철도 노선인 성내 룽하이(隴海)선과 빠오청(寶成)선은 타이링(泰領)산맥과 빠산(巴山)을 넘어 중국 서남부와 서북부를 연결하는 전략적 교통수단이다. 2004년 말 현재 철도영업 총거리는 3,151㎞에 이른다.

도로 총연장은 5만 2,720 ㎞이며 모든 도로는 성도인 시안을 중심으로 각 지방까지 연결되어 있다. 앞으로 10년 동안 1,300억 위엔을 들여 준고속도로 3,100㎞ 건설할 계획이다. 현재 인프라 확충과 수자원 확보 차원에서 '남수북조(南水北調)'를 적극 추진하고 있다.

시안 · 시엔양(咸陽)공항은 뻬이징 · 상하이 · 꽝저우 등에 120여개 항공노선이 있고 홍콩 · 일본 · 한국 등에 6개 국제 정기항로가 개설되어 있다. 최근 새로운 공항을 건설중에 있다.

통신은 2004년 휴대폰 가입자가 789만 명이 넘으며 해외 190여개 지역과 국가, 국내 900여개 시 · 현과 직통전화가 가능하다. 인터넷 사용자는 258만 명에 이르고 있다.

산시(陝西)성에서 생산된 천연가스를 상하이에 공급하는 '서기동수'를 추진할 정도로 가스매장량이 풍부하다.

산시(陝西)성 사회간접자본 현황(2004년)

운송거리(km)			여객 운송량(만 명)			자동차보유량 (승객용, 만 대)
철도영업	도로	내륙수운	철도	도로	내륙수운	
3,151	52,720	1,066	3,231	31,763	356	41.8
화물 운송량(만 톤)			우편, 통신 사업			
철도	도로	내륙수운	업무액 (억 위엔)	이동전화 (만 명)	특급우편 (만 건)	인터넷사용자 (만 명)
7,810	30,038	113	244.0	788.7	365.6	258
교통, 통신 근로자 수(명)						자동차보유량 (화물용, 만 대)
철도	도로	내륙수운	항공	파이프라인	통신, 정보서비스	
90,000	48,226	191	8,365	54	18,564	19.0

자료 : 2005 中國統計年鑑.

4. 대외경제

대외무역은 여타 내륙지방의 성・자치구에 비해 규모가 적다. 수출액은 1999년 10.2억 달러에서 2004년 26.2억 달러로, 수입액은 같은 기간 10.6억 달러에서 19.3억 달러로 증가하였다.

주요 수출품은 기계・화섬 직물・전신설비 및 기자재・옥수수・무명실・면직물・석탄・쌀・한약재・금속광물・강재・화공원료・알루미늄・아연・전자부품 등이며 주요 수입품은 플랜트 설비・약품제조 원료・전신설비 및 기자재・유색금속・기계・자동차・모터싸이클 및 부속품・화공원료・흑색금속・합성섬유 등이다. 주요 교역상대국은 일본・미국・한국・독일・네덜란드・프랑스 등이다.

외자기업의 수출액은 1999년 0.9억 달러가 2004년 2.3억 달러로, 수입액은 같은 기간 2,4억 달러가 4.3억 달러로 증가하였다.

한국의 수출액은 1999년 0.4억 달러, 2004년 0.5억 달러에 달하였고 수입액은 각 1.2억 달러, 3.4억 달러를 기록하였다.

외국인 직접투자는 실제 투자액 기준으로 2004년 3.5억 달러에 달했으며 주요 투자국은 일본・미국・한국・독일・네덜란드・프랑스・대만・미국・일본・싱가포르 등이다. 한국의 투자는 2004년 실제 투자액 기준으로 3건 0.9백만 달러에 불과하였다.

산시(陝西)성 대외경제 현황

년 도	1999	2000	2001	2002	2003	2004
총수출액(억 달러)	10.2	13.3	14.2	15.8	19.1	26.2
외자기업의 수출(억 달러)	0.9	1.2	1.1	1.1	1.6	2.3
한국에 대한 수출(억 달러)	1.2	2.0	1.9	2.1	1.9	3.4
총수입액(억 달러)	10.6	10.6	12.3	12.1	15.4	19.3
외자기업의 수입(억 달러)	2.4	2.4	2.6	2.9	3.7	4.3
한국으로부터 수입(억 달러)	0.4	0.3	0.4	0.3	0.3	0.5
외국기업의 직접투자(억 달러)	2.4	2.9	3.5	3.6	3.3	3.5
외자기업 등록 투자총액(억 달러)	-	83.2	96.0	106.3	116.0	125
외자기업 등록기업 수(개)	-	2,761	2,971	2,993	3,179	2,754
한국의 투자(건수, 백만 달러, 실제 투자액 기준)	- -	- 2.4	2건 0.2	1건 0.4	- -	3건 0.9

자료 : 中國統計年鑑, 각년 판, www.kotra.or.kr, www.koreaexim.go.kr, www.kita.net.

등록되어 있는 전체 외자기업 수는 2,754개로 전년대비 감소하였고 투자총액은 125억 달러로 나타나 있다.

5. 주요 도시 경제상황

① 시안(西安)시

성도 시안은 과거에 창안(長安)으로 불렸던 역사도시로 산시성 웨이하(渭河) 평야 중부, 웨이하 남쪽, 친링(秦岭) 이북, 룽하이(隴海)선 선상에 위치한다.

해발 400m 내외의 웨이하 평야에 있으며 난온대 계절풍 기후로서 사계절이 분명하고 여름과 겨울이 비교적 길다. 2004년 1월 평균기온은 1.6℃, 7월 평균기온은 27.8℃이고 연간 강우량은 513㎜이다.

총면적은 9,983㎢, 시할구 면적은 3,547㎢이며 2004년 총인구는 725만 명, 시할구 인구는 516만 명이다. 행정구역은 리엔후(蓮湖) · 신청(新城) 등 9개 구와 4개 현으로 구성되어 있다.

3천년 이상의 긴 역사를 지녔고 13개 왕조의 수도가 있었던 중국 3대 고도(古都)의 하나이며 시안과 로마를 잇는 대상(隊商)의 길, 실크로드의 시발점으로서 세계적으로도 유명한 도시이다.

전설상의 염제(炎帝), 헌원황제(軒轅黃帝) 관련 이야기가 있으며 관광지로는 서유기의 삼장법사와 관련된 츠언사(慈恩寺), 성 박물관과 역대 명필이 새겨진 1,095기의 뻬이린(碑林), 진시황릉(秦始皇陵)과 진시황 사후를 지키기 위한 6,000체의 삥마용(兵馬俑) 갱(坑), 현종과 양귀비의 애사(愛詞)가 담겨있는 화칭츠(華淸池), 천년이 넘는 이슬람 사원 칭전사(淸眞寺) 등이 있다.

1960년대 마오쩌뚱의 3선건설 정책에 의해 과학 및 군수기지로 발전하면서 역사도시에서 과학도시로 변모하였다. 그러나 개혁・개방 이후 중국 정치, 경제의 중심지가 동부 연해지역으로 이동하고 경제제도 개혁, 자본형성, 공공 및 기업관리 능력, 기술응용력, 대외개방도가 부족하거나 부진하면서 발전이 더디게 되었다.

현재는 서북지역 5개 성의 정치・경제・과학기술・문화・교통・상업의 중심지로서 과학기술 인재들이 집중되어 있고 교육수준이 높으며 인력자원의 잠재력이 큰 지역으로 평가되고 있고 아울러 최근의 서부대개발 전략의 거점도시로 발전하고 있다.

2004년 말 지역내 총생산액은 1,096억 위엔으로 경제성장률은 전년대비 13.5%의 증가율을 보였으며 1인당 GDP는 1만 4,081위엔(1,705달러)으로 나타났다. 산업구조는 1차, 2차, 3차 산업이 각각 5.5%, 45.2%, 49.3%의 비중을 차지하였다.

2004년 지방 재정수입은 75억 위엔, 재정지출은 84억 위엔이며 고정자산투자 총액은 640억 위엔에 이르렀고 도시와 농촌 주민의 저축총액은 1,433억 위엔으로 상당히 많은 편이다.

광물자원으로는 석탄・석유・철・사금・소금 등이 풍부하다.

농업은 웨이하 평야가 중심이나 최근에는 북쪽지역을 포함한 여러 지역에 농지조성이 이루어져 농업발전이 진행되고 있다. 주요 농산물로는 밀・옥수수・수수・목화・콩 등이 있다. 양, 염소의 사육과 함께 과일・쌀・차・칠・한약재 등의 임산물 생산도 많은 편이다.

첨단기술 분야・항공・우주・군사 분야의 중요한 연구 및 생산기지이다. 연구소가 많고 첨단과학 기술의 성과가 풍부한 과학도시이다. 도시 외곽에 신흥공업지구가 형성되고 대규모 화력발전소가 건설되어 면방직・기계・항공기 및 부품・전자공업이 활발하다. 시엔양(咸陽)・빠오지(寶鷄) 등 지역에서 철강・기계・전기 · 방직 · 화공 · 시멘트 등 산업의 공업화가 현저하게 진행되고 있다. 최근에는 전자 · 소프트웨어 · 네트워크 · 광전자 · 데이터 통신설비 · 컴퓨터 등 분야에 대한 투자를 확대하고 있다.

2004년의 공업총생산액은 789억 위엔이었으며 근로자 1인당 연평균 임금은 1만 5,472위엔(1,873달러)으로 나타났다.

룽하이(隴海)선 · 시후(西戶)선 · 허우시(侯西)선이 교차하고 란저우(蘭州) · 빠오터우(包頭) · 지에파이(界牌) · 빠오지(寶鷄)로 가는 도로가 있다.

2004년 현재 외자 공업기업의 개수는 64개, 생산액은 90억 위엔에 이르며, 실제 외자투자액은 2.8억 달러에 달하였다.

② 빠오지(寶鷄)시

웨이하(渭河) 평야 서쪽에 있고 웨이하가 시내를 관통한다. 기후는 난온대 계절풍에 속하며 연평균 기온은 12.8℃이고 봄과 여름이 간혹 빨리 찾아오기도 한다.

총면적은 1만 8,172㎢, 시할구 면적은 3,574㎢에 이르며 2004년 총인구는 369만 명, 시할구 인구는 74만 명이었다. 행정구역은 진타이(金台) · 웨이삔(渭濱) 등 3개 구와 빠오지(寶鷄) · 치산(岐山) 등 9개 현으로 편제되어 있다.

주(周)와 진(秦) 문화의 발상지로서 산시성의 제2 도시이다.

2004년 말 지역내 총생산액은 320억 위엔으로 경제성장률은 전년대비 14.5%의 증가율을 보였으며 1인당 GDP는 8,700위엔(1,053달러)으로 나타났다. 산업별 비중은 1차, 2차, 3차 산업이 각각 12.4%, 53.1%, 34.4%를 차지하였다.

2004년 지방 재정수입은 13억 위엔, 재정지출은 21억 위엔이며 고정자산투자총액은 140억 위엔에 이르렀고 도시와 농촌 주민의 저축총액은 287억 위엔이었다.

광물자원은 금 · 동 · 연과 아연 · 유황 · 인 · 규석 · 석회석 · 대리석 · 석탄 · 흑연 등이 부존되어 있으며 연 · 아연 · 금의 생산량이 많은 편이다.

농업은 밀 · 옥수수 · 면화 · 곡물 · 유채 · 고기 · 우유 등을 생산하고 수자원은 황하와 웨이하 등이 있어 풍부하다.

공업은 경공업 · 전자 · 기계 · 방직 · 건자재 · 화공 · 제지 · 식품공업 등이 있다. 2004년의 공업 총생산액은 302억 위엔에 달했고 근로자의 연평균 임금은 1만

1,266위엔(1,364달러)으로 나타났다.

산시성·깐쑤성·쓰촨성의 물자집산지로서 2004년의 사회소비재 소매액은 99억 위엔을 기록하였다.

중국 서남 및 서북의 교통 요충지이고 룽하이선·빠오청(寶成)선·빠오중(寶中)선이 교차하는 지역이다.

2004년 현재 외자 공업기업의 개수는 7개에 이르며, 실제 외자투자액은 1,060만 달러에 달하였다.

③ 시엔양(咸陽)시

기원전 250년 진시황이 중국을 통일한 후 처음으로 중국의 수도가 되었던 지역이다. 친천(秦川)의 한가운데에 있으며 성도 시안과 인접해 있고 고대 실크로드의 시발점 중 하나이다.

총면적은 1만 196㎢, 시할구 면적은 3,574㎢이며 2004년 총인구는 490만 명, 시할구 인구는 85만 명이다. 행정구역은 친떠우(秦都) 등 3개 구, 싱핑(興平)시, 싼위엔(三原) 등 10개 현으로 편제되어 있다.

2004년 말 지역내 총생산액은 339억 위엔으로 경제성장률은 전년대비 13.1%의 증가율을 보였으며 산업별 비중은 1차, 2차, 3차 산업이 각각 22.1%, 43.5%, 34.3%를 차지하였다. 1인당 GDP는 6,954위엔(842달러)으로 나타났다.

2004년 지방 재정수입은 12억 위엔, 재정지출은 26억 위엔이며 고정자산투자총액은 162억 위엔에 이르렀고 도시와 농촌 주민의 저축총액은 304억 위엔이었다.

광물자원으로는 석탄·석회석·고령토·철광석·대리석·석유·광천수 등이 있다.

관개시설이 양호하며 밀·옥수수·면화·유채·담배·사과·고추·마늘 등의 경제작물을 주로 생산한다. 소고기·토끼·돼지·닭 등의 가축생산도 중요한 부분이다. 수자원은 웨이하(渭河)·징하(涇河)의 8개 하천이 있어 풍부한 편이며 따라서 수입도 양호한 편이다.

공업은 방직·전자산업이 중심이며 기계·화공·건재·에너지·제지·담배·식품·의료보건품 등도 상당히 발전해 있다. 2004년의 공업 총생산액은 291억 위엔이며 근로자 1인당 연평균 임금은 1만 832위엔(1,311달러)으로 1인당 GDP에 비해 상당히 높다.

룽하이선이 동서를 관통하고, 시퉁(西通)·시빠오(西寶) 등의 1급 도로가 시내를 통과한다. 현대화된 국제공항도 있으며 공항확장 공사가 진행중이다. 전력공급은 충분하다.

2004년 현재 외자 공업기업의 개수는 6개, 생산액은 7억 위엔에 이르며, 실제 외자투자액은 2,512만 달러에 달하였다.

제7절 깐쑤(甘肅)성, (간칭:甘, 隴)

1. 깐쑤성 개요

황하(黃河)상류에 위치하여 동으로는 닝샤자치구 · 산시성(陝西省) · 네이멍꾸자치구, 남으로는 쓰촨성, 서쪽으로는 칭하이성 · 신장자치구, 북으로는 몽골과 국경을 접하고 있다.

온대계절풍 기후와 대륙성 기후의 특성을 지닌다. 지역별 기온차가 극심하며 연평균 기온은 1°C~15°C이고, 연평균 강우량은 360㎜ 정도이다.

면적은 45.4만㎢이고 인구는 2004년 말 현재 2,619만 명이며 행정구역은 12개 지급 시, 2개 자치주, 7개 시할구, 4개 현급시, 58개 현, 7개 자치현으로 나뉘어 있다.

주요 도시로는 성도인 란저우(蘭州)와 티엔수이(天水), 뚠황(敦煌), 빠이인(白銀), 진창(金昌), 쟈위꽌(嘉峪關) 등이 있다.

란저우는 황하를 따라 란신(蘭新)선이 달리는 서북지구 제2의 대도시이며, 우리에게 왕오천축국전으로 알려진 불교성지 뚠황(敦煌)은 서역으로 가는 실크로드의 관문이다. 쟈위꽌(嘉峪關)은 창청(長城)의 서쪽 끝에 있는 관문으로서 이를 넘으면 곧 고비사막과 연결된다.

甘肅省

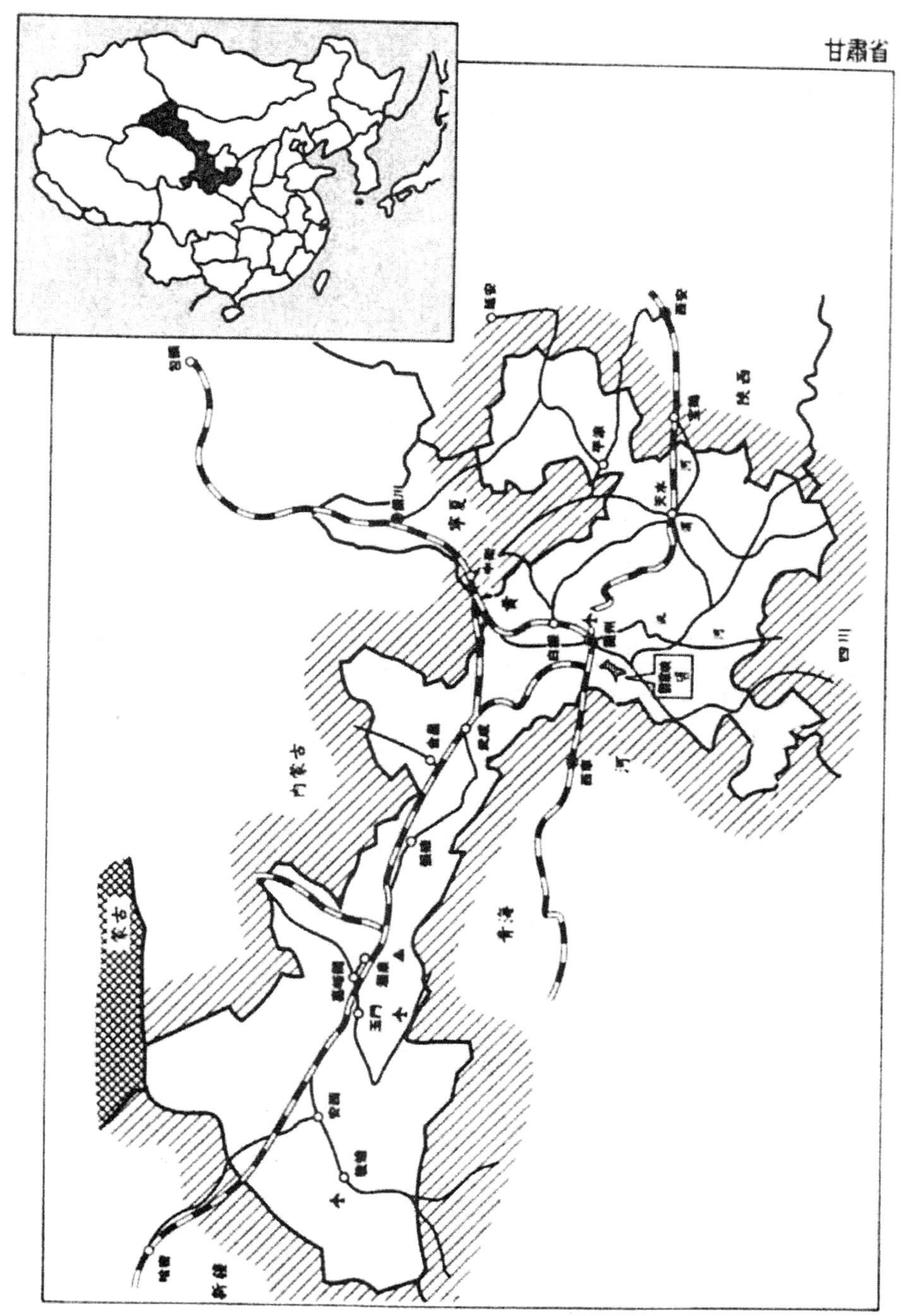

2. 경제현황

깐쑤성은 지리적으로 동서로 길고 건조지대라 농업조건은 좋지 않은 편이며, 공업도 일부 화학공업을 제외하면 두드러진 분야는 없다.

그러나 60년대 3선건설 때 건설한 공업기지가 여전히 남아있고, 비철 등의 자원이 풍부하며 수력도 여유가 있어 이를 바탕으로 지역개발을 진행중이다. 서북지역에서는 중요한 공업지대이다.

최근에는 서부대개발 전략에 의해 여러 지역에 사회간접자본 투자가 진행중이다. 현재 성 발전의 가장 큰 장애요인은 교통망 미비로 인한 지역간 연결체제가 부족하다는 점이다.

2004년의 지역내 총생산액은 1,559억 위엔으로 10.9%의 경제성장률을 보였고 경제규모는 대도시 수준정도로 작다. 산업별 구성은 1차 산업 16.9%, 2차 산업 49.0%, 3차 산업 34.1%로 나타났다. 농업조건도 좋지 않고 경제발전을 위해 공업에 중점을 두면서 전년대비 농업의 비율이 낮아지고 2차 산업의 비중이 높아가고 있다.

지역주민의 1인당 GDP는 5,970위엔(723달러)으로 극빈지역에 속한다. 도시주민의 1인당 가처분소득은 7,377위엔, 농촌주민의 1인당 순수입은 1,852위엔으로 모두 전국 최하위 수준이다.

지방 재정수입은 104억 위엔, 지출은 357억 위엔으로 중앙의 지원을 받으며 전사회고정자산투자총액은 714억 위엔이고 사회건설 총규모는 2,367억 위엔에 불과했다.

한편 광물자원은 풍부하여 비철을 중심으로 니켈 · 코발트 · 백금 · 셀레늄 · 사문석 등 11종의 매장량이 전국 1위이고 희토류 · 크롬 · 안티몬 · 동 · 아연 · 마그네사이트 등이 전국 5위로 매장되어 있다. 이밖에 석탄 · 석유 · 철광석 · 석회암 · 형석 · 텅스텐 · 염 · 수은 등 자원이 많으며 수력자원도 풍부한 편이다.

2004년의 농업 총생산액은 477억 위엔으로, 그 구성을 보면 농업 69%, 목축업 25%로 농업의 비율이 매우 높다. 주요 작물은 보리이며 식량자급이 어려워 식량증산이 큰 과제라 할 수 있다. 주요 농축산품으로는 야채류 · 담배 · 육류 · 호도 · 양 및 양모 · 한약재 · 과일 등이 있다.

깐쑤성 경제현황(2004년)

지역내 총생산액 (억 위엔)	1인당 GDP (위엔)	경제성장률	산업구조(%) 1차:2차:3차	근로자 연간 평균임금 (위엔)	사회고정 자산 투자 (억 위엔)	사회건설 총규모 (억 위엔)
1,558.9	5,970	10.9	16.9:49.0:34.1	13,392	713.8	2,366.6
재정수입 (억 위엔)	재정지출 (억 위엔)	도시주민 1인 평균 가처분 소득(위엔)	농촌주민 1인 평균 순수입(위엔)	농업총생산액(억 위엔)	공업총생산액 (억 위엔)	국유 및 규모 이상 비국유 기업수(개)
104.2	356.9	7,377	1,852	477.4	956.9	2,712
외자 기업수(개)	국유기업 과학기술요원(2003년, 만 명)			과학기술 특허상황(건)		
	엔지니어	과학자	의료인	발명특허	실용신안	디자인특허
650	6.5	0.2	5.3	127	322	65

자료 : 2005 中國統計年鑑, www.kita.net, 新中國五十五年統計資料匯編 1949-2004.

2004년의 공업 총생산액은 957억 위엔으로 중간급 도시에 불과하다. 주요 산업은 비철금속·석유가공·석유화학·석유채굴 및 관련 기계·야금·모방·건자재·전기·식품 등이 있는데 비철금속을 제외하고 두드러진 것은 없다. 주요 공산품은 설탕·세탁기·석탄·석유·알루미늄·에틸렌·시멘트 등이 있다. 근로자 1인당 연평균 임금은 1만 3,392위엔(1,621달러)으로 1인당 GDP에 비해 2배 이상 높은 편이다.

경제특별지역으로는 란저우 첨단기술산업개발구, 란저우 경제개발구, 빠이인(白銀) 경제개발구, 뚠황(敦煌) 관광경제개발구가 건설되어 있다.

3. 사회간접자본

서북지역의 교통요충지로서 란저우를 통해 칭하이성·시짱자치구·신쟝자치구와 연결된다. 란저우에서 유럽으로는 대륙횡단철도가 연결되고 동쪽으로는 쟝쑤성 리엔윈깡과 연결되는 중요한 지역이다.

그러나 사회간접자본은 매우 취약하다. 여객과 화물수송은 철도가 주로 담당하고 철도망은 란저우를 중심으로 확장되고 있다. 최근 티엔란(天蘭)선·써란(色蘭)선·란신(蘭新)선·란칭(蘭靑)선 등에 철도지선을 연결해 나가고 있다. 영업거리는 2,296㎞에 이른다.

깐쑤성 사회간접자본 현황(2004년)

운송거리(㎞)			여객 운송량(만 명)			자동차보유량 (승객용, 만 대)
철도영업	도로	내륙수운	철도	도로	내륙수운	
2,296	40,751	860	1,194	15,050	235	10.1
화물 운송량(만 톤)			우편, 통신 사업			
철도	도로	내륙수운	업무액 (억 위엔)	이동전화 (만 명)	특급우편 (만 건)	인터넷사용자 (만 명)
4,181	21,460	45	108.4	358.0	213.3	120
교통, 통신 근로자 수(명)						유량 (화물용, 만 대)
철도	도로	내륙수운	항공	파이프라인	통신, 정보서비스	
60,158	26,579	89	3,059	68	16,150	8.9

자료 : 2005 中國統計年鑑.

도로는 4만 751㎞로서 향(鄕)과 진(鎭)간의 차량통행이 가능한 도로가 95%이상 되지만 고속도로 · 1급도로 · 2급도로가 각각 687㎞와 141㎞, 4.826㎞에 불과하여 도로조건이 매우 열악하다.

란저우, 중촨(中川), 뚠황에는 국내 십여개 도시 및 홍콩으로 취항하는 항공노선이 있다.

우편 · 통신은 란저우를 중심으로 성 전 지역과 연결되며 휴대폰 사용자는 358만 명, 인터넷 사용자는 213만 명으로 급속도로 증가하고 있다.

4. 대외경제

수출액은 1999년 3.2억 달러에서 2004년 10.4억 달러로, 수입액은 동기간 0.8억 달러가 9.3억 달러로 증가하였다. 주요 수출품은 설탕 · 아연 · 알루미늄 · 캐시미어 · 규소철 · 니켈 · 강재 · 희토류 · 합성섬유 등이며 주요 수입품은 산화알루미늄 · 동광석 · 강재 · 양모 · 화공원료 · 농업용 기계 · 통신설비 · 보리 등이다.

외자기업의 수출액은 1999년 0.2억 달러, 2004년 1.3억 달러였으며, 수입액은 각각 0.2억 달러, 0.4억 달러에 이르렀다.

한국과 깐쑤성의 무역은 2004년에 한국이 2.2억 달러를 수입하고 0.03억 달러를 수출하였다.

깐쑤성 대외경제 현황

년 도	1999	2000	2001	2002	2003	2004
총수출액(억 달러)	3.2	4.2	4.8	5.1	7.4	10.4
외자기업의 수출(억 달러)	0.2	0.4	0.5	1.0	1.1	1.3
한국에 대한 수출(억 달러)	-	0.4	-	-	2.2	2.2
총수입액(억 달러)	0.8	1.6	3.0	5.3	5.5	9.3
외자기업의 수입(억 달러)	0.2	0.2	0.4	0.4	0.3	0.4
한국으로부터 수입(억 달러)	-	-	-	-	0.1	0.03
외국기업의 직접투자(억 달러)	0.4	0.6	0.7	0.6	0.2	0.1
외자기업 등록 투자총액(억 달러)	-	25.6	24.6	21.7	21.6	31
외자기업 등록기업 수(개)	-	826	882	694	607	650
한국의 투자(건수, 백만 달러, 실제 투자액 기준)	- -	3건 0.4	1건 0.1	- 0.02	1건 0.2	1건 0.1

자료 : 中國統計年鑑, 각년 판, www.kotra.or.kr, www.koreaexim.go.kr, www.kita.net.

외국인 직접투자는 실제 투자액 기준으로 2004년 0.1억 달러에 달했으며 주요 투자국은 대만·미국·일본 등이다. 한국기업의 투자는 2004년 실제 투자액 기준으로 1건 0.1백만 달러에 달하였다.

5. 주요 도시 경제상황

① 란저우(蘭州)시

성도인 란저우는 황하상류에 위치하고 실크로드로 가기 위해 거치는 2천년 이상의 역사를 가진 문화·역사도시이다.

온대 대륙성 기후로서 혹서와 혹한이 없는데 2003년 1월 평균기온은 영하 3.2°C, 7월 평균기온은 22.6°C, 연간 강우량은 324㎜에 달하였다.

총면적은 1만 3,086㎢, 시할구 면적은 1,632㎢이며 2004년 말 총인구는 308만 명, 시할구 인구는 199만 명에 이르렀다. 행정구역은 청관(城關) 등 5개 구, 융떵(永登) 등 3개 현으로 구성되어 있다.

2004년 말 지역내 총생산액은 505억 위엔으로 경제성장률은 전년대비 11.4%의 증가율을 보였으며 산업별 비중은 1차, 2차, 3차 산업이 각각 4.1%, 54.5%, 41.4%를 차지하였다. 공업기반이 형성되어 있고 공업발전에 중점을 두고 있음을 알 수 있다. 1인당 GDP는 1만 6,479위엔(1,995달러)으로 나타났다.

2004년 지방 재정수입은 25억 위엔, 재정지출은 41억 위엔이며 고정자산투자총액은 232억 위엔에 이르렀고 도시와 농촌 주민의 저축총액은 525억 위엔이었다.

광물자원이 풍부한데 중요 지하자원으로는 백금 · 니켈 · 동 · 연 · 아연 · 백금 · 희토류 등이 있다. 수자원도 풍부하여 수력발전소도 많은 편이다.

유명한 과일산지로서 많은 종류의 과일을 상당량 생산하고 있고 백합, 장미 등의 지방특산물도 세계 일부 국가와 지역에 수출하고 있다. 현재 적극적으로 관개공사를 하고 있어 농업생산 조건은 더욱 개선될 것으로 보인다.

란저우는 과거 내륙발전을 중시한 3선건설 정책을 실시할 때 건설한 중화학공업, 에너지, 원재료 산업기지가 있던 지역이다. 최근 들어서는 이를 바탕으로 새로운 발전을 추진하여 황하상류 최대의 신흥 공업도시로 발전하고 있다. 석유공업 · 화공 · 기계 · 야금 등의 중공업과 모방직 · 제약 · 플라스틱 · 피혁 등의 경공업이 발전하였으며 이밖에 석탄 · 전력 · 전자 · 건자재 등 부문의 공업수준도 높은 편이다. 2004년의 공업 총생산액은 650억 위엔에 달하고 근로자 1인당 연평균 임금은 1만 4,854위엔(1,798달러)이었다.

란저우는 또한 서북지역의 철도 · 도로 · 항공의 요충지이다. 룽하이(隴海)선 · 란신(蘭新)선 · 란빠오(蘭表)선 · 빠오란(包蘭)선의 4개 철도가 이곳에서 교차하며 중국 최대의 컨테이너 환적 지역이다. 뻬이징 · 빠오터우 · 시닝 · 우루무치 · 시안 등과 철도로 연결된다.

도로의 총길이는 1,600여 ㎞로 5개 국도와 6개 성도가 교차하며 국내외 항공노선이 30개 이상의 국내외 지역을 비행하고 있다.

장거리 전화교환기 · 디지털 전화 · 광섬유 · 이동통신 등 통신산업도 발전하였다. 휴대폰 사용자가 115만 명, 인터넷 가입자가 21만 명에 이른다.

2004년 현재 외자 공업기업의 개수는 9개이고 생산액은 10억 위엔에 달하였다.

② 뚠황(敦煌)시

동서문화가 처음 만나 교류하던 뚠황시는 깐쑤성 허시저우랑(河西走廊) 서쪽 끝에 있어 칭하이성 · 신쟝자치구와 가까우며 지우취엔(酒泉) 시에 포함된 지역 시이다.

기후는 대륙성 기후대에 속해 여름에는 덥지 않으나 매우 건조하고 강우량이 적으며 겨울에는 매우 춥다. 일교차가 심하지만 사계절이 분명하다.

해발 1,138m에 있으며 총면적은 3만 1,200만㎢이고 그중 녹화면적이 400㎢에 불과한 사막도시이다. 인구는 18만 명이고 농업인구는 2/3 정도이며 행정구역으로는 사저우(沙州) 등 2개 진과 10개 향(鄕)이 있다.

깐쑤성 서북부에 위치한 도시로서 한무제가 뚠황군을 설치한 이래 서역으로 가는 실크로드의 중요한 시발점이고 서방과 연결하는 입구역할을 하는 교통의 중심도시이다. 서역으로 가는 천산남로·천산북로·서역남로의 실질적 출발점이다.

바람이 불면 모래가 춤을 추며 운다는 사막의 모래산 밍사산(鳴沙山)이 소재한다.

뚠황 동남쪽 25㎞의 사막, 밍사산 기슭에 천불동(千佛洞) 혹은 머까오쿠(莫高窟)라고도 불리우는 1,000여개의 불교 석굴에 인도 불교예술의 정수인 불상이 조각되어 있다. 이 석굴군은 천여년 간에 걸쳐 형성된 것으로서 현재 492개가 발굴되었는데 석굴 내부에는 많은 불상과 벽화가 그려져 있고 고서·고화 등이 발견되었다. 신라 혜초의 '왕오천축국전'도 이곳에서 발견되고 신라왕자의 모습도 조각되어 있다.

2004년 말 지역내 총생산액은 18억 위엔으로 산업별 비중은 1차, 2차, 3차 산업이 각각 30.5%, 22.4%, 47.1%를 차지하였다. 1인당 GDP는 1만 90위엔(1,221달러)으로 추산된다.

고정자산투자는 기본건설 분야가 4억 위엔, 갱신개조 사업에 0.1억 위엔, 부동산 개발에 0.4억 위엔이 사용되었다.

토질이 비옥하여 농업조건은 양호한데 주요 농작물로는 밀·옥수수·면화·채소류 등이 있고 사과·배·복숭아·은행·대추 등의 과일류도 생산한다. 낙타를 주요 이동수단으로 한다.

2004년 근로자 1인당 연평균 임금은 1만 4,007위엔(1,696달러)이었으며 도소매 매출액은 2.6억 위엔으로 집계되었다.

제8절 칭하이(青海)성, (간칭:青)

1. 칭하이성 개요

중국의 서북, 칭짱(青藏)고원 동북부에 위치하며 동으로 깐쑤성, 동남으로 쓰촨성, 서남으로 시짱자치구, 서북으로 신장자치구와 접하고 있다.

총면적은 69.7만㎢로 중국에서 4번째로 큰 지역이며 인구는 2004년 말 현재 539만 명으로 매우 적다. 차이따무(柴達木)분지의 일부 지역을 제외하고 평균 3천m 이상의 높은 지역이며 건조하고 바람 많은 고원 대륙성 기후에 속한다. 겨울에는 비교적 따뜻하고 여름에는 시원하며, 일교차가 매우 크다. 연평균 기온은 5°~8°C이고 연간 강우량은 25~550㎜이다.

행정구역은 1개 지급시, 1개 지구, 4개 시할구, 6개 자치주, 2개 현급시, 30개 현, 7개 자치현으로 나뉘어 있으며 주요 도시로는 성도인 시닝(西寧)과 꺼얼무(格爾木), 하이뚱(海東) 등이 있다.

중국 최대의 염수호(鹽水湖)인 칭하이호(青海湖)가 있고 창강, 황하의 원류가 있는 지역이다.

2. 경제현황

칭하이성은 면적은 크지만 농지면적이 69만 헥타르에 불과하고 비도 적어 농업 생산성은 낮은 편이다. 자원 중 일부는 전국적으로 유명한 것도 유수의 것이 있지만 교통조건이 나빠 제대로 개발되지 않고 있다.

2004년의 지역내 총생산액은 466억 위엔으로 경제성장률은 12.3%를 기록하였다. 경제규모가 매우 작은 편으로서 산업별 구성은 1차 산업 6.1%, 2차 산업 50.1%, 3차 산업 43.8%로 나타나 3차 산업의 비중이 급속히 높아졌다. 주민 1인당 GDP는 인구도 적고 정부의 지원이 있어 8,606위엔(1,042달러)을 기록하였다. 도시주민의 1인당 가처분 소득은 7,320위엔, 농촌주민의 1인당 순수입은 1,958위엔으로 나타났다.

青海省

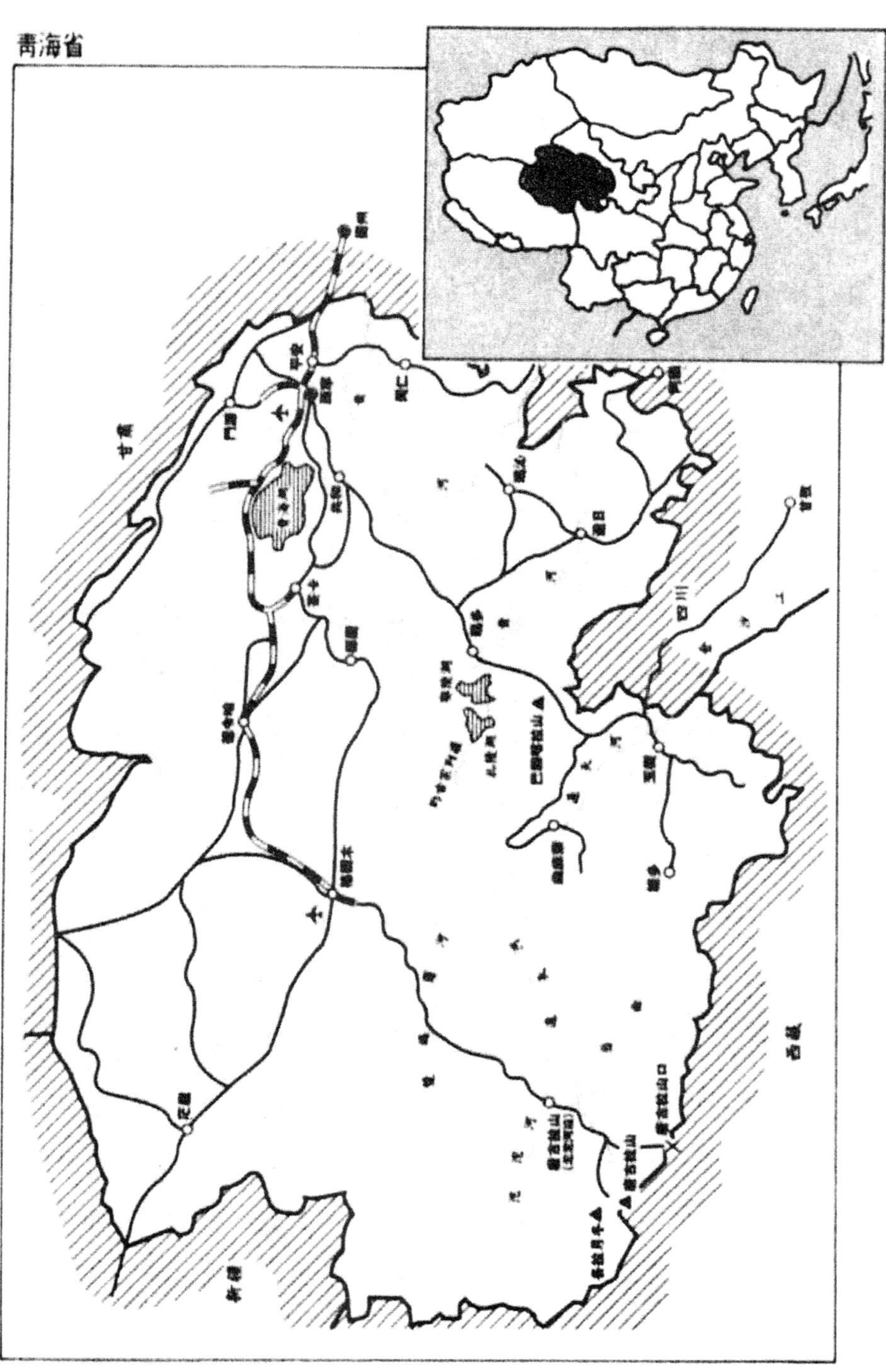

지방 재정수입은 27억 위엔, 지출은 137억 위엔으로 상당 부분을 중앙의 보조에 의존하고 있는 실정인데 재정수입은 수입증가 요인이 적어 증가세가 미약하다. 전사회고정자산투자 총액도 99억 위엔 밖에 되지 않으며 사회건설 총규모도 1,014억 위엔에 불과하다.

그러나 서부대개발 전략에 칭하이성 지역을 개발하는 수개의 대형 프로젝트가 포함되어 있어 향후 급격히 발전할 것으로 보인다.

광물자원은 비교적 풍부한 편으로 83종이 매장되어 있고 그 중 59종은 매장량이 확인되어 있다. 전국 10위 이내에 들어있는 자원이 37종에 달하며 차이따무(柴達木) 분지에는 중국 최대의 유전이 매장되어 있는 것으로 판명되어 현재 개발이 추진중에 있다. 주요 광물로는 전국의 97%인 1.5억 톤이 매장되어 있는 칼륨과 전국의 50%를 점하고 있는 염 · 마그네슘염 · 붕산 등의 8종이 전국 1위, 자연유황 등의 4종이 2위, 천연 소다 · 코발트 · 은 · 카드뮴 등이 3, 4위로 되어 있다. 그 밖에 철광석 · 석탄 · 천연가스 · 동 · 납 · 아연 · 석유 · 보크사이트 등 에너지 및 비철 자원도 상당량 부존되어 있다. 창강의 발원지여서 수력자원도 풍부하다.

칭하이성 경제현황(2004년)

지역내 총생산액 (억 위엔)	1인당 GDP (위엔)	경제성장률	산업구조(%) 1차:2차:3차	근로자 연간 평균임금 (위엔)	사회고정 자산 투자 (억 위엔)	사회건설 총규모 (억 위엔)
465.7	8,606	12.3	6.1:50.1:43.8	16,176	98.5	1,014.4
재정수입 (억 위엔)	재정지출 (억 위엔)	도시주민 1인 평균 가처분 소득(위엔)	농촌주민 1인 평균 순수입(위엔)	농업총생산액(억 위엔)	공업총생산액 (억 위엔)	국유 및 규모 이상 비국유 기업수(개)
27.0	137.3	7,320	1,958	86.6	110.7	163
외자 기업수(개)	국유기업 과학기술요원(2003년, 만 명)			과학기술 특허상황(건)		
	엔지니어	과학자	의료인	발명특허	실용신안	디자인특허
161	1.3	0.06	1.7	21	30	19

자료 : 2005 中國統計年鑑, www.kita.net, 新中國五十五年統計資料匯編 1949-2004.

2004년의 농업 총생산액은 87억 위엔으로 구성은 농업과 목축업이 각각 40%와 54%로 되어 있다. 경제수준이 낮고 교통조건도 좋지 않으며 식량자급이 불가능한 것이 성의 가장 큰 문제이다. 주요 농산품으로는 광활한 자연에서 생산되는 양 · 소 · 양모 등이 있다.

공업 총생산액은 2004년 111억 위엔으로 비철금속 공업을 제외하고는 전국 생산의 1%를 넘는 공업이 없는 실정이다. 공업은 중공업의 비중이 경공업보다 크지만 중공업도 발달해 있다고 볼 수 없다. 낮은 공업수준과 적은 규모, 전무한 외자도입으로 공업발전의 가능성이 적은 상황에서 다만 다른 성의 협력에 의한 개발에 의존하고 있다. 주요 산업은 비철금속 공업이 있고 공산품으로는 석탄·원유·강·유황·시멘트·식물유·염 정도가 주요 공산품에 속한다.

2004년 근로자의 1인당 연평균 임금총액은 근로자의 희귀성 때문에 1만 6,176 위엔(1,958달러)으로 내륙 중부의 성보다 높은 편이다.

3. 사회간접자본

칭하이성에는 동북부를 동서로 가로지르는 철도가 유일한데, 영업거리는 비교적 긴 편이다. 2004년 총 철도영업 거리는 1,090㎞이며, 여객운송량은 364만 명, 화물 운송량은 1,075만 톤에 불과하다.

2006년 칭하이성과 시짱티베트자치구 라싸를 잇는 총연장 1,925㎞의 칭짱철도가 완공되어 운행중에 있다. 현재 뻬이징·청뚜·란저우에서 티베트로 이르는 열차를 운영 중이며 향후에는 광저우·상하이에서도 출발할 예정이다. 이 열차는 내륙에 자본과 물자 및 관광객이 밀려 들어가 칭하이성을 변화시킬 것이다.

칭하이성 사회간접자본 현황(2004년)

운송거리(㎞)			여객 운송량(만 명)			자동차보유량 (승객용, 만 대)
철도영업	도로	내륙수운	철도	도로	내륙수운	
1,090	28,059	329	364	4,193	11	5.9
화물 운송량(만 톤)			우편, 통신 사업			
철도	도로	내륙수운	업무액 (억 위엔)	이동전화 (만 명)	특급우편 (만 건)	인터넷사용자 (만 명)
1,075	5,136	-	26.1	117.7	48.2	20
교통, 통신 근로자 수(명)						자동차보유량 (화물용, 만 대)
철도	도로	내륙수운	항공	파이프라인	통신, 정보서비스	
15,379	10,183	13	504	-	6,687	4.4

자료 : 2005 中國統計年鑑.

수송의 주력은 도로운송으로 길이는 2만 8,059㎞에 달하나 도로사정이 좋지 않고 높은 지대가 대부분이어서 교통망 정비가 큰 문제이다. 고속도로 171㎞, 1급도로 144㎞에 달한다. 칭짱꿍루(青藏公路)가 중요 도로이다.

차이따무에서 시닝-란저우로 연결되는 천연가스 수송관 공사가 진행중이다. 시닝(西寧) · 꺼얼무(格爾木) 공항에서 란저우 · 라싸(拉薩) 등에 취항하고 있고 휴대폰 보유자가 118만 명, 인터넷 사용자는 20만 명에 이른다.

4. 대외경제

칭하이의 수출액은 1999년 0.9억 달러에서 2004년 4.6억 달러로, 수입액은 각각 0.2억 달러에서 1.9억 달러로 증가하였다. 주요 수출품목은 납 · 알루미늄괴 · 규철 · 동충하초 · 카페트 · 아연 · 마그네슘 등이고 주요 수입품목은 강재 · 선반 · 공구 · 산화알루미늄 · 건축자재 등이다.

외자기업의 수출액은 1999년에 88만 달러, 2004년에 442만 달러에 이르렀으며 수입액은 각각 15만 달러와 514만 달러를 기록하였다. 한국과의 무역은 한국이 2004년 1억 달러를 수입하고 160만 달러를 수입하였다.

외국인 투자현황은 실제 투자액 기준으로 2004년 0.1억 달러에 달하는 것으로 나타났다. 한국기업의 투자는 2000년 실제 투자액 기준으로 1건 0.1백만 달러를 투자한 것 외에는 통계에 잡히고 있지 않다.

2004년 말 등록된 외자기업 수는 161개, 투자총액은 10억 달러에 이르고 있다.

최근 꺼얼무(格爾木)시가 외국기업의 관심을 끌고 있다.

칭하이성 대외경제 현황

년 도	1999	2000	2001	2002	2003	2004
총수출액(억 달러)	0.9	1.1	1.5	1.6	2.2	4.6
외자기업의 수출(억 달러)	0.01	0.02	0.02	0.03	0.1	0.04
한국에 대한 수출(억 달러)	-	-	-	-	0.7	1.0
총수입액(억 달러)	0.2	0.5	0.6	0.7	1.2	1.9
외자기업의 수입(억 달러)	0.002	0.07	0.22	0.08	0.01	0.05
한국으로부터 수입(억 달러)	-	0.36	-	-	-	0.016
외국기업의 직접투자(억 달러)	0.06	-	0.4	0.5	0.2	0.1
외자기업 등록 투자총액(억 달러)	-	5.8	6.5	7.0	7.9	10
외자기업 등록기업 수(개)	-	113	135	140	147	161
한국의 투자(건수, 백만 달러, 실제 투자액 기준)	- -	1건 0.1	- -	- -	- -	- -

자료 : 中國統計年鑑, 각년 판, www.kotra.or.kr, www.koreaexim.go.kr, www.kita.net.

5. 주요 도시 경제상황

① 시닝(西寧)시

성의 동부에 있는 성도 시닝은 티베트 족이 많이 살며 이슬람교 사원인 칭전사(淸眞寺)와 라마교 사원인 타얼사(塔爾寺)가 있다. 황하지류 황수(湟水)의 상류에 있으며 해발 2,275m의 높은 지역에 위치한다.

대륙성 고원건조 기후이고 2004년 1월 평균기온은 영하 8.4°C, 7월 평균기온은 16.5°C, 연간 강우량 430㎜를 기록하였다.

총면적은 7,665㎢, 시할구 면적은 350㎢이고 2004년 말 총인구는 207만 명, 시할구는 101만 명이다. 행정구역은 청중(城中) 등 4개 구, 황위엔(湟源) 등 3개 현으로 구성되어 있다.

2004년 말 지역내 총생산액은 175억 위엔으로 경제성장률은 전년대비 14.8%의 증가율을 보였으며 산업별 비중은 1차, 2차, 3차 산업이 각각 6.1%, 50.1%, 43.8%를 차지하였다. 1인당 GDP는 8,484위엔(1,027달러)으로 나타났다.

2004년 지방 재정수입은 10억 위엔, 재정지출은 24억 위엔이며 고정자산투자 총액은 99억 위엔에 이르렀고 도시와 농촌 주민의 저축총액은 201억 위엔이었다.

자연자원으로는 사향·녹용·동충하초 등 약용식물이 풍부하고 야생동물도 많다. 농작물은 식량·유채·고기·가금·계란·우유 등을 자급자족한다.

주요 지하자원으로 석탄·철·형석·석회석·석고·운모·망초 등이 풍부하게 매장되어 있다.

공업은 기계·경방직·화공·건재·야금·피혁·식품위주의 공업체계가 형성되어 있다. 2004년의 공업 총생산액은 181억 위엔이었고 근로자 연평균 임금은 1만 6,175위엔(1,958달러)에 달하였다.

칭짱(靑藏)고원 북동부에 있는 교통요지로 깐쑤성 란저우와 연결되는 란칭(蘭靑)선·칭짱선이 시닝을 경유한다. 도로는 칭짱·닝장(寧張)·닝꿔(寧果) 등 10여개의 간선도로가 시닝을 중심으로 사면팔방으로 연계되고 있으며 서쪽으로 신쟝자치구 우루무치, 남쪽으로 티베트 라싸와 연결된다. 칭짱궁루의 기점이다. 통신은 시닝을 중심으로 주변 지역과 원활하게 소통되며 시내에는 모두 장거리전화가 가능하다.

2004년 휴대폰 사용자는 60만 명, 인터넷 가입자는 4만 명에 이르렀다.

2004년 현재 외자 공업기업의 개수는 7개, 생산액은 2억 위엔에 이르며, 실제 외자투자액은 920만 달러에 달하였다.

② 꺼얼무(格爾木)시

꺼얼무는 차이따무 분지의 남쪽 끝에 위치한다. 1980년 현에서 시로 승격된 신흥도시이며 1992년 성의 계획단열시가 되었다. 해발 2,780m의 고원 도시로서 고원 내륙성 기후에 속하며 연평균 기온이 영하 6℃에서 영상 9℃ 내외의 온도를 보인다.

총면적은 12만 3,460㎢이고 2004년 총인구는 450만 명에 못 미친다. 시할구인구는 11만 명이다.

진나라 이전 창(羌)족의 부락이 있었고, 티베트인의 땅이기도 하였다. 황량한 사막위에 건설된 이 도시는 개혁, 개방 이후 급속한 건설이 이루어져 현대적인 건물이 많이 들어서 있다.

최근 외국기업의 관심을 많이 끌고 있다. 그 이유는 꺼얼무시가 근대적 염화공업 · 석유화학공업의 신도시로서 편리한 교통, 풍부한 자원, 지리적 우월성, 정책적 우대 등의 장점이 있고 대규모의 자원개발 조건이 갖추어져 있기 때문이다.

2004년 말 지역내 총생산액은 44억 위엔으로 산업별 비중은 1차, 2차, 3차 산업이 각각 1.3%, 65.3%, 33.4%를 차지하였다. 1인당 GDP는 3만 9,601위엔(4,794달러)로 추산된다.

2004년 고정자산투자 중에서 기본건설 분야에 9.9억 위엔, 갱신개조 분야는 0.4억 위엔, 부동산 개발 분야는 0.9억 위엔이 투자되었다.

광물자원이 매우 풍부한 지역으로 염류(鹽類) · 천연가스 · 유색금색 등 50여종이 매장이 확인되었는데 칼륨 · 나트륨 · 리튬 · 마그네슘의 매장량은 전국 최대이고 석유와 천연가스의 매장량도 상당히 많은 것으로 알려져 있다. 이와 함께 안티몬 · 철 · 금 · 보석 등의 매장량도 풍부하다.

근로자 1인당 연평균 임금은 1만 9,547위엔(2,366달러)에 달하였고 도소매 판매 총액은 1.3억 위엔이었다.

칭하이성과 시짱자치구를 연결하는 칭짱꿍루(青藏公路)의 시발점으로 건설된 신흥 도시인 관계로 교통은 성도인 시닝에서 연결되는 기차, 장거리 버스가 있고 뚠황-꺼얼무 간을 연결하는 간선도로가 있다.

철도망은 칭짱선이 통과하기는 하지만 절대적으로 부족하다. 하지만 2006년 꺼얼무에서 티베트자치구 라싸를 연결하는 1,142㎞의 칭짱선 2기가 완공되어 새로운 변화가 일어날 것으로 보인다.

화물수송은 대부분 도로를 통해 이루어지지만 도로사정 또한 풍요하지는 않다.

전력은 수력・화력・천연가스발전가 있으며 계속 건설중에 있다. 시닝-꺼얼무를 연결하는 마이크로웨이브, 란저우-꺼얼무를 연결하는 광케이블 등이 건설되어 있다.

경제발전이 추진되면서 칭하이성 서부, 타리무 분지 남쪽에 염화공업・석유화학 공업 위주로 건설된 꺼얼무 자원개발실험구와 꺼얼무시 동남공업구에 위치한 쿤룬경제개발구가 있다.

③ 차이따무(柴達木) 분지

칭하이 성 북서부에 있는 분지로서 해발 2,700~3,000m, 동서 약 700㎞, 최대 너비 300㎞, 면적 약 20만 ㎢인 지역이다.

대륙성 기후로서 북서부는 사막, 남동부는 염분이 많은 초원, 주변 산기슭에는 건조한 스텝을 볼 수 있으며 사막을 제외한 지역에서는 목축업이 성하다.

최근 북서부에 유전이 발견되어 국내외의 많은 관심을 끌고 있으며 그 외에 철광석・석탄・구리 등의 지하자원이 매장되어 있다. 소금 생산이 많은 지역이다.

제9절 신장웨이월(新疆維吾爾) 자치구, (간칭:新)

1. 신장웨이월자치구 개요

중국의 서북 끝에 위치하고 있으며 몽골 · 러시아 · 카자흐스탄 · 키르기스탄 · 타지크스탄 · 아프가니스탄 · 파키스탄 · 인도와 국경을 접하고 있다.

티엔산(天山) 산맥이 자치구의 중부지역을 동서로 가로질러 남북으로 양분하며 남부의 중간에는 타리무(塔里木) 분지가 넓게 펴져있다. 분지에는 사막과 함께 끝없는 초원이 펼쳐지며 해발 3,000m가 넘는 티엔산 산맥의 봉우리에는 산림이 무성하다. 대륙성 기후에 속하는데 지역별 온도차이가 많고 연평균 기온은 6°~7°C이고 강수량은 미미하다.

면적은 중국 총면적의 1/6인 166.5만㎢이고, 인구는 2004년 말 현재 1,963만 명이며 행정구역은 2개 지급시, 7개 지구, 5개 자치주, 11개 시할구, 20개 현급시, 62개 현, 6개 자치현으로 나뉘어 있다.

주요 도시로는 성도인 우루무치(烏魯木齊)와 투루판(吐魯番), 하미(哈密), 커선(喀什), 아커쑤(阿克蘇) 등이 있다. 서역(西域)이라고 부르는 지역이다.

2. 경제현황

신장자치구는 세 가지 일로 주목을 받고 있다. 하나는 타리무분지에 대량의 원유가 매장되어 있어 원유개발이 경제발전의 열쇠가 되고 있다는 것이며, 다른 하나는 2006년 6월 신장의 천연가스를 동부 상하이로 연결하는 '서기동수(西氣東輸)' 계획이 완공되어 상업가동을 시작한 것이다.

마지막으로는 뻬이쟝(北疆)철도가 카자흐스탄과 연결되어 쟝쑤성의 리엔윈깡(連雲港)에서 신장을 거쳐, 네덜란드의 로테르담까지 연결됨으로써 동서양의 경제를 연결하는 새로운 실크로드가 형성되었다는 사실이다.

新疆위구르自治區

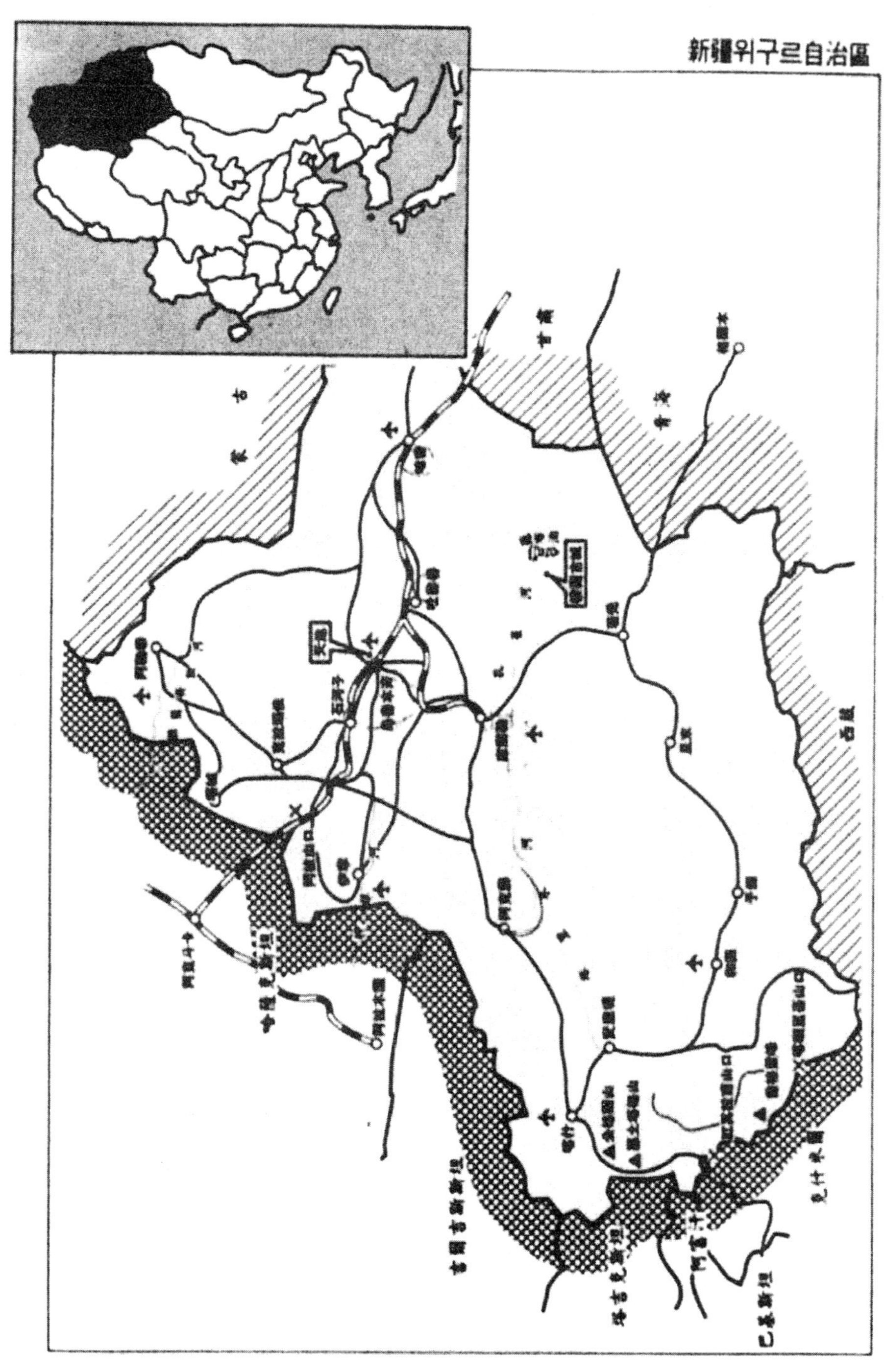

이 세 가지는 신장자치구의 경제발전에 획기적 변화를 가져다 줄 것으로 예상된다. 또한 국경무역 확대를 위해 주요 지역에 세관설치를 확대하고 있으며 고속도로 건설에도 주력하고 있다.

뿐만 아니라 관료들의 의식을 개혁하기 위해 노력하고 있는데, 대표적으로 쑤러(疎勒))현은 공무원 시범지역으로 결정되어 산동성으로부터 고위 관리를 영입하여 경제발전을 도모하고 있다.

이렇듯 신장자치구 전체가 무역지원 서비스, 관료의식 개혁, 각종 구제도의 혁파 등 소프트웨어의 개선 뿐아니라 도로 · 철도 등 하드웨어도 보강하고 있다.

2004년의 지역내 총생산액은 2,200억 위엔으로 11.1%의 경제성장률을 보였으며, 산업별 구성은 1차 산업 1.1%, 2차 산업 57.2%, 3차 산업 41.8%로 되어 1차 산업이 거의 없고 2차, 3차 산업의 비중이 매우 높다.

지역주민의 1인당 GDP는 1만 1,199위엔(1,356달러)으로 전국 평균보다 약간 높으며 도시주민의 1인당 가처분소득은 7,503위엔, 농촌주민의 1인당 순수입은 2,245위엔이었다.

지방 재정수입은 156억 위엔, 지출은 421억 위엔으로 중앙의존도가 큰 상황인데 서부대개발 전략에 따른 자원개발 추진으로 향후 중앙정부의 지원은 더욱 확대될 예정이다. 전사회고정자산투자 총액은 288억 위엔에 달하였고 사회건설 총규모는 2,681억 위엔에 이르렀다.

광물자원은 128가지에 이르며 천연가스 · 베릅 · 장석 · 사문석 · 점토와 전국의 70%를 점하고 있는 운모 등이 전국 1위의 매장량을 보이고 있다. 석유는 전국 2위의 매장량을 기록하고 있다. 에너지에서 비철까지 폭넓은 자원이 있지만 개발되고 있는 자원은 적은 편인데 주요한 것으로 1.6조 톤이 매장되어 있는 석탄, 100만 톤이 매장되어 있는 크롬 · 철광석 · 망간 · 납 · 아연 · 동 · 몰리브덴 · 염 · 석면 · 베릴륨 · 리튬 등이 있다. 이들 원자재를 이용한 원재료공업이 발달하였다.

2004년의 농업 총생산액은 751억 위엔이며 식량은 자급이 가능하나 수송문제로 지역에 따라 부족한 곳이 많다. 한편 전국 최대의 면화 생산지이며, 풍부한 목초지를 바탕으로 한 목축업이 발달하여 캐시미어의 생산량이 많고 질이 좋기로 유명하다. 주요 산물로는 포도 · 보리 · 옥수수 · 참깨, 사탕무우 · 배 · 사과 · 면양 · 말 등이 있다. 농업생산성은 낮지만 캐시미어 · 포도는 중국을 대표하는 산물이다.

2004년의 공업 총생산액은 771억 위엔으로 석유 및 천연가스 채굴업이 전국에서 상위수준에 있고 이밖에 석유가공·석탄채광·화공·식품·방직 등이 주요 기간산업이며 최근 화학·건자재·철강산업 등의 발전을 도모하고 있다. 주요 공산품으로는 원유·설탕·식물유·석탄·시멘트·화학비료·천연가스·알루미늄 등을 들 수 있다.

신장웨이얼(維吾爾)자치구 경제현황(2004년)

지역내 총생산액 (억 위엔)	1인당 GDP (위엔)	경제성장률	산업구조(%) 1차:2차:3차	근로자 연간 평균임금 (위엔)	사회고정 자산 투자 (억 위엔)	사회건설 총규모 (억 위엔)
2,200.2	11,199	11.1	1.1:57.2:41.8	19,645	288.4	2,680.5
재정수입 (억 위엔)	재정지출 (억 위엔)	도시주민 1인 평균 가처분 소득(위엔)	농촌주민 1인 평균 순수입(위엔)	농업총생산액(억 위엔)	공업총생산액 (억 위엔)	국유 및 규모 이상 비국유 기업수(개)
155.7	421.0	7,503	2,245	750.7	771.2	377
외자 기업수(개)	국유기업 과학기술요원(2003년, 만 명)			과학기술 특허상황(건)		
	엔지니어	과학자	의료인	발명특허	실용신안	디자인특허
331	5.8	0.2	6.6	75	530	187

자료 : 2005 中國統計年鑑, www.kita.net, 新中國五十五年統計資料匯編 1949-2004.

10차 5개년 계획기간중 중점육성 산업은 석유화학, 고부가가치의 방직, 과즙·포도주 등의 농산품, 생명공학·정보통신·대체에너지 등 첨단산업, 금융·무역·유통 등 서비스업이다. 향후 원유·천연가스의 생산이 두드러질 것이다.

2004년 근로자의 1인당 연평균 임금은 1만 9,645위엔(2,378달러)에 달하였다.

경제특별지역으로는 경제기술개발구와 첨단기술산업개발구가 우루무치에 건설되어 있고 이닝(伊寧)·타청(塔城)·뻐러(博樂)가 변경경제합작구로 지정되었다. 우루무치는 신종합공업도시로서 기계·석유·면직공업·야금·석탄·전력·건자재·식품 등이 중요한 산업이다.

3. 사회간접자본

주요 수송수단은 란저우에서 카자흐스탄을 동서로 횡단하는 간선철도이다. 그러나 수송능력이 작고 정치적 문제도 얽혀 있어 국제열차로서의 역할은 제한적이라 하겠다.

신장웨이월(維吾爾)자치구 사회간접자본 현황(2004년)

운송거리(km)			여객 운송량(만 명)			자동차보유량 (승객용, 만 대)
철도영업	도로	내륙수운	철도	도로	내륙수운	
2,763	86,824	-	985	21,355	-	27.0
화물 운송량(만 톤)			우편, 통신 사업			
철도	도로	내륙수운	업무액 (억 위엔)	이동전화 (만 명)	특급우편 (만 건)	인터넷사용자 (만 명)
4,985	23,775	-	152.0	489.7	238.1	119
교통, 통신 근로자 수(명)						자동차보유량 (화물용, 만 대)
철도	도로	내륙수운	항공	파이프라인	통신, 정보서비스	
34,696	33,137	-	5,905	655	15,208	20.2

자료 : 2005 中國統計年鑑.

현재 복선, 전철화공사를 서두르고 있는데 이것이 완성되면 석유 수송을 비롯한 수송능력이 대폭 증강될 것으로 보인다. 2004년 말 철도영업 거리는 2,763km에 달하는데 지역은 넓고 인구는 적고 사막과 사막을 연결하는 역할에 불과하다.

한편 도로의 운송거리는 8만 6,824km이나 철도와 마찬가지로 면적이 넓어 점과 점(도시와 도시)만을 연결할 뿐이다. 고속도로와 1급도로는 각각 431km, 442km에 그치고 있다. 훠얼궈쓰(霍爾果斯)에서 장쑤성 리엔윈깡까지 6,980km를 잇는 고속도로 공사가 진행중에 있다.

또한 우루무치에서 투루판 등 성내의 여러 도시 및 전국 주요 도시를 항공편으로 연결하며 2004년 휴대폰 전화기 용량은 643만 명, 장거리 광케이블 선로길이 3만 2,328km, 장거리 마이크로웨이브 선로길이 2,956km, 휴대폰 사용자 490만 명, 인터넷 사용자는 119만 명에 이른다.

신장의 천연가스를 상하이로 보내는 '서기동수'가 추진될 정도로 천연가스의 매장량이 많다.

4. 대외경제

신장은 국경무역이 발달한 지역이다. 통관과 물류의 원스톱 서비스를 위해 세관을 80년대 5개 소에서 90년 대 이후 27개 소로 확대되었다. 볜장(邊疆) 국제무역 상무성, 이닝 · 커선 등 주요 도시의 공항 · 화물터미널 · 기차역 · 도매시장 등 국경무역 수출품이 모이는 곳이면 어디나 세관을 설치하고 있다.

수출액은 1999년 10.3억 달러에서 2004년 29.2억 달러로, 수입액은 같은 기간 7.4억 달러에서 31.0억 달러로 증가하였는데, 국경무역이 상당액에 이른다. 주요 수출품목은 설탕 · 면화 · 신발류 · 면사 · 의류 · 옥수수 · 캐시미어 · 쌀 · 냉동 돼지고기 · 냉동소고기 · 배 · 면직물 등이고 주요 수입품목은 승용차 · 불도저 · 구리 · 압연강판 · 통신설비 · 석면 · 화학비료 · 철강 · 알루미늄 등이다.

외자기업의 수출액은 1999년 1.0억 달러, 2004년 1.1억 달러였으며 수입액은 각각 0.4억 달러, 0.7억 달러에 달하였다.

한국기업의 신장자치구에 대한 무역은 2000년 수출은 0.2억 달러, 2004년 0.2억 달러, 수입은 각각 0.9억 달러, 0.2억 달러였다.

신장웨이월(維吾爾)자치구 대외경제 현황

년 도	1999	2000	2001	2002	2003	2004
총수출액(억 달러)	10.3	12.0	6.7	12.9	23.9	29.2
외자기업의 수출(억 달러)	1.0	1.0	0.6	0.6	0.9	1.1
한국에 대한 수출(억 달러)	-	0.9	-	0.5	0.3	0.2
총수입액(억 달러)	7.4	10.6	11.0	17.9	24.7	31.0
외자기업의 수입(억 달러)	0.4	0.2	0.4	0.4	0.5	0.7
한국으로부터 수입(억 달러)	-	0.2	-	0.03	0.16	0.24
외국기업의 직접투자(억 달러)	0.2	0.2	0.2	0.2	0.2	0.2
외자기업 등록 투자총액(억 달러)	-	11.4	11.2	11.4	12.5	14
외자기업 등록기업 수(개)	-	371	358	338	342	331
한국의 투자(건수, 백만 달러, 실제 투자액 기준)	- -	- -	- -	- -	- -	- -

자료 : 中國統計年鑑, 각년 판, www.kotra.or.kr, www.koreaexim.go.kr, www.kita.net.

외국인 직접투자는 실제 투자액 기준으로 2004년 0.2억 달러에 달했으며 주로 독일, 대만, 미국, 일본 등에서 투자하였다. 한국의 신장자치구에 대한 투자는 알려져 있지 않다.

2004년 말 등록된 외자기업 수는 331개이고 투자총액은 14억 달러에 이르고 있다. 자원개발성 투자가 많아 건당 투자규모가 큰 편이다.

5. 주요 도시 경제상황

① 우루무치(烏魯木齊)시

티엔산(天山) 산맥 북쪽 기슭, 해발 915m의 고지에 있으며 남쪽으로는 타클라마칸 사막 · 쿤룬(崑崙) 사막과 닿고, 서쪽은 실크로드 오아시스의 요지인 이닝(伊寧)을 지나 구 소련 및 파키스탄으로 이어진다.

2004년 1월 평균기온은 영하 12.6℃, 7월 평균기온은 24.6℃이다. 연간 강우량은 334㎜를 기록하였다.

총면적은 1만 2000㎢, 시할구 면적은 7,740㎢이며 2004년 인구는 186만 명, 시할구 인구는 178만 명으로 서역 최대의 도시이다. 행정구역은 티엔산(天山)구 등 7개 구와 우루무치 현으로 구성되어 있다.

1992년 실크로드 철도가 개통되어 국제열차가 타슈켄트까지 이어져 교통이 전보다 많이 편리해 졌다. 뻬이징 · 상하이에서 약 4천㎞로 떨어져 있으며 항공편으로 4시간 걸린다. 서북 제 3의 신흥공업도시이며 중국에서는 비교적 빨리 개방된 도시중의 하나이다.

최근의 우루무치는 투자 · 제도 · 무역 · 금융 · 소비의 중심지로 거듭나면서 서부지역의 상하이로 거듭나고 있다. 도시에는 대형 건물들이 빽빽이 들어서고 고속도로가 시내를 가로지르는 현대식 대도시로 변모중에 있다.

2004년 말 지역내 총생산액은 484억 위엔으로 경제성장률은 전년대비 12.5%의 증가율을 보였으며 산업별 비중은 1차, 2차, 3차 산업이 각각 1.5%, 38.6%, 60.0%로 3차 산업이 크게 발전하였음을 알 수 있다. 1인당 GDP는 2만 2,820위엔(2,763달러)으로 적은 인구에 높은 생산력을 보여준다.

2004년 지방 재정수입은 46억 위엔, 재정지출은 39억 위엔이며 고정자산투자총액은 176억 위엔에 이르렀고 도시와 농촌 주민의 저축총액은 488억 위엔이었다.

석탄 매장량이 100억 톤이 넘고 염 · 망초 · 석고 · 동 등의 광물매장량이 풍부하며 주변 지역에서는 이미 석유 · 철광 · 석탄 · 동 등이 채굴되고 있다.

내륙분지의 초원 기후로 목초가 많아 목축업이 발달하여 양모 · 피혁 · 잡화 등의 거래가 성하였다. 근년들어 댐이 축조되고 관개수로가 정비되면서 농작물 생산이 증가일로에 있다.

공업은 전력·면방직·시멘트·화학·제분·피혁·주철·강철, 석유화공 등이 주축을 이루는데 2004년의 공업 총생산액은 418억 위엔이었고 근로자 1인당 연평균 임금은 1만 8,773위엔(2,273달러)에 달하였다.

사회소비재 소매액은 200억 위엔이었다.

란신(蘭新)선의 종점으로서 란신선에서 룽하이(隴海)선과 연결되어 리엔윈깡(連雲港)까지 이를 수 있다. 즉·뻬이징·상하이·정저우·시안·란저우·칭뚜·쿠얼러 등과 연결된다. 고속도로는 투루판-우루무치, 우루무치-쿠이툰까지 건설되어 있다.

국가급 개발구인 우루무치경제기술개발구, 우루무치첨단기술산업개발구가 설립되어 있다.

2004년 현재 외자 공업기업의 개수는 16개, 생산액은 8억 위엔에 이르며, 실제 외자투자액은 1,520만 달러에 달하였다.

② 투루판(吐魯番)시

투루판시는 투루판지구에 속한 지역 시로서 신쟝 자치구의 동쪽, 티엔산 산맥의 남쪽에 위치하는 분지 지역이다. 웨이월어로 '제일 낮은 땅'이라는 의미가 있듯이 중국에서 가장 낮은 지역으로 해면보다 154m 아래에 있다. 밤낮, 여름과 겨울의 온도차가 매우 심한 사막 한가운데 있으며 중국에서 가장 더운 곳이다. 연간 최고 기온은 47.5℃, 지표의 온도는 70℃나 된다.

1975년 성립된 대륙간 교통의 요충 도시로서, 총면적은 1만 5,738㎢이고 2004년 총인구는 26만 명이었다. 서역지방의 정치·경제·문화의 중심지이다.

2004년 말 지역내 총생산액은 20억 위엔으로 산업별 비중은 1차, 2차, 3차 산업이 각각 23.4%, 29.2%, 47.4%를 차지하였다. 1인당 GDP는 7,891위엔(955달러)으로 추산되고 있다.

2004년 고정자산투자총액에서 기본건설투자 분야에 3.6억 위엔, 갱신개조투자에 0.3억 위엔, 부동산 개발투자 분야에 0.6억 위엔이 사용되었다.

포도생산의 역사가 2천년에 달하고 중국 포도생산의 1/3을 이곳에서 생산한다. 티엔산 산맥에서 흘러내리는 물을 이용하도록 한 '카레즈'라는 지하 수로로 재배한다. '카레즈'는 지하에 3천 ㎞나 부설되어 있다.

2004년 근로자 1인당 연평균 임금은 1만 4,727위엔(1,783달러)을 기록하였다. 서부지역에서 근로자는 희소성 때문에 타 직종보다 임금이 상대적으로 많다.

도소매 판매액은 9.1억 위엔으로 나타났고 수출총액은 217만 달러에 달하였다.

③ 커선(喀什)시

커선(喀什)시는 커선지구에 속한 지역 시로서 자치구의 가장 서쪽에 위치하는 실크로드의 대표적인 도시이다. 타클라마칸 사막, 파미르 고원이 있고 타지크스탄 · 키르기스스탄 등과 접한다.

커선지구의 총면적은 13만 9,077㎢, 커선시 면적은 198㎢이며 인구는 실크로드의 쇠퇴로 현재 35만 명의 소도시로 침체되어 있다.

이슬람교 신자가 많고 중국과 전혀 다른 이국적인 풍물때문에 중동의 이미지와 흡사하며 사막속의 오아시스이다. 카슈가르(Kashgar)라고도 한다.

옛부터 동서 문물의 접촉지, 동서 교역의 중심시장으로 번창하였고 BC 2세기에 한나라와 교역을 하는 도시국가가 형성되어 있었다.

청나라때 반청 독립운동을 일으킬 정도로 중국에 대한 반감이 매우 강하다.

2004년 말 지역내 총생산액은 24억 위엔으로 산업별 비중은 1차, 2차, 3차 산업이 각각 6.2%, 29.2%, 64.7%를 차지하였다. 1인당 GDP는 6,083위엔(736달러)으로 추산된다.

2004년 고정자산투자 중에서 기본건설 분야에 11.3억 위엔, 갱신개조 분야에 2.4억 위엔, 부동산개발 분야에 2.4억이 투자되었다.

현재 인도, 러시아 등과 곡물 · 면화 · 생사 · 과일 · 가축 · 피혁제품 등을 집산, 배포하는 교역 중계지이다. 신쟝자치구의 최대시장이 이곳에 있다.

2004년 근로자 1인당 연평균 임금은 1만 3,027위엔(1,577달러), 도소매 판매액은 11.7억 위엔, 수출총액은 4,443만 달러에 달하였다.

④ 타리무(塔里木) 분지

최근 막대한 양의 천연가스와 석유가 매장된 것으로 조사된 타리무 분지는 면적 약 70만 ㎢, 남북 길이 500㎞, 동서 길이 1,500㎞, 평균 해발고도 800~1,200m

의 넓은 지역이다.

서쪽에 파미르 고원, 북쪽에 티엔산 산맥, 남쪽에 쿤룬 산맥에 둘러쌓여 있고 서쪽에서 동쪽으로 경사를 이룬다. 주위에 산들이 모두 높고 산꼭대기에는 만년설에 덮여 있어 유출하는 수량이 많아 산기슭에는 하천이 퇴적한 선상지가 오아시스를 이루고 있다. 분지 중앙의 타클라마칸 사막은 내륙호수가 말라붙은 것이다.

오아시스 지대에서는 옛부터 농업이 발달하여 도시국가의 성립을 촉진하였고 분지 북쪽과 남쪽 가장자리에 실크로드가 지나고 있다.

제10절 닝샤후이쭈(寧夏回族)자치구, (간칭:寧)

1. 닝샤후이쭈자치구 개요

닝샤후이쭈자치구는 중국의 서북부, 황허의 중·상류에 위치하고 동으로는 산시성(陝西省), 북서는 네이멍꾸자치구, 남서는 깐쑤성과 접하고 있다.

온대습윤의 대륙성 기후이다. 연평균 기온은 5℃~9℃이지만 실제는 지역별 기온차가 매우 크며 연간 강우량은 200~600㎜로 건조한 지역이다.

면적은 6.6만㎢이고 인구는 2004년 말 현재 588만 명이며 행정구역은 5개 지급 시, 8개 시할구, 2개 현급 시, 11개 현으로 나뉘어 있으며 주요 도시로는 성도인 인촨(銀川)과 스쭈이산(石嘴山), 우중(吳忠) 등이 있다.

인촨(銀川)은 몽고군에 멸망한 서하국(西夏國)의 수도로써 사막지대에 있는 나무 우거진 도시이다.

2. 경제현황

경지도 적고 건조한 지역이라 농업조건이 좋지 않으며 공업도 석탄을 제외하면 주목할 만한 것이 없다. 또한 대외개방도 다른 지역에 뒤처져 있다.

그러나 석탄을 중심으로 한 지하자원은 비교적 많아 향후 중국 에너지기지의

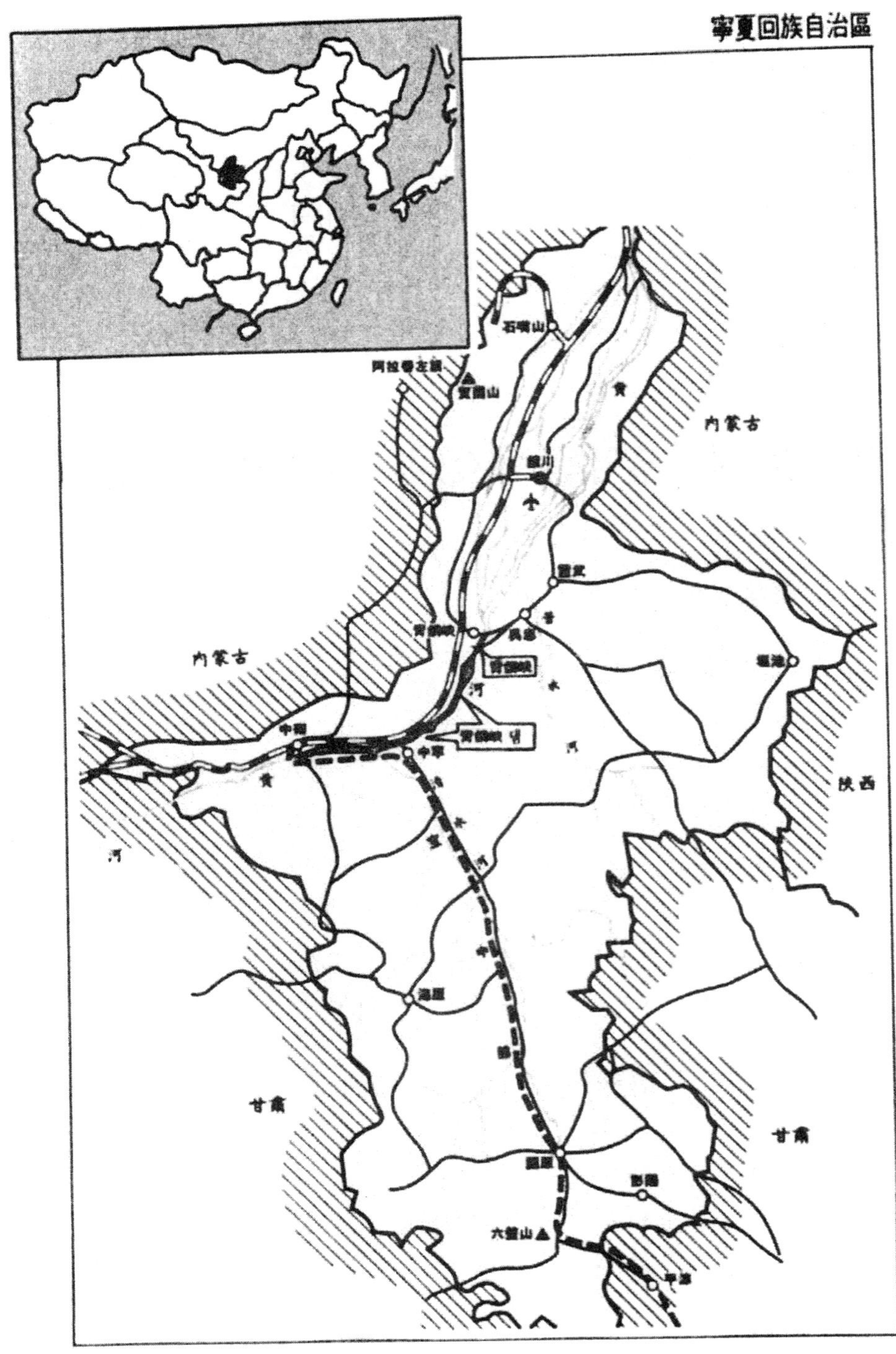
寧夏回族自治區
石嘴山
銀川
內蒙古
內蒙古
陝西
甘肅
甘肅
六盤山

하나로 발전될 지역이다.

2004년 지역내 총생산액은 460억 위엔으로 경제성장률은 11.0%의 높은 증가율을 보였다. 극빈지역으로서 경제력은 중간급 도시 수준에 불과하다. 산업별 구성은 1차 산업 14.2%, 2차 산업 50.4%, 3차 산업이 35.4%로 2차 산업의 비중이 높은 편이다.

지역주민 1인당 GDP는 7,880위엔(954달러)으로 전국 평균에도 미치지 못한다. 도시주민 1인당 가처분소득은 7,218위엔, 농촌주민 1인당 순수입은 2,320위엔이다.

지방 재정수입은 38억 위엔, 지출은 123억 위엔으로 금액 규모가 크지 않다. 적자부분은 중앙정부의 지원으로 보전한다. 전사회고정자산투자 총액은 415억 위엔에 지나지 않으며 사회건설 총규모는 965억 위엔에 달하였다.

50여 종의 광물자원이 매장되어 있고, 34종은 매장량이 확인되어 있으나 양은 많지 않은 편이다. 주요한 자원으로는 석탄・석고・석영・철광석・운모・소다・인광석・석면・석회암・염・수력자원 등이 있다.

2004년 농업 총생산액은 126억 위엔으로 생산량은 적으나 인구가 적어 식량자급이 가능하다. 구릉이 많고 강수량이 적으며 건조하고 혹한이 긴 기후적 요인으로 농업생산이 자연히 낙후되어 있다. 주요 농산품으로는 사탕무우・밀・옥수수・사과 등을 들 수 있다.

닝샤후이쭈자치구 경제현황(2004년)

지역내 총생산액 (억 위엔)	1인당 GDP (위엔)	경제성장률	산업구조(%) 1차:2차:3차	근로자 연간 평균임금 (위엔)	사회고정 자산 투자 (억 위엔)	사회건설 총규모 (억 위엔)
460.4	7,880	11.0	14.2:50.4:35.4	14,741	415.0	965.0
재정수입 (억 위엔)	재정지출 (억 위엔)	도시주민 1인 평균 가처분 소득(위엔)	농촌주민 1인 평균 순수입(위엔)	농업총생산액(억 위엔)	공업총생산액 (억 위엔)	국유 및 규모 이상 비국유 기업수(개)
37.5	123.0	7,218	2,320	125.5	495.7	644
외자 기업수(개)	국유기업 과학기술요원(2003년, 만 명)			과학기술 특허상황(건)		
	엔지니어	과학자	의료인	발명특허	실용신안	디자인특허
454	2.3	0.07	2.0	46	119	128

자료 : 2005 中國統計年鑑, www.kita.net, 新中國五十五年統計資料匯編 1949-2004.

공업 총생산액은 2004년 496억 위엔으로 여러 성 중에서 최하급에 속하고 석탄공업과 비철금속 공업을 제외하고는 낮은 수준에 있다. 경공업보다는 중공업의 비율은 5배 이상 높으나 규모는 작다. 주요 산업으로는 풍부한 석탄을 이용한 발전 · 야금 · 기계 · 방직 · 비철금속 채굴 및 가공업 · 고무 · 식품가공이 있으며 주요 공산품으로는 석탄 · 종이 · 식물유 · 시멘트 · 화학비료 · 원유 · 강재 · 야금 · 화공 · 알루미늄 · 화학비료 · 시멘트 · 전력 · 설탕 등이 있다.

2004년 근로자 1인당 연평균 임금은 1만 4,741위엔(1,785달러)이었다.

3. 사회간접자본

서북부에는 네이멍꾸에서 깐쑤성으로 통하는 철도간선이 하나 밖에 없으나, 산시성(陝西省)과 연결하는 남북철도가 완성되면 철도 수송능력은 대폭 상승할 것으로 전망된다. 현재의 철도노선은 란저우 · 후허하오터(呼和浩特) 등을 거쳐 뻬이징과 연결되며 철도의 화물수송은 상당수가 석탄수송이다. 철도영업 거리는 792㎞로 하이난성을 제외하고 전국 최저수준이다.

닝샤후이쭈자치구 사회간접자본 현황(2004년)

운송거리(㎞)			여객 운송량(만 명)			자동차보유량 (승객용, 만 대)
철도영업	도로	내륙수운	철도	도로	내륙수운	
792	12,456	26	295	6,359	-	6.0
화물 운송량(만 톤)			우편, 통신 사업			
철도	도로	내륙수운	업무액 (억 위엔)	이동전화 (만 명)	특급우편 (만 건)	인터넷사용자 (만 명)
2,527	5,326	-	38.2	158.6	58.4	31
교통, 통신 근로자 수(명)						자동차보유량 (화물용, 만 대)
철도	도로	내륙수운	항공	파이프라인	통신, 정보서비스	
15,055	9,958	-	620	-	5,185	5.8

자료 : 2005 中國統計年鑑.

도로길이는 1만 2,456㎞로 전국 최하수준이며 도로망이라고 할 만한 것도 없다. 여객 및 화물운송량도 전국에서 가장 낮은 수준이다.

인촨(銀川)에 공항이 있으며 뻬이징 · 상하이 · 광저우 등 대도시와 연결된다.

석탄이나 전력은 총량은 적지만 1인당으로 보면 전국 평균을 훨씬 상회하고 있어 에너지는 여유가 있는 편이라 할 수 있다.

휴대폰 사용자는 159만 명, 인터넷 사용자는 31만 명에 이른다.

4. 대외경제

수출액은 1999년 2.5억 달러에서 2004년 7.3억 달러로, 수입액은 같은 기간 0.7억 달러에서 4.0억 달러로 증가하였다.

주요 수출품은 무연탄 · 탄탈분 · 규소철 · 타이어 · 칼슘카바이드 · 베어링 · 활성탄 등이며 주요 수입품은 산화알루미늄 · 탄탈 및 제품 · 강재 · 고무 · 화공원료 · 농약 · 의료기기 · 양모 · 합성섬유 · 자동차 등이다.

닝샤후이쭈자치구 대외경제 현황

년 도	1999	2000	2001	2002	2003	2004
총수출액(억 달러)	2.5	3.3	3.5	3.6	5.4	7.3
외자기업의 수출(억 달러)	0.3	0.47	0.6	0.6	0.8	0.9
한국에 대한 수출(억 달러)	-	0.03	-	0.4	0.8	0.9
총수입액(억달러)(억 달러)	0.7	1.2	1.8	1.3	2.1	4.0
외자기업의 수입(억 달러)	0.2	0.2	0.2	0.3	0.4	0.4
한국으로부터 수입(억 달러)	-	0.05	-	0.009	0.009	0.021
외국기업의 직접투자(억 달러)	0.51	0.17	0.17	0.2	0.2	1.2
외자기업 등록 투자총액(억 달러)	-	9.4	10.6	22.6	38.8	41
외자기업 등록기업 수(개)	-	408	435	454	481	454
한국의 투자(건수,	-	-	-	-	-	-
백만 달러, 실제 투자액 기준)	-	-	-	-	-	-

자료 : 中國統計年鑑, 각년 판, www.kotra.or.kr, www.koreaexim.go.kr, www.kita.net.

외자기업의 수출액은 1999년 0.3억 달러가 2004년 0.9억 달러로, 수입액은 같은 기간 0.2억 달러가 0.4억 달러로 증가하였다.

한국의 닝샤자치구에 대한 수출은 2000년 5백만 달러, 2004년 210만 달러, 수입은 각각 3백만 달러, 9천만 달러를 기록하였다.

외국인 직접투자는 실제 투자액 기준으로 1999년 0.17억 달러에서 2004년 1.2억 달러에 불과하였다. 주요 투자국은 대만 · 일본 · 싱가포르 등이었다. 한국의 투자는 알려지지 않고 있다.

5. 주요 도시 경제상황

① 인촨(銀川)시

성도인 인촨(銀川)은 자치구 북부 인촨 평야에 있고 평균 해발 1,100m의 고지대에 위치하며 황하가 흐른다. 온대 대륙성 기후에 속하여 건조하고 비가 적으나 일조량은 풍부하다. 2004년 1월 평균기온은 영하 7.0℃, 7월 평균기온은 24.0℃를 기록하였으며 연간 강우량은 144㎜로 매우 적다.

총면적 9,170㎢, 시할구 면적 1,667㎢로서 2004년 말 총인구는 138만 명, 시할구 인구는 76만 명이다. 행정구역은 싱칭(興慶) 등 3개 구, 링우(靈武)시, 융닝(永寧)현과 허란(賀蘭)현으로 구성되어 있다.

2004년 말 지역내 총생산액은 189억 위엔으로 경제성장률은 전년대비 14.9%의 증가율을 보였으며 산업별 비중은 1차, 2차, 3차 산업이 각각 9.0%, 49.6%, 41.5%를 차지하였다. 1인당 GDP는 1만 7,668위엔(2,139달러)으로 내륙도시로서는 상당히 높은 수준으로 나타났다.

2004년 지방 재정수입은 15억 위엔, 재정지출은 24억 위엔으로 규모가 적으며, 고정자산투자총액도 172억 위엔으로 매우 적다. 도시와 농촌 주민의 저축총액은 219억 위엔이었다.

지하자원은 석탄 · 석회암 · 석영사 · 석고 등이 많이 매장되어 있으며 주요 농산품은 쌀 · 밀 · 사과 · 감초 · 양고기 · 구기 · 감초 등이다. 경작면적은 13만 헥타르에 달하며 토지가 비옥하다.

주요 공산품으로는 석탄 · 전력 · 화학비료 · 합성세제 · 선반 · 변압기 · 자동차부품 · 백주 등이 있으며 유제품 · 레몬 · 사료 등의 식품공업이 발전해 있고 유리 · 탄화규사 · 시멘트 등의 건재공업도 발전하였다. 2004년의 공업 총생산액은 198억 위엔에 달했으며 근로자 1인당 연평균 임금은 1만 5,244위엔(1,846달러)이었다.

인촨에서는 뻬이징 · 시안 · 상하이 · 광저우 · 청뚜 · 우루무치 등으로 연결되는 항공노선이 있다. 2004년 말 휴대폰 사용자는 71만 명, 인터넷 가입자는 18만 명으로 집계되었다.

2004년 현재 외자 공업기업의 개수는 14개, 생산액은 25억 위엔에 이르며, 실제 외자투자액은 0.6억 달러에 달하였다.

제4장 경제개방 도시

제1절 경제특구

중국 정부는 1979년 홍콩·마카오에 인접한 꽝뚱성의 선전(深圳)·주하이(珠海)·산터우(汕頭)와 대만에 인접한 푸지엔성의 샤먼(厦門) 등 4개 도시를 특수한 실험지역인 경제특구로 지정하였으며 1988년에는 꽝뚱성의 하이난따오(海南島)를 하이난성(海南省)으로 승격시키면서 제5의 경제특구로 지정하였다.

경제특구를 설립한 목적은, 경제특구를 발전시켜 그 효과를 중국전역으로 파급하는 동시에 그 경험을 바탕으로 중국경제를 활성화시키는 것이다. 또한 특구를 남부지역으로 결정한 것은 자본주의와 사회주의 경제가 공존하는 체제를 중앙정부에서 되도록 멀리 떨어진 곳에서 시험 운영함으로써 향후 전면개방시 제기될지도 모를 중국사회의 정신적 혼란을 극소화하고, 꽝뚱성 주변에 형성되어 있는 최소한의 공업발전 기초를 적극 활용하며, 홍콩과 대만 등 화교자본을 편리하게 흡수하기 위한 것이다.

경제특구를 발전시키는 방안은 특구에 재정투자와 금융지원을 집중하고 무역권 등 권한을 하급기관으로 이전하여 활성화 시키며, 외자기업에 특혜를 주어 투자를 장려함으로써, 선진기술을 습득하고 외화를 획득하며 고용기회를 창출하는 것이었다.

1984년 이후에는 그 목적이 확대되어, 특구를 거점으로 국제경제와의 접목을 시도하며 국내 경제체제 개혁의 시금석으로 삼겠다는 견해를 가지게 되었다. 따라서 경제특구도 그 성격이 수출특구에서 종합성특구로 발전하기에 이르렀다.

특구에 투자한 외자기업에게는 세제와 기업경영, 출입국 등 많은 면에서 특혜를 부여함으로써 진출을 자극하였으며 외자기업의 생산제품은 주로 수출하도록 유도하였다.

경제특구의 운영을 통해 중국은 고용기회의 확대, 외화획득, 재정수입의 증대, 생활수준의 향상, 산업구조의 조정, 수출증가, 산업연관 효과, 국제수지 효과 등의 긍정적인 효과를 획득하였다. 이러한 다방면의 경제적 효과는 중국 중앙의 지도부를 고무시켜 이후 연안개방도시, 경제기술개발구 등으로 개방지역을 확대해 나가는 정책을 채택하게 하였다.

개별 경제특구의 경제 및 사회상황은 각 성의 도시부분에 삽입 설명하였다.

제2절 연안개방도시

중국 정부는 1984년 4월, 14개 연해지역을 개방하여 외국기업들의 투자를 받아들였다. 대부분 아편전쟁 이후 강제로 개항(開港)되었었던 이 지역들은, 개항때문에 사회간접자본에 대한 최소한의 기초가 형성되어 있고 비교적 경제력도 있었으며 바다에 인접하여 생산품을 해외에 수출할 수 있는 등 용이한 입지조건을 갖추고 있었다.

중국의 점(點) → 선(線) → 면(面)의 개방지역 확대정책에 따라 점의 역할을 위해 지정된 연안 14개 도시의 개방조치는, 전국의 경제개발을 도모하고 타 지역의 발전을 자극하려는 기본 개발전략의 일환이다. 이에 따라 이들 지역은 경제특구와 함께 개발 전략상의 주요 점(點)을 형성, 발전하기 시작하였다.

정부는 이 곳에 투자가 허용되는 업종을 제조업만이 아니라 수산업 등 타 업종까지 확대함으로써 개방효과를 보다 광범위하고 깊이 있게 하려는 정책의지를 보였는데, 외국 투자기업에 대한 혜택은 특구와 대동소이하다고 할 수 있다. 뿐만 아니라 연안개방도시의 일부 지역에 경제기술개발구를 설치하여 시장개방효과를 극대화하고자 시도하였다.

연안개방 14개 지역은 상하이시, 티엔진시, 허뻬이성 친황따오(秦皇島), 랴오닝성 따리엔(大連), 산뚱성 칭따오(靑島)·옌타이(煙台), 장쑤성 리엔윈깡(連雲港)·난퉁(南通), 저장성 닝뻐(寧波)·원저우(溫州), 푸지엔성 푸저우(福州), 꽝뚱성 꽝저우(廣州)·짠쟝(湛江), 꽝시좡쭈자치구의 뻬이하이(北海)이다.

각 연안개방도시의 경제 및 사회상황은 각 성의 도시부분에 삽입 설명하였다.

제3절 기타 개방도시

1. 계획단열도시(計劃單列都市)

1985년 1월 개혁과 개방에 유리한 조건을 이용하여 연해지구의 경제건설 속도를 앞당기고 내륙의 경제발전을 촉진하려는 의도에서 하얼삔(哈爾濱)·선양(瀋陽)·따리엔(大連)·시안(西安)·충칭(重慶)·우한(武漢)·꽝저우(廣州)의 7개 지역을 계획단열도시로 지정하였고 그 후 다시 닝뻐(寧波)·칭따오(靑島)·창춘(長春)·난징(南京)·청뚜(成都)·샤먼(厦門)·선전(深圳)을 추가로 지정하였다.

이들 도시는 성(省)과 동등한 생산계획, 생산관리 등의 경제자주권을 부여받은 동시에 외국으로부터의 자본·기술도입에 관한 비준권, 대외교류 방문단의 인가, 비자의 발급, 무역허가 권한 등의 대외경제 결정권을 받았다. 다만 행정적으로는 종래와 같이 성 정부의 지도를 받고 있다.

계획단열도시의 경제 및 사회상황은 각 성의 도시부분에 삽입 설명하였다.

2. 연해경제개방구

경제특구 및 14개 연안개방도시를 결정한 데 이어 1985년 2월 국무원은 창강 삼각주, 주강(珠江) 삼각주, 샤먼(厦門)·장저우(漳州)·취엔저우(泉州)의 민난(閩南) 삼각주를 연해경제개방구로 지정하였다.

이는 3개 삼각주 주변의 농촌 및 도시지역을 수출을 목적으로 하는 공업·농업 · 임업 · 목축업 및 양식업과 그 가공업에 대해 외국의 투자를 허용하고 연안개방도시와 동등한 특혜를 부여하는 것을 그 내용으로 하는 것이었다.

그 후 정부는 1988년 랴오뚱(遼東) 반도의 주요 도시인 랴오닝성 따리엔 · 선양 · 안산 · 판진(盤錦) · 잉커우 · 랴오양 · 딴뚱 · 진저우(錦州)와 산뚱 반도의 주요 도시인 산뚱성 지난 · 칭따오 · 엔타이 · 웨이하이 · 웨이팡 · 쯔뻐 · 르짜오 · 라이저우(萊州) 및 44개 현의 농촌지역을 추가로 개방하기에 이르렀다.

연해경제개방구에 주어지는 특혜로, 생산성 · 과학연구 항목에 종사하는 외자기업에 기업소득세를 20% 감면해 주고 지방소득세도 감면해 주며 외국기업이 에너지, 교통, 항만 등과 관계되는 기술 · 지식집약적 항목 또는 3천만 달러 이상이고 투자기간이 장기일 경우에도 재정부 허가를 받아 우대해 주는 정책을 실시하고 있다.

주요 연해경제개방구의 경제 및 사회상황은 성의 도시부분에 삽입 설명하였다.

3. 경제기술개발구

1984년 초 떵샤오핑은 선전 · 주하이 등 경제특구와 주변지역을 시찰하면서 경제특구의 경제건설 성과를 성공적으로 평가하고 외자도입을 더욱 활성화하기 위해 14개 연안개방도시에 경제기술개발구를 설치하도록 하였다.

그 후 이러한 경제기술개발구는 점차 내륙지방에도 설치되어 현재까지 전국의 상당히 많은 지역에 경제기술개발구가 설치되었으며 원칙적으로 특구에 준하는 우대정책이 실시되고 있다.

특구와의 차이는 종합성의 개방지역인 데 비하여 경제기술개발구는 지정도시의 일부지역에 기술집약형 기업, 생산성 기업의 유치를 중심으로 하는 수출공업단지 성격의 공업지역이라는 점이다.

국가급 경제기술개발구는 전국 52개가 설치되었는데 구체적 지역은 장쑤성 난징 · 쿤산 · 쑤저우 · 난퉁 · 리에윈깡의 5개 소, 상하이시 민항 · 홍챠오 · 진챠오 · 차오허징의 4개 소, 저장성 항저우 · 샤오산(蕭山) · 닝뻐 · 원저우의 4개소, 꽝뚱성 꽝저우 · 꽝저우판위난사(廣州番禺南沙) · 후이저우따야만(惠州大亞灣) · 짠쟝의 4개 소, 랴오닝성 선양 · 잉커우 · 따리엔 등의 3개 소, 푸지엔성 푸칭룽챠오(福清融

橋)·푸지엔뚱산(福建東山)·뚱산(東山)의 3개 소, 산뚱성 칭따오·엔타이·웨이하이의 3개 소, 안후이성 허페이·우후(蕪湖)의 2개 소, 뻬이징, 티엔진, 허뻬이성 친황따오, 산시성 타이위엔, 네이멍꾸자치구 후허하오터, 지린성 창춘, 헤이룽쟝성 하얼삔, 쟝시성 난창, 허난성 정저우, 후뻬이성 우한, 후난성 창사, 꽝시자치구 난닝, 하이난성 향푸, 충칭시, 쓰촨성 청뚜, 꾸이저우성 꾸이양, 윈난성 쿤밍, 시짱자치구 라싸, 산시(陝西)성 시안, 깐쑤성 란저우, 칭하이성 시닝, 닝샤자치구 인촨, 신쟝자치구 우루무치, 삥투안(兵團) 스허쯔(石河子)이다.

주요 경제기술개발구의 경제 및 사회상황은 성의 도시부분에 삽입 설명하였다.

4. 내륙 개방도시

중국은 또한 내륙 15개 성·자치구의 성도인 헤이룽쟝성 하얼삔, 지린성 창춘, 네이멍꾸자치구 후허하오터, 허뻬이성 스쟈좡, 산시성 타이위엔, 닝샤자치구 인촨, 칭하이성 시닝, 깐쑤성 란저우, 산시성(陝西성) 시안, 허난성 정저우, 안후이성 허페이, 쓰촨성 청뚜, 쟝시성 난창, 후난성 창사, 꾸이저우성 꾸이양을 지역발전의 교두보로 삼기 위하여 1993년 8월 개방도시로 지정하였다.

내륙 개방도시의 경제 및 사회상황은 성의 도시부분에 삽입 설명하였다.

5. 상하이 푸뚱(浦東) 신구(新區)

중국 정부는 1990년 5월 상해시의 황푸강(黃浦江) 맞은편에 위치한 푸뚱신구(浦東新區)를 국가개발 프로젝트로 지정하여 제2의 홍콩화를 계획하였다.

중국의 목표는 푸뚱신구를 세계의 무역센터로 육성하여 정보, 금융, 무역 등의 종합적이며 외향형 경제의 거점으로서의 역할을 하는 근대적인 국제도시를 목표로 발전시키는 것이었다. 또한 푸뚱신구를 창강 상류의 개발과 연계시킴으로써 연해의 산업과 기술을 광대한 내륙의 자원과 시장을 연결하여 국민경제의 발전과 자립을 촉진하는 매개체로 삼으려는 구상이었다.

따라서 푸뚱신구는 처음부터 3차산업과 하이테크산업을 도입하는 데 중점을 두었다.

푸뚱신구는 陸家嘴(루쟈쭈이) 금융 · 무역구, 진챠오(金橋) 수출가공구, 와이까오챠오(外高橋) 보세구, 창강 하이테크구의 4개 지역이 중점적으로 개발되었으며 발전계획이 성공적으로 추진되어 현재 상하이의 경제발전을 주도해 나가고 있다.

6. 국경 대외개방도시

연해지역의 급속한 발전으로 내륙지역과의 경제력 격차가 심화되자 국무원은 1993년 8월 국경지역의 13개 도시를 대외개방도시로 지정하여 국경무역을 위주로 한 지역발전을 도모하였다. 13개 지역은 헤이룽장성의 헤이허(黑河) · 쑤이펀허(綏芬河), 네이멍꾸자치구의 만저우리(滿州里) · 에렌호트, 지린성의 훈춘(琿春), 꽝시좡쭈자치구의 평샹(憑祥) · 뚱싱(東興), 윈난성의 허커우(河口) · 완띵(琬町) · 루이리(瑞麗), 신장웨이월자치구의 타청(塔城) · 뻐러(博樂) · 이닝(伊寧) 등이었다.

7. 창강 연안개방도시

내륙발전을 위하여 1993년 8월에는 창강에 인접한 안후이성의 우후(蕪湖), 쟝시성의 지우쟝(九江), 후뻬이성의 우한(武漢), 후난성의 위에양(岳陽), 충칭(重慶)의 5개 도시를 개방도시로 지정함으로써 창강의 수운을 이용한 경제발전을 도모하고 있다.

현재 창강 연안의 상당히 많은 도시가 개방지역으로 지정되었다.

창강 연안 주요 개방도시의 경제 및 사회상황은 각 성의 도시부분에 삽입 설명하였다.

8. 보세구

보세구는 자유무역구로서 중계무역과 위탁가공의 촉진을 목적으로 설치되었다. 보세구는 외부와 폐쇄된 지역으로서 외자계 기업만 설립할 수 있도록 되어 있다. 무역의 자유, 화물의 수출입 자유, 외화태환의 자유, 외국인 출입국의 자유가 부여되어 있으며 업종은 대외무역, 중계무역, 창고업, 운수업, 가공수출, 금융·보험, 국제견본시, 정보서비스업 등을 영위할 수 있다.

동 보세구는 세관의 관리하에 있으며 각종 조세도 감면받는 등 우대를 받고 있다.

1993년 1월 국무원의 허가를 받아 상하이 와이까오챠오(外高橋), 티엔진, 따리엔, 선전 사터우쟈오(沙頭角), 선전 푸티엔(福田), 꽝저우, 쟝쑤성 닝뻐·장쟈깡(張家港), 하이난성 하이커우(海口), 푸지엔성 샤먼(厦門)·푸저우마웨이(福州馬尾), 산뚱성 칭따오, 꽝뚱성 산터우의 13개 지역에 보세구가 설치되었다. 현재는 더욱 많은 보세구가 설치되어 있다.

9. 국가급 첨단기술산업 개발구

중국에서는 과학기술의 진보가 중국 경제발전의 관건이라는 인식하에 연구기관의 기술을 산업화하여 세계적 수준의 산업을 육성하려는 계획을 추진하고 있다. 이에 따라 1986년 뻬이징에 실험적으로 뻬이징 실리콘밸리로 부르는 뻬이징 신기술산업개발시험구(北京新技術産業開發試驗區)를 설치하고, 성과가 있을 경우 전국적으로 확대하려는 계획을 세웠다. 이후 1991년 3월 전국 27개 연구단지를 고신기술산업개발구(高新技術産業開發區)로 지정하였고 1992년 다시 25개 지역을 추가로 지정하였다.

이 지역에 진출이 허용된 기업은 국내외 기업을 막론하고 세율 15% 등의 특구와 같은 우대혜택을 부여받고 있다.

이러한 첨단기술산업 개발구로 지정된 지역에서는 그 지역내의 대학이 중요한 역할을 하며, 향후 이 지역은 중국 산업발전의 중요한 역할을 하는 동시에 중국 각 지역에 고급 기술인력을 공급하게 될 것이다.

10. 국제관광 리조트개발구

국제관광 리조트개발구는 관광 및 리조트 관련 기업을 적극 유치하는 지역으로서 이 지역에서 사업을 시행하는 외자계 기업에게는 소득세와 관세상의 우대를 부여해 주고 있다. 1992년 정부가 8개 지역을 지정한 후 계속 증가하고 있다. 초기의 13개 지역은 다음과 같다.

랴오닝성 따리엔 진스탄(金石灘), 산뚱성 칭따오 스라오런(石老人), 장쑤성 우시 타이호(太湖), 상하이 헝사따오(橫沙島), 저쟝성의 항저우즈장(杭州之江), 푸지엔성 우이산 · 메이저우따오(武夷山 · 眉州島), 꽝뚱성 꽝저우 난호(南湖), 꽝시자치구 뻬이하이 인탄(銀灘), 윈난성 쿤밍 띠엔츠(滇池), 하이난성 싼야 야룽만(亞龍灣) 등이다.

11. 기타 자비개발구

위와 같은 중앙정부의 지정에 의한 특별지역 외에 지방정부가 지정한 성급 개발구, 외국정부나 기업이 독자적으로 개발하는 개발구가 있다.

참 고 문 헌

가. 단행본

交通開發硏究院, 中國의 交通開發計劃과 韓·中協力課題, 1995. 10.
金正玩, 에너지·資源 分野의 對中國 進出 長期 戰略, 에너지경제연구원, 1995. 5.
대한상공회의소, 중국의 자원현황, 1996. 5.
朴月羅, 中國經濟의 地方分權化 現況과 問題點, 對外經濟政策硏究院, 1992. 12.
박정식, 중국 지역경제의 이해, 도서출판 두남, 2003. 9.
崔秀雄, 中國의 地域政策과 地域經濟 發展戰略, 對外經濟政策硏究院, 1994. 9.
90年代國家産業政策綱要, 一九九四年三月二十五日國務院第16次常務會議審議通過 文件, 1994. 3.
景体華 主編, 2004~2005年 : 中國區域經濟發展報告, 社會科學文獻出版社, 2005. 3
顧朝林 主編, 城市經濟區理論與應用, 吉林科學技術出版社, 1991. 5.
國家計委國土開發與地區經濟硏究所, 我國地區經濟協調發展硏究, 改革出版社, 1996. 1.
鄧小平文選(1975-1982年), 人民出版社,
馬洪 主編, 什麽是社會主義市場經濟, 中國發展出版社, 1993. 10.
孫敬之 主編, 中國經濟地理概論, 商務印書館, 1994. 2.
楊建榮 主編, 中國地區産業結構分析, 復旦大學出版社, 1993. 1.
蓮玉明 主編, 中國城市年度報告 : 2005, 中國時代經濟出版社, 2005. 1
倪鵬飛, 中國城市競爭力報告 No 3, 社會科學文獻出版社, 2005. 5
李泊溪 主編, 地區政策與協調發展, 中國財政出版社, 1995. 11.
蔣岳·劉垠 主編, 中國地區經濟增長比較硏究, 遼寧出版社, 1992. 6.
鍾契夫 主編, 中國地區計劃管理硏究, 中國人民大學出版社, 1990. 2.
政府工作報告, 2005年3月5日在第十屆全國人民代表大會第三次會議上, 人民出版社, 2005. 3
中共中央文獻硏究室 編, 鄧小平關于建設有中國特色社會主義的論述專題摘編, 中央文獻出版社, 1992. 12.
中共中央關于制定國民經濟和社會發展第十一个五年規劃的建議, 人民出版社, 2005. 10
中國共産黨第十四屆中央委員會第五次全體會議文件, 人民出版社, 1995. 10.
中國共産黨第十六屆中央委員會第五次全體會議文件匯編, 人民出版社, 2005. 10.
中國區域創新能力報告 2004-2005, 中國科技發展戰略硏究小組, 知識産權出版社, 2005. 6
中國分省地圖集, 星球地圖出版社, 2004. 1

中華人民共和國民政部 編, 中華人民共和國 行政區劃 簡冊, 2005, 中國地圖出版社, 2005. 1
中華人民共和國國民經濟和社會發展第十一个五年規劃綱要, 人民出版社, 2006.3
陳棟生 主編, 區域經濟研究的新起點, 經濟管理出版社, 1991. 3.
劉佩瓊 主編, 中國經濟大趨勢, 尙務印書館, 1997. 1.
產業硏究所, 中國の經濟成長と地域經濟に關する調査硏究, 1994. 3.
栗林純夫 編著, 中國の地域經濟, 日本貿易振興會, 1994. 1.
日本貿易振興會, 中國の地域開發, 1992.
丸山伸郎 編, 長江流域の經濟發展, アジア經濟硏究所, 1993. 5.
Dwight H. Perkins, Agricultural Development in China, 1368~1968 (Chicago: Aldine, 1969)

나. 논문, 신문, 잡지 등미

李永雨, 中國의 經濟改革과 省間 所得不平等度, 서울대 대학원, 1995. 2.
한국경제신문, 2003年 11月 11日字
수은 해외경제, 수출입은행, 2004. 1~2006. 8월.
國家計劃委員會, 2010年我國地區經濟布局與地區經濟協調發展, 내부자료, 1995.
國家計劃委員會, 中國促進中西部地區經濟發展的有關政策措施, 내부자료, 1995.
徐國弟, 論區域政策, 國土與區域政策, 1995年 第1期.
陳棟生, 對中國生產力布局戰略的探討, 中國工業經濟學報, 1985年 第2期.
楊吾揚・梁進杜, 中國的10大經濟區探討, 經濟地理, 1993年 第3期.
廖榮華, 論區域經濟協調發展的地域構造變化, 經濟地理, 1993年 第3期.
程放・張務棟, 對我國綜合經濟區劃的若干思考, 經濟地理, 1992年 第2期.
曾菊新・梁濱, 中國區域經濟增長的比較研究, 經濟地理, 1994年 第3期.
求是, 1994年 第10期.
經濟導報, 1996年 5月 13日字.
遼寧日報, 1996年 1月 30日字
韓洪錫, 中國の地方分權化と貿易, 慶應義塾大學院, 1996. 7.
產經新聞, 1996年 12月 9日字.
China Weekly Focus, 5대 권역의 변화와 진출전략, 2006. 7. 7.

다. 통계

www.kita.net

www.koreaexim.go.kr

www.kotra.or.kr

國家統計局綜合司 編, 全國各省・自治區・直轄市 歷史統計자료匯編(1949-1989, 中國統計出版社, 1990. 8.

新中國五十五年統計資料匯編, 國家統計局國民經濟綜合統計司 編, 中國統計出版社, 2005. 11

中國工業經濟統計年鑑, 中國統計出版社, 1995.

中國城市統計年鑑 2005, 國家統計局城市社會經濟調査司 編, 中國統計出版社, 2006. 4

中國統計年鑑, 中國統計出版社, 1985~1986, 1989~2005 각년 판.

中嶋 誠一, 中國の統計, 日本貿易振興會, 1994. 9.

中國經濟, JETRO, 1996. 3.

저자약력

• 박 정 식 •

성균관대학교 중어중문학과를 졸업하고, 대만국립정치대학 무역연구소에서 석사학위를 성균관대학교 대학원에서 경제학 박사학위를 받았다.
대우경제연구소, 제일금융연구원 연구위원을 지내며 중국경제 현장을 분석하고 체계화시키는 일을 해왔으며, 성균관대학교, 한양대학교 등에서 강의를 병행해 왔다.
중국인민대학교와 미국 아이오와대학에서 객원교수를 역임했으며, 현재는 재능대학 경영계열 중국비즈니스과 교수로 재직중이다.

• 경 력 •

창원시 전문위원
Iowa 주립대학 CAPS 객원교수
中國人民大學 硏究學者(北京)
동북아경제산업연구소 소장(중국경제)

• 논문 및 저서 •

「中國對外貿易之策略與發展」(1982. 6). 석사학위 논문
역서 「中國經濟 및 貿易」(1985. 6), 한국학술진흥재단
편저 「中國經濟 GUIDE BOOK」(1996. 7)
논문 「中國의 地域經濟 發展政策에 관한 硏究」(1997. 6), 박사학위 논문
저서 「中國의 地域發展政策과 省·市 經濟環境」(2002. 8)
저서 「중국 지역경제의 이해」(2003. 9)

인 지

중국신경제지리

초 판 1쇄 발행 — 2005년 7월 20일
초 판 2쇄 발행 — 2006년 9월 20일
초 판 3쇄 발행 — 2009년 9월 5일
지은이 — 박 정 식
펴낸이 — 전 두 표
펴낸데 — 도서출판 **두남**
서울시 강동구 성내 1동 455-12 두남빌딩
신고 : 제25100-1988-9호
(구 제2-624호, 1988. 7. 21)
TEL : (02) 478-2065~7, 478-2311
FAX : (02) 478-2068
E-mail : dunam1@unitel.co.kr
http://www.dunam.co.kr

정가 20,000 원

ISBN 89-8404-734-1 13320